Library of
Davidson College

Jacqueline GUILLEMIN-FLESCHER

SYNTAXE COMPARÉE
DU FRANÇAIS ET DE L'ANGLAIS

PROBLÈMES DE TRADUCTION

Éditions OPHRYS

Cet ouvrage est publié avec le concours de l'Université Paris VII et du Secrétariat d'Etat aux Universités.

ISBN 2-7080-0502-2
© Éditions Ophrys, 1981

Réimp., 1983
Réimp., 1986
Réimp., 1988
Réimp., 1993

Remerciements

Que soient ici remerciés tous ceux qui ont contribué à la réalisation de ce travail :

Monsieur Antoine Culioli, pour l'intérêt qu'il y a porté, pour ses conseils, pour les discussions qui m'ont permis d'éclairer certains problèmes et qui ont motivé des recherches dans de nouvelles directions, enfin et surtout pour tout l'apport de sa théorie sur les opérations énonciatives dans l'élaboration de ces pages.

Madame Violette Desclaire, et Messieurs André Joly et Georges Kassaï, pour leurs critiques et suggestions.

Michel Gresset pour son travail dans le domaine de la traduction, pour ses conseils pratiques et scientifiques, et pour ses encouragements constants.

Paul Volsik pour ses recherches sur les problèmes de traduction, pour tout ce qu'ont pu m'apporter ses analyses et les discussions fructueuses qui ont jalonné chaque étape de ce travail, sans oublier l'attention amicale qu'il y a prêté.

Paul Bensimon, qui m'a patiemment écoutée, conseillée et corrigée, pour sa participation, sa disponibilité et aussi pour sa constante sympathie.

André Castagna, qui a consacré de nombreuses heures à la discussion de problèmes linguistiques.

Jacques Boulle et André Davoust, pour leur participation à un travail de recherche sur « L'aspect verbal dans le récit », qui a éclairé certains problèmes abordés ici.

Laurent Danon-Boileau pour sa collaboration à la définition des repérages dans les rubriques du glossaire : discours, discours indirect libre et monologue intérieur.

Les amis, collègues et étudiants anglophones et francophones qui ont bien voulu discuter de points de grammaire, tester des exemples, relire des épreuves; ceux aussi qui m'ont permis de citer leurs traductions : S. Chambon, C. Duvivier, A. Gauthier, C. Guichard, F. Grellière, N. Turner, C. et N. Rivière, et tout particulièrement Susan Dibben et Frédérique Lab.

Mon frère, pour la recherche et la vérification d'exemples difficiles d'accès !

Christian et Janine Bouscaren et Claude Charreyre ont non seulement entrepris la lourde tâche de relecture mais aussi donné généreusement de leur temps pour discuter de problèmes théoriques et terminilogiques. Leurs critiques et suggestions, trop nombreuses pour être citées individuellement, ont largement contribué à la révision des pages qui suivent. Pour leur aide et leurs encouragements, je leur exprime toute ma reconnaissance.

C'est à mon mari que je dois l'organisation matérielle de ce travail, la contribution de nombreux exemples et la préparation du manuscrit. Je le remercie ici de toutes les heures qu'il y a consacrées, de son soutien et surtout... de sa longue patience !

Préface

Pendant longtemps, la théorie de la traduction a fait l'objet d'un discours coupé de la pratique. D'un côté, on nous entretenait, d'un point de vue général, de la diversité des langues, de l'irréductibilité des textes à passer dans un autre idiome ; d'un autre côté, on trouvait le traducteur, sa technique et son art, intransmissibles, qui renvoyaient l'apprenti aux célèbres « il faut tout récrire ; cela ne passe pas tel quel ; cela ne se dirait pas, même si c'est correct. » En bref, on théorise rarement sa pratique, et il est encore plus rare qu'on théorise bien. Loin de moi la suggestion que les traités de stylistique comparée et les entreprises de linguistique contrastive seraient inutiles ou mal faits ; mais, le plus souvent, il s'agit de juxtaposer, sans prendre du champ, des phénomènes bien délimités, d'ordre grammatical ou lexical, afin d'en tirer des conclusions commodes, de parer au plus urgent et d'éviter les erreurs les plus probables.

Le présent ouvrage n'est ni une dissertation sur la traduction, ni un traité de stylistique littéraire, ni une stylistique comparée, au sens d'un manuel de linguistique contrastive dont l'objectif serait de faire acquérir, au coup par coup, une meilleure maîtrise de la traduction ; même si, en fin de lecture (à supposer que l'on puisse « finir » de lire un tel livre) on s'aperçoit que, par sa richesse, cet ouvrage est aussi tout cela. Pour dégager l'objectif de Jacqueline Guillemin-Flescher, il nous suffit de nous reporter au titre initial (fort clair pour qui possède la clef) : *Analyse comparée des catégories grammaticales et des opérations de référence en français et en anglais*. Il s'agit donc bien d'une comparaison, bref d'une étude différentielle. Or, il ne saurait y avoir de comparaison sans un format commun. D'où le point de départ que constitue l'analyse des traductions de *Madame Bovary*, car cela force le chercheur (et le lecteur) à travailler dans un espace contraint, à s'obliger à une analyse minutieuse et microscopique de phénomènes le plus souvent délaissés, parce qu'ils sont d'ordre fugace et intuitif, trop subtils pour être pris au gros filet de la syntaxe ou de la sémantique traditionnelles. En outre, avoir un point de départ assuré, c'est se donner la possibilité de dépasser le texte initial avec rigueur, au fur et à mesure que les problèmes théoriques auront été construits. Mais alors, quelle extraordinaire multiplicité d'exemples, à travers la publicité, les notices techniques, la langue quotidienne... L'auteur effectue ici une véritable démonstration que les problèmes abordés (et leur solution) ne dépendent pas d'un corpus particulier aux effets déformants, mais concernent, de façon foncière, ce que J. Guillemin-Flescher appelle l'attitude énonciative.

Cette extension ordonnée et fructueuse est possible, parce que l'auteur a une solide formation théorique qui lui permet de dépasser la simple juxtaposition empirique, de se donner une théorie des observables, et de délaisser les vieilles antinomies concernant le caractère faisable, ou infaisable, de la traduction, la diversité des langues et des cultures par rapport à l'universalité du langage et de notre activité symbolique. Mais, il faut le dire sans tarder, J. Guillemin-Flescher tire de sa formation théorique le souci de se donner des contraintes méthodologiques, certes, mais être cohérent ne signifie pas que l'on soit borné ; en un mot, nous avons affaire à une démarche rigoureuse *et* ouverte. Les outils théoriques que l'auteur se forge sont là pour explorer un domaine encore mal défini, voire inconnu, et non pour assouvir une passion théorisante : ils ne forcent jamais la démarche; au lieu d'emprisonner, ils libèrent par la lucidité qui découle d'un discours tenu. Faut-il ajouter que Jacqueline Guillemin-Flescher a une sensibilité aiguë, comme il arrive chez une bilingue qui raisonne, avec subtilité et tourment, sa double allégeance, que l'on a affaire à une praticienne experte de la traduction, chez qui le bonheur de la pratique fonde et nourrit l'activité de réflexion ?

Le titre initial nous rappelle aussi que les catégories grammaticales ne sont pas invariantes (on confond le plus souvent les *notions* grammaticales prises dans leur généralité, et les *catégories,* associées à des jeux de marqueurs spécifiques), mais qu'elles sont construites à partir d'opérations fondamentales qui sont, elles, des invariants. Il faut donc s'attacher à observer les correspondances entre notions et marqueurs, dégager les opérations (et les enchaînements d'opérations) à l'œuvre en français et en anglais. On aboutit ainsi à démontrer ce que l'on entrevoyait, à savoir que la référence n'est pas une relation inerte, entre un réel externe, stable, tout donné et rigide, d'un côté, et, de l'autre côté un interprète neutre, par le truchement transparent d'un texte, mais que la référence est (re)construite par les énonciateurs grâce à un ensemble complexe d'opérations de référenciation. Par leur activité même, les énonciateurs construisent l'espace énonciatif (muni d'un système de repérage) et, en même temps, l'événement auquel leur discours réfère. Le travail de J. Guillemin-Flescher démonte cette mécanique d'autant plus fugace dans sa subtilité que nous, observateurs et analystes, sommes pris au piège de notre propre discours, et qu'il nous faut donc, pour prendre conscience et faire prendre conscience de ces opérations dont nous ne percevons que les traces, nous arracher à cette intériorité de nos représentations et tenir un discours objectif, partageable par autrui. D'où des précautions techniques indispensables, qui ne rendent pas toujours la lecture aisée; mais la récompense, c'est une analyse profonde et convaincante des attitudes différentielles, entre français et anglais, dans ce travail énonciatif grâce auquel nous agençons des textes et construisons des valeurs référentielles. Nous sommes ici au cœur de l'activité symbolique, où langue et culture se mêlent. Il ne s'agit cependant pas de ramener cette étude à des correspondances à peine médiatisées entre catégories grammaticales et catégories de pensée, ou encore de considérations sur la psychologie des peuples ! J. Guillemin-Flescher nous force, par un long détour analytique, à réfléchir sur la relation au réel et sur le statut singulier qu'occupe une langue (faut-il dire la langue ?) dans notre activité de représentation; bref, elle nous force à réfléchir sur les fondements même de la traduction.

De façon paradoxale, j'ai longuement hésité avant de rédiger cette préface, parce qu'il s'agit, précisément, d'un ouvrage qui me paraît important. Je craignais, en particulier, que, préfacé par un linguiste, le livre ne fût, du coup, appréhendé comme un traité de linguistique. Or, si l'auteur est une excellente spécialiste de linguistique, on ne doit pas s'y tromper, ce travail va bien au-delà de la linguistique, qu'elle soit qualifiée de *contrastive* ou désignée comme *stylistique comparée.* Par la richesse des observations, par sa force théorique, par l'ampleur de la démarche théorique, cet ouvrage délimite, de façon neuve, un domaine de recherche à peine dessiné, qui concerne, par-delà le linguiste, aussi bien le spécialiste d'analyse littéraire que le philosophe du langage, le traducteur, autant que le chercheur ou l'enseignant.

A. Culioli
Professeur à l'Université de Paris VII

Avant-propos

Cet ouvrage tente de dégager les opérations qui sous-tendent l'activité langagière et la façon dont elles se réalisent en français et en anglais. Ces opérations mettent en jeu, dans des réseaux complexes, les catégories grammaticales : temps, aspect, modalité, nombre etc. Mais ces catégories sont représentées en surface par des marqueurs qui ne sont que la trace d'opérations et n'entretiennent pas avec celles-ci des relations fixes et absolues.

Ainsi si on prend les deux énoncés suivants :
- *L'homme qui vient de partir est mon frère*
- *L'homme descend du singe*

l'homme renvoie, dans le premier cas, à un élément défini extrait d'un ensemble, dans le deuxième, à un représentant d'une classe d'éléments.

On constatera de même qu'un schéma assertif n'exprimera pas nécessairement une assertion : ex.
- *Vous avez trente ans... Prenez cette enveloppe elle contient la solution de vos problèmes de prévoyance.*

La valeur de *Vous avez trente ans* ne pourra être la même ici que lorsqu'on dit :
- *Vous avez trente ans et pourant vous en paraissez vingt-huit.*

Il faudra tenir compte sans cesse des opérations langagières qui mettent en jeu les catégories grammaticales et de leur rapport avec le domaine référentiel.

Mais quel est le statut du référent lorsque les énoncés analysés sont tirés d'un corpus littéraire ? Les critiques qui déclarent que la littérature n'a pas de référent font erreur nous semble-t-il. Il n'y a pas de langage sans référence. Il n'y a pas non plus référence sans qu'il y ait construction. L'existence d'une situation extra-linguistique pourra être à l'origine de cette construction mais il ne faudrait pas la confondre avec elle. Lorsque l'univers auquel renvoie la construction linguistique est imaginaire le domaine référentiel n'existe qu'à partir du langage qui le crée. Il existe néanmoins.

Cette mise au point faite, essayons de définir le champ de cette étude dans le domaine différentiel que nous avons choisi. Il nous semble pertinent, afin de le cerner, d'en préciser les origines précises. Un étudiant nous a rendu un jour une traduction que nous avions pour consigne de corriger selon un barème établi. Le barème correspondait à une gradation de « fautes de grammaire » qui étaient à sanctionner selon leur gravité. Aucune de ces « fautes » n'apparaissait dans la traduction. Celle-ci ne comportait cependant pas une seule phrase qu'un anglophone aurait reconnu comme étant sa propre langue. Il nous a semblé que cet incident donnait matière à réflexion.

Un deuxième incident a confirmé ce fait. Nous avions proposé à un groupe d'étudiants français, un texte à traduire en anglais, qui posait des problèmes aspectuels, notamment une phrase comportant une série d'imparfaits. Tous les étudiants, sauf un, ont rendu ces imparfaits par la forme : *be + ing*. Aucune contrainte grammaticale n'interdisait cette solution. Elle ne nous paraissait cependant pas pour autant satisfaisante. Nous avons proposé, à nouveau ce texte, un an plus tard à un groupe d'étudiants américains qui, tous sauf un, cette fois ont rendu les imparfaits par des prétérits à forme simple. Interrogés sur la raison de leur choix, ils n'ont pas pu répondre. Le problème d'un choix possible ne s'était même pas posé pour eux.

A partir de ces deux incidents, et de la récurrence de certains phénomènes que nous avions constatés dans la pratique de la traduction, nous avons acquis la ferme conviction qu'il existait, au-delà des contraintes des systèmes linguistiques, tout un domaine du langage à définir, que l'on se contentait généralement d'évoquer par la remarque : « Il n'y a pas de faute de grammaire, mais ça ne passe pas vraiment en anglais ». La constance des problèmes relevés ne pouvait pas être arbitraire. Nous avons donc décidé de chercher plus loin et de tenter l'élaboration d'une théorie qui puisse en rendre compte.

Le champ de l'analyse contrastive était déjà ouvert. Dans le domaine particulier du français et de l'anglais, J.P. Vinay et J. Darbelnet ont été les premiers à explorer cette voie dans la « Stylistique comparée du français et de l'anglais » (voir bibliographie). Comme l'indique le sous-titre, cet ouvrage propose une méthode de traduction en répertoriant les structures syntaxiques récurrentes dans les deux langues. Notre optique se différencie de celle-ci en ce que nous avons cherché à partir de traductions existantes et à la lumière des développements récents de la linguistique d'analyser les relations particulières qui sont en jeu dans les deux langues entre énonciateur énoncé et domaine référentiel. Sur le plan de l'observation les faits de langue relevés par Vinay et Darbelnet et les nôtres ont nécessairement certains points communs. Pour le reste, la confirmation constante des anglophones quant aux exemples que nous leur avons soumis, et la cohérence théorique qui se dégageait peu à peu des conclusions auxquelles nous amenait chacun des problèmes envisagés semblaient justifier notre entreprise.

Il nous reste à poser certains problèmes méthodologiques et scientifiques avant d'aborder notre étude.

Notre propos étant d'étudier un certain nombre de phénomènes linguistiques, dans une perspective différentielle, il fallait tout d'abord choisir un corpus. Nous avons pris comme corpus principal : *Madame Bovary*. Pourquoi un roman ? Puisque notre étude concerne presque exclusivement la langue écrite, avec quelques rares incursions dans la langue parlée, il nous semblait intéressant de travailler sur un texte d'une certaine longueur qui a sa propre cohérence, ceci afin tout d'abord de déceler les phénomènes récurrents, de les situer dans un réseau contextuel élargi, et d'en appréhender toutes les variations. On pourra nous objecter qu'un texte littéraire comporte des « modulations stylistiques ». Nous répondrons à cette objection que tout langage est, par définition « impur ». La stylistique n'est pas un facteur propre à la littérature. Tout énoncé est modulé, que ce soit par des contraintes sociales, professionnelles, officielles, ou même des tendances personnelles. Le langage non modulé est un artifice qui ne correspond à aucune réalité dans l'activité langagière. La langue littéraire est simplement une modalité particulière de cette activité.

Mais lorsque, parmi les exemples de cette activité langagière on choisit un texte qui date du 19e siècle il faut également poser les problèmes historiques. Quel était l'état de la langue française au 19e siècle, quelles sont les incidences sur cette langue du latin, de la tradition rhétorique ? On pourrait poser bien d'autres questions encore. Pour répondre aux objections historiques, nous avons complété notre corpus par des exemples tirés d'auteurs contemporains. Pour répondre aux objections concernant le phénomène littéraire ou le style de l'auteur nous avons, à la fois tout au long de notre argumentation, et dans notre tableau complémentaire d'exemples, proposé des énoncés non-littéraires.

Tout phénomène qui semblait échapper à une généralisation a été volontairement exclu. Est-ce à dire que nous nions l'existence du style de l'auteur ? Pas le moins du monde. S'il est difficile de faire la part de celui-ci et des autres facteurs que nous avons énoncés, il nous semble néanmoins que le problème essentiel de tout traducteur littéraire est le choix qu'il a constamment à opérer entre les tendances stylistiques qui se sont imposées dans sa langue, et le style de l'auteur qu'il traduit. Le problème ne peut cependant se résoudre que localement. Il faut le reposer à propos de chaque contexte. Il n'appartient pas, en effet, à une étude linguistique de l'aborder.

Par contre, lorsque des problèmes d'ordre littéraire sont susceptibles de généralisation et que cette généralisation peut se traduire en termes linguistiques, il nous a semblé primordial d'en tenir compte. Ainsi en français comme en anglais, un nombre considérable de textes littéraires ultérieurs à 1850, mettent en jeu la technique du point de vue privilégié. Ce procédé a une incidence évidente sur le langage, et les traductions sont sur ce point riches en problèmes. Il s'agit, en dernier ressort, d'une détermination du point de repère. Selon le point de vue mis en jeu, le point de repère pourra être intérieur à l'énoncé, extérieur à l'énoncé, ou même les deux à la fois. Si ce phénomène dépasse clairement la problématique littéraire, les textes littéraires peuvent néanmoins être plus riches en exemples, et permettre une analyse plus fouillée du phénomène linguistique. Pour cette étude, nous avions, en *Madame Bovary,* un exemple privilégié, dont nous avons cherché à tirer parti au maximum.

Ceci explique, en partie, pourquoi notre choix s'est porté sur cette œuvre plutôt que sur une autre. D'autre part, c'était précisément de ce roman qu'était tiré un des deux textes évoqués concernant l'origine de ce travail. Ce texte comportait des problèmes concernant la mise en relation de syntagmes renvoyant à des propriétés différentes, et d'autre part un énoncé relatif à un phénomène sur lequel nous avions été amené à nous interroger : l'expression de la perception imaginaire. Etant donné que la rêverie, le souvenir, et la transformation imaginaire de la réalité immédiate constituent la trame de ce roman, nous avions la quasi-certitude de trouver d'autres exemples portant sur ce problème, et de dégager les rapports entre celui-ci et les questions de point de vue déjà évoquées.

Mais le champ de notre recherche étant différentiel, notre corpus comprend, non seulement le texte : *Madame Bovary,* mais ses traductions. Parmi les huit traductions existantes nous avons retenu les six qui étaient accessibles. Au stade de l'observation nous les avons utilisées toutes sauf une : celle de Lowell Bair, qu'il nous a fallu faire venir des USA, et qui ne nous est parvenue que lorsque le travail de dépouillement était terminé. Par contre, dans nos analyses, il est rapidement apparu que l'usage systématique de cinq traductions constituait un appareil trop lourd. En outre, dans de nombreux cas, les traductions se répétaient. Nous avons donc décidé, pour la majorité des analyses, d'utiliser deux traductions. Le critère de choix a été la qualité, mais il faut reconnaître que ceci impliquait un jugement personnel, et de ce fait, il entre dans notre choix une part d'arbitraire. Il se trouve que les deux traductions retenues, celle de Gerard Hopkins et celle de Lewis May sont de dates différentes, la première étant de 1949, la deuxième de 1928. D'autre part, l'examen attentif de ces traductions a fait ressortir des tendances différentes chez les deux traducteurs. Hopkins sacrifie souvent le style de Flaubert au profit des tendances stylistiques dominantes dans la langue anglaise, Lewis May, au contraire, tend, lorsqu'un choix radical s'impose, à se ranger du côté du style de Flaubert. Ces deux tendances permettent d'attacher d'autant plus d'importance aux problèmes qu'ils ont résolu dans le même sens. Les traductions des autres textes littéraires cités nous permettent, par ailleurs, de répondre aux dangers que présentent les tics de traducteurs.

A l'intérieur même du domaine linguistique où nous avons situé notre étude, certaines différences entre les deux langues nous paraissent plus évidentes que d'autres. Dans certains cas ceci s'explique tout simplement par des phénomènes de récurrence dans l'activité langagière. Ainsi, si on compare nos deux chapitres : **Agencement et actualisation des procès,** et **hypothèse et actualisation,** il est certain que les problèmes envisagés dans le premier sont plus fréquents que ceux envisagés dans le second. Pour les cas les plus évidents, nous nous sommes parfois contenté d'utiliser une seule traduction. Par contre, dans les cas complexes, qui supposent des distinctions plus fines nous avons, à plusieurs reprises, jugé utile de citer cinq traductions.

Outre les données évoquées plus haut, qui avaient déjà retenu notre attention, le premier dépouillement a été purement empirique. Nous avons procédé à un relevé très minutieux des différences linguistiques qui apparaissent entre notre texte et les traductions, presque sans a priori théoriques. Lorsqu'il y avait divergence entre les traductions, nous avons consulté des anglophones pour tester nos exemples. Quand il n'y avait pas consensus les exemples ont été exclus. Avant de les exclure, nous les avons cependant généralement soumis à une nouvelle vérification, à une date ultérieure. Dans plusieurs cas, en effet, l'existence du problème n'est apparue aux personnes interrogées, qu'une fois qu'elles y ont été sensibilisées.

Une fois notre dépouillement terminé, nous avons procédé à un classement basé sur les réalisations de surface. A partir de là, des lignes directrices se sont rapidement dégagées, que nous avons cherché à approfondir. Nous les avons testées, en procédant dans le sens inverse : c'est-à-dire, en vérifiant les théories par une application à d'autres exemples. Les résultats positifs nous ont encouragé à poursuivre. La suite de cette genèse appartient à notre conclusion. Nous la laissons donc ici en suspens, pour aborder le problème des critères scientifiques.

Le premier critère est forcément la fréquence des phénomènes : d'où l'importance du corpus. Puisque nous avons choisi comme texte principal *Madame Bovary,* le français sera, pour la majorité des exemples, la langue de départ. Cependant, la vérification des transpositions à partir d'énoncés traduits de l'anglais, nous a été suggérée par un collègue (P. Volsik, Université Paris VII), une fois que ce travail était déjà avancé. Ce moyen de contrôle nous a paru pertinent. Nous avons donc inclus dans la mesure du possible des exemples à partir de l'anglais, et tout particulièrement dans notre tableau complémentaire.

Si nous attachons une grande importance aux exemples, inversement ils ne nous paraissent pas constituer un critère suffisant pour prouver un phénomène linguistique. Quel que soit le nombre d'exemples choisis, et cette décision ne peut être qu'arbitraire, rien ne pourra prouver qu'il n'existe pas une série de contre-exemples que nous avons involontairement exclu ou volontairement choisi d'exclure. Rien ne prouve non plus que cette série de contre-exemples infirmerait notre conclusion. Dans une étude différentielle de ce genre, il est plus particulièrement dangereux de faire appel à ce seul critère.

Ainsi, nous avons, dans deux chapitres différents abordé le problème de la fréquence relative du plus-que-parfait et du pluperfect. Un simple constat de nos deux séries d'exemples nous amènerait à deux conclusions contradictoires. Seul le fait d'analyser de façon rigoureuse le phénomène d'arrivée par rapport au phénomène de départ, permet de conclure qu'il s'agit, en fait, de différences relatives à un point de repère, et qu'elles correspondent, en profondeur, à la même conclusion théorique. Si nous avions pris une seule de ces séries d'exemples, nous aurions couru le risque de conclure hâtivement et de fausser l'analyse. D'où l'importance, non seulement de poser les phénomènes envisagés dans une série de relations, en constatant le décalage d'une langue à l'autre, mais aussi d'éviter de figer les différences dans une perspective de schémas fixes et absolus.

La spécificité du domaine contrastif a aussi son importance. Une structure syntaxique ou une forme verbale relativement courante dans une perspective unilingue pourra, relativement à une autre langue, s'avérer être d'un emploi assez restreint. Par ailleurs, il ne suffira pas de faire des statistiques sur la fréquence de tel phénomène dans chacune des deux langues. Il faudra toujours tenir compte des conditions dans lesquelles il apparaît. On remarquera en effet qu'une même réalisation de surface pourra être plus fréquente tantôt dans la langue de départ, tantôt dans la langue d'arrivée, sans qu'il y ait pour autant contradiction. Il importera de même de ne pas isoler les problèmes mais de les considérer sans cesse dans leur inter-relation. La cohérence théorique globale est la seule garantie réelle dans un domaine où les critères scientifiques sont difficiles à déterminer.

Un des plus gros problèmes qui s'est posé lors de la rédaction, était les limites à imposer à un champ de recherches qui était par définition illimité. Autour de l'axe central et des phénomènes majeurs qui se dégageaient, il a fallu développer nos analyses et, ce faisant, soulever une multitude de problèmes annexes. Nous ne pouvions ici que les ébaucher, sans quoi nous risquions de perdre de vue la ligne directrice de notre argumentation. Une étude exhaustive de ces phénomènes nous aurait mené trop loin de notre but.

Il nous reste à proposer la réflexion qui suit comme hypothèse d'ensemble en soulignant les systèmes de construction qui apparaissent dans l'une et l'autre langue et quelques unes des nombreuses incidences qui s'en dégagent dans le domaine de la traduction et de la linguistique contrastive.

Système de référence

- La date de l'édition utilisée est indiquée en bas de page pour les ouvrages consultés. Dans la bibliographie figure d'abord la première édition, ensuite l'édition utilisée. Sont également signalés, lorsqu'il y a lieu, les changements d'éditeur ou de titre et les modifications d'auteur.
- Les exemples cités sont numérotés par chapitre.
- Les titres des ouvrages d'où ils sont extraits sont dans de nombreux cas, abrégés en cours d'analyse et dans les tableaux d'exemples.
- Les exemples et traductions non référenciés sont les nôtres.
- Les termes définis dans le glossaire sont indiqués par le signe ▽ lors de leur première apparition et/ou lors de la première analyse qui nécessite une précision. Lorsqu'un terme a plusieurs acceptions, il en est fait état dans la définition.
- Les énoncés non attestés sont précédés d'un astérisque.

PREMIÈRE PARTIE

CHAPITRE **1**

Agencement et actualisation des procès

I.1. Énonciation et référenciation

Un énoncé ▽ est le produit d'un ensemble d'opérations dont les marqueurs morphologiques et l'agencement syntaxique sont les traces en surface. Mais l'énoncé ne peut être considéré indépendamment de la situation d'énonciation ▽ qui constitue le repère origine de ces opérations. Ainsi, la localisation spatio-temporelle et la désignation des personnes, ne peuvent s'établir que relativement à un repère initial[1]. De même, les modes d'énonciation : constat, commentaire ; discours direct, discours indirect, supposent différents types de relation entre l'énonciateur et son énoncé. D'autre part, la référenciation ▽ peut être construite à partir de données situationnelles. ▽ Les relations entre l'énoncé et ces données a aussi son importance.

La situation d'énonciation est déterminée, non seulement par le moment de l'énonciation, mais par deux énonciateurs ▽. Le premier produit l'énoncé. Il construit des valeurs référentielles qui sont reconstruites par le co-énonciateur. Lorsqu'il y a échange oral, celui-ci devient à son tour énonciateur. Si cet échange de paroles correspond à une réalité, la notion d'énonciateur et de co-énonciateur ▽ n'est

---

(1) Voir à ce sujet :
Emile Benveniste, *Problèmes de linguistique générale,* tome I, Paris, Gallimard, 1966, chap. XXI : « De la subjectivité dans le langage ».
  Tome II, Paris, Gallimard, 1974, chap; V : « L'appareil formel de l'énonciation ».
Antoine Culioli, « La communication verbale », in *Encyclopédie des sciences de l'homme,* tome IV, Paris, Grange Batelière, 1967.
  « Sur quelques contradictions en linguistique », in *Communications,* N° 20, Paris, Le Seuil, 1973, pp. 83-91.
  « Quelques articles sur la théorie des opérations énonciatives », Université de Paris VII, 1979. Ce recueil réunit un ensemble de textes qui sont répertoriés invidivuellement dans la bibliographie. Voir également les ouvrages et rubriques indiqués dans l'introduction au Glossaire.
Catherine Fuchs et Pierre Le Goffic,
  Initiation aux problèmes des linguistiques contemporaines, Paris, Hachette, 1975, chap. XII : « L'énonciation » chap. XIII : « Le modèle de Culioli ».
Charlirelle, *Glossaire Linguistique,* Paris, O.C.D.L., Hatier, 1975, voir : Enonciation, p. 12.

cependant pas à prendre au sens réaliste. Il ne s'agit pas de deux personnes et de leurs actes de parole, mais de points de référence mis en jeu dans les opérations grâce auxquelles on construit le domaine référentiel.

Entre un énoncé et un référent, il n'y a pas de relation terme à terme. Toute variation dans les réseaux de repérage $^\nabla$ est susceptible de modifier les valeurs référentielles, comme en témoignent les trois énoncés suivants :

- *En traversant là, vous y arriverez plus vite.*
- *Il a réduit le trajet de moitié, en traversant là.*
- *Fais attention aux voitures en traversant là.*

Les éléments soulignés sont identiques dans les trois cas. La valeur privilégiée est cependant :

- **hypothétique** dans le premier exemple (si vous traversez là...),
- **causative** dans le deuxième (...du fait qu'il traverse là),
- **temporelle** dans le troisième (...quand tu traverses là).

Inversement, une même opération pourra se manifester de différentes façons. Ce fait est particulièrement apparent dans l'opération de traduction :

- *Vous me le rendrez après consultation.* (Structure syntaxique assertive)
- *Please return it when you've finished with it !* (Structure syntaxique non-assertive).

Même lorsque la contrainte est moins forte, le choix du traducteur sera souvent orienté vers une structure syntaxique privilégiée dans sa langue :

- *Gastronomie sans argent.*
- *To tease the palate, and please the purse* [2].

Une même situation $^\nabla$ extra-linguistique pourra donner lieu, dans la construction linguistique, à des degrés d'actualisation $^\nabla$ plus ou moins marqués. Ces différences apparaissent clairement dans la traduction qui est donnée de l'exemple suivant :

[1] - *Là-dessus **arriva** la Marraine, qui **ayant donné** un coup de sa baguette sur les habits de Cendrillon, les **fit devenir** encore plus magnifiques que tous les autres.*
  (C. Perrault, Cendrillon, p. 163) [3]
- *At that very moment her godmother **appeared** on the scene. She **gave** a tap with her wand to Cinderella's clothes, and **transformed** them into a dress even more magnificent than her previous ones.*
  (A.E. Johnson, p. 77) [4]

Dans l'énoncé français, seuls le premier et le troisième procès $^\nabla$: ***arriva*** et ***fit devenir***, assurent une progression chronologique. Le procès intermédiaire : ***ayant donné***, est envisagé dans une parenthèse réflexive, et repéré par rapport au procès suivant. Cette parenthèse constitue une pause dans la progression du récit $^\nabla$, qui se traduit par la subordination syntaxique et la désactualisation des procès.

---

[2] *Gourmet*, volume XL, N° 9, septembre 1980, p. 32.
[3] Charles Perrault, « Cendrillon » in *Contes de Perrault*, Paris, Garnier, 1972.
[4] A.E. Johnson, traducteur, *Perrault's Fairy Tales*, New York, Dover Publications, Inc., 1969.

Le degré d'actualisation, de même que l'agencement syntaxique, est en fait fonction de :
- la position de l'énonciateur à l'égard de son énoncé, et de
- la relation de l'énoncé avec le domaine référentiel,

les deux facteurs étant étroitement liés.

Le mode d'énonciation ▽ peut être **constatif** ▽, récit ou témoignage qui suppose « l'effacement » de l'énonciateur [5] :

[2] – *Le matin du 16 avril, le docteur Bernard Rieux sortit de son cabinet et buta sur un rat mort, au milieu du palier.*
(A. Camus, *La Peste*, I, p. 14)[6]

La rupture ▽ avec le plan de l'énonciation ▽ est marquée ici par la forme verbale des procès (passé simple), renvoyant à des **procès repères,** et les déterminants (article défini, article indéfini, adjectif possessif) renvoyant à un repérage non-déictique.

Le mode d'énonciation peut encore être de type **discours direct.** ▽ Ce genre de discours comportera souvent des marqueurs de **modalité appréciative** ▽ :

[3] – *She needs a **really good** spanking.*
(R. Dahl, *Charlie and the Chocolate Factory*, p. 32)[7]

C'est l'adverbe *really* + l'adjectif *good* qui marquent ici l'appréciation de l'énonciateur, et met en valeur la relation avec un co-énonciateur. Dans ces deux derniers cas, l'énoncé renvoie directement au domaine référentiel.

Mais nous pouvons aussi avoir un énoncé de type **commentaire** ▽, qui implique une construction indirecte du domaine référentiel. Le commentaire suppose une double opération, qui consiste :
- premièrement, à poser
  - soit un élément repère,
  - soit une proposition repère,
- deuxièmement, à faire une opération sur cet élément ou cette proposition repère :

(élément repère)   (opération sur le repère posé)[8]
– Le travail,   c'est la santé

Dans la première opération l'énoncé renvoie directement au domaine référentiel. Dans la deuxième, l'énonciateur fait une opération réflexive ▽ sur le repère posé, un discours sur son propre discours.

L'élément repère peut ne pas figurer en position initiale :
– *C'est beau, la vie !*

L'énonciateur peut aussi faire une double opération sur le premier repère :
– *Citroën, ça c'est une voiture !*

Citroën est l'élément repère,
ça, est une reprise de l'élément repère,
c'est une voiture, est une opération sur la reprise.

---

(5) Il y a, en fait, un énonciateur à l'origine de toute écriture, mais la relation avec le plan de l'énonciation peut être marquée ou non dans l'énoncé.
(6) Albert Camus, *La Peste*, Paris, Gallimard, 1947, « Folio », 1966.
(7) Roald Dahl, *Charlie and the Chocolate Factory*, Harmondsworth, Middlesex, Penguin Books Ltd, "Puffin Books", 1973, 1974.
(8) Voir chapitre III sur la détermination du repère en français.

Le premier repère peut encore être posé par les données situationnelles. Ainsi, si l'énonciateur, voyant quelqu'un porter son chapeau, dit :
- *He's wearing my hat !*

ce sont les données situationnelles qui constituent le premier repère et l'énoncé cité sera repéré par rapport à ces données. L'opération de détermination étant déjà effectuée, le commentaire n'implique plus ici une construction indirecte de la situation de référence.

Les énoncés que nous venons de citer appartiennent tous au discours « spontané », mais on trouve des structures syntaxiques qui correspondent aux mêmes opérations dans des énoncés appartenant à une écriture très travaillée, par exemple :

[4] - *La sollicitude de ma mère et de Miss Ashburton, tout occupée à prévenir ma fatigue, si elle n'a pas fait de moi un paresseux, c'est que j'ai vraiment goût au travail.*

(A. Gide, *La Porte étroite*, p. 12)[9]

Le problème est complexe. La distanciation de l'énonciateur par rapport au domaine référentiel prend généralement la forme de **commentaire**. Mais, d'une part lorsque le commentaire renvoie directement aux données situationnelles, il y a repérage par rapport à une situation de référence et nous sommes donc à l'opposé du phénomène de distanciation ; d'autre part, le mode d'énonciation de type commentaire ne rend pas compte de tous les phénomènes de **distanciation**.

Ainsi, supposons deux locuteurs $^\nabla$ parlant en présence d'un enfant. Si l'un d'eux dit :
- *Ce petit est nerveux*

il renvoie directement, grâce au déictique *ce*, aux données situationnelles. Si par contre, il dit :
- *Jean est nerveux aujourd'hui*

aucun marqueur $^\nabla$ n'indique une relation d'identité entre l'animé humain désigné par *Jean* dans son énoncé et l'animé humain qui fait partie des données situationnelles. Il y a donc rupture entre le plan de l'énonciation et la situation de référence.

La situation d'énonciation comporte, comme nous l'avons vu, deux énonciateurs repérés l'un par rapport à l'autre. Cette localisation peut être marquée ou non dans l'énoncé, p. ex. :
- ***Faites*** *un roux,* ***ajoutez*** *un oignon émincé,* ***laissez*** *cuire un instant.*

L'impératif à la deuxième personne marque ici la relation inter-subjective $^\nabla$. Dans l'exemple suivant, elle ne sera pas marquée dans l'énoncé :
- ***Faire*** *un roux,* ***ajouter*** *un oignon émincé,* ***laisser*** *cuire un instant.*

L'infinitif, forme verbale non-déterminée par définition, ne comporte aucun marqueur de personne. La relation inter-subjective n'étant pas marquée, le co-énonciateur n'est pas repéré par rapport à l'énonciateur. On a donc là aussi un phénomène de distanciation.

Dans l'activité langagière, ces modes d'énonciation apparaissent rarement à l'état pur. Ils sont souvent mixtes et se rattachent donc à plusieurs catégories à la fois. Néanmoins, la **distanciation,** qu'elle soit exprimée par un commentaire, ou par un énoncé ne comportant aucun marqueur renvoyant aux éléments situation-

---

(9) André Gide, *La Porte étroite*, Paris, Mercure de France, 1959, « Folio », 1976.

nels, est caractéristique du français. La **relation directe** ▽ avec le référent, qu'elle soit établie par un énoncé constatif, ou par un énoncé repéré par rapport aux données situationnelles, est caractéristique de l'anglais.

Mais ces phénomènes sont relatifs et cette relativité explique un facteur paradoxal : ainsi la présence de l'énonciateur sera fortement marquée,
- d'une part dans le commentaire,
- d'autre part dans le discours repéré par rapport aux données situationnelles,

alors que ces deux types d'énoncés sont généralement à l'opposé l'un de l'autre, p. ex. :
- *Le logement, c'est lui qui l'a trouvé.*
(repère contextuel + commentaire)
- *He found **this** flat himself.*
(énoncé repéré par rapport à un élément situationnel)

La contradiction n'est qu'apparente. L'énonciateur intervient dans les deux cas, mais :
- en français, en se référant à son propre discours,
- en anglais, en se référant aux données situationnelles.

Ces problèmes ont une incidence sur tous les phénomènes linguistiques qui différencient les deux langues :
- l'agencement syntaxique,
- l'actualisation des procès,
- les problèmes d'aspect et de modalité ▽, et
- un problème fondamental qui englobe tous les autres, celui de la détermination ▽.

Nous tenterons, dans une première partie, de montrer l'incidence des opérations énonciatives, d'une part sur la nature et l'inter-relation des procès, d'autre part sur l'agencement syntaxique, tels qu'ils apparaissent en français et en anglais. Dans une deuxième partie, nous aborderons, en premier lieu des problèmes de repérage. Nous analyserons ensuite la façon dont les catégories du réel ▽ sont représentées dans les deux langues, notamment en ce qui concerne la différenciation entre les catégories animé ▽ et inanimé ▽, et entre les modalités hypothétiques et assertives, qui font l'objet de notre troisième partie. Nous tenterons enfin de montrer que les différents paramètres envisagés relèvent tous d'un problème fondamental de détermination qui lui-même découle de relations énonciatives ▽ radicalement différentes dans les deux langues.

2. Relation inter-procès et relation inter-propositionnelle

Il est impossible sur le plan théorique de dissocier l'inter-relation des procès, des relations inter-propositionnelles. L'un est en fait un cas particulier de l'autre. Nous tenterons, dans une première analyse, de souligner le rapport entre les deux.

Nous appellerons **procès repère** ▽ (10), tout procès qui détermine une situation et qui est indépendant à la fois du plan de l'énonciation et de tout autre procès.

[5] – *Le chauffeur de la Ford **ouvre** la porte, **s'excuse**, **sourit**.*
(S. Exupéry, *Courrier sud*, p. 26)(11)

[6] – *L'homme **se détacha** du groupe, **fit face** à d'Arrast et, d'un geste, lui **montra** le chemin.*
(A. Camus, La pierre qui pousse, p. 158)(12)

[7] – *Toad **jumped**, **rolled down** a short embankment, **picked himself up** unhurt, **scrambled** into the wood and **hid**.*
(K. Grahame, *The Wind in the Willows*, p. 161)(13)

Nous appellerons **procès repéré** ▽ (14) tout procès qui établit une mise en relation de l'énonciation avec une situation ou un élément d'une situation implicitement ou explicitement déterminé.

[8] – *Puis les mots lui vinrent et il parla. Il **parlait** avec une sûreté étonnante.*
(S. Exupéry, *Courrier sud*, p. 91)

[9] – *Mole rubbed his eyes and stared at Rat, who **was looking** about him in a puzzled sort of way.*
(K. Grahame, *The Wind in the Willows*, pp. 136-137)

[10] – *A certain Amy Lawrence vanished out of his heart, and left not even a memory of herself behind. He **had thought** he loved her to distraction; he **had regarded** his passion as adoration; and behold it was only a poor little evanescent partiality.*
(M. Twain, *T. Sawyer*, iii, p. 23)(15)

Nous considérons qu'un procès envisagé sous l'aspect d'accompli ▽ ou de non-accompli pose nécessairement l'existence d'une situation repère. Il nous semble en effet difficile de dire d'un procès que son terme est atteint ou n'est pas atteint, si on n'a pas posé l'existence de ce procès. Envisager un procès selon l'aspect terme atteint ▽ ou non atteint correspondrait donc à une opération de reprise. Lorsque l'opération de détermination est marquée explicitement dans l'énoncé, elle implique nécessairement la présence d'une forme verbale renvoyant à un **procès repère**. Une brève analyse de la forme **be + ing** mettra ce fait en évidence. Prenons un premier exemple :

[11] – *A burst of laughter made him straighten himself and look round. The barge-woman **was leaning back and laughing** unrestrainedly, till the tears ran down her cheeks.*
(K. Grahame, *The Wind in the Willows*, p. 194)

---

(10) Pour renvoyer à la syntaxe, nous utiliserons les termes **forme principale** pour un procès repère, et **forme secondaire** pour un procès repéré. L'emploi d'une double terminologie nous permettra d'établir une distinction
– d'une part entre les marqueurs de surface et les relations en profondeur,
– d'autre part entre différents degrés de secondarité.
(11) Antoine de Saint-Exupéry, *Courrier sud*, Paris, Gallimard, « Folio », 1929.
(12) Albert Camus, « La pierre qui pousse » in *L'Exil et le royaume*, Paris, Gallimard, « Folio », 1957.
(13) Kenneth Grahame, *The Wind in the Willows*, Londres, Methuen and Co Ltd, 1908, Magnet, 1978.
(14) Voir renvoi (10).
(15) Mark Twain, *The Adventures of Tom Sawyer*, Londres, Octopus Books Ltd, 1978. (Titre abrégé : *T. Sawyer*)

La proposition qui comporte les deux procès à la forme **be + ing** : *the barge-woman was leaning back and laughing unrestrainedly,* est repérée par rapport à un élément de la première proposition : ***a burst of laughter.*** Si on substituait des prétérits à la forme simple : ***leaned back and laughed*** aux deux prétérits à la forme **be + ing**, nous aurions, non plus des procès repérés, mais des procès indépendants qui constitueraient des nouveaux repères dans l'énoncé.

Le repérage par rapport à la proposition antérieure n'est pas nécessairement explicité. Ainsi dans l'exemple suivant :

[12] – Except for Melly, school was not really so dreadful now. **Nona was learning to write and paint and sew,** as Mother had said.

(R. Godden, *Miss Happiness and Miss Flower*, p. 66)[16]

la proposition soulignée renvoie à : *school was not really so dreadful now,* mais au niveau des marqueurs aucun élément n'est repris explicitement.

L'examen de cinquante nouvelles et romans, nous a permis de constater que l'on trouve rarement la forme **be + ing** dans la proposition principale de la première phrase. Celle-ci pose, en général, une situation repère $^\nabla$ et comporte donc un procès repère. Il existe, bien sûr, des exceptions stylistiques, telle que la nouvelle de Somerset Maugham, qui commence par la proposition :

[13] – *She was sitting on the verandah...*

(S. Maugham, *The Force of Circumstance*, p. 129)[17]

De même que le pronom *she,* la forme *be + ing* renvoie à un élément d'une situation repère explicitée dans le contexte. Cette opération de détermination n'apparaît cependant ici que dans la suite du récit.

Le procès à la forme **be + ing** dans la première phase de *Alice's Adventures in Wonderland* :

[14] – *Alice was beginning to get very tired of sitting by her sister on the bank...*

(L. Carroll, *Alice in W.*, p. 80)[18]

renvoie, non pas à une situation repère déterminée dans l'énoncé, mais à des données situationnelles qui simulent une situation repère. Comme dans beaucoup d'histoires pour enfants, on renvoie d'emblée à une situation actualisée, sans poser d'abord les éléments qui la déterminent.

Dans le cadre d'un discours $^\nabla$ le repérage d'un procès exprimé par le présent à la forme **be + ing** ne s'établit pas nécessairement par rapport à une situation repère énoncée antérieurement. Le repère peut être un élément déterminé dans une interrogation, par exemple : ***"you seen John"*** dans la question suivante :

– Have you seen John lately ?
– No, he's living in America now.

---

(16) Rumer Godden, *Miss Happiness and Miss Flower*, Londres, Macmillan, 1961, Harmondsworth, Middlesex, Penguin Books Ltd, "Puffin Books", 1966.
(17) Somerset Maugham, « The Force of Circumstance » in *Penguin Book of English short Stories*, ed. by Christopher Dolley, Harmondsworth, Middlesex, 1967.
(18) Lewis Carroll, *Alice's Adventures in Wonderland*, Paris, éd. bilingue Aubier-Flammarion, 1970. (Titre abrégé : *Alice in W.*)

ou encore les données situationnelles concomitantes [19] :

[15]   – « *Nona, **I'm talking** to you* », said Mother. « ***I'm asking** you if you want any more pudding ?* » *These days Nona often had more pudding, but now she did not answer.*
  « *Nona. **Are you dreaming** ?* » *Yes, Nona was dreaming...*
  (R. Godden, *Miss Happiness and Miss Flower*, pp. 68-69)

Ces données renvoient ici à une situation imaginaire, puisqu'il s'agit d'un dialogue dans un récit. Ceci ne change cependant rien au problème. La situation repère est déterminée situationnellement. Que le repère soit explicité ou non, la forme **be + ing** est toujours repérée. Le repère dont il est question n'est cependant pas le repère origine de l'énonciation, mais celui qui détermine la situation à laquelle renvoie la forme **be + ing**.

La distinction entre **repère** ▽ et **repéré** ▽ vaut également pour la relation inter-propositionnelle. La **proposition repère** sera souvent marquée en surface par une **proposition principale** et une **proposition repérée** par une **subordonnée**. Mais ce n'est pas nécessairement le cas. Il faut en effet distinguer deux types de subordonnées, l'une indissociable de la principale, qui peut jouer le rôle de repère :
  – *When he arrived, I went off.*
l'autre dissociable de la principale dans la mesure où elle renvoie à une opération indépendante [20] :
  – *John, **who hated parties**, slipped out unseen.*

Ce qui nous intéresse ici, c'est leur rapport avec les formes verbales. La subordonnée non-dissociable nous semble liée aux opérations de détermination, la subordonnée dissociable aux opérations **réflexives**. La première suppose un rapport **direct** avec le domaine référentiel, la deuxième un rapport **indirect**. Le problème ne se posera cependant pas dans les mêmes termes lorsque l'opération de détermination est effectuée par les données situationnelles.

C'est au degré d'**actualisation** ▽ des procès et à leur **inter-relation** que se mesure en partie la relation de l'énoncé avec le domaine référentiel. Les deux facteurs sont d'ailleurs étroitement liés.

Qu'entendons nous par **actualisation** ? Il s'agit d'une construction linguistique grâce à laquelle on renvoie à l'**occurrence** ▽ d'une situation, p. ex. :
  – *He came tumbling down the stairs.*
La **désactualisation** suppose au contraire qu'on ne construit pas une **occurrence**,
  – soit parce qu'on renvoie à la **notion**
  – *It takes time **to learn** a language*
  – soit parce qu'on envisage le procès comme étant **hypothétique**
  – *He **could learn** a language, if he wanted to.*
Il reste une troisième forme de **désactualisation** ▽, qui concerne un procès envisagé comme **accompli**
  – ***Having learnt** one language, he doesn't feel like learning another.*
Il y a en fait dans ce cas un renvoi à la situation. Cependant, on peut considérer qu'il y a désactualisation dans la mesure où on envisage le terme atteint et non l'occurrence.

[19] Nous utilisons le terme **concomitant** dans un sens large. Les données situationnelles ayant un statut théorique, elles constituent nécessairement une pré-construction dans l'opération linguistique.

[20] Voir à ce sujet : C. Fuchs, J. Milner, P. Le Goffic, *A propos des relatives*. Paris SELAF, 1978 ; et C. Fuchs, A.M. Léonard, *Vers une théorie des aspects*, pp. 169-174.

Mais on ne peut déterminer ces valeurs en dehors d'un contexte ▽ et d'une situation d'énonciation. Les valeurs fondamentales peuvent fort bien être neutralisées au profit d'autres valeurs. Ainsi l'énoncé :
- *He danced and sang*
peut renvoyer simplement à deux propriétés *(He was a singer and a dancer)* mais si l'on ajoute un marqueur de succession
- *He danced and then he sang*
il ne s'agit plus de deux propriétés, mais de deux procès actualisés renvoyant à des occurrences sur un axe temporel.

D'autre part lorsque les données situationnelles constituent le repère, un procès
- qui coïncide avec le moment de l'énonciation, et
- qui renvoie à un procès dont le terme n'est pas atteint,
ne peut pas être considéré comme désactualisé. L'opération de détermination étant déjà effectuée, seul un procès repéré peut marquer la co-référence avec la situation déterminée. Nous faisons allusion à la forme **be + ing** au présent. Lorsqu'il n'existe qu'une forme verbale repère pour le présent, comme en français, cette co-référence ne peut être qu'implicite.

Les formes verbales secondaires ▽ (21) le sont à des degrés plus ou moins marqués. Mais ici encore, une classification absolue n'aurait aucun sens. On ne peut établir qu'une gradation. Opérons à partir de la phrase suivante une série de transformations :
- *Rentré chez lui, il découvrit que sa femme était partie.*
- *Rentrant chez lui, il découvrit que sa femme était partie.*
- *Il rentra chez lui, et découvrit que sa femme était partie.*

Dans le premier exemple, le procès **Rentré** exprime un processus stabilisé ▽. Nous avons donc, désactualisation au niveau des valeurs, forme verbale secondaire marquée du point de vue morphologique. Dans le deuxième, le procès **Rentrant** implique, par rapport au premier, une actualisation relative du procès, par rapport au troisième, une désactualisation. Nous avons en surface une forme verbale secondaire non marquée. Dans le troisième exemple, le procès **Il rentra** correspond à une actualisation maximale. Il s'agit cette fois d'une forme verbale principale ▽ (21).

Nous pouvons établir une gradation analogue pour la série des formes verbales suivantes :
- *Ayant fait sa toilette, elle se mit au travail.*
- *Elle avait fait sa toilette, et se mit au travail.*
- *Elle fit sa toilette et se mit au travail.*

Nous avons cette fois, dans le premier cas : **Ayant fait**, un aspect d'accompli avec effacement relatif du processus, dans le deuxième : **Elle avait fait** un aspect d'accompli avec actualisation relative du processus par rapport au premier exemple, et désactualisation relative par rapport au troisième. Le troisième exemple comporte, à nouveau, une actualisation maximale. Si nous classons les formes

---

(21) Voir note (10).

verbales les unes par rapport aux autres, nous aurons la gradation suivante : forme secondaire marquée, forme secondaire non marquée, forme principale.

La relativité des valeurs d'actualisation et de désactualisation ressort clairement de cette série de transformations. Les quatre formes verbales secondaires citées : **Rentré, rentrant, ayant fait, avait fait,** impliquent des degrés d'actualisation qui ne peuvent se mesurer que les uns par rapport aux autres. D'autre part, ce qui compte dans le cadre d'une étude contrastive, c'est le décalage qui apparaît d'une langue à l'autre, et non une gradation fixe et absolue.

En quoi le degré d'actualisation des procès a-t-il une incidence sur l'agencement syntaxique ?

Tout d'abord, les formes verbales participiales ne peuvent figurer que dans une proposition subordonnée. Prenons trois exemples :
- **Sachant** *qu'elle devait partir, il appela un taxi.*
- **Ayant fait** *son devoir, il rentra chez lui.*
- **Intrigué** *par cet incident, il décida de faire une enquête.*

La désactualisation des procès entraîne nécessairement dans les trois cas la dépendance syntaxique. Pour les procès repérés à forme non-participiale, ce n'est pas nécessairement le cas. Mais les deux phénomènes : subordination syntaxique et désactualisation du procès, sont souvent liés
- *J'ai photographié le coucher du soleil,* **avant qu'il ne disparaisse.**

[16] - ...*les deux frères pénétrèrent dans la forêt* **pour en ressortir** *une minute plus tard...*
(H. Parisot, p. 123)[22]

Citons enfin des exemples où les deux phénomènes sont dissociés :

[17] - *Au bout d'un moment, Ballester revint et tous avancèrent vers lui. Exposito* **avait coupé** *le moteur.*
(A. Camus, *Les muets*, p. 77)[23]

[18] - *Sa marraine, qui la* **vit** *toute en pleurs, lui demanda ce qu'elle avait.*
(C. Perrault, *Cendrillon*, p. 159)

Dans le premier exemple, nous avons un procès désactualisé : **avait coupé**, dans une proposition indépendante ; dans le deuxième, un procès actualisé : **vit**, dans une proposition subordonnée dissociable de la principale. Lorsqu'il y a non-coïncidence entre subordination syntaxique et secondarité verbale, il nous semble que l'une comme l'autre peut renvoyer à une désactualisation. Cette valeur sera cependant plus marquée dans les énoncés qui comportent le double phénomène, la secondarité verbale entraînant la subordination syntaxique.

C'est sur l'opposition **actualisation/désactualisation** que repose notre analyse différentielle des procès dans un premier temps.

---

(22) Henri Parisot, traducteur *De l'autre côté du miroir et ce qu'Alice y trouva*, (Lewis Carroll, *Through the Looking-glass and what Alice found there*) Paris, bilingue Aubier-Flammarion, 1971.
(23) Albert Camus, « Les muets » in *L'exil et le royaume*, Paris, Gallimard, « Folio », 1957.

3. Schéma contrastif I

Voyons tout d'abord, comment se présente la configuration générale d'un enchaînement de procès dans les deux langues. Il suffit de prendre un paragraphe dans notre corpus, avec la traduction en regard, pour en faire ressortir les traits saillants :

*Il **était** vêtu d'une redingote bleue, **tombant** droit d'elle-même tout autour de son corps maigre, et sa casquette de cuir, à pattes **nouées** par des cordons sur le sommet de sa tête, **laissait** voir, sous la visière **relevée**, un front chauve, qu'avait déprimé **l'habitude** du casque. Il **portait** un gilet de drap noir, un col de crin, un pantalon gris, et, en toute saison, des bottes **bien cirées** qui **avaient** deux renflements parallèles, à cause de la saillie de ses orteils. Pas un poil ne **dépassait** la ligne de son collier blond, qui, **contournant** la mâchoire, **encadrait** comme la bordure d'une plate-bande sa longue figure terne, dont les yeux étaient petits et le nez busqué. Fort à tous les jeux de carte, bon chasseur, et **possédant** une belle écriture, il **avait** chez lui un tour, où il **s'amusait** à tourner des ronds de serviette dont il **encombrait** sa maison, avec la jalousie d'un artiste et l'égoïsme d'un bourgeois.*
(G. Flaubert, *Mme B.*, II, 1, p. 110) [24]

He **was** dressed in a blue frock-coat which **hung** stiff and straight about his bony form. On his head **was** a leather cap with earflaps **tied** together on the top. The peak **was** turned up and revealed a forehead from which the hair had receded as a result of his having had to wear a military helmet in early life. He had on a black cloth waistcoat and a cravat of horsehair. His trousers **were** of some grey material, and his boots, which, no matter what the weather, he always **kept** well-polished, showed two parallel bulges **caused** by the prominence of his big toes. Not a hair **encroached** on the white collar which **followed** the line of his jaw, and, like the edge of a flower-bed, **framed** a long, sallow face, with small eyes and an aquiline nose. He **was** good at all card games, an excellent shot, and **wrote** a beautiful hand. He **was** the proud possessor of a lathe on which he **turned** napkin-rings for his amusement. His house **was** crammed with them, and, in this hobby, he **showed** all the jealousy of an artist, and all the egotism of a scion of the middle-class.
(G. Hopkins, p. 90) [25]

Il est clair que ces deux textes présentent des différences radicales. En anglais, l'actualisation des procès est beaucoup plus marquée. En français, l'énoncé est sans cesse interrompu par des reprises, marquées par des procès secondaires imbriqués dans un schéma de subordination. On relève, en français, 10 procès à l'imparfait qui, sans être des procès repères, n'impliquent pas une subordination syntaxique,

---

(24) Gustave Flaubert, *Madame Bovary*, Paris, Garnier-Flammarion, 1966, (titre abrégé : *Mme B.*).
(25) Gerard Hopkins, traducteur, *Madame Bovary*, Londres, Oxford, University Press, "The World's Classics", 1959.

et, en anglais 18 prétérits [26]; 6 des syntagmes verbaux ajoutés dans la traduction correspondent à l'actualisation d'un procès :
- soit, qui ne figure pas dans l'énoncé français,
- soit, qui existe sous forme complètement désactualisée.
  - *On his head **was** a leather cap...*
  - *The peak **was** turned up...*
  - *His trousers **were** of some grey material...*
  - *... he always **kept** well-polished...*
  - *He **was** good at all card games...*
  - *... he **showed** all the jealousy...*

Trois procès à forme verbale principale remplacent dans la traduction des procès à forme secondaire au participe présent :
  - *... which **hung** stiff and straight...*
  - *... which **followed** the line of his jaw...*
  - *... and **wrote** a beautiful hand.*

Notons, en outre, un syntagme nominal et une locution prépositionnelle, qui sont rendus, en anglais, par des procès à forme verbale secondaire :
  - *... of his **having had to wear** a military helmet...*
  - *... **caused by** the prominence of his big toes.*

Les procès actualisés dans la traduction ne figurent pas tous dans des propositions principales. La mise en regard des deux textes fait néanmoins apparaître de façon très nette le phénomène d'**actualisation** en anglais.

Prenons à titre de vérification, une séquence de procès dans un autre corpus. Voici un paragraphe, tiré de *La peste* de Camus et la traduction de Stuart Gilbert.

4. Schéma contrastif II

*L'affiche **annonçait** ensuite des mesures d'ensemble, parmi lesquelles une dératisation scientifique par injection de gaz toxiques dans les égouts et une surveillance étroite de l'alimentation en eau. Elle **recommandait** aux habitants la plus extrême propreté et **invitait** enfin les porteurs de puces **à se présenter** dans les dispensaires municipaux. D'autre part les familles **devaient** obligatoirement **déclarer** les cas diagnostiqués par le médecin et consentir à l'isolement de leurs malades dans les salles spéciales de*

*The notice **outlined** the general programme that the authorities **had drawn up**. It **included** a systematic extermination of the rat population by **injecting** poison gas into the sewers and a strict supervision of the water-supply. The townspeople **were advised to practise** extreme cleanliness, and any who **found** fleas on their persons were **directed to call** at the municipal dispensaries. Also heads of households **were ordered** promptly **to report** any fever case diagnosed by their doctors and to permit*

---

(26) Nous n'insistons pas ici sur les différences de valeur entre le prétérit et l'imparfait dans la mesure où celles-ci tiennent aux systèmes linguistiques des deux langues et ne correspondent pas à des choix dans l'activité langagière.

l'hôpital. Ces salles *étaient* d'ailleurs *équipées* pour soigner les malades dans le minimum de temps et avec le maximum de chances de guérison. Quelques articles supplémentaires **soumettaient** à la désinfection obligatoire la chambre du malade et le véhicule de transport. Pour le reste, on **se bornait à recommander** aux proches de se soumettre à une surveillance sanitaire.
(A. Camus, La Peste, I, p. 58)

the isolation of sick members of their families in special wards at the hospital. These wards, **it was explained, were equipped** to provide patients with immediate treatment and **ensure** the maximum propsect of discovery. Some supplementary regulations **enjoined** compulsory disinfection of the sick-room and of the vehicle in which the patient **travelled**. For the rest, the Prefect **confined himself to advising** all who **had been in contact** with the patient to consult the sanitary inspector and strictly **to follow** his advice.
(S. Gilbert, pp. 47-48) [27]

Nous constatons, à nouveau, entre ces deux textes, une différence radicale dans le choix des formes verbales et le nombre de procès explicités. De même que dans le texte de Flaubert, l'actualisation est beaucoup plus marquée en anglais, et ceci grâce à la présence de 9 syntagmes verbaux $^\triangledown$ qui, dans le texte de départ sont, soit non marqués, soit marqués par un syntagme non-verbal.

Voyons de plus près, à l'aide d'autres exemples dans *Madame Bovary*, les différents procédés de transformation mis en jeu dans le passage d'une langue à l'autre. Nous avons déjà constaté dans les deux schémas contrastifs que nous présentons, une série d'exemples qui correspond à la transposition :
Absence de syntagme verbal en français→**introduction d'un syntagme verbal** en anglais.

Deux schémas de départ peuvent donner lieu à l'introduction d'un syntagme verbal :

soit **absence de syntagme** → **ajout d'un syntagme verbal**
    en français   en anglais.

syntagme non verbal → transformé en **syntagme verbal**
    en français.   en anglais.

Qu'il s'agisse d'un ajout ou d'une transformation, l'insertion d'un syntagme verbal dans l'énoncé anglais entraînera forcément des conséquences syntaxiques. Ainsi, l'introduction d'un syntagme verbal à partir d'un signe linguistique zéro, se fait souvent dans une nouvelle proposition. Cependant, les schémas syntaxiques comportent trop de variations pour être généralisables. Contentons-nous de répertorier quelques-unes de ces structures syntaxiques en précisant leurs particularités.

---

(27) Stuart Gilbert, traducteur, *The Plague*, Harmondsworth, Middlesex, Penguin Books Ltd, 1960.

II. Absence → Introduction d'un syntagme verbal

1. Absence de syntagme → syntagme verbal

(I) Syntagme verbal inséré dans une proposition

a) **Temporelle**

Dans les trois exemples suivants, nous avons un seul syntagme verbal en français, suivi ou précédé d'un complément de localisation spatiale ▽ (28) :

[19] – *Emma, **dès le vestibule, sentit tomber** sur ses épaules, comme un linge humide, le froid du plâtre.*
(*Mme B.*, II, ıı, p. 119)

[20] – *Un battement de cœur la **prit dès le vestibule**.*
(*Mme B.*, II, xv, p. 247)

[21] – *Et il entra dans l'église, **en faisant, dès la porte**, une génuflexion*
(*Mme B.*, II, vı, p. 147)

Les traducteurs G. Hopkins et L. May ont introduit un deuxième syntagme verbal dans chacune de leurs traductions. Dans cinq cas sur six, ils sont insérés dans des propositions temporelles :

– ***As soon as she entered*** *the hall, Emma felt the chill of damp plaster like a wet cloth upon her shoulders.*
(G. Hopkins, p. 101)

– ***No sooner was she*** *in the hall...*
(L. May, p. 101) (29)

– ***As soon as she got back*** *into the Foyer, Emma was conscious that her heart was beating more quickly.*
(G. Hopkins, p. 272)

– *...**as soon as she got** into the vestibule.*
(L. May, p. 228)

– *He went into the church, **pausing** at the door to make his genuflexion.*
(G. Hopkins, p. 138)

– *So saying, he turned to enter the church, genuflecting **as soon as he reached** the door.*
(L. May, p. 128)

---

(28) Nous donnons à **complément** de localisation spatiale, la valeur d'un marqueur de surface, par opposition à : localisation spatiale, qui renvoie à l'opération en profondeur. Dans cette opération le verbe + le complément adverbial et/ou la préposition et le groupe nominal forment un tout, que nous dissocions pour les besoins de l'analyse contrastive.

(29) J. Lewis May, traducteur, *Madame Bovary*, Londres et Glasgow, Collins, 1953.

Les trois compléments de localisation dans les énoncés français, sont composés de deux syntagmes qui renvoient l'un à un élément d'ordre spatial, l'autre à un élément d'ordre temporel. Cette juxtaposition d'éléments hétérogènes est supprimée en anglais grâce au syntagme verbal qui introduit une relation entre les deux termes.
- A un verbe d'état ▽ *(was)* correspond une préposition de localisation statique ▽ : ***in***.
- A un verbe de processus ▽ impliquant le déplacement d'un point de repère à un autre *(got back)* correspond une préposition qui implique un « parcours spatial » ▽ [30] et un point d'aboutissement : ***into***.

Mais le complément de localisation en français ne comporte pas nécessairement des syntagmes d'ordre différent. On trouve des exemples où ils sont du même ordre.
- soit spatial :
   [22] – *Lorsqu'il s'aperçut donc que Charles avait les pommettes rouges **près de sa fille**...*   (Mme *B*., I, III, p. 57)
- soit temporel :
   [23] – ***Dès les premiers froids**, Emma quitta sa chambre...*
                                                          (Mme *B*., II, IV, p. 130)
   [24] – *...et **jusqu'à plus de quatre ans** ils portaient tous, impitoyablement, des bourrelets matelassés.*   (Mme *B*., II, VI, p. 149)

C'est l'adjectif numéral ordinal : ***premiers*** qui donne une valeur temporelle au syntagme nominal dans le deuxième exemple, et la combinaison adjectif cardinal + syntagme nominal à sémantisme temporel : ***quatre ans***, dans le troisième.

Les traductions de ces trois exemples obéissent aux mêmes schémas de transposition [31] que les trois premiers exemples cités : introduction d'un syntagme verbal, inséré dans une proposition temporelle.
- *When, therefore, he noticed how flushed Charles looked **whenever he was sitting** with his daughter...*   (G. Hopkins, p. 28)
- *...**when he was** near his daughter...*   (L. May, p. 41)
- ***When** the cold weather **began**, Emma abandoned her bedroom...*
                                                          (G. Hopkins, p. 116)
- ***As soon as** the weather **began to turn cold**...*   (L. May, p. 112)
- *...and even **when they were** well past their fourth birthdays they were mercilessly compelled to wear quilted caps.*
                                                          (G. Hopkins, p. 140)
  *...and **till they were** turned four, they all had to wear wadding inside their caps.*   (L. May, p. 130)

Ce procédé n'est donc pas simplement destiné à unifier les catégories auxquelles renvoient les locutions de localisation.

(30) Nous mettons le terme « parcours spatial » entre guillemets, pour éviter la confusion avec l'emploi du terme **parcours**▽ que fait A. Culioli. Il s'agit ici de l'espace défini par les repères mis en jeu.
(31) Nous n'entendons pas par **transposition**, uniquement un changement dans l'ordre des éléments, mais toute transformation d'ordre aussi bien syntaxique que lexical.

b) **Relative**

Souvent le syntagme verbal ajouté s'insère dans une proposition relative qui qualifie un élément non-déterminé en français [32]. Ainsi dans le texte de Camus :
- *L'affiche annonçait ensuite des* **mesures d'ensemble**...
(voir schéma contrastif, p. 14)

le $C_1^\triangledown$ comporte une faible détermination . Au C_1 s'ajoute, en anglais, une nouvelle proposition qui comporte nécessairement un syntagme verbal :
- ...*the general programme* **that the authorities** *had drawn up.*
(Ibid.)

Le C_1 est, de ce fait, déterminé par une mise en relation avec son agent $^\triangledown$.

(II) Syntagme verbal inséré dans le C_1

L'explicitation d'un deuxième procès dans la traduction de la phrase :
- *Elle recommandait aux habitants la plus extrême propreté...*
(voir schéma contrastif, p. 14)

soulignera, à nouveau la relation entre le C_1 et l'élément animé : **habitants**. En français, nous avons le schéma syntaxique : S.N. + V. + $C_2^\triangledown$ + C_1. Le rapport entre le C_1 et le C_2 est un rapport : élément destiné/destinataire $^\triangledown$. En anglais, la relation sera plus rigoureusement définie :
- *The townspeople were advised to practise extreme cleanliness...*
(Ibid)

Le schéma de passivation permet de substituer au $C_0^\triangledown$ inanimé l'animé qui se trouve en position C_2 en français, et l'introduction du syntagme verbal : *to practise* établit une mise en relation de l'élément C_1 avec son agent.

(III) Procès et détermination

Notons ce même élément de détermination dans la traduction de la phrase suivante, qui comporte, cette fois, une détermination plus marquée du procès, mais sans qu'un syntagme verbal soit rajouté :
- *D'autre part* **les familles devaient** *obligatoirement déclarer les cas diagnostiqués par le médecin...* (voir schéma contrastif, p. 14)
- *Also* **heads of households were ordered** *promptly* **to report** *any fever case diagnosed by their doctors...*
(Ibid.)

La détermination sémantique et la transformation de la forme verbale dans la traduction de : **devaient,** impliquent que le C_0 : **heads of households** soit localisé par rapport à un agent extérieur. Ce phénomène de détermination n'est, cependant, pas particulier au procès. On le retrouve dans la détermination adjectivale du C_1 : **fever case** et dans la particularisation $^\triangledown$ du C_0 : **heads of households.**

---

[32] Ce problème sera repris dans le chapitre IV : **Repérage et détermination,** p. 157.

Ce problème tient, en fait, à la différenciation des marqueurs renvoyant aux catégories du réel que nous étudierons dans notre deuxième partie. Mais il est intéressant de noter, dès à présent, le rapport entre l'explicitation des procès et ce phénomène de détermination. Dans la mesure où un procès implique, par définition, une mise en relation, l'ajout d'un syntagme verbal permet souvent de préciser le rapport exact dans lequel se situent les éléments animés et inanimés d'un énoncé les uns par rapport aux autres : agent du procès, animé humain auquel est attribué la volition, point de vue dont le procès est envisagé, etc.

Citons un dernier exemple qui met en relief le rapport entre ces deux phénomènes. Il s'agit de la dernière phrase de notre schéma contrastif II :

– *Pour le reste,* **on** *se bornait à recommander aux* **proches** *de se soumettre à une* **surveillance sanitaire.** (voir p. 15)

Trois éléments sont mis en relation. Le premier est marqué par un pronom indéterminé : **on**, le deuxième par un S.N. dont le sémantisme implique une faible détermination : **proches**, et le troisième par un S.N. qui renvoie à la notion : **surveillance sanitaire**. En anglais, nous constatons, premièrement, la transformation du S.N. à valeur notionnelle en S.N. renvoyant à un animé humain : **surveillance sanitaire→the sanitary inspector**, deuxièmement la transformation du C_0 indéfini en C_0 déterminé : **on→the Prefect**, troisièmement la détermination du C_1 : **proches→all who had been in contact with the patient.** En outre, le G.V. : *se soumettre à une surveillance sanitaire* est décomposé en deux groupes verbaux indiquant une relation à double orientation : *to consult the sanitary inspector and strictly to follow his advice.*

S'il est vrai que le traducteur de ce texte a tendance à expliciter de façon excessive, ses excès mêmes font ressortir plus clairement ces phénomènes de détermination.

(IV) Ellipse du procès→Rétablissement

Il arrive fréquemment, en français, qu'un énoncé se rapporte à des données situationnelles dont tous les éléments ne sont pas déterminés. C'est le cas, dans l'exemple suivant :

[25] – *Enfin, à onze heures, n'y tenant plus, Charles attela son boc, sauta dedans, fouetta sa bête et arriva vers deux heures du matin à la* Croix Rouge. **Personne.** *Il pensa que le clerc peut-être l'avait vue; mais où demeurait-il ?*

(Mme *B.,* III, v, p. 299)

Cet énoncé comporte des changements de mode d'énonciation dont le premier marqueur est le syntagme nominal : **Personne.** On passe, sans transition, du récit au discours. Or, cette rupture, pose un problème en anglais. Le syntagme **Personne** non repéré, pourrait figurer en anglais dans un discours direct en réponse à une interrogation qui comporte des éléments repérés, par exemple : *Who did you see ?* Dans un discours intérieur ou intérieur libre, il faudrait ajouter une localisation spatiale, p. ex : *No one about !* Ce repérage spatial ne suffira cependant pas à

éliminer, dans cet énoncé, le brusque passage du récit à un autre mode d'énonciation ▽. Il faudra expliciter le procès :
- soit de façon à maintenir les deux énoncés dans le même mode d'énonciation,
- soit de façon à supprimer la rupture grâce à un signe grammatical qui peut être commun à ces deux modes, c'est-à-dire un syntagme verbal.
- *Finally, at eleven o'clock, Charles, unable to stand the strain any longer, harnessed the trap, jumped into it, lashed the horse into a gallop, and arrived at the* Red Cross *about two o'clock in the morning.* **There was no one about.**
(G. Hopkins, p. 338)
- *At last, at eleven o'clock, Charles unable to bear the suspense any longer, put the horse in the trap, jumped in, and driving as hard as he could, arrived at the* Croix Rouge *about two in the morning.* **She wasn't there !**
(L. May, p. 281)

Le problème se pose à nouveau mais de façon moins complexe, pour la série de questions elliptiques dans la troisième phrase de l'exemple qui suit :
[26] - *Qui t'a retenue hier ?*
- *J'ai été malade.*
- *Et de quoi ?... Où ?... Comment ?*
($M^{me} B.$, III, v, p. 300)

Laissons de côté la première question : *Et de quoi ?* qui ne peut être traduite littéralement en anglais et nécessite donc, obligatoirement, une reformulation. Les deux questions qui suivent ne s'insèrent pas dans un enchaînement suffisamment évident, d'une part, par rapport à la situation à laquelle elles se réfèrent, c'est-à-dire : **J'ai été malade,** d'autre part, les unes par rapport aux autres, pour passer naturellement en anglais. C'est pourquoi nous acceptons difficilement la traduction de Lewis May :
- *"Where on earth have you been ?"* he cried.
"I wasn't well"
"What was the matter ?... Where ?... How ?..."
(L. May, pp. 281-282)

Par contre, celle de Hopkins nous semble correspondre, grâce aux syntagmes verbaux qu'il introduit, aux critères de détermination que nous avons évoqués :
- *"Who was it kept you here last night ?"*
"I was feeling unwell".
"What was the matter with you ?... Where were you ?... How exactly do you mean unwell ?"
(G. Hopkins, p. 339)

L'explicitation du procès dans les exemples que nous venons d'examiner, est liée de façon évidente à des opérations de détermination. Le syntagme verbal permet, en effet,
- de mettre en relations des éléments de la **relation prédicative** ▽, et
- de relier les modes d'énonciation dans lesquels ils s'insèrent.

2. Syntagme non verbal → Syntagme verbal

(1) Syntagme nominal ▽

Si l'absence de signe linguistique peut donner lieu à un syntagme verbal, en anglais, la transposition la plus fréquente se fait à partir d'un syntagme non-verbal. Celui-ci sera souvent un **syntagme nominal,** dont la verbalisation peut aller du **gérondif** à une **forme verbal principale.**

a) Syntagme nominal→Forme verbale nominalisée

Nous trouvons des exemples de gérondifs, aussi bien dans la traduction du texte de Camus proposé, que dans celle de notre propre corpus :
- *L'affiche annonçait ensuite des mesures d'ensemble parmi lesquelles une dératisation scientifique par **injection** de gaz toxiques dans les égouts...*
(Voir Schéma contrastif II, p. 14)
- *It included a systematic extermination of the rat population by **injecting** poison gas into the sewers...* (Ibid.)

[27] - *Elle resta seule, et alors on entendit une flûte qui faisait comme un **murmure** de fontaine ou comme des **gazouillements** d'oiseaux.*
(Mme B., II, xv, p. 248)
- *She was left alone, and gradually the listening ear became aware of a flute, the notes of which might have been the **murmuring** of a stream or the **twittering** of a bird.* (G. Hopkins, p. 273)
- *She remained alone, and then was heard the music of a flute, which sounded like a murmuring fountain or the gentle **warbling** of birds.* (L. May, p. 229)

En français nous avons, dans chacun des cas soulignés, un renvoi à la notion : **injection, murmure, gazouillement** et en anglais, l'actualisation de cette notion grâce à la verbalisation [33] du syntagme nominal. S'il est vrai qu'en français on n'a pas le choix entre deux formes de nominalisation, on pourrait cependant se demander s'il n'existe pas un rapport entre l'existence même, en anglais, d'une forme nominale verbalisée et la tendance à actualiser les procès dans l'activité langagière.

---

(33) Nous utilisons les termes **verbaliser** et **verbalisation** pour désigner la transformation d'un syntagme non-verbal en syntagme verbal et non dans son acception courante.

b) Syntagme nominal→Proposition infinitive

Il va de soi que, dans de nombreux cas, les traducteurs ont le choix entre plusieurs formes verbales. Citons deux exemples qui ont donné lieu à des verbalisation d'ordre différent :

[28] – *Lorsque le moment fut venu des **embrassades**, Mme Homais pleura...* (Mme B., II, vi, p. 151)

[29] – *Parfois [...] il indiquait délicatement à Madame le morceau le plus tendre, ou, se tournant vers la bonne, lui adressait des conseils pour la **manipulation** des ragoûts...* (Mme B., II, iv, p. 130)

Les syntagmes nominaux soulignés sont rendus, selon les traducteurs, soit par un gérondif, soit par une locution infinitive. Pour le premier exemple, c'est G. Hopkins qui utilise un gérondif et Lewis May une locution infinitive.

– *When the moment for **leave-taking** arrived, Madame Homais wept...* (G. Hopkins, p. 143)

– *When the time came **to say good-bye**, Madame Homais burst out crying...* (L. May, p. 132)

Inversement, pour le deuxième exemple, c'est G. Hopkins qui a recours à la locution infinitive et L. May au gérondif.

– *Sometimes [...] he would point out the most delicate morsels to Madame, or, turning to the maid, give her advice how best **to deal** with stews...* (G. Hopkins, p. 117)

– *Sometimes he [...] would delicately point out a tit-bit to Madame, or, turning to the servant, give her some really sound advice about **the making** of stews...* (L. May, p. 112)

Il est intéressant de noter que le phénomène de verbalisation n'est pas lié dans les exemples [28] et [29] à l'introduction d'un agent. Ceci est important. On pourrait se demander, en effet, pour les exemples cités à propos du rapport entre l'explicitation des procès et les phénomènes de détermination, lequel des deux est le facteur fondamental :

– l'introduction de l'agent, ou
– l'explicitation du procès.

Les deux opérations sont clairement liées, mais il apparaît clairement ici que la verbalisation peut être indépendante de tout autre élément de détermination.

c) Syntagme nominal→Forme verbale secondaire

Dans notre schéma contrastif I (p. 13), nous trouvons un exemple de syntagme nominal qui a également été verbalisé de façon différente selon les traducteurs. Il s'agit de la locution : **l'habitude du casque.** Encore une fois, selon la formule choisie, le sujet animé est ou n'est pas réintroduit. Lewis May rend cette expression par un gérondif :

- *... his leather cap [...] revealed, under its raised peak, a bald forehead compressed by long years of **helmet-wearing**.*
(L. May, p. 92)

G. Hopkins choisit une forme infinitive participiale qui l'oblige à réintroduire un marqueur renvoyant à l'animé humain. Sans cet ajout, l'activité verbale serait, en effet, attribuée à l'inanimé **hair**.

- *The peak was turned up and revealed a forehead from which the hair had receded as a result **of his having had to wear** a military helmet...*
(G. Hopkins, p. 90)

d) Syntagme nominal→Forme verbale principale

Citons, enfin, deux exemples d'actualisation maximale du procès. Le substantif verbalisé peut, en effet, donner lieu en anglais, à une forme verbale principale. Dans le premier exemple, nous avons un schéma syntaxique simple :

[30] - *A son entrée, Mme Bovary se leva vivement.*
($M^{me}B$., II, vi, p. 151)

En anglais, la transformation du syntagme nominal en syntagme verbal entraîne une modification dans l'ensemble de la structure syntaxique. Le complément temporel antéposé est transformé en proposition temporelle.

- ***As he entered** the room, Madame Bovary got up quickly.*
(G. Hopkins, p. 143)

- ***As he went in** Madame Bovary rose quickly.*
(L. May, p. 132)

Le deuxième exemple est plus complexe :

[31] - *La flamme de la cheminée faisait trembler au plafond **une clarté joyeuse**...*
($M^{me}B$., II, v, p. 135)

Les traductions anglaises déterminent l'élément de renvoi à la notion : **clarté**, en l'actualisant. Cette solution permet, en même temps, d'éviter l'agencement d'un C_o inanimé avec un verbe de volition $^\triangledown$. A la forme verbale nominalisée : **flickering** choisie par G. Hopkins, nous préférons la forme verbale principale : **flickered**, solution retenue par L. May.

- *The flame in the hearth **made a cheerful flickering** on the ceiling.*
(G. Hopkins, p. 123)

- *The firelight **flickered joyously** on the ceiling.*
(L. May, p. 117)

Il va de soi que la verbalisation maximale entraine la transformation de l'adjectif **cheerful** en adverbe $^\triangledown$. Cette deuxième solution nous paraît préférable parce que la combinaison **to make + gérondif** passe difficilement sans l'ajout d'un substantif, par exemple : **flickering pattern**.

e) Syntagme nominal juxtaposé dans une locution adverbiale→Verbalisation

Lorsqu'un syntagme nominal à fonction adverbiale se trouve, en français, juxtaposé à la proposition principale, la transformation syntaxique, en anglais, correspond à une contrainte. Mais elle peut prendre deux formes : l'une syntaxique, qui sera traitée dans le cadre de notre analyse syntaxique, l'autre verbale, que nous tâcherons de préciser dès à présent.

Nous trouvons fréquemment, en français, la structure syntaxique soulignée dans l'exemple suivant :

[32] – *Et, sans écouter la mère Lefrançois, qui le rappelait pour lui en conter plus long, le pharmacien s'éloigna d'un pas rapide, **sourire aux lèvres**, et **jarret tendu**...* (*Mme B.*, II, viii, p. 166)

La juxtaposition des syntagmes nominaux ne peut être maintenue telle quelle, en anglais, G. Hopkins a choisi de verbaliser le premier et de transformer le deuxième en syntagme adjectival.

– *Without listening to Madame Lefrançois who called him back that she might continue her story at greater length, the pharmacist hastened away, **smiling** and **very upright**...*
(G. Hopkins, p. 163)

Lewis May a choisi une solution syntaxique que nous analyserons ultérieurement.

L'introduction d'un syntagme verbal dans une juxtaposition nominale, a valeur adverbiale, peut se faire selon différents schémas :

– la transformation du syntagme nominal en syntagme verbal (cf. notre dernier exemple),
– l'introduction d'un syntagme verbal entre la proposition principale et le syntagme nominal ;
– la verbalisation de l'épithète qui qualifie le syntagme nominal.

Différents procédés sont utilisés pour rendre les juxtapositions nominales dans l'exemple suivant :

[33] – *Puis, **les deux mains sur la table, le cou tendu, la taille penchée**, il suivait, **bouche béante**, le regard d'Emma, qui se promenait indécis parmi ces marchandises.* (*Mme B.*, II, v, p. 136)

Nous avons ici une suite de juxtapositions qui ont donné lieu à une série de verbalisations dans les traductions anglaises :

– *Then, **spreading** his hands on the table, **leaning** forward, and **stretching** his neck, he watched **open-mouthed**, while Emma looked through his merchandise...* (G. Hopkins, p. 124)

– *Then, **leaning forward** with both hands on the table, and **craning out** his neck, he watched Emma **open-mouthed** as she stood irresolute, surveying the varied assortment.*
(L. May, p. 118)

La première verbalisation : ***spreading***, dans la traduction de G. Hopkins, correspond à l'explicitation d'un procès (nous réservons l'analyse de la solution non-verbale : *with*, à plus tard) ; la deuxième : ***leaning***, dans les deux traductions, à l'actualisation d'un procès ; la troisième : ***stretching/craning out***, également à l'actualisation d'un procès, et la dernière : ***open-mouthed***, à la détermination d'une propriété par sa mise en relation avec le terme origine du procès : *he*.

Quel que soit le degré d'actualisation des différents procès, par rapport à l'énoncé d'origine, il est intéressant de noter la récurrence du phénomène de verbalisation.

(II) Syntagme adjectival

Nous avons déjà pu constater, d'après certains des exemples qui précèdent, que l'actualisation du procès, en anglais, peut se faire à partir d'un marqueur **adjectival**. Celui-ci peut être :
— à base verbale : visière ***relevée***, bottes ***cirées;***
— ou à base non-verbale : bouche démesurée, figure bleuâtre [34].

a) Adjectif verbal

Le premier cas est plus fréquent. On peut en effet considérer que, relativement à la valeur de propriété, le renvoi à un processus stabilisé constitue déjà un degré minimal d'actualisation. En anglais, cette actualisation sera cependant plus fortement marquée et ceci grâce à différents procédés.

— *Le Gérondif*

On relèvera, tout d'abord, le gérondif, dont la fréquence est frappante, quel que soit le syntagme de départ.

[34] — *Un matin, le père Rouault vint apporter à Charles le **payement de sa jambe remise...***   (Mme *B.*, I, III, p. 54)

— *One morning, old Rouault came over **to pay** Charles **for the setting of his leg**...*   (G. Hopkins, p. 23)

Lewis May utilise ici un participe présent :

— *One morning Père Rouault came **to pay** Charles **for setting** his broken leg...*   (L. May, p. 38)

Mais il choisit également un gérondif lorsque l'expression est répétée plus tard :

[35] — *C'était l'époque où le père Rouault envoyait sa dinde, en souvenir de sa jambe remise.*   (Mme *B.*, II, x, p. 199)

---

(34) Nous entendons par **adjectif verbal**, un participe passé à fonction adjectivale indiquant un **processus stabilisé**$^{\triangledown}$, tel que : *fermé, coloré*, à la différence d'un **adjectif non-verbal**, indiquant une **propriété**, p.ex : *rouge, intelligent*. Certains adjectifs peuvent renvoyer à une propriété qui prend, dans un contexte donné, une valeur de processus stabilisé, p. ex : *grisâtre*. Dans la mesure où notre distinction est syntaxique, nous les considérons néanmoins dans ces cas comme des adjectifs non-verbaux.

- *It was just about this time that Farmer Rouault was in the habit of sending along his goose to commemorate **the setting of his broken leg.*** (L. May, p. 180)[35]

Notons que sa traduction comporte une double verbalisation, la locution : *en souvenir de* étant remplacée par un syntagme verbal : *to commemorate*.

- Introduction d'un Auxiliaire

Un deuxième procédé fréquemment utilisé pour actualiser le procès, à partir d'un adjectif verbal, est l'insertion d'un auxiliaire avant le participe passé :

- *... sa casquette [...] laissait voir, sous la visière **relevée** un front chauve...* (Voir Schéma contrastif I, p. 13)

- *The peak **was turned up** and revealed a forehead from which the hair had receded...* (Ibid.)

[36] - *Lheureux n'en continua pas moins sa besogne, aidé par une jeune fille de treize ans environ, un peu **bossue...*** (Mme B., III, vi, p. 307)

- *There was a young girl of about thirteen helping him; she was slightly **hump-backed.*** (G. Hopkins, p. 350)

[37] - *... du pauvre Père Tellier, qui, enfin **contraint** de vendre, avait acheté à Quicampoix un maigre fonds d'épicerie...* (Mme B., III, vi, p. 307)

- *... poor old Tellier, who, **having been forced** at long last to sell out, had bought a wretched grocery business at Quincampoix...* (G. Hopkins, p. 350)

Dans les deux premiers exemples, l'introduction de l'auxiliaire supprime la subordination syntaxique et crée une unité syntaxique indépendante.

b) Adjectif non-verbal

Lorsqu'un adjectif non-verbal donne lieu, en anglais, à une structure syntaxique comportant un syntagme verbal, l'actualisation du procès sera plus marquée encore. Le syntagme adjectival exprime généralement, dans ces cas, en français, un processus stabilisé[36], et la transposition à laquelle il donne lieu, correspond, non seulement à l'actualisation du procès, mais à la mise en valeur du déroulement.

[38] - *Des gouttes suintaient sur sa figure **bleuâtre...*** (Mme B., III, viii, p. 336)

- *Great beads of sweat were standing out on her face, which **had taken on a faint bluish tinge.*** (G. Hopkins, p. 390)

---

(35) G. Hopkins maintient l'adjectif verbal (**mended** leg) mais sa traduction nous paraît être à la limite de l'acceptabilité.
(36) Voir note (34).

L'adjectif épithète **bleuâtre** désigne une propriété. Le pluperfect : **had taken on a [...] bluish tinge,** marque un procès qui est envisagé comme l'état résultant d'un processus. Le déroulement est en outre souligné par le sémantisme du verbe. Mais ce problème fera l'objet de notre deuxième chapitre, où l'exemple suivant sera repris à propos de l'inter-relation des procès :

[39]   – *Verdâtre, les lèvres cireuses, les paupières plombées, le souffle saccadé et court, écartelé par les ganglions [...] le concierge étouffait sous une pesée invisible.*

(A. Camus, *La Peste*, pp. 27-28)

– *His face **had gone livid**, a greyish green, his lips were bloodless, his breath came in sudden gasps. His limbs spread out by the ganglions [...] the unhappy man seemed to be stifling under some unseen pressure.*

(S. Gilbert, p. 21)

Nous avons à nouveau ici, en français, un marqueur de propriété : l'adjectif *verdâtre*, en anglais un syntagme verbal renvoyant à l'état résultant d'une processus : **had gone livid**. Pour l'étude des juxtapositions nominales qui sont verbalisées en anglais : p. ex. *les lèvres cireuses*, voir pp. 24-25.

(III) Syntagme prépositionnel

Notre corpus comporte de nombreux exemples de syntagmes nominaux introduits par un syntagme prépositionnel, qui sont rendus en anglais par un syntagme verbal. Nous en avons déjà vu un exemple : *A son entrée*, qui devient en anglais : *As she went in / entered the room*. C'est le syntagme nominal qui est ici verbalisé. Mais, dans la majorité des cas, c'est la préposition qui donne lieu à la verbalisation. Nous en trouvons un exemple, dans notre premier schéma contrastif :

– *... his boots [...] showed two parallel bulges **caused by** the prominence of his big toes.*

(Voir schéma contrastif I, p. 13)

La relation marquée en français par la locution prépositionnelle *à cause de* est actualisée dans la traduction.

Les prépositions qui introduisent le syntagme nominal peuvent exprimer des relations diverses :

– **causale :**   à cause de, par
– **spatiale :**   dans, sous
   instrumentale : par, avec

Mais la verbalisation donnera souvent lieu à une unité syntaxique indépendante. Nous aurons ainsi en anglais deux relations actualisées au lieu d'une. Il est intéressant d'analyser à ce propos, les traductions proposées pour l'exemple suivant :

[40] – *Mais, **par un effort de volonté**, ce spasme disparut...*
(*Mme B.*, II, xiii, p. 233)
– **She made an effort of will** and the spasm passed.
(G. Hopkins, p. 253)
– **She controlled herself by an effort of will.** The spasm passed.
(L. May, p. 214)

Bien que ces deux traductions, et plus particulièrement la seconde, ne nous paraissent pas entièrement satisfaisantes, elles confirment la tendance à verbaliser les prépositions en introduisant de nouveaux repères dans la chronologie du récit. Les traducteurs ont rajouté un syntagme verbal et créé deux unités syntaxiques distinctes.

Lewis May maintient la relation instrumentale introduite par la préposition *by*, mais il explicite le procès et l'agent qui le régit : **She controlled herself.** La relation instrumentale est ainsi clairement repérée par rapport à l'animé humain *She*. En français, la structure syntaxique est ambiguë. Du fait que ni l'animé humain, ni le procès ne sont explicités, l'instrumental : *par un effort de volonté* apparaît comme localisé par rapport à l'inanimé *spasme*.

A ces deux traductions, nous préférons la suivante :

– **She made an effort to control herself** and the spasm disappeared.

qui transforme le prédicat nominalisé [37] *effort* en syntagme verbal : **she made an effort,** de façon à ce que l'animé humain *She* constitue le point de repère dans les deux localisations. Nous reviendrons sur ces problèmes à propos des phénomènes de détermination [38].

La préposition *dans*, introduisant un prédicat nominalisé est peut-être moins courante. Elle soulève cependant les mêmes problèmes de traduction. Voyons comment ils se présentent pour les deux exemples suivants :

[41] – *Mais, vite, se rappelant à la convenance de la situation, elle secoua **dans un effort** cette torpeur de ses souvenirs...*
(*Mme B.*, II, xv, p. 252)

[42] – *Son grand chapeau à l'espagnole tomba **dans un geste** qu'il fit...*
(*Ibid.*, p. 250)

G. Hopkins remplace dans les deux cas la préposition qui exprime la localisation par une locution verbale :

– *Quickly recalling herself to an awareness of the conventions,* **she made a violent effort to throw off** *this mood of lethargy induced by the remembered past...*
(G. Hopkins, p. 279)

– **He made a gesture,** *and his great Spanish hat fell to the ground.*
(G. Hopkins, p. 276)

---

(37) Nous désignons par **prédicat nominalisé**, tout nom qui implique une prédication sous-jacente, exprimant, le processus, le résultat, ou l'agent et processus, p. ex. : *a move, destruction, temptation,* à la différence de : *sugar, table, pencil.*
(38) Voir chapitre IV, p. 162 : Localisation par rapport à l'animé humain repère.

Pour le premier exemple, Lewis May supprime simplement la locution *dans un effort*.

> – But remembering the exigencies of the situation, she **shook off** these brooding memories and quickly stammered forth a number of polite phrases. (L. May, p. 233)

Si cette suppression semble indiquer qu'il y a un problème, elle n'apporte cependant pas une solution. Nous acceptons plus difficilement encore sa traduction pour l'exemple [42] :

> – His broad-brimmed Spanish hat fell to the ground at a gesture that he made... (L. May, p. 231)

La subordination de la deuxième proposition entraîne un effacement de l'animé **he** et une mise en relief de l'inanimé **gesture**, qui sont perçus comme une transposition de volition de l'animé à l'inanimé.

Nous préférons la traduction de G. Hopkins, qui supprime la subordination et crée une nouvelle proposition principale.

> – He made a gesture, and his great Spanish hat fell to the ground. (G. Hopkins, p. 276)

Un dernier exemple de syntagme prépositionnel, très courant en français, et dont nous aurons à reparler : il s'agit de la préposition *à* contenue dans *au*. La transformation de *au*, en syntagme verbal, dans la traduction de la phrase suivante constitue presque une contrainte :

> [43] – *Le pharmacien, au tumulte qui se faisait dans la maison, s'y précipita.* (Mme B., II, XIII, p. 234)
>
> – *Hearing* a sudden uproar in the house, the chemist ran across the road. (G. Hopkins, p. 276)

Encore une fois, l'explicitation du procès *hearing*, établit une relation entre le C_o animé et les autres éléments de l'énoncé.

La préposition qui pose les problèmes les plus complexes est probablement *de*. Une analyse succinte ne permet pas de faire ressortir la multitude de relations qu'elle recouvre, et qui nécessitent en anglais une détermination plus marquée. Nous réservons cette analyse à notre chapitre sur les problèmes de repérage. Contentons-nous pour l'instant de relever trois exemples, dont deux tirés de notre schéma contrastif II :

> – *... les porteurs **de** puces...*
> – *... le véhicule **de** transport.* (Voir schéma contrastif II, p. 14)
>
> [44] – *... les mélancolies **de** la passion...* (Mme B , II, v, p. 140)

La préposition *de* exprime, dans le troisième exemple,

> – une **relation causative** $^\triangledown$ entre l'élément repéré *mélancolies* et l'élément repère *passion*.

Dans le premier et le deuxième exemple, elle marque

> – la **localisation** $^\triangledown$ **d'une propriété** : *puces/transport*, par rapport à un élément repère : *porteurs/véhicule*.

L'introduction d'un syntagme verbal dans les traductions anglaises permet d'expliciter nettement la nature de ces relations.
- *... any who found fleas on their persons...*
- *... the vehicle in which the patient travelled*
- *... the melancholy bred of passion*

Dans le troisième cas, c'est le verbe **bred** + la préposition *of* qui déterminent la relation. Dans les autres, le procès explicité fait partie d'un ensemble d'opérations de détermination. La proposition relative souligne en effet dans les deux cas le repérage par rapport aux éléments renvoyant à des animés humains : *on their persons/in which the patient travelled*.

III. Forme verbale secondaire → Forme verbale secondaire non marquée ou principale

Nous avons vu jusqu'ici l'introduction d'un syntagme verbal en anglais, à partir d'un syntagme zéro ou non-verbal, en français. Mais l'actualisation du procès peut également se faire à partir d'un verbe dans le texte d'origine. Il s'agira alors de souligner le degré d'actualisation. La **forme verbale** sera, nécessairement **secondaire,** celle du texte anglais sera, soit une **forme verbale principale,** soit une **forme secondaire non marquée**.

Pour cette troisième partie de notre étude, nous proposons un tableau comparatif d'exemples comportant trois formes verbales secondaires différentes et leurs traductions. Les trois formes verbales seront le plus-que-parfait, les formes verbales participiales : ayant/étant/après avoir + participe passé, et le participe passé. Une nouvelle analyse risquerait, en effet, d'entraîner la répétition de l'étude précédente. Un problème, cependant, méritera un développement : l'étude du plus-que-parfait dont l'usage est nettement différent du pluperfect en anglais, à la fois en ce qui concerne les contraintes des deux systèmes linguistiques et les choix récurrents dans l'activité langagière.

Nous avons choisi de présenter 12 exemples pour chaque forme verbale et deux traductions pour chaque exemple. Ce nombre est, bien sûr, arbitraire, mais lorsqu'une forme verbale est, par exemple, maintenue une seule fois sur les 24 traductions, il nous semble qu'on peut tenter une généralisation de la différence. Nous présenterons, en premier, la forme verbale la plus actualisée. Les exemples seront classés : premièrement, selon la forme verbale de l'énoncé d'origine ; deuxièmement, à l'intérieur de chaque classification, d'après les formes verbales de l'énoncé d'arrivée. Puisque les traductions présentent, dans certains cas, des divergences, nous prendrons comme critère de classement, le degré d'actualisation.

1. Le plus-que-parfait

Le plus-que-parfait et le pluperfect méritent une étude plus approfondie, car la comparaison entre les deux langues révèle un nombre de cas considérables où seul le français a recours à cette forme d'accompli du passé. Cependant, pour pouvoir établir sans fausser la comparaison les proportions dans lesquelles se manifeste cette tendance, il faut tout d'abord la situer par rapport aux contraintes qui s'imposent dans les deux systèmes linguistiques. Il est difficile, en effet, d'aborder cette analyse sans s'interroger d'abord sur la valeur d'autres formes verbales qui ont une incidence sur l'emploi du plus-que-parfait et du pluperfect. Que ce soit dans leur valeur fondamentale ou dans les valeurs construites à partir des opérations énonciatives, aucune de ces formes verbales n'a d'équivalent terme à terme dans l'autre langue. Nous tenterons simplement de dégager les différences essentielles et les conséquences qu'elles entraînent, sans en faire une analyse de fond.

(I) Problèmes de points de repère

Une mise au point s'impose avant même d'envisager ces problèmes. Les opérations de détermination aspecto-temporelle mettent nécessairement en jeu des phénomènes de repérage et, par conséquent, de points de repère. Mais il faut préciser de façon rigoureuse la nature du repère dont il est question, pour éviter la confusion. Ces repères peuvent, en effet, être de deux ordres :
- l'un, le **repère origine,** est le point de référence qui détermine les coordonnées énonciatives par rapport auxquelles s'opèrent les calculs sur l'espace, le temps ▽ et les personnes.
- l'autre, le **repère inter-énoncés** est l'élément de référence par rapport auquel les autres propositions de l'énoncé sont localisées.

Ainsi dans l'exemple :
— *Be careful, you're treading on my toe* !

le **repère origine** est le **moment de l'énonciation,** le **repère inter-énoncés** est un **préconstruit.** ▽ Ce sont les données situationnelles qui constituent ce premier repère.

Dans l'exemple :
— *Il ouvrit la porte. Jean **était** là en train de l'attendre.*

le procès *était,* a
- comme origine un **repère** qui ne coïncide pas avec le moment de l'énonciation.
- comme **repère** dans la **relation inter-énoncés,** la proposition : *il ouvrit la porte,* le procès *ouvrit* étant le procès repère.

C'est en fait l'ensemble de la proposition comportant le procès repéré qui est repérée par rapport à la proposition repère.

a) L'imparfait

Il semble difficile de considérer un procès à l'imparfait comme repère dans une relation inter-procès. Le plus-que-parfait peut être repéré par rapport à un imparfait :

[45] – *Pedro sortit et revint avec une lampe à pétrole qu'il posa sur le coin du banc. Elle **éclairait** mal, mais c'**était** mieux que rien : la veille on nous **avait laissés** dans le noir.*
(J.P. Sartre, *Le Mur*, p. 18) [39]

Le procès **avait laissés** est ici repéré par rapport à : *c'était mieux que rien*. La proposition : *c'était mieux que rien*, est repérée, grâce au déictique *ce* qui a ici une valeur anaphorique, à la proposition : *elle éclairait mal*. **Elle éclairait mal** est à son tour repéré par rapport *à : Pedro... **revint** avec une lampe à pétrole qu'il **posa** sur le coin du banc*, qui établit une **situation repère**.

Ce sont les procès **revint** et **posa** qui constituent les repères dans la relation inter-procès. Lorsque le plus-que-parfait est repéré par rapport à un imparfait, il y a nécessairement un double repérage, le procès à l'imparfait étant lui-même repéré
– soit par rapport à un procès repère dans l'énoncé,
– soit par rapport à des données situationnelles.

En anglais, le problème du double repérage ne s'impose que lorsqu'un imparfait est traduit par la forme be + ing au passé. Les deux procès au prétérit dans la traduction de cet exemple constituent des procès repères.

– *Pedro went out and came back with an oil lamp which he set on the corner of the bench. It **gave** a bad light but it **was** better than nothing : they **had left** us in the dark the night before.*
(L. Alexander, p. 56) [40]

D'autre part, lorsque l'**imparfait** apparaît en conjonction avec une locution adverbiale renvoyant à une durée dont le terme n'est pas envisagé :

[46] – *...je m'aperçus que ma chemise était humide et collait à ma peau : **je ruisselais depuis une heure** au moins mais je n'avais rien senti.*
(J.P. Sartre, *Le Mur*, pp. 19-20)

nous avons, en anglais un **pluperfect** à la forme be + ing :

– *...I saw my shirt was damp and sticking to my skin : **I had been dripping for an hour** and hadn't felt it.*
(L. Alexander, p. 57)

Nous avons en cette contrainte une première différence entre les deux systèmes linguistiques. C'est en anglais cependant qu'apparait ici un **pluperfect** là où en français on a recours à une autre forme verbale. C'est en français au contraire qu'apparaitra un **plus-que-parfait** lorsqu'un procès au prétérit, grâce à des indices contextuels ou d'autres marqueurs, renvoie à une occurrence antérieure à un moment repère, et que cette occurrence ne peut pas être marquée par un passé simple.

---

(39) Jean-Paul Sartre, « Le mur » in *Le Mur*, Paris, Gallimard, 1939, « Folio », 1975.
(40) Lloyd Alexander, traducteur, *Intimacy*, Frogmore, St Albans, Herts, Panther Books Ltd, 1960, 1973.

b) Le passé simple et le prétérit

Le fait que la passé simple renvoie à du révolu ▽ (41) a forcément une incidence sur l'inter-relation des procès. Prenons un exemple :

[47]   – *Je me rappelai des histoires : comment j'avais chômé pendant trois mois en 1926, comment j'avais manqué crever de faim.*
(J.P. Sartre, *Le Mur*, p. 27)
   – *I remembered my whole life : how I was out of work for three months in 1926, how I almost starved to death.*
(L. Alexander, p. 64)

Nous avons dans cet énoncé trois procès A, B, C, je me *rappelai,* j'*avais chômé,* j'*avais manqué.* Du fait que les procès B et C renvoient à des situations antérieures à celle marquée par le procès A, ils ne pourraient en aucun cas être exprimés par des passés simples. Lorsque l'ordonnance des procès ne correspond pas à l'ordre référentiel, il faudra nécessairement avoir recours à l'aspect d'accompli pour marquer que les procès qui se trouvent en deuxième ou troisième position sont en fait antérieurs au premier procès énoncé.

Contrairement au passé simple, le prétérit n'implique pas nécessairement que le procès renvoie à du révolu (41). L'énoncé :

   – *Behind the house there was a garage*

n'implique pas nécessairement que le garage n'existe plus. En revanche, il implique que le moment de l'énonciation ne coïncide pas avec le moment de locution ou d'écriture. Du fait que le prétérit diffère sur le premier point du passé simple, il ne sera pas nécessaire de marquer en anglais l'antériorité des procès : *j'avais chômé, j'avais manqué crever de faim,* par rapport au procès : *je me rappelai,* en ayant recours à l'aspect d'accompli.

Le sujet de l'énoncé étant à la première personne, il sera d'ailleurs plus naturel de traduire les trois verbes par des prétérits, comme l'a fait le traducteur. Voici un exemple analogue, à partir d'un texte anglais :

[48]   – *For months I had been telling myself that I would never put the Magic Finger upon anyone again – not **after what happened to** my teacher, old Mrs Winter.*
(R. Dahl, *The Magic Finger*, p. 11) (42)
   – *Pendant des mois, je m'étais dit que je n'utiliserais pas le Doigt Magique sur quelqu'un, **après ce qui était arrivé** à mon professeur, la vieille Madame Rivière.*
(M.R. Farré, s.p.) (43)

La relation que nous venons d'examiner est une relation d'**antériorité temporelle**. Celle-ci peut cependant découler d'une **relation explicative**. Le problème se posera alors dans les mêmes termes :

---

(41) Nous n'utilisons pas ici le terme « révolu » au sens d'antérieur, mais de « borné à droite ».
(42) Roald Dahl, *The Magic Finger*, Harmondsworth, Middlesex, Penguin Books Ltd, "Puffin Books", 1974.
(43) Marie-Raymond Farré, traducteur, *Le doigt magique*, Paris, Gallimard, 1979.

- *La maîtresse **gronda** l'élève parce qu'il **était arrivé** en retard.* ⁽⁴⁴⁾
- *The mistress **scolded** the pupil because he **came** late.*

Le procès au plus-que-parfait exprime alors l'**origine** de la relation et le procès au passé simple, la **conséquence**. En anglais, rien ne s'oppose à ce que deux propositions comportant des verbes au prétérit marquent les deux termes de cette relation de causalité.

c) Le passé composé

Si on pose, comme nous l'avons fait, que le passé composé est repéré par rapport à des données situationnelles, il ne pourra pas lui-même constituer un repère. Mais la double fonction du passé composé a une incidence sur le plus-que-parfait. Le passé composé peut, en effet, être utilisé :
- soit pour renvoyer à l'aspect d'accompli au moment de l'énonciation :
  - *Jean est parti.*
- soit pour renvoyer à une occurrence antérieure au moment de l'énonciation :
  - *Jean est parti à midi.*

En anglais, on utiliserait, dans le premier cas, le **present perfect,** dans le deuxième le **prétérit**. La valeur privilégiée dans le deuxième cas découle de la valeur fondamentale mais ne s'en distingue pas : l'énonciateur envisage comme accompli au moment de l'énonciation un procès repéré par rapport à des données situationnelles. Lorsqu'on dit : *Jean est parti à midi,* il y a nécessairement rupture temporelle entre le moment du procès et le moment du repère origine. Par ailleurs, il y a mise en rapport de l'énonciation avec les données situationnelles par rapport auxquelles le procès au passé composé est repéré. Que le procès ait atteint son terme avant le moment de l'énonciation ne change rien à son statut de procès repéré. C'est, en revanche, dans ce dernier emploi qu'il a remplacé le passé simple dans le discours ⁽⁴⁵⁾.

Benveniste analyse ainsi la double fonction du passé composé :

> Pour un locuteur parlant de lui-même, le temps fondamental est le « présent » ; tout ce qu'il prend à son compte comme accompli en l'énonçant à la première personne du parfait se trouve rejeté immanquablement dans le passé. A partir de là, l'expression est fixée : pour spécifier le passé subjectif, il suffira d'employer dans le discours la forme d'accompli. Ainsi de la forme du parfait *j'ai lu ce livre,* où *j'ai lu* est un accompli de présent, on glisse à la forme temporelle du passé *j'ai lu ce livre l'année dernière ; j'ai lu ce livre dès qu'il a paru.* Le discours est alors pourvu d'un temps passé symétrique de l'aoriste du récit et qui contraste avec lui pour la valeur : *il fit* objectivise

---

(44) Exemple proposé par J. Boulle, Université Paris VII, à partir d'un énoncé mal formé, produit par un enfant, où les deux procès se trouvaient au passé simple : « La maîtresse gronda l'élève parce qu'il arriva en retard ».

(45) Dans un récit il peut difficilement le remplacer systématiquement dans la mesure où les repérages inter-propositionnels impliquent une chronologie alors que le repérage de l'énonciation par rapport aux données situationnelles ne va pas dans le sens d'une chronologie. Le seul cas qui existe, à notre connaissance, du passé composé utilisé presque systématiquement dans un récit, est celui de *l'Etranger* de Camus. Bien qu'il s'agisse d'un récit à la première personne et que de nombreux marqueurs de coordination et de succession établissent un repérage chronologique, ce texte reste stylistiquement très marqué.

l'événement en le détachant du présent; *il a fait,* au contraire, met l'événement passé en liaison avec notre présent.
Seulement le système du discours subit de ce chef, une atteinte sensible : il gagne une distinction temporelle, mais au prix de la perte d'une distinction fonctionnelle. La forme *j'ai fait* devient ambiguë et crée une déficience [46].

En raison de ce double emploi, on ne distingue pas toujours clairement les procès qui privilégient le renvoi à l'occurrence, de ceux qui privilégient la valeur fondamentale d'accompli. On tend, pour lever cette ambiguïté, à remplacer le passé composé par le plus-que-parfait. Ainsi, le fait que le passé composé a, dans une large mesure, remplacé le passé simple dans le discours, entraîne parallèlement un accroissement dans l'emploi du plus-que-parfait.

(II) Enonciation et actualisation des procès

Que ce soit en raison de leur valeur fondamentale ou d'une valeur privilégiée dans l'activité langagière, le passé simple et le passé composé sont soumis à des contraintes qui ont une incidence sur l'emploi du plus-que-parfait. Il nous semble cependant que cette incidence ne suffit pas à expliquer tous les cas où la mise en regard des deux langues fait apparaître un **plus-que-parfait** en français et un **prétérit** en anglais. En effet, dans bon nombre d'exemples, aucune contrainte dans le système linguistique n'impose le choix d'un procès désactualisé :

[49] — *Elle sursauta : « Qu'est-ce que Franchot vient faire là-dedans ?*
Je ne vais pas me mettre à penser comme lui. »
Pierre s'était levé, il alla jeter le ziuthre dans la corbeille à papiers... (J.P. Sartre, *Le mur*, p. 70) [47]

Dans cet exemple, rien n'oblige l'auteur à présenter le procès *s'était levé,* sous l'aspect d'accompli. Il s'agit d'un choix et non d'une contrainte.

Prenons un exemple plus complexe :

[50] — *C'est pas vrai,* **dit-il** *furieux [...]*
                                A
Le Belge **s'était approché.** *Il* **demanda** *avec une fausse sollici-*
         B   C
tude... (J.P. Sartre, *Le mur*, p. 25)

Nous avons ici trois procès A, B, C. Le procès B est nécessairement accompli au moment où intervient le procès C. Mais il peut également avoir commencé avant que le procès A soit révolu. Dans ce cas, l'énonciateur n'a pas le choix. Le procès doit obligatoirement être présenté sous l'aspect d'accompli. Si par contre le procès B ne commence qu'une fois le procès A révolu, alors les trois procès pourraient parfaitement renvoyer à des occurrences qui se succèdent dans une relation chronologique. Le fait d'envisager le procès B sous l'aspect d'accompli n'est plus dans ce cas une contrainte mais un choix de l'énonciateur.

(46) E. Benveniste, *Problèmes de Linguistique Générale,* I, pp. 248-249.
(47) Jean-Paul Sartre, « La chambre » in *Le mur,* Paris, Gallimard, 1939, « Folio », 1975.

Le traducteur a préféré une relation chronologique.
- *"It isn't true"*, he **said** *furiously [...]*
  The Belgian **approached** *us. He* **asked** *with false solicitude...*
  (L. Alexander, p. 62)

Du fait que les trois verbes : **said, approached** et **asked** sont des verbes de processus, la valeur privilégiée est celle d'occurrences successives sur un axe temporel. Nous avons ainsi, **actualisation** du deuxième procès en anglais, et **désactualisation** en français.

Un procès présenté sous l'aspect d'accompli suppose une mise en suspens de la chronologie du récit. Le plus-que-parfait, comme le pluperfect marque une opération **réflexive**.

- Dans notre vue, dit Benveniste, l'antériorité se détermine toujours et seulement par rapport au temps simple corrélatif. Elle crée un rapport logique et intra-linguistique, elle ne reflète pas un rapport chronologique qui serait posé dans la réalité objective [48].

Mais Benveniste établit une distinction entre les formes du parfait qui se construisent en proposition libre, et ont pour fonction de marquer l'accomplissement par rapport au moment considéré, et celles qui ont « une autre fonction, distincte de la précédente, l'antériorité ». Nous apporterions volontiers une nuance à cette dernière constatation. Il nous semble, en effet, que la valeur d'antériorité dans les propositions dépendantes découle de la valeur d'accompli plutôt qu'elle ne s'en distingue. Il s'agit d'une valeur dérivée et non fondamentale.

La tendance à actualiser les procès en anglais apparaît plus clairement dans la traduction d'un texte qui comporte en français une série d'accomplis. C'est le cas dans l'exemple suivant :

[51] - *Six semaines s'écoulèrent. Rodolphe ne revint pas. Un soir enfin, il* **parut.** *Il* **s'était dit,** *le lendemain des comices :*
- *N'y retournons pas de sitôt, ce serait une faute. Et, au bout de la semaine, il* **était parti** *pour la chasse.*
Après la chasse, il **avait songé** *qu'il était trop tard, puis il* **fit** *ce raisonnement :*
- *Mais, si du premier jour elle m'a aimé, elle doit, par l'impatience de me revoir, m'aimer davantage. Continuons donc !*
Et il comprit que son calcul avait été bon, lorsque, en entrant dans la salle, il aperçut Emma pâlir.
(Mme B., II, IX, p. 184)

Douze francophones ont été interrogés sur ce texte. La question suivante leur a été posée. Y-a-t-il un ou plusieurs plus-que-parfaits dans cet exemple qui auraient pu être remplacés par une autre forme verbale ? Deux d'entre eux seulement admettaient que l'on remplace les deux plus-que-parfaits qui viennent à la suite des marqueurs adverbiaux : *au bout de la semaine* et *Après la chasse,* par des passés simples. La majorité s'est, cependant, prononcée de façon catégorique pour le maintien des plus-que-parfaits. Ils ont même, dans plusieurs cas, exprimé une gêne devant le passé simple qui précède la réinsertion dans le temps du récit, c'est-à-dire : *il* **fit** *ce raisonnement.*

---

[48] E. Benveniste, *Problèmes de linguistique générale*, I, p. 247.

Ce passage suppose une démarche réflexive dans la relation inter-procès. Le premier repère temporel apparaît dans le temps du récit : *Un soir [...] il parut*, mais il est suivi d'un retour en arrière marqué par la locution adverbiale : **le lendemain des comices**. Les indicateurs temporels suivants : **au bout de la semaine, Après la chasse, puis (il fit...)**, réintroduisent une chronologie à l'intérieur du flash-back. A l'exception du dernier, tous les procès qui renvoient à ce retour en arrière sont cependant au plus-que-parfait : *Il s'était dit, il était parti, il avait songé*. Le dernier : *il fit ce raisonnement*, se situe en fait sur l'axe temporel du récit avant *il parut*. C'est pourquoi ce passé simple a suscité quelques réactions négatives.

Or, en anglais, le repère temporel antérieur *the day after the Show*, est suivi d'un pluperfect : *he had said to himself*, mais une fois l'aspect d'accompli établi, les procès suivants sont actualisés dans une chronologie :

- Six weeks went by, with no sign of Rodolphe. At last, one evening, he appeared.
"Wouldn't do to go back too soon," **he had said to himself** *the day after the Show*, and at the end of the week **he went off** *for some shooting*. After that **he wondered** if he had left it too long. But then **he reasoned** like this... (A. Russel, p. 167)[49]

Il est, en effet, plus difficile en anglais d'avoir une suite de procès présentés sous forme d'accompli, lorsqu'ils renvoient à des occurrences successives. Ces deux façons d'envisager les procès : sous forme actualisée, ou désactualisée, correspondent respectivement aux modes d'énonciation **constat** $^\triangledown$ et **commentaire**. Le constat met en jeu des procès repères qui ne sont pas liés au plan de l'énonciation, mais repérés les uns par rapport aux autres dans une relation de chronologie. Le commentaire met en jeu des procès repérés qui établissent une relation à la fois avec l'énonciation et avec une situation repère.

(III) Discours et repère inter-propositionnel

· La présence d'un plus-que-parfait ou d'un pluperfect n'implique pas nécessairement la présence d'une situation repère explicite dans l'énoncé. Nous constatons cependant également sur ce point une différence marquée entre les deux langues. Une situation repère sera souvent marquée en anglais alors qu'elle n'apparaît pas en français. Le problème de l'explicitation d'un procès repère se posera plus particulièrement dans les énoncés de type **discours** où cette tendance devient pratiquement une contrainte [50]. A l'exception de certains cas que nous examinerons par la suite, il faudra qu'un procès au prétérit simple figure antérieurement

---

(49) Alan Russel, traducteur, *Madame Bovary*, Harmondsworth, Middlesex, Penguin Books Ltd, 1950, 1968.
Nous avons rejeté, pour cet exemple, la traduction de G. Hopkins qui traduit tous les plus-que-parfaits de même que le passé simple annonçant la réinsertion dans le temps du récit, par des pluperfects.

(50) Notons à ce sujet un phénomène qui est particulier au français : la possibilité d'avoir un plus-que-parfait dans un titre de journal : – *Les anglais avaient parié sur Miss France* (France-Soir, 14 nov. 1980).

dans le discours pour pouvoir utiliser un pluperfect dans une proposition principale [51]. S'il n'y a pas de repère préalable on utilisera le prétérit :

[52] − *Le petit Juan parla tout à coup [...] Mais je... **on m'avait dit...** Qu'il fallait souvent deux salves.* (J.P. Sartre, *Le mur*, p. 20)
− "But I... **they told me**... sometimes they have to fire twice. (L. Alexander, p. 58)

En français, c'est l'emploi du **plus-que-parfait** qui constitue ici une contrainte. Comme nous l'avons vu, le **passé composé** peut renvoyer à un événement accompli antérieurement au moment de l'énonciation, mais lorsque la rupture avec le repère origine est soulignée, on a recours au **plus-que-parfait** :

[53] − "**You promised** to tell me your history [...]" said Alice... (L. Carroll, *Alice in W.*, p. 116)
− ***Tu m'avais promis** [...] dit Alice, de me raconter ton histoire...* (H. Parisot, p. 117)

En anglais, on peut également marquer une **rupture** ▽ entre le moment de l'énonciation et un repère antérieur, en utilisant un **pluperfect**. Cette tendance est fréquente avec les verbes de **visée** ▽ et de **supposition** ▽.

− *He **had meant** to phone me*
− *He **had imagined** I would come*

Mais comment expliquer alors que les verbes *you promised* dans l'exemple [53] et *they told me* dans la traduction de l'exemple [52] pourraient difficilement se mettre au plus-que-parfait. Avant de tenter une explication, essayons de préciser en quoi les verbes de **visée** et de **supposition** constituent, relativement à ce problème, une catégorie homogène : en ceci qu'ils mettent en jeu un deuxième procès qui est hypothétique :

− *He intended **to pay for it***
− *He supposed **she was telling the truth***

Dans un cas il peut y avoir réalisation ou non réalisation du procès : *he did/did not pay for it*, dans l'autre il peut y avoir validation ou non validation de la supposition : *she was/was not telling the truth.*

Lorsque le procès n'est pas réalisé ou validé, il nous semble que c'est le moment par rapport auquel on considère cette non réalisation ou cette non validation qui constitue le critère pertinent dans le choix du prétérit ou du pluperfect.

Revenons maintenant sur les exemples [53] et [52] en précisant le contexte. La phrase qui précède le premier de ces énoncés est la suivante :

[54] − *However, it was over at last, and they sat down again in a ring, and **begged** the Mouse **to tell** them something more.* (L. Carrol, *Alice in W.*, p. 114)

Le procès *to tell* dans la proposition : *You promised to tell me your history*, n'a donc pas été actualisé au moment de l'énonciation. Dans l'exemple [52] le verbe dans la proposition : ***on m'avait dit qu'il fallait souvent deux salves***, n'est pas un

---

[51] Le problème ne se pose pas dans une subordonnée renvoyant à une situation désactualisée, p. ex : « I wish I hadn't cried so much ! » (*Alice in W.*, p. 102)

verbe de visée ou de supposition, mais d'**assertion** ᵛ. Il peut cependant être assimilé à ces derniers dans la mesure où le deuxième procès n'est pas validé. Il renvoie à l'énoncé d'un co-locuteur et on peut le gloser de la façon suivante : *on m'avait dit qu'il fallait souvent deux salves pour être fusillé, or vous me dites maintenant qu'on ne souffre pas longtemps*. Dans ces exemples le deuxième procès est considéré comme non réalisé ou non validé au moment de **l'énonciation**. Or, en français ils sont au plus-que-parfait, en anglais au prétérit. Les exemples : *He had meant to phone me*, *He had imagined I would come*, impliquent que la non réalisation ou la non validation a lieu **antérieurement au moment de l'énonciation** : l'accompli du passé s'impose de ce fait dans les deux langues.

Vérifions cette hypothèse avec un dernier exemple :

[55] – *I had thought in my life I had witnessed all things*
(Film : Kartoum)⁽⁵²⁾

On peut gloser cet énoncé de la façon suivante : *I thought I had witnessed all things, but it turned out that I hadn't*. Le deuxième procès est nécessairement au pluperfect. Mais le fait que le premier soit également présenté sous l'aspect d'accompli indique la non validation du procès marqué par le groupe verbal : *witnessed all things*.

La non-validation tient lieu ici comme dans l'exemple précédent d'un repère antérieur au moment de l'énonciation et permet de présenter le procès exprimant la supposition sous l'aspect d'accompli. Ainsi en français, nous avons le **plus-que-parfait** que la non-validation soit concomitante ou antérieure au moment de l'énonciation ; en anglais seuls les cas ou la non-validation a été attestée antérieurement au moment de l'énonciation admettent l'emploi du **pluperfect**.

Discours et repère origine

Le dernier exemple que nous avons proposé comporte un sujet grammatical à la première personne. Nous avons tenté d'expliquer pourquoi le verbe se trouve au pluperfect. On constatera cependant, que lorsque le problème de non-validation d'un procès hypothétique ne se pose pas, un énoncé dont le **sujet grammatical** est **à la première personne** et le verbe au **plus-que-parfait**, sera souvent rendu en anglais par : I + le **prétérit**.

Nous avons vu deux exemples de ce phénomène : [47] et [48]. Citons en un troisième :

[56] – *Une fois dans la classe d'avant, j'**avais été** troisième, on ne sait pas pourquoi, un coup de veine, tous les autres devaient être malades...* (C. Rochefort, *Les petits enfants du siècle*, p. 31)⁽⁵³⁾
– *Once in the previous class, **I came** third. No telling why. A stroke of luck I suppose. All the others must have been ill.*

---

(52) Film passé à la télévision anglaise, 20 juillet 1974, 18 h 45. Programme : London Week-end, ITA (Independent Television Authority) 70, Brampton Rd. London S.W.1. Paru à la télévision pour la 1ʳᵉ fois en 1972.
(53) Christiane de Rochefort, *Les petits enfants du siècle*, Paris, Grasset, 1961.

La présence d'un prétérit dans la traduction tient au fait qu'on établit une nouvelle situation d'énonciation en identifiant le *I* sujet de l'énoncé au *I* origine de l'énonciation. Ce n'est pas en tant que sujet de l'énoncé que le pronom importe ici, mais dans la mesure où il donne lieu à une nouvelle origine par rapport à laquelle se font les repérages. Ainsi, le problème se pose dans les mêmes termes lorsque le sujet grammatical est à la troisième personne mais le récit est repéré par rapport à un **point de vue privilégié** ▽ ou par rapport à un **énonciateur rapporté** ▽. Dans le texte suivant une série de situations est présentée par l'énonciateur au plus-que-parfait :

> [57] — *Grand **avait** même **assisté** à une scène curieuse chez la marchande de tabac. Au milieu d'une conversation animée, celle-ci **avait parlé** d'une arrestation récente qui avait fait du bruit à Alger. Il s'agissait d'un jeune employé de commerce qui avait tué un Arabe sur la plage.*
> — *Si l'on mettait toute cette racaille en prison, **avait dit** la marchande, les honnêtes gens pourraient respirer.*
> *Mais elle **avait dû** s'interrompre devant l'agitation subite de Cottard qui **s'était jeté** hors de la boutique, sans un mot d'excuse. Grand et la marchande **étaient restés**, les bras ballants.*
>
> (A. Camus, *La peste*, p. 60)

Le sujet ▽ de la première phrase est un nom propre : **Grand** et le procès est marqué par un verbe de perception : **avait assisté**. De ce fait, la suite de l'énoncé est repérée, en anglais, non plus par rapport à l'énonciateur auteur, mais par rapport à l'énonciateur dont le point de vue est privilégié dans le récit :

> — *Grand **had** personally **witnessed** an odd scene that took place at the tobacconist's. An animated conversation was in progress and the woman behind the counter **started** airing her views about a murder case which had created some stir in Algiers. A young commercial employee had killed an Algerian on a beach.*
> *« I always say », the woman **began**, « if they clapped all that scum in jail, decent folks could breathe more freely ».*
> *She **was** too much startled by Cottard's reaction — he dashed out of the shop without a word of excuse — to continue. Grand and the woman **gazed** after him, dumb-founded.*
> (S. Gilbert, p. 49)

La différence de repérage entre les deux langues explique le fait que la majorité des syntagme verbaux dans cet énoncé sont traduits, en anglais, par des prétérits. Mais il est parfois difficile de trancher entre deux interprétations. On pourrait également considérer qu'ici, comme dans l'exemple [51] on évite de présenter une suite de procès sous forme d'accompli. Les deux problèmes sont d'ailleurs étroitement liés.

Quatre types de verbes apparaissent souvent dans la phrase qui introduit une nouvelle origine de repérage : les **verbes de perception,** les verbes d'**assertion,** les verbes de **supposition** et les verbes de **remémoration** ▽. Il est d'ailleurs souvent difficile dans l'analyse de ces problèmes d'établir une distinction entre **point de vue privilégié** et **discours indirect libre** ▽, l'un étant en général le corollaire de l'autre. Nous aurons l'occasion de reparler de ces problèmes au chapitre IV. Contentons nous de citer ici un exemple que l'on peut assimiler au discours indirect libre dans

la mesure où l'énonciateur rapporté est présenté par l'énonciateur-auteur à la 3ᵉ personne, mais qui par ailleurs est marqué par les signes linguistiques du langage disloqué, caractéristique du **monologue intérieur** ▽.

[58] – *Three and eleven **she paid** for those stockings in Sparrow's of George's street on the Tuesday no the Monday before Easter...*
(J. Joyce, **Ulysses,** p. 343) [54]

– *Trois shillings onze **elle avait payé** ces bas là, le mardi, non le lundi d'avant Pâques...*
(A. Morel, II, p. 29) [55]

Notons que le pronom **she** ne désigne pas ici l'énonciateur rapporté mais un autre animé humain. Le procès **she paid** est repéré en anglais par rapport à l'énonciateur rapporté.

S'il n'est pas toujours facile d'établir dans quelle mesure la présence d'un plus-que-parfait en français, est déterminé par des contraintes qui découlent du système linguistique, et dans quelle mesure il s'agit d'une prédilection pour l'organisation réflexive des procès, il est certain que dans le passage vers l'anglais, une proportion considérable de plus-que-parfaits est rendue par des prétérits. Cette tendance n'est évidemment pas systématique. Elle peut être modifiée par des choix subjectifs. Ainsi un énoncé peut être précédé ou suivi d'une phrase qui constitue, soit une introduction, soit une synthèse renvoyant à un ensemble d'occurrences. Dans le premier chapitre de *Tristes Tropiques,* trois paragraphes sont consacrés à un récit des cours de l'ancien professeur de Lévi-Strauss, Georges Dumas. La phrase initiale est la suivante :

[59] – ***J'avais été** l'élève de Georges Dumas à l'époque du **Traité de psychologie.***

La suite de l'énoncé est en grande partie une description du déroulement des cours :

– *Une fois par semaine, je ne sais plus si c'était le jeudi ou e dimanche matin, il réunissait les étudiants de philosophie dans u. .e salle de Sainte-Anne [...]*

. . . .

Ses cours n'apprenaient pas grand-chose ; jamais il n'en préparait un [...]

. . . .

La seconde heure, et parfois la troisième, étaient consacrées à des présentations de malades...
(C. Lévi-Strauss, *Tristes tropiques*, p. 16) [56]

Les traducteurs ont maintenu l'aspect d'accompli dans la première phrase :

– ***I had been** a pupil of Georges Dumas at the time when he was writing his **Traité de psychologie.***
(J. et D. Weightman, p. 5) [57]

---

(54) James Joyce, *Ulysses*, Londres, The Bodley Head, 1937, 1954.
(55) Auguste Morel, traducteur, *Ulysse*, revu par Valéry Larbaud, Stuart Gilbert et l'auteur, Paris, Gallimard, 1929, « Folio », 1972, 2 vols.
(56) Claude Lévi-Strauss, *Tristes tropiques*, Paris, Plon, 1955, 1975.
(57) John and Doreen Weightman, traducteurs, *Tristes tropiques*, New York, Pocket Books, 1977.

De ce fait, cette phrase constitue un **commentaire** sur l'ensemble des situations qui sont déterminées par la suite. S'ils avaient choisi de rendre le procès *j'avais été* par un prétérit, celui-ci déterminerait une propriété : *to be a pupil of Georges Dumas*, et aurait le même statut que les autres procès dans la suite de l'énoncé.

Le **pluperfect** peut également souligner une **rupture temporelle** entre le moment de l'énonciation et un moment antérieur à l'énonciation. C'est le cas dans la première phrase de la nouvelle de Poe : *The Tell-Tale Heart* :

[60] – *True ! – nervous – very, very dreadfully nervous **I had been** and **am**; but why **will** you say that I am mad ? The disease had sharpened my senses – not destroyed – not dulled them.*

(E.A. Poe, *Tales*, p. 232)[58]

Le pluperfect est ici repéré par rapport à une situation marquée dans le texte par *The disease*. L'auteur marque une rupture entre l'occurrence envisagée de la maladie et le moment de l'énonciation en ayant recours à l'aspect d'accompli. Cet emploi du **pluperfect** est analogue à celui que nous avons analysé à propos des verbes de visée et de supposition : l'occurrence de *the disease* tenant lieu ici de repère antérieur au même titre que les procès non validés ou non actualisés dans les exemples que nous avons cités.

Ce n'est que dans une perspective contrastive que les différences aspectuelles entre les deux langues apparaitront, et ceci malgré toutes les complexités qui peuvent par ailleurs masquer le problème. La fréquence des formes verbales participiales, en français, nous permettra de confirmer, et sans ambiguïté cette fois que le français aura souvent recours à des formes verbales d'accompli là où l'anglais préfèrera des formes verbales actualisées.

---

(58) Edgar Allan Poe, "The Tell-Tale Heart" in *Tales*, Paris, éd. bilingue Aubier-Flammarion, 1968

I. Plus-que-parfait

[61] — Ainsi, nous, disait-il, pourquoi nous sommes-nous connus ? Quel hasard l'a voulu ? C'est qu'à travers l'éloignement, sans doute [...] nos pentes particulières **nous avaient poussés** l'un vers l'autre. (Mme B., II, VIII, p. 178)	« How did it come about », he said, « that you and I should meet ? What Chance willed it ? The truth is that, [...] the propensities of our natures **thrust** us [...] towards one another. (G. Hopkins, p. 179)
	F.V. Principale — Preterit
	« Take ourselves, for example, « he went on » how did we get to know each other ? What chance brought it about ? Doubtless [...] our destiny **impelled** us one towards the other. (L. May, p. 159)
	F.V. Principale — Preterit
[62] Ensuite vous avez sonné chez Mme Tuvache, on vous a ouvert, et je suis resté comme un idiot devant la grande porte lourde qui **était retombée** sur vous. (Mme B., III, I, p. 261)	« A little later, you rang the bell at Madame Tuvache's house, and when the servant had admitted you, I stood there like an idiot as the heavy door **slammed to** behind you ». (G. Hopkins, p. 289)
	F.V. Principale — Preterit
	« Then you went and rang at Madame Tuvache's. The servant came and let you in, the great heavy door **closed** upon you, and there I stood like a dolt ». (L. May, p. 243)
	F.V. Principale — Preterit

[63] Quand Charles, bouleversé par la nouvelle de la saisie, **était rentré** à la maison, Emma venait d'en sortir. (Mme B., III, viii, p. 334)	When Charles, appalled by the news of the seizure, **reached** home, Emma had just gone out. He shouted, wept, fainted – but she did not return. (G. Hopkins, p. 388)
	F.V. Principale – Preterit
	When Charles, overwhelmed at the news of the distraint, **came back** to the house, Emma had just left it. He cried, he wept, he went off into a faint, but she did not return. (L. May, p. 318)
	F.V. Principale – Preterit
[64] – Je ne vous en veux pas, dit-il. Rodolphe **était resté** muet. Et Charles, la tête dans ses deux mains, reprit d'une voix éteinte et avec l'accent résigné des douleurs infinies... (Mme B., III, xi, p. 366)	« I don't hold it against you », said the doctor. Rodolphe **remained** silent, and the other, his head in his hands, went on in the same dead voice and the resigned accents of an infinite sorrow. (G. Hopkins, p. 429)
	F.V. Principale – Preterit
	« I'm not angry with you » he said. Rodolphe **held** his peace. And Charles, with his head in his hands, repeated in a flat voice, with the resigned accent of an infinite sorrow... (L. May, p. 349)
	F.V. Principale – Preterit

45

[65] Cependant Rodolphe, avec Mme Bovary, était monté au premier étage de la mairie, dans la salle des délibérations, et, comme elle était vide, il **avait déclaré** que l'on y serait bien pour jouir du spectacle plus à son aise. Il prit trois tabourets... (Mme B., II, viii, p. 172)	Rodolphe, with Madame Bovary in tow, had gone up to the Council Chamber on the first floor of the Town Hall. There was no one in it, and he **declared** that it made an admirable grand-stand from which they could watch the proceedings in comfort. He took three stools... (G. Hopkins, p. 170)
	F.V. principale − Preterit
	Meantime Rodolphe, accompanied by Madame Bovary, had gone up on to the first floor of the Town Hall into the Council Chamber, and, as it was empty, he **said** it would be the very place from which to get a comfortable view of the proceedings. He fetched three of the stools... (L. May, p. 153)
	F.V. Principale − Preterit
[66] ...une fois même, Mme Bovary s'étant avisée de prétendre que [...] elle lui **avait répondu** d'un œil si colère [...] que la bonne femme ne s'y frotta plus. (Mme B., I, ix, p. 99)	Once, when her mother-in-law was rash enough to say that [...] she **answered** with so angry a glance [...] that the good woman never touched on the subject again. (G. Hopkins, p. 79)
	F. Principale − Preterit
	Once when Madame offered the opinion that [...] Emma **answered** her with such an angry glint in her eye [...] that the worthy dame took care not to refer to the subject again. (L. May, p. 81)
	F.V. Principale − Preterit

[67] Un matin que Charles *était sorti* avant l'aube, elle fut prise par la fantaisie de voir Rodolphe à l'instant. (Mme B., II, ıx, p. 191)	*One morning Charles **was called out** to a case before it was light, and she was seized with a sudden longing to see Rodolphe there and then.* (L. May, p. 173)
	F.V. Principale – Preterit
	*One morning, when Charles **had gone out** before it was light, the whim took her to see Rodolphe without a moment's delay.* (G. Hopkins, p. 197)
	F.V. Secondaire / Secondarité identique – Pluperfect
[68] Ceux qui restèrent aux Bertaux passèrent la nuit à boire dans la cuisine. Les enfants *s'étaient endormis* sous les bancs. (Mme B., I, ıv, p. 63)	*Those who stayed on at Les Bertaux spent the night drinking in the kitchen. The children **dropped off** to sleep on the floor under the benches.* (L. May, p. 46)
	F.V. Principale – Preterit
	*Those who remained at Les Bertaux spent the night drinking in the kitchen. The children **had fallen asleep** under the benches.* (G. Hopkins, p. 34)
	F.V. Secondaire / Secondarité identique – Pluperfect

[69] Charles, cependant, **avait essayé** plusieurs fois d'interrompre la conversation. (*Mme B.*, II, vi, p. 149)	Charles more than once **attempted** to interrupt the flow of conversation. (G. Hopkins, p. 141)
	F.V. Principale – Preterit
	Charles **had made** several attempts to interrupt his discourse. (L. May, p. 130)
	F.V. Secondaire / Secondarité identique – Pluperfect
[70] et [71] A l'époque de la Saint Michel, Charles **était venu** passer trois jours aux Bertaux. La dernière journée **s'était écoulée** comme les précédentes, à reculer de quart d'heure en quart d'heure. (*Mme B.*, I, iii, p. 58)	At Michaelmas, Charles **went** to stay at Les Bertaux for three days. The last of these **passed**, like those which had preceded it, in a series of postponements... (G. Hopkins, p. 29)
	[70] F.V. Principale – Preterit
	[71] F.V. Principale – Preterit
	At Michaelmas Charles **came** to spend three days at les Bertaux. The last of them **had gone by** like the other two, and he had put off speaking from one quarter of an hour to another. (L. May, p. 42)
	[70] F.V. Principale – Preterit
	[71] – **F.V. Secondaire / Secondarité identique** – Pluperfect

[72]

D'autre part, la mort de sa femme ne l'avait pas mal servi dans son métier, car on avait répété durant un mois : « Ce pauvre jeune homme ! [...] » Son nom **s'était répandu**, sa clientèle **s'était accrue**... (Mme B., I, III, p. 55)	The death of his wife had done him no ill service in his profession. For a whole month he was regarded as « the poor young man » [...] His name **began** to be known far and wide, and his practice **grew**. (G. Hopkins, p. 25)
	F.V. Principale – Preterit
	Moreover his wife's death had been rather an advantage to him professionally, because, for a whole month, people had said nothing else but « Poor young fellow ! » [...] So his name **had got about** and his practice **had increased**. (L. May, p. 39)
	F.V. Secondaire / Secondarité identique – Pluperfect.

Synthèse

Sur les **24** traductions des 12 **plus-que-parfaits** soulignés : **19** formes verbales **principales** et **5** formes verbales **secondaires** (dont le degré de secondarité est identique, ou du moins analogue à la forme d'origine, p. ex. : **plus-que-parfait→pluperfect**.

II. Forme verbale participiale — Ayant
— étant   + Participe passé
— après avoir

[73] ...une fois même, Mme Bovary **s'étant avisée** de prétendre que les maîtres devaient surveiller la religion de leurs domestiques, elle lui avait répondu... (Mme B., I, IX, p. 99)	*Once, when her mother-in-law **was rash** enough to say that employers ought to keep a watchful eye on the religious observances of their servants, she answered...* (G. Hopkins, p. 79)
	F.V. Principale – Preterit
	*Once when Madame **offered the opinion** that a mistress ought to look after her servant's religious ideas, Emma answered her...* (L. May, p. 81)
	F.V. Principale – Preterit
[74] *Après avoir subi* ses remerciements, Mme Bovary s'en alla... (Mme B., II, III, p. 127)	*Emma **had to endure** a flow of voluble thanks before she could get away.* (G. Hopkins, p. 112)
	F.V. Principale – Preterit
	*The woman **was profuse** in her thanks and Madame Bovary again turned to depart.* (L. May, p. 108)
	F.V. Principale – Preterit

[75] Yonville l'Abbaye [...] est un bourg à huit lieues de Rouen [...] au fond d'une vallée qu'arrose la Rieule, petite rivière qui se jette dans l'Andelle, **après avoir fait tourner** trois moulins vers son embouchure... (Mme B., II, 1, p. 105)	Yonville l'Abbaye [...] is a market town lying about eight leagues from Rouen [...] in a valley watered by the Rieule, a small tributary of the Andelle. Before joining the larger stream it **serves to turn** three mills... (G. Hopkins, p. 83)
	F.V. Principale – Present
	Yonville l'Abbaye [...] is a market-town about twenty miles from Rouen [...] It lies at the far end of a valley watered by the Rieule, a little tributary of the Andelle. Its waters **turn** the wheels of three mills, close to where they join the larger river... (L. May, p. 87)
	F.V. Principale – Present
[76] Il venait chercher son parapluie [...] et, **après avoir prié** Mme Lefrançois de le lui faire remettre au presbytère dans la soirée, il sortit pour se rendre à l'église... (Mme B., II, 1, p. 111)	He had come for his umbrella [...] He **begged** Madame Lefrançois to have it sent along to the presbytery in the course of the evening, and then left for the church... (L. May, p. 93)
	F.V. Principale – Preterit
	He had come, he said, to fetch the umbrella [...] **After asking** Mme Lefrançois to have it sent down to the Presbytery in the course of the evening, he took his departure in the direction of the Church... (G. Hopkins, p. 92)
	F.V. Secondaire moins marquée – Present Participle

[77] *Rodolphe, l'ayant aperçu de loin, avait pris un train rapide; mais Mme Bovary s'essoufla; il se ralentit donc...* (Mme B., II, VIII, p. 166)	*Rodolphe saw him coming a long way off, and quickened his pace; but, Madame Bovary getting out of breath, he slowed up.* (L. May, p. 147)
	F.V. Principale – Preterit
	Rodolphe, seeing him while he was still some distance away, had quickened his pace. (G. Hopkins, p. 163)
	F.V. Secondaire moins marquée – Present Participle
[78] *Après avoir laissé à la porte son chapeau garni d'un crêpe, il posa sur la table un carton vert...* (Mme B., II, v, p. 136)	*He left his hat in the hall, and then deposited on the table a green cardboard box.* (L. May, p. 118)
	F.V. Principale – Preterit
	After leaving his hat with its crape band at the door, he laid a green cardboard box on the table... (G. Hopkins, p. 124)
	F.V. Secondaire moins marquée – Present Participle

[79] Du bout de ses deux doigts, elle prit sa robe à hauteur du genou, et **l'ayant ainsi remontée** jusqu'aux chevilles, elle tendit à la flamme [...] son pied chaussé d'une bottine noire. (Mme B., II, ɪɪ, p. 114)	She took hold of her skirt at the knee with two fingers, **lifted** it just sufficiently to reveal her ankles, and extended her black-shod foot to the blaze... (G. Hopkins, p. 95)
	F.V. Principale – Preterit
	With the tips of two fingers she took hold of her dress at the knee and **raising** it thus above her ankles, stretched out a foot to the blaze... (L. May, p. 95)
	F.V. Secondaire moins marquée – Present Participle
[80] Elle alla donc chercher dans l'armoire une bouteille de curaçao, atteignit deux petits verres [...] et, **après avoir trinqué**, le porta à sa bouche. (Mme B., I, ɪɪɪ, p. 56)	From the cupboard she took a bottle of curaçao, reached down two small glasses [...] then, **touching** them raised hers to her mouth. (G. Hopkins, p. 26)
	F.V. Secondaire moins marquée – Present Participle
	She went to the cupboard and brought out a bottle of curaçao, reached down two small glasses [...] and, **clinking** it with the doctor's, put it to her lips. (L. May, p. 39)
	F.V. Secondaire moins marquée – Present Participle

[81] Alors il écrivit au pharmacien de l'endroit pour savoir quel était le chiffre de la population [...] et les réponses **ayant été** satisfaisantes, il se résolut à déménager vers le printemps... (*Mme B.*, I, IX, pp. 100-101)	He wrote to the local chemist to find out the size of the population [...] The replies to all these questions **being** satisfactory, he decided he would move there when the spring came... (G. Hopkins, p. 81)
	F.V. Secondaire moins marquée − Present Participle
	He wrote off to the local chemist asking him to let him know how many people there were in the place [...] The answers **being** satisfactory he decided he would make a move in the spring. (L. May, p. 82)
	F.V. Secondaire moins marquée − Present Participle
[82] Alors, **s'étant versé** de l'eau dans un verre, Rodolphe y trempa son doigt et il laissa tomber de haut une grosse goutte... (*Mme B.*, II, XIII, p. 231)	Then, **pouring out** a glass of water, he dipped his finger in it, and let a large drop fall upon the paper. (G. Hopkins, p. 249)
	F.V. Secondaire moins marquée − Present Participle
	And so, **pouring** some water into a tumbler, Rodolphe wetted his finger and let fall a big drop that made a pale smear on the ink. (L. May, p. 211)
	F.V. Secondaire moins marquée − Present Participle

[83] *Il ne venait pas grand monde à ces soirées du pharmacien, sa médisance [...] **ayant écarté** de lui successivement différentes personnes respectables.* (*Mme B.*, II, IV, p. 131)	*Not many people came to these evening receptions given by the chemist, for his spiteful tongue [...] **had estranged** from him several highly respectable members of the community in turn.* (G. Hopkins, p. 118)
	F.V. Secondaire moins marquée – Pluperfect
	*There was not much of a crowd at the chemist's parties as a rule. His busy tongue [...] **had choked off** the decent people one after another.* (L. May, p. 113)
	F.V. Secondaire moins marquée – Pluperfect
[84] *Avant qu'elle se mariât, elle avait cru avoir de l'amour; mais le bonheur [...] **n'étant pas venu**, il fallait qu'elle se fût trompée...* (*Mme B.*, I, V, p. 69)	*In the days before her marriage she had fancied that she was in love. But [...] happiness [...] **had passed** her by.* (G. Hopkins, p. 41)
	F.V. Secondaire moins marquée – Pluperfect
	*Before she married, she thought she was in love; but [...]happiness [...] somehow **had not come**.* (L. May, p. 51)
	F.V. Secondaire moins marquée – Pluperfect

Synthèse

Sur les **24** Traductions des 12 **formes verbales participiales** : **10** formes verbales **principales** et **14 secondaires** moins marquées dont : **10 present participles** et **4 pluperfects**. Aucune des formes participiales n'est maintenue.

III. Participe passé

[85] *Quand elle eut un enfant, il le fallut mettre en nourrice.* **Rentré** *chez eux, le marmot fut gâté, comme un prince.* (*Mme B.*, I, 1, p. 41)	*When her child was born it had to be put out to nurse, and when the little brat **was** eventually **brought** home he was thoroughly spoiled and treated like a young prince.* (G. Hopkins, pp. 6-7)
	F.V. Principale − Preterit : forme passive
	*When she had a child, it must need be put out to nurse, and when the time **came for it to be restored** to the parental roof, the brat was doted upon as if he had been a prince.* (L. May, p. 25)
	F.V. Principale − Preterit + Infinitif forme passive
[86] « *Vers six heures, un banquet,* **dressé** *dans l'herbage de M. Liegeard, a réuni les principaux assitants de la fête...* » (*Mme B.*, II, VIII, p. 183)	« *At six o'clock a banquet **was served** in Monsieur Liegeard's paddock, to which were invited the most prominent of those who had taken part in the festivities...* » (G. Hopkins, p. 186)
	F.V. Principale − Preterit : forme passive
	« *About six o'clock a banquet **was held** in one of Monsieur Liegeard's fields, at which all the chief people who had taken part in the fête were present* » (L. May, p. 165)
	F.V. Principale − Preterit : forme passive

[87] Une fois **revenu,** il annonça que l'acquéreur proposait quatre mille francs. (Mme B., III, v, p. 296)	When he **got back,** he said the man was willing to go to four thousand francs. (G. Hopkins, p. 334)
	F.V. Principale – Preterit
	As soon as he **got back,** he said that the purchaser suggested four thousand francs. (L. May, p. 277)
	F.V. Principale – Preterit
[88] Mme Bovary, **le dos tourné,** avait la figure posée contre un carreau... (Mme B., II, vi, p. 151)	Madame Bovary **turned her back on him** and pressed her face to the window. (G. Hopkins, p. 144)
	F.V. Principale – Preterit
	Madame Bovary **had her back to him,** her face resting against a window-pane. (L. May, p. 132)
	F.V. Principale – Preterit
[89] A peine **arrivé chez lui,** Rodolphe s'assit brusquement à son bureau, sous la tête de cerf faisant trophée contre la muraille. (Mme B., II, xiii, p. 228)	As soon as **he got home,** Rodolphe sat down hurriedly at his desk which stood beneath a shooting trophy in the form of a stag's head which was fastened to the wall. (G. Hopkins, p. 245)
	F.V. Principale – Preterit
	He **was** no sooner **back,** than down he sat at his bureau, under the stag's head that hung as a trophy on the wall. (L. May, p. 208)
	F.V. Principale – Preterit

[90] *Alors les encombrements du plaisir, **entrevus** en perspective, le firent, par contraste, songer à sa maîtresse.* (*Mme B.*, II, VII, p. 162)	*He **could see** in advance the difficulties which would beset his pursuit of this new pleasure, and his thoughts, by way of contrast, turned to his mistress...* (G. Hopkins, p. 157)
	F.V. Principale − Preterit
	*And as **he began to think** about the scheming and all the bothers that love-making involves, his thoughts reverted by contrast to his mistress...* (L. May, p. 143)
	F.V. Principale − Preterit
[91] *Elle dessinait quelquefois; et c'était pour Charles un grand amusement que de rester là, tout debout, à la regarder **penchée** sur son carton...* (*Mme B.*, I, VII, p. 76)	*Sometimes she sketched, and Charles found much delight in standing at her side, watching her **bend** above her drawing-board...* (G. Hopkins, p. 49)
	Complément verbal[59] **mise en relief maximale − Infinitif Présent**
	*Sometimes she whould take up drawing. And it was a great thing for Charles to be there, standing bolt upright, watching her **leaning over** her drawing-block...* (L. May, pp. 57-58)
	Complément verbal − Mise en relief plus marquée − Present Participle

---

[59] Le procès ***penchée*** fait partie ici d'une proposition, complément du verbe ***regarder***. Il ne peut donc être rendu par une forme verbale principale, que si cette proposition est transformée en subordonnée temporelle, p. ex : *as she **bent***. L'infinitif ***bend***, constitue la mise en relief maximale d'un complément verbal dans la relation prédicative.

[92] Puis, **revenu** près d'elle, il s'affaissa par terre sur le tapis, et il restait la tête appuyée contre le bord de sa couche à sangloter. (Mme B., III, viii, p. 337)	Then **he went back** to her, and, sinking down on the carpet, knelt there with his head against the edge of the bed, sobbing. (L. May, p. 320)
	F.V. Principale – Preterit
	Going over to her side, he sank to the ground and stayed there sobbing, his head resting against the edge of the bed. (G. Hopkins, p. 391)
	F.V. Secondaire moins marquée – Present participle
[93] Puis, **revenue** à la Croix Rouge, elle se jeta sur son lit, dans la petite chambre du second... (Mme B., III, vi, p. 313)	When she **got back** to the Red Cross, she flung herself on her bed in her small second-floor room... (G. Hopkins, p. 360)
	F.V. Principale – Preterit
	Then, **going back** to the Croix Rouge, she flung herself on the bed in the little second floor bedroom... (L. May, p. 296)
	F.V. Secondaire moins marquée – Present Participle

[94] *Un mercredi, à trois heures, M. et Mme Bovary, **montés** dans leur boc, partirent pour la Vaubyessard, avec une grande malle attachée par derrière...* (Mme B., I, vii, p. 80)	*At three o'clock one Wednesday, therefore, Monsieur and Madame Bovary **got into** their phaeton, and set off for Vaubyessard with a large trunk strapped behind...* (G. Hopkins, p. 55)
	F.V. Principale – Preterit
	*And so it came to pass that one Wednesday, at three o'clock, Monsieur and Madame Bovary, **perched up** in their two-wheel trap, set out for la Vaubyessard, with a big travelling bag tied on behind...* (L. May, p. 62)
	F.V. Secondaire / Secondarité identique – Past Participle
[95] *Emma, silencieuse, se blotissait doucement contre l'épaule de Charles; puis, **le menton levé**, elle suivait dans le ciel noir le jet lumineux des fusées.* (Mme B., II, viii, pp. 181-182)	*Emma said nothing, but rested her head quietly on Charles's shoulder, **raising her face** now and then to follow the bright track of a rocket in the blackness of the night.* G. Hopkins, p. 184)
	F.V. Secondaire moins marquée – Present Participle
	*Emma silently nestled against Charles's shoulder; then, **raising her chin**, she followed the glowing streak of the rockets in the darkness of the sky.* (L. May, p. 163)
	F.V. Secondaire moins marquée – Present Participle

[96] *C'était la lettre de Rodolphe **tombée** à terre entre des caisses, qui était restée là, et que le vent de la lucarne venait de pousser vers la porte.* (*Mme B.*, III, xi, p. 360)	*It was Rodolphe's letter which **had fallen** down between two boxes. There it had remained until a gust from the window had blown it towards the door.* (G. Hopkins, p. 421)
	F.V. Secondaire moins marquée — Pluperfect
	*It was Rodolphe's letter, which **had fallen** down between the boxes. There it had remained all this time, and the draught from the window had just blown it out towards the door.* (L. May, p. 343)
	F.V. Secondaire moins marquée — Pluperfect

Synthèse

Sur les 24 traductions des 12 **participes passés** soulignés : 16 formes verbales **principales** dont **15 prétérits** et **1 present infinitive** (qui n'est pas à proprement parler une forme verbale principale mais qui en constitue l'équivalent dans un complément verbal, dans la mesure où il implique une mise en relief maximale du procès); 7 formes verbales **secondaires** moins marquées, dont : **5 present participles** et **2 pluperfects**; et **1** forme verbale **secondaire,** dont le degré de secondarité est **identique** à celui du procès dans le texte français, c'est-à-dire un **past participle**.

Il faut noter que, dans le cas du participe passé employé seul, quelle que soit sa fonction grammaticale en français (cf. les différentes relations représentées par nos exemples), le changement de structure verbale en anglais est, dans la majorité des cas, une contrainte. Il est cependant intéressant de constater que ces transpositions vont très souvent dans le sens d'une actualisation maximale du procès.

Il est clair que la transposition des formes verbales secondaires, soit en formes verbales principales, soit en formes secondaires moins marquées, tient au même phénomène que la verbalisation d'un syntagme nominal ou l'explicitation d'un procès, à partir d'un syntagme zéro. Si certains des cas que nous avons envisagés, sont conditionnés, en partie, par d'autres facteurs, la constance du phénomène, là où aucune ambiguïté ne subsiste, par exemple : les formes verbales participiales, tend à prouver que l'actualisation des procès est un phénomène propre à l'anglais, alors que la désactualisation marquée par la secondarité verbale est au contraire caractéristique du français [60].

La notion d'**actualisation** ne peut se poser qu'en termes relatifs. Elle dépend d'un ensemble de paramètres : la situation d'énonciation, la relation de l'énoncé avec le contexte situationnel ∇ lorsqu'il y a lieu, la présence de données situationnelles déterminées ou non déterminées pour le co-énonciateur. Compte tenu de la nature de nos exemples, il nous semble cependant que, sans entrer dans les complexités du problème, on peut conclure à une tendance marquée à **actualiser les procès** en anglais. Cette tendance correspond à une opération de **détermination** dans la mesure où elle entraine

- la multiplication des **points de repère** dans la chronologie d'un récit,
- la transformation des relations explicatives en **occurrences**, et
- la **mise en relation** des termes d'un énoncé.

---

[60] Contrairement aux apparences, la tendance à expliciter le procès en français dans une subordonnée, là où en anglais on intègre la localisation à la proposition principale, va dans le même sens, par exemple :
- *Together we walked to the top of the hill **behind the filling-station** to release the kite.*
  (R. Dahl, *Danny The Champion of the World*, p. 19) [61]
- *Ensemble, nous escaladâmes la colline **qui se trouvait derrière la station** pour y lancer notre cerf-volant.*
  (J.M. Léger, p. 24) [62]

[61] Roald Dahl, *Danny The Champion of the World*, Harmondsworth, Middlesex, Penguin Books Ltd, "Puffin Books", 1977, 1978.

[62] Jean-Marie Léger, traducteur, *Danny le champion du monde*, Paris, Stock, « Bel Oranger », 1978.

CHAPITRE **2**

Détermination aspectuelle

I. La détermination de l'aspect ▽

Si l'explicitation et l'actualisation des procès, en anglais, correspond à une forte détermination, parce qu'elle implique
- la multiplication des points de repère temporels, et
- des réseaux de repérage plus serrés

ces points de repère seront, dans certains cas, plus fortement déterminés encore, par des marqueurs aspectuels ▽. Un procès, envisagé en français simplement en tant qu'activité verbale, sera souvent, en anglais, marqué par une étape particulière dans le déroulement du procès. Voyons dans un premier temps, comment se manifestent les aspects les plus courants :

1. Le déroulement▽, l'inchoation ▽ et l'aboutissement [1]

(ı) Le Déroulement

Dans le premier exemple, le traducteur a recours à plusieurs marqueurs pour souligner le déroulement du processus.

[1] — *Elle resta seule, et alors on entendit une flûte qui faisait comme un murmure de fontaine ou comme des gazouillements d'oiseau.*
(*Mme B.*, II, xv, p. 248)

— *She was left alone, and* **gradually** *the* **listening** *ear* **became aware** *of a flute, the notes of which might have been the* **murmuring** *of a stream or the* **twittering** *of a bird.* (G. Hopkins, p. 273)

Outre le marqueur verbal : **became aware** et adverbial : **gradually**, les formes en *ing* jouent ici un rôle dans la détermination aspectuelle. Le gérondif **murmuring/twittering**, correspond à l'actualisation du processus, par opposition au syntagme nominal non verbalisé renvoyant à la notion : **murmur, twitter**. La forme

---

(1) L'aboutissement ou aspect terminatif ▽ concerne, en fait, l'inter-relation des procès. Nous examinons cependant ici cet aspect, dans la mesure où il constitue un pendant à l'aspect inchoatif.

verbale de l'adjectif : *listening,* implique de même un procès qui n'a pas atteint son terme. Il en découle une mise en valeur du déroulement.

Ces différences peuvent être vérifiées dans le passage de l'anglais au français, par l'inversion de ces transpositions, les marques aspectuelles du processus donnant lieu à une suppression en français :

[2] — *As the sun began **to steal in** upon the boys, drowsiness **came over** them and they went out on the stand bar and lay down to sleep. They **got scorched out by and by**, and drearily **set about getting** breakfast.*
(M. Twain, *T. Sawyer,* xvi, p. 138)

— *Au matin, les rayons de soleil **pénétrèrent** jusqu'à eux. Tout **engourdis** de sommeil, ils s'allongèrent à découvert près du banc de sable et s'endormirent. La grande chaleur les réveilla et ils **préparèrent** leur déjeuner.*
(F. de Gaïl, p. 118)[2]

Quatre procès sont envisagés dans leur déroulement en anglais ; *As the sun began to steal in; drowsiness came over them; they got scorched out by and by; they set about getting breakfast.*

La forme et le choix lexical des syntagmes verbaux, de même que l'adjonction des prépositions et/ou particules adverbiales : *in/out/over* et des adverbes : *as/by and by* assurent la détermination du processus. Non seulement celle-ci disparaît dans la traduction française : *les rayons pénétrèrent, ils préparèrent,* mais le deuxième procès : *engourdis,* est envisagé en tant que processus stabilisé et non pas dans son actualisation.

La tendance à envisager un procès du point de vue de son état résultant est fréquente en français et peut se traduire, soit par la forme verbale, soit par le sémantisme, p. ex :

[3] — ... *Et elle battit la campagne ; elle n'avait rien **su**...*
(*Mme B.,* III, vi, p. 314)

Les deux facteurs jouent ici à la fois. Par rapport au français, le choix lexical dans la traduction explicite le processus préalable à l'état résultant ▽, c'est-à-dire : « the process of realizing » plutôt que : « the fact of having realized ».

— *She was playing for time. She hadn't **realized**, she said, how bad things were.*
(G. Hopkins, p. 361)

Dans tous ces exemples, le processus est explicitement souligné. Mais il peut également être rendu par un terme qui indique le « parcours spatial »[3] :

[4] — *Des gens qui sortaient du spectacle **passèrent** sur le trottoir...*
(*Mme B.,* II, xv, p. 253)

— *People from the Theatre began **passing along** the pavement...*
(G. Hopkins, p. 280)

---

(2) François de Gaïl, traducteur, *Les Aventures de Tom Sawyer,* Paris, Gallimard, 1973.
(3) Voir note (30), p. 17, et chapitre 4, p. 179.

(II) L'inchoation

Le problème de l'inchoation est complexe. A la différence de l'aspect d'accompli ou de terme non atteint, l'inchoation peut en effet indiquer un repère dans une succession temporelle [4]. Cette valeur joue un rôle important dans le choix des traducteurs. De ce fait, il sera souvent difficile de juger si la présence d'un marqueur d'inchoation, dans les traductions anglaises, correspond à la mise en valeur de l'occurrence du procès ou d'une étape dans son déroulement.

Nous avons noté dans la traduction de **Thérèse Desqueyroux** [5], 23 marqueurs d'inchoation qui ne figurent pas dans le texte français. Nous en donnons ici un tableau afin de faire ressortir certains phénomènes que l'on ne peut pas négliger dans l'analyse.

[5] *Alors elle demeura un peu en arrière, déganta sa main gauche **pour arracher** de la mousse aux vieilles pierres qu'elle longeait.* (p. 9)	*She took off her left-hand glove and **began picking** at the moss which grew between the old stones of the walls they passed.* (p. 12)
[6] ***Thérèse**, moins par lassitude que pour échapper à ces paroles dont on l'étourdissait depuis des semaines, **ralentit en vain sa marche**.* (p. 10)	*Less because she was tired than in order to avoid hearing all this talk with which she had been deafened for weeks past, **Thérèse began to walk more and more slowly**.* (p. 12)
[7] *Prise de panique, **Thérèse balbutie**, tournée vers l'avocat (mais c'est au vieux qu'elle s'adresse) :...* (p. 15)	*She was seized with sudden panic. Her face turned to the lawyer; but, addressing her words to the older man, **she began to stammer**...* (p. 16)

---

(4) A condition de ne pas envisager l'inchoation elle-même en tant que processus, p. ex : He **was beginning** to feel tired.

(5) François Mauriac, *Thérèse Desqueyroux*, Paris, Grasset, 1927, « Poche », 1975, (titre abrégé : *T. Desqueyroux*).

Gerard Hopkins, traducteur « Thérèse Desqueyroux », in *Thérèse*, Harmondsworth, Middlesex, Penguin Books Ltd, 1959, "Penguin Modern Classics", 1975.

[8] *Thérèse pourrait réciter la formule inscrite sur l'enveloppe et que **l'homme déchiffre d'une voix coupante** :...* (p. 20)	*In harsh, incisive tones **he began to read** the formula written on the label. She knew it already by heart :...* (p. 19)
[9] *Le juge éclate de rire... **Le frein grince** contre la roue.* (p. 21)	*The magistrate burst into a cackle of laughter... **the brake began to grate** against the wheel...* (p. 19)
[10] *Lorsque après les longs repas, sur la table desservie **on apporte l'alcool**, Thérèse était restée souvent avec les hommes...* (p. 40)	*Often when, at the end of interminable meals, the cloth had been removed, and **the drinks began to circulate**, she had stayed behind with the men...* (p. 31)
[11] *Thérèse approuvait Bernard lorsqu'**il répétait** que si Anne manquait le mariage Deguilhem, ce serait un désastre.* (p. 62)	*When **Bernard began to argue again** that it would be disastrous if anything happened to prevent Anne's marriage to the Deguilheim boy, she agreed.* (p. 44)
[12] *Au repas du soir, **les La Trave** parlaient de Biarritz, **s'inquiétaient d'un hôtel**.* (p. 70)	*At dinner that evening **the de La Traves** mentioned Biarritz, and **began fussing about hotels**.* (p. 48)
[13] *Non, Thérèse, non : toi du moins, **ne me fais pas de morale**, ne me parle pas de la famille...* (p. 71)	*"No, Thérèse, **don't you start preaching** and talking about the family..."* (p. 49)
[14] *Lui aussi m'avait reconnue, et d'abord **le nom d'Anne** de la Trave **lui vint aux lèvres**.* (p. 84)	*He, too had recognized me and **began to talk of Anne de la Trave**.* (p. 57)

67

[15] Ici, **Thérèse hésite**; s'efforce de détourner sa pensée de ce qui se passa dans la maison d'Argelouse... (p. 97)	At this point **Thérèse began to hesitate**, forcing her mind from brooding on what had occured in the house at Argelouse... (p. 65)
[16] Bernard allait moins bien parce qu'**il avait recommencé de boire** des apéritifs. (p. 105)	Bernard was less well than he had been, because **he had started tippling again**. (p. 69)
[17] Une fois le péril passé, **les portes se rouvraient** une à une. (p. 110)	Once the danger had passed, **doors began to open** one by one. (p. 72)
[18] Il demande : « Est-ce que j'ai pris mes gouttes ? » et sans attendre la réponse, de nouveau **il en fait tomber dans son verre**. (p. 112)	"Did I take my drops?" he asked. Without waiting for her answer, **he began shaking some more into his glass**. (p. 74)
[19] Le train ralentit, siffle longuement, **repart**. (p. 114)	The train came to a halt, uttered a long whistle, and **started to move again**. (p. 75)
[20] ... heureusement, dès le lendemain, **l'état de Bernard s'améliorait**... (p. 115)	Fortunately, however, next day **Bernard began to show signs of improvement**... (p. 75)
[21] A son habitude, **la sourde commença de parler** à perdre haleine... (p. 121)	As usual, **she began to talk** at breakneck speed. (p. 79)
[22] Appuyé à la cheminée, **il s'exprime** d'un ton grave, tire un papier de sa poche, le consulte. (p. 124)	Leaning on the mantelpiece, **he proceeded to express himself** with portentous solemnity. (p. 81)

[23] *Thérèse en aura le cœur net.* **Elle s'engage à tâtons dans l'escalier.** (p. 137)	*She must make certain.* **She began to feel her way up the stairs.** (p. 88)
[24] *Elle inventait d'autres rêves plus humbles : elle arrangeait une maison au bord de la mer, voyait en esprit le jardin,* **disposait les pièces,** *choisissait un à un chaque meuble...* (p. 153)	*Other, humbler, dreams, she improvised – seeing, in imagination, a house at the sea's edge, a garden, and a terrace.* **She set about arranging the rooms,** *choosing the furniture piece by piece...* (p. 97)
[25] *Comme Thérèse ne prenait pas l'enveloppe qu'elle lui tendait,* **Balionte insista :** *sûrement Monsieur disait quand il rentrait ; il fallait pourtant qu'elle le sût pour tout préparer.* (p. 157)	*Because Thérèse did not take the envelope which Madame Balion held out* **the old servant began to nag her.** *Monsieur, no doubt, had written to say when he would be coming back. She must know, so as to have everything ready.* (p. 99)
[26] *Et comme il fait toujours ce qu'il a décidé de faire,* **il entre à la cuisine, se met en colère.** (p. 167)	*And because he always did what he had a mind to do,* **he proceeded to work himself up into a fury, and stormed into the kitchen.** (p. 105)
[27] *Thérèse avait un peu bu et beaucoup fumé. Elle riait seule comme une bienheureuse.* **Elle farda ses joues et ses lèvres,** *avec minutie, puis, ayant gagné la rue, marcha au hasard.* (p. 184)	*She had drunk a little and smoked much. She smiled to herself, as though she were happy. Very carefully* **she set about touching up her cheeks and her lips,** *and then walked casually out into the street.* (p. 115)

Dans certains cas, le marqueur d'inchoation peut être un moyen de désambiguiser la valeur de la forme verbale. En effet, lorsque la valeur de renvoi à la notion doit être neutralisée au profit d'un renvoi à l'occurrence, il sera souvent nécessaire, ou tout au moins préférable de marquer l'inchoation du procès. Ainsi dans l'exemple [21] :

- *A son habitude, la sourde commença de parler à perdre haleine...*
- *As usual, she began to talk at breakneck speed.*

l'absence d'un marqueur d'inchoation mettrait davantage en valeur la caractérisation d'une propriété (la façon dont elle parlait) que l'actualisation du procès dans une chronologie (le fait qu'elle se mit à parler). La même analyse serait valable pour l'exemple suivant tiré de **Madame Bovary :**

[28] – *Berthe alla tomber au pied de la commode, contre la patère de cuivre ; elle s'y coupa la joue, le sang **sortit.***
(Mme B., II, vi, p. 148)

– *Berthe stumbled against the foot of the chest-of-drawers, and fell, cutting her cheek against one of the brass ornaments. The blood **began to flow.***
(G. Hopkins, p. 139)

Bien qu'aucune de ces conditions ne soit nécessaire à l'ajout d'un marqueur d'inchoation on constatera que dans une succession temporelle ce procédé s'imposera souvent lorsque :

- le procès est déterminé par une propriété, par exemple :

  – ... *Thérèse began to walk **more and more slowly.***
  (exemple 6)

  – ... *she began to talk **at breakneck speed.***
  (exemple 21)

- le terme origine renvoie à un inanimé :

  – ... *the **brake** began to grate...*
  (exemple 9)

  – ... *the **drinks** began to circulate...*
  (exemple 10)

  – ... ***doors** began to open one by one.*
  (exemple 17)

  – *The **train** [...] started to move again.*
  (exemple 19)

- le sémantisme du syntagme verbal renvoie à une propriété ou une attitude plutôt qu'à un procès bornable, p. ex : to hesitate, to stammer, to fuss.

La contrainte peut être plus ou moins forte. Dans certains exemples elle répond à des exigences de repérage temporel. Le problème se posera souvent lorsqu'un énoncé comporte à la fois :

– un marqueur aspectuel
  – soit de déroulement,
  – soit de terme non atteint ;
– et un marqueur d'inchoation.

C'est le cas de l'exemple [4] que nous citons cette fois dans son contexte, afin de souligner les problèmes que pose le repérage dans une **succession temporelle.**

– ... *comme ils n'avaient, en présence du mari, rien de plus à se dire, bientôt la conversation **s'arrêta.***
*Des gens qui sortaient du spectacle **passèrent** sur le trottoir, tout en fredonnant ou braillant à plein gosier : O bel ange, ma Lucie !*
*Alors Léon, pour faire le dilettante, **se mit à parler** musique.*
(Mme B., II, xv, p. 253)

– *There was nothing more they could talk about with her husband there, and the conversation soon flagged. People from the Theatre **began passing** along the pavement, humming or shouting at the tops of their voices « Oh bel ange, ma Lucie ! » Léon, anxious to show how well up he was in the arts, **began to talk** about music.*

(G. Hopkins, pp. 280-281)

L'ordonnance des procès : *s'arrêta, passèrent, se mit à parler,* renvoie à une succession temporelle. Or, si on traduisait le syntagme verbal *passèrent,* par un prétérit simple, la valeur du procès n'apparaîtrait pas clairement. Le terme origine **People,** étant faiblement déterminé (article zéro) l'actualisation du procès ne serait pas soulignée. Si le traducteur avait choisi la forme **be + ing** sans marqueur d'inchoation, la proposition : *People [...] were passing along the pavement,* serait repérée par rapport à la proposition précédente. Seul le marqueur d'inchoation : ***began passing*** permet de donner clairement à ce procès le statut d'un nouveau repère sur l'axe temporel.

Notre deuxième exemple pose le problème de la **simultanéité temporelle.**

[29] – *When he had pulled a mile above the village, **he started quartering across** and bent himself stoutly to his work.*

(M. Twain, *T. Sawyer,* xv, pp. 126-127)

– *Lorsqu'il eut fait quinze cents mètres en amont du village, il navigua de biais : c'était la partie la plus difficile du parcours.*

(F. de Gaïl, p. 110)

La présence d'un marqueur d'inchoation dans cet énoncé, nous semble déterminée par la valeur ponctuelle $^\triangledown$ de l'adverbe **when.** Le groupe verbal comporte un marqueur de « parcours spatial »[6] : *quartering **across,*** qui implique un déroulement. Le procès ne peut donc pas être marqué par un repère ponctuel. Seule la borne de gauche peut coïncider avec le moment indiqué par **when** dans la proposition temporelle.

Le troisième exemple concerne deux procès dont la **coïncidence temporelle** ne peut être que **partielle.**

[30] – *Il gagna le toit. L'homme qui s'accrochait au faîte faiblissait : il le remplaça.* (A. Malraux, *La C. Humaine,* II, p. 85)[7]

– *He made his way up to the roof. The man who was clinging on up at the top **was beginning to weaken** : he took his place.*

(A. Macdonald, p. 97)[8]

Le sémantisme des deux procès : *s'accrochait* et *faiblissait,* implique que, s'ils sont régis par le même terme origine, le premier doit avoir commencé avant le deuxième. En français rien n'indique ce décalage, c'est le marqueur d'inchoation qui le soulignera en anglais.

---

(6) Voir chapitre I, p. 17 et chapitre IV, p. 179.

(7) André Malraux, *La condition humaine,* Paris, Gallimard, 1946, « Poche » 1966, (titre abrégé : *La C. Humaine*).

(8) Alastair Macdonald, traducteur, *Man's Estate,* Harmondsworth, Middlesex, Penguin Books Ltd, 1961, 1972.

Les exemples que nous avons analysés jusqu'ici mettent tous en jeu des facteurs qui découlent des différences entre les systèmes linguistiques dans les deux langues. On pourrait en conclure que l'introduction de marqueurs d'inchoation dans les traductions, dépend toujours d'autres contraintes. Or, il n'en est rien. Tout d'abord certains des exemples de F. Mauriac cités dans notre tableau, comportent un procès qui ne renvoie pas nécessairement à une occurrence, p. ex :

- *... toi, du moins, ne me fais pas de morale...*
(exemple 13)

Il peut très bien s'agir ici d'un renvoi à la notion. Or, le fait de marquer l'inchoation en anglais :

- *.. don't you **start** preaching...*

implique nécessairement que le procès soit envisagé par rapport à son actualisation. Il s'agit donc bien d'une détermination aspectuelle.

D'autre part l'inchoation sera également soulignée dans certains exemples où la valeur du procès n'est nullement ambiguë :

[31] - *Tom went to the door and **began to** softly **lift** latch...*
(M. Twain, *T. Sawyer*, xv, p. 123)

- *Tom s'approcha de la porte ; avec précaution il souleva le loquet...*
(F. de Gaïl, p. 107)

[32] - *Doc Spencer knelt on the floor and took from his bag a pair of large scissors. Then to my astonishment he **proceeded to slit** the cloth of my father's left trouser-leg right up to the knee.*
(R. Dahl, *Danny The Champion of the World*, p. 69)[9]

- *Le docteur Spencer s'agenouilla sur le sol et sortit de son sac une grande paire de ciseaux. Puis, à mon grand étonnement, il **découpa** le pantalon de mon père jusqu'au genou*
(J.M. Léger, pp. 83-84)[10]

Le sémantisme des procès *to lift* et *to slit* implique de façon évidente une actualisation. Si, les auteurs ont choisi de privilégier l'aspect inchoatif, c'est donc pour mettre en valeur une étape du déroulement. Cet aspect est supprimé dans la traduction française.

Citons deux exemples de **Madame Bovary** ou les passés simples sont inversement rendus par un marqueur d'inchoation + l'infinitif avec *to*.

[33] - *... et, quand elle fut assise dans sa loge, **elle se cambra** la taille avec une désinvolture de duchesse.*
(Mme B., II, xv, p. 247)

- *... and as soon as she was seated in their box, **she began to preen herself** with the easy unconcern of a duchess.*
(G. Hopkins, p. 272)

---

(9) Roald Dahl, *Danny The Champion of the World*, Harmondsworth, Middlesex, Penguin Books Ltd, "Puffin Books", 1977, 1978.
(10) Jean-Marie Léger, traducteur, *Danny le champion du monde*, Paris Stock, « Bel Oranger », 1978.

[34] – *Pour en savoir plus long, **elle interrogea** le percepteur; Binet répliqua, d'un ton rogue qu'il n'était point payé par la police...*
(*Mme B.*, II, vi, p. 149)

– *Avid for details, **she began to question** the tax-collector. Binet replied haughtily that he was not a professional police-spy.*
(G. Hopkins, p. 141)

Le procédé est constant. Si le choix des traducteurs peut être motivé par plusieurs contraintes, la détermination aspectuelle joue néanmoins un rôle primordial.

(III) L'aspect terminatif

L'inchoation d'un procès est plus fréquemment marquée que le terme atteint dans une série de procès. L'aboutissement peut cependant également être souligné en anglais.

[35] – *Mais **on entendit** trois coups sur la scène; un roulement de timbales commença...* (*Mme B.*, II, xv, p. 248)

– *__At long last came__ the three knocks on the stage, there was a roll of side-drums...* (G. Hopkins, pp. 272-273)

[36] – *Et il manqua consécutivement à trois rendez-vous. **Quand il revint**, elle se montra froide et presque dédaigneuse.*
(*Mme B.*, II, x, pp. 201-202)

– *He failed to keep three successive appointments with her. **When, at last, he did come**, she received him coldly, almost disdainfully.*
(G. Hopkins, p. 210)

La locution adverbiale ▽ *at last* comporte incontestablement une valeur modale d'appréciation, attribuable à l'animé humain dont le point de vue est privilégié dans le récit. Cette valeur peut même, comme dans le premier exemple, être soulignée par l'adjonction d'une épithète, ici : *long*. Mais cette valeur modale n'exclut en rien la détermination aspectuelle du terme atteint. En outre, l'aspect terminatif implique un repérage par rapport à des procès antérieurs et donc le déroulement d'un ensemble de procès dont il constitue le terme, p. ex :

[37] – *The congregation became more and more moved, as the pathetic tale went on, **till at last** the whole company broke down and joined the weeping mourners in a chorus of anguished sobs...*
(M. Twain, *T. Sawyer*, xvii, p. 143)

– *L'assistance était de plus en plus émue, le pasteur était de plus en plus lyrique, **tant et si bien que** tous les fidèles en pleurs firent chorus avec les familles en deuil...* (F. de Gaïl, p. 121)

L'adverbe *till* souligne ici le processus dont *at last* marque le terme. Ce double aspect est transformé en français en relation de degré : *tant et si bien que*.

Les aspects que nous venons d'examiner sont, sans doute, les plus courants. Ils sont cependant loin d'être les seuls. Ainsi, les marqueurs d'itération ▽ : *always, constantly*, et de l'aspect occasionnel ▽ : *now and then*, s'opposent souvent à un signe zéro en français. Mais un examen exhaustif des aspects nous mènerait trop loin. Contentons-nous d'en choisir trois :

2. La ponctualité ▽, l'antériorité ▽, et l'aspect prospectif ▽

(i) La Ponctualité

Les adverbes et locutions adverbiales marquant la ponctualité comportent, dans de nombreux cas, une valeur modale de type appréciatif. Mais encore une fois, cette valeur n'exclut en rien la détermination ponctuelle d'un point de repère temporel :

[38]   – *On disait qu'une princesse polonaise, l'écoutant un soir chanter sur la plage de Biarritz [...] en était devenue amoureuse.*
(Mme B., II, xv, p. 249)

– *The story went that a Polish princess, hearing him one evening singing on the beach at Biarritz [...] had, **there and then**, fallen in love.* (G. Hopkins, p. 274)

La locution adverbiale **there and then** traduit à la fois l'appréciation de l'énonciateur, et la localisation spatio-temporelle du procès *fallen in love*. Mais sa fonction dans l'énoncé est en fait, plus complexe. En tant que reprise de la localisation spatio-temporelle : **one evening [...] on the beach at Biarritz,** elle établit une relation anaphorique ▽ avec la proposition précédente. D'autre part, tout en renvoyant à ces points de repère préalables, elle marque l'aspect ponctuel ▽. La locution adverbiale a donc ici une triple valeur : **modale, aspectuelle,** et **anaphorique.**

Cette triple valeur réapparaît dans la locution adverbiale qui remplace la proposition temporelle, dans la traduction de l'exemple suivant :

[39]   – *Il avait dans sa poche le drapeau bleu du Kuomintang. Il l'en tira, se précipita dans le couloir. **A l'instant où il sortait**, il reçut sur les reins un coup à la fois furieux et enveloppé...*
(A. Malraux, La C. Humaine, II, p. 78)

– *He had the blue flag of the Kuomintang in his pocket. He took it out, and dashed into the passage. **At the very same intant** he received a prodigious thump in the back; tremendously violent, yet muffled...* (A. Macdonald, pp. 88-89)

L'identité avec le point de repère temporel qu'implique le procès de la proposition précédente : *Il [...] se précipita dans le couloir,* est établie par la locution adverbiale : *At the [...] same instant,* et l'aspect ponctuel de même que la modalisation, par l'adjectif emphatique *very* qui le qualifie. Cette modalité implique le jugement de l'énonciateur et constitue de ce fait un indice de discours intérieur libre ▽. Le marqueur d'aspect ponctuel a lui-même ici une double fonction, il marque

- premièrement la **ponctualité** d'un point de repère temporel

et

- deuxièmement le rapport de **simultanéité** ▽ entre ce point de repère et celui qui le précède.

Cependant il ne découle pas nécessairement de l'aspect ponctuel une relation inter-énoncés. Cette relation tient ici à la fois à la nature de la locution adverbiale et à son insertion dans un récit.

Il suffit d'examiner une locution adverbiale analogue dans un **discours,** pour constater que seules les fonctions modales et ponctuelles subsistent, p. ex :

[40] – *Tu importunes toujours monsieur et madame ! Les mercredis, d'ailleurs, ta présence m'est plus indispensable. Il y a **maintenant** vingt personnes à la maison.*   (Mme *B.*, II, vii, p. 161)

– *You're always making a perfect nuisance of yourself to Monsieur and Madame, especially on Wednesdays when I particularly need you. **At this very moment**, there are twenty persons over at the shop.*   (G. Hopkins, pp. 155-156)

Il s'agit ici d'un dialogue à l'intérieur d'un récit. De ce fait le point de repère temporel invoqué est celui du moment de l'énonciation.

D'autres adverbes ou locutions adverbiales peuvent avoir une fonction interne à l'unité syntaxique dans laquelle ils s'insèrent, quelle que soit la situation d'énonciation ou la nature de l'énoncé. C'est le cas, dans les deux exemples suivants :

[41] – *Mais la face était sauve, et la citation de théâtre avait été faite **au bon moment**.*   (A. Malraux, *La C. Humaine*, II, p. 75)

– *Prestige was saved, however : the dramatic gesture had been made **just** at the right moment.*   (A. Macdonald, p. 85)

[42] – *...la première auto blindée était arrivée **à temps**.*   (A. Malraux, *La C. Humaine*, II, p. 87)

– *...the first armoured car had arrived **just** at the right time.*   (A. Macdonald, p. 99)

L'adverbe *just* qui implique une valeur modale de type appréciatif, assure dans les deux traductions la détermination de l'aspect ponctuel.

Mais il faudrait faire une distinction entre **ponctualité** et **instantanéité** ▽ [11]. La distinction est fine et parfois difficile à cerner.

- L'aspect ponctuel concerne un procès repéré temporellement, par rapport à un point identifié comme distinct de tous les autres points sur l'axe temporel.

- L'aspect instantané concerne un procès qui se trouve en rupture avec le procès préalable sur l'axe temporel.

Cette distinction peut avoir une incidence sur d'autres phénomènes, tels que l'expression de la perception hypothétique, que nous verrons au chapitre VIII. L'adverbe qui traduit le plus fréquemment l'instantanéité est sans doute *suddenly*.

---

(11) Nous établissons une distinction non seulement entre **ponctuel** et **instantané** ▽ mais entre **ponctuel** et **globalisé** ▽, de façon à souligner des différences qui apparaissent dans l'analyse contrastive.

[43] — *Tchen, le regard toujours fixé sur la fenêtre déchiquetée, revint au couloir. Le changement d'odeur le surprit...*
(A. Malraux, *La C. Humaine*, II, p. 80)
— *Still looking at the shattered ruins of the window, Chen went back into the passage.* **Suddenly** *things smelt different...*
(A. Macdonald, p. 90)

De par son sémantisme, l'adverbe **suddenly** implique l'existence d'une situation préalable par rapport à laquelle il établit une relation de **rupture**. Sa fonction essentielle est ici de mettre en relief l'aspect instantané du procès. La locution adverbiale *of a sudden* aura le même rôle dans la traduction de l'exemple suivant :

[44] — *Celle-ci prenait peu à peu possession de ce décor [...] et, le vent soufflant toujours sans le moindre sifflement, la lune atteignit la grève opposée et tout retomba dans les ténèbres.*
(A. Malraux, *La C. Humaine*, V, p. 199)
— *And little by little the smell of death was beginning to pervade this decor [...] and while the wind blew on, yet made no sound, the moon* **of a sudden** *reached the opposite bank of cloud and all again was plunged into darkness.* (A. Macdonald, p. 230)

(ii) Antériorité et aspect prospectif

Jusqu'ici nous avons vu essentiellement des procès envisagés selon un aspect particulier de leur processus $^\triangledown$: inchoation, ponctualité, etc., ou en tant que processus n'ayant pas atteint son terme. Nous avons pu constater qu'en anglais, dans certains cas, la détermination aspectuelle assure également une relation soit d'identité, soit de succession entre deux moments repères de l'énoncé.

Mais on trouve aussi un autre type de détermination aspectuelle qui concerne la relation entre deux points de repère. Il ne s'agit plus cette fois
- du repérage entre deux moments repères actualisés dans l'énoncé,
- mais de la localisation rétrospective (souvenir) ou prospective (projet/rêverie) d'un moment repéré par rapport au moment repère de l'énonciation ou de l'énonciation rapportée.

Le moment repéré peut être :

a) Un instant

— **déterminé** :

[45] — *Il préféra marcher : la concession britannique que l'Angleterre avait* **abandonnée en janvier***, les grandes banques mondiales fermées, mais pas occupées... « Étrange sensation que l'angoisse... »* (A. Malraux, *La C. Humaine*, III, pp. 110-111)
— *He preferred to walk : the British Concession* **abandoned back in January***, the great international banks, closed, but not yet in hostile hands... « Nerves play curious tricks... »*
(A. Macdonald, pp. 125-126)

(c'est-à-dire détermination en anglais de la relation entre le moment de l'énonciation rapportée et le moment antérieur marqué par la locution adverbiale : *in January*, grâce à l'adverbe *back*.)
- ou **indéterminé**

[46] – *Et puisque n'existaient ni son passé qu'il venait d'inventer, ni le geste élémentaire et supposé si proche sur quoi se fondait son rapport avec cette femme, rien n'existait.*
(A. Malraux, *La C. Humaine*, V, p. 201)
– *And as his past, which he had just made up, did not exist, and nor did the primitive and imaginary gesture **so soon to take place**, on which his whole relationship with this woman was based, nothing existed.* (A. Macdonald, p. 232)

(La transformation de l'adjectif *proche* en adverbe : *soon*, de même que l'explicitation du procès *to take place*, indique qu'il s'agit du repérage d'un moment non-déterminé, envisagé sous l'aspect prospectif. Bien que non-actualisé, le procès est repéré par rapport au moment de l'énonciation rapportée. Le traducteur obéit donc à une double contrainte :
- l'explicitation du procès envisagé, et
- la détermination de la relation entre ce procès et le repère origine).

b) **Une durée globalisée** ▽

[47] – *Remontant au berceau des sociétés, l'orateur vous dépeignait **ces temps farouches** où les hommes vivaient de glands au fond des bois.* (*Mme B.*, II, viii, p. 178)
– *Surveying the eras when human societies were in their infancy, the orator drew a picture of **those rough old days** when men, deep buried in their forests, had lived off acorns...*
(G. Hopkins, p. 179)

(Introduction de l'adjectif *old*, marquant l'opposition temporelle entre la durée globalisée : *those rough old days*, et le moment repère établi par rapport à l'énonciateur rapporté).

c) **Une occurrence** ou un **parcours**[12] d'occurrences :

[48] – *Rodolphe avait mis de longues bottes molles, se disant que sans doute elle n'en avait **jamais vu** de pareilles...*
(*Mme B.*, II, ix, p. 186.)

---

(12) **Parcours**, sans guillemets, renvoie à l'opération de parcours dans la théorie de A. Culioli.

> – *Rodolphe was wearing a pair of high boots made of some soft leather. He had acted on the assumption that Emma had probably **never** seen anything of the sort **before**.*
>
> (G. Hopkins, p. 190)

(Comme dans l'exemple précédent, l'introduction de l'adverbe *before* en anglais, marque l'opposition temporelle entre le parcours d'occurrences globalisées : *elle n'en avait jamais vu,* et le moment de l'énonciation rapportée.)

Le repérage peut être indirect. Ainsi dans la traduction de cet exemple, le parcours d'occurrences du procès *seen,* marqué par l'adverbe *never,* est repéré par rapport au procès *had acted on the assumption,* mais du fait que celui-ci est au pluperfect, il suppose un repérage préalable. Dans ce cas, il s'agit même d'un double repérage : *had acted on the assumption,* renvoie au procès *was wearing,* qui est lui-même repéré par rapport au procès repère *turned up,* dans la proposition : *At noon next day, Rodolphe **turned up*** (qui apparaît deux phrases plus haut). Il va de soi que c'est en fait, dans chaque cas, l'ensemble de la proposition qui est repérée ou qui constitue le repère.

Nous avons vu que le moment repéré par rapport à l'énonciation ou à l'énonciation rapportée, peut renvoyer à un procès antérieur ou ultérieur à celui-ci. Il peut s'agir également d'un processus envisagé
 – à partir du moment repère de l'énonciation,
 – ou jusqu'au moment repère de l'énonciation.

• Dans le premier cas, le repère origine constituera le point de départ du processus :

> [49] – *Une exhalation s'échappait de ce grand amour embaumé et qui, passant à travers tout, parfumait de tendresse l'atmosphère d'immaculation où elle **voulait vivre**.* (Mme B., II, xiv, p. 241)
>
> – *A faint exhalation from this great embalmed devotion permeated everything about her, giving an odour of tenderness to the immaculate climate in which **she wished to live henceforward**.*
>
> (G. Hopkins, p. 263)

En français, le procès non-actualisé est simplement repéré par rapport à l'énonciateur rapporté par le procès *voulait,* alors qu'en anglais, l'adverbe *henceforward* souligne à la fois l'aspect prospectif et le « parcours temporel »[13] envisagé à partir du point de repère de l'énonciation rapportée.

• Dans le deuxième cas, le repère origine constituera le terme du processus :

> [50] – *... et elle se trouvait heureuse de se rafraîchir dans **un sentiment nouveau, plus sain, meilleur**, afin d'éprouver quelque tendresse pour ce pauvre garçon qui la chérissait.* (Mme B., II, xi, p. 206)
>
> – *She, too, was happy at this opportunity of finding refreshment for her spirit in a new emotion, **a healthier, a better emotion than she had so far known**...*
>
> (G. Hopkins, p. 215)

---

(13) « **Parcours temporel** » entre guillemets renvoie à la durée comprise entre deux repères, p. ex : *within the next hour,* ou envisagée à partir d'un repère, p. ex : *from now on.* (Cf. « parcours spatial », note (30) page 17).

Si l'adjectif *nouveau* et les adjectifs comparatifs : ***plus sain*** et ***meilleur*** impliquent un point de repère préalable, celui-ci ne figure pas explicitement dans l'énoncé. Par contre, l'adverbe ***so far,*** souligne le processus antérieur dont le terme coïncide avec le moment de l'énonciation rapportée.

Le fait que le procès repéré soit ou non actualisé n'a aucune incidence sur ce problème aspectuel. Un procès ou un ensemble de procès envisagés,

- sous l'aspect **prospectif**

  [51] – *May this Show be for you as a peaceful arena where the conqueror may stretch the hand of friendship [...] in the hope of nobler triumphs **yet to come** !* (G. Hopkins, *Mme B.*, p. 178)

- ou sous l'aspect **d'antériorité,** mais avec une **modalité négative**

  [52] – *...yet there he was watching it, living as he had **never** lived **before**...* (A. Macdonald, *Man's Estate*, p. 229)

- et a fortiori sous l'aspect **prospectif** avec une **modalité négative**

  [53] – *...he **wouldn't** take any **further** action.* (*Ibid.*, p. 85)

sont forcément non-actualisés. Cependant ils peuvent être envisagés dans leur relation avec le moment de l'énonciation ou de l'énonciation rapportée, de la même façon qu'un procès ou un ensemble de procès actualisés.

L'exemple suivant est particulièrement intéressant de ce point de vue :

[54] – *Du moins savait-il que le plus fort des liens est le combat. Et le combat était là.* (A. Malraux, *La C. Humaine*, II, p. 74)

– *But he realized that the **coming** hostilities **would forge** the strongest possible of bonds between them.* (A. Macdonald, p. 84)

En français, la proposition : *le plus fort des liens est le combat,* pose une situation d'un point de vue notionnel. Or, paradoxalement c'est l'aspect **prospectif** en anglais, qui met l'actualisation du procès en relief. Car, si le ou les procès qu'implique en anglais le groupe nominal ***coming hostilities*** sont hypothétiques, ils sont néanmoins, comme le procès ***would forge,*** envisagés par rapport à leur actualisation, et insérés dans une relation qui implique un « **parcours temporel** » entre le moment repère de l'énonciation rapportée et un ensemble de procès prospectifs dont les occurrences sont indéterminées.

L'aspect **prospectif** exprimé par l'adjectif *further,* dans l'exemple [53], souligne de la même façon le « parcours temporel » entre le repère origine de l'énonciation et le ou les moments envisagés. Ceux-ci sont doublement hypothétiques, puisqu'envisagés à la fois selon la modalité négative et la modalité de visée. En français, le « parcours temporel » n'étant pas souligné : *il n'agirait pas,* la valeur du procès apparaît comme un renvoi à la notion.

3. La double marque aspectuelle

On aura constaté que dans bon nombre d'exemples l'aspect prospectif ou d'antériorité dans l'inter-relation des procès s'accompagne, en anglais, d'une deuxième marque aspectuelle. Ainsi, lorsqu'un processus globalisé, soit en tant que tel ou en tant que parcours de la classe des occurrences possibles ou attestées d'un procès, est posé dans une opposition temporelle avec le moment de l'énonciation ou de l'énonciation rapportée, celui-ci s'accompagnera généralement d'une double marque aspectuelle en anglais, p. ex. : **before + ever**

[55] – ...*avant Tchen, la mort avait fait sa sélection.*
(A. Malraux, *La C. Humaine*, II, p. 74)
– *before ever Chen had made his choice, Death had thinned them out.* (A. Macdonald, p. 83)

Nous avons, en français, une marque d'antériorité : *avant*, en anglais une marque d'antériorité : *before* et une marque de parcours d'une classe $^\triangledown$ d'occurrences : *ever*. La relativité entre en jeu ici comme pour tous les phénomènes différentiels. Qu'il s'agisse d'un signe zéro qui donne lieu à une détermination aspectuelle en anglais, ou un signe aspectuel qui donne lieu à un double signe en anglais, l'essentiel est l'existence d'un décalage.

Dans certains cas un signe zéro pourra, d'ailleurs, donner lieu à un double signe aspectuel :

[56] – ...*la religion, plus affermie, sourit à tous les cœurs...*
(*Mme B.*, II, VIII, p. 173)
– *Religion, more firmly grounded than **ever before**, smiles in all our hearts...* (G. Hopkins, p. 172)

La locution adverbiale, en anglais, a ici deux fonctions :
– la détermination aspectuelle de l'antériorité : *before* + le marqueur de parcours *ever* ;
– et l'introduction du point de repère auquel renvoie la relation de comparaison : *more firmly grounded*.

On constatera que l'adverbe *ever* ne peut pas dans tous les cas, en français, être remplacé par *jamais*. Ainsi si l'on ajoutait un point de repère en français dans notre dernier exemple : c'est-à-dire *qu'auparavant*, on pourrait difficilement adjoindre un marqueur de parcours. Dans l'exemple suivant, l'adverbe *ever* rend compte de la valeur modale contenue dans l'adverbe *même*, mais en y ajoutant une valeur de parcours :

[57] – ...*la patrie de la Révolution était dans l'ombre verdâtre de ces fonderies, de ces arsenaux, avant même qu'elle ne les eût pris...*
(A. Malraux, *La C. Humaine*, II, p. 94)
– ...*before ever they were captured the glaucous shadows of those arsenals and foundries had been the inspiration of the Revolution...* (A. Macdonald, p. 108)

On constatera de même pour d'autres adverbes que les possibilités de choix dans l'activité langagière sont conditionnées au départ par les contraintes grammaticales propres à chaque langue. Cependant, même lorsque ce problème n'intervient pas, la détermination aspectuelle est moins marquée en français, tout au moins lorsqu'il s'agit du processus ou de la séquence $^\triangledown$, p. ex. :

[58] – *Enfin, Charles arriva près de sa femme...*
(*Mme B.*, II, XV, p. 252)
– *At last Charles succeeded in reaching his wife...*
(G. Hopkins, p. 278)

[59] — *Elle alla donc chercher dans l'armoire une bouteille de curaçao, **atteignit** deux petits verres, emplit l'un jusqu'au bord...*
(Mme B., I, III, p. 56)
— *From the cupboard she took a bottle of curaçao, **reached down** two small glasses, filled one to the brim...*
(G. Hopkins, p. 26)

Dans ces deux exemples, le sémantisme du syntagme verbal dénote, en français, un terme atteint. En anglais, le traducteur a ajouté :
- dans le premier cas, un syntagme verbal indiquant le processus préalable au terme atteint : ***succeeded** in*,
- dans le deuxième, une particule adverbiale : ***down**,* qui combinée avec le verbe *to reach*, indique un procès à double orientation. Cette double orientation implique nécessairement :
  1) le déroulement d'un processus,
  2) le terme atteint.

On remarquera encore que lorsque les contraintes grammaticales n'exigent, en anglais, qu'une seule marque aspectuelle, la tendance stylistique en impose souvent deux. C'est le cas dans la majorité des exemples que nous venons d'examiner. La double marque aspectuelle peut même répondre uniquement à une contrainte stylistique, p. ex. :

[60] — *L'armée du Kuomintang atteindrait Shanghaï dans quelques heures...*
(A. Malraux, *La C. Humaine*, II, p. 100)
— *The Kuomintang army would reach Shanghaï **within the next few hours**...*
(A. Macdonald, pp. 114-115)

La locution adverbiale ***dans quelques heures*** indique uniquement l'aspect prospectif, la locution anglaise ***within the next few hours*** indique non seulement l'aspect prospectif, mais :
- l'aspect **chronologique** : *the **next** few hours*, et
- le **processus**.

Le procès *to reach* est, d'une part repéré par rapport au moment de l'énonciation (celui de l'énonciateur rapporté) d'autre part, envisagé comme une occurrence qui doit s'inscrire dans une durée contenue entre deux repères.

Nous avons vu que la détermination aspectuelle rétrospective et prospective est, dans tous nos exemples, liée aux problèmes d'énonciation. Les marqueurs aspectuels ajoutés dans les traductions anglaises soulignent
- non seulement le « parcours temporel » qui localise un moment repéré par rapport au repère origine que constitue l'énonciation ou l'énonciation rapportée,
- mais aussi l'appréciation de l'énonciateur auquel le discours est attribué.

Il semble donc que valeur modale et valeur aspectuelle soient ici intimement liées.

II. Détermination de l'aspect dans l'inter-relation des procès

1. La relation de séquence

Nous avons examiné jusqu'ici la détermination de l'aspect sous lequel les procès sont envisagés. Mais un récit suppose une suite de procès, qui peuvent être repérés les uns par rapport aux autres ou simplement juxtaposés. L'absence ou la présence d'un marqueur de relation, de même que la nature de celui-ci aura une répercussion sur l'inter-relation des procès.

(i) **Absence de marqueur de relation en français** → **introduction d'un marqueur en anglais**

Si la notion de processus dans la détermination aspectuelle d'un procès est facile à définir, elle est beaucoup plus délicate à cerner dans l'inter-relation des procès. Ainsi, nous ferions une distinction entre **chronologie** et **séquence**.

Si une série de passés simples implique souvent un rapport de chronologie, c'est parce que chaque procès étant révolu, de l'insertion dans le temps du récit découle une chronologie. Mais en fait, c'est le sémantisme qui infléchit, dans de nombreux cas, la détermination temporelle :

[61] – *Mais on **entendit** trois coups sur la scène ; un roulement de timbales **commença**, les instruments de cuivre **plaquèrent** des accords, et le rideau, se levant, **découvrit** un paysage.*

(*Mme B.*, II, xv, p. 248)

Le contexte établi autour des procès renvoie à une chronologie en quelque sorte consacrée dans la réalité extra-linguistique.

D'autre part, cette relation chronologique n'existe pas nécessairement [14]. Dans l'exemple suivant le deuxième et le troisième procès peuvent avoir exclusivement une valeur de renvoi à la notion sans insertion dans une chronologie :

[62] – *Ils **vinrent** à Tostes. On **s'expliqua**. Il y **eut** des scènes.*

(*Mme B.*, I, ii, p. 53)

On insiste sur le fait qu'il y a eu explication, et non sur des occurrences précises localisées sur l'axe temporel. Les deux procès au passé simple dans l'exemple suivant n'impliquent pas davantage une relation de succession.

[63] – *Déjà le bruit courait qu'il s'agissait d'une redoutable bombe envoyée par une puissance étrangère pour réduire en cendres toute la cité. Toutes les sirènes **se mirent** à hurler. Tous les programmes de la radio et de la télévision **furent** interrompus.*

(M. Orange, pp. 109-110) [15]

---

(14) Notre attention a été attirée sur ce fait par André Davoust, Université Paris VII.
(15) Maxime Orange, traducteur, *James et la grosse pêche* (*James and the Giant Peach*, voir référence page 87), Paris, Gallimard, 1966.

Si une série de procès au passé simple se trouve, dans un contexte donné ordonné dans une chronologie, cette chronologie n'impliquera pas nécessairement une relation inter-procès autre que la suite temporelle. Si aucun signe linguistique dans les propositions où ils s'insèrent n'indique un point de repère dans un énoncé préalable, ils constitueront simplement une suite d'occurrences sur l'axe temporel.

Or, c'est en ceci que les deux langues présentent des différences radicales. Ces différences auront forcément, lorsqu'il s'agit de certains types de procès, une incidence sur l'inter-relation des procès. Prenons tout d'abord :

a) **La coordination** ▽

La tendance à coordonner les propositions en anglais n'aura pas d'incidence particulière sur les procès dans les cas où il s'agit de :
- **procès** renvoyant à un **état** ▽

  [64] – *Everything about him **was** old except his eyes **and they were** the same colour as the sea **and were** cheerful and undefeated.*
  (E. Hemingway, *The Old Man*, p. 6)[16]

- **procès globalisés envisagés sous l'aspect de renvoi à la notion**

  [65] – ***They played*** *like young cats in the dusk **and he loved** them as he loved the boy.*
  (*Ibid*, p. 20)

Les conjonctions de **coordination** marquent simplement, dans ces cas une **mise en relation**.

Les propositions **coordonnées** en anglais, sont souvent en français **juxtaposées**. Les conjonctions sont remplacées par des signes de ponctuation, qui indiquent une relation dont la nature n'est pas explicitée.

[66] – *The blotches ran well down the sides of his face **and** his hands had the deep creased scars from handling heavy fish on the cords.*
(E. Hemingway, *The Old Man*, p. 5)

– *...elles couvraient presque entièrement les deux côtés de son visage; ses mains portaient les entailles profondes que font les filins au bout desquels se débattent les lourds poissons.*
(J. Dutourd, p. 8)[17]

Lorsque des procès mis en relation sont exprimés par des verbes animés ▽ et envisagés en tant qu'occurrences [18], l'absence ou la présence d'un signe de coordination aura une incidence sur la détermination aspectuelle dans l'inter-relation des procès. Nous avons souvent
- en français une juxtaposition qui pourra prendre une valeur de **chronologie** (voir l'analyse pp. 81-82) mais sans que celle-ci soit explicitée par des marqueurs linguistiques,

---

(16) Ernest Hemingway, *The Old Man and the Sea*, Harmondsworth, Middlesex, Penguin Books, 1966, 1972. (Titre abrégé : *The Old Man*)
(17) Jean Dutourd, traducteur, *Le vieil homme et la mer*, Paris, Gallimard, 1952, « Folio », 1971.
(18) A condition que ceux-ci ne soient pas suivis de marqueurs de renvoi à la propriété.

– en anglais **une séquence** :

[67] – *He **swung** it once **and** twice **and** again. He **heard** the tiller break **and** he **lunged** at the shark with the splintered butt.*
(E. Hemingway, *The Old Man*, p. 107)

– *Il cogna deux fois, trois fois, dix fois. La barre se rompit. Il continua à cogner avec le morceau cassé.*
(J. Dutourd, p. 145)

En français, les procès sont simplement ordonnés dans le temps du récit. En anglais, ils s'enchaînent dans un ensemble et chaque procès est repéré par rapport au procès qui le précède dans la séquence. Vérifions cette différence à partir d'autres exemples :

[68] – *Berthe alla tomber au pied de la commode, contre la patère de cuivre ; elle s'y coupa la joue, le sang sortit.*
(Mme B., II, vi, p. 148)

– *Berthe stumbled against the foot of the chest-of-drawers, **and** fell, cutting her cheek against one of the brass ornaments.*
(G. Hopkins, p. 139)

ou encore :

[69] – *Six heures sonnèrent. Binet entra.*
(Mme B., II, 1, p. 110)

– *At that very moment six o'clock struck **and** Binet came in.*
(G. Hopkins, p. 90)

La tendance à ajouter des marqueurs de coordination dans le passage du français à l'anglais se vérifiera par la suppression de ces marqueurs dans le passage de l'anglais au français :

[70] – *By and by attention ceased from him, **and** the accustomed school murmur rose upon the dull air once more.*
(M. Twain, *T. Sawyer*, vi, p. 57)

– *Peu à peu l'attention se détourna de lui. Le bourdonnement habituel reprit son cours.*
(F. de Gaïl, p. 56)

[71] – *Tom went to the door **and** began to softly lift the latch ; **then** he pressed gently, **and** the door yielded a crack ; he continued pushing cautiously, **and** quaking every time it creaked...*
(M. Twain, *T. Sawyer*, xv, p. 123)

– *Tom s'approcha de la porte ; avec précaution il souleva le loquet, poussa légèrement ; la porte grinça ; il continua à pousser prudemment, tremblant d'angoisse chaque fois que la porte grinçait...*
(F. de Gaïl, p. 107)

Dans l'énoncé anglais, les conjonctions de coordination et l'adverbe ***then*** marquent l'insertion de chacun des procès dans une relation inter-procès [19]. Dans la traduction, au contraire, chacun des procès apparaît comme dissocié de ceux qui le suivent et le précèdent.

---

[19] Cette relation concerne en fait non seulement les procès mais les propositions dans lesquelles ils s'insèrent.

Mais la relation établie entre deux procès ou deux propositions peut être
- **conjonctive** ▽

ou
- **disjonctive** ▽

Dans le premier cas elle sera marquée par
- *la conjonction* ▽ **and**

Dans le deuxième par
- *la conjonction* **but**

Voyons un exemple qui comporte les deux types de relation :

[72] – *Elle désira connaître son logement, le trouva médiocre ; il en rougit, elle n'y prit garde, puis lui conseilla d'acheter des rideaux pareils aux siens...* (*Mme B.*, III, vi, p. 300)

        A   B
– *She insisted on being shown where he lived,* **and** *declared that his*
                             C   D
room was squalid. He felt ashamed of it, **and** *blushed.* ***But*** *she*
                  E   F
took no notice and advised him to buy some curtains like the ones she had. (G. Hopkins, p. 340)

Comme dans l'exemple précédent, nous avons en français une série de procès ordonnés dans une suite, grâce au sémantisme des syntagmes verbaux et au caractère révolu des procès au passé simple. En anglais l'inter-relation des procès est marquée par des conjonctions. La nature de la relation entre les propositions dans lesquelles s'insèrent les procès A et B est différente de celle qui existe entre les propositions comportant les procès D et E. La conjonction ***and*** introduit une proposition renvoyant à une situation qui est à la fois **suite et conséquence** de la situation exprimée par la proposition précédente. La conjonction ***but*** introduit une proposition qui comporte un élément de **rejet** (relativement à celle qui précède). Le marqueur de rejet détermine la nature de la relation entre les deux propositions, mais sans pour autant introduire une rupture dans la relation inter-procès. Celle-ci peut être maintenue aussi bien par ***but*** que par ***and***, car ce n'est pas dans la façon dont est envisagée la relation inter-procès qu'intervient la **disjonction** ▽.

Prenons deux autres exemples :

[73] – *...Charles, qui comprit, tira sa bourse ; le clerc le retint par le bras...* (*Mme B.*, II, xv, p. 254)
– *Charles understanding the hint, took out his purse,* **but** *the lawyer's clerk restrained him with a touch on the arm.* (G. Hopkins, p. 281)

[74] – *Il la questionna ; elle ne répondit pas.* (*Mme B.*, III, viii, p. 335)
– *He questioned her* **but** *she answered nothing.* (G. Hopkins, p. 389)

La nature de la divergence entre deux propositions mises en relation par la conjonction **but**, n'est pas nécessairement la même dans tous les cas, mais nous ne tenterons pas une analyse de ce problème dans le cadre de cette discussion. Ce qui nous intéresse ici c'est l'existence d'un marqueur de relation et non pas la nature de la relation marquée.

Si la relation de séquence entre les procès est souvent établie par les conjonctions **and** et **but,** l'introduction d'une conjonction n'est pas pour autant le seul procédé qui puisse assurer l'insertion dans la séquence. Cette relation est en fait plus marquée lorsqu'elle est établie par un syntagme ou une locution adverbiale.

b) L'adverbe de séquence

L'adverbe de séquence le plus courant est l'adverbe **then.** Il établit une relation de séquence plus marquée que les conjonctions que nous venons d'examiner. La valeur de **séquence** découle en effet de l'incidence des conjonctions sur les verbes animés actualisés. Les conjonctions en elles-mêmes ne marquent pas une relation de séquence. L'adverbe **then,** par contre, introduit un repérage temporel.

De même que les conjonctions **and** et **but,** l'adverbe **then** est fréquemment introduit entre les syntagmes verbaux dans la traduction d'un récit à partir du français, et inversement supprimé dans une traduction à partir de l'anglais, p. ex. :

[75] – *Charles attacha son cheval à un arbre. Il courut se mettre dans le sentier; il attendit. Une demi-heure se passa, puis il compta dix-neuf minutes à sa montre.* (Mme B., I, III, p. 58)
 – *Charles tied his horse to a tree.* **Then** *he ran to the footpath and waited. Half an hour passed, after which he counted another nineteen minutes by his watch.* (G. Hopkins, p. 29)

[76] – *Huck stood sentry and Tom felt his way into the alley.* **Then** *there was a season of waiting anxiety that weighed upon Huck's spirits like a mountain.* (M. Twain, *T. Sawyer*, XXIX, p. 147)
 – *Huck fit le guet et Tom pénétra dans l'impasse. Un certain temps s'écoula, que Huck trouva interminable.* (F. de Gaïl, p. 177)

Il n'est pas sans intérêt de noter que, de même que la coordination, ce phénomène est particulièrement marqué dans les récits pour enfants, ou pouvant être assimilés à cette catégorie. Ce phénomène va de pair avec un langage qui pose les situations de référence dans des propositions indépendantes, en réduisant au maximum les opérations réflexives qu'impliquent les propositions repérées. Citons en exemple, un paragraphe entier, tiré de ***Tom Sawyer*** :

[77] – *Tom tried to put his arm about her neck,* **but** *she pushed him away* **and** *turned her face to the wall* **and** *went on crying. Tom tried again, with soothing words in his mouth,* **and** *was repulsed again.* **Then** *his pride was up,* **and** *he strode away* **and** *went outside. He stood about, restless and uneasy, for a while, glancing at the door every now and then, hoping she would repent* **and** *come to find him. But she did not.* **Then** *he began to feel badly and fear that he was in the wrong. It was a hard struggle with him to make new advances, now,* **but** *he nerved himself to it* **and** *entered. She was still standing back there in the corner, sobbing, with her face to the wall. Tom's heart smote him. He went to her* **and** *stood a moment, not knowing exactly how to proceed.* **Then** *he said hesitatingly...* (M. Twain, *T. Sawyer*, VII, p. 66)

— et un passage du monologue de Benjy, dans : *The Sound and the Fury*. Le mode d'énonciation (monologue intérieur), de même que la perception instantanée des objets et des événements qui caractérise le personnage, exclut les opérations réflexives. Les situations sont posées dans leur succession sans commentaire de l'énonciateur par rapport auquel l'énonciation est ici repérée.

[78] — *Father went to the door* **and** *looked at us again.* **Then** *the dark came back,* **and** *stood black in the door,* **and then** *the door turned black again. Caddy held me* **and** *I could hear us all,* **and** *the darkness,* **and** *something I could smell.* **And then** *I could see the windows, where the trees were buzzing.* **Then** *the dark began to go in smooth, bright shapes, like it always does, even when Caddy says that I have been asleep.*
(W. Faulkner, *The S. and the Fury*, p. 72)[20]

Il ne s'agit plus cette fois de littérature enfantine, mais de l'emploi d'une langue caractéristique de celle-ci afin de représenter une perception enfantine. Les phénomènes de coordination et de repérage temporel se manifestent de la même façon dans les deux cas.

Mais la relation marquée par un adverbe entre deux points de repère temporels n'est pas nécessairement une relation de séquence. Ainsi les adverbes **then** et **a moment later** sont en apparence de valeur équivalente. Or, il suffit de les agencer avec différentes formes verbales pour faire ressortir la différence de valeur entre les deux.

Dans les deux exemples suivants, **then** est agencé avec un prétérit simple :

[79] — *I went on.* **Then** *I looked back. She was behind me.*
(W. Faulkner, *The S. and the Fury*, p. 118)

[80] — *She swallowed the last of the cake,* **then** *she began on the bun, watching me across it.* (*Ibid*, p. 118)

Le syntagme verbal et le syntagme adverbial sont parfaitement compatibles. Par contre, on ne trouvera qu'exceptionnellement, et avec effet stylistique très marqué, l'adverbe **then** précédant un verbe à la forme **be + ing** ou un verbe d'état[21]. Ce sera le cas dans les monologues de Benjy, dans *The Sound and the Fury*, où la perception du temps est disloquée en une série d'instantanés, p. ex :

[81] — *Caddy was walking.* **Then** *she* **was running,** *her book-satchel swinging and jouncing behind her.*
(W. Faulkner, *The S. and the Fury*, p. 13)

[82] — *I wasn't crying, but the ground wasn't still, and* **then** *I* **was crying.** (*Ibid.*, p. 26)

---

(20) William Faulkner, *The Sound and the Fury*, Harmondsworth, Middlesex, Penguin Books Ltd, 1964, 1971 (titre abrégé : *The S. and the Fury*.)

(21) Sauf dans des oppositions marquées entre deux localisations de propriété, p. ex : *first she was happy, then she was sad.*

Lorsque l'adverbe **then** suit le verbe et marque une relation d'opposition temporelle avec le moment de l'énonciation : *he was young then,* il est par contre parfaitement compatible avec un verbe d'état. Ces différences nous semblent liées à des problèmes d'énonciation : **then** précédant un syntagme verbal indique un repérage entre des éléments de la relation prédicative ; **then** placé après un syntagme verbal implique un repérage par rapport à l'énonciation, et est de ce fait susceptible de prendre des valeurs de modalité appréciative.

[83] – *Quentin held my arm and we went toward the barn.* **Then the barn wasn't there** *and we had to wait until it came back.*
(*Ibid.*, p. 26)

Ces exemples sont clairement des cas limites. L'adverbe **then** marque une relation entre deux repères temporels dans une chronologie. Il est, par conséquent, incompatible avec des formes verbales renvoyant à un état, ou à un processus dont le terme n'est pas atteint.

Du fait que la locution adverbiale **a moment later,** marque, non pas la relation entre deux repères temporels, mais le deuxième point de repère lui-même, elle implique une **rupture** ▽ **dans la relation inter-procès.** Le repère marqué par **a moment later** se trouve, par rapport au point de repère précédent, dans la même relation qu'un procès renvoyant à un état ou un état résultant :

[84] – *"Listen", he said. "We'll have to move him to hospital and try a special treatment. I'll ring up for the ambulance."*
Two hours later *the doctor and Mme Michel* **were** *in the ambulance bending over the sick man.*
(S. Gilbert, *The Plague*, p. 21)

Le procès *he said,* constitue le premier point de repère dans la chronologie du récit. La locution adverbiale *Two hours later* marque un deuxième repère localisé par rapport au premier. Mais de même que le procès *were,* la marque adverbiale suppose une rupture dans la relation inter-procès. C'est pourquoi, nous avons évité, cette fois de parler de séquence. Nous reviendrons sur ce problème, à propos de l'aspect verbal, dans la dernière partie de ce chapitre.

Il reste un troisième type de relation, qui implique l'insertion des verbes de processus dans une séquence. Il s'agit de la relation **anaphorique.** Celle-ci peut prendre plusieurs formes :

– **reprise pronominale**

[85] – *"Oh my !" said* **the lady bird** *primly.*
"What a heavenly taste!" **She** *looked up at James, and* **she** *smiled and James smiled back at* **her.**
(R. Dahl, *J.G. Peach*, xviii, p. 51) [22]

– **fléchage** ▽

[86] – *For what they now saw, [...] was* **an immense black cloud,** *... And then, from high up on the top of* **the cloud,** *the faraway voice came down to them once again...*
(R. Dahl, *J.G. Peach*, xxx, p. 91)

– **localisation spatio-temporelle**

[87] – *... he covered his face with his hands and* **began to cry** *and cry. It was* **at this point** *that the first thing of all, [...] happened to him.*
(*Ibid.*, iii, p. 13)

On constatera qu'en anglais le réseau de repérage transphrastique est souvent très serré. Cette forte détermination impliquera indirectement, comme dans le cas des conjonctions, une accentuation de la séquence dans l'inter-relation des procès.

---

(22) Roald Dahl, *James and the Giant Peach,* Harmondsworth, Middlesex, Penguin Books Ltd., 1973, 1974. (Titre abrégé : *J.G. Peach*).

Inversement, en français, la relation inter-énoncés est faiblement marquée. Il en résulte un effacement du repérage inter-procès. Nous n'analyserons pas ici en détail ces problèmes de détermination, qui seront repris au chapitre IV. Citons simplement un exemple où la **relation anaphorique** est à peine marquée en français, alors qu'elle est soulignée en anglais. Il s'agit du premier chapitre du roman : *La Fin de la nuit*.

Nous trouvons dans ce chapitre 25 mentions du nom propre *Thérèse*[23] qui désigne le personnage principal. La traduction anglaise ne comporte que 8 mentions du nom propre. Celles-ci se trouvent toutes au début du chapitre, où la présence d'un deuxième personnage féminin, Anna, rend difficile l'emploi systématique du pronom. Toutes les autres mentions du nom propre sont rendues par des expressions anaphoriques. Voici à titre d'exemple, un extrait de ce texte et de la traduction :

[88]

Thérèse alla à la fenêtre, l'ouvrit. Il pleuvait. La vitrine du pharmacien brillait encore. Le vert et le rouge d'une affiche éclataient dans la lumière d'un réverbère. Thérèse se pencha, mesura de l'œil la distance jusqu'au trottoir. On eût dit qu'elle tâtait le vide. Pas le moindre courage pour s'y précipiter ! Mais le vertige peut-être... Elle appelait le vertige et se défendait contre lui. Elle referma précipitamment la fenêtre, murmura : « Lâche ! » C'est horrible d'avoir voulu donner la mort à autrui quand on la redoute pour soi-même. Il y avait eu la veille quinze ans que Thérèse, escortée de son avocat, était sortie du tribunal de la sous-préfecture, avait traversé la petite place déserte en répétant à mi-voix : « Non-lieu ! non-lieu ! »
(F. Mauriac, *La Fin de la nuit*, pp. 16-17)[24]

She *went to the window and opened it. Rain was falling. The chemist's shop-front was still bright. The red and green of an advertisement shone in the light of a street lamp.* **She** *leaned out and measured with her eye the distance from the pavement. It was as though she were sounding the empty space without. She had not even the little courage needed to throw herself down ! But perhaps mere giddiness would serve. ... She summoned giddiness to her aid, only to fight against it. Hurriedly she closed the window, muttering "Coward !" It is a horrible thing to have plotted death for another and yet to fear it for oneself. The day before had marked the fifteenth anniversary of that moment in her past when, escorted by her Counsel,* **she** *had left the Provincial Court-house and crossed the empty little square, saying again and again in a low voice, "Case dismissed ! – Case dismissed !"*
(G. Hopkins, p. 168)[25]

Contrairement aux apparences, le fait d'expliciter à chaque fois le nom propre correspond fondamentalement à un faible degré de détermination, puisque cela implique une absence de repérage inter-phrastique. Que ce soit par des reprises

---

(23) Nous avons exclu une mention qui apparaît dans les deux langues dans un discours direct et ne concerne donc pas le repérage inter-énoncés.
(24) François Mauriac, *La Fin de la nuit*, Paris, Grasset, « Le livre de poche », 1935, 1973.
(25) Gerard Hopkins, traducteur, "The End of the Night" in *Thérèse*, Harmondsworth, Middlesex, Penguin Books Ltd, 1959, 1975.

anaphoriques, des localisations spatio-temporelles, ou d'autres opérations, les réseaux de relations qui apparaissent dans les énoncés anglais établissent une relation de séquence entre les procès.

Mais en fait ce problème de repérage inter-propositions et inter-procès est, tout au moins partiellement lié à la relation énonciateur/énoncé/domaine référentiel, dans les deux langues. Les mentions du nom propre évoquées dans notre exemple désignent, dans 15 cas, le terme origine d'un procès à forme verbale secondaire. Ces procès renvoient à chaque fois à une donnée situationnelle.

Ce mode d'énonciation suppose une mise en rapport de l'énonciation avec les situations commentées. Il n'y a donc pas lieu d'établir une relation de séquence entre les propositions. En anglais, la relation énonciateur/énoncé, est mise en suspens. Les situations construites sont déterminées par l'énoncé qui les pose les unes par rapport aux autres dans un enchaînement inter-phrastique.

Mais il reste un dernier problème à envisager concernant la relation de séquence.

c) L'explicitation d'un procès dans une séquence

Ce problème a déjà été abordé dans le chapitre I [26]. Nous avons vu que, dans certains cas, l'introduction d'un syntagme verbal en anglais à partir d'un syntagme zéro, est lié à d'autres facteurs syntaxiques; dans d'autres, par contre, le syntagme verbal ajouté introduit un point de repère temporel supplémentaire par rapport au texte français. Mais, dans certaines conditions, cette transposition répond à une quasi-contrainte. Voici un exemple :

[89] — *Il la **serra** contre lui, et sur le quai **maintenant**, de l'autre côté de la vitre, il ne **voyait plus** que son sourire.*
(A. Camus, *La Peste*, p. 17)

(avec A au-dessus de *serra* et B au-dessus de *voyait plus*)

Nous avons, dans cet énoncé, deux procès A et B repérés l'un par rapport à l'autre dans une relation chronologique, grâce aux adverbes : **maintenant** et **plus**. En anglais, l'état résultant B : *il ne voyait plus que son sourire*, ne peut être repéré *directement par rapport aux procès A. Il faudra expliciter le procès intermédiaire*, sans quoi il y aura rupture de séquence, dûe à l'omission d'un repère temporel. Voici la traduction :

— *He took her in his arms, **then stepped back on to the platform**. Now he could only see her smile accross the window.*
(S. Gilbert, p. 11)

Encore une fois, le problème ne peut être dissocié des problèmes syntaxiques. C'est, non seulement un procès, mais une proposition renvoyant à une situation repère qui n'est pas explicitée en français. Cette rupture dans la relation inter-procès est, cependant, acceptable en français du fait

— qu'un procès est souvent envisagé sous l'aspect accompli, et non dans son actualisation;

---

(26) Voir pp. 14-30.

– qu'une suite de procès peut, de ce fait, être représentée par deux ou plusieurs états résultants.

Citons le deuxième exemple dans son contexte afin de faire apparaître le réseau de repérage temporel.

[90] – *Charles, cependant* **avait essayé** *plusieurs fois* **d'interrompre** *la conversation.*
– *J'aurais à vous entretenir, avait-il soufflé bas à l'oreille* **du clerc, qui se mit à marcher devant lui dans l'escalier.**
– *Se douterait-il de quelque chose ? se demandait Léon.*
Il avait des battements de cœur et se perdait en conjectures.
Enfin Charles, ayant fermé la porte, le pria *de voir lui-même à Rouen quels pouvaient être les prix d'un beau daguerréotype.*

(Mme *B.*, II, vi, p. 149)

L'absence de situation repère entre les énoncés :

– *... **qui se mit à marcher devant lui dans l'escalier***

et – **Enfin Charles ayant fermé la porte.**

apparaît clairement. Le C_1 de la deuxième phrase : *la porte,* suppose une opération de fléchage. Or, la première opération de détermination n'est pas marquée dans l'énoncé. La traduction anglaise détermine, à la fois le point de repère par rapport auquel l'élément *la porte* est repéré, et la situation intermédiaire entre

– *se mit à [...] marcher dans l'escalier*

et – *ayant fermé la porte.*

– *Charles more than once attempted to interrupt the flow of conversation. "I should like to have a word with you" he whispered to the lawyer's clerk. The latter had at once led the way upstairs. "Does he suspect anything?" Léon wondered, and lost himself in a welter of conjectures.*
When they reached his room, Charles closed the door *and asked him, when next he was in Rouen, to find out how much a good daguerrotype would cost.* (G. Hopkins, p. 141)

L'introduction de la proposition temporelle : **When they reached his room,** permet de déterminer à la fois :

– le point de repère : **room** par rapport auquel l'élément **door** est localisé,

et – la situation repère intermédiaire dans la séquence du récit : **they reached his room.**

L'explicitation de cette situation, de même que l'actualisation du procès *ayant fermé* supprime la rupture dans la relation inter-procès.

Notre dernier exemple permet de vérifier ce phénomène dans une traduction dont la langue d'arrivée est le français :

[91] – *Police cars and fire engines* **came screaming in from all over the city** *and* **pulled up outside the Empire State Building.** *Two hundred firemen and six hundred policemen* **swarmed into the building** *and* **went up in the elevators** *as high as they could go.*
(R. Dahl, *J.G. Peach,* xxxvii, p. 100)

Cet énoncé comporte quatre verbes qui renvoient à des procès ordonnés dans une succession : **came screaming, pulled up, swarmed** et **went up.** Chacun de ces verbes est suivi d'un complément de localisation spatiale. Dans la traduction, le complément : ***into the building*** qui suit le verbe ***swarmed,*** est supprimé et le verbe ***s'engouffrèrent*** est suivi du complément adverbial ▽ ***dans l'ascenseur.***

> – *les cars de police et les sapeurs-pompiers **arrivèrent de tous les coins de la ville pour s'arrêter à proximité de l'Empire State Building.** Deux cents sapeurs-pompiers et six cents agents de police **s'engouffrèrent dans l'ascenseur** qui les **conduisit au dernier étage.***
>
> (M. Orange, p. 115)

En surface, le traducteur a simplement supprimé un repérage spatial, mais en fait cette opération implique également la suppression d'un procès intermédiaire.

Dans chacun des trois exemples que nous venons d'examiner nous avons un procès dans le texte anglais qui ne figure pas dans le texte français. Ce procès constitue un point de repère dans la séquence du récit, et permet de maintenir une continuité dans la relation inter-procès. En français, par contre, il y a une rupture dans cette relation dûe à l'effacement d'un point de repère temporel ou spatio-temporel dans la séquence.

(II) Relation non-temporelle en français → Relation temporelle en anglais

Nous avons vu jusqu'ici une catégorie d'exemples où
- soit des procès juxtaposés en français sont mis en relation en anglais,
- soit des procès non-explicités en français sont marqués en anglais.

Mais la continuité dans l'enchaînement d'une séquence de procès peut prendre d'autres formes. Ainsi, on constatera qu'un énoncé, comportant le même nombre de syntagmes verbaux et de marqueurs de relation, peut cependant impliquer :
- une rupture de la séquence dans un cas ;
- la continuité de la séquence dans l'autre.

Nous trouvons souvent en français une relation non-temporelle entre deux procès, qui en anglais est transformée en relation de séquence ; ou inversement, une relation de séquence en anglais qui donne lieu, en français, à une relation non-temporelle.

Nous ne pouvons ici faire une analyse exhaustive des relations non-temporelles. Nous examinerons donc plus particulièrement :

a) **La relation de but** ▽ **ou de visée** ▽

Voici un premier exemple ou **la relation de but** en français devient en anglais une **relation de coordination.** Comme les procès renvoient à des occurrences, la présence de la conjonction *and* implique en fait un rapport de **séquence** entre les deux procès coordonnés.

[92] — *Alors elle demeura un peu en arrière, déganta sa main gauche **pour arracher** de la mousse aux vieilles pierres qu'elle longeait.*
(F. Mauriac, *Thérèse Desqueyroux*, p. 9)
— *She took off her left-hand glove **and began picking** at the moss which grew between the old stones of the walls they passed.*
(G. Hopkins, p. 12)

La nature de la relation assurée par la conjonction **pour** est en fait ambiguë. S'agit-il réellement d'une **relation de but**. Dans ce premier exemple cette interprétation est tout à fait plausible. Dans la traduction du deuxième il s'agit d'une **visée** mais pas à proprement parler d'un **but**.

[93] — *Alice **waited** till the eyes appeared, **and then nodded.***
(L. Carroll, *Alice in W.*, VIII, p. 208)
— *Alice attendit que les yeux du chat apparaissent **pour** le saluer d'un signe de tête.* (H. Parisot, p. 209)[27]

Le problème semble être lié à la nature du premier procès. Lorsque le C_o est inanimé, la nature de la relation devient plus difficile encore à préciser. Il ne peut s'agir ni de **but**, ni de **visée**. Ces relations supposent, en effet, un C_o doué d'intentionnalité $^\triangledown$:

[94] — *Great tears began oozing out of James's eyes **and** rolling down his cheeks.* (R. Dahl, *J.G. Peach*, II, p. 12)
— *De grosses larmes se mirent à perler dans les yeux du petit James **pour** rouler le long de ses joues.* (M. Orange, p. 14)

La relation entre les deux procès prend ici une valeur qui peut s'interpréter comme une **localisation temporelle**. C'est le cas également pour l'exemple [91]

— *Les cars de police et les sapeurs-pompiers **arrivèrent** de tous les coins de la ville **pour s'arrêter** à proximité de l'Empire State Building.*

Mais les exemples précédents sembleraient prouver que les relations de **but**, de **visée** et de **localisation temporelle** exprimées par la préposition **pour**, ne sont que des cas particuliers d'un même type de **localisation**, dont la valeur fondamentale n'est pas temporelle. L'emploi de cette préposition, et par conséquent de la relation qu'elle implique, nous semble être ici directement lié au choix de la structure syntaxique subordonnée. Un procès exprimé par un infinitif n'est pas, en effet, envisagé comme une occurrence sur l'axe temporel. En anglais, par contre, la relation de séquence découle clairement de la coordination dans chacun des exemples que nous venons d'examiner.

Voyons, pour terminer un exemple de relation **itérative**, à l'intérieur de laquelle est marquée une relation :
 — non-temporelle en français,
 — temporelle en anglais.

---

[27] Henri Parisot, traducteur, *Les aventures d'Alice au pays des merveilles*, Paris, Bilingue Aubier-Flammarion, 1970.

b) **La relation d'alternance** ▽

[95] – *L'homme faisait aller sa manivelle, regardant **à droite, à gauche, et vers les fenêtres**. De temps à autre, tout en lançant contre la borne un long jet de salive brune, il soulevait du genou son intrument, dont la bretelle dure lui fatiguait l'épaule; et, **tantôt** dolente et traînarde, **ou** joyeuse et précipitée, la musique de la boîte s'échappait en bourdonnant à travers un rideau de taffetas rose, sous une griffe de cuir en arabesque.*
(*Mme B.*, I, ix, p. 98)

Outre la relation **itérative,** indiquée plus haut dans le texte par un repérage temporel : *Dans l'après-midi, quelquefois...,* cet exemple comporte :
   – un marqueur de **coordination conjonctive** : *et,*
et – un marqueur d'**alternance** : *tantôt,*
en corrélation avec
   – un marqueur de **coordination disjonctive** : *ou.*

G. Hopkins a gardé le marqueur de **coordination conjonctive,** mais sa traduction ne nous paraît pas très satisfaisante :
   – *The man would turn his handle, looking to right, to left **and** at the windows.*
(G. Hopkins, p. 78)

L. May a marqué la relation d'**alternance** :
   – *The man kept grinding away, looking **now** to the right, **now** to the left, **now** glancing up at the windows of the houses.*
(L. May, p. 80)

mais, étant donné que celle-ci comporte trois points de repère, nous préférons marquer à la fois, l'**alternance** : *in turn,* et la **chronologie** ▽ : ***and then***
   – *... looking **in turn** to the right, to the left and **then** up at the windows.*

2. L'inter-relation des procès en tant que « parcours temporel »

Nous venons d'examiner une série de transformations qui marquent en anglais une relation de **séquence.** Mais la relation de séquence peut elle-même être mise en valeur en tant que « **parcours temporel** ».

[96] – *Cinq ans plus tard seulement, M. Bovary connut la vérité; elle était vieille, il l'accepta...*
(*Mme B.*, I, i, p. 44)

   – *It was not **until five years later** that Monsieur Bovary **learned** the truth. **By that time** it had become ancient history, and he accepted his son's defeat...*
(G. Hopkins, p. 12)

Le complément temporel : *cinq ans plus tard,* pose un point de repère dans le récit. Celui-ci est localisé par rapport à un point de repère préalable : *... il échoua [...] à son examen.*

Le schéma de repérage temporel est le suivant :

- ... il *échoua* [...] Cinq ans plus tard [...] M. Bovary *connut* la vérité ; elle
  était vieille, il *l'accepta.*

  (A above *échoua*, B above *connut*, C above *l'accepta*)

Le procès B : *M. Bovary connut la vérité,* est repéré par rapport au procès A : *il échoua,* dans une chronologie, grâce au complément temporel : *Cinq ans plus tard,* qui les met en relation. Il y a néanmoins une rupture dans le « parcours temporel » entre les deux procès. Dans la traduction, par contre, nous avons trois marques aspectuelles dont deux qui indiquent le « parcours temporel » entre A et B. Ces trois signes sont :

- La localisation temporelle *By that time* (cf. Signe zéro)
- L'aspect verbal *had become* = processus + résultat.
  (cf. *était* = résultat)
- L'expression sémantique du processus *learned*
  (cf. *connut* = résultat)

(N.B. Cette dernière marque aspectuelle concerne un procès particulier et non l'inter-relation des procès)

En français, nous avons simplement deux points de repère, posés l'un par rapport à l'autre dans une relation chronologique. En anglais, le « parcours » intermédiaire entre les deux points de repère est souligné.

Cette différence entre les deux langues apparaît dans de nombreux exemples. Elle peut prendre une ou plusieurs des formes indiquées :
- *adverbiale*
- *sémantique*
- *verbale.*

Mais un signe aspectuel peut en entraîner un autre. Ainsi, la locution adverbiale *By that time,* entraîne l'emploi du pluperfect *had become.* Dans ce cas particulier, le pluperfect implique, de même, une marque sémantique de processus : *to become* par opposition à *to be.*

(I) L'expression adverbiale du « parcours temporel »

Lorsque l'énoncé ne comporte qu'un signe aspectuel, ce sera le plus souvent un **adverbe** $^\triangledown$ ou une **locution adverbiale**. C'est le cas dans notre deuxième exemple :

[97] – *Quand elle* ***eut*** *un enfant, il* ***fallut*** *le mettre en nourrice.* ***Rentré*** *chez eux, le marmot* ***fut gâté*** *comme un prince.*

(A above *eut*, B above *fallut*, C above *Rentré*, D above *fut gâté*)

(Mme B., I, 1, p. 41)

>   A   B
> — *When her child was born, it had to be put out to nurse, and when*
>   C   D
> *the little brat was eventually brought home he was thoroughly*
>   E
> *spoiled and treated like a young prince.*
>   (G. Hopkins, pp. 6-7)

  Le repérage temporel n'apparaît pas clairement en français. Le procès C est présenté
- d'une part, sous forme de processus stabilisé : ***Rentré***
- d'autre part, sans localisateur temporel permettant un repérage par rapport au procès précédent.

  En anglais, non seulement le procès repéré ***Rentré*** est transformé en procès repère : *when he was brought home,* mais le « parcours temporel » reliant les deux points de repère A et B est souligné : ***eventually.*** Il faudra noter, que dans la majorité des cas, les adverbes de « parcours temporel » n'ont pas d'équivalent en français. Les possibilités d'expression ne sont donc pas les mêmes dans les deux langues. En anglais on constate une tendance si fréquente à souligner le « parcours » dans l'activité langagière, que cette opération a pratiquement la force d'une contrainte. Ce phénomène apparaît clairement dans la traduction de l'exemple suivant :

> [98] — *Le lancement des grenades reprit. Les assiégés ne pouvaient riposter.*
> ***En cinq minutes,*** *trois grenades entrèrent à travers deux fenêtres visées; une autre fit sauter l'auvent.*
>   (A. Malraux, *La C. Humaine,* II, p. 85)
>
> — *They started throwing the bombs once more. The beleaguered policemen were unable to retaliate.*
> ***Within five minutes,*** *five of them penetrated the windows at which they were aimed...* (A. Macdonald, p. 97)

  En français, la durée : ***en cinq minutes,*** est globalisée. En anglais, par contre, la préposition ***within*** implique un « parcours temporel » à partir d'un point de repère préalable. La préposition *in* serait ici incompatible avec l'actualisation de la durée et son insertion dans une chaîne temporelle.

« Parcours temporel » et point de repère

  Lorsque le « parcours temporel » envisagé concerne la durée indiquée entre deux points de repère, ces deux repères constituent nécessairement les bornes de gauche et de droite. Mais elles ne figurent pas nécessairement toutes les deux dans le contexte immédiat. Par contre, le « parcours temporel » est nécessairement envisagé par rapport à un des deux points de repère. Celui-ci peut être indiqué implicitement par le sémantisme de l'adverbe : ***eventually,*** ou explicitement par une locution adverbiale, p. ex : ***by that time.*** Dans les deux derniers exemples le point de repère est le terme du « parcours ». Mais il peut également être le point de départ. C'est le cas dans la traduction de l'exemple suivant :

[99] – *Pâle comme une statue, et les yeux rouges comme des charbons, Charles, **sans pleurer**, se tenait en face d'elle au pied du lit, tandis que le prêtre, appuyé sur un genou, marmottait des paroles basses.*
(Mme B., III, viii, p. 342)

– *Pale as a statue, his two eyes like red, smouldering coals, Charles, **no longer weeping**, stood facing her at the bottom of the bed, while the priest, on one knee, was murmuring words in a low voice.*
(G. Hopkins, p. 399)

Le point de repère préalable est contenu implicitement dans la locution adverbiale **no longer**, mais, il figure en fait, explicitement, plusieurs pages avant cet énoncé :

[100] – *Going over to her side, he sank to the ground and **stayed there sobbing**, his head resting against the edge of the bed.*
(G. Hopkins, p. 391)

En soulignant le « parcours temporel » qui relie ces points de repère, le traducteur a mis les deux énoncés en relation. En français, par contre, aucun signe linguistique n'indique un repérage.

Voyons encore un exemple de « parcours » envisagé à partir d'un point de repère préalable. C'est l'adverbe *still* qui implique ici le repère :

[101] – *Son bras blessé replié sur cette chimère de ciment et de plâtre, tenant de sa main droite celle du premier homme de la chaîne, il n'échappait **pas** à sa solitude.*
(A. Malraux, La C. Humaine, II, p. 85)

– *Even there, with his wounded arm encircling the cement and plaster decoration, and his right hand grasping the next man in the human chain, he **still** had that feeling of isolation.*
(A. Macdonald, p. 97)

Encore une fois la situation repère se trouve plusieurs pages avant l'énoncé cité :

[102] – *Il n'était pas des leurs. Malgré le meurtre, malgré sa présence. S'il mourait aujourd'hui, il mourrait seul.*
(A. Malraux, La C. Humaine, II, p. 74)

– ***He didn't belong with them**. Despite the murder, despite the fact that he was there. If he died today, he would die alone.*
(A. Macdonald, p. 84)

L'adverbe *pas* n'implique aucune relation avec une situation préalable. L'adverbe *still*, non seulement renvoie à ***He didn't belong with them***, mais assure la continuité du « parcours temporel » jusqu'au moment envisagé, dans le deuxième énoncé, et qui est cette fois indiqué par la localisation spatiale :

– ***Even there** [...] he **still** had that feeling of isolation.*

Le problème est complexe car deux facteurs entrent en jeu :
– premièrement le repère envisagé,
– deuxièmement l'orientation du repérage ▽.

Or le point de repère ne détermine en rien l'orientation du repérage. Ainsi, si on reprend la traduction de notre premier exemple [96], on s'aperçoit que les deux locutions adverbiales : *It was not until five years later* et *By that time,* sont envisagées, l'une par rapport à un point de repère préalable, l'autre par rapport au terme du processus. Or, dans les deux cas, il s'agit du même point de repère temporel dans le récit. La deuxième phrase est une opération réflexive sur la première et met en jeu le problème de l'énonciation. Puisque le « parcours » inter-procès suppose dans de nombreux cas un point de repère posé antérieurement, cette opération réflexive interviendra de façon constante :

[103] – *He offered him a box of cigarettes. **Ever since he had resolved to stop smoking** that box had lain open on his desk...*
(A. Macdonald, p. 104)

La deuxième phrase est à nouveau ici une opération réflexive sur la première.

D'autre part, bon nombre des adverbes et locutions adverbiales soulignant un « parcours temporel » comportent une valeur de modalisation appréciative :

[104] – *On that basis, it was a mistake **ever** to attempt the October revolution...*
(A. Macdonald, p. 129)

Ces deux facteurs, l'opération réflexive et la modalisation, impliquent un lien avec l'énonciation. Ce fait se traduira fréquemment, par une forme verbale repérée lorsqu'il s'agit d'un verbe de processus, par exemple :

– **la forme : be + ing**

[105] – *... the old coachman **was still** with the bodies, and **still groaning** no doubt, a black figure against the grey street.*
(A. Macdonald, p. 100)

– **Le pluperfect**

[106] – *Before ever Chen **had made** his choice, Death **had thinned them out**.*
(Ibid., p. 83)

La forme verbale est liée à l'énonciation et suppose la reprise d'un repère préalable. Un « parcours temporel » dans la relation inter-procès ne peut en revanche aller que dans le sens d'une chronologie.

[107] – *They **had advised** him to try and gain time, to pretend to be ill; but he **had soon found** himself faced with an ultimatum. **Finally,** not daring to fight without the consent of the party, he **had left** town, contenting himself with trying to leave a few troops behind.*
(A. Macdonald, p. 183)

Les pluperfect : **had advised, had found** et **had left,** impliquent une opération réflexive ; les adverbes **soon** et **finally,** indiquent par contre des « parcours temporels » entre deux repères dans la chronologie du récit.

(II) L'expression sémantique du processus

L'expression sémantique du « parcours » inter-procès joue un rôle beaucoup plus restreint que les marqueurs adverbiaux. Mais elle peut, indépendamment de la forme verbale ou conjointement avec celle-ci et/ou d'autres marqueurs syntaxiques, déterminer le « parcours » entre deux points de repère temporels, p. ex :

[108] – *... selon ce qu'elle disait,* **sa voix était claire, aiguë, ou,** *se couvrant de langueur tout à coup,* **trainait des modulations** *qui finissaient presque en murmures...*
(*Mme B.*, I, III, p. 56)

– *The tone of her voice changed with the subject of her talk,* **passing from** *clear* **to** *shrill, veiling itself in languor, modulating to a drawl which dropped almost to a whisper when she spoke about herself.*
(G. Hopkins, p. 27)

Cet exemple renvoie à une relation de séquence à l'intérieur d'une relation itérative. Or, dans le texte français, les propositions repères localisent des propriétés, qui sont repérées les unes par rapport aux autres par un marqueur de **coordination disjonctive,** c'est-à-dire : *claire, aiguë, ou.* Seule la locution adverbiale *tout à coup,* dans la deuxième subordonnée indique des occurrences ordonnées à l'intérieur de l'itération. En anglais, les changements d'état sont ordonnés dans une séquence, grâce au sémantisme du verbe et aux prépositions *from* et *to*. Ces marqueurs soulignent en même temps la relation de séquence en tant que processus.

Le marqueur sémantique d'un processus va souvent de pair avec une forme verbale d'accompli indiquant à la fois l'état résultant et le processus préalable. C'est dans cette double manifestation que le phénomène apparaît dans la traduction de l'exemple suivant :

[109] – *Il* **aimait** *la grange et les écuries ; il* **aimait** *le père Rouault, qui lui tapait dans la main en l'appelant son sauveur ; il* **aimait** *les petits sabots de Mlle Emma sur les dalles lavées de la cuisine...*
(*Mme B.*, I, II, pp. 50-51)

– **He had grown to love** *the stables and the barn, old Rouault, who would give him a smacking hand-clasp and call him his "preserver", and the sight of Mademoiselle Emma's tiny clogs standing on the scrubbed paving of the kitchen floor.*
(G. Hopkins, p. 20)

Un prétérit : **he loved,** aurait été parfaitement acceptable pour traduire *il aimait,* en anglais. Or, le traducteur a choisi de valoriser le processus. Il assure de ce fait un repérage entre le moment envisagé dans le récit et un point de repère préalable. La forme verbale entraine le choix lexical. Inversement le choix lexical souligne la notion de processus mise en relief par l'aspect verbal.

Cet exemple nous ramène au problème du pluperfect que nous avons déjà analysé en tant que marqueur d'accompli dans le cadre de nos analyses relatives à l'actualisation des procès. Nous l'envisageons à nouveau ici en tant que marqueur du « parcours temporel » inter-procès [28].

(III) Pluperfect et « parcours » inter-procès

Nous avons cherché à démontrer au chapitre I, que le plus-que-parfait apparaît souvent en français là où, en anglais, une forme verbale plus actualisée serait

---

[28] Ou de processus, lorsqu'il s'agit d'un changement d'état tel que dans l'exemple [109] : *He had grown to love.*

préférée. Cependant, dans certains cas, qui pourraient, a priori, apparaître comme des contre-exemples, on constate le phénomène inverse. Il ne s'agit, en fait, nullement de contre-exemples. Le problème est relatif à la forme verbale de départ. Dans notre premier chapitre, nous avons analysé l'emploi du **pluperfect** relativement au **prétérit** lorsque nous avons un **plus-que-parfait** en français :

[110] — *The brooch had come undone as she spoke, and a sudden gust of wind **blew** her shawl across a little brook.*
(L. Carroll, *T. Looking-Glass*, p. 136)[29]

— *Tandis qu'elle parlait, la broche s'était défaite et une soudaine rafale de vent **avait emporté** son châle de l'autre côté d'un petit ruisseau.*
(H. Parisot, p. 137)

Nous envisageons à présent le **pluperfect** relativement au **prétérit**, d'une part à la forme simple, d'autre part à la forme **be + ing**, dans la traduction de l'**imparfait**. On constatera cette fois que le **pluperfect** s'imposera souvent, en anglais, là ou, en français, l'imparfait serait préféré au **plus-que-parfait**[30] :

[111] — *Le Docteur Rieux **en était là** de ses réflexions quand on lui annonça Joseph Grand.* (A. Camus, *La Peste*, p. 47)

— *The doctor's musings **had reached this point** when the visit of Joseph Grand was announced.* (S. Gilbert, p. 38)

La fréquence de ce choix nous semble s'expliquer par la tendance à souligner, en anglais **le repérage inter-propositionnel** et le « **parcours temporel** » **inter-procès.**

On constatera que dans certaines conditions le **pluperfect** s'imposera en anglais là où,
— soit un verbe à l'**imparfait,**
— soit un **syntagme adjectival** ou **participial,**

serait préféré en français au plus-que-parfait. Il s'agit essentiellement des cas où un procès envisagé en tant,
— qu'état (elle *était* debout) ou
— que processus stabilisé (la femme *agenouillée*)

est repéré, grâce à un autre marqueur dans l'énoncé par rapport à un procès ou à un moment repère antérieur :

[112] — *Puis il recommença :*
— *C'est qu'elle a des yeux qui vous entrent au cœur comme des vrilles [...]*
*Au haut de la côte d'Argueil, **sa résolution était prise**.*
(Mme *B.*, II, VII, p. 162)

— *But he could not get his mind off the subject : She's got eyes that go through you like a drill : and that wonderful pallor of hers — I adore pale women !*
*By the time he had reached the top of the hill at Argueil, **he had made up his mind.*** (G. Hopkins, p. 158)

---

(29) Lewis Carroll, *Through the Looking-Glass and what Alice found there. The Hunting of the Snark*, Paris, Bilingue Aubier-Flammarion, 1971. (Titre abrégé : *T. Looking-Glass*).

(30) Nous ne tiendrons pas compte ici des cas où l'imparfait, renvoyant à un processus non révolu au moment envisagé dans le récit, constitue une contrainte.

Puisque le procès repéré ici : *était prise,* renvoie à un état, il s'agit encore une fois d'une relation qui implique une rupture dans la relation inter-procès ou à l'intérieur d'un processus.

Prenons tout d'abord deux exemples qui renvoient à un processus [31] dont on marque uniquement, en français, deux états :
- un état antérieur (indiqué implicitement dans le premier exemple, explicitement dans le deuxième)

et - l'état repéré par rapport à celui-ci grâce à un autre marqueur dans l'énoncé.

[113] – *Le docteur Rieux en était là de ses réflexions quand on lui annonça Joseph Grand.*
(A. Camus, La Peste, p. 47)

– *The doctor's musings **had reached this point** when the visit of Joseph Grand was announced.*
(S. Gilbert, p. 38)

Cet énoncé est la première phrase d'un chapitre. Le chapitre précédent se termine par trois phrases de discours intérieur libre auquel renvoie le terme *réflexions.* L'adverbe de localisation *là,* implique un repère temporel qui coïncide avec le deuxième état envisagé : *il en était là.* La même analyse est valable pour la traduction de la localisation : *at this point,* mais le traducteur souligne en outre le déroulement du processus entre les deux repères grâce au pluperfect. Alors que l'imparfait ne marque ici qu'un état, le pluperfect souligne
- le terme atteint, et
- le processus préalable.

Dans l'exemple [114] on remarquera que le deuxième procès est envisagé comme un processus stabilisé. Il sera marqué cette fois, non pas par un imparfait, mais par un participe passé à fonction adjectivale :

[114] – *La femme agenouillée se releva.*
(A. Gide, S. Pastorale, p. 14) [32]

Cette proposition est repérée par rapport à une proposition antérieure :

[115] – *Une femme encore jeune était à genoux près du lit.*
(A. Gide, S. Pastorale, p. 14)

Le marqueur de fléchage : *La femme,* conjointement avec le marqueur de processus stabilisé : *agenouillée,* implique une relation d'identité entre l'état envisagé et un état antérieur. Parmi les différentes traductions possibles :
- The woman who was kneeling by the bed...
- The woman kneeling by the bed...
- The woman who had been kneeling by the bed...

c'est la troisième qui a été retenue dans une traduction proposée par une anglophone [33]. Les autres solutions soulignent le déroulement, grâce à la valeur qui découle du renvoi à une donnée situationnelle concomitante, mais sans indiquer, comme le pluperfect, la relation avec un repère antérieur.

---

(31) Nous utilisons volontairement le terme processus ici, dans la mesure où il s'agit d'un état envisagé dans sa durée.
(32) André Gide, *La Symphonie Pastorale,* Paris, Gallimard, 1925, 1947. (Titre abrégé, *S. Pastorale).*
(33) Susan Dibben, Université Paris VII.

Le cas suivant ne renvoie plus :
- à deux états qui marquent des repères dans un même processus, mais
- à la durée contenue entre deux repères implicites, le deuxième pouvant coïncider avec le moment de l'énonciation rapportée.

[116] — *Tous ces êtres qui passaient dans la brume, de quelle vie imbécile et flasque vivaient-ils ? [...] Ceux qui ne jouaient pas n'étaient pas des hommes.* **Tout son passé n'était-il qu'une longue folie ?** *Il revint à la table.*
(A. Malraux, *La C. Humaine*, p. 196)

— *All these creatures passing in the fog — what dim and idiotic force kept them alive ? [...] Those who never gambled were not men at all.* **Had all his life been nothing but one long madness ?** *He went back to the tables.* (A. Macdonald, p. 226)

Le C_o *son passé*, terme origine du procès *n'était*, implique par son sémantisme une durée dont les bornes sont déterminées implicitement par l'adjectif *Tout*. En anglais, c'est non seulement l'adjectif *all*, mais le pluperfect *had been*, qui marque le déroulement entre ces deux bornes.

Dans l'exemple suivant, l'adjectif **verdâtre** exprime un état qui constitue l'aboutissement d'un processus marqué précédemment dans le texte par une série de repères :

[117] — **Verdâtre**, *les lèvres cireuses, les paupières plombées, le souffle saccadé et court, écartelé par les ganglions, tassé au fond de sa couchette comme s'il eût voulu la refermer sur lui, ou comme si quelque chose venu du fond de la terre, l'appelait sans répit, le concierge étouffait sous une pesée invisible.*
(A. Camus, *La Peste*, pp. 27-28)

— *His face* **had gone livid**, *a greyish green, his lips* **were** *bloodless, his breath* **came** *in sudden gasps. His limbs spread out by the ganglions, embedded in the berth as if he were trying to bury himself in it or a voice from the depths of the earth were summoning him below, the unhappy man seemed to be stifling under some unseen pressure.* (S. Gilbert, p. 21)

Les points de repère sont les suivants :
- **Rieux trouva son malade** *à demi versé hors du lit.*
- **Le soir...** *le concierge délirait.*
- **A midi** *la fièvre était montée.*
- **Deux heures après**, *le docteur et la femme se penchaient sur le malade.*

Aucun marqueur explicite n'indique en français un rapport entre l'état : **verdâtre**, et un repère antérieur. Cette relation est établie en anglais grâce au choix du pluperfect : **His face had gone livid.**

Notre dernier exemple comporte une ambiguïté aspectuelle :

[118] — *Tout ira mieux quand tu reviendras. Nous recommencerons.*
— *Oui, dit-elle, les yeux brillants, nous recommencerons.*
Un moment après, *elle lui* **tournait** *le dos et regardait...*
(A. Camus, *La Peste*, p. 17)

Le procès : *elle lui tournait le dos*, peut exprimer :
- soit un procès actualisé (she turned away from him),
- soit un état (she had her back towards him).

Si on choisit de privilégier le deuxième aspect, le pluperfect : **she had turned away from him**, nous semble ici plus satisfaisant que le prétérit. La forme verbale d'accompli permet en effet d'établir une relation de repérage, non seulement entre le procès qu'elle exprime et celui par rapport auquel il est repéré, mais entre les deux propositions dans lesquelles ils s'insèrent.

Voici la traduction proposée [34] :
- ***She had turned away from him** and was looking...*

(S. Dibben, Université Paris VII)

Notons que le traducteur a choisi de supprimer la locution adverbiale. Celle-ci met en effet en valeur le deuxième repère dans la chronologie et non le renvoi à un repère antérieur.

Ainsi, que la rupture soit marquée en français :
- entre deux états, ou deux repères,
    - marquant des étapes au cours d'un même processus, ou
    - constituant les deux bornes de ce processus ;

ou encore :
- entre deux procès mis en relation, le deuxième étant envisagé comme un état ;

les traductions anglaises soulignent à chaque fois,
- la **continuité du processus,** ou
- **le « parcours temporel » entre les deux repères,**

grâce à la traduction par un **pluperfect** du syntagme verbal ou adjectival renvoyant au deuxième procès.

(IV) Be + ing et la relation inter-procès

Nous avons vu dans nos analyses antérieures que la locution **a moment later** est compatible avec les verbes d'état et la forme verbale **be + ing**. On constatera cependant que dans de nombreux cas lorsque ce schéma est possible, le traducteur préférera une autre solution. En revanche, lorsque d'autres marqueurs dans l'énoncé soulignent la **rupture dans l'inter-relation des procès,** le schéma *a moment later + be + ing* apparaîtra fréquemment. Cette rupture pourra être indiquée de plusieurs façons. Mais les signes les plus courants sont :
- les marqueurs de **localisation spatiale,** et
- la **typographie** (nouveau chapitre ou paragraphe).

On constate que dans *The Adventures of Tom Sawyer* où le schéma : *a moment later* (ou une locution équivalente) + *be + ing,* apparaît fréquemment, il est généralement accompagné d'un de ces deux marqueurs ou des deux à la fois.

---

(34) Nous ne citons pas ici la traduction de S. Gilbert, qui a choisi d'actualiser le procès : *... she **turned** her head...*

Notre première série d'exemples renvoie à la **localisation spatiale**.

[119] – *In another minute **he was flying down the street** with his pail...*
(M. Twain, *T. Sawyer*, II, p. 18)

[120] – *And the next instant **he was sprawling on the floor**!*
(*Ibid.*, III, p. 24)

[121] – *Half an hour later **he was disappearing behind the Douglas mansion**...*
(*Ibid.*, VIII, p. 53)

La deuxième comporte des marqueurs **typographiques** :

- **Début de paragraphe**

[122] – *In an instant **both boys were rolling and tumbling in the dirt**...*
(M. Twain, *T. Sawyer*, I, p. 16)

[123] – *Not long after, as **Tom**, all undressed for bed, **was surveying his drenched garments**...*
(*Ibid.*, III, p. 26)

- **Début du chapitre**

[124] – *A few minutes later **Tom was** [35] **in the shoal water of the bar**...*
(*Ibid.*, XV, p. 88)

Dans le dernier énoncé nous trouvons conjointement les deux marqueurs. Quelle est la valeur des opérations auxquelles ils renvoient ? Essayons de la déterminer en comparant les exemples cités avec des énoncés tirés d'autres auteurs. Examinons tout d'abord

- **La localisation spatiale**

[125] – *Rieux pensa au concierge et décida qu'il le verrait ensuite. Quelques minutes plus tard, il franchissait la porte d'une maison basse de la rue Faidherbe, dans un quartier extérieur.*
(A. Camus, *La Peste*, p. 23)

On remarquera que la **localisation spatiale** dans cet exemple comme dans ceux de Mark Twain, implique systématiquement le **déplacement d'un point de repère à un autre,** le premier repère se trouvant dans le contexte qui précède. Le « parcours spatial » implique à son tour une **rupture temporelle** avec un moment repère antérieur. Du fait que celle-ci est nettement marquée, il n'est plus nécessaire de repérer la forme **be + ing** par rapport à une situation préalablement déterminée. La rupture spatio-temporelle indique que nous sommes en présence d'une nouvelle situation

– *Rieux thought quickly; yes, he could see the porter afterwards. **A few minutes later he was entering** a small house in the Rue Faidherbe, on the outskirts of the town.*
(S. Gilbert, p. 17)

---

(35) Dans cet exemple, nous n'avons pas un verbe à la forme **be + ing** mais un verbe d'état. Celui-ci implique cependant, de la même façon, une rupture inter-procès.

Comparons cet exemple avec le suivant :

[126] – *C'est bien, dit-il, très bien.*
Un moment après, à la gare, il l'installait dans le wagon-lit. Elle regardait le compartiment. (A. Camus, *La Peste*, p. 16)
– *"That's splendid" he said. "You're looking very nice"*
A few minutes later he was seeing her into the sleeping-car.
(S. Gilbert, p. 11)

Nous avons à nouveau ici :
– une **localisation temporelle** : *Un moment après,* et
– une **localisation spatiale** : *à la gare, il l'installait dans le wagon-lit.*

La localisation spatiale souligne la **rupture temporelle** par rapport au repère *he said*, et rend la forme **be + ing** parfaitement légitime.

Nous avons vu que dans la deuxième série d'exemples de Mark Twain, la **rupture** dans la **relation inter-procès** était marquée par

– **Des moyens typographiques**

Dans le roman *James and the Giant Peach*, dont nous avons déjà tiré des exemples, la locution adverbiale **a moment later** n'est agencée avec la forme verbale **be + ing** ou avec un verbe d'état, qu'en début de chapitre. Ainsi, le chapitre V commence par l'énoncé :

[127] – *The next moment, James **was running back** towards the house as fast as he could go.* (R. Dahl, *J.G. Peach*, v, p. 16)

La dernière phrase du chapitre IV est la suivante :

[128] – *With that, the old man turned away and **disappeared** into the bushes.* (*Ibid.*, iv, p. 16)

Le procès ***disappeared***, qui constitue un repère dans la chronologie du récit, est suivi d'un procès renvoyant à une situation déjà amorcée : ***was running***. Il y a donc rupture dans la relation inter-procès. Cette rupture étant cependant marquée par la typographie, elle aura en quelque sorte le statut d'un repère dans le texte, indiquant le passage à une nouvelle situation. Comme l'énoncé comporte en outre une **localisation spatiale** : *was running back towards the house*, l'emploi de la forme **be + ing** ne pose ici aucun problème.

La même analyse nous semble s'imposer pour la deuxième série d'exemples de Mark Twain[36], qui sont tous la première phrase d'un chapitre ou d'un paragraphe.

Notons pour terminer que le seul cas que nous ayons trouvé dans *James and the Giant Peach*, où ce schéma syntaxique se trouve à l'intérieur du texte, n'est pas pertinent à notre problème, car le procès à la forme **be + ing** et le procès antérieur renvoient à deux étapes d'un même processus :

[129] – *... almost at once a great river of warm melted chocolate **came pouring out** of the holes in the factory wall. A minute later, this brown sticky mess **was flowing through** every street in the village...* (R. Dahl, *J.G. Peach*, xvi, p. 43)

---

(36) Voir page 103, exemples [122, 123, 124].

Le syntagme verbal *was flowing* renvoie à un procès dont l'inchoation est marquée par le procès antérieur *came pouring out*. Il va de soi qu'il n'y a donc aucune rupture entre les deux procès, et que la forme **be + ing** est de ce fait tout à fait compatible avec la locution adverbiale.

Ainsi, qu'il s'agisse d'établir une **localisation** entre deux repères, par un **pluperfect,** ou de marquer la rupture entre deux repères lorsqu'on a recours à la forme **be + ing,** les deux procédés vont dans le même sens :

– *la nécessité de souligner le processus et la relation inter-procès.*

Cette mise en valeur aspectuelle dans l'inter-relation des repères temporels, de même que la mise en valeur d'une étape particulière dans le déroulement d'un procès, constitue un élément de détermination. Car, non seulement les procès sont actualisés en anglais dans le temps du récit, mais l'actualisation est elle-même marquée en tant que processus. Le réseau de repérage inter-propositionnel est en outre souligné et permet d'insérer chaque procès dans un enchaînement continu.

En français les procès actualisés dans le temps du récit comportent souvent de faibles marques aspectuelles. Par ailleurs, la désactualisation des procès, marquée par l'aspect d'accompli, est beaucoup plus fréquente qu'en anglais.

CHAPITRE **3**

L'agencement syntaxique

I. Les réseaux de repérage dans la phrase complexe

Si l'explicitation des procès, du processus et de l'inter-relation des procès renforce la détermination en soulignant à la fois les points de repère et les relations de repérage, les signes de détermination qui caractérisent l'agencement syntaxique dans son ensemble sont :
- la multiplication des propositions principales,
- et l'explicitation des relations inter-propositionnelles.

Comme nous l'avons déjà montré au chapitre I, ces deux phénomènes sont indissociables.

La relation entre principale et subordonnée est liée à la notion de repérage, la principale jouant souvant le rôle de repère, la subordonnée de situation repérée. Mais les éléments repérés peuvent être mis en relation avec

- **un seul élément** de la proposition principale ▽ :

  [1] – ...*il aimait **le père Rouault**, qui lui tapait dans le dos en l'appelant son sauveur...* (Mme *B.*, I, II, p. 50)

- ou **l'ensemble de la proposition** :

  [2] – *Une fois marié, il vécut deux ou trois ans sur la fortune de sa femme...* (Mme *B.*, I, 1, p. 40)

D'autre part, de même que pour les formes verbales, la valeur de chacun des termes de la relation ne peut se définir que de façon relative. Prenons une phrase complexe :

[3] – *Ses **cheveux**, dont les deux **bandeaux** noirs semblaient chacun d'un seul morceau, tant ils étaient lisses, étaient séparés sur le milieu de la tête par une raie fine, qui s'enfonçait légèrement sur la courbe du crâne; et, laissant voir à peine le bout de l'oreille, ils allaient se confondre par derrière en un **chignon** abondant, que le médecin de campagne remarqua là pour la première fois de sa vie.*
(Mme *B.*, I, II, p. 49)

Nous avons dans cette phrase plusieurs points de repère. Citons-en trois, à titre d'exemples :
- *cheveux*
- *bandeaux*
- *chignon*

Chacun de ces éléments s'insère dans au moins deux relations de repérage. Mais il changera de valeur selon la relation dans laquelle on l'envisage. Ainsi
- *cheveux* est :
  - Le **point de repère** dans la relation de **composition** dont *bandeaux* est l'**élément repéré**.
  - L'**élément repéré** dans la relation de **localisation spatiale**, dont *tête* est le **point de repère**.
- *bandeaux* est :
  - Un **élément repéré**, d'une part dans
    - la **relation de composition** dont *cheveux* est le **point de repère**, d'autre part dans
    - la **relation de localisation spatiale** dont *tête* est le **point de repère**.
- *chignon* est :
  - Le **point de repère** dans la relation de **localisation spatiale** dont *cheveux* est l'élément repéré, et
  - L'**élément repéré** dans la relation de **perception** et de **localisation spatiale** dont *médecin de campagne* est le **point de repère**.

Ainsi *bandeaux* est l'élément repéré dans deux relations de nature différente ; *cheveux* et *chignon* sont tantôt point de repère, tantôt élément repéré, selon qu'on envisage l'une ou l'autre des deux relations dans lesquelles ils s'insèrent.

Prenons à présent une deuxième phrase.

[4] — *Mais, quand il eut la plume entre les doigts,^{A} il ne sut rien trouver,^{B} si bien que, s'appuyant sur ses deux coudes, il se mit à réfléchir.^{C}*

(Mme *B.*, II, xiii, p. 228)

Nous avons souligné, dans cette phrase, trois propositions A, B, C. La proposition B : *il ne sut rien trouver,* pourrait être analysée à la fois comme :
- **Proposition repérée** dans une **relation temporelle** dont la proposition : *quand il eut la plume entre les doigts,* constituerait la **proposition repère**,

et comme :
- **Propositon repère** dans une **relation de conséquence** dont la proposition : *si bien que [...] il se mit à réfléchir,* constituerait la **situation repérée**[1].

---

(1) En raison de la complexité de ces différents paramètres, un problème de terminologie se pose dans toute l'analyse qui suit. Il s'agit du choix entre
- **situation repère**
- **proposition repère**
et • **proposition principale.**

Pour certaines analyses, aucun de ces trois termes n'est adéquat, car il y a
- premièrement un problème de **niveau,** selon que l'analyse concerne
  - **les rapports** avec **le domaine référentiel** (situation repère).
  - **les relations constitutives** de la phrase ou du récit (proposition repère).
  ou • **la chaîne syntaxique** (proposition principale)
- deuxièmement un problème d'**identification,** selon que la principale coïncide ou non avec la proposition repère.

Dans certains cas, il s'agit de plusieurs niveaux à la fois, dans d'autres, on se situe à un seul niveau, mais un seul terme ne peut pas recouvrir tous les cas envisagés. Puisque le problème est pratiquement insoluble, nous avons utilisé pour les cas les moins complexes, le terme qui correspondait le mieux à notre analyse, pour les autres le terme **proposition repère,** mais tout en étant conscient du fait qu'il ne s'agit que d'une approximation.

Ainsi, de même qu'un élément peut être à la fois point de repère et élément repéré, une proposition pourra changer de statut selon la relation envisagée. Si ces paramètres nous paraissent fondamentaux, nous avons néanmoins maintenu également des critères de découpage syntaxique, p. ex : principale/subordonnée, afin d'identifier dans nos analyses les propositions ayant plusieurs statuts, et d'établir d'autres distinctions relatives à la situation d'énonciation.

Essayons à présent de dégager les différences entre les deux langues. Nous commencerons, comme pour notre analyse de l'actualisation des procès, par un tableau comparatif d'exemples en anglais et en français, afin de déterminer la configuration générale des structures syntaxiques qui se sont imposées dans les deux langues. Ces structures étant cependant particulièrement marquées dans le style de Flaubert, nous avons choisi, plutôt que de citer un passage suivi tiré de notre corpus, d'en comparer une phrase complexe avec des phrases complexes choisies dans d'autres textes, littéraires et non littéraires, en prenant le français, tantôt comme langue d'arrivée tantôt comme langue de départ − ceci afin de retenir, non pas ce qui est spécifique à Flaubert, mais ce qui, dans son style, est généralisable. Pour faciliter la comparaison, nous commencerons systématiquement par le texte français, quelle que soit la langue de départ.

II. Tableau comparatif de la configuration syntaxique en français et en anglais

[5] *Puisqu'elle ne pourrait jamais, en robe de velours à manches courtes, sur un piano d'Erard, dans un concert, battant de ses doigts légers les touches d'ivoire, sentir, comme une brise, circuler autour d'elle un murmure d'extase, ce n'était pas la peine de s'ennuyer à étudier.* (Mme B., I, ix, pp. 96-97)	*Since she would never sit in a concert-hall in a short-sleeved dress of black velvet, letting her fingers ripple over the ivory keys of an Erard grand, and hearing murmurs of ecstatic appreciation blow round her like a breeze, what was the point of subjecting herself to all the boredom of practising.* (G. Hopkins, pp. 75-76)

[6] Les déclarations de Madame Bardou, 86 ans, seul témoin du meurtre de son compagnon, depuis cinquante ans, M. Auguste Gueugneau, 82 ans, étranglé mercredi dans son pavillon de Noisy-Le-Grand (Seine St Denis) incitent les policiers à penser que le meurtrier fait partie d'une bande de voyous du secteur. (France-Soir, 29 Déc. 1972)	The evidence given by 86 year old Madame Bardou concerning the murder of M. Auguste Geugneau, aged 82, has led the police to suspect that the murderer belongs to a local gang of hooligans. Madame Bardou was sole witness to the murder. The victim, who was strangled on Wednesday in his home in Noisy-Le-Grand – Seine-St-Denis – had been her companion for fifty years.
[7] Beyrouth – Constamment en déplacement dans les diverses capitales arabes ou en tournée dans les bases de fedayin et les camps de réfugiés, sans domicile fixe, ne dormant jamais deux nuits consécutives au même endroit, M. Yasser Arafat, dont les mouvements sont entourés du plus grand secret pour des raisons de sécurité, passe pour être un homme insaisissable, même pour ses collaborateurs les plus proches. (Le Monde, 10 mai 1974)	Beirut – Even his closest associates see Arafat as something of a will o' the wisp. He is forever hopping from one Arab capital to another or doing the round of fedayeen bases and refugee camps : he has no fixed address and, for security reasons, never spends two nights in a row under the same roof. (The Guardian Weekly, 18 mai 1974)
[8] Réalisé en quasi-totalité selon la technique Kangourou, dont il représente déjà près du quart, le trafic international progresse à une allure beaucoup plus rapide que l'ensemble du trafic. (Les Chemins de Fer en France, p. 72)[2]	International Road/Rail traffic is almost entirely carried by "Kangaroo". It represents nearly a quarter of all "Kangaroo" transport and is increasing far more rapidly than the overall traffic. (The Railways of France[3], p. 72)

---

(2) Les Chemins de Fer en France, Paris, Société Nationale des Chemins de Fer, 1972.
(3) The Railways of France, Traduction, Paris, Ibid., 1973.

[9] Alice, qui ne s'était pas fait le moindre mal, se remit sur pied tout aussitôt : elle leva la tête pour porter ses regards vers le haut, mais, au-dessus d'elle, il faisait tout noir ; devant elle il y avait derechef un long couloir, et le Lapin Blanc descendait ce couloir, ventre à terre. (H. Parisot, p. 87)	Alice was not a bit hurt, and she jumped up on to her feet in a moment : she looked up, but it was all dark overhead ; before her was another long passage and the White Rabbit was still in sight, hurrying down it. (L. Carroll, *Alice in W.*, I, p. 87)
[10] Lot serait grand, voûté et hirsute, mais avec dans les yeux une tristesse qui, malgré son cou rougeaud et ses grosses mains maladroites, lui donnerait l'air d'un monsieur. (Cl. Fleurdorge, p. 79)	Lot would be tall, stooped, and shaggy but with sad eyes that made him look like a gentleman in spite of his red neck and big fumbling hands. (F. O'Connor, *Complete Stories*, p. 37)

Il va de soi qu'on ne peut pas aboutir à une généralisation à partir de 6 exemples. On peut, par contre, d'après la constance des transpositions, émettre des hypothèses, qui seront ensuite à vérifier. Un des facteurs qui frappe, dans les exemples choisis, est que la proportion de propositions principales ou indépendantes, et de propositions subordonnées n'est pas la même dans les deux langues.

Essayons de voir à quoi correspond ce phénomène en montrant tout d'abord quel est le rapport entre la structure syntaxique, les relations constitutives de la phrase ou du récit, et le repérage énonciatif. Si on prend la phrase :

[11] – *Les autres enfants d'Agadir, apprenant la nouvelle, accoururent vers lui.*
(A. de St. Exupéry, *Terre des hommes*, p. 107)[4]

on aura, sur le plan **syntaxique**, le découpage suivant :
- une **proposition principale** : *les autres enfants d'Agadir accoururent vers lui*, dont dépendra
- une **proposition subordonnée** : *apprenant la nouvelle*.

Sur le plan des **relations** constitutives, on aura une relation de repérage entre
- la **proposition repère** : *Les autres enfants d'Agadir accoururent vers lui*, et
- la **proposition repérée** : *apprenant la nouvelle*.

Quant au repérage **énonciatif**, la proposition principale comportant un passé simple est en **rupture** avec le plan de l'énonciation. Elle construit une situation référentielle, sans intervention de l'énonciateur. La subordonnée implique une **mise en rapport** de l'énonciateur avec la situation repère posée par la principale. Il s'agit d'une **opération réflexive**, d'un **commentaire** sur la proposition repère.

---

(4) Antoine de Saint-Exupéry, *Terre des hommes,* Paris, Gallimard, « Folio », 1939.

Nous avons choisi délibérément le cas le plus simple. Mais la proposition principale ne correspond pas nécessairement à la proposition repère. Dans l'énoncé suivant :

[12] – *Pour vivre mieux, prenez des capsules revitalisantes.*

(Affiche publicitaire)⁽⁵⁾

la proposition de but qui se trouve en position initiale, constitue le repère, et la proposition principale : *prenez des capsules revitalisantes*, la proposition repérée.

D'autre part, des signes linguistiques de type **commentaire** peuvent renvoyer à un repère pré-construit qui, bien qu'ayant un statut théorique, ne figure pas dans le texte. Ainsi la première phrase du roman *Terre des hommes* :

[13] – *C'était en 1926.*

(A. de St. Exupéry, *Terre des hommes*, p. 11)

comporte deux marqueurs : le déictique *c'* et l'imparfait, qui impliquent une situation pré-construite, par rapport à laquelle l'ensemble de l'énoncé est repéré.

Enfin, les marqueurs linguistiques étant souvent mixtes, une classification trop catégorique des critères d'analyse, peut s'avérer inopérante devant la réalité langagière. Dans une phrase telle que :

[14] – *Ce brave hindou donna alors quelques détails sur la victime.*

(J. Verne, *Le tour du monde en 80 jours*, p. 107)⁽⁶⁾

nous avons à la fois des signes qui impliquent,

– une rupture avec la situation d'énonciation, tels que le passé simple (forme verbale globalisée)

– et une mise en relation avec la situation d'énonciation, p. ex : le déictique *ce* et l'adjectif de modalité appréciative ***brave.***

En raison de ces complexités, il est souvent difficile, voire dangereux d'établir des correspondances terme à terme entre les différents types de relation que nous avons envisagés. Néanmoins, dans la mesure où les transformations dans le passage du français vers l'anglais, se font souvent selon les mêmes critères, et que ceux-ci correspondent en outre aux schémas qui se prêtent le plus facilement à l'analyse, il semble qu'on puisse tout au moins tenter de dégager les tendances qui les déterminent.

Cette mise au point étant faite, essayons de classer les transpositions effectuées pour l'ensemble des exemples, dans notre tableau comparatif.

1. (ı) Éléments adjoints imbriqués → Rejetés à la fin ou intégrés à la principale

Imbrications dans une **causative**▽
(exemple 5)

– *en robe de velours*
– *à manches courtes*
– *sur un piano d'Erard*
– *dans un concert*
– *battant de ses doigts légers les touches d'ivoire*
– *comme une brise.*

(5) Pharmacie Benbunan, rue de la Roquette, Paris.
(6) Jules Verne, *Le Tour du monde en 80 jours*, Paris, Garnier-Flammarion, 1978.

Imbrication dans une relative (exemple 10)	– *qui, **malgré son cou rougeaud et ses grosses mains maladroites**, lui donneraient...*
Imbrication dans la principale (exemple 7)	– *M. Yasser Arafat, **dont les mouvements sont entourés du plus grand secret** pour des raisons de sécurité, passe pour être...*
(exemple 9)	– *... mais, **au-dessus d'elle**, il faisait tout noir...*

(II) Éléments inversés	→ Rétablissement de l'ordre canonique
(exemple 5)	– *Puisqu'elle ne pourrait jamais [...] sentir, comme une brise, **circuler autour d'elle un murmure d'extase**...*
(exemple 10)	– *Lot serait grand [...] mais avec **dans les yeux une tristesse**...*

2. Éléments adjoints juxtaposés ou subordonnés → Introduction de marqueurs de relation

Syntagme verbal (exemple 6)	– *Les déclarations de Madame Bardou, 86 ans [...] seul témoin du meurtre de son compagnon, M. Auguste Gueugneau, **82 ans (aged 82)**...*
Syntagme pronominal (exemple 6)	– *...M. Auguste Gueugneau, 82 ans, **étranglé mercredi dans son pavillon de Noisy-le-Grand**... (who was strangled)*

3. (I) Éléments adjoints ou subordonnés → Transformés en propositions principales (ou à partir de propositions principales)

Antépositions▽ (exemple 7)	– *Constamment en déplacement dans les diverses capitales arabes ou en tournée dans les bases de fedayin et les camps de réfugiés...*
	– *sans domicile fixe*
	– *ne dormant jamais deux nuits consécutives au même endroit*
(exemple 8)	– *Réalisé en quasi-totalité selon la technique Kangourou...*
Imbrications (exemple 5) (exemple 7)	– *dans un concert*
	– *... Madame Bardou, **seul témoin du meurtre de son compagnon, depuis cinquante ans**, M. Auguste Gueugneau...*

(ii) **Propositions relatives** → **Transformées en propositions principales (ou à partir de propositions principales)**

(exemple 8) — *... dont il représente déjà près du quart...*
(exemple 9) — *Alice, **qui ne s'était pas fait le moindre mal**...*

Trois facteurs se dégagent de ce schéma : le premier concerne l'**ordre d'insertion**, le deuxième **la relation** entre les éléments adjoints et la proposition principale, le troisième la proportion de **propositions principales**.

III. L'ordre d'insertion

Avant d'aborder l'analyse des transpositions, examinons de plus près l'exemple [7], afin de voir à quoi correspondent les structures syntaxiques que nous avons relevées. Dégageons de son schéma complexe **la proposition principale** :

    A   B   C
... M. Yasser Arafat [...] passe pour être un homme insaisissable

Cette proposition constitue la **proposition repère** de l'énoncé. Elle comporte trois éléments A, B et C. L'élément B représente le **procès**, et donc l'élément **relationnel**. Les deux termes mis en relation par le procès B sont :
1) Le C_0, représenté par A.
2) Le C_1, représenté par C.

Les trois éléments A, B et C, énoncés dans cet ordre et sans éléments intermédiaires permettent une **identification immédiate** de la situation repère. Or, cette identification peut être retardée par différents procédés. Ainsi, dans notre exemple, ces éléments sont **précédés** d'une série de compléments juxtaposés et d'une proposition subordonnée :

— *Constamment en déplacement dans les diverses capitales arabes,*
— *ou en tournée dans les bases de fedayin et les camps des réfugiés,*
— *sans domicile fixe,*
— *ne dormant jamais deux nuits consécutives au même endroit.*

L'identification de la proposition repère est ici **retardée**.

La proposition repère peut, cependant, également être **disloquée**. Tout élément adjoint qui intervient entre les trois termes A, B, C, empêchera l'identification immédiate de la situation repère. Dans notre exemple, nous trouvons, entre les éléments A et B, une relative à laquelle est intégrée une causative :

— *dont les mouvements sont entourés du plus grand secret pour des raisons de sécurité.*

C'est l'**imbrication** d'éléments intercalés qui empêche cette fois la détermination immédiate de la situation repère.

Il reste un troisième procédé qui retarde cette détermination. Il s'agit de l'**inversion**. Ainsi, dans l'exemple [5] :
- *Puisqu'elle ne pourrait jamais [...] sentir, comme une brise, circuler autour d'elle un murmure d'extase...*

la comparaison : *comme une brise,* constitue à la fois :
- **une imbrication**

et, de même que le composant verbal + locution adverbiale : *circuler autour d'elle*
- **une inversion**

par rapport au schéma canonique :
- *Puisqu'elle ne pourrait jamais [...] sentir un murmure d'extase **circuler autour d'elle comme une brise**.*

Ainsi la situation repère peut être :
- **Différée** par une ou plusieurs **antépositions,**
- ou **disloquée,**
- soit par des **imbrications**
- soit par une **inversion.**

Voyons maintenant pourquoi ces divers procédés sont difficilement tolérés en anglais :

1. L'inversion

Au schéma canonique $\triangledown$ ABC d'une proposition, qui correspond à $C_0 + S.V. + C_1$, peut s'adjoindre un élément, que nous appellerons D, puisqu'il se trouvera en quatrième position. Cet élément se trouve souvent déplacé en français. Ainsi, dans notre premier exemple, nous avons une inversion des syntagmes C et D, dans la principale,

[15] – *elle avait entendu la marquise appeler*
          D   C
Berthe une jeune femme...   (Mme *B.*, II, III, p. 124)

Le rétablissement de l'ordre C + D est obligatoire en anglais. Il s'agit d'une contrainte absolue. Les deux traducteurs ont d'ailleurs indiqué clairement la fonction du syntagme D, en ajoutant d'autres syntagmes, pour marquer la relation indirecte :

– *... Emma remembered to have heard the Marquise at Vaubyes-*
                                            C   D
*sard address **one of the young women guests as Berthe**.*
(G. Hopkins, pp. 107-108)

– *... Emma remembered that when she was at the Château de la*
                                                                          C
*Vaubyessard she had heard the marquise call **a young woman by***
    D
***the name of Berthe**.*   (L. May, p. 105)

Dans notre deuxième exemple, il ne s'agit plus d'un chassé-croisé entre les compléments C et D. L'élément D, précédé d'un marqueur de relation se trouve, cette fois, en position initiale.

[16] – *De cette tragédie,* par exemple, il blâmait les idées, mais il admirait le style...

(*Mme B.*, II, III, p. 123)

Le rétablissement du schéma canonique apparaît à nouveau en anglais, tout au moins dans la traduction de G. Hopkins :

– While for instance, taking grave exception to the ideas expressed **in this particular Tragedy,** he yielded to no man in his admiration of its style.

(G. Hopkins, p. 107)

Si cette traduction nous paraît trop explicative, elle est cependant plus naturelle en ce qui concerne l'ordre syntaxique que celle de L. May :

– *In* Athalie *for instance, he condemned the ideas but admired the style...*

(L. May, p. 105)

L'ordre choisi par L. May est néanmoins acceptable, dans la mesure où il a désambiguïsé la relation entre les éléments C et D. *De cette tragédie,* devient dans sa traduction *In Athalie.* La différence peut paraître minime en surface, mais, outre le fait que cette détermination est pratiquement une contrainte ici, en anglais [7], elle permet de dissocier le marqueur de relation + le terme désignant le point de repère : *In + Athalie,* et d'en faire un élément adjoint. La préposition *de* + point de repère, ne pourrait pas constituer un élément dissociable de la proposition dans laquelle il s'intègre.

Notre préférence pour l'ordre syntaxique de Hopkins tient au fait que la position initiale du complément adverbial nous semblerait entraîner son insertion dans une relation d'opposition, p. ex :

– *In Athalie he condemned the ideas,* **in Phèdre,** *he condemned the style.*

ou

– *In Athalie he condemned the ideas,* **in Phèdre** *the style,* **in Andromaque** *the characterisation.*

le point de repère *Athalie* étant alors lui-même repéré par rapport à une classe d'éléments : les pièces de Racine. Or, chez Flaubert, c'est l'opposition entre *idées* et *style,* qui est mise en valeur. Ceci est confirmé par le fait que cette relation se situe dans un schéma syntaxique répétitif :

– *De cette tragédie, par exemple, il blâmait* **les idées,** *mais il admirait* **le style;** *il maudissait* **la conception,** *mais il applaudissait à* **tous les détails,** *et s'exaspérait contre* **les personnages,** *en s'enthousiasmant de* **leurs discours.**

(voir exemple 16)

L'inversion en français ne sera pas nécessairement pratiquée dans une proposition principale. On pourra également la trouver dans une subordonnée, telle que la relative dans l'exemple suivant :

[17] – *...à travers son voile, qui* **de son chapeau d'homme** *descendait obliquement sur ses hanches, on distinguait son visage dans une transparence bleuâtre...*

(*Mme B.*, II, IX, p. 188)

---

(7) Voir à ce propos le Chapitre IV : Détermination et Repérage.

Le problème se pose de la même façon que pour une principale. Les deux traducteurs ont rétabli l'ordre : ABD

> – ... *through the meshes of her veil which hung down to her waist obliquely **from her man's hat**, he could see her face in a sort of blue transparency...* (G. Hopkins, pp. 192-193)
> – *Through her veil, which fell obliquely **from her hard feld hat** onto her hips, her face seemed bathed in a shadowy bluish light...* (L. May, p. 170)

Puisque le verbe *to hang (to fall)* est intransitif, la proposition ne comporte pas d'élément C. Le complément D qui se trouve intercalé, en français, entre le pronom relatif *qui* et le syntagme verbal **descendait**, est rejeté en anglais après l'adverbe *obliquely*. Le schéma canonique est ainsi rétabli.

Dans le premier exemple de notre tableau comparatif, l'inversion se trouve également dans une subordonnée. Il s'agit cette fois d'une proposition causative :

> – *Puisqu'elle ne pourrait jamais [...] sentir [...]* **circuler autour d'elle un murmure d'extase...** (voir exemple 5, p. 109)

Citons une fois de plus la traduction, dont nous avons déjà proposé une première analyse [8] :

> – *Since she would never sit in a concert hall [...] hearing **murmurs of ecstatic appreciation blow round her like a breeze**...*

Nous avons constaté, dans nos exemples précédents, que c'est généralement l'élément D qui est déplacé dans les structures syntaxiques inversées. Ce premier exemple peut sembler, d'après notre première analyse, présenter un schéma différent. Or, il suffit d'envisager le groupe nominal et le groupe verbal, qui constituent le complément : **circuler autour d'elle un murmure d'extase,** non pas dans une relation de repérage l'un par rapport à l'autre, mais globalement par rapport à la proposition dont ils constituent le C_1 pour s'apercevoir qu'il s'agit d'un schéma d'inversion analogue à nos autres exemples.

En fait, dans la majorité des cas considérés, on rétablit le schéma ABCD en anglais. L'élément représenté par *D*, qui est déplacé dans la structure inversée du français, ne peut être inséré, en anglais, qu'une fois la relation fondamentale établie. L'élément *D* étant repéré par rapport à *A* dans une relation indirecte, ne peut, tout au moins lorsque le verbe est transitif, être que secondaire au *C* qui est en relation directe [9].

2. L'imbrication

L'imbrication, plus fréquente mais aussi plus complexe que l'inversion, est moins facile à analyser. Comme l'inversion, elle **disloque** la **proposition repère**. De ce fait, le déplacement ou la transformation de l'élément imbriqué, dans la traduc-

---

(8) pp. 112-113.
(9) L'ordre syntaxique des éléments *C* et *D* sera cependant inversé lorsque le *C* est un inanimé et le *D* un animé humain destinataire : **John gave Mary a pencil.** On peut en effet considérer que c'est la relation entre les deux animés qui est fondamentale dans ce cas.

tion anglaise, correspondra souvent à une quasi-contrainte. Peut-on déterminer dans quels cas la transposition est nécessaire ? Il nous semble que oui, tout au moins pour un certain nombre de cas. On peut définir des tendances. Une imbrication peut comporter
- soit des éléments repérés par rapport à l'ensemble d'une proposition,
- soit des éléments qui déterminent, ou sont repérés par rapport à un seul terme d'une proposition.

Nous ne pouvons envisager ici tous les cas de figure. Nos analyses se limiteront donc au deuxième cas.

Lorsqu'un élément adjoint ou une subordonnée :
- **détermine** un terme d'une proposition, il ne posera aucun problème de traduction :

[18] – *« Sandstone »,* **le dernier film documentaire** *de Jonathan et Bunny Dana...* (Festival de Deauville, p. 52)[10]

Les structures syntaxiques sont identiques dans les deux langues :
– *« Sandstone », the Dana's latest documentary film...*
(*Ibid.*, p. 52)

Par contre, si l'élément adjoint ou la subordonnée
- ne **détermine pas** le terme par rapport auquel il est repéré, il nécessitera une transposition.

[19] – *Harry Blatt,* **dentiste enrichi,** *aime à passer ses week-ends au bord de son lac privé...* (Festival de Deauville, p. 25)
– *Harry Blatt* **is a nouveau-riche dentist** *who spends week-ends at his private lake...*
(*Ibid.*, p. 25)

Essayons de préciser ce que nous entendons par : **déterminant** et **non-déterminant,** en examinant deux structures syntaxiques :

- **L'apposition** ▽ **:**

[20] – *...Mme Veuve Lefrançois,* **la maîtresse de cette auberge,** *était si fort affairée, qu'elle suait à grosses gouttes en remuant ses casseroles.* (*Mme B.*, II, 1, p. 108)

[21] – *Colin Primrose est pêcheur. Il vient de Cliffhorn Heads,* **un petit village de pêcheurs de la côte ouest de l'Irlande...**
(Festival de Deauville, p. 37)

L'apposition, dans le premier exemple, identifie
– le C_0 animé : *Mme Veuve Lefrançois*

à
– l'élément fléché : *la maîtresse de cette auberge.*

---

(10) Programme du Festival de Deauville du Cinéma Américain 31 août – 5 septembre 1976. Les traductions citées sont celles qui figurent dans le programme. (Titre abrégé : *Festival de Deauville*).

Dans le deuxième exemple, l'apposition identifie
- l'élément *Cliffhorn Heads*, à un élément extrait de la classe des villages, lui-même déterminé par un double repérage :
  - l'appartenance à la sous-classe des villages de pêcheurs,
  - la localisation par rapport au repère spatial : *la côte ouest de l'Irlande.*

Ces deux appositions permettent de définir, ou d'identifier l'élement qui les précède, dans la mesure où elles comportent une forte détermination.

Voyons à présent :

- **la relative déterminative**[11] :

  [22] — *... est-il nécessaire de rappeler à nouveau les liens qui se sont tissés depuis deux siècles entre nos deux pays...*
  (Festival de Deauville, p. 3)

  [23] — *Le spectacle des objets connus qui défilaient devant ses yeux peu à peu détournait Emma de sa douleur présente.*
  (Mme B., III, vii, p. 321)

Les relatives définissent dans ces exemples les éléments qui les précèdent, au même titre qu'un **adjectif**. Comme les **appositions** qui précèdent elles **identifient** un complément, et sont en quelque sorte intégrées à celui-ci.

Prenons par contre :

- **la juxtaposition**

  [24] — *Secrétaire d'Etat sous la Restauration, le marquis [...] préparait [...] sa candidature à la Chambre des députés.*
  (Mme B., I, vii, p. 80)

  [25] — *Emma, silencieuse, regardait tourner les roues.*
  (Mme B., I, viii, p. 88)

Ces juxtapositions n'ont pas un rôle de détermination. La première est repérée par rapport à l'élément *le marquis*, mais ne le définit pas. Si la juxtaposition ne comportait pas de complément temporel, elle aurait pu constituer une définition. Le fait de repérer l'élément : *Secrétaire d'Etat* par rapport à un point de repère temporel : *sous la Restauration*, implique cependant qu'il constitue un terme dans une opération distincte.

Dans le deuxième exemple la juxtaposition : *silencieuse* a, en fait, une fonction adverbiale et suppose également une deuxième opération.

La relative non-déterminative, introduit, comme ces juxtapositions, une nouvelle opération, p. ex :

  [26] — *Emma, qui lui donnait le bras, s'appuyait un peu sur son épaule...*
  (Mme B., II, v, p. 134)

---

(11) Pour une étude plus approfondie des relatives, voir : P. Volsik, *Stylistic constraints in Translation between French and English involving the use of relative constructions*, Mémoire de Maîtrise, Université Paris VII, juin 1977.

[27] — *Elle se mordit les lèvres, et un flot de sang lui courut sous la peau, **qui se colora tout en rose**, depuis la racine des cheveux jusqu'au bord de sa collerette.*

(Mme B., II, vi, p. 151)

Les critères permettant de déterminer la nature de la relation entre l'élément adjoint et l'élément repère ne sont pas toujours clairs. Ainsi la virgule n'est pas un critère suffisant pour définir la valeur d'une relative. Celle que comporte la phrase suivante n'est pas séparée du syntagme qui la précède par une virgule :

[28] — *Harry, à la station service tenue par 2 vieux ivrognes, échange sa corvette contre une jeep **qui lui permettra d'accéder à sa maison**, isolée au bord d'un lac magnifique.*

(Festival de Deauville, p. 25)

Or elle ne peut être considérée comme déterminant de l'élément *jeep*.

Outre le problème de la ponctuation, les différences de relations sont masquées, en français, par l'identité des structures syntaxiques. Que l'on prenne **l'apposition** ou la **relative**, on s'apercevra que l'anglais possède une gamme de structures différenciées qui permettent, au niveau même de la contrainte grammaticale, d'établir des nuances dans les relations. Examinons tout d'abord, une série d'appositions, en français, par rapport à leur traduction anglaise.

[29] — *M. François Mitterand, **premier secrétaire du parti socialiste français**, a commencé, jeudi 23 septembre, un tour des capitales européennes par une visite à Londres.*

(Le Monde, 6 octobre 1976)

— *M. François Mitterand, **leader of The French socialist party** left Paris on Thursday 23rd of September to visit European capitals. His first stop was London.*

La relation entre l'apposition et l'élément qu'il définit, est ici une relation d'**identité**. ▽ L'apposition désigne un référent déterminé situationnellement. Il s'agit d'une détermination maximale. Celle-ci est indiquée dans les deux langues par L'**article zéro**.

Voici notre deuxième exemple :

[30] — *Le lendemain, à la nuit tombante, elle reçut la visite du sieur Lheureux, **marchand de nouveautés**.*

(Mme B., II, v, p. 136)

— *On the evening of the next day, Monsieur Lheureux, **the dealer in fancy goods**, paid her a visit.*

(G. Hopkins, p. 123)

Il s'agit ici de la deuxième mention de *Lheureux*. Sa fonction a déjà été désignée dans un contexte préalable (II, i, p. 113). L'opération de fléchage contextuel, est rendue ici en français, comme la précédente par l'**article zéro**.

En anglais, c'est l'**article défini** qui marque la relation.

Le troisième exemple comporte à nouveau en français l'**article zéro** :

[31] — *Elle s'abonna à la Corbeille, **journal des femmes**, et au Sylphe des Salons.*

(Mme B., I, ix, p. 92)

— *She surrendered to the magic of Corbeille, **a magazine devoted to women's interests**, and of the Sylphe des Salons.*

(G. Hopkins, p. 69)

En anglais nous avons ici un **article indéfini,** mais comme l'élément *magazine* est déterminé par : *devoted to women's interests,* la traduction ne pose aucun problème.

Le quatrième exemple, déjà proposé au début de notre argumentation, est en fait une juxtaposition, et non une apposition. Nous le citons cependant délibérément, afin de souligner l'identité de structure syntaxique, en français, entre les **appositions** précédentes, et cette **juxtaposition** qui implique une nouvelle opération :

[32] – *Harry Blatt,* **dentiste enrichi,** *aime à passer ses week-ends au bord de son lac privé...*
(Festival de Deauville, p. 25)
– *Harry Blatt is a* **nouveau-riche dentist** *who spends week-ends at his private lake...*
(Ibid.)

Nous ne sommes plus ici dans le domaine de la contrainte. Cependant le traducteur a transformé la juxtaposition en **proposition.** Qu'il s'agisse du système linguistique ou d'options stylistiques, ces différentes relations sont marquées en anglais par la syntaxe.

Voyons un dernier exemple qui comporte comme les autres un **article zéro** en français.

[33] – *Emma se sentit, en entrant, enveloppée par un air chaud,* ***mélange du parfum des fleurs*** *et du beau linge...*
(*Mme B.*, I, viii, p. 82)
– *As soon as Emma entered the room, she felt herself enveloped in a gust of warm air* ***which smelled of flowers,*** *fine linen...*
(G. Hopkins, p. 58)

La nécessité d'introduire une nouvelle relation ici en anglais tient, non pas comme dans l'exemple précédent, au fait qu'il s'agit d'une juxtaposition, mais à l'insuffisance des éléments qui permettent d'établir une **relation d'identité** entre le premier terme : *air chaud,* et le deuxième terme : *mélange du parfum des fleurs et du beau linge* (l'apposition qui est censée le définir).

Il est clair qu'en anglais une apposition peut être maintenue lorsqu'elle comporte des éléments de détermination suffisants, mais que ces appositions doivent être différenciées par les signes suivants : **article zéro** pour une détermination **situationnelle, article défini** pour un **fléchage, article indéfini** lorsque les éléments de détermination sont fournis par des éléments **adjectivaux** ou des **relations de repérage.** Lorsque la détermination est insuffisante, ou lorsque l'élément adjoint ne constitue pas une détermination mais une nouvelle opération, l'apposition ou la juxtaposition, selon le cas, sera transformée en proposition indépendante introduisant une nouvelle situation repère.

- La relative non-déterminative.

La différenciation des relations apparaîtra de la même façon, pour les **relatives.** On trouve une fois de plus, au niveau le plus contraignant, des différences de structure qui impliquent une relation plus ou moins forte avec l'élément qualifié ou déterminé. Commençons par un exemple de relative déjà cité. Sa relation avec l'élément qui la précède, peut être qualifié de **dissociation**[12] maximale.

- *Emma, **qui lui donnait le bras**, s'appuyait un peu sur son épaule.*
(voir ex : 26, p. 119)
- ***Emma had taken his arm** and was leaning lightly on his shoulder.*
(G. Hopkins, p. 121)

La relative **non-déterminative** donne souvent lieu, en anglais, à une nouvelle **proposition principale** qui dissocie les deux opérations.

Dans certains cas, on pourra constater une divergence entre les traductions d'un même énoncé. Les critères de choix peuvent être plus ou moins marqués mais ils sont rarement absolus. Ainsi pour l'exemple suivant, nous citons deux traductions qui proposent des solutions différentes :

[34] - *Il montrait avec orgueil, dans la salle, deux petits croquis d'elle à la mine de plomb, **qu'il avait fait encadrer** de cadres très larges...*
(Mme B., I, vii, p. 76)
- *He would point with pride to two little pencil sketches of hers in the dining-room. **He had had them put in very broad frames...***
(L. May, p. 58)
- *Proudly he would point out to his guests two little pencil sketches of hers in the parlour, **which he had had framed in large mounts...***
(G. Hopkins, p. 50)

L. May a **transformé la relative en principale** comme dans l'exemple précédent. G. Hopkins a **maintenu la relative,** avec le pronom **which.**

Le degré de dissociation pourra être atténué en anglais simplement en substituant le **pronom *that*** au **pronom *which (who)*.**

[35] - *Mais si la compagnie d'ambulances **qui** répond à l'urgence doit elle-même se débattre dans une compétition sans merci...*
(Festival de Deauville, p. 19)
- *If the company **that** responds to the emergency is itself struggling to survive...*
(Ibid., p. 19)

Alors que le pronom **which (who)** peut introduire une relative déterminative ou non-déterminative, le pronom **that** implique nécessairement une **relative déterminative.** ▽

Il reste une transposition, qui implique un degré d'intégration plus marqué encore. C'est la **suppression** du **pronom relatif.**

[36] - *The Sunshine Boys est une comédie de caractères, comédie humaine sur deux acteurs de vaudeville **qui ne sont vraiment pas faits l'un pour l'autre.***
(Festival de Deauville, p. 17)
- *« The Sunshine Boys » is a comedie of characters, is the very human comedy of a team of vaudeville comedians **definitely not made for each other.***
(Ibid., p. 17)

---

(12) Nous entendons ici par **dissociation** une relation qui indique une mise entre parenthèses des éléments de détermination. Sur le plan syntaxique il y a nécessairement dépendance de la relative par rapport à la principale, mais sur le plan des relations constitutives, il s'agit d'un élément dissociable de la proposition repère.

Outre la suppression pure et simple, on trouvera fréquemment le remplacement du pronom relatif + forme verbale conjuguée
- par un **participe présent** :
  [37] – *« Sandstone » est un ranch dans les montagnes de Malibu **qui surplombe l'Océan Pacifique** au nord de Los Angelès.*
  (Festival de Deauville, p. 52)
  – *« Sandstone », a 15 acre ranch in the Malibu Mountains, **overlooking the Pacific Ocean just north of Los Angeles...***
  (Ibid., p. 52)
- ou encore par un **adjectif** ou une **locution adjectivale** :
  [38] – *Vous êtes-vous déjà demandé ce que cela fait d'être une Star, **qui monte**, à Broadway... ?* (Festival de Deauville, p. 36)
  – *Have you ever wondered what it would be like to be **Broadway's newest up and coming star** ?*
  (Ibid., p. 36)

Le resserrement en anglais de la relation entre la relative et l'élément qu'elle qualifie ou détermine, correspond à la même opération que la transformation en principale : la réduction d'éléments repérés dissociés de l'élément ou de la proposition repère.

Si nous nous sommes étendus longuement sur le problème de l'apposition et de la relative, notre but n'est pas de cerner ces phénomènes, mais de démontrer l'importance en anglais des problèmes de détermination, dans le maintien, le déplacement ou la transformation d'éléments imbriqués.

3. L'antéposition

Un même élément donné peut souvent être, soit imbriqué, soit antéposé en français. Une apposition ou une juxtaposition peut aussi bien précéder que suivre le syntagme nominal qu'elle détermine ou qualifie. En anglais, la contrainte de l'ordre syntaxique est beaucoup plus forte. Lorsqu'il s'agit d'un élément déterminé par le contexte situationnel [13], il peut **précéder le syntagme qu'il qualifie.** Ainsi :
  [39] – *Le Producteur, auteur, metteur en scène du film, Herbert Kline, a conçu le film comme une mosaïque cinématographique...*
  (Festival de Deauville, p. 42)
  – *Author, director, producer Hubert Kline conceived his film as a cinematographic mosaic....* [14]

Par contre l'ordre est inversé dans la traduction de l'énoncé suivant, où la juxtaposition comporte une moins forte détermination.
  [40] – *Un tueur à gages, Luke Todd [...] observe la scène...*
  (Festival de Deauville, p. 26)
  – *The scene is observed by Luke Todd [...] **a hired gunfighter.***
  (Ibid., p. 26)

La juxtaposition **suit** ici **le nom propre,** qui implique une **détermination maximale.**

(13) C'est-à-dire un élément renvoyant à la fonction d'un personnage connu.
(14) Il s'agit, cependant, d'une structure syntaxique dont l'usage est restreint. Il est généralement réservé au langage journalistique, et son emploi est plus courant aux Etats-Unis qu'en Grande-Bretagne.

On constatera le même phénomène dans la relation transphrastique. Un animé humain peut être en français désigné par une expression moins déterminée que le nom propre, et ensuite identifié au cours de l'énoncé, sans renvoi à la première désignation :

> [41] – *Un couple marié, heureux, fête son dixième anniversaire de mariage, et organise une « party » à laquelle participent ses amis proches, et l'associé du mari. Les invités partis, **Michael et Elizabeth Courtland** s'apprêtent à se coucher.*
> (Festival de Deauville, p. 22)

Dans la traduction anglaise, l'identification des animés humains se fait dès la première phrase :

> – *A happily married couple, (Michael and Elizabeth Courtland), are celebrating their 10th wedding anniversary with a party attended by a number of close friends and Michael's business partner : when the party is over and the guests have left, Michael and Elizabeth prepare to retire...*
> (Ibid., p. 22)

Nous avons vu jusqu'ici des éléments imbriqués ou antéposés en français :
- soit **qui déterminent un seul élément de la proposition repère**
- soit **qui sont repérés par rapport à cet élément.**

Mais outre les éléments qui déterminent, ou sont repérés par rapport à **un élément de la proposition repère,** il existe une catégorie d'éléments adjoints qui
- **sont mis en relation** avec la **proposition principale dans son ensemble**([15])

p. ex. : les propositions et compléments adverbiaux de localisation **spatiale** et **temporelle**, de **cause**, ou de **visée** :

> [42] – *A force de s'appliquer, il se maintint toujours vers le milieu de la classe...*
> (Mme B., I, 1, p. 42)

Les transpositions ne seront pas les mêmes, en anglais, pour ces deux catégories d'éléments. Les éléments adjoints n'ayant pas un rôle de déterminant, qui sont repérés uniquement par rapport à

- **Un élément repère** : donneront lieu à des **transformations syntaxiques,** que nous étudierons dans notre deuxième et notre troisième partie.

Ceux qui se rapportent, par contre, à

- **La proposition entière,** et qui peuvent d'ailleurs lui servir de repère, donneront généralement lieu à
- **Un déplacement dans l'ordre syntaxique.**

---

(15) Nous utilisons volontairement le terme **proposition principale** ici (voir note, p. 108).

IV. Les transpositions

1. Le déplacement dans l'ordre syntaxique en anglais

Il faudra, en anglais, dégager les éléments adjoints de la proposition principale de façon à ce que celle-ci soit identifiée facilement. Encore une fois, nous schématisons le problème pour les besoins de la démonstration. Certains éléments que nous verrons après cette analyse, pourront, dans certaines conditions, s'insérer entre les deux ou les trois termes mis en relation, ou même à l'intérieur d'un syntagme verbal composé.

Si le schéma canonique ABC(D)[16] doit rester intact, deux solutions restent possibles. On pourra placer ces éléments :
- soit **à gauche de la proposition principale**
- soit **à droite de la proposition principale.**

   [43] — *Il suivait les laboureurs, et chassait **à coups de mottes de terre**, les corbeaux qui s'envolaient*   (Mme *B.*, I, 1, p. 41)

   — *He followed the men at the plough and put the crows to flight* **with clods of earth.**   (G. Hopkins, p. 7)

   [44] — *Pour arriver à ses fins, la mère Bovary fut obligée de les évincer tous...*   (Mme *B.*, I, 1, p. 45)

   — **In order to gain her end,** *Madame Bovary was obliged to oust them all...*   (L. May, p. 29)

Dans la première traduction nous avons : **un complément de manière**[17] **postposé.** Dans la deuxième : **un complément de but antéposé** (comme dans le texte français).

Or, l'ordre le plus naturel, en anglais, est de façon générale, **la droite** de la principale. En effet, un complément adverbial qui précède la proposition principale, en retarde l'identification. Un complément adverbial qui la suit ne disloque ni ne retarde cette identification. Ici encore, il s'agit de transpositions relatives à la structure de départ. Si, en anglais la **postposition**[▽] est généralement préférable à l'**antéposition**, l'**antéposition** est en revanche préférable à l'**imbrication**. Elle retarde, en effet, l'introduction de la **proposition principale**, mais ne la disloque pas. C'est pourquoi certaines imbrications pourront donner lieu, en anglais, à des **antépositions**, p. ex :

   [45] — *Ils se livrent alors, **sous des dehors irrésistibles de drôlerie**, à une lutte sournoise et passionnée...*   (Festival de Deauville, p. 56)

   — *And, **from behind a cover of irresistibly funny wit**, they open fire in an artful and passionate battle...*   (Ibid., p. 56)

---

(16) Voir page 115.
(17) Nous utilisons ici les expressions complément de manière, de but, etc. pour renvoyer à la syntaxe, et localisation d'une propriété, d'une visée, etc. pour renvoyer aux opérations que recouvre la syntaxe.

Lorsque les éléments imbriqués ou antéposés sont nombreux en français, on les répartira souvent en anglais de part et d'autre de la proposition principale. Ainsi dans l'exemple suivant, la proposition principale est précédée en français, d'une série de compléments adverbiaux, de relatives et de juxtapositions.

[46] – *Et alors, **sur la grande route qui étendait sans en finir son long ruban de poussière, par les chemins creux où les arbres se courbaient en berceaux, dans les sentiers, dont les blés lui montaient jusqu'aux genoux, avec le soleil sur ses épaules et l'air du matin à ses narines, le cœur plein des félicités de la nuit, l'esprit tranquille, la chair contente,** il s'en allait ruminant son bonheur, comme ceux qui mâchent encore, après dîner, le goût des truffes qu'ils digèrent.*

(*Mme B.*, I, v, p. 68)

Quel que soit l'effet stylistique visé en français, on peut difficilement maintenir en anglais une série aussi importante d'antépositions.

G. Hopkins a résolu le problème fort habilement, en maintenant uniquement la première, et en rejetant les autres à la fin de la principale après un point virgule :

– ***Along the high-road, whose dusty ribbon stretched as far as eye could see,** he ambled on ; **through hollow lanes, beneath low-hanging branches, and on narrow tracks where the growing corn reached almost to his knees, with the sun on his back and the breath of the morning in his nostrils,** his heart filled with delight of the hours just past, his mind at rest, his body satisfied.*

(G. Hopkins, p. 40)

Le syntagme verbal de la proposition principale est ensuite repris dans une proposition temporelle, alors qu'en français il apparaît ici pour la première fois et une nouvelle proposition principale traduit la comparaison :

– *And as he jogged along he ruminated his happiness, much as those who have dined well chew the savour of the truffles which their stomachs are busy digesting.*

(G. Hopkins, p. 40)

Certains facteurs peuvent jouer un rôle dans le choix de la gauche ou de la droite de la proposition principale en anglais. Ainsi, dans **Madame Bovary,** toute la réalité représentée est filtrée à travers le regard privilégié d'un personnage, c'est-à-dire repérée par rapport à un énonciateur dans l'énoncé, qui constitue le repère. Le fait de préciser d'abord, dans la traduction, la localisation spatiale, donnera aux objets perçus, qu'ils soient ou non animés, le statut d'éléments repérés. Le fait de préciser cette localisation à la suite de la proposition principale, donne au C_o le statut de point de repère et supprime donc le point de vue privilégié.

L'exemple que nous citons est tiré d'un contexte qui comporte des indices de point de vue privilégié, tels que les modalisations adverbiales :

[47] – *Sa main pourtant n'était pas belle, point assez pâle, **peut-être**, et un peu sèche aux phalanges ; elle était trop longue **aussi** et sans molles inflexions de lignes sur les contours.*

(*Mme B.*, I, ii, p. 49)

L'énoncé proposé comporte plusieurs compléments adverbiaux qui marquent la localisation spatiale :

[48] — *On sentait une odeur d'iris et de draps humides qui s'échappait de la haute armoire en bois de chêne faisant face à la fenêtre. Par terre, dans les angles, étaient rangés, debout, des sacs de blé.*
(*Ibid.*, p. 49)

G. Hopkins a choisi de privilégier l'ordre le plus naturel, en anglais, c'est-à-dire, le rejet du complément qui marque la localisation spatiale à la fin de la proposition principale :

— *A smell of orris-root and damp linen came **from the tall oaken press which faced the window**. Sacks of wheat stood **in the corners of the room**...* (G. Hopkins, p. 18)

En respectant cet ordre syntaxique, qui permet d'intégrer le complément à la proposition principale, G. Hopkins a forcément sacrifié le point de vue privilégié. Les deux points de repère dans sa traduction sont les C_o *A smell of orris-root* et **Sacks of wheat.**

L. May a, par contre, sacrifié l'intégration du complément adverbial à la proposition principale au profit d'une mise en valeur du regard privilégié. L'antéposition des compléments de localisation spatiale dans les deux phrases pose effectivement comme point de repère l'animé humain que désigne le C_o de la première phrase du paragraphe : **Charles**. A ce titre, son choix nous paraît justifié :

— ***From an oaken press, opposite the window**, came a smell of iris and damp sheets. **On the floor, in the corner**, stood a few sacks of corn.* (L. May, p. 33)

Mais le problème est plus complexe qu'il n'apparaît. Deux facteurs entrent en jeu :
• **la relation de repérage**
• et **la mise en valeur** d'un élément de l'énoncé.

Une proposition de **cause**, de **but**, de **visée** ou de **localisation spatiale** constitue souvent dans la langue écrite, en français, la proposition repère, par rapport à laquelle la proposition principale est repérée.

[49] — ***Dans un plat creux à couvercle**, faire un lit d'oignons hachés...*
(La Reynière, *Cuisine française*, p. 131[18])

Cette proposition repère se trouve alors antéposée et, grâce à sa position initiale, mise en valeur. Cette mise en valeur ne correspond cependant pas nécessairement à un élément privilégié dans le domaine référentiel. Ainsi dans l'exemple précédent, il ne semble pas qu'il y ait plus de raison de mettre en relief la localisation spatiale que dans l'exemple suivant :

[50] — *Verser la cuisson d'oignons et d'échalotes **dans un plat creux**.*
(*Ibid.*, p. 277)

En anglais, par contre, seule la valorisation de la situation repère, dans le rapport avec le référent justifie l'antéposition.

Ainsi pour les deux exemples qui suivent, il y a unanimité des traducteurs :

---

(18) La Reynière (Pseudonyme de Robert Courtine), *Cent merveilles de la cuisine française*, Paris, Seuil, 1971, 1975. (Titre abrégé : *Cuisine française*).

[51] – *A force de s'appliquer*, il se maintint toujours vers le milieu de la classe...

(Mme B., I, 1, p. 42)

[52] – **Pour lui épargner la dépense**, sa mère lui envoyait chaque semaine, par le messager, un morceau de veau cuit au four...

(Mme B., I, 1, p. 43)

Les traducteurs ont tous placé le complément ou la proposition de cause ou de but avant la principale dans les deux cas. Citons deux traductions, à titre d'illustration :

– *By dint of constant application*, he managed to...

(G. Hopkins, p. 9)

– *By dint of diligent plodding*, he always managed...

(L. May, p. 27)

– *In order to save him expense*, his mother sent him...

(G. Hopkins, p. 10)

– *To save expense*, his mother sent him...

(L. May, p. 28)

La localisation est maintenue comme proposition repère dans les traductions, grâce à sa position initiale, parce qu'il y a lieu de la souligner dans le domaine référentiel.

Il reste cependant un nombre de cas considérable où le complément ou la proposition de localisation peut difficilement, en anglais, être antéposé, et ceci plus particulièrement dans les énoncés qui s'adressent directement à un co-locuteur ou à un allocutaire. Voici quelques exemples :

[53] – *A Deauville*, faites des affaires immobilières !

(Affiche publicitaire)[19]

[54] – *Sur cet article* doit également être cousue l'étiquette de contrôle Woolmark.

(Etiquette Woolmark)

[55] – *Dans une jatte*, faites tremper le pain spécial grillé émietté avec le vin blanc et le jus de crabe.

(Heudebert)[20]

En anglais, les compléments de localisation spatiale de ces trois énoncés, seraient rejetés à la fin de la **proposition principale.**

Or il semble qu'en français on pose un premier repère qui renvoie à un référent construit. On a ensuite une deuxième opération qui renvoie à ce premier repère. On peut ainsi comparer l'antéposition des compléments de localisation aux repères antéposés dans les structures syntaxiques disloquées :

– *Ici*, on vous perce l'oreille gratuitement.
– *Dans une casserole*, mettez une noix de beurre...
– *Cet énoncé*, c'est moi qui l'ai inventé.
– *Mon frère*, lui, il n'est pas d'accord.

En anglais, nous avons une seule opération. L'ensemble de la proposition construit directement le domaine référentiel.

Nos exemples mettent en évidence la nécessité que nous avons déjà soulignée, de maintenir le double critère : découpage syntaxique et relation de repérage. Car la principale peut très bien, comme nous venons de le montrer, être la proposition repérée. Or c'est la **proposition principale** dans les traductions anglaises, qui joue

(19) Agence immobilière Guérin, Deauville, Calvados.
(20) Recette basses calories – Boite de biscottes Heudebert.

généralement le rôle de repère. En outre, lorsqu'elle comporte un procès à forme principale, c'est elle qui servira de **repère** dans la relation **inter-phrastique**, même si, à l'intérieur de la phrase, elle a le statut d'élément repéré. Nous sommes à nouveau ici au cœur du phénomène de relativité que nous avons déjà, à plusieurs reprises, évoqué. Les propositions temporelles, dont le statut particulier a déjà été analysé au premier chapitre [21] peuvent constituer, au même titre que les principales, des repères dans la chronologie d'un récit. Ceci nous amène au problème des **compléments temporels** qui sont également à différencier des compléments que nous venons d'analyser.

Les Compléments Temporels

Un complément marquant un point de repère temporel peut, et doit même généralement, en dehors de toute considération stylistique, se placer à gauche ou à droite de la proposition repère, en anglais [22] Le fait qu'il se place naturellement avant la proposition principale, alors que d'autres éléments ne sont antéposés que dans certaines conditions, est intéressant. Cela nous semble s'expliquer par le fait qu'il pose un point de repère dans une chronologie. On constatera qu'un syntagme ou une locution adverbiale temporelle, indéterminée, pourra être imbriquée avant le syntagme verbal, ou entre ses composants lorsqu'il s'agit d'un verbe composé. Ainsi on peut dire,

[56]   – *He **often** went to bed early*
       mais pas
*   – *He **last night** went to bed early.*
[57]   – *He did, **for a while**, live in America*
       mais pas
*   – *He did, **for six months**, live in America.*
[58]   – *He has, **on more than one occasion**, hinted that I should cut my hair.*
       mais pas
*   – *He has, six or seven times, hinted that I should cut my hair.*

Dans chacun de ces trois exemples :
- le **complément temporel indéterminé** peut être **imbriqué.**
- le **complément temporel déterminé** doit être **rejeté à la fin.**

Les compléments temporels déterminés dans les exemples [57] et [58], ne sont pas des **points de repère temporels.** Ils indiquent :
- soit **un processus** révolu, p. ex : *for six months*
- ou **l'itération** d'un procès, p. ex : *six or seven times.*

---

(21) Voir p. 10.
(22) Il faut, cependant, différencier le discours du récit. Dans le discours, l'ordre naturel est à droite de la proposition principale : la position initiale implique une mise en valeur et généralement un repérage par rapport à l'énoncé précédent. Dans le récit, une suite de compléments temporels, en position initiale, pourra constituer un repérage inter-propositionnel.

Par contre le complément temporel dans le deuxième énoncé de l'exemple [56] : *last night* constitue un **point de repère ponctuel**. Il pourra de ce fait être placé soit :

- **à la fin** de la proposition principale :
  - *He went to bed early, last night.*
- ou **avant** la proposition principale :
  - *Last night, he went to bed early* [23].

Il en est de même pour les exemples suivants que nous ne citerons qu'en traduction :

[59] – *At eight o'clock Justin fetched him to lock up the shop.*
(G. Hopkins, p. 117)

– *That evening, Madame Bovary did not visit her neighbours...*
(G. Hopkins, p. 122)

– *On the evening of the next day, Monsieur Lheureux, the dealer in fancy goods, paid her a visit* [24]
(*Ibid.*, p. 123)

Lorsque le caractère temporel d'un complément français indiquant un point de repère chronologique, n'apparaît pas clairement, il ne suffira plus de le déplacer dans l'ordre syntaxique. Le problème se pose pour les trois exemples suivants :

[60] – *Quelques-uns, vers la fin, s'y endormirent et ronflèrent. Mais, au café, tout se ranima...*
(Mme B., I, IV, p. 63)

[61] – *Le soir, pour partir, les chevaux gorgés d'avoine jusqu'aux naseaux eurent du mal à entrer dans les brancards...*
(*Ibid.*, p. 63)

[62] – *... il coupait, au dessert, le bouchon des bouteilles vides...*
(Mme B., I, IX, p. 95)

Dans le cas du premier et du troisième exemple, c'est l'élément marqué par le syntagme nominal *café/dessert*, qui est insuffisamment déterminé ; dans le cas du deuxième, c'est la relation qu'exprime la préposition *pour*, qui est ambiguë : elle n'indique pas clairement un point de repère temporel.

Il faudra dans chacun des cas :

- **transformer le complément en proposition temporelle** :
  - *When the feast was nearing its end, some of them fell asleep and snored, though they woke up again, when coffee appeared.*
  (G. Hopkins, p. 34)
  - *When the time came to go home, it was only with great difficulty that the horses, gorged with oats to their nostrils, were forced between the shafts.*
  (*Ibid.*, p. 34)
  - *When he sat at his wine he would cut up the corks of the empty bottles.*
  (*Ibid.*, p. 74)

Cette transformation nous amène à notre deuxième partie.

---

(23) Voir note page 129.

(24) Les compléments temporels dénotant un processus en déroulement, p. ex : *During the afternoon*, peuvent également être placés au début. D'autre part, lorsque la proposition repère est longue, il sera plus naturel de mettre le complément temporel au début, mais nous ne pouvons qu'esquisser le problème, dans le cadre de cette discussion.

2. Intégration des éléments adjoints à la proposition repère

Les éléments adjoints repérés par rapport à un seul terme de la proposition repère, et qui n'ont pas une fonction de **déterminant,** seront, non pas déplacés, mais transformés. Avant d'examiner les procédés de transformation, voyons d'abord à quoi correspond cette contrainte.

De même que la secondarité verbale met en suspens la séquence des procès, les propositions subordonnées et les compléments adjoints repérés constituent des mises entre parenthèses dans l'enchaînement intra- et trans-phrastique, p. ex :

[63] – *L'orangerie,* ***que l'on trouvait au bout,*** *menait à couvert jusqu'aux communs du château.* ($M^{me} B.$, I, VIII, p. 88)

[64] – *Le marquis,* ***pour amuser la jeune femme,*** *la mena voir les écuries.* (*Ibid.*, p. 88)

Ces mises entre parenthèses se traduisent, sur le plan syntaxique par une **dissociation** des éléments adjoints par rapport au noyau que constitue la **proposition principale.** Inversement l'**intégration** des éléments adjoints à la **proposition principale** va de pair avec l'**actualisation** des procès. Encore une fois, les notions d'intégration et de dissociation ne peuvent être que relatives. Essayons d'illustrer ce phénomène à partir de quelques exemples, tout d'abord dans le système interne du français :

Phénomène syntaxique	Marqueur
– Juxtaposition [65] – *Légers et nourrissants, ils peuvent être servis avec du beurre, de la marmelade.* (Toasts Buitoni)	Dissociation – Absence de marqueur de relation + dissociation par la virgule.
– Subordination 1) Subordonnée participiale [66] – *Présentés en compact, les crèmes-gels pour les joues ne sont pas des crèmes comme les autres.* (Publicité, Charles of the Ritz) [25]	Lien dissociatif – Présence d'un marqueur de relation : participe passé *Présentés*; cette subordonnée peut cependant être dissociée de la principale sans la tronquer (relation faible : secondarité verbale marquée).

(25) Pretty Face Pommades, Charles of the Ritz.

2) Relative non-déterminative

[67] – *Son dernier propriétaire, le Duc d'Aumale, l'enrichit d'une merveilleuse collection **qui en fait l'un des plus importants musées d'art en France.***
(Brochure Cityrama 1976)

– Présence d'un marqueur de relation : pronom *qui,* mais la relative peut être dissociée de la principale.

– Détermination

[68] – *Le visiteur **qui franchit le seuil de cette église** est tout d'abord frappé par l'existence des deux nefs parallèles...*
(Notice Historique Illustrée, Eglise Sainte-Catherine, Honfleur)

Intégration
– Elément qui définit le C_o au même titre qu'un adjectif → intégré à la principale.

Dans une étude contrastive, où deux systèmes linguistiques sont mis en parallèle, il faudra en outre évaluer la relativité des phénomènes, en mettant les deux langues en regard. Si nous prenons l'exemple [6], dans notre tableau comparatif :

– *M. Auguste Geugueneau, étranglé dans son pavillon de Noisy-le-Grand...*
(Voir p. 110)

on peut considérer que la relative, dans la traduction :

– *The victim,* **who was strangled on Wednesday in his home in** *Noisy-le-Grand...*
(Ibid.)

marque, grâce au pronom relatif **who,** un renforcement de la **relation** entre la proposition **repère** et la proposition **repérée,** par rapport à la structure syntaxique du texte français.

En revanche, si nous prenons l'exemple [9] :

– *Alice was not a bit hurt, and she jumped up on her feet in a moment...*
(Voir tableau comparatif, ex : 9, p. 111)

et que l'on compare la première proposition principale avec la **relative** dans la traduction française :

– *Alice,* ***qui ne s'était pas fait le moindre mal,*** *se remit sur pied tout aussitôt...*
(Ibid.)

le rapport proposition **repérée**/proposition **repère** apparaîtra comme une **dissociation,** marquée d'ailleurs ici par la virgule, par rapport aux deux propositions **repères coordonnées**[26].

Plus la dissociation sera marquée en français, plus la nécessité de modifier la structure syntaxique sera impérative. Cette modification ira toujours dans le sens de

---

(26) La subordonnée développe un élément de la principale déjà posé, alors qu'en anglais on a deux opérations successives.

— l'**intégration à une proposition repère**.

Mais cette intégration peut prendre différentes formes, la première étant : **la liaison à la proposition repère** grâce

- au **renforcement** du **marqueur de relation,**

lorsqu'il existe déjà, p. ex :

[69] — *Emma, **rentrée chez elle**, se plut d'abord au commandement des domestiques...*
(*Mme B.*, I, vi, p. 74)

— *At first, **after reaching home**, she took pleasure in ordering the servants about...*
(G. Hopkins, p. 47)

(renforcement de la relation verbale par actualisation du procès + introduction d'un adverbe temporel)

ou

- à l'**introduction d'un marqueur de relation** lorsqu'il s'agit d'une subordonnée participiale.

La deuxième est la **transformation en proposition principale,** que nous verrons dans notre troisième partie.

(1) Renforcement du marqueur de relation

Il va de soi que, dans de nombreux cas, les traducteurs ont le choix entre plusieurs procédés. Ainsi si nous reprenons les structures syntaxiques participiales dans notre tableau de formes verbales secondaires au premier chapitre, nous nous apercevons qu'un bon nombre d'exemples donne lieu dans les traductions à des structures syntaxiques différentes. Mais il s'agit toujours d'un degré plus ou moins marqué du phénomène analysé et non d'une différence fondamentale. Ainsi ces différences correspondent souvent aux deux modalités de transposition que nous venons d'annoncer.

- premièrement le renforcement du marqueur de relation
- deuxièmement la transformation en proposition principale.

C'est le cas pour les exemples [79] et [82] du chapitre I, que nous ne citerons pas de nouveau intégralement. Nous nous contenterons de relever les structures pertinentes en renvoyant au tableau pour le contexte. Ainsi la proposition :

— *... et l'ayant ainsi remontée jusqu'aux chevilles...*
(Voir p. 52)

est transformée par G. Hopkins en **proposition principale,**

— *She lifted it just sufficiently to reveal her ankles...*
(*Ibid.*)

alors que L. May maintient **la subordination,** mais en choisissant un **degré d'actualisation du procès plus marqué**

— *... and **raising it** thus above her ankles...*
(*Ibid.*)

La valeur fondamentale du phénomène verbal que nous avons étudié dans le premier chapitre apparaît clairement dans le cadre de cette étude syntaxique. Elle nous semble, en effet, correspondre, non seulement à

- la **détermination des procès** par renforcement du degré d'actualisation et à
- la mise en place de **repères supplémentaires dans la succession des opérations,**

mais aussi au
- **renforcement de la relation entre les termes d'un énoncé.**

Citons un deuxième exemple de cette transposition :

– *Alors, **s'étant versé** de l'eau dans un verre, Rodolphe y trempa son doigt...* (Voir p. 53)

– *Then, **pouring out** a glass of water, he dipped his finger in it...*
(G. Hopkins, *Ibid.*)

Le marqueur de relation dans la structure de départ, n'est pas nécessairement un verbe. Ainsi nous avons constaté que les compléments temporels insuffisamment déterminés pour marquer un point de repère sont transformés en propositions temporelles. Les exemples cités comportent tous une **préposition**. Mais la préposition ne permet pas de déterminer clairement la nature de la relation entre les différents éléments mis en jeu. Dans chacun des cas, elle est remplacée par un **syntagme verbal**.

Voici un autre exemple :

[70] – *Le pharmacien, **au** tumulte qui se faisait dans la maison, s'y précipita.* (*Mme B.*, II, XIII, p. 234)

– ***Hearing** a sudden uproar in the house, the chemist ran across the road.* (G. Hopkins, p. 253)

– ***Hearing** a terrific commotion in the house, the chemist rushed over as hard as he could pelt.* (L. May, p. 214)

Le syntagme verbal
– marque la relation entre le C_o : **Le pharmacien** et la propriété *tumulte* déterminée par la relative : *qui se faisait dans la maison*
– et précise la nature de la relation indiquée par la préposition contenue dans *au.*

Les compléments que nous avons vus jusqu'ici sont tous des compléments temporels. Mais ce n'est pas nécessairement le cas. Le problème se posera de la même façon pour les **compléments de manière**, qui marquent la localisation d'une propriété.

Dans l'exemple suivant :

[71] – *Les dames, **en bonnet**, avaient des robes à la façon de la ville...* (*Mme B.*, I, IV, p. 60)

il s'agit d'une propriété repérée, non pas par rapport à l'ensemble d'une relation mais par rapport aux animés humains désignés par **les dames**. Bien qu'il ne s'agisse pas ici de déterminer un point de repère temporel, il sera nécessaire, comme dans les autres exemples, d'établir une relation plus forte entre le C_o **Les dames,** et le terme qui marque la propriété :

– *The ladies, **crowned with** bonnets, were dressed in the fashion of the City...* (G. Hopkins, p. 31)

Lewis May a particularisé la relation en ajoutant un **adjectif possessif** [27]
- *The ladies, in **their** best bonnets, wore town-made costumes...*
(L. May, p. 43)
Nous préférons cependant à ces deux traductions celle de Lowell Bair :
- *The ladies **wore** bonnets and city-style dresses...*
(L. Bair, p. 22) [28]
car, lorsque dans un même énoncé, on localise deux propriétés par rapport à un terme, il est difficile, en anglais, de faire d'une de ces localisations, l'opération repère, et de l'autre, un élément repéré.

Notre dernier exemple comporte une structure syntaxique analogue au précédent :

[72] – *Ses jambes, **en bas bleus**, sortaient d'un pantalon jaunâtre très tiré par les bretelles.* (Mme B., I, 1, p. 37)

Il y a cette fois unanimité des traducteurs :
- *His legs, **encased in** blue stockings, emerged from yellowish trousers...*
(G. Hopkins, p. 1)
- *His legs, **encased in** blue stockings, issued from a pair of drab-coloured breeches...*
(L. May, p. 21)

Le syntagme verbal *encased* ajouté à la préposition *in* renforce la relation entre les éléments localisés, ***legs/stockings.***

Voyons à présent, les structures syntaxiques qui ne comportent au départ **aucun marqueur de relation.**

(II) Introduction d'un marqueur de relation

Notre corpus comporte toute une série d'exemples où sont mis en jeu un animé humain et soit une, soit plusieurs propriétés inaliénables de cet animé humain, p. ex :

[73] – *Puis, **les deux mains** sur la **table**, le cou tendu, la taille penchée, il suivait, bouche béante, le regard d'Emma, qui se promenait indécis parmi ces marchandises.* (Mme B., II, v, p. 136)

En français, ces propriétés peuvent être, comme ici situées par rapport à un point de repère, dans une localisation spatiale (***les deux mains/table***), mais elles ne le sont pas nécessairement. De toute façon, elles sont rarement repérées explicitement par rapport à l'animé humain de l'énoncé. Nous ne traiterons pas ici en détail ce problème, puisque nous y consacrons le chapitre VI.

Ce phénomène touche cependant de près au problème syntaxique qui nous concerne ici. On constatera, en effet, qu'en anglais, un marqueur de relation

---

(27) Il est évident que du point de vue linguistique l'adjectif possessif n'est pas un adjectif mais un déterminant. Nous utilisons cependant ce terme par commodité. Certains l'appellent le cas génitif du pronom.
(28) Lowell Bair, traducteur, *Madame Bovary*, New York, Bantam Books Inc., 1959, 1972.

explicite la localisation des propriétés inaliénables par rapport à l'animé humain :

- *Then, **spreading** his hands on the table, **leaning** forward, and **stretching** his neck, he watched, open-mouthed, while Emma looked through his merchandise...* (G. Hopkins, p. 124)

- *Then **leaning** forward **with** both hands on the table, and **craning out** his neck, he watched Emma, open-mouthed as she stood irresolute, surveying the varied assortment.* (L. May, p. 118)

Les trois relations dans la traduction de G. Hopkins et deux sur trois dans la traduction de L. May sont marquées par :

un participe présent.

La troisième est exprimée par

la préposition with.

Lorsqu'il y a divergence entre les traductions des structures syntaxiques de ce schéma, elle concerne généralement le choix entre l'une et l'autre de ces solutions, p. ex :

[74] — *... le pharmacien s'éloigna d'un pas rapide, **sourire aux lèvres et jarret tendu**...* ($M^{me} B.$, II, VIII, p. 166)

G. Hopkins a choisi ici d'assurer le repérage par un participe présent :

— *... the pharmacist hastened away, **smiling** and very upright...* (G. Hopkins, p. 163)

L. May a préféré la préposition **with**, avec l'ajout d'une localisation : **on his lips**

— *... the chemist made off **with** a smile on his lips, at a dashing stride...* (L. May, p. 147)

En fait, l'opération fondamentale qui détermine ces deux traductions est la même.

Dans notre dernier exemple, les deux traducteurs ont choisi la même solution en ce qui concerne l'explicitation de la relation :

[75] — *La figure un peu baissée, la main haute et le bras déployé, elle s'abandonnait...* ($M^{me} B.$, II, IX, p. 187)

— ***With** her head slightly bent, her bridlehand held high, and her right arm extended, she surrendered to...* (G. Hopkins, p. 191)

— *She rode **with** her head a little forward, her hand well up and her right arm stretched out, and she abandoned herself to...* (L. May, p. 168)

Examinons maintenant deux autres schémas syntaxiques, la juxtaposition antéposée :

[76] — *Mais, naturellement **paisible**, le petit répondait mal à ses efforts* ($M^{me} B.$, I, 1, p. 41)

et la subordonnée participiale antéposée :

[77] — ***Construit** en 1968, jaugeant 20 000 tonnes, le Chota Roustavelli est une magnifique unité de la Marine Marchande Soviétique.* (Brochure Trans Eté 1976)

Si bon nombre de ces structures syntaxiques sont rendues par une proposition principale, il reste de nombreux cas où le traducteur a le choix, entre soit cette dernière solution, soit
- **une proposition relative.**

Ainsi Hopkins traduit le premier exemple de la façon suivante :
- *But the boy, who was of wild temperament responded ill to these attempts.* (G. Hopkins, p. 7)

Cette solution conviendrait également au deuxième exemple, p. ex :
- *The Chota Roustavelli **which was** built in 1968, and weighs 20,000 tons is a unique example of the Soviet Merchant Navy.*

La transformation de la juxtaposition en relative, dans la traduction de l'exemple [76], implique :
- **L'introduction de deux marqueurs de relation :**
  - le pronom *who,*
  - et l'auxiliaire *was*

La transformation de la subordonnée participiale dans la traduction de l'exemple [77], implique :
- **le renforcement du marqueur de relation**
  - par ajout de l'auxiliaire *was*

et
- **l'introduction d'un deuxième marqueur de relation**
  - le pronom *which.*

Cette transposition met bien en relief la relativité des phénomènes linguistiques. S'il est vrai que de nombreuses relatives non-déterminatives en français, sont transformées en anglais en propositions principales, et qu'elles apparaissent par rapport à ces principales, comme des éléments **dissociés,** en revanche lorsqu'une juxtaposition ou une antéposition participiale dans un énoncé français est rendue dans la traduction par une relative, le pronom relatif apparaîtra comme un marqueur de relation, voire d'intégration à la proposition repère.

Voyons maintenant un dernier phénomène qui joue un rôle important dans ce problème d'intégration et de dissociation.

(III) Suppression de signes de ponctuation

La mise en relation est assurée, dans la majorité des juxtapositions que nous avons examinées,
- par un **syntagme verbal**
- ou par la préposition **with**

mais la **ponctuation** joue également un rôle important dans la mise en relation des éléments adjoints et de la proposition repère. Ainsi dans notre étude de l'**ordre syntaxique,** nous avons examiné **l'inversion, l'antéposition** et **l'imbrication.** La **postposition** ne pose généralement aucun problème puisqu'elle n'intervient qu'une fois la **proposition principale** déterminée. Si les structures syntaxiques sont identiques dans les deux langues pour les éléments postposés, il peut néanmoins y avoir des différences de ponctuation, dont l'importance n'est pas négligeable.

Ainsi, on constatera souvent qu'un même élément, postposé dans les deux langues, sera
- en **français, dissocié** de la proposition repère par une **virgule.**
- en **anglais, intégré** à la proposition repère grâce à l'**absence de ponctuation :**

[78] – *Lorsqu'il est fondu et chaud, y faire dorer le canard, à feu modéré.* (La Reynière, *Cuisine française*, p. 233).
– *When it is hot and melting, brown the duckling in it over moderate heat.* (D. Coltman, p. 253) [29]

ou encore :

[79] – *La terre, à un endroit, se trouvait effondrée [...] il fallut marcher sur de grosses pierres vertes, espacées dans la boue.*
(Mme *B*., II, III, p. 128)
– *At one point in their walk the earth had been trodden soft [...] and they had to step across the mire on great mossed stones set at intervals.* (G. Hopkins, p. 114)

Mais ces différences ne concernent pas uniquement la postposition. S'il est vrai que les différences syntaxiques entraînent des différences de ponctuation, p. ex : l'imbrication dans l'exemple suivant :

[80] – *Il se mit en mouvement, mais, avant de partir, hésita*
(Mme *B*., I, 1, p. 39)
– *The boy started to move, but hesitated before actually leaving his place.* (G. Hopkins, p. 4)

Nos premiers exemples prouvent, néanmoins, que ce facteur ne peut pas rendre compte de toutes les suppressions de ponctuation en anglais. L'exemple suivant est également significatif :

[81] – *Une famille de quatre enfants dont la mère, veuve, meurt des suites d'une longue maladie. Les trois plus jeunes sont alors confiés à la garde de leur tante et de leur oncle, qui ont aussi deux enfants.*
Après l'enterrement, les trois enfants demandent à Billy, le frère aîné, de devenir leur tuteur légal, puisqu'il a maintenant l'âge requis. (Festival de Deauville, p. 54)
– *A family of four children whose widowed mother dies after a long illness. After the death of their mother the three youngest children are left in the care of their aunt and uncle who have two young children of their own. After the funeral the three children ask Billy to become their legal guardian as he is old enough to do so.*
(*Ibid.*, p. 54)

---

(29) Derek Coltman, traducteur, *The Hundred Glories of French Cooking*, Londres, Robert Hale and Company, 1976.

L'énoncé français comporte une juxtaposition : **veuve** qui est transformée en anglais en syntagme adjectival : **widowed,** et une apposition : **le frère aîné,** qui est supprimée dans la traduction. Ces deux différences syntaxiques entraînent des suppressions de ponctuation. Mais nous comptons :
- **7 virgules** dans l'énoncé français
- **0 virgule** dans l'énoncé anglais.

Les trois autres suppressions se trouvent dans des structures syntaxiques par ailleurs identiques. Ces suppressions permettent d'intégrer tout au moins dans une certaine mesure, les compléments adverbiaux et la relative aux propositions principales.

Voyons un dernier exemple qui illustre ce phénomène :

[82] — *J'ai planté pour elle, dans le jardin, sous ta chambre, un prunier de prunes d'avoine, et je ne veux pas qu'on y touche, si ce n'est pour lui faire plus tard des compotes, que je garderai dans l'armoire, à son intention, quand elle viendra.*
(*Mme B.*, II, x, p. 200)

— *I have planted a wild plum tree for her in the garden underneath your window and I won't have any one touch it except perhaps later on to make jam which I shall keep in the store-cupboard for her when she pays me a visit.* (G. Hopkins, p. 208)

Encore une fois, on peut expliquer la suppression de quelques virgules par un phénomène syntaxique : le déplacement des deux compléments marquant les localisations spatiales, **dans le jardin/sous ta chambre.** Mais il reste le fait que nous avons

- **8 virgules** en français

et

- **0 virgule** en anglais.

Un dernier point sur le rôle de la ponctuation dans le repérage des éléments adjoints. La fréquence des **tirets** en anglais, là où en français on se contenterait de virgules, peut paraître a priori contradictoire. Ainsi dans l'énoncé suivant, deux éléments sont, en anglais, dissociés de façon radicale des propositions repères par des tirets. En français, ils sont simplement séparés par des virgules.

[83] — *Au cours de cette pièce, menée comme une tragédie où les apparitions successives de chaque protagoniste marquent un pas en avant vers son destin,* **la solitude finale,** *la faille dans sa personnalité apparait à l'évidence, même si l'on continue de s'interroger sur son identité : c'est, dit Erich Segal, « une incapacité à entretenir un contact humain,* **tant spirituel que sexuel,** *avec quiconque ».*
(Festival de Deauville, p. 56)

— *The play is written and directed as a tragedy in which the successive entrances of the protagonists mark, each one in its turn, a step toward the fulfillment of BUTLEY's destiny —* **the ultimate, final solitude.** *Then, finally, the great fault in his personality is brought to light, even if one continues to question his identity : this fault is, says Erik Segal « an incapacity to maintain a human contact —* **whether it be spiritual or sexual** *— with anyone, no matter whom ».*
(*Ibid.*, p. 56)

Nous avons relevé dans le programme *Festival de Deauville,* dont est tiré le dernier exemple (comme de nombreux autres dans ce chapitre) 15 exemples de tirets, en anglais, qui ne figurent pas dans les textes français. Certains se trouvent en fin de phrase. Nous en avons déjà vu deux exemples. En voici un troisième :

[84] – *« The River Niger » est tiré de la pièce de Joseph A. Walker dont le titre est un vers d'un poème écrit par l'un des personnages principaux, incarné dans le film par James Earl Jones. Dans son poème, Johnny Williams...*

(Festival de Deauville, p. 40)

– *The film « The River Niger » was inspired by Joseph A. Walker's play whose title is taken from a line in a poem written by Johnny Williams, one of the central characters* – **portrayed in the film by James Earl Jones.**

(Ibid., p. 40)

On remarquera que dans chacun des cas cités :
– **the ultimate, final solitude**
– **whether it be spiritual or sexual**
– **portrayed in the film by James Earl Jones**

les modifications syntaxiques qui sont intervenues dans la traduction amènent le traducteur à poser un élément qu'il qualifie par la suite. Ces qualifications ne définissent pas l'élément qui les précède, elles constituent un ajout. Elles sont de ce fait nettement dissociées de la proposition comportant l'élément qualifié. Ceci est particulièrement clair pour l'imbrication : **tant spirituel que sexuel,** dans l'exemple [83]. L'élément ajouté est mis entre parenthèses de façon à ne pas disloquer la proposition par rapport à laquelle il est repéré.

Ainsi l'emploi des tirets en anglais n'infirme pas les analyses précédentes ; il ne fait que les confirmer. Les éléments non-déterminants sont détachés de façon radicale de la proposition repère afin de ne pas en faire partie intégrante.

Nous nous sommes occupé uniquement jusqu'ici du rapport entre les éléments repérés et la proposition repère. Mais ce problème de ponctuation intervient également dans les relations entre

- **les constituants d'une même proposition,** et entre
- **les propositions repères.**

Ce problème est étroitement lié à un autre phénomène : la coordination, et plus particulièrement

- l'emploi de **la conjonction *and*,** en anglais.

Les constituants d'une proposition repère ou les propositions repères elles-mêmes seront souvent **juxtaposés** en français et séparés les uns des autres par une virgule, p. ex. :

[85] – *En effet, le premier scénario était très détaillé, **et** pendant le tournage, je me suis senti concerné par le lieu, les paysans, la terre, **et** par la gêne que cela me causait d'être là...*

(Festival de Deauville, p. 43)

– *The first screenplay was in fact very detailed **and** while I was shooting the film I seemed very much concerned with place **and** peasantry **and** with the land **and** the embarrassment of being here...*

(Ibid., p. 43)

En français, les syntagmes *lieu, paysan* et *terre* sont simplement juxtaposés et séparés par des virgules. Un lien dissociatif est ensuite marqué entre l'ensemble de ces trois éléments et le suivant, par l'emploi conjugué de la conjonction *et* et de la préposition *par* : *et par la gêne que cela me causait...*

En anglais, le traducteur ajoute deux conjonctions de façon à marquer la relation entre les trois éléments *lieu, paysan et terre*. Ces deux relations ne seront cependant pas du même ordre :

- la première est une relation serrée : *with place and peasantry*
- la deuxième, grâce au déplacement de la préposition par rapport au texte d'origine est un lien dissociatif : *and with the land...*

Nous avons vu, dans le chapitre II, que la tendance à mettre les constituants d'une proposition en relation par la conjonction *and* est plus particulièrement soulignée dans la littérature enfantine. Ce fait n'est pas sans importance. Les points de repère et les relations de repérage seront forcément plus marqués dans une langue qui maintient un rapport étroit entre énoncé et domaine référentiel. Voici un premier exemple :

[86] – *Aunt Spiker, on the other hand, was lean **and** tall **and** bony, **and** she wore steel-rimmed spectacles that fixed onto the end of her nose with a clip.* (R. Dahl, *J.G. Peach*, II, p. 11)

– *Tante Piquette, au contraire, était longue, maigre **et** ossue, elle portait des lunettes à monture d'acier fixées au bout de son nez avec une pince à linge.* (M. Orange, p. 11)

Le deuxième sera plus probant encore :

[87] – ***And** whenever he walked down the street in his high hat everyone would say « There goes the Doctor ! – he's a clever man. »* ***And** the dogs **and** the children would all run **and** follow behind him ; **and** even the crows that lived in the church-tower would caw **and** nod their heads.* (H. Lofting, *Doctor Dolittle*, pp. 11-12)[30]

– *Chaque fois qu'il descendait la grande-rue, coiffé de son chapeau haut de forme, tout le monde disait : « Ah ! voilà le docteur ! un homme bien capable ! » Les chiens **et** les enfants se précipitaient pour le suivre, même les corbeaux qui nichaient dans le clocher de l'église hochaient la tête en croassant.*
(S. Pairault, pp. 7-8)[31]

Des six conjonctions dans le texte anglais, une seule subsiste dans la traduction française. Les conjonctions établissent ici une série de relations à la fois entre les constituants de l'énoncé, et entre les propositions.

Dans notre corpus on trouve fréquemment une série de propositions juxtaposées, séparées par des virgules, des points virgules ou par des points. Il est rare, qu'en anglais, on puisse maintenir ainsi une série de juxtapositions. Il faudra généralement marquer la relation, tout au moins entre deux des propositions.

---

(30) (Exemple proposé par P. Volsik, Université Paris VII), Hugh Lofting, *The Story of Doctor Dolittle*. Harmondsworth, Middlesex, Penguin Books, 1967. (Titre abrégé : *Doctor Dolittle*).
(31) Suzanne Pairault, traductrice, *L'Extravagant docteur Dolittle*, Paris, Hachette, 1967.

Dès le premier chapitre, nous en trouvons plusieurs exemples :

[88] – *On montait dans sa chambre, on s'installait ; les moucherons et les papillons de nuit tournoyaient autour de la chandelle.*
(*Mme B.*, I, 1, p. 42)

[89] – *Cinq ans plus tard seulement, M. Bovary connut la vérité ; elle était vieille, il l'accepta...*
(*Ibid.*, p. 44)

Voyons les traductions que propose Hopkins pour ces deux énoncés :

– **On these occasions** *they sat upstairs in his room* **while** *the midges and moths fluttered about the candle-flame.*
(G. Hopkins, p. 8)

– *It was not until five years later that Monsieur Bovary learned the truth.* **By that time** *it* **had become** *ancient history,* **and** *he accepted his son's defeat...*
(*Ibid.*, p. 12)

Nous trouvons, dans la traduction du deuxième exemple, l'ajout d'un marqueur de coordination : *and he accepted his son's defeat*. Mais il ne suffit plus ici d'avoir recours à des conjonctions. Le repérage entre les propositions est essentiellement d'ordre temporel. Cette relation sera marquée, à la fois par les syntagmes adverbiaux **On these occasions, while,** et **By that time** et par le syntagme verbal **had become.**

Voici deux autres exemples :

[90] – *Il pressait Lucie dans ses bras, il la quittait, il revenait, il semblait désespéré...*
(*Mme B.*, II, xv, p. 249)

– *He clasped Lucie in his arms, left her,* **then** *returned,* **always,** *apparently, in a state of despair.*
(G. Hopkins, p. 274)

[91] – *C'est à Rome, durant les longs repas officiels, qu'il m'est arrivé de penser aux origines relativement récentes de notre luxe, à ce peuple de fermiers économes et de soldats frugaux, repus d'ail et d'orge, subitement vautrés par la conquête dans les cuisines de l'Asie...*
(M. Yourcenar, *Mémoires*, p. 17) [32]

– *It was in Rome, during the long official repasts, that I began to think of the relatively recent origins of our riches,* **and** *of this nation of thrifty farmers and frugal soldiers* **formerly** *fed upon garlic and barley* **now** *suddenly enabled by our conquests to luxuriate in the culinary arts of Asia...*
(G. Frick, p. 13) [33]

Dans la traduction de ces deux exemples, ce sont les syntagmes adverbiaux, **then, always/formerly, now,** qui établissent des relations entre les différentes propositions et entre les procès qu'elles comportent. La conjonction **and** est également ajoutée dans le deuxième exemple entre deux éléments non-coordonnés en français : *the relatively recent origins of our riches,* **and** *of this nation of thrifty farmers.*

(32) Marguerite Yourcenar, *Mémoires d'Hadrien*, Paris, Gallimard, 1958, « Folio » 1974. (Titre abrégé : *Mémoires*).
(33) Grace Frick, traductrice, *Memoirs of Hadrian*, Londres, Secker and Warburg, « Penguin Books » 1959, 1978.

Passons maintenant de la relation entre les propositions principales, à la transformation en propositions principales.

3. Transformation en proposition repère

(ı) Subordonnée → Principale

Si les propositions principales constituent généralement dans la relation interphrastique d'un récit, les propositions repères, plus les principales sont nombreuses, plus il y aura de repères dans l'énoncé. Nous avons déjà constaté, dans notre tableau comparatif, une tendance à **transformer** les subordonnées en **principales.** Les propositions repérées sont ainsi transposées en anglais en **propositions repères.**

Ce phénomène réapparaît dans notre corpus. Ainsi, notre premier exemple comporte **une phrase,** en français :

[92] — *Alors on vit descendre du carrosse un monsieur vêtu d'un habit court à broderie d'argent, chauve sur le front, portant toupet à l'occiput, ayant le teint blafard et l'apparence des plus bénignes.*
(Mme B., II, vııı, p. 170)

La traduction de G. Hopkins découpe l'énoncé en **deux phrases,** dont une composée de **deux principales coordonnées.**

— *A gentleman with a pale face and a benign expression was seen to alight from the carriage. He had a bald forehead, a shock of hair at the back of his skull, and was wearing a short coat trimmed with silver braid.* (G. Hopkins, p. 169)

Celle de L. May comporte **trois principales**

— *At this point a gentleman attired in a short coat with silver braid was observed to step out of the carriage. Bald in front, he had a tuft of hair at the back of his head. His complexion was sallow and his expression exceedingly benign.* (L. May, p. 152)

Deux formes verbales secondaires : *ayant/portant,* sont actualisées dans chacune des traductions :

— *He had a bald forehead [...] and **was wearing...*** (G. Hopkins)

— *He **had** a tuft of hair [...] His complexion **was** sallow...* (L. May)

Or, les formes verbales secondaires dans le texte français, s'insèrent dans des propositions subordonnées. Il y a sur ce point un parallélisme, qui s'explique par le fait que l'un comme l'autre sont des marqueurs d'éléments repérés. Comme nous l'avons vu cette contrainte n'est cependant pas absolue. Une forme verbale secondaire peut, en effet, se trouver dans une proposition indépendante [34], par exemple :

---

(34) Voir à ce sujet : chapitre I, p. 12.

[93] – *Elle regardait la lampe [...] et le jeu d'échecs. Sur le damier, Pierre **n'avait laissé** que les pions noirs.*

(J.P. Sartre, *Le Mur*, p. 66)[35]

En ce qui concerne les formes verbales principales, nous avons vu également qu'elles s'insèrent souvent dans des propositions principales. N'oublions pas, cependant, qu'une forme verbale principale peut se trouver dans une subordonnée, par exemple :

[94] – *Une nuit, vers onze heures, ils furent réveillés par le bruit d'un cheval qui **s'arrêta** juste à la porte.* (Mme B., I, II, p. 46)

Si l'agencement syntaxique et le choix de la forme verbale ne sont pas toujours des phénomènes parallèles, les transformations que l'on constate sur ces deux plans dans le passage vers l'anglais vont généralement dans le même sens : actualisation des situations représentées, et multiplication des repères.

Ainsi, l'antéposition de la phrase suivante ne contient aucun syntagme verbal, en dehors du participe passé **couverte**.

[95] – *Basse et **couverte** de tuiles brunes, elle avait en dehors, sous la lucarne de son grenier, un chapelet d'oignons suspendu.*

(Mme B., II, III, p. 125)

L'introduction d'un syntagme verbal : l'auxiliaire **was**, permet aux traducteurs de transformer l'antéposition en proposition principale et de créer ainsi une nouvelle situation repère.

– *It **was** low-built and roofed with brown tiles. On the wall, beneath the window of the loft, hung a string of onions.*

(G. Hopkins, p. 110)

– *It **was** a low house, roofed with brown tiles, and outside it, underneath the attic window, hung a string of onions.*

(L. May, p. 107)

La phrase suivante est plus complexe. Citons-la avant d'analyser les éléments qui la composent :

[96] – *Il y avait, pour décorer l'appartement, accrochée à un clou, au milieu du mur dont la peinture verte s'écaillait sous le salpêtre, une tête de Minerve au crayon noir, encadrée de dorure, et qui portait en bas, écrit en lettres gothiques : « A mon cher papa ».*

(Mme B., I, II, p. 49)

Cette phrase comporte :

– une proposition comportant un marqueur de prédication d'existence : **Il y avait** [...] *une tête de Minerve*
– un complément de but : *pour décorer l'appartement*
– trois subordonnées participiales :
  - *accrochée à un clou*
  - *encadrée de dorure*
  - *écrit en lettres gothiques.*

---

(35) Jean-Paul Sartre, « La Chambre » in *Le Mur*; voir note p. 32.

- deux relatives dont :
    - une repérée par rapport à la principale, et à laquelle s'intègre un complément de localisation spatiale : *...**dont la peinture s'écaillait sous le salpêtre***

et
    - une introduite par une conjonction et comportant également un complément de localisation spatiale : *...**et qui portait en bas**...*

Cet agencement complexe est transformé par G. Hopkins en trois propositions indépendantes, comportant chacune une forme verbale principale : **was, hung, were**.

- *A black chalk drawing of a head of Minerva, framed in gold, **was** the sole decoration. It **hung** from a nail in the middle of one of the walls, the green paint of which was scaling off through the action of the lime. Beneath the picture **were** the words "To my dear Papa" in gothic lettering.*   (G. Hopkins, p. 18)

La traduction de L. May nous semble comporter une omission. Citons donc celle de M. Marmur, moins satisfaisante que celle de G. Hopkins, du fait que plusieurs éléments adjoints séparent le C_0 du syntagme verbal, mais qui obéit par ailleurs aux mêmes contraintes. Les procédés utilisés sont :
- l'introduction d'un syntagme verbal : ***served***

et
- la transformation d'une forme verbale secondaire : ***accrochée**,* en forme verbale principale : ***hung**.*

La phrase de Flaubert est, cette fois, découpée en deux principales :

- *A charcoal portrait of Minerva in a gilt frame, on the bottom of which was written in Gothic lettering, 'To my darling Papa,' **served** as decoration for the room. It **hung** on a nail in the middle of a green wall whose paint was scaling off from the effects of saltpeter.*   (M. Marmur, p. 38)[36]

Notre dernier exemple, moins complexe que le précédent, est néanmoins intéressant dans la mesure où les traducteurs ont pratiqué des transpositions analogues sur le plan verbal, mais divergentes sur le plan syntaxique. Voyons d'abord le texte français :

[97] – *Pour arriver chez la nourrice, il fallait, après la rue, tourner à gauche, comme pour gagner le cimetière, et suivre, entre des maisonnettes et des cours, un petit sentier que bordaient des troènes.*   (Mme B., II, III, p. 125)

Nous avons, à nouveau, dans les traductions de cet exemple, explicitation et actualisation de procès, mais seul G. Hopkins restructure la phrase de façon radicale. Elle se compose, dans sa traduction, de deux phrases, comportant chacune deux principales coordonnées.

---

(36) Mildred Marmur, traductrice, *Madame Bovary*, New York, The New American Library, Inc., et Toronto, The New American Library of Canada Ltd., "Signet Classics", 1964.

> — *To reach the nurse's cottage they had to turn left at the end of the street and take a little path which **led** in the direction of the cemetery. It **ran** between small houses and the walls of yards and was bordered by privets.*
>
> (G. Hopkins, p. 110)

Lewis May maintient une seule phrase, mais outre
- l'introduction d'un syntagme renvoyant à un animé humain qui entraîne l'actualisation du procès :

> — *... comme **pour gagner** le cimetière...*
> — *... as if **you were going** to the cemetery...*
>
> (L. May, p. 107)

- il déplace le syntagme verbal **suivre** :

> — *... il fallait, après la rue [...] **suivre**...*
> — *... you had **to go along** to the end of the street...*
>
> (*Ibid.*)

de façon à ce qu'il précède la localisation spatiale.

Ce procédé renvoie cependant à la première transposition que nous avons analysée : le **rejet** de l'élément adjoint à la fin de **la proposition principale**. Nous n'en poursuivrons donc pas l'analyse.

(II) Complément adverbial de localisation spatiale → Principale

Voyons maintenant une deuxième catégorie d'exemples, qui posent un problème intéressant en anglais. Il s'agit d'énoncés qui comportent un complément de **localisation spatiale**. Il faudra les distinguer en deux sous-catégories selon qu'ils comportent ou non la combinaison **animé humain + verbe animé**. En fait, notre première série d'exemples ne comporte pas, mais implique, la présence d'un animé humain. Ces exemples sont tous tirés de modes d'emploi et se présentent sous forme d'injonction. L'animé humain qu'impliquent ces énoncés, est le destinataire de l'injonction [37].

[98] — *Sur le meuble **nettoyé**, passer le produit, à la mèche de préférence, afin d'égaliser l'application.* (Pâte Dugay) [38]

[99] — *Sur cheveux **essorés**, versez la dose indiquée par les graduations et peignez pour répartir la lotion.* (Lotion Roja-Plis) [39]

[100] — *Après chaque shampooing, sur vos cheveux soigneusement **rincés** et **essorés**, appliquez une dose de Roja-Vital.* (Vitaliseur Roja-Vital) [39]

[101] — *Placer le cornet dans le filtre bien sec.* [40]

---

(37) Lorsque la forme verbale choisie est l'infinitif, la relation inter-subjective n'est cependant pas marquée. Voir chap. I, p. 6.
(38) Pâte Dugay — pour patiner, teinter et remettre en état les meubles anciens. Distribué par la Maison Dugay — 92, Rue des Rosiers, Marché aux Puces.
(39) Laboratoire Roja, 8, Place Vendôme, Paris.
(40) Cornets-Filtres Melitta — Chézy-sur-Marne.

La localisation spatiale comporte dans chacun de ces exemples, un **adjectif**, ou un **participe passé** à valeur adjectivale, dénotant une opération préalable à celle exprimée dans la **proposition principale**. Celle-ci devra être explicitée, en anglais, par la transformation de l'adjectif en syntagme verbal dans une nouvelle proposition :

- **Dust** *furniture, and apply Dugay-polish evenly, preferably with a wisp of wool* [41]
- **Rinse** *hair and* **towel dry**. *Apply one dose of Roja-Plis and comb out evenly.*
- *After each shampoo* **rinse** *hair thoroughly and* **towel dry**. *Apply one dose of Roja-Vital...*
- *Place a cornet in you filter,* **making sure** *it is completely dry.*

Dans les exemples suivants, tirés cette fois de notre corpus, **l'élément localisé** renvoie :
- soit à **un inanimé**
- soit à **un animé** qui régit un procès exprimé par un **verbe d'état**.

[102] – *Sur le grand poêle de porcelaine à baguettes de cuivre,* ***une statue*** *de femme drapée jusqu'au menton regardait immobile la salle pleine de monde.* (Mme B., I, viii, p. 83)

[103] – *Attaché à la poutrelle du pignon,* ***un bouquet de paille*** *entremêlé d'épis faisait claquer au vent ses rubans tricolores.* (Mme B., II, v, p. 134)

[104] – *Il avait à ses côtés, sur une chaise,* ***une grande carafe d'eau-de-vie****, dont il se versait de temps à autre pour se donner du cœur au ventre...* (Mme B., I, ii, p. 48)

[105] – ***Un grand espace de terrain vide****, où se trouvaient pêle-mêle, entre des tas de sable et de cailloux, quelques roues d'engrenage déjà rouillées, entourait* ***un long bâtiment quadrangulaire*** *que perçaient quantité de petites fenêtres.* (Mme B., II, v, p. 134)

[106] – *Pacifiques à leurs places,* ***des mères à figure renfrognée*** *portaient des turbans rouges.* (Mme B., I, viii, p. 84)

Laissons en suspens le troisième exemple, sur lequel nous reviendrons, à propos d'une analyse d'*avoir* et *être* dans le chapitre sur l'**animation des inanimés**. Nous le citons ici uniquement à titre comparatif, de façon à mettre en relief les éléments généralisables dans chacun de ces exemples.

(iii) Complément adverbial de localisation spatiale → Prédication d'existence

Sur les dix traductions relevées pour ces cinq exemples, huit comportent une **prédication d'existence** ▽. Cette prédication constitue la **proposition principale**.

---

[41] La suppression des articles et des adjectifs possessifs répond ici à la tendance stylistique commune aux modes d'emploi, recettes, etc.

Dans chaque cas, un syntagme verbal est substitué à l'adjectif, ou au participe passé adjectival. Citons, tout d'abord, les traductions des trois premiers exemples afin de les examiner de plus près :

- *From the great porcelain, brass-fitted stove, the statue of a woman, draped to the chin, gazed at the crowded room in frozen immobility.*
(G. Hopkins, p. 58)
- *On the high porcelain stove, with its copper rod, **stood** the statue of a woman draped to the chin, looking calmly down on the thronged apartment.*
(L. May, p. 64)
- *Attached to a beam in the gable-end **was** a bundle of straw and wheat-ears tied together with tricolour ribbons flapping in the breeze.*
(G. Hopkins, p. 121)
- *Hanging from the gable-end **was** a bouquet of corn and wheatears, with its tricolour streamers flapping in the wind.*
(L. May, p. 116)
- *Beside him on a chair, **stood** a big decanter of brandy, from which he poured himself a drink now and again to cheer his stomach.*
(G. Hopkins, p. 17)
- *Beside him, on a chair, **was** a big decanter of spirits, from which he would pour himself out a tot now and again to warm up his stomach a little.*
(L. May, pp. 32-33)

Dans chacune de ces traductions, à l'exception de la première, nous constatons un chassé-croisé des propositions. Lorsque l'élément dont l'existence est prédiquée est désigné par le C_0 de la principale en français, cette principale devient subordonnée en anglais :

- *Sur le grand poêle [...] une statue de femme [...] **regardait** immobile*
- *On the high porcelain stove **stood** the statue of a woman, looking calmly down...*

Pour le quatrième exemple, les traducteurs n'ont pas choisi de privilégier le même élément. Mais tous deux ont à nouveau introduit une prédication d'existence.

- *In the middle of a large patch of waste land, amid a litter of rusty cog-wheels, piles of sand, and a wealth of pebbles, **stood a long, rectangular building**, the walls of which were pierced by several small windows.*
(G. Hopkins, p. 121)
- ***There was a large piece of waste ground**, on which lying scattered about among heaps of stones and gravel, were a few wheels belonging to the plant, already red with rust, and in the middle of it a long, quadrangular building pierced with a quantity of little windows.*
(L. May, p. 116)

Notre dernier exemple donne lieu, sous des surfaces différentes, à des transformations analogues. Comparons les deux versions, afin de dégager l'analogie :

- *The mothers of these many partners **sat** tranquil on their chairs, with red turbans on their heads and an expression of discontent on their faces.*
(G. Hopkins, p. 60)

> — *Stolid in their places, solemn-visaged dowagers **glowered** beneath their red silk turbans.*
>
> (L. May, p. 66)

La proposition principale de l'énoncé français : ***des mères... portaient des turbans rouges,*** localise une propriété par rapport à des animés humains non-déterminés : *des mères*. Or, Hopkins, en transformant l'antéposition *Pacifiques à leurs places,* en proposition principale, a introduit une prédication d'existence, qui établit la situation repère.

Lewis May, en remplaçant le verbe d'état par un verbe de volition [42] : *glowered,* a non seulement déterminé le procès (verbe d'état→verbe de volition) mais indirectement renforcé la détermination du C_0 qui le régit, de façon à établir une situation repère. La relation exprimée par le syntagme verbal *portaient* est marquée, dans le cas de l'un par la préposition *with,* dans le cas de l'autre par la préposition ***beneath.***

Dans les prédications d'existence que nous avons relevées, nous trouvons tantôt le verbe *to be,* tantôt le verbe *to stand, to sit,* etc. Or, lorsqu'un complément de localisation spatiale se trouve en position initiale et qu'il est suivi d'un verbe marquant la « posture », il s'agit de même que pour le verbe *to be,* d'une prédication d'existence. Celle-ci comporte cependant une plus forte détermination, dans la mesure où elle établit également la localisation spatiale.

Tous les exemples comportant un complément adverbial de localisation spatiale, que nous venons de relever, sont en fait plus complexes que ne le laisserait supposer une première analyse. Plusieurs éléments entrent en jeu dans la structure syntaxique des traductions :
- premièrement : la nécessité que nous avons déjà constatée de marquer clairement **des situations repères,** dans la chaîne interphrastique ;
- deuxièmement : la nécessité de ne mettre en relation que des termes renvoyant à la même catégorie du réel, p. ex : C_0 + S.V. **animés,** locution adverbiale + S.V. de **localisation spatiale**
- Troisièmement la nécessité de faire apparaître clairement toutes les relations dans un réseau de repérage.

Si notre première catégorie d'exemples (à savoir les énoncés injonctifs impliquant un animé humain) prouve que l'analogie des catégories mises en jeu n'est pas le seul facteur déterminant, les analyses que nous proposerons dans les chapitres ultérieurs, tendront, en revanche, à démontrer que la nécessité d'introduire des situations repères peut, dans le cas de certaines transpositions, se doubler d'une deuxième explication [43].

En fait plusieurs facteurs se dégagent des transpositions que nous avons analysées. On pourrait les résumer schématiquement de la façon suivante :
- Tout d'abord, on dégage d'une phrase complexe, le schéma canonique ABC(D) de la **proposition principale.**

---

(42) Il ne s'agit pas à proprement parler d'un verbe de volition. Voir à ce sujet le chapitre VI pp. 201-202.
(43) Voir chapitre VI, pp. 171-175.

- On identifie rapidement la situation dominante : **en déplaçant les éléments adjoints** portant sur l'ensemble de **la proposition principale** à la **droite** de celle-ci.
- S'ils ne peuvent être placés à droite, ils seront **antéposés** plutôt qu'imbriqués, de façon à ne **pas disloquer** la structure syntaxique de la principale.
- Les éléments adjoints portant sur **un point de repère** dans cette proposition sont
    - soit **intégrés** à celle-ci par
        1) **l'atténuation ou la suppression de signes de ponctuation**
        2) **l'introduction d'un marqueur de relation,** généralement :
            - un syntagme verbal

            ou – la préposition **with**
    - soit eux-mêmes **transformés en proposition principale,**
        - coordonnée,

        ou – indépendante.
- Les **constituants** de la **proposition repère** sont
    - soit mis en relation par :

    l'introduction de marqueurs de relation : généralement la **conjonction** *and*
    - soit reliés de façon plus étroite, grâce à **une ponctuation moins marquée.**

DEUXIÈME PARTIE

CHAPITRE **4**

Repérage et détermination

Nous avons vu, dans la première partie, qu'il existe un lien entre la **désactualisation** des procès et la **subordination** syntaxique qui caractérisent le français ; et inversement, entre l'**actualisation** des procès et la présence de **propositions principales,** plus fréquentes en anglais. Des différences syntaxiques apparaissent par ailleurs entre les deux langues, quant à l'absence ou à la présence de marqueurs de relation. Nous avons cherché à démontrer que ces phénomènes découlent des relations énonciatives mises en jeu dans les deux langues.

Dans cette deuxième partie, nous envisagerons un problème que nous avons déjà évoqué : la façon dont se manifeste le degré de détermination dans les deux langues. Les réseaux de repérage, en anglais, sont complexes et parfois délicats à cerner. Cependant, la constance de certaines opérations est incontestable. La cohérence théorique dans laquelle elles s'inscrivent n'est pas sans dangers. Elle peut, dans certains cas, infléchir l'interprétation d'un signe linguistique dans le sens de l'argumentation générale, alors que des facteurs annexes justifient une interprétation différente, tout aussi légitime.

Nous tâcherons de démontrer que, même lorsque ces facteurs jouent un rôle, des tendances assez nettes se dégagent : une faible détermination en français, les marques de repérage étant souvent floues ou même absentes ; une forte détermination en anglais, grâce à un réseau de repérage très serré. Nous verrons à nouveau que la détermination dépend étroitement des phénomènes d'énonciation.

A quoi mesure-t-on le degré de détermination d'un élément dans un énoncé. Premièrement au nombre de points de repère par rapport auxquels il est localisé, deuxièmement à la particularisation des éléments mis en jeu, troisièmement à la nature même des relations de repérage. Prenons trois énoncés :

- 1) *John has brought me a present.*
- 2) *John has brought me a present from Scotland.*
- 3) *John has brought me a present from the Scottish Highlands.*

Dans le premier énoncé le C₁ *present,* est repéré

- d'une part, par rapport à l'**originaire**▽ [1] du procès, *John.*
- d'autre part, par rapport au **destinataire,** *me.*

Dans le deuxième énoncé s'ajoute un troisième point de repère :

- le **lieu d'origine** de l'élément repéré, *Scotland.*

---

[1] Cf. p. 202, *originaire* est employé dans notre métalangue comme substantif et non comme adjectif.

Dans le troisième énoncé, le lieu d'origine est **particularisé** : seule **la partie,** *(Scottish)* ***Highlands,*** et non **le tout,** étant désigné.

Cette **particularisation** détermine à la fois
- le point de repère *Scotland,*
- et l'élément repéré *present,* grâce à sa mise en relation avec celui-ci.

Le procès *brought* et la préposition *from* établissent
- d'une part les **relations de repérage,**
- d'autre part leur **orientation.**

Plus les réseaux de repérage sont serrés, plus les éléments mis en jeu sont déterminés.

I. Introduction et nature des points de repère

On constate souvent, en comparant un énoncé français avec sa traduction, que le traducteur anglais a ajouté des points de repère ne figurant pas dans le texte d'origine. Le syntagme ajouté peut être un complément d'objet, par exemple :

[1] – *Bien qu'il eût à peine bu, il était ivre de ce mensonge...*
(A. Malraux, *La C. Humaine,* V, p. 201)
 – *Although he had hardly drunk **anything**, he was intoxicated by this lie...*
(A. Macdonald, p. 232)

ou tout autre complément, par exemple :

[2] – *... il était allé d'une traite à Bordeaux, pour se faire examiner.*
(F. Mauriac, *T. Desqueyroux,* VI, p. 82)
 – *... he had decided [...] to go straight into Bordeaux and get himself examined **by a doctor.***
(G. Hopkins, p. 55)

Les points de repère ajoutés peuvent être de nature très différente. Nous ne pouvons pas prétendre à une généralisation des cas d'espèce. Nous nous bornerons donc à en citer quelques exemples :

1. Rappel contextuel

Une situation contextuelle, préalablement établie, est souvent reprise dans un récit. Les points de repère étant supposés connus, on les supprime dans le deuxième énoncé. Ainsi au chapitre X de la deuxième partie, on trouve la phrase :

[3] – *Pendant tout l'hiver, trois ou quatre fois la semaine, à la nuit noire, il arrivait dans le jardin.*
(*Mme B.,* II, x, p. 197)

Deux phrases plus loin, la situation est reprise :

 – ***Pour l'avertir,*** *Rodolphe jetait contre les persiennes une poignée de sable.*
(*Ibid.,* p. 197)

La proposition *il arrivait dans le jardin,* dans la première phrase, fournit les éléments contextuels. Sans rappel explicite, il suffira ensuite d'énoncer la proposition : *Pour l'avertir.* Le complément du verbe est supposé connu. En anglais, il faudra introduire un point de repère. Voici les solutions proposées par G. Hopkins et L. May :

- *To warn her **of his presence**, Rodolphe would throw a handful of gravel against the shutters.* (G. Hopkins, p. 203)
- *In order to tell her **he was there**, Rodolphe would throw a handful of gravel against the shutters.* (L. May, p. 178)

Nous retrouvons exactement le même phénomène dans un autre exemple :

[4] — « *Vous auriez dû parler de loin, s'écria-t-il. Quand on aperçoit un fusil, il faut toujours avertir.* » (Mme B., II, x, p. 194)
— « *You must always **give warning of your approach** when you see a gun* » (G. Hopkins, p. 200)

Dans l'exemple [3], où la situation est particularisée, le procès est situé par rapport au destinataire : *to warn **her**,* et par rapport à l'objet [2] : ***of his presence***. Dans l'exemple [4] où la situation est exprimée en termes généraux, seul l'objet : ***of your approach*** est explicite en anglais. Cet élément ne peut être supprimé que si la forme verbale comporte une particule adverbiale $^\triangledown$. C'est la solution qu'a choisie Lewis May :

- « *Whenever you see a rifle, you should always **sing out**.* » (L. May, p. 175)

Citons un dernier exemple de ce phénomène, tiré de *La Peste* de Camus. A la page 58, nous trouvons la phrase déjà citée :

[5] — *D'autre part les familles **devaient obligatoirement déclarer les cas diagnostiqués** par le médecin **et consentir à l'isolement de leurs malades** dans les salles spéciales de l'hôpital.* (A. Camus, *La Peste,* I, p. 58)

Neuf pages plus loin, nous trouvons l'énoncé suivant :

- *La déclaration obligatoire et l'isolement furent maintenus.* (*Ibid.*, p. 67)

La deuxième phase est une reprise de la première, dans des termes presque identiques, avec cette différence que le deuxième énoncé est tronqué. L'énoncé tronqué a, en quelque sorte, un rôle d'anaphore par rapport au premier. En anglais, le repérage supprimé est réintroduit par le traducteur [3].

---

(2) C'est-à-dire ce dont il la prévient.

(3) Les énoncés tronqués sont, en revanche, tout à fait légitimes en anglais, lorsque les syntagmes supprimés renvoient à des éléments suffisamment déterminés. Voici, à titre d'exemples, quelques énoncés tronqués tirés de *The Murder of Roger Ackroyd,* d'Agatha Christie, [*The Murder of Roger Ackroyd,* Glasgow, Fontana/Collins, 1926, 1978.]

- *He came and stood over the body.*
  « ***Been moved** at all ?* » *he asked sharply.* (p. 45)
- *How's the young lady, doctor ?*
  « ***Coming round** nicely* ». p. 53)
- *The inspector held up his exhibit.*
  « ***Ever seen** this before, Mr Raymond ?* ». (p. 57)   Suite note 3 page suivante

> — *Compulsory declaration of all cases of fever and their isolation were to be strictly enforced.*
>
> (S. Gilbert, p. 56)

Le premier repérage est effectué par l'ajout de la préposition *of* suivie du groupe nominal, *all cases of fever;* le deuxième par la transformation de l'article défini *l'*, en adjectif possessif : *their*.

2. Complément de localisation spatiale

Dans les exemples que nous venons de citer, on peut considérer que les éléments contextuels fournis expliquent, dans l'énoncé français, l'absence d'éléments de repère. Mais l'ajout d'un complément en anglais n'est pas limité aux énoncés qui constituent une reprise. On constatera le même phénomène dans des phrases où la fonction anaphorique ne joue aucun rôle. Très souvent, par exemple, on trouvera dans une proposition un syntagme verbal dont le sémantisme implique une localisation spatiale. C'est le cas dans l'exemple suivant :

> [6] — *Les rideaux jaunes, le long des fenêtres, laissaient passer doucement une lourde lumière blonde. Emma tâtonnait en clignant des yeux, tandis que...*
>
> (Mme B., II, IX, p. 192)

En anglais, une contrainte s'impose avec le verbe *to grope*. Celui-ci peut difficilement figurer dans un énoncé sans l'ajout soit d'un complément introduit par une préposition, soit d'un complément adverbial, par exemple : *he groped for the light, he groped his way, he groped around.* Ici les traducteurs ont ajouté un complément qui établit un repérage spatial.

> — *The yellow curtains which hung to the full length of the windows, gave muted passage to a golden but oppressive light. She would grope her way across the floor, blinking her eyes...*
>
> (G. Hopkins, p. 198)

> — *Emma blinked her eyes as she felt her way across the room...*
>
> (L. May, p. 174)

On retrouve le même procédé dans la traduction de notre deuxième exemple ;

> [7] — *Des vapeurs s'allongeaient à l'horizon, contre le contour des collines; et d'autres, se déchirant, montaient, se perdaient.*
>
> (Mme B., II, IX, p. 187)

Dans cet exemple, le C_o de la première proposition, *des vapeurs*, est repéré par rapport à deux éléments marquant des repères dans une localisation spatiale : *horizon* et *contour*. Par contre, la proposition coordonnée ne comporte aucun point

Suite note 3

On remarquera que les éléments supprimés dans ces exemples seront systématiquement :

— le pronom, terme origine de la relation, renvoyant au co-locuteur ou à un élément déterminé par le contexte immédiat,

— et, dans les verbes composés, l'auxiliaire *être* ou *avoir*.

Il n'y a aucune ambiguïté quant à l'identification de ces éléments : par contre, dans l'exemple [5], où la reprise se fait en français par des prédicats nominalisés, il semble difficile de supprimer les compléments qui les déterminent.

de repère spatial. Dans la traduction anglaise, un point de repère est ajouté dans la deuxième proposition :

> – *As far as the eye could reach, long scarves of vapour clung to the outline of the hills, rising here and there, and vanishing **in the upper air**.*
> (G. Hopkins, p. 191)

> – *...floated upwards and onwards, and finally melted **into air**.*
> (L. May, p. 168)

On peut supposer que les traducteurs ont voulu, en partie, établir un équilibre syntaxique entre les deux propositions. Nos autres exemples nous permettent, néanmoins, de conclure que cet ajout correspond également au besoin d'expliciter le repérage spatial.

3. Relative déterminative

Nous avons constaté dans notre chapitre sur l'agencement syntaxique, une tendance marquée à transformer les relatives en propositions principales, dans le passage du français à l'anglais. En revanche, les appositions et juxtapositions dans un énoncé français, donnent souvent lieu à une relative en anglais. Celle-ci introduit alors un lien entre les éléments adjoints et la principale. Nous constatons de même qu'un nombre important de relatives, en anglais, correspond à l'introduction d'une relation de repérage qui ne figure pas dans l'énoncé français.

> [8] – *...des nappes violettes s'alternaient avec le fouillis des arbres, qui étaient gris, fauves ou dorés, selon la diversité des feuillages.*
> (Mme B., II, IX, p. 188)

> *...carpets of violets showed among the litter of dead leaves, grey, tawny and gold according to the trees **from which they had fallen**.*
> (G. Hopkins, p. 192)

Les relatives peuvent, de même, simplement renforcer la détermination de l'élément repéré ou de la relation, mais ces problèmes seront analysés ultérieurement. Prenons, pour l'instant, un exemple de relative qui introduit comme point de repère **un animé humain** :

> [9] – *L'affiche annonçait ensuite des mesures d'ensemble, parmi lesquelles une dératisation scientifique...*
> (A. Camus, La Peste, I, p. 58)

> – *The notice outlined the general programme **that the authorities had drawn up**. It included a systematic extermination of the rat population...*
> (S. Gilbert, p. 47)

4. Introduction d'un animé humain

Les exemples sont nombreux où un inanimé non-repéré dans l'énoncé français se trouve, dans la traduction anglaise, repéré par rapport à un animé humain. La relative déterminative que nous venons d'envisager est un des procédés utilisés pour introduire la relation de repérage. Mais l'animé humain [4] peut également être introduit par la préposition *of* :

[10] – « *...je pensais surtout [...] à la fièvre typhoïde [...] qui attaque les étudiants de la province* ».
Emma tressaillit.
– « *A cause du changement de régime, continua le pharmacien, et de la perturbation qui en résulte dans l'économie générale* ».
(*Mme B.*, II, vi, p. 154)

– « *Because of the change of diet* » – *the chemist took him up* – « *and the violent disturbances to which the physical economy **of the newcomer** is exposed* ». (G. Hopkins, p. 147)

En fait, nous avons ici une double transformation : premièrement le complément introduit par une préposition : **dans l'économie générale**, devient une relative : **to which the physical economy is exposed**, et deuxièmement on introduit un animé humain par la préposition *of* : *of the newcomer*.

Dans le cas d'un discours ou d'un discours indirect libre le point de repère ajouté peut renvoyer à un animé humain figurant dans l'énoncé, ou à l'énonciateur auquel le discours est attribuable. Ainsi dans l'exemple suivant :

[11] – « *Que vous seriez charitable, poursuivit-il, en se relevant, de satisfaire une fantaisie* ». (*Mme B.*, II, ix, p. 185)

– « *What sweet charity it would be in you,* » *he went on, rising to his feet,* « *to satisfy a foolish whim **of mine*** ».
(G. Hopkins, p. 189)

le pronom **mine** renvoie à un animé humain qui est l'énonciateur du discours.

II. Détermination de l'animé humain

Non seulement les éléments d'un énoncé sont souvent repérés par rapport à un animé humain, en anglais, mais cet animé lui-même exige une plus forte détermination qu'en français. On constate dans les traductions plusieurs types de procédés qui correspondent à cette contrainte : la personnalisation d'une tournure

---

[4] Il s'agit, bien entendu, non pas de l'animé humain mais de l'élément qui le désigne dans l'énoncé. Nous utilisons, ici et dans certaines des analyses qui suivent, le terme *animé humain* sans précision supplémentaire, pour alléger l'analyse.

impersonnelle, la particularisation d'un animé humain indéterminé, ou encore la particularisation d'une classe $^\triangledown$ ou d'un ensemble.

1. Personnalisation et particularisation

(I) Pronom démonstratif → Pronom personnel

Notre premier exemple comporte un pronom démonstratif :

[12] – *Le lendemain fut, pour Emma, une journée funèbre. Tout lui parut enveloppé par une atmosphère noire qui flottait confusément sur l'extérieur des choses ; et le chagrin s'engouffrait dans son âme avec des hurlements doux, comme fait le vent d'hiver dans les châteaux abandonnés. C'était cette rêverie que l'on a sur ce qui ne reviendra plus, la lassitude qui vous prend après chaque fait accompli, cette douleur, enfin, que vous apportent l'interruption de tout mouvement accoutumé, la cessation brusque d'une vibration prolongée.* (Mme *B.*, II, VII, p. 155)

La suppression de la tournure *c'était* dans la traduction entraîne d'autres transpositions :

– *The morrow was, for Emma, a day of mourning. A black mist seemed to lie over everything, drifting aimlessly across the surface of objects, while the misery in her heart moaned eerily like winter wind in an empty house.* **She** *was in the mood which afflicts one when one dreams of things that have gone, never to return. She felt in her bones the sort of lassitude which deadens the heart when something has come to an end. She felt the pain that strikes at one when an accustomed rhythm has been broken or when some prolonged vibration ceases.*
(G. Hopkins, P. 148)

Un pronom personnel : *she*, est substitué en anglais, au pronom démonstratif, *C'*. De ce fait, d'une part les éléments inanimés sont repérés par rapport à un animé humain défini et non plus par rapport aux éléments indéfinis désignés par *on* et *vous* (dans sa valeur indéfinie) ; d'autre part, le point de repère est déplacé des inanimés : *rêverie, lassitude* et *douleur*, à l'animé humain placé en position C_o.

(II) Animé humain indéterminé → localisé

L'indétermination de l'animé peut, cependant, se présenter en français sous d'autres formes. Dans l'exemple suivant, l'indétermination de l'animé humain est due à l'article indéfini *une* :

[13] – *Alors les mauvais jours de Tostes recommencèrent.* **Elle** *s'estimait à présent beaucoup plus malheureuse, car elle avait l'expérience du chagrin, avec la certitude qu'il ne finirait pas.*
Une femme *qui s'était imposé de si grands sacrifices pouvait bien se passer des fantaisies.* **Elle** *s'acheta un prie-Dieu gothique, elle dépensa en un mois...*
(Mme B., II, vii, p. 156)

Nous avons cité volontairement les deux phrases qui encadrent le syntagme indéterminé *une femme*. Le contexte indique clairement qu'il y a identité entre ce syntagme et le pronom personnel *Elle*, dans la phrase qui suit et celle qui précède. Il faudra donc, en anglais, particulariser l'élément indéterminé en le repérant par rapport au C_o animé repère dans le contexte :

– *The worst days of the old time at Tostes began again. But now she thought herself more miserable, for a sharp pain was added which she knew would never end.*
One who, like herself, *had set upon her back the weight of so much sacrifice, might well indulge her fancies. She bought a gothic prie-Dieu, and spent...*
(G. Hopkins, p. 150)

En français, aucun marqueur ne permet d'identifier l'animé humain non déterminé, *une femme,* au pronom *elle,* de la phrase précédente et de celle qui suit. En anglais, le marqueur rajouté : **herself** permet d'établir une relation d'identité, non seulement entre ces deux éléments, mais entre ces éléments et l'énonciateur rapporté du discours indirect libre (cf. L. May, p. 137 : « *A woman who had made such a sacrifice* **as she had** »).

2. Catégorie du nombre et particularisation

Le problème de la particularisation implique nécessairement la catégorie grammaticale du nombre $^\triangledown$. Mais les valeurs du singulier et du pluriel ne peuvent pas s'établir selon un schéma absolu. Un singulier marquant une extraction $^\triangledown$ unique est plus déterminé qu'un pluriel marquant une extraction multiple. Par exemple :

[14] – *Elle songeait quelquefois que c'étaient là pourtant les plus beaux jours de sa vie [...] Pour en goûter la douceur, il lui eût fallu, sans doute, s'en aller vers ces pays à noms sonores [...] Dans* **des chaises de poste**, *sous des stores de soie bleue,* **on monte** *au pas des routes escarpées...*
(Mme B., I, vii, p. 75)

Le **pluriel** a ici une **valeur généralisante.** Dans la traduction anglaise, le **singulier particularisera**, au contraire, la situation en la rattachant au point de vue de l'animé humain repère désigné par *She.*

– *Seated* **in a post-chaise** *behind curtains of blue silk,* **she should have climbed**, *at a foot's pace, precipitous mountain roads...*
(G. Hopkins, p. 48)

La particularisation entraîne d'autres transformations. Dans notre exemple, nous avons tout d'abord la personnalisation du pronom indéfini : **On→she**, et de ce fait, la transformation de l'assertion généralisante : **on monte** en hypothèse, envisagée d'un point de vue particulier : **she should have climbed.**

Le **singulier** peut, cependant, également correspondre à la **représentation symbolique** d'une classe. Ce sera alors **le pluriel** qui assurera **la particularisation** par rapport au singulier à valeur symbolique. C'est sous cette dernière forme que le problème se pose le plus souvent dans notre corpus. Ainsi :

[15] – *Quand il arrivait à la distribution des récompenses, il dépeignait la joie des lauréats en traits dithyrambiques.* « ***Le père embrassait son fils, le frère le frère, l'époux l'épouse* ».**
(Mme *B.*, II, VIII, p. 183)

Les syntagmes nominaux au singulier ne correspondent pas ici à des particularisations, mais au contraire à la représentation symbolique d'une classe. C'est le pluriel, cette fois, qui introduit une particularisation dans la traduction anglaise.

– *In his description of the prize-giving, he waxed lyrical over the delight of the successful entrants.* **Fathers embraced their sons, brothers brothers, husbands wives.** (G. Hopkins, p. 186)

Ici encore, on ne peut pas dissocier la catégorie du nombre d'autres phénomènes linguistiques. Dans la triple relation : *père/fils, frère/frère, épouse/époux*, seule la première comporte dans l'énoncé français un adjectif possessif de particularisation : *son fils*. L'article défini dans les deux suivantes : *le frère, l'épouse*, apparaissent relativement à l'adjectif possessif comme un signe d'indétermination. Or, il nous semble que la transformatin **singulier→pluriel** aurait dû, dans l'énoncé anglais, entraîner la répétition de l'adjectif possessif dans les trois relations. C'est pourquoi nous préférons la traduction de Lewis May à celle de G. Hopkins :

– *« Fathers embraced* **their** *sons, brothers* **their** *brothers, husbands* **their** *wives »*. (L. May, p. 164)

L'indétermination du pluriel anglais (de renvoi à la notion[5]) paraît d'autant plus évidente que le marqueur est l'article zéro ; la nécessité de marquer la relation de repérage est de ce fait encore plus contraignante.

La transformation **singulier→pluriel** que nous venons d'envisager, va souvent de pair avec une deuxième opération : la substitution d'un terme actualisé au prédicat nominalisé de l'énoncé d'origine. On constate très souvent que les traducteurs ont procédé à cette double opération. En voici un exemple :

[16] – *Les petits rideaux de mousseline, le long des vitres, épaississaient le crépuscule, et* **la dorure** *du baromètre, sur qui frappait un rayon de soleil, étalait des feux dans la glace, entre les découpures du polypier.* (Mme *B.*, II, IX, p. 184)

– *The short muslin curtains over the window intensified the twilight, and the* **gilt mouldings** *of the barometer, touched by a gleam of sun, drew sparks of fire from the mirror...*
(G. Hopkins, p. 187)

---

(5) Il s'agit plus exactement, de renvoi à des éléments ayant une propriété commune. C'est dans ce sens que nous entendons ici « renvoi à la notion ».

Lewis May a rendu le S.N. ***dorure*** par ***gilt case***. On aurait pu également le traduire par ***gilt edging***. Il semble donc que la particularisation par le nombre découle ici simplement de l'actualisation de la notion.

Prenons un autre exemple de ce phénomène :

[17] — *Mais il en était de ses **lectures** comme de ses tapisseries, qui, toutes commencées, encombraient son armoire...*

$\hfill$ (*Mme B.*, II, VII, p. 157)

— *But **her reading** went the way of her embroidery which lay half-finished in her wardrobe...* $\hfill$ (G. Hoplins, p. 150)

Nous passons ici du pluriel au singulier dans la traduction. L'actualisation est assurée, cette fois, non pas par le choix lexical mais par la forme verbalisée du S.N., c'est-à-dire le gérondif. Le singulier est la conséquence directe de ce choix.

En conclusion, il est certain que la catégorie du nombre joue un rôle dans la détermination. Un élément de l'énoncé français sera souvent particularisé en anglais, grâce à une transposition qui met en jeu l'opposition singulier/pluriel. Cette opposition n'a cependant pas de valeur absolue. Ainsi le pluriel de classe donne souvent, en anglais, un singulier de cas particulier et le singulier de valeur symbolique se transforme, au contraire, en pluriel de particularisation. Quant à la transformation de nombre qui correspond à l'actualisation d'une notion, on ne peut pas la généraliser, car elle n'est qu'une opération secondaire. Les deux transpositions correspondent, cependant, à un même phénomène de détermination.

Nous avons pu constater jusqu'ici un certain nombre de différences entre les systèmes de repérage, en français et en anglais : premièrement, la tendance à introduire, en anglais, un plus grand nombre de points de repère ; deuxièmement, une tendance à introduire plus particulièrement parmi ces points de repère, des animés humains. On constate, troisièmement, que les animés humains sont souvent particularisés en anglais, alors qu'ils sont faiblement déterminés en français. Dans certains cas, les éléments de l'énoncé sont repérés à la fois par rapport à un animé humain figurant dans l'énoncé, et par rapport à l'énonciateur. Il reste une dernière contrainte à souligner : la tendance à repérer les éléments d'un énoncé, en anglais, non seulement par rapport à un animé humain déterminé, mais par rapport à celui qui est le point de repère dans l'énoncé.

III. Localisation par rapport à l'animé humain repère

Cette contrainte peut se manifester dans la traduction de différentes façons, soit :

1) par l'introduction d'un animé humain qui entraîne le déplacement du point de repère de l'inanimé à l'animé humain
soit

2) par le déplacement du point de repère de l'inanimé à un animé humain qui figure déjà dans l'énoncé
soit encore

3) par la suppression d'un animé humain ne constituant pas un point de repère, de façon à privilégier le point de vue de l'animé humain repère.

Prenons le premier cas :

[18] — *Justin vint le chercher **pour un lait de poule qu'il fallait faire.***
(*Mme B.*, II, vi, p. 154)

— *...Justin came to fetch him to make an egg-flip for which **some customer** was asking.* (G. Hopkins, p. 147)

L'introduction de l'animé *some customer* entraîne un déplacement évident du point de repère dans la subordonnée. Celui-ci ne porte plus sur l'inanimé *egg-flip*, mais sur l'animé qui en est le destinataire *customer*. La traduction de L. May présente le même phénomène :

— *...Justin came to fetch him home to make up a mulled egg that **someone** wanted in a hurry.* (L. May, p. 135)

Nous avions déjà constaté une transposition du même ordre dans la traduction de l'exemple [12]. Il est intéressant de noter, dans le cadre de cette discussion, les autres traductions qui ont été proposées :

— *...until Justin came to fetch him for a mulled egg **that was wanted**.* (E. Marx-Aveling, p. 101)[6]

— *...until Justin came to fetch him away to make a mulled egg **that had been ordered**.* (A. Russel, p. 135)

— *...until Justin came to fetch him to prepare an egg-nog **that had been prescribed**.* (M. Marmur, p. 130)

Le destinataire n'est plus explicite dans ces trois traductions. Le choix des procès : *wanted, ordered, prescribed,* implique cependant sa présence, alors que ce n'est pas le cas dans le texte français.

Prenons à présent le cas où l'animé humain figure déjà dans l'énoncé, mais n'est pas le point de repère.

[19] — *Alors **une mollesse** la saisit...* (*Mme B.*, II, viii, p. 177)

— ***She*** *was overcome by a sudden weakness...* (G. Hopkins, p. 177)

Ce problème sera examiné en détail dans le chapitre consacré à **l'animation des inanimés**. Contentons-nous pour l'instant de signaler **la passivation**[7] comme un des procédés les plus courants pour substituer un animé humain repère à l'inanimé, dans le passage du français à l'anglais.

Le déplacement du point de repère peut, cependant, prendre d'autres formes. Il suffit parfois d'une simple **inversion** dans l'**ordre** de **présentation** des éléments. En voici un exemple :

---

(6) Eleanor Marx-Aveling, traductrice, *Madame Bovary,* Londres, Dent (New York, Dutton) « Everyman's Library », 1928, 1966.

(7) Il s'agit du schéma syntaxique de passivation et non d'une opération (voir **passivation** $^\triangledown$).

[20] — *Il entra, monta au premier étage.* ***Des bruits de jetons*** *et* ***la voix du croupier*** *semblaient s'élever et redescendre avec des strates de fumée.*
(A. Malraux, *La C. Humaine*, V, p. 194)

Chacun des C_o de la deuxième phrase comporte un inanimé : ***bruits/voix,*** repéré dans le premier cas par rapport à un autre inanimé *jeton,* dans le deuxième par rapport à un animé *croupier.* L'ordre de présentation sera simplement inversé dans la traduction de façon à ce que l'animé humain figure en première position, et l'inanimé en deuxième position.

— ***The croupier's voice*** and ***the noise of stakes*** cast on the tables seemed to rise and fall amid the curling wreaths of smoke.
(A. Macdonald, p. 224)

Dans l'exemple suivant, les points de repère sont les deux C_o inanimés.

[21] — *« Et puis,* ***l'eau de Paris,*** *voyez-vous !* ***les mets des restaurateurs,*** *toutes ces nourritures épicées finissent par vous échauffer le sang, et ne valent pas, quoi qu'on en dise, un bon pot-au-feu.*
(Mme *B.*, II, VI, p. 154)

Seul le premier inanimé : *eau,* est maintenu dans la traduction de Hopkins. La substitution du gérondif : ***the feeding out*** au groupe nominal : ***mets des restaurateurs*** implique, plus tôt dans la phrase, un repérage par rapport à l'animé ***vous,*** du point de vue duquel la situation est envisagée. Ce repérage est d'autant plus mis en valeur que l'animé humain ne constituant pas un point de repère est supprimé :

— *Then there's the Paris water — we mustn't forget that, and all* ***the feeding out in restaurants.*** *Highly seasoned dishes end by heating the blood. When all's said and done, they're no patch on a good stew.*
(G. Hopkins, p. 147)

Il faut reconnaître que la traduction du G.N. ***mets des restaurateurs*** pose d'une part un problème lexical et, d'autre part, un problème de repérage, c'est-à-dire l'explicitation de la relation sous-jacente au marqueur prépositionnel. Cependant, on aurait pu facilement résoudre ces problèmes en utilisant l'expression ***restaurant food.*** Il est intéressant de noter que cette solution n'a pas été retenue. Lewis May a non seulement supprimé l'animé humain ***restaurateurs,*** mais il a explicitement réorienté la relation de repérage. Le ***you*** figure dans sa traduction comme point de repère, immédiatement après les deux inanimés repérés :

— *And then, the Paris water, don't forget that ! And the rich, spiced food* ***you*** *get* ***in the restaurants*** *overheats the blood and doesn't, after all, come up to a good pot-au-feu.*
(L. May, p. 135)

Ainsi, même lorsque l'animé humain ne constitue pas le point de repère, le repérage des inanimés par rapport à l'animé humain est plus souligné en anglais.

IV. Détermination et orientation de la relation de repérage

La tendance, en anglais, à organiser les éléments d'un énoncé de façon plus rigoureuse, par rapport à un animé humain, et plus particulièrement par rapport à l'animé humain repère, a des répercussions linguistiques multiples, qui ne sont pas toujours faciles à déceler. Dans certains cas, elles se traduisent par des distinctions fines, qui jouent cependant un rôle certain dans la détermination différentielle. Au niveau le plus évident, ce phénomène se manifeste dans la détermination du marqueur de relation, que nous allons examiner en premier. Les autres distinctions seront réservées au chapitre suivant.

Les énoncés français présentent souvent un des deux cas suivants :

– Premièrement : un élément, et plus particulièrement un élément inanimé qui figure dans l'énoncé, sans être mis en relation explicitement avec l'animé dont il dépend, par exemple :

[22] – *Clappique dut faire un effort pour respirer : **l'angoisse** revenait.*
(A. Malraux, *La C. Humaine*, V, p. 199)

– Deuxièmement : un élément localisé par rapport à l'animé dont il dépend, mais par un marqueur de caractère ambigu :

[23] – *L'odeur des cadavres **de** la ville passa, **avec** le vent qui se levait à nouveau.*
(A. Malraux, *La C. Humaine*, V, p. 199)

Dans la traduction anglaise d'énoncés comportant ce type d'indétermination, l'opération consistera généralement :

- dans le 1er cas : à introduire une **relation** explicite, permettant de repérer l'inanimé par rapport à l'**animé humain** :
  – ***His** misery was returning **to him**.* [8]
  (A. Macdonald, p. 230)

- dans le 2e cas : à préciser l'orientation de la relation de repérage :
  – *The usual smell of corpses **from** the Chinese town wafted **across on** the wind, which was rising again.*
  (A. Macdonald, p. 230)

Parmi les prépositions qui exigent, en anglais, une détermination différentielle, citons en premier : **A(U)** et **DE**. A la fois par leur fréquence, et par le nombre de relations qu'elles recouvrent, elles exigent une vigilance constante dans l'opération de traduction.

---

[8] Une traduction où l'animé humain figurerait en position C_0, par exemple : « He felt... » nous semblerait, en fait, plus naturelle ici.

1. Relation marquée par une préposition

(I) La préposition : A contenue dans AU

Il nous a suffi d'un chapitre de *Madame Bovary*, pour trouver des exemples de la préposition *a(u)*, permettant de différencier, en anglais, trois types de repérage. Voici le premier :

[24] – *Son foulard, noué sur sa tête, s'agitait **au** vent dans les herbages.*
(*Mme B.*, II, IX, p. 192)
– *The handkerchief which she wore tied about her head fluttered **in** the wind as she crossed the meadows.*
(G. Hopkins, p. 198)

En anglais la préposition *a(u)* donne lieu ici à un repérage **spatial**, le syntagme *handkerchief* étant localisé par rapport à **wind**.

Le deuxième exemple suppose en anglais une détermination qui établit un repérage **temporel**.

[25] – *Mais, à cette phrase :*
« *Est-ce que nos destinées maintenant ne sont pas communes ?* »
« *Et non !* » *répondit-elle...*
(*Mme B.*, II, IX, p. 188)
– *But, **when he said** :*
« *Are not our destinies henceforth united ?* »
« *How can you say that ?* » *she replied...*
(G. Hopkins, p. 193)

La double transposition de la préposition *à*, en syntagme adverbial **when**, et du syntagme nominal *cette phrase* en syntagme verbal **he said**, permet de situer le procès *she replied* temporellement, par rapport au procès précédent. Notons également que par la même opération le procès est localisé par rapport à l'animé humain qui le régit : **he**.

Dans l'exemple suivant, *a(u)* est rendu en anglais par une relative déterminative qui introduit un repérage de nature **instrumentale**.

[26] – *Mais quand la planche **aux** vaches était levée, il fallait suivre les murs qui longeaient la rivière...*
(*Mme B.*, II, IX, p. 192)
– *Sometimes she would find that the plank **which served as a bridge for cattle** had been removed, and on these occasions she had to pick her way along by the garden walls which fronted the river.*
(G. Hopkins, p. 198)

Dans chacun de ces exemples, la relation, faiblement déterminée en français par la préposition *a(u)* est remplacée, en anglais, par un type de repérage déterminé. Dans ces exemples, nous avons eu affaire à l'explicitation de relations d'ordre **spatial, temporel** et **instrumental**, mais cette explicitation peut renvoyer à toute une gamme de relations.

(II) La préposition DE

Prenons à présent deux exemples plus complexes, pour faire ressortir les problèmes que pose la traduction de la préposition *de*. Voici le premier :

[27] — *Dans l'assoupissement de sa conscience, elle prit même les répugnances du mari pour des aspirations vers l'amant.*
(*Mme B.*, II, vii, p. 156)

La propriété désignée par le prédicat nominalisé **répugnances** est ici repérée par rapport à l'animé humain auquel renvoie le syntagme nominal **mari**, mais l'orientation du repérage est ambiguë. On pourrait interpréter cette relation prépositionnelle de deux façons :

1) Les répugnances du mari à son égard,
2) Ses propres répugnances à l'égard du mari.

Seul le contexte sémantique nous permet, en français, de choisir la deuxième interprétation. En anglais, cette relation devra être désambiguïsée à l'aide d'un marqueur linguistique, indiquant la direction du repérage :

— *As the intensity of her feeling became numb, mere dislike **of her** husband figured in her mind as a craving **for her** lover...*
(G. Hopkins, p. 150)

Le choix lexical du syntagme nominal **dislike**, de même que l'introduction de l'adjectif possessif dans la traduction de la préposition *de*, permet d'identifier l'orientation du repérage :

1) l'élément auquel renvoie l'adjectif possessif **her**
   = **originaire** de la relation
2) l'élément **husband**
   = **destinataire**

Notons au passage la traduction de :
— l'article défini dans le S.N. : *l'*amant
— par un adjectif possessif : **her** lover.

Les deux animés humains qui ne constituent pas des repères, **husband** et **lover**, sont ainsi repérés dans la traduction anglaise par rapport à l'animé humain repère.

Notre deuxième exemple comporte à nouveau plusieurs ambiguïtés, mais il est plus complexe et mérite un développement détaillé :

[28] — *Sans doute, il allait faire des conjectures défavorables. L'histoire **de** la nourrice était la pire excuse, tout le monde sachant bien à Yonville que la petite Bovary, depuis un an, était revenue chez ses parents.*
(*Mme B.*, II, x, p. 195)

La proposition qui nous intéresse ici est : **l'histoire de la nourrice était la pire excuse**. A première vue, on ne soupçonnerait pas qu'un énoncé aussi simple puisse poser autant de problèmes. Il suffit, cependant, de citer la traduction anglaise pour faire ressortir la diversité des relations que recouvre la préposition *de*.

— *That story **of hers** about the foster mother was the worst thing she could have thought of as an explanation...*
(G. Hopkins, p. 201)

Prenons, tout d'abord, dans l'énoncé français, le premier élément inanimé désigné par le terme ***histoire***. Celui-ci est repéré par rapport à l'animé humain auquel renvoie le terme ***nourrice***. Mais le marqueur de relation ***de*** est ambigu. Comme dans l'exemple précédent, on pourrait interpréter la relation prépositionnelle de deux façons :

1) *l'histoire qu'a racontée la nourrice*
   (c.à.d. nourrice = **originaire** de l'histoire)
2) *l'histoire concernant la nourrice*
   (c.à d. nourrice = **objet**[(9)] de l'histoire)

A nouveau, c'est le contexte sémantique qui permet de déterminer la direction du repérage, c'est à dire :
   – nourrice = objet de l'histoire.

En anglais, l'élément ***story***, s'insère dans une double relation de repérage :
1) *That story **about** the foster-mother*
2) *That story **of** hers.*

Nous pourrions rendre compte de cette opération par le schéma suivant :

Repère 1	Inanimé repéré	Repère 2
(of) **her** (s) ←	→ story ←	→ **foster-mother**
Enonciateur rapporté, terme origine de la relation	Relation de repérage 1 : syntagme pronominal **of hers**	Relation de repérage 2 : préposition **about**
		Objet de l'élément repéré

Dans le passage du français à l'anglais, le traducteur a :

1) levé l'ambiguïté que comporte la préposition ***de***, en utilisant une détermination plus marquée, c. à d. la préposition ***about,***
2) introduit un terme renvoyant à un deuxième animé humain et parallèlement une deuxième relation de repérage grâce à la locution formée de la préposition ***of***, et du pronom ***hers.***

Ainsi le traducteur indique à la fois **l'originaire** et **l'objet** de l'histoire. L'originaire ne figure pas, à proprement parler, dans l'énoncé. Il est implicite dans l'expression anaphorique ***of hers***. Il s'agit, en fait, d'un discours indirect libre. La coïncidence entre l'énonciateur[(10)] et le terme origine de la relation[(11)] permet donc, comme dans l'exemple (11), d'identifier l'animé humain auquel renvoie l'énoncé par la simple introduction du pronom.

La locution ***of hers,*** de même que le pronom démonstratif ***that,*** supposent une modulation $^\triangledown$ de la part de l'énonciateur. Le terme repéré est donc situé à la fois, par rapport à :

---

(9) Nous n'utilisons pas cette expression dans un sens grammatical, mais dans le sens de **celui dont il est question**, c'est-à-dire **concerning whom the story is told**.

(10) Il s'agit de l'énonciateur rapporté *Emma,* et non pas de l'énonciateur, producteur de l'énoncé, c'est-à-dire l'auteur : *Flaubert.*

(11) a) Aucun autre animé humain ne figure dans le contexte immédiat.
   b) Même si un autre animé humain figurait dans le contexte immédiat, le **prétérit** ne pourrait indiquer une relation de non-identité entre l'énonciateur rapporté et l'animé de l'énoncé, qu'à condition d'être précédé par des paroles rapportées, par exemple : « *What a fool she was* » *she thought,* « *that story of hers* [...] ***was** the worst possible excuse...* »

1) **l'originaire de l'énoncé**
2) **l'énonciateur** rapporté.

Ce facteur de modulation est important. Nous le verrons, plus en détail, à propos des exemples illustrant la relation d'**opposition** ▽, sous la rubrique **parallélisme différentiel** ▽ dans le chapitre suivant.

Il reste, dans notre exemple, une ambiguïté qui dépasse le cadre de cette discussion mais qui mérite, cependant, un commentaire. Le groupe nominal *la pire excuse* comporte un adjectif superlatif **relatif** et non **absolu**. On s'attend donc à ce que cet élément soit repéré par rapport à une classe, c'est-à-dire *la pire excuse de toutes celles qu'elle pouvait inventer.*

Or, ce repérage ne se fait en français que grâce au contexte préalable. Aucun indice linguistique ne figure dans le contexte immédiat. En anglais, l'élément *the worst thing* est localisé, non seulement par rapport à la classe des excuses possibles, mais par rapport à l'animé humain qu'implique : *of hers*. Citons cette fois la traduction de Lewis May qui correspond à la même opération que celle de Hopkins, tout en étant plus concise :

— *... the worst lie she could have told...*
(L. May, p. 176)

2. Relation marquée par un adjectif possessif

— Relation de Propriété ▽

La traduction de l'adjectif possessif est sans doute plus délicate encore que celle de la préposition **DE**. Dans les cas les plus simples, où le possessif renvoie à une propriété inaliénable, elle ne pose aucun problème.

[29] — *Emma maigrit, **ses** joues pâlirent, **sa** figure s'allongea.*
(Mme *B.*, II, v, p. 139)
— *Emma grew thinner, **her** cheecks lost their colour, **her** face became longer.*
(G. Hopkins, p. 128)

Mais l'adjectif possessif est loin de recouvrir cette seule relation. En anglais, son usage est toutefois beaucoup plus restreint qu'en français. La tendance à différencier les relations de repérage, que nous avons déjà constatée à propos des prépositions, exige ici encore des transformations constantes dans le passage du français à l'anglais.

— Localisation spatiale

Nous avons déjà vu que la préposition **DE** pouvait correspondre à une localisation d'ordre spatial. L'adjectif possessif peut, de même, donner lieu, en anglais, à une localisation positionnelle de l'élément repéré. En voici un exemple :

[30] – *Il saisit ses jumelles : un vapeur de commerce, deux, trois. Quelques autres [...] **Le sien** accostait du côté de Ou-Chang...*
(A. Malraux, *La C. Humaine*, III, p. 109)

Il s'agit ici d'une localisation spatiale. Il est, de ce fait, impossible de maintenir, en anglais, l'adjectif possessif. Grâce à la préposition **on** insérée dans une relative déterminative, le traducteur substitue au marqueur de propriété, un marqueur de localisation spatiale.

– *He picked up his glasses : one cargo-boat, two, three. A few others [...] The boat **he was on**[(12)] was drawing into the shore, over by Ou-Chang...*
(A. Macdonald, p. 124)

Il faudra, de même, distinguer le marqueur de **propriété** et le marqueur de **représentation** $^\nabla$ dans la traduction de l'exemple suivant :

[31] – *C'était une surprise sentimentale, qu'il réservait à sa femme [...] **son** portrait en habit noir.*
(Mme B., II, vi, p. 149)

– *He wanted to give his wife a portrait **of himself** in his black dress coat, as a sentimental surprise.*
(G. Hopkins, p. 141)

Il serait en effet difficile de maintenir ici l'adjectif possessif, en anglais, car il s'agit, non pas de :

his portrait (c.à.d. *a portrait **belonging** to him*)
mais de
a portrait of himself (c.à.d. *a portrait **depicting** him*).

Il faut, dans les deux exemples que nous venons de citer, préciser la **nature** du repérage en anglais. Dans d'autres cas, il faudra plutôt différencier l'**orientation** du repérage.

– Orientation du Repérage

Dans l'exemple qui suit, l'animé humain qu'implique l'adjectif possessif *votre*, est l'objet et non le possesseur du **souvenir** :

[32] – *Oui, je pense à vous continuellement ! [...] **Votre** souvenir me désespère !*
(Mme B., II, ix, p. 185)

De ce fait le syntagme nominal *memory* sera déterminé, en anglais, par un article défini et la relation de repérage sera exprimée par la préposition *of*, suivie du pronom *you* :

– *You are never out of my mind ! [...] The memory **of you** drives me to despair !*
(G. Hopkins, p. 188)

---

(12) Nous préfèrerions une traduction comportant un procès actualisé, (c'est-à-dire *The boat **he was travelling on**...*). Celle-ci déterminerait davantage encore la nature de la localisation.

– Double relation de Repérage

Dans certains cas, le repérage marqué par l'adjectif possessif correspond, en fait, à une double opération :
- premièrement, une opération d'**extraction**$^\triangledown$ qui détermine l'**appartenance à une classe,**
- deuxièmement, le **repérage par rapport à l'animé humain** repère (ou les animés humains repères) dans l'énoncé.

Prenons un exemple :
[33] – *D'autre part les familles devaient obligatoirement déclarer les cas diagnostiqués et consentir à l'isolement de leurs malades.*
(A. Camus, *La Peste*, I, p. 58)

Il sera plus facile d'analyser le problème en citant la traduction anglaise, qui fait bien ressortir la double opération :
– *Also heads of households were ordered promptly to report any fever case diagnosed by their doctors and to permit the isolation of sick members of their families...* (S. Gilbert, p. 47)

Nous avons ici, d'une part :
– une opération d'extraction : *sick members/the family.*
(marqueur de relation = *of*)
et d'autre part :
– une opération de localisation : *sick members/heads of households.*
(marqueur de relation = ***their***)

L'extraction qui a déjà été opérée pour la traduction de : *familles,* c.à.d. ***heads of households,*** met davantage en relief le double repérage que nous avons indiqué. On pourrait objecter qu'il est difficile d'utiliser le syntagme *sick* dans sa fonction nominale après un adjectif possessif, et que la traduction est déterminée par ce facteur. Mais si nous opérons une substitution qui permet de lui donner une valeur adjectivale, c.à.d. ***their sick relations,*** le problème reste le même. L'énoncé est ambigu. S'agit-il de :
– *their relations, who are sick,*
ou de
– *those amongst their relations who are sick.*

L'ambiguïté doit être levée en anglais, en indiquant explicitement la relation d'appartenance à une classe.

– Situation d'énonciation

Dans certains cas, c'est la situation d'énonciation qui orientera essentiellement la traduction de l'adjectif possessif.

Citons notre premier exemple dans son contexte :

[34] – *On marchait encore un petit bout, on arrivait à son perron. On s'enfonçait dans les ombres. On touchait quelque chose de mou.* **« Approche, n'aie pas peur, mon petit Ferdinand !... »**
(L.F. Céline : *Mort à Crédit*, p. 48)[13]

Il s'agit de l'injonction : *Approche [...] mon petit Ferdinand !*, que nous traduirions de la façon suivante :

– *Come on Ferdinand dear... !*

Contrairement à la majorité des cas où nous avons soit un élément non-repéré, en français, qui sera repéré en anglais, soit une relation faiblement déterminée, qui sera différenciée en anglais, ici, c'est en français qu'on explicite la relation de repérage, alors qu'en anglais il faut la supprimer. On pourrait difficilement traduire cette injonction par :

* – *Come on my little Ferdinand... !*

Par contre on peut parfaitement utiliser un adjectif possessif dans la même situation d'énonciation, lorsque le syntagme qu'il qualifie est plus faiblement déterminé par exemple :

– *Come on **my dear** !*

Il nous semble que dans une situation d'énonciation où on s'adresse directement à son interlocuteur on ne peut le repérer par rapport à soi au moyen d'un adjectif possessif que si le terme le désignant n'implique pas une forte détermination. Les noms propres correspondent à une détermination maximale et, de ce fait, ne supportent pas la détermination supplémentaire qu'apporterait l'adjectif possessif.

Nous avons, en effet, ici une situation pré-construite. Les rapports entre les animés humains sont supposés connus. Même si l'élément de repérage, dans ce contexte, est essentiellement une modulation affective, il apparaîtra en quelque sorte, comme un signe de distanciation. Voyons maintenant un exemple plus complexe.

– *Votre Prisunic sera fermé toute la journée du 8 mai.*

Pourquoi cet énoncé ne peut-il pas être traduit littéralement en anglais ? Il nous semble que la réponse doit tenir compte ici de plusieurs facteurs.

– premièrement : de l'orientation du repérage.
– deuxièmement : de l'opération d'extraction.
– troisièmement : de la situation pré-construite.

Ainsi on pourrait tenter une première explication, qui irait dans le sens de la glose suivante :

– *Le magasin est à la disposition des clients mais n'est pas un lieu qui leur appartient.*

Il s'agirait dans ce cas d'une incompatibilité due à l'inversion de l'orientation, dans la relation de repérage.

La deuxième explication tiendrait à la nécessité d'expliciter en anglais l'appartenance à une classe, c.à.d. *Your local branch of...* et non pas : *Your...*

---

(13) Louis-Ferdinand Céline, *Mort à Crédit*, Paris, Gallimard, 1952, 1969.

Mais il reste un dernier facteur, non moins important, cet énoncé renvoie à un contexte situationnel où trois éléments sont mis en jeu :
- l'avis affiché sur la porte
- le magasin
- le client

Or, l'utilisation qui est faite de l'adjectif possessif en français néglige une des relations de repérage, c.à.d. avis/magasin.

« *Votre Prisunic* » n'implique pas explicitement : celui-ci, ici présent. Seul le contexte situationnel permet d'établir cette identification. Or, en anglais on repère les éléments de l'énoncé par rapport au contexte situationnel : ***This*** *store will be closed*.

Si l'avis était affiché sur la porte du « Printemps », l'énoncé serait probablement formulé de la façon suivante :
- *Le magasin sera fermé...*

Le problème d'appartenance à une classe ne se pose plus dans cet exemple, puisqu'il ne s'agit pas ici d'un élément parmi d'autres (c.à.d. une succursale dans une chaîne de magasins). Il y a fléchage par rapport à un élément du contexte situationnel. Cependant, étant donné l'identité en français des marqueurs de renvoi à la notion et de renvoi au fléchage, c'est-à-dire l'article défini *le*, la relation entre l'énoncé et le contexte situationnel n'apparaît pas clairement. En anglais, nous aurions à nouveau ici : ***This store...***, la relation serait explicitée.

Le rapprochement entre ces deux exemples peut sembler inattendu. L'emploi de l'article défini *le* apparaît au premier abord comme un manque de détermination, l'emploi de l'adjectif possessif *votre* comme une détermination fortement marquée. Mais la valeur des déterminants dépend en fait étroitement des éléments de la situation d'énonciation à partir desquels s'effectuent les repérages.

Afin de le démontrer, comparons l'exemple : *Votre Prisunic...*, avec un exemple renvoyant à une situation d'énonciation différente :
1) - *Votre Prisunic sera fermé toute la journée...*
   - ***This*** *store will be closed all day...*
2) - *Ils partirent,* ***le*** *chapeau sous* ***le*** *bras.*
   - *They went off with* ***their*** *hats under* ***their*** *arms.*

Nous avons vu que le premier énoncé renvoie à un contexte situationnel. Les repérages s'effectuent donc à partir d'éléments qui renvoient à ce contexte. L'adjectif possessif marque la relation entre le co-énonciateur et l'élément désigné par ***Prisunic***. Le déictique ***This***, dans la traduction, met nécessairement en jeu la relation avec un co-énonciateur. En outre, il permet d'établir une relation entre l'élément ***store*** dans l'énoncé et l'élément renvoyant au contexte situationnel. Cette dernière relation n'est pas explicitée en français.

Le deuxième exemple comporte un passé simple. Il ne peut donc pas renvoyer à un contexte situationnel. La détermination ne pourra s'établir que par la mise en relation des éléments de l'énoncé. Or, en français, aucune relation explicite n'est marquée entre le terme origine ***Ils*** et les termes renvoyant aux propriétés : ***chapeau*** et ***bras***. En anglais les relations :
- terme origine ***They***/propriété ***hats***
- et propriété ***hats***/propriété ***arms***

sont explicitées par le double emploi de l'adjectif possessif *their*. L'adjectif possessif assure ici la mise en relation des trois termes de l'énoncé : *They/hats/arms*, alors que dans le premier énoncé seuls les deux termes : ***Prisunic*** et **co-énonciateur** sont mis en relation par l'adjectif possessif ***Votre***. La relation entre Prisunic et le terme origine du repérage n'est pas marquée.

Le degré de détermination qu'implique un marqueur de repérage nous semble en effet être relatif à la situation d'énonciation. Un même marqueur de repérage peut donc selon les situations avoir des valeurs opposées. D'autre part, l'absence de repérage entre les éléments de l'énoncé et le contexte situationnel, nous semble tenir à la tendance du français à détacher les éléments de l'énoncé du domaine référentiel.

– La double détermination

Prenons, pour terminer, deux exemples dont la traduction anglaise est délicate, dans la mesure où elle nécessite l'introduction d'une relative. Cette relative entraîne, dans certains cas, une double détermination et parallèlement un déplacement du point de repère. Voici le premier exemple :

[35] – ***Son** foulard, noué sur sa tête, s'agitait au vent dans les herbages...*   (Mme B., II, ix, p. 192)

La plupart des traducteurs ont ici supprimé l'adjectif possessif *son*. Voici trois des solutions proposées :

– ***The** handkerchief which she wore tied about her head fluttered in the wind...*   (G. Hopkins, p. 198)

– ***The** scarf tied over her hair fluttered in the wind...*
       (L. May, p. 174)

– *A breeze blew across the meadows fluttering **the** silk scarf over her hair.*   (A. Russel, p. 177)

Il est vrai que dans les deux premières traductions, l'article défini est une conséquence du choix syntaxique. La relative déterminative suppose la substitution d'un article défini à l'adjectif possessif. A. Russel a choisi une autre construction. Il n'a cependant pas non plus maintenu l'adjectif possessif. Nous lui donnons raison de son choix ; la détermination de la relation *Her*, implique qu'on ait préalablement posé l'existence de l'élément repéré, par exemple :

– *She wore a thick coat and **a** silk scarf tied over her hair. **Her** scarf fluttered in the wind as she crossed the meadows.*

Ce problème revient, en fait, à la contrainte de repérage par rapport à un animé humain, et, parallèlement, à la tendance à préciser d'abord la situation repère, les deux facteurs étant d'ailleurs liés. Nous avons vu, dans notre chapitre sur l'agencement syntaxique, la tendance à introduire la proposition principale le plus rapidement possible. Si on évite, à la fois, de retarder son introduction dans la phrase, et d'y imbriquer des éléments adjoints, c'est également pour que la situation dominante soit posée dès le départ.

Le deuxième exemple est légèrement différent du précédent :

[36]   – *Madame Bovary avait ouvert sa fenêtre sur le jardin...*
                                    (Mme *B.*, II, vi, p. 152)

Une traduction littérale de cet énoncé s'avère impossible. En effet, si on rendait cette phrase de la façon suivante :

    * – *Madame Bovary had opened her window onto the garden...*

on supposerait que le C_0 a un choix dans l'orientation du C_1. Il faudra donc dissocier les deux opérations de repérage :

    – *Madame Bovary/fenêtre.*
      fenêtre/jardin,

par l'explicitation d'un deuxième procès dans une relative. Voici la traduction de Lewis May :

    – *Madame Bovary had opened **her** window, which looked onto the garden...*   (L. May, p. 133)

Cette solution pose cependant également un problème. Le C_1 *window* est fortement déterminé, grâce à l'adjectif possessif *her.* Or, l'introduction d'une deuxième détermination, c'est-à-dire **la relative,** constitue une surcharge de détermination qui entraine un déplacement du point de repère du C_0 animé : ***Madame Bovary*** au C_1 inanimé ***window.*** Cet effet de déplacement est atténué du fait qu'il s'agit d'une relative non-déterminative. Cependant plusieurs anglophones ont éprouvé une gêne devant cet énoncé.

Une autre solution consiste à substituer un article défini à l'adjectif possessif. On pourra ensuite introduire, soit une relative déterminative, ou une relative non-déterminative :

    – *Madame Bovary had opened **the window which looked onto the garden.***
    – *Madame Bovary had opened **the window, which looked onto the garden.***

Dans le premier cas, on supposerait qu'il y a nécessairement plusieurs fenêtres. C'est la solution qu'a choisie G. Hopkins :

    – *Madame Bovary had opened **the window** which gave on to the garden, and stood watching the clouds.*   (G. Hopkins, p. 145)

Mais il reste un dernier problème. L'adjectif possessif implique le repérage : ***Madame Bovary/chambre.*** Or, lorsqu'on supprime le possessif cette relation disparaît. Le repérage par rapport au S.N. ***chambre*** est précisé plus d'un paragraphe plus haut :

    – *Il crut voir une ombre, derrière la fenêtre, **dans la chambre...***
                                      (Mme *B.*, II, vi, p. 152)

Cette relation ne figure cependant pas dans le contexte immédiat. De ce fait, il nous semble nécessaire d'introduire un rappel en anglais, c'est-à-dire :

    – *Madame Bovary had opened the window **in her room...***

Sans cette précision, il manque un élément de détermination.

3. Localisation spatiale

Terminons cette étude des marqueurs de relation dans les opérations de repérage, par ceux qui renvoient à la localisation spatiale. Trois signes linguistiques, essentiellement, sont mis en jeu pour assurer ce type de relation : **verbes, prépositions** et **adverbes.**

Mais voyons, tout d'abord, en quoi consiste la relation.

– Localisation statique ▽

Dans les cas les plus simples, il y a simple **localisation statique** de l'élément repéré par rapport au point de repère. Ces cas ne posent aucun problème de traduction. En voici un exemple :

[37] – *C'était **sous** le hangar de la charretterie que la table était dressée.*
(*Mme B.*, I, IV, p. 62)
– *The table had been laid **under** the wagon-shed.*
(G. Hopkins, p. 33)

– Localisation impliquant un « parcours spatial » ▽

Mais souvent la localisation spatiale implique un « parcours ». C'est le cas dans un des exemples cités à propos de l'adjectif possessif :

[38] – *Son foulard, noué **sur** sa tête, s'agitait au vent dans les herbages.*
(Voir ex. 35, p. 174)
– *The scarf tied **over** her head fluttered in the wind.*
(L. May, p. 174)

Nous constatons ici une première différence entre les deux langues. En français, nous avons, comme pour l'exemple précédent, une simple localisation statique, c'est-à-dire la position du C_0 ***foulard*** par rapport au point de repère ***tête.*** En anglais, la localisation implique un « **parcours** » périphérique autour de l'élément qui constitue le point de repère ***head***.

On retrouve la même différence entre le français et l'anglais dans l'exemple suivant :

[39] – *Tous les jours [...] le garde champêtre passait, portant son sabre **sur** sa blouse.*
(*Mme B.*, I, IX, pp. 97-98)
– *Every day [...] the village constable passed by, his sabre slung **over** his smock.*
(G. Hopkins, p. 77)

– Expression Dynamique du « Parcours spatial »

Le « **parcours spatial** » peut, de même qu'un **processus,** être exprimé, soit en tant qu'aspect résultant – c'est le cas dans notre dernier exemple – ou dans son **actualisation.** Lorsque l'actualisation est marquée en français, elle ne l'est généralement que par le choix du **syntagme verbal.**

[40] – *« Serviteur, madame », reprit-il d'un ton sec.*
*Et il **rentra dans** son tonneau.* (Mme B., II, x, p. 195)

En anglais, par contre, elle sera assurée à la fois par le **syntagme verbal** et par la **préposition.**

– *You obedient servant, ma'am, he said dryly, and **went back into** his cask.* (G. Hopkins, p. 201)

On constate le même phénomène dans la traduction de l'exemple suivant :

[41] – *Quelque chat, **sur** les toits, **marchant** lentement, bombait son dos aux rayons pâles du soleil.* (Mme B., I, ix, p. 97)
– *A solitary cat **moving** slowly **along** a roof, arched its back in the pale sunlight.* (G. Hopkins, p. 76)

Est-ce à dire que les contraintes de la langue limitent l'expression du dynamisme $^\triangledown$ dans le repérage spatial, en français ? Il est facile de démontrer que, même lorsque rien n'interdit un repérage dynamique, on constate, en fait, les mêmes phénomènes de statisme que dans les exemples précédents.

Ainsi :

[42] – *... un arrêté préfectoral ayant interdit la chasse aux canards autrement qu'**en bateau,** M. Binet, [...] se trouvait en contravention.* (Mme B., II, x, p. 194)
– *... a Prefectoral Decree had forbidden the shooting of duck except **from** boats.* (G. Hopkins, p. 200)

Cet exemple nous permet de souligner une dernière marque de détermination qui différencie les deux langues, dans le repérage spatial. Nous avons vu jusqu'ici que « parcours » et dynamisme sont plus fortement déterminés en anglais. Ici encore la localisation est indiquée en français par un renvoi à la notion statique d'**inclusion**$^\triangledown$, c'est-à-dire *en bateau.* En anglais la préposition *en* est remplacée par une préposition dynamique *from.* Mais celle-ci exprime non seulement le dynamisme mais l'**orientation** du « parcours spatial ».

– L'orientation du « Parcours spatial »

Il faut voir, à présent, lorsque l'orientation du « parcours spatial » est indiquée, quel est le facteur qui en détermine la direction. Nous revenons ici au problème de point de vue, déjà analysé. Si le point de vue duquel le procès est envisagé et qui constitue le repère, est celui de l'animé humain désigné dans l'énoncé, il s'ensuit que ce même animé humain constituera le point de départ ou d'arrivée dans l'orientation du repérage spatial. Cette orientation ressort clairement dans la traduction de l'exemple suivant :

[43] – *Et Rodolphe, insensiblement, se laissait glisser du tabouret jusqu'à terre ; **mais on entendit un bruit de sabots dans** la cuisine, et la porte de la salle, il s'en aperçut, n'était pas fermée.*
(Mme B., IX, p. 185)

– *Imperceptibly, Rodolphe let himself slip from the stool to the floor. But the sound of clogs **reached his ears from the kitchen**, and he noticed that the parlour door was ajar.*
(G. Hopkins, p. 189)

Le repérage statique d'inclusion *dans* se transforme, en anglais, en relation dynamique $^\triangledown$, avec détermination de l'orientation : *from*. Etant donné le choix du syntagme verbal *reached*, le point de départ est l'inanimé *kitchen*, et le point d'arrivée, l'animé humain auquel renvoie le terme *his ears*.

Dans le texte suivant, l'énoncé français comporte un marqueur de repérage, qui cette fois est dynamique et non plus statique.

[44] – *La nuit [...] je regardais votre maison, le toit [...] et une petite lampe, une lueur, qui brillait à **travers** les carreaux, dans l'ombre.*
(Mme B., II, IX, p. 185)

La locution prépositionnelle *à travers*, suppose un « parcours spatial », mais seul le sémantisme contextuel détermine l'orientation de ce « parcours ». En anglais, par contre, le « parcours » est orienté grâce à un double marqueur de repérage : la préposition *from*, et l'adverbe *behind*.

– *Every night [...] I would stand gazing at your house, its roof [...] where a little lamp [...] shone in the darkness **from behind** the panes.*
(G. Hopkins, p. 188)

La direction du repérage est à nouveau déterminée par le point de vue de l'animé humain repère : le *I* de l'énoncé. Ce problème, comme d'autres déjà envisagés, se pose en termes relatifs. Même lorsque le parcours est exprimé, en français, dans son dynamisme, le repérage spatial paraît faiblement déterminé, si l'anglais comporte, comme dans cet exemple, un double marqueur de repérage indiquant le « parcours » et l'orientation.

Voyons à présent un exemple, assez complexe malgré les apparences :

[45] – *Il **prit** trois tabourets **autour** de la table ovale...*
(Mme B., II, VIII, p. 172)

Le verbe *prendre* suppose un parcours à double orientation :
– le premier, allant de l'originaire du procès vers un point de repère extérieur,
– le deuxième, allant de ce point de repère vers l'originaire.

Or, la préposition *autour* détermine un parcours périphérique. En fait cet énoncé met en jeu une double relation de repérage.

1) C_o *Il* / C_1 *tabourets*
2) C_1 *tabourets* / C_2 *table*

En anglais, il faudra soit choisir une préposition qui rende compte à la fois
- de la localisation : ***tabourets/table***
- et du parcours orienté : ***table/originaire,***

soit introduire un deuxième S.V. de façon à distinguer clairement les deux relations. G. Hopkins a choisi la première solution, et L. May, la deuxième. Voici leurs traductions :

- *He **took** three stools **from under** the table...*
(G. Hopkins, p. 170)
- *He **fetched** three of the stools **that stood round** the oval table...*
(L. May, p. 153)

L'exemple suivant pose le même problème :

[46] - *Emma portait sa lettre au bout du jardin près de la rivière, dans une fissure de la terrasse.* (Mme B., II, IX, p. 191)

La locution adverbiale ***au bout*** peut s'agencer soit avec un verbe indiquant un « parcours » ou un verbe exprimant une localisation statique :

- *Elle alla au bout du jardin.*
- *Elle se trouvait au bout du jardin.*

De même que pour la préposition ***autour,*** dans l'exemple (45), c'est le syntagme verbal qui détermine la nature du repérage.

La préposition ***dans,*** pose, par contre, un problème. En anglais la préposition ***in,*** ne pourrait déterminer ici qu'une relation d'inclusion. Elle exclut la notion de dynamisme. Or, le procès ***portait,*** introduit une double localisation :

- l'une entre le C_o ***Emma*** et le premier repère spatial : ***bout du jardin,***
- l'autre entre le C_1 ***sa lettre,*** et le deuxième repère spatial : ***fissure de la terrasse.***

En anglais, il faudra donc, comme pour l'exemple précédent, faire apparaître en surface un deuxième procès, de façon à expliciter les deux repérages

- *Emma **took** her letters **to** the end of the garden and **hid** them in a crack of the terrace.* (G. Hopkins, p. 197)

- « Parcours spatial » et processus

Ces derniers exemples montrent que l'explicitation d'un procès peut être déterminée par des exigences de repérage spatial. Que la détermination aspectuelle et la localisation spatiale peuvent également être liés, ne fait aucun doute. Dans certains cas les deux problèmes se confondent. C'est le cas dans l'exemple suivant :

[47] - *Cette idée la fit haleter de convoitise; elle **se trouva bientôt au milieu** de la prairie, où elle marchait à pas rapides, sans regarder derrière elle.* (Mme B., II, IX, p. 192)

- *..and she **was soon half-way across** the meadows, walking fast, and not once looking back.* (G. Hopkins, p. 197)

Nous avons ici dans les deux langues un verbe d'état : *se trouva* /*was,* et l'indication d'un processus ou d'un « parcours temporel » préalable grâce à l'adverbe : **bientôt** / **soon.**

En français, cependant, le syntagme de localisation spatiale est statique : *au milieu de,* alors qu'en anglais l'adverbe traduisant le processus, entraîne une localisation spatiale dynamique : *half-way across.* L. May, a, de même que G. Hopkins, rendu la double détermination :

- ...and **soon** she was **half-way across** *the field, tripping swiftly along, never casting a look behind her.* (L. May, p. 173)

Dans certains cas, une locution adverbiale et/ou prépositionnelle peut rendre compte à la fois du processus et du « parcours spatial » :

[48] - *Des gens qui sortaient du spectacle **passèrent** sur le trottoir...*
(Mme *B.*, II, xv, p. 253)

- *People coming away from the theatre **passed along** in front of them...* (L. May, p. 234)

Toutes les transpositions que nous venons d'étudier montrent clairement, dans le passage vers l'anglais, une tendance à resserrer les réseaux de repérage, de façon à renforcer la détermination. Tout d'abord, l'introduction d'éléments syntaxiques supplémentaires permettra de multiplier les points de repère. Une fois le point de repère établi dans la phrase, il sera généralement maintenu, alors qu'en français il peut être déplacé plusieurs fois. Les éléments de l'énoncé sont souvent, en anglais, repérés par rapport à un animé humain, qui est en outre plus fortement déterminé qu'en français. Le repérage énonciateur-énoncé est également plus fortement marqué.

Dans le réseau des relations, on constatera que celles-ci sont plus fortement déterminées qu'en français grâce à une différenciation, d'une part quant à leur nature, d'autre part quant à leur orientation. A l'intérieur d'un même type de relation on marquera des distinctions plus fines, par exemple entre un repérage statique et un repérage « dynamique » (c.à.d. comportant un « parcours ») dans la localisation spatiale. En dernier lieu, nous avons vu que la double détermination, fréquente en français, est mal tolérée en anglais, et correspond en dernière analyse à l'absence d'un repérage rigoureux, donc à une sous-détermination. Cette sous-détermination est étroitement liée aux repérages énonciatifs mis en jeu dans les deux langues, et qui supposent, dans le cas du français, une tendance à détacher l'énoncé de son référent, en anglais à maintenir les deux constamment en relation.

CHAPITRE **5**

Homogénéité et disparité dans la représentation des catégories du réel

I. Homogénéisation dans la représentation des catégories du réel

Nous venons de voir les réseaux de repérage qui déterminent les éléments d'un énoncé. Mais il ne suffit pas, en anglais, de localiser les termes les uns par rapport aux autres. Il faut encore prendre soin de ne mettre en relation que des termes dont les référents appartiennent à la même catégorie du réel $^\nabla$. Cette contrainte implique également des transformations syntaxiques et lexicales dans le passage d'une langue à l'autre.

Elles sont essentiellement de deux ordres : soit on modifie le deuxième terme de la relation de façon à ce que les deux éléments renvoient à des catégories homogènes, soit au contraire, on introduit une disjonction dans la relation, de façon à dissocier les termes divergents. Ces deux modalités de transposition correspondent, fondamentalement, à la même opération. Il suffira d'un exemple pour le démontrer :

[1] – *Il avait les cheveux coupés droit sur le front, comme un chantre de village, **l'air raisonnable et fort embarrassé**.*

(Mme *B.*, I, 1, p. 37)

Nous avons ici deux attributs, dont l'un mélioratif, l'autre minoratif. Cette disparité rend la coordination malaisée en anglais. C'est ce qui explique, probablement, la légère distortion sémantique dans la traduction que propose G. Hopkins pour le syntagme ***raisonnable*** :

– *He looked **solemn** and **very shy*** (G. Hopkins, p. 1)

Cette distortion permet, en effet, une coordination entre deux attributs minoratifs. L. May a préféré une autre solution :

– *He seemed a **decent** fellow enough, **but** horribly **nervous***

(L. May, p. 21)

Le traducteur a maintenu la disparité entre les attributs relevant de modalités appréciatives différentes, mais il a remplacé la **coordination conjonctive** par une **coordination disjonctive**. Les choix divergents des traducteurs : **analogie lexicale** et **disjonction syntaxique,** répondent clairement à une même exigence.

1. Ajout d'un syntagme nominal marquant la perception

Examinons, tout d'abord, le premier de ces procédés. Dans l'exemple que nous venons d'envisager, l'analogie est établie, dans la traduction, entre les deux attributs mis en relation; mais elle peut également se situer entre le **marqueur de relation** et le **deuxième terme de la relation**. Ce sera souvent le cas, lorsque le marqueur de relation est un **verbe de perception**. Ainsi, nous trouvons fréquemment, dans les traductions anglaises, l'**ajout d'un syntagme nominal** tel que : *the sound* (of), *the sight* (of), etc., p. ex. :

[2] – *Elle écoutait les pas, les cris, le bruit des charrues...*
(Mme B., II, x, p. 194)

– *Her ear **grew quick to catch** the sound of steps, of voices, and of plough-teams at work in the fields.*
(G. Hopkins, pp. 199-200)

Mais il est intéressant de comparer à nouveau ici les choix de G. Hopkins et de L. May. Voici la deuxième solution proposée :

– *She stopped and listened whenever **she heard a step**, or someone calling, or the sound of the plough at work...*
(L. May, p. 175)

Notons que dans la traduction de L. May, le S.N. *the sound* n'est ajouté qu'avant le troisième C_1. La nécessité d'introduire un terme marquant la perception avant le C_1 nous semble, en effet, plus contraignante lorsque le **verbe de perception**, se trouve à la **forme modalisée**. Cette forme implique une insistance sur l'**acte de perception**[1]. Avec la forme simple, par contre, c'est l'**objet perçu** qui est mis en valeur, d'où l'absence du syntagme nominal qui met la perception en relief.

Si L. May a introduit le S.N. *the sound* (of) avant son troisième complément, il nous semble qu'il s'agit plutôt ici de dissocier le syntagme verbal *heard* du C_1 *the plough at work*. La juxtaposition des deux nous ferait, en effet, percevoir *plough* comme animé et non comme inanimé.

Nous retrouvons l'ajout d'un terme de perception dans la traduction de l'exemple suivant où le choix du syntagme verbal entraîne, à nouveau, l'introduction d'un complément de catégorie analogue.

[3] – *Au loin des bestiaux marchaient; on **n'entendait ni leurs pas**, ni **leurs mugissements**...* (Mme B., II, vi, p. 143)

– *Cattle were moving in the distance but **her ear could catch** neither **the noise of** their hooves nor **the sound of** their lowing.*
(G. Hopkins, p. 132)

Il est intéressant de noter que cet ajout ne figure pas dans les traductions qui comportent une passivation. Citons-en deux exemples :

– *...they were too far off for **their lowing to be heard**...*
(L. May, p. 124)

---

(1) Ce phénomène venant du fait qu'un modal établit toujours une relation forte entre le sujet de l'énoncé et le procès. On constatera par ailleurs, que l'ajout d'un syntagme de perception ou de localisation correspondra, dans tous les cas analysés, non seulement à l'homogénéisation des termes mis en relation mais à une occurrence contextuelle, les deux facteurs étant d'ailleurs liés.

— ...*neither **their steps** nor **their lowing could be heard.***

(E. Marx-Aveling, p. 92)

Dans la traduction de L. May, ce facteur pourrait s'expliquer par le choix de la forme verbale simple ; dans celle de E. Marx-Aveling, nous avons cependant une forme modalisée, qui d'après notre analyse précédente, devrait normalement entraîner l'ajout d'un terme de perception. Le traducteur l'a omis, à juste titre, car la structure verbale modifie le point de repère. L'accent n'est plus mis sur la perception mais sur l'objet perçu qui se trouve en première position. Ce n'est pas la passivation elle-même qui infléchit la traduction mais la détermination du point de repère qui en découle. En effet, nous constatons le même phénomène dans les traductions qui posent en premier l'objet perçu, mais sans qu'il y ait, par ailleurs, une structure verbale passive :

— *Cattle moved in the distance, their tread and their lowing alike inaudible.* (A. Russel, p. 123)

Voici, à titre de confirmation, un autre exemple, suivi de deux des traductions proposées :

[4] — *...et on entendait les gouttes d'eau, une à une, tomber sur la moire tendue.* (Mme B., I, II, p. 51)

— *...**you could hear the sound of the drops** as they fell, one by one, on the taut surface of the silk.* (L. May, p. 35)

— *...and **drops of water could be heard falling** one by one on the stretched silk.* (E. Marx-Aveling, p. 15)

Dans la deuxième traduction, l'objet perçu : **drops of water,** constitue le point de repère. La forme modale n'entraîne donc pas l'ajout d'un terme de perception.

Un exemple, à présent, d'un ordre légèrement différent :

[5] — *...il aimait les petits sabots de Mlle Emma sur les dalles lavées de la cuisine...* (Mme B., I, II, pp. 50-51)

Cet énoncé ne comporte pas de verbe de perception. Il pose, cependant, un problème de traduction analogue à ceux que nous venons d'envisager. Et ceci est dû au repérage spatial du C_1. En effet, si le C_1 n'était localisé que dans une relation de propriété, il n'y aurait aucun problème. On pourrait traduire littéralement :

— *He liked Emma's little clogs.*

Mais du fait qu'il y a un repérage spatial : **sur les dalles,** on introduit dans le complément du verbe **liked** un terme marquant la perception : **the sight/sound of.** Nous acceptons difficilement les traductions qui n'ont tenu aucun compte de cette distinction, p. ex. :

— *And he liked Mademoiselle Emma's little clogs on the scrubbed stones of the kitchen floor.* (A. Russel, p. 30)

Ce n'est cependant pas le cas de la majorité. G. Hopkins, L. May et M. Marmur ont introduit un terme de perception, renvoyant soit à la perception visuelle :

— *He had grown to love [...] **the sight** of Mademoiselle Emma's tiny clogs standing on the scrubbed paving of the kitchen floor.*

(G. Hopkins, p. 20)

soit à la perception auditive :
- *he liked **the sound** of Mademoiselle Emma's little clogs on the clean stone floor of the kitchen.* (L. May, p. 35)

Les deux dernières traductions mettent en évidence le rapport qui existe entre ces problèmes d'analogie lexicale et les problèmes, à la fois de repérage spatial et d'orientation de point de vue. La traduction de Hopkins aurait pu, tout aussi bien, être envisagée dans le cadre d'une analyse ultérieure intitulée : **assertion et hypothèse dans le récit**. Il s'agit, en effet, de la distinction entre la représentation d'un élément, d'une propriété ou d'un procès, et la représentation de leur manifestation.

2. Ajout d'un terme de localisation spatiale

Notons, cependant, que dans cette traduction il y a deux ajouts : un syntagme nominal de perception : **the sight** *(of)*, et un syntagme verbal de localisation : ***standing***. Le repérage spatial peut en effet, dans certaines conditions, nécessiter l'ajout d'un syntagme verbal de localisation. Nous aurons alors des verbes composés tels que : *he **stood** talking* / *he **sat** there **listening**,* là où, en français, il suffira souvent d'indiquer l'activité : *il parlait, il écoutait*. En voici un exemple :

[6] — *Mais, au crépuscule, lorsque, le menton dans sa main gauche, elle avait abandonné **sur ses genoux** sa tapisserie commencée, souvent elle tressaillait...* (Mme *B*., II, IV, p. 130)

Le seul indice de localisation spatiale, dans cet énoncé, est le syntagme prépositionnel *sur ses genoux*. En anglais, il est difficile de repérer le C_1 ***tapisserie*** par rapport au complément : ***genoux*** sans indiquer d'abord la situation repère, p. ex. *she sat*, et sans introduire ensuite un syntagme verbal de la même catégorie que le syntagme prépositionnel : ***on her lap.***

- *But when the light had faded, and she sat with her chin in her left hand and her half-finished embroidery **lying** unnoticed **on her lap**, she often gave a start...* (G. Hopkins, p. 116)

Le procès repère : *she sat*, est en fait un rappel. Nous trouvons, au paragraphe précédent, la proposition :

- *Assise dans son fauteuil, près de la fenêtre, elle voyait...* (Mme *B*., II, IV, p. 130)

Mais nous avons vu déjà, à propos d'autres exemples, que lorsque la situation repère n'est pas posée immédiatement avant celle qui en découle, un rappel est nécessaire, en anglais. A. Russel a également précisé, en premier lieu, la situation repère :

- *At dusk, however, as **she sat** there **holding** her chin in her left hand, with a half-finished piece of embroidery **fallen** on her lap, it often startled her...* (A. Russel, p. 110)

Notons de même le maintien de la catégorie spatiale dans la relation de repérage : *embroidery/lap*. G. Hopkins a choisi le verbe **to lie**, et A. Russel **to fall**.

Citons une troisième traduction où le repérage spatial est déterminé grâce à l'ajout de deux syntagmes verbaux :
- *But at dusk, when she had **dropped** her piece of unfinished embroidery on her lap and **was sitting** with her chin resting on her left hand, she would often start...* (L. May, p. 112)

Nous préférons, en fait, l'ordre des autres traducteurs, qui établit la situation repère : ***she sat,*** avant d'établir les repérages qui en découlent. Mais il est intéressant de constater l'ajout de deux syntagmes verbaux de localisation, dans les trois traductions.

L'interprétation de ce phénomène est, en fait, délicate. Plusieurs facteurs peuvent être pertinents, et il est dangereux de négliger les uns pour privilégier les autres. En effet, dans de nombreux cas, l'ajout d'un syntagme verbal de localisation spatiale permet de lever une ambiguïté aspectuelle.

– Ambiguïté aspectuelle

En voici un exemple dans un énoncé déjà cité à propos de notre analyse de l'adjectif possessif :
[7] – *Mme Bovary avait ouvert sa fenêtre sur le jardin, et elle **regardait** les nuages.* (*Mme B.*, II, vi, p. 152)
- *Madame Bovary had opened the window which gave on to the garden, and **stood watching** the clouds.* (G. Hopkins, p. 145)

Aucun traducteur n'a traduit ***regardait*** par un prétérit simple. La majorité, par contre, ont employé la forme ***be + ing***. Le prétérit simple serait, en effet, perçu ici comme un procès ponctuel inséré dans une chronologie.

La forme ***be + ing*** lève forcément cette ambiguïté : d'où le choix entre les deux formes ***stand + ing,*** ou ***be + ing***. Il semblerait difficile d'ailleurs, dans cet exemple, même si le procès dans l'énoncé d'origine avait été au passé simple, de le rendre par un prétérit, sans marquer l'aspect particulier du déroulement sous lequel il est envisagé. Ainsi, il serait possible de dire :
- *Emma had opened the window, and **started** watching the clouds,*

mais pas :
* – *Emma had opened the window and **watched** the clouds.*

Le prétérit sans marque aspectuelle ne serait acceptable que si le premier procès était également au prétérit :
- *Emma **opened** the window and **watched** the clouds.*

Il va de soi que l'ambiguïté aspectuelle se pose essentiellement pour les verbes animés. Les verbes inanimés impliquent généralement un état et n'exigent donc pas systématiquement un marqueur aspectuel. Ainsi le procès, dans l'exemple suivant, a été rendu tantôt par le prétérit simple, tantôt par un syntagme verbal de localisation + **ing**.

[8] – *Les pompiers, au bas de l'estrade, se reposaient sur les baïonnettes...* (*Mme B.*, II, VIII, p. 176)
– *The Firemen drawn up beneath the platform,* **stood leaning** *on their bayonets...* (G. Hopkins, p. 176. Idem : M. Marmur, p. 149)
– *The firemen, at the foot of the platform,* **rested** *on their bayonets...* (L. May, p. 157. Idem : E. Marx-Aveling, p. 120)

La traduction de A. Russel met bien le problème en évidence :

– *The fire-brigade* **leaned** *on their bayonet-scabbards at the foot of the platform...* (A. Russel, p. 158)

Le prétérit simple nous semble moins facilement acceptable ici que dans la traduction de Lewis May. Ce fait s'explique aisément. **To lean** est, en effet, un verbe marginal. Il peut, selon les cas, être animé ou inanimé. La combinaison : choix lexical/forme verbale, nous semble mal rendre compte ici de l'imparfait dans le texte d'origine.

L'exemple le plus probant de ce phénomène d'ambiguïté aspectuelle est probablement le suivant, où ne figurent ni complément ni préposition constituant un repérage spatial.

[9] – *Rodolphe ne parlait plus. Ils se regardaient.* (*Mme B.*, II, VIII, p. 179)
– *Rodolphe had stopped speaking. They* **sat** *there* **looking** *at one another.* (G. Hopkins, p. 181)

On peut comparer la traduction de G. Hopkins avec celle de Lewis May :

– *Rodolphe was not talking now. They sat and looked at each other.* (L. May, pp. 160-161)

Si ce problème aspectuel doit entrer en ligne de compte dans de nombreux cas, il n'exclut cependant pas le premier phénomène que nous avons signalé : la nécessité de n'associer que des termes renvoyant à la **même** catégorie du réel.

Il suffit, pour le prouver, de citer quelques exemples où aucune ambiguïté aspectuelle n'intervient et où les traducteurs ont, en dépit de ce fait, ajouté un syntagme verbal de localisation :

[10] – *Regardant de son lit le feu clair qui brûlait, elle voyait encore, comme là-bas, Léon debout, faisant plier d'une main sa badine et...* (*Mme B.*, II, v, p. 135)

Le problème se pose ici dans les mêmes termes que pour l'exemple (6). Le repérage spatial : **de son lit,** ne peut s'envisager qu'à partir du moment où un premier repérage : C_o/lit, a été établi. En d'autres termes, il manque un chaînon dans le repérage spatial si l'on n'établit pas d'abord la situation repère : *As she lay in her bed*. C'est pourquoi nous donnons raison aux trois traducteurs qui ont introduit un syntagme verbal de localisation :

– *As she lay in bed* **gazing** *at the fire...* (L. May, p. 117)

et non pas :
* – *Looking from her bed at the clear fire that was burning...*
(E. Marx-Aveling, p. 85)

L'exemple suivant est peut-être plus probant encore :

[11] – *Entre la fenêtre et le foyer, Emma cousait...*
(Mme B., I, III, p. 55)

L'ambiguïté aspectuelle est ici facile à écarter. Si on ne tenait aucun compte du repérage spatial, on pourrait en effet, sans problème, utiliser la forme **be + ing**. Or, seul un traducteur a proposé cette solution.

– *Between the window and the hearth Emma **was sewing**...*
(E. Marx-Aveling, p. 18)

Ce n'est sans doute pas une coïncidence, si les quatre autres traducteurs ont éprouvé le besoin d'introduire un syntagme de localisation. Voici les traductions proposées :

– *Emma **was sitting** between the window and the hearth, **sewing**.*
(G. Hopkins, p. 26)
– *Between the window and the hearth **sat** Emma **at her needlework**.*
(L. May, p. 39)
– *Emma **sat** between the window and the hearth, sewing.*
(A. Russel, p. 35)
– *Emma **sat sewing** between the window and the fireplace.*
(M. Marmur, p. 44)

Dans la traduction de Hopkins, le syntagme verbal de localisation se trouve à la forme **be + ing**. Il n'y a donc aucun doute sur la motivation du traducteur. Le problème aspectuel ne se pose pas dans son choix. Il a simplement introduit un terme de localisation : **was sitting**, qui renvoie à la même catégorie du réel que le complément spatial : **between the window and the hearth**. Ce procédé nous semble ici d'autant plus contraignant que le complément spatial est mis en relief dans l'énoncé français grâce à sa position initiale.

De même dans l'exemple suivant, le complément spatial entraînera, dans sa traduction anglaise, l'ajout d'un verbe de localisation :

[12] – *... M. Homais jouait à l'écarté avec Emma ; Léon, derrière elle, lui donnait des avis.*   (Mme B., II, IV, p. 131)

– *...Monsieur Homais would play at écarté with Emma. Léon would station himself behind her and give advice.*
(G. Hopkins, p. 118)

Il n'est pas plus question ici que dans notre dernier exemple d'ambiguïté aspectuelle. Il s'agit clairement d'un repérage spatial où complément et syntagme verbal se trouvent sur le même plan. Un seul traducteur, le même que pour le dernier exemple, a à nouveau ici omis la transposition.

– *...Monsieur Homais played at écarté with Emma ; Léon behind her gave her advice.*   (E. Marx-Aveling, p. 82)

Cette traduction nous paraît doublement maladroite : premièrement parce que le syntagme verbal ne renvoie pas à la même catégorie du réel que le complément spatial, deuxièmement parce qu'il faudrait tout au moins, s'il n'y a pas de syntagme verbal de localisation, indiquer l'orientation du repérage, par exemple : ***from behind***.

Notre dernier exemple nous ramène au premier que nous avons proposé [2] dans le cadre de cette discussion :

[13] – *Quelques hommes [...] de vingt-cinq à quarante ans, disséminés parmi les danseurs ou causant à l'entrée des portes, se distinguaient de la foule par un air de famille...*

(Mme B., I, VIII, p. 85)

Dans notre premier exemple, nous avions deux attributs, l'un mélioratif, l'autre minoratif, qui étaient coordonnés dans l'énoncé français. Dans les traductions anglaises, soit le deuxième syntagme est également choisi dans la catégorie des attributs mélioratifs, soit on introduit un marqueur de coordination disjonctive de façon à dissocier les syntagmes renvoyant à des catégories hétérogènes. Dans cet exemple, nous avons deux syntagmes verbaux : l'un, verbe d'état, indiquant la localisation spatiale : ***disséminés***, l'autre, verbe animé, dénotant l'activité du C$_0$: ***causant***. D'autre part, nous avons dans chacune des propositions coordonnées un complément spatial : ***parmi les danseurs / à l'entrée***. Il convient donc doublement d'ajouter un syntagme verbal de localisation spatiale dans la deuxième proposition.

– *Several men [...] of all ages ranging from twenty-five to forty, scattered among the dancers, or **standing** in the doorways, talking, were distinguished from the general crowd by a sort of family likeness...*

(G. Hopkins, p. 61)

Cf. L. May :

– *A few men [...] of ages varying from twenty-five to forty, who were **scattered** about among the dancers or **standing** chatting in the doorways...*

(L. May, p. 66)

Ainsi, il y a identité de catégorie, d'une part entre les deux syntagmes verbaux coordonnés, et d'autre part entre le syntagme verbal et le complément spatial de la deuxième proposition.

Voyons, à présent, le deuxième procédé que nous avons indiqué dans le cadre de la différenciation des catégories du réel. Nous venons d'analyser l'unité ou l'analogie sémantique obtenue grâce à l'ajout d'un syntagme nominal de perception, après les verbes de cette catégorie, ou grâce à l'ajout d'un syntagme verbal de localisation après un complément spatial. Notre deuxième procédé, qui correspond comme nous l'avons déjà indiqué à la même opération, consiste à **disjoindre les catégories hétérogènes**.

---

[2] Exemple [1], p. 181.

II. Disjonction des catégories hétérogènes

1. Coordination disjonctive

Cette disjonction peut s'opérer de différentes façons, dont la première consiste à introduire un syntagme disjonctif dans la coordination. Nous utilisons volontairement le terme **disjonction** dans la mesure où nous avons réservé le terme **dissociation** à l'absence de marqueur de relation dans les schémas syntaxiques d'apposition et de juxtaposition.

Un énoncé peut comporter deux propositions, dont l'une constitue en quelque sorte un rejet de l'autre. On peut assimiler cette relation à la relation d'opposition :

[14] – *... elle aperçut la vase. Elle n'y voulait pas croire...*

(Mme *B*., II, x, p. 199)

La deuxième proposition : *elle n'y voulait pas croire*, est un rejet de la première : *elle aperçut la vase*. Or, aucune relation n'est marquée dans l'énoncé. En anglais il faudra, tout d'abord, expliciter la relation. Cette transposition a déjà été étudiée dans notre chapitre sur l'agencement syntaxique. Il faudra, en outre, que la relation soit **disjonctive** et non pas **conjonctive** :

– *She saw the mud,* **but** *would not believe her eyes...*

(G. Hopkins, p. 206)

Le même problème se pose pour l'exemple suivant :

[15] – *« Allons donc ! dit le pharmacien en claquant de la langue, les parties fines chez le traiteur ! les bals masqués ! le champagne ! tout cela va rouler, je vous assure. »*
– *« Je ne crois pas qu'il se dérange, objecta Bovary. »*

(Mme *B*., II, vi, p. 153)

Voici la traduction que propose G. Hopkins :

– *« ... he'll have a fine time, you mark my words. »*
« ***But*** *I don't think he's likely to be wild, protested Bovary. »*

(G. Hopkins, p. 146)

Etant donné qu'il s'agit ici d'un dialogue, la négation aurait également pu être introduite par l'exclamation : ***oh !***

– *Oh ! I don't think he's likely to be wild.*

Mais on peut difficilement enchaîner directement, comme en français, avec le rejet.

Dans les deux exemples que nous venons d'examiner nous n'avons, en français, aucun signe de coordination. En anglais, par contre, nous avons une coordination disjonctive. Mais souvent deux syntagmes ou deux propositions, qui se situent l'un par rapport à l'autre dans une relation d'opposition, sont reliés en français par une **coordination conjonctive**. Celle-ci donnera également lieu, en anglais, à une **coordination disjonctive**. Rappelons l'exemple déjà cité :

– *Il avait [...] l'air raisonnable **et fort** embarrassé.*
He seemed a decent fellow enough, **but** horribly nervous.

(Exemple [1], p. 181)

Ces deux schémas :
Coordination zéro→coordination disjonctive
Coodination conjonctive→coordination disjonctive,
constituent les transpositions de base.

2. Disjonction adverbiale

La disjonction peut cependant être marquée en anglais par une **modalisation adverbiale**. Prenons un exemple :

[16] – *... et les réminiscences les plus lointaines comme les plus immédiates occasions, **ce qu'elle éprouvait avec ce qu'elle imaginait** [...] elle ramassait tout, prenait tout, et faisait servir tout à réchauffer sa tristesse.*

(Mme B., II, vii, p. 156)

Les deux procès, *éprouvait* et *imaginait,* se situent l'un par rapport à l'autre dans une relation d'**opposition**. Or, la préposition *avec* a ici une valeur conjonctive. Cette valeur est maintenue en anglais grâce à la conjonction *and* mais la relation d'opposition est également marquée par l'adverbe *only*.

– *... half-forgotten memories as well as events just past, **what she felt and what she imagined only** [...] – all these she gathered, taking what came to her hand in an effort to keep the fire of misery from being extinguished.*

(G. Hopkins, p. 149)

Souvent, nous aurons même un double marqueur de disjonction en anglais : la conjonction **but** + l'adverbe de modalité appréciative **only** :

[17] – *La nuit, quelquefois, Charles se réveillait en sursaut, croyant qu'on le venait chercher pour un malade :*
– *« J'y vais », balbutiait-il.*
Et c'était le bruit d'une allumette qu'Emma frottait afin de rallumer la lampe.

(Mme B., II, vii, p. 157)

– *Sometimes at night, Charles would wake with a start, thinking that he had been called to a case of sickness.*
*« I'm coming » he would mutter, **but** it was **only** the sound of Emma striking a match to light the lamp again.*

(G. Hopkins, p. 150)

3. Disjonction verbale

Le passage de la juxtaposition ou de la conjonction à la **disjonction** s'opère de façon assez évidente dans les exemples que nous venons d'examiner. Mais le problème peut se manifester de façon plus complexe. Ainsi, dans le schéma de départ, nous avons souvent un seul **syntagme verbal** régissant deux compléments coordonnés renvoyant à des catégories du réel hétérogènes, par exemple :

[18] – *Un homme, au moins, est libre ; il peut parcourir les passions et les pays...* (Mme *B.*, II, III, p. 122)

Le syntagme verbal établit la mise en relation la plus forte dans un énoncé. Or les deux syntagmes coordonnés dépendent ici d'un même verbe. Ce verbe est, en outre, **animé**. La relation conjonctive est, de ce fait, mise en valeur, et la disparité entre les deux termes plus fortement marquée.

Diverses solutions s'offrent au traducteur devant une structure syntaxique correspondant à ce schéma. Toutes, à des degrés divers, correspondent à l'opération que nous venons d'analyser, et qui, selon les cas, prend l'une ou l'autre des deux formes indiquées :

conjonction des **termes homogènes**
ou **disjonction** des **termes hétérogènes.**

La disjonction verbale est, parmi ces procédés, le plus radical. Mais, avant de l'aborder, prenons quelques exemples des structures syntaxiques auxquelles les traducteurs ont eu recours.

Examinons, à l'aide de deux traductions, les solutions choisies pour rendre, en anglais, l'exemple que nous venons de citer. G. Hopkins et L. May ont, tous les deux, eu recours à un double procédé pour atténuer la disparité entre les deux compléments. Le premier procédé leur est commun. Il s'agit de l'insertion de chacun des éléments coordonnés dans une relation de repérage :

– *He can take his way at will through all the **countries of the world** and all the **passions of the heart**...* (G. Hopkins, p. 106)

– *The **realms of passion** and the **realms of travel** are his to range at will.* (L. May, p. 104)

Dans un cas, c'est l'élément repère qui est ajouté : ***world/heart*** ; dans l'autre, c'est l'élément repéré : ***realms/realms***. Grâce à ces ajouts, la disparité est moins apparente et la conjonction peut donc être maintenue. Cependant, elle ne disparait pas complètement, ce qui explique sans doute pourquoi les deux traducteurs ont renforcé cette opération par d'autres moyens linguistiques.

G. Hopkins a évité de rapprocher les deux syntagmes coordonnés en les introduisant par un double déterminant : ***all + the***. L. May a effectué une transposition plus complexe qui atténue de façon subtile la mise en valeur de l'activité verbale : grâce au déplacement des deux syntagmes coordonnés, il substitue un verbe d'état au verbe animé.

Dans les deux exemples qui suivent, le problème de la divergence se pose doublement :

[19] – *... il entendait **rouler sur leur tringle les anneaux de fer** des lits et **sa femme dormir**...* (Mme *B.*, I, II, p. 47)

[20] – *Elle entendait **le battement de la pendule**, **le bruit du feu**, et **Charles**, debout près de sa couche, **qui respirait**.* (Mme *B.*, III, VIII, p. 335)

Dans les deux cas se pose d'abord le problème analysé dans la première partie de ce chapitre : la nécessité d'introduire un syntagme nominal de perception après un verbe de la même catégorie. Mais le fait même de répondre à cette contrainte résout le deuxième problème : la difficulté à coordonner, en anglais, des éléments renvoyant à des catégories du réel hétérogènes, et plus particulièrement lorsqu'ils sont régis par le même procès. Voici les traductions de G. Hopkins :

> – *He could hear the **rattle** of iron curtain-rings above the ranged beds of the ward, and the **sound** of his wife sleeping...*
> (G. Hopkins, p. 15)
> – *She could hear the **ticking** of the clock, the **sound** of the fire, and Charles's **breathing** as he stood by the bed.*
> (G. Hopkins, p. 388)

L'ajout des syntagmes de perception efface la disparité entre les animés humains : ***his wife/Charles,*** et les inanimés : ***iron-rings/clock, fire.***

Les procédés de traduction que nous venons d'examiner portent essentiellement sur les compléments coordonnés. Dans certains cas, l'opération peut, cependant, porter sur la relation verbale qui les régit. La **disjonction** prend alors une autre forme. Elle consiste à rattacher chacun des compléments à un procès distinct.

Voici notre premier exemple :

[21] – *Mais cette inquiétude irritait son plaisir, et, tout seul dans son tonneau, il **s'applaudissait de son bonheur et de sa malice**.*
(Mme B., II, x, p. 194)

Nous avons ici deux compléments coordonnés : ***bonheur*** et ***malice,*** qui renvoient à des catégories du réel hétérogènes, l'un mélioratif, l'autre minoratif. Les deux sont régis par le même syntagme verbal : *s'applaudissait*. Les traducteurs ont introduit un deuxième syntagme verbal après la coordination, afin que celle-ci porte sur les deux propositions mises en relation, et non pas uniquement sur les termes divergents.

> – *But this cause for nervousness gave an edge to his pleasure. Alone in his cask, he had been **savouring the delights of the chase and applauding his own cunning**.*
> (G. Hopkins, p. 200)
> – *But this anxiety lent an added zest to his pleasure, and there, all alone in his cask, he kept patting himself on the back for **being such a cunning dog and having such good luck**.*
> (L. May, p. 175)

Dans l'exemple suivant, le problème se pose de façon légèrement différente :

[22] – *L'enfant d'Emma dormait à terre, dans un berceau d'osier. Elle **la prit avec la couverture** qui l'enveloppait...*
(Mme B., II, III, p. 126)

Le procès ***prit*** régit à la fois, l'élément désigné par le pronom *la* qui renvoie au C_0 de la phrase précédente : *L'enfant,* et l'élément désigné par le S.N. ***couverture***. Un de ces compléments est animé, l'autre inanimé. La préposition ***avec*** qui les relie a ici une valeur conjonctive. Dans les traductions anglaises l'élément **blanket** n'est plus régi par le procès ***took*** mais par le procès ***wrapped*** :

> – *Emma's child was sleeping on the ground in a wicker cradle. She **took** it up, **wrapped** in its blanket...*
> (G. Hopkins, p. 111)

> — *Emma's baby was asleep in a wicker cradle on the floor. She took it in her arms, **wrapped** up in its coverlet...*
>
> (L. May, p. 108)

Le deuxième syntagme verbal **wrapped** a dans les traductions une valeur disjonctive. Il permet, en effet, de supprimer la conjonction des deux syntagmes hétérogènes renvoyant à l'animé *it*, et l'inanimé **blanket**.

4. Disjonction de modes d'énonciation divergents

Les marqueurs de divergence, dans les exemples que nous avons examinés jusqu'ici, sont essentiellement sémantiques. Mais le même problème se pose lorsqu'il y a divergence syntaxique, ou encore divergence entre deux modes d'énonciation.

Dans l'exemple suivant nous avons la juxtaposition de deux modes d'énonciation, **récit** et **discours**[3], sans signe linguistique indiquant le passage de l'un à l'autre :

> [23] — *« Puis-je voir Monsieur ? » demanda-t-il à Justin, qui causait sur le seuil avec Félicité.*
> *Et, le prenant pour le domestique de la maison :*
> *« Dites-lui que M. Rodolphe Boulanger, de la Huchette, est là. »*
>
> (Mme B., II, vii, p. 159)

Nous donnons raison ici aux trois traducteurs qui ont ajouté un verbe introducteur $\triangledown$ pour indiquer le passage du récit au dialogue,

> — *« Can I see the doctor ? » he inquired of Justin, who was on the doorstep gossiping with Félicité. He took him for one of the servants and **added**,*
> *« Tell him Monsieur Rodolphe Boulanger of La Huchette is here. »*
> (L. May, p. 140)

Il est en effet beaucoup plus rare, en anglais, de passer directement d'un mode d'énonciation à un autre sans marquer la transition. L'ajout du verbe introducteur transforme en quelque sorte le discours en C_1 du verbe : **he added**.

G. Hopkins a systématiquement supprimé, dans sa traduction, les marqueurs de coordination qui se trouvent entre un dialogue et un récit. Par exemple :

> [24] — *Léon la baisa sur le cou à plusieurs reprises.*
> *« Adieu, pauvre enfant ! adieu, chère petite, adieu ! »*
> *Et il la remit à sa mère.* (Mme B., II, vi, p. 151)
>
> — *Léon kissed her several times on the neck. « Good-bye, you poor little mite : good-bye, darling ! »*
> *He handed her back to her mother.*
> (L. May, p. 132)

---

(3) Nous utilisons ici pour des raisons de commodité les notions de « récit » et de « discours » dans le sens où E. Benveniste utilise « histoire » et « discours ».

Nous aurions préféré, à la suppression de la conjonction, l'ajout d'un verbe introducteur. Mais les deux procédés vont dans le même sens. Dans le premier cas, on enchaîne deux propositions appartenant au même mode d'énonciation. Dans le deuxième, on supprime la coordination entre deux modes d'énonciation différents.

5. Les énumérations

Ce phénomène de divergence pose souvent un problème dans les énumérations. En français, on trouve fréquemment des attributs physiques et psychologiques, « abstraits », « concrets », mélioratifs et minoratifs, énumérés sur le même plan. Voici un exemple :

[25] – *Au milieu de ces lurons et de ces rougeauds, il se dressait, nerveux, vif, cambré, fat, avec son fin visage, ses yeux clairs, son air de coq, sa prestance d'ancien militaire.*

(H. Béraud, *La Gerbe d'Or*, p. 51)[4]

Nous avons, dans cet énoncé, deux séries d'attributs [5] :
- premièrement : *nerveux, vif, cambré, fat.*
- deuxièmement : *fin visage, yeux clairs, air de coq, prestance d'ancien militaire.*

Il apparaît de façon évidente qu'il existe une divergence au sein de chacune de ces séries. Dans la première, nous avons d'abord deux attributs physiques du deuxième degré $^\triangledown$ qui dénotent un comportement mélioratif : **nerveux/vif**, deuxièmement un attribut physique : **cambré**, et un attribut psychologique : **fat**, qui dénotent tous deux un comportement minoratif. Or, tous ces attributs font partie d'un seul enchaînement syntaxique. De même, pour la deuxième série, nous avons :

- premièrement, deux attributs physiques mélioratifs :
  fin visage/yeux clairs.
- deuxièmement, deux attitudes dénotant un comportement minoratif :
  air de coq/prestance d'ancien militaire.

De même que dans la première série, tous ces attributs sont insérés dans une structure syntaxique unique.

En anglais, il faudra complètement restructurer la phrase, de façon à disjoindre les syntagmes renvoyant à des catégories du réel hétérogènes, et à maintenir, au contraire, une relation conjonctive entre les attributs de catégorie homogène.

(Nerveux) (vif)   (fin) (visage)
Wiry and alert, with his delicate features and
(yeux clairs) (se dressait)
bright eyes, he stood erect, in the midst of these

---

(4) Henri Béraud, *La Gerbe d'Or*, Paris, les Éditions de Paris, 1928, 1950.
(5) Nous n'attribuons pas ici à ce terme une valeur linguistique. Nous l'utilisons dans le sens de : caractéristique ou propriété.

(lurons)
boisterous, ruddy-complexioned men, and throwing
(cambré)   (fat)   (air de coq)
his chest out in self-satisfaction, he lorded it over
(prestance d'ancien militaire)
them with soldierly bearing.

(V. Colonna, Université Paris VII)

Ainsi, dans la première série, le traducteur a introduit une conjonction de coordination entre les syntagmes renvoyant aux attributs physiques du premier degré : *delicate features* **and** *bright eyes*. Ceux qui renvoient aux attributs minoratifs ont été réservés à la deuxième série et intégrés à l'expression des comportements, par la verbalisation de certains syntagmes : ***throwing out*** / ***lorded*** *(it)*.

Nous nous bornerons à l'analyse de ce seul exemple, vu sa complexité et le développement qu'il exige. Il nous paraît, cependant, particulièrement probant dans le cadre de cette étude. Il pourrait, en effet, servir de conclusion à nos dernières analyses, car il comporte à la fois **la conjonction** d'éléments exprimant des propriétés communes ou analogues et la **disjonction** de ceux qui renvoient à des propriétés différentielles.

III. Parallélisme différentiel

Il nous reste un dernier problème à voir, plus complexe que les autres, car il concerne les énoncés qui supposent une double relation, à la fois **conjonctive** et **disjonctive**. Lorsque deux compléments dans une phrase dépendent d'un verbe unique, ou lorsque deux propositions sont mises en parallèle, si l'analogie entre les deux situations auxquelles renvoient ces structures syntaxiques comporte une valeur ou une propriété différentielle, elle sera soulignée en anglais, alors qu'elle est souvent effacée dans l'énoncé français. Il faudra, en anglais, déterminer la nature exacte de la relation. Celle-ci pourra prendre des formes diverses : composition (inclusion, exclusion), association, particularisation, réciprocité, opposition ▽ [6], etc. Prenons un premier exemple :

1. Inclusion

[26] — *Le « coup de pied de l'âne » allemand est rude. Il est reçu par l'Europe et par la France à un moment où il ne pouvait faire plus mal.* (*Le Monde*, 26 sept. 1974)

Nous avons, dans la proposition temporelle, deux termes : l'*Europe* et *la France*, qui s'insèrent dans un rapport de **composition**. Le deuxième terme est, en fait, inclus dans le premier. Ce rapport d'**inclusion** supposera une double transposi-

---

(6) Chacune de ces relations est définie dans le glossaire

tion dans la traduction anglaise. Premièrement, il faudra opérer une inversion de façon à ce que le complément inclus figure en première position. D'autre part, il faudra ajouter un adverbe pour indiquer que le deuxième complément constitue une **extension** du premier, et non simplement un élément distinct :

– *The back-lash from Germany is hard to take. It comes at a time when **France** and **Europe in general** couldn't be more vulnerable.*

2. Association

Dans le deuxième exemple, nous avons deux propositions, contenant des syntagmes verbaux qui sont mis en parallèle : *envoyer/venir*. D'autre part, les deux compléments C_0 et C_1 : *Je* et *l'*, sont remplacés dans la deuxième proposition par un seul pronom : *nous,*

[27] – *« J'y passerai, dit Bovary.*
– *Non, non, je vous l'enverrai; **nous** viendrons, ce sera plus commode pour vous. »*   (Mme B., II, ix, p. 186)

Le rapport du pronom de la deuxième proposition avec ceux de la première, est un rapport d'**association** [▽]. En français, cette association est simplement indiquée par la substitution du *nous* aux deux pronoms *Je* et *l'*. En anglais, les traducteurs ont rajouté un adverbe emphatique pour marquer l'aspect différentiel des situations.

– *« I'll have a look at him »*, said Bovary.
*« You mustn't dream of putting yourself out ! I'll send **him** over : **we'll** come over **together**. That will be much more convenient for you. »*   (G. Hopkins, p. 189)

– *« I'll call round, »* said Bovary.
*« Oh, no, no; I'll send **him** here. **We'll** come along **together**; it would be less trouble for you. »*   (L. May, p. 167)

3. Particularisation

Dans l'exemple suivant nous avons, non plus deux propositions parallèles, mais une principale et une subordonnée de but.

[28] – *Comme une rivalité subsistait entre le percepteur et le colonel, **l'un et l'autre**, pour montrer **leurs talents**, faisaient à part manœuvrer leurs hommes.*   (Mme B., II, viii, p. 163)

La principale comporte deux pronoms : *l'un* et *l'autre,* la subordonnée un adjectif possessif : *leurs,* qui renvoie aux éléments désignés par ces deux pronoms. Or, la relation entre les deux, comme l'indique l'adverbe de la principale : *à part,* est une relation de **particularisation**. En anglais cette valeur différentielle est marquée par un, voire deux signes linguistiques.

> – *Since there existed a rivalry between the Colonel and the Collector of Taxes, each manoeuvred his men apart, in order to display his **own particular** talents.* (G. Hopkins, p. 159)
>
> – *There was much rivalry between the tax-collector and the Colonel, and to bring out the **respective** merits of their men, each of them manoeuvred his troop separately.* (L. May, p. 144)

Dans la traduction de L. May, l'adjectif *respective*, dans celle de G. Hopkins, les deux adjectifs *own* et *particular,* marquent clairement la **particularisation** de chacun des termes de la relation.

4. Réciprocité

Nous avons vu jusqu'ici les relations d'**inclusion,** d'**association,** et de **particularisation.** Voyons, à présent, la relation de **réciprocité.** Il ne s'agit plus, à proprement parler, dans notre exemple, de deux situations parallèles, mais d'une situation dont le repérage est à double sens.

> [29] – *D'ailleurs, elle devenait bien sentimentale. Il avait fallu échanger des miniatures ; **on s'était coupé des poignées de cheveux**, et elle demandait à présent une bague...* (Mme B., II, x, p. 198)

Le verbe réfléchi *se couper* comporte une ambiguïté, car il peut exprimer une **auto-relation** ou une **relation avec autrui.** Ainsi, *ils se coupèrent des tranches de pain* peut signifier :

1) *chacun se coupa des tranches de pain,*
2) *chacun coupa des tranches de pain pour l'autre.*

En anglais, la différence entre les deux relations est marquée par des contraintes linguistiques :

1) *they cut **themselves** slices of bread,*
2) *they cut **each other** slices of bread.*

Dans l'exemple (29), seul le contexte interdit d'interpréter *se couper* dans le sens d'un auto-repérage. En anglais, la relation devra être déterminée par des marqueurs linguistiques. Malgré l'ajout de l'adjectif emphatique *both,* la traduction de G. Hopkins ne nous paraît pas suffisamment déterminée :

> – *Besides, she was becoming extremely sentimental. She had insisted on an exchange of miniatures, and **they had both cut off great handfuls of hair**. She was now asking him to give a ring...* (G. Hopkins, pp. 205-206)

Nous préférons, tout au moins sur ce point, la traduction de L. May, qui n'explicite pas le deuxième procès, et maintient ainsi la notion de réciprocité indiquée dans la première proposition :

> – *Besides, she was getting fearfully sentimental. There had had to be an exchange of miniatures, of locks of hair, and now the latest thing was that she wanted a ring...* (L. May, p. 179)

Dans notre deuxième exemple, il est plus difficile de cerner la relation exacte entre les deux propositions :

[30] — *Emma portait sa lettre [...] Rodolphe venait l'y chercher et en plaçait une autre, qu'elle accusait d'être toujours trop courte.*

(Mme *B.*, II, ix, p. 191)

Nous avons ici deux situations parallèles, comportant chacune un originaire [7] et un destinataire :

- *Emma* → *Rodolphe*
- *Rodolphe* → *Emma*

Cependant, seul l'originaire figure dans chacune des deux propositions. La relation d'échange se manifeste uniquement par le fait que l'originaire de la deuxième proposition : **Rodolphe,** est le destinataire de la première. D'autre part, les deux termes repérés par rapport aux animés humains désignés par **Rodolphe** et **Emma,** c'est-à-dire : *sa lettre / une autre,* se situent également l'un par rapport à l'autre dans une relation de réciprocité. Celle-ci n'est cependant pas marquée en français. *Une autre,* pourrait indiquer une relation **cumulative**▽ (c.à.d. une deuxième, en plus de la première) ou une relation **différentielle**▽ (c.à.d. une autre, différente de la première).

Voyons à présent la traduction anglaise :

— *Emma took* **her letters** *[...] Rodolphe fetched* **them,** *and left* **his own** *in the same hiding place. Always she found them too short.*

(G. Hopkins, p. 197)

L'opposition des adjectifs possessifs **her/his,** renforcée par l'ajout du pronom emphatique **own** dans la deuxième proposition, implique une relation différentielle qui met en valeur la réciprocité. Le pronom emphatique ne détermine pas uniquement la relation entre les deux termes repérés de l'énoncé. Il pose également le point de vue duquel la situation est envisagée, c'est-à-dire celui de l'animé humain de la deuxième proposition : **Rodolphe.** Nous retrouvons ici, comme dans d'autres exemples que nous avons analysés au chapitre précédent, la coïncidence des problèmes de détermination et de modalisation. En effet, non seulement les deux termes repérés de l'énoncé : **her letters** et **his own** sont situés l'un par rapport à l'autre, mais un des deux est localisé par rapport à l'animé humain dont le point de vue est privilégié dans l'énoncé.

5. Opposition

Ce phénomène de modalisation apparaît souvent lorsque les marqueurs différentiels concernent l'opposition entre deux animés ou groupes d'animés. C'est le cas que présente l'exemple suivant tiré de *La Condition Humaine* :

[31] — *Maintenant, maintenant, il jouait ses derniers sous, **sa vie,** et celle d'un autre, surtout celle d'un autre.*

(A. Malraux, *La C. Humaine*, V, p. 198)

(7) Cf. p. 202

- *Yet now, at this minute, he was staking his last sou, his **own** life, and the life of another − above all **that** : the life of another.*
(A. Macdonald, p. 228)

Les deux C_1 coordonnés, *sa vie* et *celle d'un autre,* sont régis par le même procès, *jouait.* La relation différentielle est marquée en français par l'opposition entre l'adjectif possessif *sa,* et le pronom démonstratif + préposition + pronom indéfini, *celle d'un autre.* En anglais, la relation différentielle est accentuée, d'une part par l'ajout de l'adjectif emphatique *own* après l'adjectif possessif *his,* et d'autre part par la mise en relief du pronom démonstratif *that,* grâce aux deux points qui introduisent l'apposition : *the life of another.*

Les deux éléments de mise en relief : *own* et *that* sont, en fait, des éléments modalisateurs qui indiquent que le sujet de l'énoncé et l'énonciateur rapporté sont une seule et même personne. En français, l'identité de point de vue qui rend compte de la situation d'énonciation, c'est-à-dire du discours indirect libre n'est, en fait, marquée que par la répétition du complément temporel *maintenant.*

Dans l'exemple suivant, également tiré de *La Condition Humaine,* nous avons une double opération de repérage qui coïncide à nouveau avec les modulations énonciatives.

[32] − *...c'était **Kyo** qui était enchaîné à cette boule, à cette table, et c'était **lui**, Clappique, qui était **cette boule** maîtresse de tous et de lui-même...*
(A. Malraux, *La C. Humaine,* V, p. 198)
− *It was **Kyo** who was chained to this little ball, to this table, and it was **he himself**, Clappique, who was **this very ball**, stronger than all of them, stronger than himself...*
(A. Macdonald, p. 229)

Nous avons, en français, premièrement une relation d'**opposition** entre les compléments : *Kyo* et *Clappique;* deuxièmement une relation d'**identité** entre les compléments : *Clappique* et *la boule.* En anglais, la relation différentielle est renforcée par le pronom emphatique *himself,* apposé au pronom *he,* et la relation d'identité par l'adjectif emphatique *very.*

A nouveau, les deux termes qui assurent la mise en relief des relations d'opposition et d'identité correspondent à des modulations impliquant la présence marquée de l'énonciateur dans l'énoncé. Il ne faudrait pas en conclure, cependant, qu'une modulation emphatique indique nécessairement l'identité de l'énonciateur et d'un des compléments animés de l'énoncé. Dans l'exemple que nous venons d'analyser, cette identité est assurée par le marqueur pronominal emphatique : *himself.* Mais la modulation emphatique peut également porter sur un inanimé.

[33] − *Elle s'acheta un prie-Dieu gothique, elle dépensa en un mois pour quatorze francs de citrons à se nettoyer les ongles; elle écrivit à Rouen...*
(Mme *B.,* II, VII, p. 156)
− *She bought a gothic prie-Dieu, and spent fourteen francs in a **single** month on lemons with which to clean her nails. She wrote to Rouen...*
(G. Hopkins, p. 150)

Le pronom *She,* renvoyant à Emma, étant le seul complément animé dans cet énoncé, la valeur de modalité appréciative que comporte l'adjectif *single* doit nécessairement être attribuée, soit à un autre animé humain désigné dans le contexte immédiat, soit à l'auteur. Le contexte immédiat ne comporte, en fait, aucun autre animé humain. Le jugement porté sur la situation est donc attribuable à l'auteur.

Les relations analysées dans ces derniers exemples sont complexes. Néanmoins la coïncidence, dans chacun des cas, de la modulation emphatique et de la marque de différenciation ou d'identité indique clairement qu'il existe un rapport étroit entre les problèmes d'énonciation et la localisation des éléments à l'intérieur de l'énoncé.

CHAPITRE **6**

L'animation des inanimés

Le C_o + S.V. qui marquent le terme origine d'une relation et le procès qu'il régit, par exemple :
— *il se leva* / *he stood up*
constituent en français comme en anglais l'unité syntaxique minimale de ce qui est généralement considéré comme un schéma de phrase canonique. Or, il est fréquent, en français, que ces deux syntagmes renvoient à des catégories du réel différentes. Ainsi, dans l'exemple suivant, un C_o **inanimé**[1] est mis en relation avec un **verbe animé**[2].

[1] — *...sa conscience le taraudait...*
(M. Tournier, *Vendredi*, II, p. 28)[3]

Cet énoncé a été rendu, en anglais, de la façon suivante :
— *...he suffered pangs of conscience...* (N. Denny, p. 26)[4]

Le C_o inanimé est remplacé par un C_o animé. L'incompatibilité entre le syntagme nominal et le syntagme verbal est ainsi supprimée.

Mais nous nous trouvons d'emblée devant un problème. Comment déterminer ce qu'on entend par un verbe animé ?

L'animation ▽ peut prendre différentes formes :
- l'**intentionnalité** ▽
  - avec **actualisation** : to jump, to throw, to shout ;
  - sans **actualisation** : to intend, to try, to decide ;
- la **cognition** ▽[5] : to know, to think, to suppose.

(1) Nous rappelons que nous utilisons le terme C_o **animé/inanimé** pour des raisons stylistiques. Il s'agit en fait du C_0 renvoyant à un animé/inanimé, cf. également note (4) p. 158.

(2) Nous étendons la notion d'animation à l'activité désignée par un verbe, de façon à pouvoir inclure des verbes renvoyant à une activité généralement attribuée à un animé humain, mais qui n'est ni à proprement parler un *processus* ni un *état*. Ainsi, le verbe *to know* ne renvoie pas à un procès borné. Cependant, le terme verbe d'état est inadéquat dans le cadre de cette discussion, dans la mesure où ce qui importe ici n'est pas la différence entre procès borné ou non borné, mais procès ayant comme origine un animé ou un inanimé. Les termes **volontaire/involontaire** ne peuvent rendre compte qu'en partie de cette opposition.

(3) Michel Tournier, *Vendredi ou les limbes du Pacifique*, Paris, Gallimard 1967, « Folio », 1972 (titre abrégé : *Vendredi*).

(4) Norman Denny, traducteur, *Friday or The Other Island*, Harmondsworth, Middlesex, Penguin Books Ltd., 1974.

(5) Nous entendons par verbes de **cognition** : verbes liés à une activité de l'esprit.

La limite entre ces catégories et celle des verbes inanimés est floue. Certains verbes peuvent exprimer un procès volontaire ou involontaire : to shake, to hold, to break. Ces verbes pourront, généralement être mis en relation avec un C_o animé ou inanimé. Comme nous le verrons plus tard, certaines conditions syntaxiques s'imposent cependant lorsque le C_o est un inanimé [6].

Avant d'examiner les solutions qui peuvent être envisagées, en anglais, lorsqu'on se trouve en présence d'un agencement syntaxique comportant un C_o inanimé et un verbe animé, quelques mises au point sont nécessaires. Tout d'abord, le degré d'incompatibilité entre les syntagmes mis en jeu, dépendra en grande partie de la force de la relation dans laquelle ils s'insèrent. Plus cette relation sera forte $^\triangledown$, plus il sera nécessaire d'effacer, en anglais, la divergence entre les deux éléments.

Dans un énoncé canonique, nous déterminerions ces degrés de la façon suivante, en partant de la relation la plus faible pour aller vers la plus forte :
- **Source** $^\triangledown$ **du procès** : c.à.d. **origine non-volontaire** [7]
  - inanimée : *snow covered the ground.*
  - animée : **John** *bumped into the door.*
- **originaire** $^\triangledown$ **du procès** : **origine volontaire** $^\triangledown$, ce terme peut renvoyer à un
  - sujet animé **non-agent** : animé humain à l'origine d'un procès
    - soit qui ne comporte pas de C_1 :
      John *agreed.* (intransitif)
    - soit qui comporte un C_1 non modifié par le procès :
      John *played* **the piano.** (transitif)
  - ou à un sujet animé **agent** $^\triangledown$: animé humain à l'origine d'un procès qui comporte un C_1 modifié par le procès :
    John *opened* **the door.**

Nous désignerons d'autre part par :
- **déclencheur** $^\triangledown$, un **inanimé** à l'origine d'un procès renvoyant généralement à une activité humaine, et par
- **terme origine** $^\triangledown$, l'origine du procès, lorsqu'il n'y a pas lieu de préciser s'il s'agit de la source, de l'originaire ou du déclencheur.

La détermination de ces relations est elle-même difficile à établir puisque la valeur de chaque élément ne pourra être déterminée qu'en fonction des autres. Ainsi dans les deux exemples :
- *John cut* **his finger**
- *John cut* **the bread** [8]

c'est le C_1 qui permet de déterminer que le C_o **John** est, dans le premier cas **source** du procès, dans le deuxième **agent** du procès.

D'autre part, dans les exemples suivants :
- *Mary broke the tea-pot,*
- **The chair** *broke under his weight,*

---

(6) Voir nos analyses pp. 225-231.

(7) Voir également le glossaire pour les définitions de : **source, originaire, agent, déclencheur,** et **terme origine.** Par *volontaire* nous entendons, volontaire, intentionnelle ou consciente. Au cours de nos analyses nous utilisons essentiellement le terme *volontaire* pour renvoyer à ces trois valeurs, de façon à ne pas alourdir la terminologie.

(8) Exemples proposés par A. Gauthier, Université Paris VII.

c'est le C_o animé *Mary* qui permet de déterminer que le verbe est **animé** dans le premier cas, et le C_o inanimé *chair,* qui permet de déterminer que le verbe est **inanimé** dans le deuxième cas.

Comment pourra-t-on évaluer la relation lorsqu'un procès, généralement régi par un C_o animé est régi par un inanimé ? Dans certains cas ce sera difficile. Par contre, lorsqu'un inanimé régit un procès qui est généralement associé à un C_o animé, par exemple :

– *Le soleil **se promène** tout autour de ma cellule...*
(E. Fromentin, *Année dans le Sahel*, p. 11)[9]

et plus particulièrement lorsque la forme verbale implique un procès révolu, p. ex :

– *Le soleil **se promena**...*

on pourra conclure qu'il s'agit d'une relation forte. Nous utiliserons dans ces cas le terme verbe **animé**.

La classification des relations que nous avons établie est bien sûr schématique. Nous verrons plus tard que plusieurs autres facteurs peuvent entrer en jeu dans l'évaluation de ces relations. Ce sera le cas lorsqu'un énoncé comporte un C_2 **destinataire** $^\triangledown$. Ainsi, dans une construction à double complément :

– *John gave **Mary** a book*

c'est la relation entre les deux animés qui sera la plus forte. Elle modifiera donc la nature de la relation entre le C_o et le C_1.

Nous aurons, d'autre part, à tenir compte de l'ambiguïté de la **forme verbale pronominale**. On constatera que nos exemples comportent souvent un **verbe réfléchi** $^\triangledown$. Pour évaluer le degré d'animation qu'impliquent les procès exprimés sous cette forme, il faudrait pouvoir situer la **voix pronominale** par rapport à la **voix active** et à la **voix passive**. Or, la voix passive est elle-même sujet de controverse. Ainsi J. Lyons citant McKerrow « Il ne me paraît pas sûr du tout qu'il existe effectivement une voix passive dans l'anglais parlé d'aujourd'hui... », commente : « Paradoxalement, on pourrait aussi soutenir que ce que les grammairiens grecs ont dit de la voix passive, et de son opposition à l'active, s'applique plus directement à l'anglais moderne qu'au grec classique »[10].

En fait, les confusions semblent provenir, en grande partie, de l'application de valeurs grammaticales renvoyant au grec classique à des oppositions et des distinctions qui sont très différentes selon les langues. Grévisse, qui semble récuser la voix pronominale, est, par ailleurs, un peu hâtif dans ses conclusions :

« Des grammairiens distinguent une troisième voix : la voix réfléchie, ou moyenne, ou pronominale, indiquant que l'action faite par le sujet revient, se réfléchit sur ce sujet. Mais on peut considérer cette troisième voix comme un cas particulier de la voix active »[11]

En fait, si on compare :

– *Le ciel **se couvre**,*
et
– *Il **se présenta** devant le juge,*

---

(9) Eugène Fromentin, *Année dans le Sahel*, Paris, Plon, 1909.

(10) J. Lyons, *Linguistique Générale*, traduction de F. Dubois-Charlier et D. Robinson, Paris, Larousse, 1970 ; 8.3, pp. 285-286.

(11) M. Grévisse, *Le Bon Usage*, Ed. J. Duculot, S.A., Gembloux, (Belgique), p. 560.

seul le deuxième cas peut s'apparenter à la voix active. S'il est vrai, que dans de nombreux cas la valeur active semble s'imposer, en raison de la présence d'un C_o agentif, nous nous trouvons en pleine ambiguïté dans nos exemples, du fait qu'ils ne correspondent pas au schéma canonique, puisque le C_o est inanimé. Notre seul critère a donc été les réactions des francophones à ce sujet. Tout exemple pour lequel nous ne sommes pas arrivés à un consensus a été éliminé.

Ces quelques mises au point ayant été faites, rappelons brièvement le problème envisagé. Quelle sera la réaction des traducteurs anglophones lorsqu'ils se trouvent devant un schéma syntaxique comportant un C_o **inanimé + S.V. animé.**

I. Procédés d'homogénéisation

Trois solutions majeures se dégagent :

1. Substitution d'un C_o animé au C_o inanimé

La première consiste à substituer au C_o inanimé, un C_o animé. C'est la solution choisie par le traducteur pour le premier exemple que nous avons cité, de même que pour le suivant :

[2] — *Lorsque **la silhouette** de Robinson **s'encadra** dans ce qui demeurait de la porte de la passerelle, le pourpoint maculé du capitaine s'entrouvit, et un rat énorme s'en échappa...*
(M. Tournier, *Vendredi*, I, p. 24)

— *And as **Robinson stood** in what remained of the doorway, the bloodstained folds of the Captain's jacket were thrust apart and an enormous rat emerged...*
(N. Denny, p. 23)

Ce procédé apparaît de façon constante, dans les traductions d'exemples tirés de notre corpus :

[3] — *Alors **un attendrissement la saisit**...* (Mme B., II, VI, p. 143)

Hopkins opère ici un chassé-croisé du C_1 et du C_o. Le C_o inanimé **attendrissement** devient C_2 dans sa traduction, alors que le C_1 animé **la** est transformé en C_o :

— *At such moments **she had been conscious of deep emotion**...*
(G. Hopkins, p. 133)

Le même procédé est mis en jeu dans la traduction de l'exemple suivant :

[4] — *Si Charles l'avait voulu, cependant, s'il s'en fût douté, si **son regard**, une seule fois, **fût venu à la rencontre** de sa pensée, il lui semblait qu'une abondance subite se serait détachée de son cœur...*
(Mme B., I, VII, p. 75)

Dans la troisième proposition conditionnelle, nous avons à nouveau la combinatoire C_o animé *(son regard)* + verbe animé *(fût venu à la rencontre)*. Le S.N. **son** *regard*, est remplacé dans la traduction, par le pronom *He* qui renvoie au C_o de la première proposition conditionnelle **Charles** :

> – *Had Charles but shown the will to listen, had* **he** *but* **suspected the movement of her thoughts,** *or seen but once into her mind, the overplus of feeling would, she thought, have fallen from her heart...* (G. Hopkins, pp. 48-49).

Le C_o comme le verbe est ici, animé. La divergence de catégorie entre les deux syntagmes est donc supprimée.

Citons un dernier exemple où la substitution d'un C_o animé au C_o inanimé, dans la traduction, assure l'homogénéité des catégories du réel mises en jeu.

[5] – *Et* **son regard, qu'elle promenait** *autour d'elle, s'abaissa lentement sur le vieillard à soutane.* (Mme B., II, vi, p. 147)

Le C_o inanimé **regard** est :
– d'une part, déclencheur du procès actualisé *s'abaissa,*
– d'autre part, C_1 du verbe **promenait,** grâce à la reprise pronominale, dans la relative.

G. Hopkins et L. May ont tous deux verbalisé le S.N. *regard* et le procès est régi, dans les deux traductions, par un C_o animé.

> – **She had been gazing** *about her...* (G. Hopkins, p. 137)

> – *And as* **she looked** *around her...* (L. May, p. 127)

Le syntagme *regard* est ensuite repris, dans la traduction de Hopkins, sous forme nominale : **her eyes.** Ce syntagme est le C_1 dans une principale coordonnée.

> – *She had been gazing about her, but now* **brought her eyes back** *till they slowly came to rest on the old man in the soutane.* (G. Hopkins, p. 137)

Lorsque l'inanimé est C_1 et non plus C_o, c'est-à-dire terme origine du procès, sa relation avec le procès n'est forcément plus du même ordre : sa qualité agentive $^\triangledown$ disparaît. De ce fait le problème de la divergence de catégorie entre les syntagmes mis en jeu, ne se pose pas pour la majorité des cas[12]. Toutefois, nous préférons ici, pour des raisons que nous examinerons ultérieurement, la solution choisie par Lewis May :

> – *And as she looked around her,* **her gaze** *slowly* **fell** *on the old man in the cassock.* (L. May, p. 127)

Le traducteur a supprimé la divergence entre le C_o et le procès, non plus en substituant un C_o animé à l'inanimé, mais en remplaçant le syntagme verbal du texte français par un syntagme verbal **inanimé**. Ce procédé est, en fait, la deuxième des solutions majeures que nous avons annoncées.

Avant de passer à l'examen de ce procédé, notons que dans de nombreux exemples, le C_o inanimé renvoie à une propriété, inhérente $^\triangledown$ ou non, de l'animé humain. Comme nous le verrons dans notre tableau complémentaire d'exemples,

---

[12] Nous analyserons ceux où il se pose sous la rubrique : *Relation de propriété.*

ce n'est pas nécessairement le cas. Mais lorsque l'inanimé appartient à la catégorie : propriété de l'animé humain, la substitution du C_o animé à l'inanimé supprime généralement la dissociation entre l'animé et ses attributs, que ceux-ci soient physiques (main, yeux, visage : c.à.d. les parties du corps) ou physiques du 2e degré (parole, regard, etc.) ou encore affectifs ou psychologiques (conscience, angoisse, peur, etc.)

2. Substitution d'un verbe inanimé au verbe animé

La deuxième solution, que nous avons déjà évoquée, consiste non plus à transformer le C_o de façon à ce qu'il soit de la même catégorie que le verbe, mais à transformer le verbe de façon à ce qu'il soit de la même catégorie que le C_o. Dans le premier cas, deux animés sont mis en relation, dans le deuxième deux inanimés. Fondamentalement, il s'agit de la même opération : la suppression de la divergence entre les catégories du réel mises en jeu.

Prenons, à nouveau, pour commencer, deux exemples extérieurs à notre corpus :

[6] – *A déjeuner, toute **la manière d'être de Mathilde répondit** à cette première impudence.*
(Stendhal, *Le Rouge et le Noir,* II, xix, p. 361)[13]

– *The whole of **Mathilde's behaviour** during lunch **was in keeping** with this first act of impudence.*
(M. Shaw, p. 370)[14]

Le verbe animé *répondit,* est remplacé en anglais par un verbe d'état : *was (in keeping).* La notion de volition est ainsi supprimée et par là même la disparité inanimé/animé. On remarquera en outre l'actualisation de la propriété *impudence,* dans la traduction anglaise : *act of impudence.*

Dans notre deuxième exemple l'inanimé est un élément repéré dans une localisation : partie/tout.

[7] – ***L'exorde** de l'arrêté **annonçait**, en effet, que quelques cas d'une fièvre pernicieuse [...], avaient fait leur apparition dans la commune d'Oran.*
(A. Camus, *La Peste,* I, p. 57)

Le verbe *annonçait* est remplacé en anglais par le verbe ***began,*** qui peut exprimer un procès soit volontaire, soit non-volontaire. Agencé avec un inanimé, il prend automatiquement la deuxième valeur :

– *The instructions **began** with a bald statement that a few cases of malignant fever had been reported in Oran...*
(S. Gilbert, p. 47)

Le procès de notre troisième exemple est à la forme réfléchie.

[8] – *Puis **les paroles**, après les baisers, **se précipitaient**.*
(Mme B., III, v, p. 288)

---

(13) Stendhal, *Le Rouge et le Noir,* Paris, Garnier, 1960, 1966.
(14) Margaret R.B. Shaw, traductrice, *Scarlet and Black,* Harmondsworth, Middlesex, 1953, 1971.

Comme nous l'avons vu, la voix pronominale pose un problème quant à l'évaluation de l'animation. Nous reviendrons sur ce problème dans la deuxième partie de cette discussion. Notons, par parenthèse, que nous avons déterminé le statut du procès dans nos exemples après consultation de plusieurs francophones. L'incidence de la forme verbale sera également examinée lors de l'étude des paramètres qui entrent en jeu dans le phénomène de l'animation.

Il est intéressant de relever, pour cet exemple, toutes les traductions qui ont été proposées.

- *After the kisses came **a flood of words**.*
(G. Hopkins, p. 323)

- *And, when the kisses were over, what **a torrent of words**!*
(L. May, p. 270)

- *And after kisses, such **a flood of words**...*
(A. Russel, p. 275)

- *Then, after the kisses, **the words gushed forth**.*
(E. Marx-Aveling, p. 217)

- *After the kisses came an **outpouring of words**.*
(M. Marmur, p. 250)

Tous les traducteurs sauf E. Marx-Aveling ont, soit supprimé le verbe et transformé l'assertion en exclamation, soit nominalisé la notion exprimée par le verbe *flood/outpouring*, et placé le déclencheur à droite et non à gauche du procès : *came*. Nous reprenons cet exemple dans l'examen des facteurs de modification. Voyons, tout d'abord, la troisième solution à laquelle les traducteurs ont fréquemment recours lorsqu'il y a divergence de catégorie entre le C_o et le syntagme verbal.

3. Le schéma de passivation ▽(15)

Ce procédé s'apparente à la première solution envisagée dans la mesure où il implique dans de nombreux cas le choix de l'animé humain comme point de repère, et la suppression de la qualité agentive conférée à l'inanimé.

Prenons comme premier exemple un énoncé déjà envisagé par rapport aux problèmes de repérage :

[9] - *Elle (l'affiche) recommandait aux habitants la plus extrême propreté et invitait enfin les porteurs de puces à se présenter dans les dispensaires municipaux.* (A. Camus, *La Peste*, I, p. 58)

Le traducteur a choisi une structure verbale passive pour les deux procès *recommandait* et *invitait*, et des animés humains comme points de repère, *habitants* et *porteurs de puces*. L'inanimé *affiche* qui a qualité d'agent dans l'énoncé français, est supprimé en anglais :

- *The townspeople were advised to practise extreme cleanliness, and any who found fleas on their persons were directed to call at the municipal dispensaries.* (S. Gilbert, p. 47)

(15) Voir note p. 163.

Dans le passage suivant, on trouve, à nouveau, deux exemples consécutifs d'un C_o inanimé agencé avec un verbe animé.

[10] — *Aussitôt **la vieille angoisse** bien connue et si redoutée **lui mordit le foie**. Elle ne relâcha son étreinte qu'à moitié, lorsqu'il eut découvert dans une anfractuosité de rocher un petit poulpe gris...*
(M. Tournier, *Vendredi*, III, p. 48)

Dans les deux cas le traducteur a eu recours à la passivation. Dans le premier la structure verbale entraîne, comme dans l'exemple précédent, le déplacement du point de repère de l'inanimé à l'animé humain, en position C_o.

— *At once **he was assailed by** that familiar and dreaded sense of alienation, which was only **partly relieved** when he discovered, in a cavity in the rocks, a small grey squid...* (N. Denny, p. 44)

Dans les traductions de notre corpus, les exemples sont nombreux où une structure verbale passive est substituée à une structure verbale active. Les traducteurs n'ont pas tous choisi le schéma de passivation pour les mêmes exemples. Ainsi Gerard Hopkins et Lewis May ont tous les deux supprimé le caractère agentif de l'inanimé **dangers,** dans la phrase suivante, mais par des moyens différents. L. May a utilisé un verbe inanimé avec l'animé **children,** comme terme origine du procès.

[11] — *Alors on avait causé **des dangers divers** qui menaçaient l'enfance...*
(Mme *B.*, II, vi, p. 148)

— *They discussed **the** various **dangers** that children run...*
(L. May, p. 129)

G. Hopkins a également choisi l'animé comme C_o de la relative mais avec une structure verbale passive :

— *...they had gone on to talk about the many dangers to which **the young** are exposed...* [16]
(G. Hopkins, p. 140)

Si des divergences existent nécessairement dans les solutions choisies, la récurrence de la passivation est cependant frappante.

[12] — *Alors **une mollesse la saisit**, elle se rappela ce vicomte qui l'avait fait valser à la Vaubyessard, et dont la barbe exhalait, comme ces cheveux-là, cette odeur de vanille et de citron..*
(Mme *B.*, II, viii, p. 177)

L. May maintient ici le C_o inanimé, mais en l'agençant avec un verbe inanimé :

— ***Then a feeling of languor came over her...*** (p. 158)

G. Hopkins préfère à nouveau une passivation avec l'animé en position C_o.

— ***She was overcome by** a sudden weakness, remembering the Viscount who had made her waltz with him at Vaubyessard, whose beard had exhaled the same odour of lemon and vanilla as this head beside her.*
(G. Hopkins, p. 177)

---

(16) Le syntagme qui renvoie à l'animé, en français, est en fait un marqueur de renvoi à la notion. En anglais, l'actualisation de l'élément notionnel est ici une contrainte. Cf. L. May : *children*.

Pour les deux exemples suivants, c'est L. May, par contre, qui choisit une structure verbale passive. Voici le premier.

[13] – ***Les bougies des candélabres allongeaient des flammes** sur les cloches d'argent...* (Mme B., I, VIII, p. 82)

– ***The flambeaux** in the candelabra **were mirrored in long tongues of light** in the silver dish-covers.* (L. May, p. 64)

Nous ne citons pas, pour cet exemple, la traduction de G. Hopkins qui nous semble trahir le texte. Voyons, par contre, les deux solutions proposées pour notre dernier exemple.

[14] – *Sur la ligne des femmes assises, les éventails peints s'agitaient, les bouquets cachaient à demi le sourire des visages et **les flacons à bouchon d'or tournaient** dans des mains entr'ouvertes...* (Mme B., I, VIII, p. 84)

La légère distorsion de sens dans la traduction de Hopkins est probablement déterminée par son choix grammatical :

– *Along the line of seated ladies painted fans were fluttering, smiling lips half hid themselves behind bouquets of flowers, and little gold-stoppered bottles **twinkled** in half-opened hands...* (G. Hopkins, p. 60)

Il est effectivement difficile de trouver un verbe inanimé qui corresponde rigoureusement au verbe *tourner* dans ce contexte. Notons au passage que nous acceptons difficilement la forme réfléchie du verbe *to hide* avec un C_0 inanimé, p. ex : *smiling lips half hid themselves*. La forme réfléchie nous semble accentuer ici l'animation verbale.

Voyons, à présent, la traduction de L. May :

– *All along the rows of seated women there was a flutter of painted fans, a galaxy of smiles half-hidden, half-revealed by bouquets; gold-mounted scent-bottles **were toyed with** by dainty hands...* (L. May, p. 66)

Deux autres traducteurs ont eu recours à la passivation :

– *... gold-stoppered scent bottles **were turned** in partly closed hands...* (E.M. Aveling, p. 41)

– *... gold stoppered perfume bottles **were being turned** in half-opened hands...* (M. Marmur, p. 68)

Il n'est pas question dans ces traductions de déplacement du point de repère de l'inanimé à l'animé. Ce n'est donc clairement pas le seul facteur qui entre en jeu dans le choix de cette structure verbale.

Pour les derniers exemples que nous avons cités, les traducteurs ont recours tantôt à un verbe inanimé, tantôt à une passivation. Dans les deux cas l'incompatibilité entre le C_0 et le S.V. est supprimée. Dans le premier, la solution est simple. Elle consiste à transformer la catégorie du syntagme verbal pour que les deux syntagmes soient de catégorie homogène. Nous avons déjà vu que la substitution d'un C_0 animé à l'inanimé dans notre première série d'exemples correspond à la même opération. Si la troisième solution, la passivation, tend à supprimer comme les deux autres l'incompatibilité des éléments mis en jeu, les moyens utilisés sont plus difficiles à cerner.

Dans certains cas le C_0 inanimé est remplacé par un animé, et l'inanimé, instrument ou source du procès, est soit déplacé à la droite du S.V., où son rôle devient secondaire :

— **he** *was assailed by that [...] sense of alienation*

soit supprimé :

— **Townspeople** *were advised.*

Dans d'autres cas, l'inanimé C_0 est maintenu. La structure verbale passive assure alors une transformation syntaxique qui peut être assimilée à celle opérée par la substitution d'un verbe inanimé au verbe animé :

— *gold-stoppered* **scent-bottles were turned**...

Dans un troisième type d'opération le C_0 inanimé reste à la gauche du verbe, mais change de fonction par rapport à celui-ci, grâce à d'autres éléments interposés :

— *the dangers* **to which children** *are exposed...*

La relation entre le pronom **which** renvoyant à **dangers** et le S.V. **are exposed** est ici indirecte $^\triangledown$. L'élément auquel renvoie le pronom relatif n'est plus, dans la traduction, déclencheur du procès.

Nous n'avons cherché à rendre compte ici que des exemples que nous venons de citer. Les trois structures que présentent les traductions ne rendent probablement pas compte de tous les cas. Mais si elles comportent des différences, ce qui importe est leur élément commun. En effet, dans chacun des cas, grâce au schéma de passivation, la divergence de catégorie entre les deux éléments C_0 et S.V., du texte de départ est supprimée :

— soit en assurant l'homogénéité des deux catégories mises en jeu,
— soit en mettant le déclencheur du procès à distance par l'introduction d'une préposition, et le plus souvent par un déplacement à droite du S.V., de façon à neutraliser la qualité agentive.

II. L'incidence des prépositions

Comme nous venons de le voir, c'est essentiellement la relation C_0 + procès qui est déterminante dans le problème de l'animation des inanimés. Il va de soi qu'il ne s'agit de cette relation que lorsque l'élément désigné par le C_0 est déclencheur du procès. Des relations moins fortes peuvent, cependant, jouer un rôle. La relation marquée par une préposition peut avoir une incidence sur la mise en valeur de l'animation. Ainsi, si on compare les traductions de L. May et de E. Marx-Aveling pour l'exemple [14], on constate que le choix de la préposition conditionne le statut du syntagme qu'il introduit :

— ... *gold-mounted scent-bottles were toyed with* **by** *dainty hands...*
(L. May, p. 66)

— ... *gold-stoppered scent-bottles were turned* **in** *partly closed hands...*
(E. Marx-Aveling, p. 41)

En effet, la relation entre l'élément *hands* et le procès n'est pas la même dans les deux cas.
- Dans le premier il s'agit d'une relation dans laquelle l'élément *hands* introduit par la préposition *by* renvoie au déclencheur du procès,
- dans le deuxième, le terme origine du procès est effacé, et la préposition *in* introduit l'élément *hands* non plus en tant que déclencheur du procès, mais en tant qu'élément de repérage par rapport auquel le C_0 *scent-bottles* est localisé spatialement.

Lorsque le syntagme verbal dans un schéma de passivation peut renvoyer soit à un procès actualisé, soit à un processus stabilisé, s'il est suivi de la préposition *by*, l'explicitation du terme origine entraînera une mise en valeur de l'actualisation du procès. Inversement, l'actualisation du procès soulignera, lorsqu'il y a lieu, la qualité agentive du terme origine. La comparaison des deux énoncés suivants met le problème en évidence :
- *He was interested **by** what Mary said at the meeting*
- *He was interested **in** Mary* [17].

Si la préposition dans le premier énoncé n'introduit pas l'originaire mais la proposition entière : ***what Mary said***, celle-ci comporte néanmoins un procès ponctuel, dont l'originaire est ***Mary***.

Dans le deuxième énoncé, par contre, *Mary* n'est plus originaire mais élément de repère par rapport auquel le C_0 *He* est localisé. On constatera qu'après une structure verbale passive, la préposition *by* introduit généralement un terme renvoyant à une origine extérieure [18]. Cette origine est souvent un animé :
- *They were married by **the village priest***
- *John was examined by **a doctor***

mais ce n'est pas nécessairement le cas. On peut également trouver comme terme origine du procès, un inanimé :
- *He was shot by **a bullet***
- *He was run over by **a car***
- *The tree was struck by **lightning***
- *He was encouraged by **the results**.*

Ce terme peut lui-même impliquer une origine animée, voire même agentive (cf. ex : 1 et 2 ci-dessus), mais ceci ne constitue pas une contrainte (cf. ex : 3).

Comparons à présent ces derniers exemples avec le suivant :
- *He was struck **with** horror.*

La préposition *by* serait inacceptable dans cet énoncé. Voici l'explication que nous proposerions : ***horror*** est ici une propriété de l'animé *He*, résultat d'un processus, mais non origine du procès. Du fait même que la préposition *with* après une structure verbale passive, introduit un terme désignant une propriété, le syntagme verbal + la préposition renvoient à une localisation. Dans un énoncé comportant un C_0 inanimé, le syntagme verbal aura par conséquent une valeur de processus stabilisé $\triangledown$, mais à condition que la propriété soit incluse dans l'état résultant du procès. C'est le cas dans l'exemple suivant :

---

(17) Exemple proposé par A. Castagna, Université Paris VII.
(18) Le terme « origine extérieure » a été proposé par C. Charreyre, Université Paris VII.

— *The dress **was lined with** silk*

mais pas dans :

— *The work **was done with** the utmost care*

Certains syntagmes verbaux sont compatibles avec les deux prépositions **by** et **with**. Ainsi, certains termes appartenant au champ sémantique des réactions affectives peuvent être agencés avec l'une ou l'autre :

— *He was overwhelmed with/by grief*[19].

D'autres supportent plus difficilement d'être agencées avec **by**. Ainsi on dirait :

— *He was paralyzed **with** fear*

mais pas :

*— *He was paralyzed **by** fear*

On pourrait peut-être attribuer ceci au fait que *to be paralyzed* est davantage perçu comme un processus stabilisé que comme un procès actualisé, alors que *to be overwhelmed* serait compatible avec les deux valeurs.

Ces hypothèses restent à vérifier. Le problème est complexe et nous ne pouvons pas envisager ici tous les cas de figure. Il faudrait probablement faire une distinction entre **with** introduisant un syntagme renvoyant à une propriété localisée, et **with** introduisant un syntagme désignant l'instrument d'une action, par exemple :

— *He was killed **with** a sword.*

Nous réservons le terme **instrumental** à ce dernier cas qui se vérifie facilement grâce à son maintien avec la voix active :

— *He killed him with a sword.*

On remarquera que, si la distinction animé/inanimé est beaucoup plus marquée en anglais qu'en français dans la relation terme origine + procès, la distinction origine extérieure/propriété localisée, est en revanche marquée dans les deux langues dans les schémas de passivation. Ainsi, la distinction **by**/**with** correspond, en français, aux emplois de **par** et **de** :

— *averti **par** son père*
— *frappé **par** la foudre*

mais :

— *recouvert **de** neige*
— *doublé **de** soie*

D'autre part, la distinction entre les deux relations auxquelles renvoie la préposition **with** : relation instrumentale et localisation d'une propriété, est marquée en français par l'emploi des prépositions **avec** et **de** :

— *(on l'a) tué **avec** une épée*

mais

— *recouvert **de** neige*

Puisque les deux systèmes linguistiques sont ici analogues plutôt que différentiels, nous ne poursuivrons pas cette analyse.

---

(19) Les anglophones marquent souvent une préférence pour *with*, mais acceptent généralement les deux prépositions.

La deuxième préposition qui nous semble importante dans le cadre de cette discussion, non plus parce qu'elle pose un problème, mais au contraire parce qu'elle constitue souvent une solution, est la préposition *in*. Nous avons déjà vu à propos de l'exemple [14], la différence entre les relations qu'impliquent les prépositions *by* et *in* dans une construction passive. Mais la relation d'inclusion existe déjà dans le texte français qui a donné lieu aux deux traductions envisagées. On ne peut donc pas pour cet exemple parler de transposition dans la traduction. Si nous prenons, par contre, l'énoncé :

[15] – ... *ses yeux vous regardaient d'une manière vague.*
$(M^{me} B., II, \text{vii}, p. 157)$

on s'aperçoit que les traducteurs ont transformé le repère, *yeux* C_0 origine du procès, en élément repère à l'intérieur d'une localisation spatiale :

– ... *there was an unfocused stare* **in her eyes.**
(G. Hopkins, p. 151)

– *She had a vague look* **in the eyes.**
(L. May, p. 138)

Cette opération ne peut évidemment pas être dissociée des transformations liées au problème du verbe, qui seront examinées par ailleurs [20]. Comparons pour l'instant le dernier exemple avec un exemple tiré de *La Peste* :

[16] – *Car, à partir du 18,* **les usines et les entrepôts** *dégorgèrent, en effet,* **des** *centaines de cadavres de* **rats.**
(A. Camus, *La Peste*, I, p. 20)

– *For, from 18 April onwards, quantities of dead or dying* **rats were found in factories and warehouses.**
(S. Gilbert, p. 15)

Le déclencheur du procès désigné par **les usines et les entrepôts** devient à nouveau ici élément de repère dans une relation d'inclusion. Dans les deux exemples, cette transformation permet de supprimer l'intentionnalité de l'inanimé placé en position C_0.

Notre troisième exemple est un peu plus complexe :

[17] – ... *la religion, plus affermie, sourit à* **tous les cœurs.**
$(M^{me} B., II, \text{viii}, p. 173)$

Cet énoncé comporte deux problèmes d'animation.

– Le premier est la relation C_0 **inanimé + S.V. animé** :

– *La religion sourit...*

relation que nous avons déjà analysée. Il suffira donc de la commenter brièvement. A l'exception de L. May qui a supprimé l'animation en remplaçant *sourit*, par un verbe inanimé [21] :

– *Religion [...]* **gladdens** *all our hearts.*
(L. May, p. 154)

---

(20) Voir pp. 228-231.

(21) On pourrait rapprocher : *to gladden* de la catégorie des verbes qui implique un état du C_1, suscité par le C_0. Dans la majorité des cas, ils participent d'un double statut, dans la mesure où ils peuvent être agencés avec un C_0 animé ou non, p. ex. : *to comfort, to encourage, to cheer* (= to be made to feel comforted, etc.) *to gladden,* ne nous semble pas, cependant, être compatible avec un C_0 animé.

les traducteurs ont ici maintenu la figure de style : *Religion smiles*. Nous l'acceptons dans ce contexte, dans la mesure où il s'agit d'un discours rhétorique.
- La deuxième relation comporte le **S.V. animé + C$_2$ destinataire non animé.**
    - *La religion [...] sourit à tous les cœurs.*

Elle correspond au schéma cité dans notre mise au point préliminaire, que nous avons illustré par l'exemple :
- *He waved to her.*

Mais le destinataire dans une relation de ce genre est généralement un **animé**. Or ici, c'est un **inanimé** : *cœurs*. Un traducteur seulement a maintenu la relation de **destination** $^\triangledown$:
- *... religion, more firmly established than heretofore, smiles at every heart...*   (M. Marmur, p. 147)

Cette traduction nous semble, en fait, difficilement acceptable, mais il est intéressant de noter que M. Marmur a choisi la préposition *at* plutôt que *to*. En effet, ce choix met moins en relief le destinataire visé. En affaiblissant la relation du procès avec son terme, il atténue l'incompatibilité de nature entre les deux termes.

Les autres traducteurs ont tous substitué une relation d'**inclusion** à la relation de **destination** en remplaçant la préposition *to* par *in*.
- *Religion, more firmly grounded than ever before, smiles in all our hearts...*   (G. Hopkins, p. 172)
- *Religion finds new strength and smiles in every heart*   (A. Russel, p. 155)
- *... religion, more consolidated, smiles in all hearts.*   (E. Marx-Aveling, p. 118)

Remarquons que deux traducteurs ont parallèlement renforcé la détermination de l'élément *hearts*. A. Russel le particularise avec l'adjectif *every*, et G. Hopkins ajoute un adjectif possessif : *all our*.

Ce procédé permet, non seulement de supprimer la divergence : animé/inanimé, mais de rattacher la propriété inhérente *hearts* à l'animé humain repère. Ce deuxième point nous amène à un autre aspect important du problème : les relations, propriété inhérente/animé humain repère et composant/composé $^{\triangledown\ (22)}$. Il s'agit dans les deux cas d'une même relation : la localisation de la partie (élément repéré) par rapport au tout (élément repère), mais le premier se rapporte au domaine de l'**animé**, le deuxième au domaine de l'**inanimé**.

III. Les relations de propriété

Nous avons dans notre dernier exemple, une relation qui ne porte plus uniquement sur le déclencheur et le procès, comme dans nos premiers exemples,

---

(22) C'est-à-dire : les deux termes inanimés de la relation de propriété. Nous les appelons ici **composant** et **composé** pour des raisons stylistiques.

mais à la fois sur le déclencheur, le procès et le destinataire. La relation entre le procès et le C_2 destinataire nous semble plus fondamentale que celle entre le procès et le C_1 [23]. En effet, le C_1 n'est alors qu'un intermédiaire dans une relation entre deux animés.

Dans un énoncé avec verbe intransitif + C_2 il n'y a plus d'ambiguïté. Le destinataire est forcément le C_2. Mais le problème de la dissociation ▽ [24] entre **la partie** et **le tout** que nous avons évoqué à propos de l'exemple [14], se posera de façon plus contraignante lorsque nous avons un des deux schémas syntaxiques suivants :

- C_0 **animé** non-humain + **verbe animé** + terme renvoyant à une **propriété inhérente**

  [18] – *Les bêtes étaient là [...] alignant confusément leurs croupes inégales.*

  (Mme *B.*, II, viii, p. 168)

- C_0 **inanimé** + **verbe animé** + terme renvoyant à une **propriété non animable** du C_0

  [19] – ... *des banettes d'arbustes [...] bombaient leurs touffes de verdure.*

  (Mme *B.*, I, viii, p. 81)

On retrouve à plusieurs reprises ces schémas dans notre corpus. Il faut reconnaître qu'il s'agit, en français, de métaphores littéraires. Mais elles vont dans le même sens que les phénomènes linguistiques que nous avons analysés, alors qu'en anglais ces effets métaphoriques peuvent rarement être maintenus.

Nous avons déjà souligné, dans la première partie de cette étude, la difficulté qu'il y a en anglais à dissocier les propriétés inhérentes de l'animé humain. Mais que l'animé soit humain ou non, il reste une distinction à faire entre **propriété animable** et **non animable** ▽. Nous avons, en effet, classé parmi les inanimés les propriétés animables (main, queue, patte, etc.). En anglais, une propriété animable ne peut être déclencheur d'un procès animé. De ce fait, elle subit la même contrainte que les inanimés, dans la relation C_0 + S.V. animé, cf. exemple [15] :

- ... *ses yeux vous regardaient d'une manière vague.*
- ... *There was an unfocused stare in her eyes.*

Par contre lorsqu'une propriété animable se trouve en position C_1 dans une relation où l'animé doué de cette propriété est en position C_0, il n'y a généralement pas de problème :

- *He warmed his hands by the fire*
- *The dog stretched out its paws.*

Nous insistons cependant sur les réserves que nous soulignons par le terme : généralement. Si l'on accepte facilement :

- *He cast down his eyes*

on peut par contre éprouver une gêne devant la traduction de Hopkins pour l'exemple [5] :

---

(23) Du fait que l'élément C_2 est un animé humain et donc plus déterminé que le C_1 inanimé. Voir p. 203.

(24) A la différence du terme **dissociation** utilisé au chapitre III, le terme *dissociation* n'a pas ici un statut linguistique. Il est utilisé dans son acception courante.

> — *She had been gazing about her, but now **brought her eyes back** till they slowly came to rest on the old man in the soutane.*
>
> (Voir p. 205)

Le procès **to bring back**, implique que le point de départ du procès est extérieur à l'animé humain. Si la localisation de la propriété inhérente *eyes,* est extérieure à l'animé humain, même si cette localisation préalable ne figure pas dans l'énoncé, une **dissociation** entre la propriété et l'animé qui la détient sera perçue en anglais.

1. Propriété animable/inanimable

Voyons maintenant le schéma syntaxique que nous avons illustré par les exemples [18] et [19]. Dans ces énoncés, les C_1 ne sont plus propriétés animables, mais propriétés inanimables. Il y aura donc une incompatibilité entre le syntagme verbal et le C_1. Il faut reconnaître qu'en français, nous sommes ici en présence de figures de style qui ne sont pas passées dans la langue courante. Il nous a cependant semblé intéressant, pour deux raisons, de retenir ces deux exemples : d'une part, ils confirment les autres phénomènes d'animation analysés et, d'autre part, un seul traducteur, et dans un cas seulement, a maintenu la figure de style de l'énoncé d'origine. Reprenons, à présent, nos deux exemples dans leur contexte :

> [20] — ***Les bêtes*** *étaient là, le nez tourné vers la ficelle, et **alignant** confusément **leurs croupes** inégales.* ($M^{me} B.$, II, VIII, p. 168)
>
> [21] — *... **des banettes d'arbustes**, rhododendrons, seringas et boules de neige **bombaient leurs touffes** de verdure inégales sur la ligne courbe du chemin sablé.* ($M^{me} B.$, I, VIII, p. 81)

Pour le premier exemple, G. Hopkins a transformé le participe présent : *alignant* en past participle : *aligned,* en modifiant la structure syntaxique, le C_1 de la phrase d'origine devenant complément adverbial dans la traduction [25] :

> — *The cattle were already in position, their muzzles turned towards the rope, **their rumps** of all shapes and sizes **roughly aligned**.*
>
> (G. Hopkins, p. 165)

Lewis May a également supprimé l'animation, mais en transformant le S.V. en épithète, inséré dans un groupe nominal : *long irregular line,* introduit par la préposition *in.* Ce groupe nominal fait partie, comme la structure participiale de Hopkins, d'un groupe adverbial. En supprimant la relation S.V. animé + C_1, les deux traducteurs ont évité de présenter la propriété inhérente comme étant dissociable de l'animé humain. La dissociation est d'autant plus marquée, dans l'énoncé français, que le verbe *aligner* est généralement régi par un animé humain.

Pour le deuxième exemple, les deux traducteurs ont, à nouveau, supprimé l'animation par le choix de leur syntagme verbal : *showed/clustered;* Hopkins, en maintenant la structure syntaxique du texte français et L. May, en transformant le C_1 en complément adverbial grâce à la préposition *in* :

---

(25) La transposition aspectuelle de l'actualisation relative : **alignant** à l'aspect résultant : **aligned,** avec effacement de l'**originaire,** correspond à la suppression de l'animation.

- *small groups of shrubs, rhododendrons, syringa and white flowering hawthorn,* **showed rounded and uneven tufts of green** *along the winding course of gravelled drive.* (G. Hopkins, p. 56)
- ... **little clumps of flowering shrubs** – *rhododendrons, syringas and guelder-roses* – **clustered** *in their varying shades of green, along the curving line of the gravel drive.* (L. May, p. 62)

C'est la dissociation entre les deux termes de la relation de propriété, qui est ici évitée par la suppression de la relation S.V. animé + C_1 inanimé. Les deux procès ont en effet un double statut, pouvant se combiner, à la fois avec un C_0 animé ou inanimé :

- **He showed** *the picture to all his friends.*
- **Your petticoat shows.**

- *The children* **clustered** *round their mother.*
- *Light little* **curls clustered** *round her forehead* [26]

Mais L. May est allé plus loin dans sa transposition que Hopkins en évitant de faire porter l'activité verbale sur un C_1. Nous avons déjà pu constater, dans l'exemple précédent, l'utilisation de la préposition *in* dans cette opération.

Voici encore deux exemples qui comportent une dissociation entre les deux termes de la relation qui désignent la partie et le tout, en raison de l'activité verbale portant sur le C_1 désignant la partie :

[22] – ... **les vaches,** *un jarret replié,* **étalaient leur ventre** *sur le gazon, et ruminant lentement,* **clignaient leurs paupières** *lourdes sous les moucherons qui bourdonnaient autour d'elles.*
(Mme B., II, VIII, p. 168)

[23] – *Il crut voir une ombre derrière la fenêtre, dans la chambre ; mais* **le rideau,** *se décrochant de la patère comme si personne n'y touchait,* **remua** *lentement* **ses longs plis** *obliques, qui d'un seul bond s'étalèrent tous, et il resta plus immobile qu'un plâtre.*
(Mme B., II, VI, p. 152)

Les réactions des anglophones devant ces deux exemples étaient intéressantes. Citons les traductions de G. Hopkins et de L. May pour le premier, avant de les comparer :

- ... **the cows,** *their legs doubled beneath them,* **were lying on their bellies,** *slowly chewing the cud, blinking their heavy lids under attack from the flies which were buzzing all around them.*
(G. Hopkins, p. 165)
- *The cows reclined with their udders flopping on the grass,* **meditatively chewing the cud, blinking their heavy eyelids as the midges buzzed around them.**
(L. May, p. 149)

Bien que certains traducteurs aient maintenu la relation S.V. + C_1 :

- ... **cows [...] sprawled their bellies out** *on the grass.*
(A. Russel, p. 150)

---

[26] A l'exception de « *Your petticoat shows* », ces exemples sont tirés de A.S. Hornby, E.V. Gatenby, H. Wakefield, *The Advanced Learner's Dictionary of current English*, Londres, Oxford University Press, 1948, 1960 (voir : *cluster* et *show*).

les anglophones ont refusé leurs traductions même lorsque le choix du verbe implique une animation minimale :

— *... the cows [...] **were resting their bellies** on the ground...*
(M. Marmur, p. 142)

Par contre, non seulement tous les traducteurs, sauf G. Hopkins, ont maintenu l'animation dans le deuxième exemple, mais tous les anglophones interrogés ont trouvé toutes les traductions parfaitement acceptables. Voici les solutions proposées :

— *He thought he saw a shadow at the window of her room, but **the curtain fell loose** from its hook as of its own accord, **and the long slanting folds dropped slowly into place,** spreading out in a single movement, and then hanging as motionless as if they had been a plaster wall.*
(G. Hopkins, p. 145)

— *... **the curtain** [...] slowly **shook its long, oblique folds**,...*
(L. May, p. 133)

— *... **the curtain** [...] **slowly stirred** and all at once **shook out its long slanting folds**...*
(A. Russel, p. 133)

— *... **the curtain,** [...] **slowly opened its long oblique folds**...*
(E. Marx-Aveling, p. 100)

— *... **the curtain,** [...] slowly **shook out its long slanting folds**...*
(M. Marmur, p. 128)

Cet exemple pose le problème de l'utilisation métaphorique de l'animation des inanimés. Il est certain qu'on en trouve des exemples, en anglais, aussi bien dans la langue parlée, p. ex : *to lend a hand,* que dans la langue littéraire. Mais le procédé est passé dans la langue écrite, en français, alors qu'en anglais son usage est beaucoup plus restreint. Il est forcément difficile de déterminer où se situe la limite entre l'effet métaphorique acceptable et non-acceptable. Contentons-nous de tenter une explication pour l'exemple [23].

L'agencement d'un S.N. désignant un inanimé avec un S.V. renvoyant à un procès où l'animation est fortement marquée met en évidence le caractère métaphorique de l'énoncé. Mais il semble en outre que le statut de la propriété *folds* est ambigu. S'agit-il d'une propriété aliénable ▽ ou inaliénable ? La personnification de l'inanimé **curtains** tend à renforcer cette ambiguïté et donc à rendre plus aisée la dissociation entre l'élément repère et la propriété repérée. D'autre part, l'adverbe **slowly** atténue le caractère animé du procès (marqué par le sémantisme) en mettant le processus en relief [27]. Ces différents facteurs nous semblent jouer un rôle dans l'acceptabilité de la figure de style pour ce dernier exemple.

L'exemple [22] est intéressant dans la mesure où il comporte deux exemples de la relation animé non-humain/propriété inhérente : ***les vaches [...] étalaient leur ventre; les vaches [...] clignaient leurs paupières lourdes.*** En effet, seul le premier pose un problème. La propriété inhérente dans le deuxième, étant animable, le syntagme **eyelids** peut être maintenu comme C_1 sur lequel porte directement

---

(27) Cette mise en valeur du processus nous semble avoir une incidence sur l'acceptabilité de la métaphore même dans la traduction de A. Russel, où l'adverbe caractérise en fait le premier procès **stirred** (qui est compatible avec un C_o inanimé), et non le second **shook out** (généralement incompatible avec un C_o inanimé).

l'activité verbale. Par contre, nous éprouvons une légère gêne devant le choix lexical de G. Hopkins : **lids**. Il serait intéressant de savoir si cette gêne est due en partie à une détermination insuffisante, ou s'il s'agit uniquement d'un problème concernant la relation de composition. Il est difficile dans ce cas particulier d'arriver à une conclusion, les deux facteurs pouvant entrer en jeu. Prenons un autre exemple qui pose uniquement le problème de la relation de composition :

[24] — *Le cœur d'Emma lui battit un peu lorsque,* **son cavalier la tenant par le bout des doigts,** *elle vint se mettre en ligne et attendit le coup d'archet pour partir.* (Mme *B.*, I, VIII, p. 84)

Les traducteurs qui ont maintenu la double relation : **Emma/doigts, bout/doigts,** ont tous rendu la deuxième relation par *tips of her (his) fingers*. Voici à titre d'exemple la traduction de Lewis May :

— *Emma's heart beat high, when,* ***her partner holding her by the tips of her fingers,*** *she took her place in line and stood waiting for the signal to begin.* (L. May, p. 66)

On peut se demander pourquoi : * *holding her partner by her fingertips* serait ici inacceptable. Il s'agit dans les deux cas d'une relation entre la partie d'une propriété et cette propriété. Mais lorsqu'une partie d'une propriété inhérente est repérée par rapport à l'animé humain, il est important de mettre en relief la première relation de repérage : partie/propriété, avant de passer à la deuxième : propriété/animé humain. En effet dans l'expression ***holding her by her fingertips,*** la partie de la propriété semble être repérée directement par rapport à l'animé humain.

Dans l'exemple [22] nous n'avons qu'**une** relation : ***vache/paupières.*** Il n'est donc pas question de deux repérages. Par contre, il nous semble nécessaire, afin d'éviter la dissociation dans la relation de propriété, de déterminer **lids** par rapport à une propriété inhérente de l'animé **vaches,** c'est-à-dire **eyes.** Le problème de détermination est donc lui-même lié à la relation de propriété.

Voyons un dernier exemple, où ce problème se pose dans des termes légèrement différents :

[25] — *Un homme à votre droite [...]* **aux mains** *longues et* **agitées, aux ongles rongés** *et brunis de tabac,* **aux doigts qui se croisent et se décroisent** *nerveusement...* (M. Butor, *La Modification,* I, p. 10)[28]

Nous avons ici trois relations de propriété. Chacune des propriétés inhérentes : **mains, ongles, doigts,** est repérée par rapport à l'animé humain, sans repérage intermédiaire. Cependant il faudra, en anglais, restructurer l'ordre de l'énumération des propriétés, de façon à ce que figurent en premier, la propriété maximale **mains,** en troisième position la propriété minimale **ongles,** et entre les deux, la propriété intermédiaire **doigts.**

— *A* **man** *on your right [...] with long restless* **hands,** *with* **fingers** *crossing and uncrossing nervously, and* **nails** *bitten and tobacco-stained...*

---

[28] Michel Butor, *La Modification,* Paris, éd. de Minuit, 1957, 1970.

Il s'agit à nouveau de repérages successifs qui entraînent, en anglais, une restructuration de l'énoncé.

2. Incidence du pronom **dont** sur la relation de composition

Relevons, pour terminer cette étude des relations de propriété, une dernière structure syntaxique qui entraîne souvent, en français, la dissociation entre **composant** et **composé**, ou **animé humain** (repère) et **propriété** (repérée). Il s'agit des propositions relatives introduites par **dont,** que nous avons déjà étudiées d'un autre point de vue dans notre chapitre sur le repérage. Nous avons constaté que ces propositions introduisent souvent un nouveau point de repère dans la phrase. Or lorsque le point de repère est soit une propriété, soit un composant dont l'élément introduit par le pronom relatif est une partie, la mise en relief de cet élément accentue la **dissociation** entre point de repère et élément repéré. Rappelons un exemple déjà analysé, et sa traduction :

[26] – *Alors, tout en faisant l'épouse et la vertueuse, elle s'enflammait à l'idée de **cette tête dont les cheveux noirs** se tournaient en une boucle vers le front hâlé...* (Mme *B.*, II, xii, p. 215)
– *All the time that she was playing the part of virtuous wife her mind was on fire with memories of **the familiar head with its black hair** falling in curls over a suntanned brow...*
(G. Hopkins, p. 229)

Nous avons dans cet exemple trois points de repère : ***elle, tête*** et ***cheveux.*** Le troisième est supprimé en anglais par la transformation de la relation dissociative : **dont,** en une relation de coordination : **with.** Ainsi les problèmes de **dissociation** et de **repérage** sont clairement liés.

On pourrait penser, dans certains cas, que la restructuration de la phrase en anglais est due à la difficulté à manier le pronom *which* au génitif. Mais en fait le problème se pose aussi bien pour le pronom *who.* Citons à titre d'exemple une traduction de E. Marx-Aveling comportant le pronom *who* au génitif. Il s'agit d'une relation de composition avec propriété aliénable : **main/gants.** Mais le fait qu'elle n'est pas inhérente n'a ici aucune incidence linguistique.

[27] – *... **les flacons** à bouchon d'or tournaient dans des **mains** entr'ouvertes **dont** les **gants** blancs marquaient les formes des ongles...* (Mme *B.*, I, viii, p. 84)
– *... gold-stoppered scent bottles were turned in partly closed hands, **whose** white gloves outlined the nails...*
(E. Marx-Aveling, p. 41)

Nous avons, à nouveau, dans cet exemple, trois points de repère : ***flacons, mains, gants.*** La relation de dissociation, et l'autonomie du 3e élément nous semblent plus marquées ici. S'il est vrai que le pronom *whose* s'utilise couramment en anglais contemporain même lorsqu'il renvoie à un inanimé, toutefois dans une structure syntaxique où une propriété, ou un composant, est repéré par rapport à une autre propriété de l'animé humain, ou par rapport à un composant, sans être repéré par rapport à l'animé humain ou à l'ensemble, ce pronom nous semble encore plus difficilement acceptable que le pronom *(of) which*, qui renvoie exclusivement aux inanimés.

Citons un troisième exemple de ce schéma syntaxique, cette fois avec le pronom *(of) which* :

> [28] — *... il s'était tourné vers elle complètement, si bien qu'il frôlait du genou **sa bottine**, **dont la semelle** se recourbait tout en fumant contre le poêle.*
> (Mme B., III, vii, p. 323)

Plusieurs traducteurs ont maintenu ici les trois points de repère et le composant *sole,* comme source du procès :

> — *... he turned until he was facing her squarely, and drew his chair so close to hers that his knee brushed her **boot, the sole of which** was curling backwards and smoking from the heat of the stove.*
> (G. Hopkins, pp. 372-373)

La gêne qu'ont éprouvé les anglophones devant cet énoncé nous semble s'expliquer d'une part par la mise en relief du composant *sole,* due à la structure syntaxique, et d'autre part par son autonomie par rapport au composé *boot.* Nous préférons la traduction de L. May, qui a supprimé le terme désignant la partie de façon à ce que le procès soit régi par celui désignant le tout :

> — *... he had turned round towards her so completely that his knee rubbed against the boot, **which was steaming and curling up** from the heat of the stove.*
> (L. May, p. 306)

3. Être et avoir

Avant d'abandonner ce problème, il nous semble pertinent de faire un rapprochement entre les relations de propriété et de composition dans la structure relative introduite par le pronom **dont,** et la prédication d'existence comportant les verbes **être** ▽ et **avoir.**

Si nous sommes d'accord quant au parallélisme que Benveniste établit entre **être** et **avoir** dans un cadre de linguistique générale, il nous semble cependant que, dans une perspective contrastive, certaines différences doivent être marquées.

Voici ce qu'en dit Benveniste :

> — « *Être* est l'état de l'étant, de celui qui est quelque chose ; *avoir* est l'état de l'ayant, de celui à qui quelque chose est. La différence apparaît ainsi. Entre les deux termes qu'il joint, *être* établit un rapport intrinsèque d'identité : c'est l'état consubstantiel. Au contraire les deux termes joints par *avoir* demeurent distincts ; entre ceux-ci le rapport est extrinsèque et se définit comme pertinentiel ; c'est le rapport du possédé au possesseur. Seul le possesseur est dénoté par *avoir*, à l'aide de ce qui, grammaticalement, se constitue en (pseudo-) régime.
> De là vient que *avoir*, qui n'est qu'un « *être à* » retourné, ne se laisse pas lui-même tourner en passif [...] ce qui rend un tel passif irrecevable est le fait que *posséder* affecte, non l'objet mais le sujet. [29] »

(29) E. Benveniste : *Problèmes de Linguistique Générale*, I, pp. 198-199.

La dernière phrase est annoncée, avant cette analyse, de façon plus radicale :
« Dans aucun de ses emplois, *avoir* ne se réfère à un objet, mais seulement au sujet ». [30]

C'est précisément cette constatation qui nous semble mériter une qualification. Si on compare différents exemples, on s'aperçoit que dans une prédication à deux places avec C_0 déterminé [31] le verbe **avoir**, recouvre en français trois types de localisation :

- premièrement : un **repérage** par rapport à
  un **animé humain** (possession ou propriété),
  ou à un **inanimé** (propriété aliénable ou inaliénable)
- deuxièmement : un **repérage** impliquant une **relation de localisation**, généralement d'**ordre spatial**
- troisièmement : une **prédication d'existence** concernant la **propriété**.

Il ne s'agit pas à proprement parler de relations qui sont fondamentalement différentes, mais de points de repère différents à l'intérieur de la relation. Le choix du point de repère aura également une incidence sur la nature de la détermination. Ainsi si on prend le premier cas :

(I) Repérage par rapport à l'animé humain ou à l'inanimé

On s'aperçoit qu'en anglais le verbe **to have** est compatible avec un C_0
1) **animé humain** — que la **propriété** soit
   a) **aliénable**
   John has a new car
   b) *ou* **inaliénable**
   John has large shoulders.
2) **inanimé** — uniquement lorsque la propriété est **inaliénable.**
   This house has four windows.
   mais pas
   * My sock has a hole.

Le verbe **to have** sera par contre incompatible avec un C_0 qui désigne lui-même
3) **une propriété**
   – de l'**animé** ou
   – de l'**inanimé.**

C'est le cas dans l'exemple suivant :

[29] – ... *les **rez-de-chaussée** ont à leur porte **une petite barrière** tournante pour les défendre des poussins, qui viennent picorer, sur le seuil, des miettes de pain bis trempé de cidre.*

(Mme *B.*, II, 1, p. 106)

E. Marx-Aveling a maintenu le composant *rez-de-chaussée* comme C_0 dans sa traduction :

---

(30) *Ibid.*, p. 198.
(31) Nous excluons les cas où le verbe **avoir** exprime simplement un état du C_0 : avoir faim, avoir froid, et qui se traduiraient en anglais par le verbe **to be.**

> — ... *the ground-floors* have at their door **a small swing-gate**, *to keep out the chicks that come pilfering crumbs of bread steeped in cider on the threshold.*
>
> (E. Marx-Aveling, p. 60)

Cette traduction a été rejetée par les anglophones interrogés. Les solutions des autres traducteurs seront examinées ultérieurement. En attendant, on peut comparer cette traduction à celle également proposée par E. Marx-Aveling pour l'exemple [27] : *whose white gloves outlined the nails.* Dans les deux cas, la propriété : **gloves** ou le composant inanimé : **gate** sont localisés par rapport au repère qui renvoie à la partie et non par rapport à celui qui renvoie au tout, que ce dernier désigne ou non un animé humain.

Prenons, à présent, le deuxième type de localisation, à laquelle renvoie le verbe **avoir** :

(II) Un repérage impliquant une relation de localisation spatiale

Certains des énoncés que nous avons proposés aux anglophones ont été refusés ou acceptés avec hésitation, lorsque le verbe to **have** n'était suivi que d'un C_1 désignant une propriété ou un composant, p. ex :

— *the garden has a pond.*

Par contre ils ont été acceptés avec l'ajout d'une relation de repérage, p. ex :

— *Does he drink ? Well, he did have a bottle **with him***
— *My sock has a hole **in it.***

Si chacun de ces ajouts comporte un pronom qui renvoie au C_0 il nous semble qu'il s'agit moins ici de valoriser le C_0 en tant que point de repère que de distinguer entre la relation de propriété et d'autres types de repérage. Il s'agira souvent d'une localisation spatiale dont le C_0 et le pronom seront alors le point de repère, p. ex : *sock* et le C_1 le terme repéré, p. ex : **hole.**

Une expérience faite avec l'exemple suivant a suscité des réactions intéressantes :

> [30] — *Charles monta, au premier, voir le malade. Il le trouva dans son lit [...]* **Il avait à ses côtés, sur une chaise, une grande carafe d'eau-de-vie, dont il se versait de temps à autre** *pour se donner du cœur au ventre...*
>
> ($M^{me} B.$, I, II, p. 48)

Nous avons tout d'abord déplacé les deux points de repère : *à ses côtés* et *sur une chaise,* pour les insérer après le C_1 *carafe d'eau-de-vie,* c'est-à-dire : *Il avait une grande carafe d'eau-de-vie sur une chaise à ses côtés.* Nous avons ensuite demandé aux anglophones de proposer une traduction. Ils ont généralement proposé :

— *He had a bid decanter of brandy on a chair beside him, from which he could pour himself a drink...*

Lorsque nous avons proposé le schéma syntaxique de Flaubert, les anglophones ont choisi, comme tous les traducteurs, une **prédication d'existence** avec le verbe **to be** ou **to stand.** Ceci nous amène au troisième type de relation que nous avions relevé pour le verbe **avoir.**

(III) Prédication d'existence concernant la propriété

Citons tout d'abord une des traductions proposées pour notre exemple :
- *Beside him, on a chair, stood a big decanter of brandy, from which he poured himself a drink now and again to cheer his stomach.*
(G. Hopkins, p. 17)

Il nous semble, en effet, que la mise en relief du double repérage spatial :
- premièrement, par sa position initiale
- deuxièmement, par la suppression de l'animé humain C_0, qui en découle,

implique un déplacement du point de repère de l'animé humain à la propriété.

De même pour l'exemple [29], plusieurs traducteurs ont proposé une prédication d'existence avec la propriété comme point de repère, p. ex :
- *... in the doorway is a low swing-gate to keep out the chicks that come to forage for brown bread-crumbs soaked in cider.*
(A. Russel, p. 83)

Ainsi, en anglais, on détermine de façon plus rigoureuse la nature de la relation entre les deux éléments mis en rapport par le verbe **avoir** et on fait apparaître clairement l'élément repère. Soit la nature de la relation elle-même est différenciée (propriété, localisation spatiale, etc.) soit la structure syntaxique met en évidence l'élément de la relation qui sert de point de repère. Le verbe **avoir** sera généralement supprimé lorsque le deuxième élément est privilégié. Les critères qui permettent d'orienter le choix dans une de ces trois directions ne sont évidemment pas absolus. Certains cas sont difficiles à cerner. Le point de repère dans l'énoncé français peut être ambigu et admettre deux traductions différentes. Cependant des tendances se dégagent nettement et peuvent, à ce titre, être répertoriées.

La compatibilité d'un **déclencheur inanimé** avec le verbe **to have** semble dépendre, en grande partie, de deux facteurs :

1) **Le degré d'aliénabilité de la propriété**
   - Plus la propriété est aliénable, moins elle sera compatible avec l'auxiliaire **to have.**

2) **Le degré de détermination que comporte le déclencheur du procès ou le C_1**
   - Plus le terme renvoyant au déclencheur est déterminé, moins il semble compatible avec le verbe.
   - Par contre, plus le C_1 ou même les éléments à droite du verbe sont déterminés, plus le terme désignant le déclencheur est compatible avec le verbe.

Ces faits semblent indiquer que si le verbe **to have** est un verbe d'état, il comporte néanmoins un degré d'animation du fait que, dans la **relation de propriété ou de possession** $^\nabla$, la propriété est généralement repérée par rapport à un animé humain, en anglais. Il nous semble, par conséquent, difficile dans une perspective contrastive [32] de qualifier le terme origine du procès **to have,**

---

(32) Voir p. 221.

d'« ayant » dont le statut est purement « passif », même lorsqu'il s'agit d'un animé humain.

Il nous reste à voir les facteurs secondaires qui peuvent modifier les relations de base que nous avons examinées. Ceux-ci sont nombreux, mais nous nous limiterons aux cas les plus évidents. Ils concernent les deux termes qui constituent la première relation étudiée :
- **le déclencheur du procès**

et
- **le procès.**

IV. Facteurs de modification

Si la divergence de catégorie est plus fortement ressentie lorsqu'elle se présente dans la relation C_0 **déclencheur + procès**, il va de soi que la mise en relief relative du caractère animé d'un de ces deux termes augmentera encore cette divergence. Examinons tout d'abord le terme renvoyant au déclencheur et voyons l'incidence de sa position dans la phrase sur la qualité agentive.

1. Le déclencheur

La position du terme désignant le déclencheur du procès sera primordiale. S'il se trouve en **position initiale** dans la phrase, et que d'autre part il **précède immédiatement** le verbe, sa qualité agentive sera renforcée :
- *The napkin held on oval roll* [33]

Par contre, si le terme origine est inséré dans une première prédication où il se trouve à la droite du verbe, avant d'être mis en relation avec un verbe de catégorie divergente, sa qualité agentive sera atténuée :
- *On the table was* **a napkin** *which* **held** *an oval roll.*

Cette première prédication peut être soit :
1) **une prédication d'existence** concernant le terme origine

soit
2) **une proposition principale** dont le C_1 sera le terme qui régit le procès dans la relative.

S'il est vrai que la prédication d'existence met en relief l'élément sur lequel porte la prédication, le fait même que le verbe **être** détermine un **état**, atténue la **qualité agentive** de cet élément quel que soit son rôle dans la suite de l'énoncé.

Prenons à titre d'exemple les traductions de la phrase suivante :

[31] — *Sur le grand poêle de porcelaine à baguettes de cuivre,* **une statue de femme** *drapée jusqu'au menton* **regardait** *immobile* **la salle** *pleine de monde.* (Mme *B.*, I, viii, p. 83)

---

(33) Cet exemple et le suivant sont fabriqués à partir de la traduction de G. Hopkins citée à la page 226.

L'ordre syntaxique choisi par les traducteurs entraîne d'autres phénomènes qui jouent également un rôle important dans la mise en relief de l'animation. Ces facteurs seront examinés par la suite. Contentons-nous pour l'instant de comparer dans deux des traductions proposées, la position du terme *statue de femme* qui régit le procès

- *From the great porcelain, brass-fitted stove,* **the statue of a woman,** *draped to the chin,* **gazed** *at the crowded room in frozen immobility.*
(G. Hopkins, p. 58)
- *On the high porcelain stove, with its copper rod,* **stood** *the statue of a woman draped to the chin,* **looking calmly down** *on the thronged apartment.*
(L. May, p. 64)

Pour ne pas avoir à tenir compte ici de la forme verbale, remplaçons la subordonnée dans la traduction de Lewis May par une relative : **which looked down on the thronged apartment.**

L'animation du procès **looked,** après la prédication d'existence, et la reprise pronominale **which,** sera nettement moins marquée que dans le procès **gazed** de la première traduction.

Prenons un deuxième exemple :

[32] — *... des bouquets étaient en ligne sur toute la longueur de la table, et, dans* **les assiettes** *à large bordure, les serviettes, arrangées en manière de bonnet d'évêque,* **tenaient** *entre le baillement de leurs deux plis chacune* **un petit pain** *de forme ovale.*
(Mme *B.*, I, viii, p. 82)

On constatera à nouveau la même différence entre les traductions de Hopkins et de Lewis May :

- *... on the wide-bordered plates,* **the napkins,** *in the form of Bishops' mitres,* **held small oval rolls** *in the yawning gap between their folds.*
(G. Hopkins, p. 58)
- *... on the wide-rimmed plates* **stood napkins** *folded like bishops' mitres,* **each holding** *in its opening a little oval roll.*
(L. May, p. 64)

Remplaçons cette fois la subordonnée dans la traduction de L. May, de façon à ce que la forme verbale soit à nouveau la même dans les deux versions : *and each* **held** *in its opening a little oval roll.*

La position du syntagme **napkins** dans ce dernier énoncé, c'est-à-dire :
- à droite du verbe **stood**
- à gauche du verbe **held**

nous semble infléchir la valeur du procès dans le sens de **contenir,** alors que le premier prendra plutôt la valeur de **tenir.**

Voyons maintenant le deuxième schéma syntaxique qui confère au terme origine du procès un double rôle. Ce deuxième schéma concerne essentiellement les propriétés animables de l'animé humain [34]. On trouve à plusieurs reprises dans notre corpus une

---

(34) P. ex. : la main, les yeux, le pied, par opposition à l'oreille, le nez ou les ongles.

telle propriété désignée par un terme qui est à la fois C_1 du verbe de la principale et, par l'intermédiaire du pronom relatif, le C_0 du verbe de la subordonnée.

Voici un exemple :

[33] — *Emma vit la main de la jeune dame **qui jetait** dans son chapeau quelque chose de blanc, plié en triangle.*
(Mme B., I, VIII, p. 86)

L'élément **main**, est à la fois :
— terme repéré dans la principale,

et
— terme origine du procès ***jetait***, par l'intermédiaire du pronom ***qui***, dans la subordonnée.

Il a donc un rôle non-agentif, dans la principale et agentif dans la subordonnée. On constate également ce double statut dans le schéma syntaxique que nous venons d'analyser, comportant une prédication d'existence.

Voyons les traductions proposées pour cet exemple :

— *Emma **saw** the young woman's hand **drop** something white and three cornered into his hat.*
(G. Hopkins, p. 63)

— *...Emma **noticed** the young woman's hand **toss** something white and triangular into his hat.*
(L. May, p. 68)

Ces deux traductions sont parfaitement acceptables en anglais. Mais s'agit-il uniquement du double rôle de l'élément ***hand*** ? Le problème est un peu plus complexe. Notre modification de la subordonnée dans les deux exemples précédents faussent, en fait, légèrement le problème. On constate que les traducteurs intègrent la subordonnée de l'exemple français à la principale :

— soit par une extension, avec forme verbale secondaire en **-ing**[35],
— soit par suppression de la reprise anaphorique.

Ainsi dans notre dernier exemple le procès de la principale *saw/noticed*, porte non seulement sur le C_1 ***hand*** mais sur toute la proposition : *... **the young woman's hand drop something [...] into a hat**.* En d'autres mots : *Emma saw « the dropping... »*.

Dans les deux schémas, le deuxième procès est, en fait, subordonné au premier et c'est donc le rôle non-agentif de l'élément ***hand***, qui domine le rôle agentif. Voici un deuxième exemple :

[34] — *Alors l'indignation la prit, **à voir cette grosse main**, aux doigts rouges et mous comme des limaces, **qui se posait** sur ces pages où son cœur avait battu.*
(Mme B., III, VII, p. 316)

Cet exemple comporte un schéma analogue au dernier. Le syntagme ***hand*** a, à nouveau, un double statut.

— C_1 du verbe *voir*

et
— C_0 du verbe *se posait*, par l'intermédiaire du pronom relatif *qui*

---

(35) Voir chapitre III : L'Agencement syntaxique.

Comme dans le dernier exemple, la suppression de la reprise anaphorique, et la transformation du procès en forme secondaire (c'est-à-dire, participe présent) qui en est la conséquence, permettent d'intégrer la subordonnée de l'énoncé français à la principale, et de faire porter le syntagme indiquant la perception *voir/at the sight of*, sur l'ensemble de cette proposition :

- *She was seized with indignation* **at the sight of** *his coarse hands,* **with their** *soft, pink, slug-like* **fingers pawing the papers** *over which her heart had registered so many passionate beats.*
(G. Hopkins, p. 364)
- *Then her indignation* did *rise –* **to see this big hand with the red fingers** *soft as slugs,* **defiling those pages** *which had felt the beating of her heart.*
(L. May, p. 299)

C'est donc à la fois la suppression du deuxième point de repère, et l'effacement du deuxième procès, qui permettent dans les deux derniers exemples d'atténuer l'animation.

Un dernier exemple nous permettra de souligner la constance de ce phénomène. La structure de la phrase suivante peut être comparée à celle que nous venons d'analyser :

[35] – *...et, lorsqu'il tournait la tête,* **il voyait** *près de lui, sur son épaule,* **sa petite mine rosée qui souriait** *silencieusement...*
(Mme *B.*, I, IV, p. 64)

Les deux traducteurs ont, à nouveau, transformé la relative en proposition subordonnée introduite par un participe présent :

- *When he turned his head* **he could see,** *there on his shoulder, close to his cheek,* **her** *little* **pink face smiling** *silently...*
(G. Hopkins, p. 36)
- *...when he turned his head* **he** *saw close by him, just above his shoulder,* **her** *little* **rosy mouth smiling** *silently...*
(L. May, p. 48)

Dans tous ces exemples, nous retrouvons, en fait, les procédés d'intégration à la proposition principale que nous avons analysés dans le chapitre III.

2. La forme verbale

Dans chacune des transformations syntaxiques que nous venons d'analyser, nous avons pu constater que le deuxième procès de la phrase était effacé par rapport au premier. Une fois de plus, il est difficile de dissocier forme verbale et syntaxe. Ces exemples auraient pu tout aussi bien figurer dans la présente analyse. Ainsi dans l'exemple suivant, nous avons la relation C_o inanimé + S.V. animé :

[36] – *Il faisait beau ; on avait chaud ; la sueur coulait dans les frisures, tous* **les mouchoirs tirés épongeaient des fronts rouges...**
(Mme *B.*, II,XV, p. 247)

Les traducteurs ont opéré un chassé-croisé des formes verbales, en actualisant le participe passé épithète **tirés,** pour l'insérer soit dans une prédication, soit dans une prédication d'existence et en transformant, au contraire, le procès principal *épongeaient*, l'un en forme verbale nominalisée, l'autre en participe présent :

- *It was a fine evening. Those waiting for the doors to open were feeling hot. Sweat ran into carefully curled hair;* **there was much mopping of red faces with pocket handkerchiefs...**
(G. Hopkins, p. 271)

- *It was a fine evening, and hot. The ladies' fringes all looked clammy with perspiration;* **all the handkerchiefs were out, mopping away at rubicond foreheads...**
(L. May, p. 227)

L'atténuation de la qualité agentive est due à la fois au schéma syntaxique et à la forme verbale. Une forme verbale repérée tend en effet à effacer le degré d'animation.

En français, déjà, si l'on compare les exemples cités, on constate que celle-ci est moins marquée lorsque le procès de l'énoncé est à l'imparfait que lorsqu'il est au passé simple. Le passé simple souligne, en effet, l'actualisation du procès [36], et de ce fait met l'animation en valeur. La différence ressort clairement avec le verbe *préférer* :

- *Il préférait la blonde*
- *Il préféra la blonde.*

La différence aspectuelle est si marquée qu'elle nécessiterait en anglais un choix lexical différent pour chaque énoncé : *preferred / chose.*

Bien que le prétérit n'implique pas nécessairement un procès révolu il sera souvent perçu comme tel [37], si d'autres syntagmes ou phénomènes syntaxiques ne le marquent pas clairement comme non-événementiel. Le problème se pose pour la traduction du procès *apportaient*, dans l'exemple suivant :

[37] - *Quand la contredanse fut finie, le parquet resta libre pour les groupes d'hommes causant debout et les domestiques en livrée qui* **apportaient** *de grands plateaux.* (Mme B., I, VIII, p. 84)

Un seul traducteur a rendu le S.V. souligné par un prétérit. Ce choix se justifie dans sa traduction du fait qu'il l'insère dans une proposition temporelle et non relative :

- *When the quadrille was over, the floor remained free. Groups of men stood and chatted* **while** *the liveried servants* **brought** *in large trays.*
(M. Marmur, p. 68)

La conjonction **while** implique à la fois la concomittance et le déroulement d'un procès. Le prétérit est de ce fait perçu ici dans sa valeur de renvoi à la notion, et non de procès ponctuel.

---

(36) Du fait qu'il renvoie à un procès révolu. Ceci n'implique pas pour autant que tout procès au passé simple est ponctuel, p. ex. : le roi régna pendant vingt ans.

(37) Du fait que deux ou plusieurs verbes d'action coordonnés par une conjonction ou repérés temporellement l'un par rapport à l'autre par un adverbe de succession apparaitront comme des procès révolus dans une chronologie. Cette valeur dépend en fait de la combinaison verbe de processus + marqueur de relation. Dans l'exemple suivant, la valeur ponctuelle disparait grâce au marqueur adverbial d'itération *He went to church* **every** *Sunday.*

Prenons un deuxième exemple :

[38] — ***Son âme s'élevait*** *vers Dieu et le* ***suppliait*** *de faire voltiger au loin les pensées frivoles dont il était plein pour ne laisser en lui que les lourdes semences de la parole de sagesse.*

(M. Tournier, Vendredi, p. 60)

Seul le premier procès est traduit par un prétérit, ***rose up***. Le deuxième est rendu par une forme verbale secondaire, ***beseeching :***

— **His spirit rose up** *to God,* **beseeching Him** *to cause the frivolous thoughts that filled his mind to scatter in the winds, leaving behind only the solid seeds of wisdom.*   (N. Denny, p. 52)

La secondarité verbale entraîne forcément une subordination syntaxique. Ces deux facteurs combinés atténuent l'animation du deuxième procès. Le procès *to rise up*, ayant un caractère non-volontaire, peut lui, à la différence de *beseech*, se mettre sans problème au prétérit.

Comparons, pour terminer notre analyse des facteurs de modification, les variantes proposées pour la traduction de l'exemple suivant, déjà cité :

[39] — *...dans les assiettes à large bordure,* ***les serviettes,*** *arrangées en manière de bonnet d'évêque,* ***tenaient,*** *entre le baillement de leurs deux plis* ***chacune un petit pain de forme ovale.***

(Mme B., I, viii, P. 82)

Nous classons les traductions selon le degré d'effacement de l'animation. La dernière est notre propre traduction. Voici la première :

— *...on the wide-bordered plates,* **the napkins,** *in the form of Bishops' mitres,* **held small** *oval rolls in the yawning gap between their folds.*   (G. Hopkins, p. 58)

Cette traduction nous semble être à la limite de l'acceptabilité, en raison de deux facteurs : l'un syntaxique, l'autre d'ordre verbal. La relation : C_o inanimé *napkins* + procès au prétérit *held*, présente une divergence d'autant plus marquée que le C_o est introduit directement après le complément spatial, sans faire l'objet, d'abord, d'une prédication d'existence.

On trouvera, par contre, une première prédication avec le S.N. *napkins* en position C_1 dans la traduction suivante :

— *...on the wide-rimmed plates* ***stood napkins*** *folded like bishops' mitres,* ***each holding*** *in its opening* ***a little oval roll.***

(L. May, p. 64)

Si cette prédication, de même que la forme verbale secondaire de la subordonnée permet d'atténuer l'animation verbale, celle-ci est en revanche valorisée par le rôle emphatique du pronom *each*.

Dans la troisième traduction, nous passons de l'atténuation à l'effacement complet de la qualité agentive du S.N. *serviettes,* grâce à la suppression du deuxième procès :

— *...on the wide-rimmed plates* ***stood serviettes*** *folded in the form of a bishop's mitre,* ***each with an oval-shaped rool inside the fold.***

(A. Russel, p. 61)

Nous proposons une dernière traduction où qualité agentive et animation verbale disparaissent également, mais cette fois grâce à la suppression de la reprise pronominale et à la passivation du procès. Notons la substitution de la préposition **with,** au verbe *to hold,* dans les deux dernières traductions.

- *...on the wide-rimmed plates **stood napkins,** shaped like a bishop's mitre, **with an oval roll wedged between their two folds.***

Les facteurs de modification confirment plutôt qu'ils n'invalident le fait qu'il y a un problème au départ. La nécessité d'effacer l'incompatibilité entre les catégories animé et inanimé, dans les relations que nous venons d'examiner, constitue un facteur important. Ce facteur importe, cependant, non en tant que phénomène isolé, mais en tant que cas particulier d'un problème fondamental dont nous avons vu plusieurs incidences au chapitre précédent, à savoir, la nécessité de marquer, en anglais, la différenciation entre les catégories du réel.

TROISIÈME PARTIE

CHAPITRE **7**

Hypothèse et assertion

Nous avons constaté au chapitre IV, qu'en anglais, la tendance à orienter le repérage du point de vue de l'animé humain repère, entraîne de nombreuses différenciations dans l'usage des marqueurs de localisation. Ces distinctions se limitent, cependant, à la localisation dans la représentation du réel attesté. Or, l'orientation rigoureuse du point de vue entraîne également des distinctions fines et parfois difficiles à cerner entre la représentation du **réel** et de l'**hypothétique.**

Une première distinction s'impose lorsqu'on aborde cette opposition. L'hypothèse ▽ peut elle-même être envisagée dans une double opposition, l'une par rapport à l'**actualisation,** l'autre par rapport à l'**assertion** ▽. Le problème est complexe du fait que certains signes lexicaux et grammaticaux impliquent déjà une situation hypothétique. C'est le cas pour les verbes dont le sémantisme implique un procès non actualisé : ***imaginer, rêver, souhaiter, vouloir.*** De même, sur les quatre exemples suivants, seul le premier peut impliquer l'actualisation du procès ***venir*** :

– *Je viens*
– *Je viendrai*
– *Dois-je venir ?*
– *Viens !*

Le futur, l'interrogation, l'injonction, impliquent un procès hypothétique, puisque non actualisé. Mais c'est ici qu'intervient la situation d'énonciation. Entre *je viendrai* et *j'espère venir,* ou encore entre *tu viendras* et *viens !* il y a une différence qui n'est plus une opposition entre l'hypothèse et l'actualisation, mais entre l'hypothèse et l'assertion. En effet, le procès *je viendrai* correspond à une visée, le procès *tu viendras,* à la fois à une visée et à une injonction. Il y a donc double modalité hypothétique. L'attitude d'énonciation est, cependant, assertive, relativement aux procès *j'espère venir* et *viens* !

I. Assertion et hypothèse dans le récit

Quelle est l'incidence de ces problèmes sur la traduction ? Tout d'abord, si le repérage est orienté à partir d'un point de vue autre que celui de l'énonciateur origine⁽¹⁾, on ne pourra asserter, en anglais, que ce qui est **attestable** de ce point de vue. Or, très souvent, en français, aucune distinction n'est faite entre les termes qui renvoient à **l'être** ▽ et ceux qui renvoient au **paraître** ▽. Cette distinction est primordiale en anglais. On marque, par exemple, la différence entre :

   – l'expression de la réalité et celle de la manifestation de cette réalité,
et
   – l'expression de la réalité et celle de l'apparence.

1. Termes renvoyant à la réalité et à la manifestation de la réalité

L'orientation d'un point de vue suppose la délimitation d'un champ de vision. Ainsi, si une situation se rapportant à un animé humain B est repérée par rapport au point de vue d'un animé A, A ne pourra rendre compte que de ce qui entre dans le champ de sa perception. Prenons un premier exemple.

> [1] – ... *enfin, la baisant encore et pleurant un peu, elle la remit aux mains de la domestique, qui restait fort ébahie devant **cet excès de tendresse.***
> (*Mme B.*, II, x, p. 201)

Voici la traduction que propose G. Hopkins :

> – *Finally, with one last kiss and a little shedding of tears, she handed her over again to the servant who had been standing there quite dumb-founded by so excessive a **display of tenderness.***
> (G. Hopkins, p. 210)

Lewis May traduit dans le même sens :

> – *Finally, still smothering her with kisses and crying a little, she handed her back to the maid, who couldn't account at all for this sudden **outburst of affection.***
> (L. May, p. 183)

Nous avons, dans la relative, un changement de point de repère. Celui-ci porte sur l'animé **domestique,** auquel renvoie le pronom relatif *qui.*

Les différents procès énumérés, et résumés par l'expression **excès de tendresse,** sont envisagés du point de vue de l'animé humain désigné par *la domestique.*

Or, elle ne perçoit que les manifestations d'une réaction affective et ce sont ces manifestations qui lui permettent de désigner la nature de la réaction. C'est pourquoi les traducteurs ont marqué la distinction entre réalité et manifestation de cette réalité par l'ajout d'un syntagme nominal, ***display/outburst.***

Voici, à présent, un exemple de ce problème dans *La Peste*. On le retrouve dans deux phrases consécutives :

> [2] – ... *Grand devait d'ailleurs signaler à Rieux d'autres changements dans le **caractère** de Cottard. Ce dernier avait toujours **été** d'opinions très libérales. Sa phrase favorite : « Les gros mangent toujours les petits » le prouvait bien.*
> (A. Camus, *La Peste*, I, p. 60)

---

(1) Phénomène qui correspond, en termes d'analyse littéraire, au « point de vue » d'un personnage donné à l'intérieur d'un récit.

La situation contextuelle a son importance. Les deux noms, **Grand** et **Cottard,** renvoient à des personnages qui se connaissent peu. Les observations de **Grand** ne peuvent donc être faites que d'après des signes extérieurs. Stuart Gilbert met ce fait en évidence dans la traduction de la deuxième phrase :

— *Cottard had always **professed** very liberal ideas, as his pet dictum on economic questions, « Big fish eat little fish », implied.*
(S. Gilbert, pp. 49-50)

En effet, sa « phrase favorite » rend compte des opinions qu'il **exprime,** mais pas nécessairement de ses opinions réelles.

Nous aurions, pour des raisons analogues, traduit *caractère* par ***behaviour,*** et non pas, comme l'a fait S. Gilbert par ***character.*** Un point de vue extérieur ne pourrait, en effet, rendre compte que du **comportement** et non du caractère intime.

Prenons un dernier exemple de cette distinction entre le perceptible et le non-perceptible, tiré, cette fois, d'*Eglantine* de Giraudoux :

[3] — *C'était à la dernière minute que les voyageurs déçus allaient voir bondir dans le wagon [...] le monsieur en costume de ville, et la personne écossaise **perdre** soudain ce sourire, **cette indifférence**...*
(J. Giraudoux, *Eglantine*, p. 94)[2]

— *Only at the last minute were the disappointed travellers to see the gentleman in the city suit, leap into the carriage [...] and the Scottish lady lose that smile, **that air of indifference**...*
(V. Colonna, Université Paris VII)

Dans cet exemple, le point de vue est orienté à partir des animés humains repères : **voyageurs.** Or, ici, à nouveau, ils ne peuvent constater que la manifestation extérieure d'une attitude intérieure : **air of indifference.** En français, c'est l'attitude intérieure elle-même qui est exprimée dans l'énoncé.

Dans chacun de ces exemples, nous avons un animé humain A, qui constitue le point de repère, et un animé humain B, qui est repéré par rapport à celui-ci. La réalité de B est pour A hypothétique. A ne peut donc exprimer sous forme assertive, en anglais, que ce qui est pour lui perceptible, c'est-à-dire la manifestation extérieure de cette réalité. [3]

Dans la catégorie suivante, le problème se pose de façon légèrement différente. L'élément repéré B, qu'il soit animé ou inanimé, est perçu par un animé A sous un jour hypothétique. Il ne s'agira plus ici d'asserter la partie de la réalité qui est perceptible, mais de marquer comme hypothétique l'apparence perçue.

---

(2) Jean Giraudoux, *Eglantine*, Paris, J. Ferenczi et fils, 1938.
(3) En fait, c'est l'auteur et non A qui asserte la réalité de B mais dans son assertion il ne peut inclure que ce qui est perceptible par l'animé A.

2. Termes renvoyant à la réalité et à l'apparence

Notre premier exemple, tiré de *La Condition Humaine*, met bien le problème en évidence :

[4] – *Affalé sur la banquette, jambes croisées et bras collés au corps comme un insecte frileux, le nez en avant,* **il la regardait de très loin,** *malgré le contact des corps.*
(A. Malraux, *La C. Humaine*, V, p. 201)
 – *Slouched on the bench, legs crossed, arms tight against his side like an insect feeling the cold, nose jutting forward,* **he seemed to watch her from a long way off** *despite the contact of their bodies.*
(A. Macdonald, p. 232)

Nous avons ici un animé humain A : *il,* qui perçoit l'animé B auquel renvoie le pronom *la*. La concessive : *malgré le contact des corps* les situe l'un par rapport à l'autre. La locution adverbiale de localisation spatiale : *de très loin,* correspond donc à une situation imaginaire. Or, cette situation est exprimée en français sous forme assertive : *il la voyait.* En anglais, l'hypothèse est soulignée : **he seemed to watch her...** [4].

Il faut reconnaître, cependant, que l'aspect verbal a ici une incidence sur l'énonciation dans les deux langues. En effet, le prétérit : *he saw* serait perçu dans ce contexte comme procès ponctuel et mettrait l'actualisation en valeur. L'expression assertive d'une hypothèse, dans un récit, est souvent — mais pas nécessairement rendue, en français, par un imparfait. Du fait qu'il implique un procès révolu, le passé simple souligne davantage encore que le prétérit l'actualisation du procès. Cette différence d'aspect verbal ressort clairement dans l'exemple suivant :

[5] – *Binet expliqua qu'il avait besoin d'un mordant pour composer lui-même une eau de cuivre avec quoi dérouiller diverses garnitures de chasse.* **Emma tressaillit.** *Le pharmacien se mit à dire :*
 – *En effet, le temps n'est pas propice, à cause de l'humidité.*
 – *Cependant, reprit le percepteur d'un air finaud, il y a des personnes qui s'en arrangent.*
Elle étouffait :
 – *Donnez-moi encore...*
 – *Il ne s'en ira donc jamais ! pensait-elle.*
(*Mme B.*, II, x, p. 196)

Le procès *tressaillit* nous semble impliquer une extériorisation ; le procès *étouffait,* au contraire un sentiment non extériorisé. Il est possible, en effet, que cette distinction doive être compensée en anglais par d'autres marqueurs linguistiques. G. Hopkins, comme Lewis May, a ajouté un syntagme verbal indiquant qu'il s'agit de la perception d'un procès, et non du procès lui-même. Contentons-nous pour l'instant de citer la traduction de Hopkins. Les deux traductions seront comparées plus tard, dans le cadre d'une autre analyse :

---

[4] Il nous semble, en fait, qu'il faudrait aller plus loin encore si l'on veut marquer clairement que l'hypothèse est perçue par l'animé A et non par l'auteur, p. ex : *he felt he was seeing her.*

> — *Binet explained that he wanted something to make a solution of copper for scouring some of his shooting equipment which had got rusty.*
> **Emma began to tremble.**
> *Said the chemist :*
> *« Indeed, this weather is far from propitious : an excess of humidity in the air. »*
> *« All the same », remarked the Collector with a sly expression, « there are some people who don't seem to mind it ! »*
> ***She appeared to be on the point of choking.***
> (G. Hopkins, p. 202)

Si l'apparence perçue est marquée, dans le deuxième procès, par une modalité hypothétique, l'aspect verbal de l'énoncé français est cependant loin d'en constituer la seule explication. Nous verrons, lorsque nous aborderons des exemples tirés de discours et non de récits, que la distinction hypothèse/assertion se fait en anglais même lorsque le problème d'aspect verbal ne se pose pas. D'autre part, même dans le récit, cette distinction ne se traduit pas nécessairement par le syntagme verbal. Si on ne peut pas négliger l'incidence de l'aspect verbal, il ne faut cependant pas en exagérer l'importance. Ainsi, nous constatons à nouveau une différence entre les deux langues dans l'exemple suivant, qui tient à l'ajout d'un **syntagme adjectival** et non **verbal**.

> [6] — *La foule, s'encombrant au même endroit **sans en vouloir bouger**, menaçait quelquefois de rompre la devanture de la pharmacie. Les mercredis, elle ne désemplissait pas [...] tant était fameuse la réputation du sieur Homais, dans les villages circonvoisins. Son robuste aplomb avait fasciné les campagnards. **Ils le regardaient comme un plus grand médecin que tous les médecins.***
> (Mme B., II, vii, p. 158)

Une traduction littérale de la dernière phrase « Ils le regardaient comme un plus grand médecin que tous les médecins » donnerait à la deuxième proposition la valeur d'une opération d'extraction, c'est-à-dire : le plus grand dans la classe des médecins. En fait, il n'y a pas ici une relation d'**appartenance** $^\triangledown$, mais une relation d'**opposition** entre :

1) Celui qui **apparaît** comme médecin
   et
2) Ceux qui **sont** médecins.

La distinction entre réalité et apparence apparaît dans la traduction anglaise.

> — *The crowd, gathered in one spot, and **showing no sign of movement**, looked, now and again, like damaging the chemist's window. His shop, on Wednesdays, was never empty [...] so great was old Homais's reputation in the surrounding villages.*
> *His air of hearty reassurance had fascinated the country folk.* ***They tought him a greater doctor than all real doctors put together.***
> (G. Hopkins, pp. 152-153)

L'adjectif *real*, qui qualifie le point de repère *doctors*, permet de comprendre qu'il n'y a pas de relation d'appartenance entre *Homais* et la classe des médecins.

Cet exemple comporte un deuxième cas de la distinction entre l'expression de l'**être** et du **paraître**, qui appartiendrait cependant plutôt à notre première sous-partie : **Termes renvoyant à la réalité et à la manifestation de la réalité**. Il s'agit de la première proposition, et plus particulièrement du syntagme verbal : *sans en vouloir bouger*. Le procès comporte la notion de volition. Or, l'animé humain auquel la volition est attribuée est un collectif non constitué, c'est-à-dire *La foule*. La notion d'intentionnalité doit, de ce fait, disparaître du procès, en anglais. Hopkins l'a remplacée, par une distinction entre la réalité et sa manifestation extérieure : *showing no sign of movement*. L'intention ne figure pas dans l'énoncé, non seulement parce qu'elle n'est pas perceptible, mais parce qu'elle n'est pas mise en jeu.

Dans l'exemple suivant, tiré de *La Chambre rouge*, de Françoise Mallet Joris, il s'agit de la distinction entre **la réalité** et **la représentation** de cette réalité.

[7] — *D'une voix assez monotone, mais claire, Liévens lançait les répliques du chevalier errant, **ému** d'abord par la beauté de la malheureuse esclave, puis **touché** par son innocence et sa gaieté.*

(F. Mallet-Joris, *La Chambre Rouge*, pp. 190-191)[5]

Les deux propositions juxtaposées donneront lieu, en anglais, à une relative. Or, l'introduction d'une relative suppose un choix entre le présent et le prétérit, pour les deux procès *ému/touché*. Nous préférerions le prétérit, d'une part, parce que le passage d'un temps à l'autre, dans une même phrase, est plus délicat en anglais qu'en français, et, d'autre part, parce que le présent entraînerait un changement dans l'évaluation des relations mises en jeu dans l'énoncé. L'accent serait nettement mis sur : **wandering knight** en tant que personnage dans la pièce de théâtre, au lieu de renvoyer à l'acteur jouant ce personnage. Le choix du prétérit supposera, cependant, l'introduction d'un syntagme verbal pour différencier la représentation du réel de la réalité à proprement parler :

— *In a clear, yet monotonous voice, Lievens rolled off the lines of the wandering knight, who **was supposed** first **to be moved** by the unfortunate slave girl, then **to be touched** by her beauty and carefree innocence.*

Revenons à *La Condition Humaine* pour notre dernier exemple, qui comporte l'expression, sous forme assertive, d'une relation d'identité à partir d'une réalité non attestable :

[8] — *A l'écart des clients, une maigre brune aux yeux très grands, les mains sur les seins comme pour les protéger, contemplait la nuit. Clappique la regarda sans bouger.*
« ***Je suis comme les femmes qui** ne savent pas ce qu'un nouvel amant tirera d'elles [...] Allons nous suicider avec celle-ci.* »

(A. Malraux, *La C. Humaine*, V. p. 202)

Une première distinction s'impose, en anglais, dans la relation d'**auto-repérage** entre
    être
    et
    se percevoir.

---

(5) François Mallet-Joris, *La chambre rouge*, Paris, Julliard, 1955, Flammarion, « J'ai lu », 1975.

La deuxième distinction intervient dans la **relation** entre les deux termes de la comparaison : **je/les femmes**.

La réalité du deuxième élément étant non attestable par le premier, il faudra introduire une modalité **hypothétique** : ***must feel***, celle-ci impliquant à son tour une modalisation du premier procès : ***I feel like***.

> – *Some distance apart from the customers a thin, scraggy brunette, with very large eyes, her hands over her breasts as if to protect them, sat gazing into the night. Clappique watched her without stirring. « I feel like a woman **must feel** when she doesn't know what effect a new lover will have on her [...] Let's go and commit suicide with this one too. »* (A. Macdonald, p. 233)

II. Assertion et hypothèse dans le discours

Notre troisième catégorie d'exemples ne concerne plus la distinction entre **l'être** et le **paraître**. Par contre, nous aurons à nouveau une réalité exprimée, en français, sous forme assertive, alors que les éléments de la situation ne sont pas attestables. Il s'agira, cette fois, d'assertions dans un **discours**. Dans la plupart des cas, mais pas nécessairement, l'expression assertive concerne une **visée** dont l'actualisation implique la **volition** ▽ du co-locuteur auquel s'adresse l'énoncé.

1. Assertion d'une visée

Dans notre premier exemple, le locuteur évoque un procès hypothétique, puisque **non-actualisé**. Mais l'attitude d'énonciation est **assertive**.

[9] – *Puis elle avait d'étranges idées :*
– *« **Quand minuit sonnera »**, disait-elle, « tu penseras à moi ! »*
Et, s'il avouait n'y avoir pas songé, c'étaient des reproches en abondance... (Mme B., II, XII, p. 218)

Or, non seulement le procès renvoie à une **visée** ▽ mais l'actualisation dépend d'un élément non attesté : **la volition** du co-locuteur. Il faudra, en anglais, introduire une modalité supplémentaire dans l'injonction. Voici la solution proposée par G. Hopkins :

– *Besides, she was getting the strangest ideas.*
– *« You **must think of me when midnight strikes**, » she said, and if he confessed that he had not done so, she overwhelmed him with reproaches...* (G. Hopkins, p. 232)

On pourrait atténuer davantage l'assertion en utilisant la modalité interrogative :
– *You'll think of me when midnight strikes won't you ?*

Le choix entre les deux dépendra d'une évaluation personnelle. La solution de G.

Hopkins nous semble mieux correspondre à la situation contextuelle. La deuxième solution proposée nous paraîtrait, par contre, plus naturelle en anglais, pour d'autres raisons.

En effet, dans les cas où le procès est une visée, il nous semble qu'un deuxième facteur peut être invoqué dans l'analyse de la modalisation : le phénomène socio-culturel qui implique, en anglais, un effacement plus marqué du locuteur par rapport au co-locuteur. Nous envisagerons, cependant, par la suite, des exemples comportant une situation révolue, où ces facteurs ne peuvent pas entrer en jeu. Il s'agit bien d'un problème qui dépasse les tendances socio-culturelles.

Même lorsqu'il y a visée, l'assertion n'implique d'ailleurs pas nécessairement une pression du locuteur sur le co-locuteur. Ainsi, ce facteur n'entre pas en jeu dans l'exemple suivant :

[10] – *Non, mon ami, répondit-elle. Je suis trop vieille... vous êtes trop jeune..., oubliez-moi !* ***D'autres vous aimeront... vous les aimerez.***
(*Mme B.*, III, ɪ, p. 262)

Le locuteur préjuge d'une situation future qui concerne à la fois le co-locuteur et d'autres animés humains, extérieurs à la situation de locution. Il y a assertion d'une visée mais pas injonction. Il faut reconnaître que l'exemple est marginal, car il s'agit en quelque sorte d'une prédiction. On ne peut pas exclure ici une traduction littérale. Signalons, cependant, que Hopkins a préféré rester en deçà de l'assertion :

– *« No, no, my friend, » she answered : « I am too old, you are too young... Forget me.* ***There will be other women to love you... and for you to love.*** *»*
(G. Hopkins, p. 290)

La situation suivante comporte la mise en jeu de deux volontés, celle du locuteur et celle du co-locuteur :

[11] – *Tu en aimes d'autres, avoue-le. Oh ! je les comprends, va ! je les excuse ; tu les auras séduites, comme tu m'avais séduite. Tu es un homme, toi ! tu as tout ce qu'il faut pour te faire chérir. Mais nous recommencerons, n'est-ce pas ?* ***Nous nous aimerons !***
(*Mme B.*, III, vɪɪɪ, p. 330)

La modalité assertive : ***nous nous aimerons !*** devient dans la traduction de Hopkins une modalité interrogative, grâce à un changement de ponctuation :

– *There have been other women in your life, admit it ! Oh ! I understand it well enough, and certainly don't blame them. I except you fascinated them as you fascinated me. You are a man, and you have all the qualities that make a man to be adored. But we're going to begin all over again, aren't we ?* ***We're going to be lovers once more ?***
(G. Hopkins, p. 382)

Si les traducteurs ne sont pas unanimes pour les deux derniers exemples, ils le sont par contre pour les deux exemples suivants :

[12] – Alors Charles insista :
Tu reviendras dimanche. *Voyons, décide-toi ! Tu as tort, si tu sens le moins du monde que cela te fait du bien.*
(*Mme B.*, II, xv, p. 254)

[13] – C'est que ..., balbutia-t-elle avec un singulier sourire, je ne sais pas trop...
– Eh bien ! *tu réfléchiras,* nous verrons, la nuit porte conseil...
(*Ibid.*, p. 254)

Il est net que, dans le premier exemple, il y a pression de la part du locuteur. Or, la forme « assertive » de l'injonction, c'est-à-dire *you will come back,* par opposition à *you can come back,* ne peut être utilisée en anglais que dans le cas d'un ordre impératif, où aucun choix n'est laissé au co-locuteur, p. ex. : *You'll do as I tell you.* On la trouvera plus particulièrement dans une situation de locution où il y a hostilité de la part de l'interlocuteur : *« you'll putt that away whether you like it or not ».* Dans notre exemple, il y a, au contraire, pression bienveillante. Celle-ci ne suffira pas à justifier l'emploi de l'injonction « assertive ». Hopkins, comme Lewis May, a introduit ici la modalité du possible.

– *Hearing this, Charles insisted.*
*« You **can** come back on Sunday. Make up your mind. It would be wrong to miss such a chance, if you think it would do you even the least little bit of good. »* (G. Hopkins, p. 281)

– *Thereupon Charles said she must stay on.*
*« You **can** come back Sunday. Come, make up your mind... »*
(L. May, pp. 234-235)

Nous préférerions, étant donné les éléments contextuels, marquer davantage la pression du locuteur :
– *« You **should** come back on sunday ».*

Mais quelle que soit la traduction choisie, il faudra introduire, en anglais, une marque de modalité autre que la modalité de visée.

Dans le deuxième exemple, la pression est moins nettement marquée. Nous aurions cette fois choisi la modalité : possibilité/permission : *You **can** think about it.* Les traducteurs ont cependant préféré l'injonction non marquée :

– *« Well, **think it over**. Sleep on it, and we can decide to-morrow ».*
(G. Hopkins, p. 282).

– *« Oh, well, **think it over**; we shall see. Let's go and sleep on it. »*
(L. May, p. 235)

Il est clair, de toute façon, que les traducteurs ont évité d'exprimer sous forme assertive l'actualisation d'une visée dont la réalisation dépend du co-locuteur.

Voyons pour terminer un exemple où il n'y a pas lieu de marquer l'hypothèse, en anglais :

[14] – *Charles et sa mère restèrent le soir, malgré leur fatigue, fort longtemps à causer ensemble. Ils parlèrent des jours d'autrefois et de l'avenir.* **Elle viendrait habiter Yonville, elle tiendrait son ménage, ils ne se quitteraient plus.** (Mme *B.*, II, x, pp. 357-358)

Nous avons ici un discours indirect libre. La relation entre les deux locuteurs ne figure pas dans l'énoncé. Le projet : **Elle viendrait habiter Yonville...,** peut donc être interprété de deux façons :
– soit il s'agit d'une décision commune prise antérieurement ;
– soit il s'agit d'une décision imposée par le locuteur désigné par le C_o **Elle.**

La volonté présente du co-locuteur n'entre en jeu dans aucun des deux cas. Il est donc parfaitement légitime de ne pas modaliser « l'assertion »[6]. Voici la traduction de Hopkins, qui est identique sur ce point à celle de L. May :

> – *Charles and his mother, for all their weariness, spent a long time that evening, talking. They discussed the past and the future.* **She would come** *and settle down in Yonville.* **She would look after his house** *and never leave him more.*
>
> (G. Hopkins, p. 418)

2. Assertion d'une classe de situations [7]

La plupart des exemples, dans notre corpus, mettent en jeu deux volontés dans l'expression d'une visée. Nous avons vu que lorsqu'il y a, en français, assertion d'un projet qui implique une volonté autre que celle de l'énonciateur, il est nécessaire d'introduire, en anglais, une modalité hypothétique. On peut se demander, cependant, si la prise en charge de la volonté de l'autre par le locuteur est l'élément déterminant. Pour éclaircir ce problème, nous choisirons des exemples qui n'impliquent pas de visée.

Voici un premier exemple qui exprime sous forme assertive une vérité générale non-attestée concernant l'allocutaire ▽[8]. Le procès se situe dans le même temps que l'énonciation :

[15] – ***Vous***[9] *aimez la musique classique,* ***vous*** *êtes amateur d'œuvres d'art et* ***vous*** *appréciez le style rustique ou Louis XIII. Guy Degrenne a créé pour vous :*
– *Manoir, un modèle de plats aux lignes sobres et à la finition « vieil étain ».*
(Publicité Guy Degrenne)

Nous traduirions les procès de cet énoncé publicitaire, de la façon suivante :

– **For those who like** *art and classical music, [...] Guy Degrenne* **has designed**...

L'expression assertive du procès : *Vous aimez,* pose en français, une hypothèse comme réalité. En anglais on supprime l'assertion, en remplaçant l'allocutaire désigné par le pronom ***vous***[10] par une classe : ***those who like,*** ce qui supprime la relation inter-subjective.

L'exemple suivant comporte l'expression non plus d'une vérité, mais d'une situation non attestée. Celle-ci est présentée sous forme d'actualisation :

---

(6) Il y a bien entendu déjà un marqueur de modalité : **would,** dans la mesure où il s'agit d'un projet, mais il n'y a pas lieu d'introduire un deuxième marqueur de modalité indiquant que la réalisation du projet est envisagée comme non-certaine.

(7) actualisées ou non.

(8) Celui à qui on s'adresse et qui ne prend pas la parole.

(9) Le *Vous* ne renvoie pas à tel lecteur particulier mais à tout lecteur qui lira la brochure. C'est chacun de ces lecteurs qui assignera au *vous* une valeur de particularisation.

(10) Cf. note 9 ci-dessus.

[16] – *A 19 h 30, **vous prenez un verre** avec des amis. **Et vous n'avez plus envie de vous quitter.** Vous aimeriez bien proposer : « Allons tous à la maison ». Mais **vous n'osez pas vous lancer, vous vous sentez perplexe ou frustrée.** Que faire ?... Nous avons rencontré une jeune femme qui ne se pose plus jamais la question... Non seulement elle envisage les imprévus mais elle les suscite... Si vous voulez faire comme elle, soyez comme elle...*

(Marie-Claire, mai 1975)

Comme dans l'exemple précédent, la première partie de l'énoncé établit une situation de type hypothétique posant un problème auquel la deuxième apporte une réponse. Mais l'hypothèse de départ n'est pas posée comme telle. En anglais, il faudra ici, non seulement éviter la forme assertive, mais souligner la modalité hypothétique :

– ***Suppose** at 7.30 p.m., **you're having a drink** with friends **and don't feel like breaking up the party.** You just feel like saying « Why don't you all come back to my place ». But you daren't take the plunge. You feel dubious and frustrated, and don't know what to do*

Il s'agit dans les deux derniers exemples d'une vérité ou d'une situation hypothétique, qui est posée en français, dans les mêmes termes qu'une situation attestée. Mais il n'est plus question ici de mise en jeu de deux volontés. Or, la nécessité de modaliser est identique aux cas de visée que nous avons envisagés. Avant d'en tirer des conclusions, voyons encore quelques exemples, se référant à une situation qui appartient à un temps révolu. On en trouve fréquemment dans les notices publicitaires et les modes d'emploi.

3. Assertion d'une situation antérieure à l'énonciation

Voici un premier exemple :

[17] – *Votre épiderme a été malmené par un excès de soleil; ce lait appliqué sur le visage et sur le corps a un effet apaisant immédiat.*

(Notice Publicitaire, Crème Solaire, Roc)

Nous retrouvons, ici, le même schéma que dans nos derniers exemples :
– premièrement : situation de type hypothétique posant un problème,
– deuxièmement : solution de ce problème.

Nous avons, en français, dans les deux parties de l'énoncé, une forme assertive. Le rapport entre les deux n'est pas explicité. En anglais, la première assertion sera rendue ici par une tournure hypothétique, la deuxième par une injonction à forme impérative :

– ***If your skin has been burnt by the sun, use this lotion on your face and body.** It will have an immediate soothing effect.*

Notre deuxième exemple présente les mêmes particularités mais il est un peu plus complexe :

[18] – ***Vous venez de lire ce traité et vous désirez mieux nous connaître.*** *Nous vous invitons très cordialement aux réunions organisées par notre Mission.* (Brochure, Mission « Salut et Guérison »)

La première phrase comporte l'expression assertive de deux situations non attestées :

1) la lecture du traité,
2) le désir de connaître.

On peut considérer que la première découle de la situation de locution. Elle est donc moins hypothétique que la deuxième. Il suffira, pour la rendre en anglais, d'éviter l'assertion. Il faudra, par contre, souligner l'hypothèse, dans la traduction de la deuxième proposition :

– ***If, when you have read this brochure, you would like to find out more about us,*** *you are welcome to come to the meetings organized by our Mission.*

Voici un dernier exemple, plus complexe encore :

[19] – ***Vous avez acheté votre glace.*** *Après environ 1 h de transport vous pouvez la consommer tout de suite...* (Glaces Gervais)

Deux propositions posent un problème dans cet énoncé :

1) Vous avez acheté votre glace.
2) Après une heure de transport...

La réalité de la première assertion découle de la situation de locution. Mais, soit parce qu'elle n'est pas attestée, soit parce que la constatation constituerait une détermination redondante, on ne peut pas utiliser une forme assertive en anglais.

La seule solution nous paraît ici être la suppression totale. Elle ne correspondrait, sous aucune forme, à une situation correspondante en anglais. La deuxième proposition : *Après une heure de transport...* est en fait, une supposition. Dans un autre contexte nous la rendrions par une tournure hypothétique : *If you have...* En fait, dans notre contexte, on trouverait probablement la formule :

– *This ice cream will keep for about an hour at room temperature.*

Essayons, à présent, de relier nos deux dernières séries d'exemples a la première. Toutes les situations non attestées, qu'elles renvoient :

– à une classe de situations,

ou

– à une situation particulière,
– dans un temps révolu

ou

– dans le temps de l'énonciation

ont été rendues, en anglais, soit par une modalité hypothétique, soit lorsque la situation de locution implique qu'il y a ou qu'il y a eu actualisation, par une structure syntaxique qui se situe en-deçà de l'assertion. Or, aucun de ces exemples n'implique la notion de volition. Quel est donc le rôle exact de celle-ci dans les exemples de visée ?

Il nous semble qu'elle entre en jeu dans la distinction entre l'hypothétique et le réel dans la mesure où une situation dépendant de la volonté d'un autre, constitue un élément non-attestable, donc hypothétique. C'est l'hypothèse qui en découle et non la volition à proprement parler qui est déterminante.

Par contre, c'est sur la volition même que joue le facteur socio-culturel déjà évoqué. Le locuteur peut difficilement, en anglais, prendre en charge la volonté du co-locuteur : d'où également la nécessité de modaliser. Dans le premier cas, la modalisation concerne le caractère hypothétique d'une situation non-attestable, dans le deuxième, elle correspond à un problème qui est d'ordre socio-culturel et non linguistique, à savoir la tendance à l'effacement de soi face à quelqu'un d'autre. Sur le plan linguistique, les deux phénomènes se confondent. Il faudra donc tenir compte des deux facteurs dans l'analyse des cas où il y a à la fois visée et mise en jeu de deux volontés. Pour les autres, seule la distinction entre l'hypothétique et l'attesté détermine la modalité.

4. Situations hypothétiques développées

Notre corpus comporte plusieurs exemples de situations imaginaires qui sont :
1) posées en tant qu'hypothèses,
2) développées sous forme assertive.

Peut-on, lorsque ce schéma se présente, passer en anglais de l'hypothèse à l'assertion ? Il nous semble que deux facteurs jouent ici un rôle : premièrement **le degré de l'hypothèse**, et deuxièmement **la longueur du développement.** Voyons à partir des exemples, si on peut arriver à une conclusion plus précise.

[20] – *...entraînée vers l'homme par l'illusion du personnage, elle tâcha de se figurer sa vie, cette vie retentissante, extraordinaire, splendide, et qu'elle aurait pu mener, cependant, **si le hasard l'avait voulu. Ils se seraient connus, ils se seraient aimés !** Avec lui, par tous les royaumes de l'Europe, **elle aurait voyagé** de capitale en capitale...*

(Mme B., II, xv, p. 251)

La proposition repère pose une **condition** : *si le hasard l'avait voulu*. Le procès est, d'une part non-actualisé, d'autre part, posé comme hypothétique. Ensuite vient « **l'assertion** ». *Ils se seraient connus, ils se seraient aimés,* qui est développée dans la phrase suivante. Le procès reste hypothétique dans la mesure où il est non-actualisé, mais l'attitude d'énonciation devient assertive. Plusieurs traducteurs ont introduit la marque modale du non-certain dans la traduction de cette phrase :

*If **only** they **could** have met and loved !*

(G. Hopkins, p. 277)

– *For they **might** have met, and loved.*

(A. Russel, p. 237)

– *They **might** have met and loved !*

(M. Marmur, p. 218)

Par contre, ils ont tous maintenu la forme assertive dans la phrase suivante, qui développe cette hypothèse. Leur choix nous paraît parfaitement justifié. En effet la première situation est entièrement imaginaire.

C'est l'hypothèse absolue. Une fois cette condition posée, la suite apparaît, par contre, comme une conséquence plausible. Il n'est plus nécessaire de marquer l'hypothèse en anglais. L'enchaînement au mode assertif[11] paraît parfaitement naturel. Citons une traduction pour le démontrer :

> – *She was drawn to the man by the illusion of the part he played. She tried to imagine life as she might have known it, had Fate been kind. A glamorous, an amazing and splendid life.* **If only they could have met and loved! With him she would have travelled** *through all the kingdoms of Europe, moving from capital to capital...* (G. Hopkins, p. 277)

Le problème est peut-être légèrement faussé dans cette traduction, du fait que la deuxième phrase soulignée apparaît comme le pendant grammatical de la première. Mais ce n'est pas le cas dans les autres traductions :

> – *For they* **might** *have met, and loved. With him she* **would have** *visited all the kingdoms of Europe...* (A. Russel, p. 237)

Dans l'exemple suivant la situation hypothétique est posée sous forme interrogative. L'assertion intervient sous forme de réponse[12] :

[21] – *Elle se demandait s'il n'y aurait pas eu moyen, par d'autres combinaisons du hasard, de rencontrer un autre homme [...] Il aurait pu être beau, spirituel, distingué, attirant, tels qu'ils étaient sans doute, ceux qu'avaient épousé ses anciennes camarades du couvent.* **Que faisaient-elles maintenant ?** *A la ville, avec le bruit des rues, le bourdonnement des théâtres et les clartés du bal,* **elles avaient des existences où le cœur se dilate...**
(Mme B., II, vii, p. 79)

Trois traducteurs ont supprimé l'auxiliaire dans la deuxième phrase. De ce fait, ils restent en-deçà de l'assertion. Hopkins a, en outre, ajouté une marque de modalisation adverbiale dans la réponse, et A. Russel une modalisation verbale dans la question. Citons leurs traductions :

> – *What were they doing now, those childhood's friends ?* **Living** *a city life,* **probably,** *surrounded by the bustle of streets, the chatter of theatres, the bright lights of ballrooms; familiars of an existence in which the heart dilates, the senses open and expand.*
(G. Hopkins, p. 53)

> – *What* **would** *they be doing now ?* **Living** *in town, amid the noise of the streets, the hum of the theatre crowd, the bright lights of the ballroom – the sort of life that opens the heart and the senses like flowers in bloom.* (A. Russel, p. 57)

L'exemple est intéressant. En fait, le schéma est différent de notre premier exemple. Il ne s'agit pas d'une situation hypothétique posée comme telle et ensuite développée par une assertion. L'interrogation ne pose pas la situation hypothétique, elle l'introduit. Cette situation est, en fait, posée dans la phrase : ***A la ville** [...]* ***elles***

---

(11) Assertif quant au mode d'énonciation et non quant à l'actualisation du procès.
(12) Dans cet exemple, le procès est à la fois asserté et posé comme actualisé.

avaient des existences... etc. Il n'y a donc pas à proprement parler de développement. Il y a uniquement expression assertive d'une situation imaginaire.

D'autre part, un deuxième facteur entre en jeu dans la traduction : le problème que pose, en anglais, le brusque passage d'un mode d'énonciation à un autre. Dans la mesure où l'énoncé est attribuable à un seul énonciateur, le schéma question/réponse apparaît comme un jeu rhétorique. Ce jeu n'est admissible, en anglais, que dans des contextes très restreints. En effet, la relation inter-subjective étant plus rigoureusement respectée en anglais, l'énonciateur peut moins facilement s'attribuer le rôle de co-énonciateur. Ceci explique la difficulté que pose la traduction en anglais de certains types de questions rhétoriques.

La solution de A. Russel est intéressante. Le fait d'introduire une marque de modalisation dans le syntagme verbal : *what* **would** *they be doing...*, souligne le caractère indirect du discours. L'effet rhétorique est de ce fait supprimé, et le schéma question/réponse est perçu comme procédé du discours intérieur libre.

Notre dernier exemple réunit les deux cas que nous venons d'examiner, d'une part :
— Le schéma question/réponse; la réponse étant une situation hypothétique exprimée sous forme assertive,

d'autre part :
— une situation hypothétique, posée au départ comme telle, et développée ensuite sous forme assertive.

Il importe, pour notre argumentation, de citer le passage intégralement :

[22] — *A qui appartenait-il ? ... Au vicomte. C'était peut-être un cadeau de sa maîtresse.* **On avait brodé** *cela sur quelque métier de palissandre, meuble mignon que l'on cachait à tous les yeux, qui avait occupé bien des heures et où s'étaient penchées les boucles molles de la travailleuse pensive. Un souffle d'amour avait passé parmi les mailles du canevas; chaque coup d'aiguille avait fixé là une espérance ou un souvenir, et tous ces fils de soie entrelacés n'étaient que la continuité de la même passion silencieuse. Et puis le vicomte, un matin, l'avait emporté avec lui.*

(Mme *B.*, I, ix, p. 91)

Prenons tout d'abord le premier schéma : *A qui appartenait-il ? ... Au vicomte.* Nous acceptons difficilement la traduction littérale de G. Hopkins :

— *Whose was it ? — the Vicomte's.*   (G. Hopkins, p. 68)

Par contre, les autres traductions comportent des variantes qu'il est intéressant de comparer. En voici trois :

— *Whose* **could** *it have been ?* **It must have** *belonged to the Vicomte.*
(L. May, p. 72)

— *Whose* **could** *it be ? The Viscount's !*
(A. Russel, p. 70)

— *Whose was it ? The Viscount's ?*
(E. Marx-Aveling, p. 46)

La double modalisation verbale de L. May nous paraît être la traduction la plus évidente. Dans celle de E. Marx-Aveling, le schéma question/réponse, de même que l'expression assertive de la situation hypothétique sont supprimés par un simple changement de ponctuation, qui transforme l'assertion en modalité interrogative. Le point d'exclamation de A. Russel, plus inattendu que le point d'interrogation, est cependant, un moyen ingénieux d'éviter l'assertion. Ainsi trois solutions sont proposées pour éviter l'assertion *Au vicomte :* la modalisation verbale, la modalité interrogative et l'exclamation. Grâce à ces procédés, et dans certains cas, à la forme verbale modale également introduite dans la question : *whose could it be ?* le schéma question/réponse est également intégré, sans ambiguïté au discours indirect libre.

Passons maintenant au deuxième schéma. Nous avons ici, en français, une marque adverbiale de modalité qui indique la situation hypothétique : *C'était peut-être un cadeau de sa maîtresse.* Le long développement qui suit est, par contre, exprimé sous forme assertive. Il ne s'agit plus, comme dans le premier exemple, de la **conséquence** de la **situation dominante,** mais plutôt de son **élaboration.** La longueur de ce développement, rend difficile une modalisation soutenue. Par contre, le brusque passage d'un mode à l'autre est également délicat, en anglais.

G. Hopkins résout le problème en introduisant, dans la première phrase, une modalisation adverbiale, qu'il souligne par une répétition. Il enchaîne ensuite sur le mode assertif et maintient l'assertion jusqu'à la fin du développement :

– **Doubtless** *the work had taken hours of application, doubtless soft curls had bent above it, and in a mood of sweet day-dreaming. Stitch had been added to stitch. The meshes of the canvas had caught the very spirit of love, each prick of the needle had fixed a memory or a hope. Those little turned and knotted threads of silk held passion's record. A morning had come when the Vicomte took it away with him.* (G. Hopkins, p. 68)

Une fois l'hypothèse établie, on passe en effet à l'assertion, mais à condition que le passage d'un mode à un autre se fasse sans rupture.

III. Le point de vue ▽

Nous avons, à plusieurs reprises, évoqué le problème du point de vue, que ce soit à propos de l'orientation du repérage ou de l'intervention de l'énonciateur dans l'énoncé. Mais ce problème joue également un rôle important dans la distinction entre l'hypothétique et le réel. En effet, si on ne peut exprimer sous forme assertive, en anglais, que ce qui est attesté ou attestable, cela suppose **un point de vue déterminé,** et la localisation d'éléments repérés qui se situent dans le **champ de vision** de l'originaire de la perception.

1. Détermination du point de vue

Avant d'aborder l'incidence du point de vue sur la distinction entre l'hypothétique et le réel, voyons le problème que pose, au départ, la détermination pure et simple du point de vue. Ce problème est forcément lié au point de repère origine. Si un énoncé comporte soit un point de repère ambigu, soit des points de repère successifs, il sera difficile de déterminer un **point de vue particulier** pour orienter le repérage. Or, nous constatons, sur ce point, une différence fondamentale entre les deux langues.

(1) Point de repère ambigu

L'ambiguïté du point de repère peut prendre différentes formes, dont l'une consiste à exprimer une double opération, avec effacement de l'un des C_o. Cette réduction syntaxique se présente souvent selon le schéma suivant : une proposition principale, précédée d'une subordonnée causale :

[23] — « *J'étouffe* » ! *s'écria-t-elle en se levant d'un bond. Mais, **par un effort de volonté, ce spasme disparut**...*
(Mme *B.*, II, xiii, p. 233)

L'animé humain, originaire de la relation instrumentale : ***par un effort de volonté,*** ne figure pas dans l'énoncé. De ce fait, l'inanimé repère ***spasme*** peut être perçu comme terme origine, à la fois du procès ***disparut*** et de la relation instrumentale. Or, en anglais, il faudra indiquer clairement les relations en marquant un originaire animé humain et un procès.

— « *I'm stifling !* » *she exclaimed, jumping up, She made an effort of the will and the spasm passed.*   (G. Hopkins, p. 253)

Nous préfèrerions comme traduction :

— ***She made an effort to control herself*** *and the spasm passed.*

pour marquer plus nettement l'auto-repérage de la première proposition : ***She → herself***. Mais les deux solutions supposent la formulation de deux propositions principales distinctes, assurant chacune une seule opération, et comportant un point de repère unique.

Nous pourrions rapprocher cet énoncé du suivant, affiché sur la porte d'un magasin :

[24] — ***Afin de bien digérer, le magasin n'ouvre qu'à 15 h 30.***
(Chez Dédé, 17, rue du Surmelin, Paris 20e)

L'intention humoristique ne peut être que supposée. Le schéma syntaxique est identique à celui de l'exemple précédent. On pourra difficilement traduire cet exemple en anglais car le jeu sur l'ambiguïté disparaît. Le procès ***digérer*** serait forcément attribué au C_o ***magasin.***

Notre troisième exemple se rapproche des deux premiers dans la mesure où l'ambiguïté est due à la réduction de deux opérations en une opération unique. Cependant, il s'agit cette fois de faire la distinction non pas entre deux points de repère mais entre deux localisations d'un même élément repère :

[25] — *Elle (l'affiche) recommandait aux habitants la plus extrême propreté...*
(A. Camus, *La Peste*, I, p. 58)

Cet énoncé comporte une seule proposition dont le point de repère est l'inanimé auquel renvoie le pronom *Elle*. En anglais, c'est l'animé humain **habi-**

tants, C_2 de la proposition française, qui devient C_o grâce à une structure verbale passive.
- ***The townspeople were advised to practise** extreme cleanliness...*
(S. Gilbert, p. 47)

Non seulement le terme ***townspeople*** constitue le point de repère dans la traduction, mais l'ajout du syntagme verbal ***to practise,*** permet de situer dans une double relation. Il est envisagé, à la fois comme

1) destinataire de la recommandation : ***were advised***

et comme

2) originaire du procès qui régit le C_1 : ***to practise extreme cleanliness.***

En français, par contre, les animés humains désignés par ***habitants*** sont uniquement destinataires de la recommandation de propreté.

Nous constatons à nouveau, dans cet exemple, l'explicitation d'un seul repérage en français et de deux repérages en anglais, avec la différence qu'elles situent un même élément repère dans deux relations différentes, alors que les autres exemples comportent non seulement deux relations, mais deux points de repère distincts. C'est plutôt l'orientation du point de vue que le choix du point de repère qui est ici en jeu. C'est le cas, également dans notre dernier exemple :

[26] - *Sa femme, malade depuis un an, devait partir le lendemain pour une station de montagne.* (A. Camus, *La Peste,* I, p. 15)

Nous avons, dans la proposition principale, un animé humain en position C_o : *sa femme,* d'autre part le procès ***devait partir,*** qui peut renvoyer à une volonté dont l'origine reste indéterminée. Elle peut être propre au C_o de l'énoncé ou lui être extérieure. En anglais, si on choisit une structure syntaxique participiale : having + past participle, la valeur de causalité qu'elle entraîne contraint à choisir un procès qui suppose une volonté non ambiguë.

Ainsi, on ne peut pas dire :

* - *His wife, **having been ill for a year, was to leave** the next day for a sanatorium in the mountains.*

Par contre les deux énoncés suivants sont parfaitement acceptables :

- *His wife, having been ill for a year, **had** to leave the next day...*
- *His wife, having been ill for a year, **decided** to leave the next day...*

Ces deux phrases ne comportent aucune ambiguïté. Dans le premier cas, il s'agit nettement d'une contrainte extérieure, dans le deuxième de la volition du C_o. En français, la structure syntaxique participiale : ***ayant été malade,*** aurait été tout à fait compatible avec le procès ***devait*** qui peut comporter l'une ou l'autre des deux valeurs : ***was to / had to.*** Les deux énoncés que nous venons de citer ne correspondent cependant pas au texte français. Nous les proposons uniquement à titre de comparaison. Voici la solution choisie par S. Gilbert :

- *His wife, **who had been ill for a year now, was due** to leave next day for a sanatorium in the mountains.* (S. Gilbert, p. 9)

Le rapport de causalité entre la subordonnée et la principale étant supprimé dans cette structure syntaxique, il n'est plus nécessaire de préciser l'origine de la volition.

(ii) Points de repère successifs

Nous avons vu dans ces derniers exemples le problème que pose la traduction, en anglais, d'un énoncé dont le point de repère est ambigu. Voyons à présent des exemples qui comportent non plus un point de repère ambigu, mais des points de repère successifs. On trouve en effet fréquemment, en français, un ou plusieurs changements de point de repère à l'intérieur d'un même énoncé, qui supposent, en anglais, une restructuration de la phrase.

Ces changements peuvent prendre différentes formes. Une des plus caractéristiques est l'introduction d'une **relative** portant sur le C_1 ou le C_2 de la proposition principale. Si cette relative correspond à une simple opération de **détermination,** elle n'implique pas l'introduction d'un nouveau point de repère :

[27] – *Il s'achemina à petits pas vers le chaos rocheux **qui s'élevait à la place de la grotte.***
(M. Tournier, *Vendredi,* XII, pp. 251-252)

La relative qualifie le C_1 **chaos rocheux,** au même titre qu'un adjectif épithète et fait partie intégrante de la principale. De ce fait elle ne pose aucun problème de repérage.

– *He made his way slowly to the mound of rock **which had buried** the mouth of the cave...* (N. Denny, p. 198)

Par contre, lorsque la relative introduit une nouvelle opération, le point de repère sera forcément modifié. Les critères qui permettent de distinguer entre détermination et opération distincte ne sont pas faciles à cerner. Ce problème dépasse, toutefois, le cadre de cette discussion et n'est qu'une simple mise au point préliminaire. Nous ne proposerons donc que quelques exemples, où la relative entraine clairement en français un changement de point de repère. Voici notre premier exemple :

[28] – *Il n'y a plus rien à dire sur cette grande dame de la danse connue dans le monde entier **où** elle est admirée sans réserve.*
(Festival Essec, p. 15)[13]

Le point de repère dans la proposition principale est clairement l'élément marqué par le groupe nominal : **cette grande dame de la danse.** Le pronom relatif *où* qui suit la localisation spatiale entraîne cependant un changement de point de repère de l'animé **grande dame** à l'inanimé **monde entier.**

En anglais, il faudra rattacher la deuxième relative à la première par une simple coordination de façon à ne pas déplacer le point de repère de l'animé humain à l'inanimé, en cours d'énoncé :

– *Nothing more need be said about this great dancer **who is known and admired the world over.***

(13) Programme, *XIXe Festival Essec,* Théâtre des Champs Elysées, 24 février 1973. (titre abrégé : Festival Essec).

Le même problème se pose dans l'énoncé suivant où trois points de repère se succèdent :

[29] – *Car enfin, c'était **moi** qu'elle eût dû prendre sur ses genoux et câliner, et non ce **cabot** dont la place eût plutôt été sur les genoux de **Bonne-Maman**, avec laquelle, d'ailleurs, il paraissait fort bien assorti.*   (A. Couteaux, *L'Enfant à Femmes*, pp. 77-78)[14]

Dans de nombreux cas les points de repère successifs vont dans le sens d'un déplacement de focalisation de l'animé à l'inanimé, mais il n'en est pas toujours ainsi. Dans cet exemple, les éléments repères sont, dans l'ordre : un animé humain (l'énonciateur auquel l'énoncé est attribuable, indiqué par le pronom emphatique *moi*), un animé non-humain, *cabot*, et un deuxième animé humain, **Bonne-Maman**. Le déplacement du premier point de repère au deuxième et du deuxième au troisième est dû à la mise en relief qu'entraînent les pronoms relatifs *dont* et *avec laquelle*. Une telle succession de points de repères est inacceptable en anglais. Chacune devra faire l'objet d'une proposition indépendante.

– « *Because after all she should surely have been cuddling **me** on her lap and not that ghastly dog. **He** would have been far better off on grandmama's lap and what's more **they** seemed to be very well matched.* »   (S. Dibben, Université Paris VII)

Notre corpus comporte de nombreux exemples de relatives introduisant un nouveau point de repère. La plupart sont introduites par le pronom relatif *dont* ou par l'adverbe relatif *où*. Ainsi :

[30] – *J'ai eu un malheur à la **charretterie, dont la couverture** une nuit qu'il ventait fort, s'est envolée dans les arbres.*
(*Mme B.*, II, x, pp. 199-200)

– *I have had a misfortune with the cart-shed. **The roof** blew off one windy night and got hung up in the trees.*
(G. Hopkins, p. 207)

Le traducteur a opéré la même transposition que celle constatée pour l'exemple précédent, c'est-à-dire la formulation de deux unités syntaxiques distinctes comportant chacune son propre point de repère.

Voici un exemple du premier schéma de transposition analysé.

[31] – *Et puis, ne vous semble-t-il pas, répliqua Mme Bovary, que l'esprit vogue plus librement sur **cette étendue sans limites, dont la contemplation** vous élève l'âme...*   (*Mme B.*, II, II, p. 116)

– *Don't you find that the mere sight of that wide horizon elevates the soul, **and** brings to the mind thoughts of the infinite...*
(G. Hopkins, p. 97)

La restructuration des deux propositions C_1 dans la traduction, et plus particulièrement la suppression de la relative : ***dont la contemplation vous élève l'âme**,* permet d'éviter le déplacement du point de repère.

Dans d'autres cas les éléments dissociés, en français, dans la relative, seront intégrés à la principale, soit par la préposition ***with**,* soit par la conjonction ***and**,* soit encore par un participe présent. Voici deux exemples :

(14) André Couteaux, *L'enfant à femmes*, Paris, Julliard, 1967, 1969.

[32] — *Alors, tout en faisant l'épouse et la vertueuse, elle s'enflammait à l'idée de* **cette tête dont les cheveux noirs** *se tournaient en une boucle vers le front hâlé...* (*Mme B.*, II, xii, p. 215)

— *All the time that she was playing the part of virtuous wife her mind was on fire with memories of the familiar head* **with its black hair** *falling in curls over a sun-tanned brow...* [15]
(G. Hopkins, p. 228)

La mise en relief du syntagme nominal **cette tête** est supprimée ici par la simple substitution de la préposition **with** au pronom relatif. La suite de la phrase est de ce fait intégrée à la proposition principale et l'unité de repérage est maintenue. Dans l'exemple suivant la conjonction **and** assure la même fonction :

[33] — *Dès les premiers froids, Emma quitta sa chambre pour habiter la salle,* **longue pièce à plafond bas où il y avait,** *sur la cheminée, un polypier touffu s'étalant contre la glace.*
(*Mme B.*, II, iv, p. 116)

— *When the cold weather began, Emma abandoned her bedroom and installed herself in the parlour, a long room with a low-pitched ceiling* **and** *a piece of branched coral spread-eagled in front of the mirror.* (G. Hopkins, p. 116)

Nous retrouvons, en fait, dans tous ces exemples, les schémas de transposition que nous avons analysés dans notre chapitre sur l'agencement syntaxique. Nous avions déjà constaté une tendance, en anglais, soit à formuler des propositions principales distinctes, soit à intégrer les éléments adjoints à la principale, là où nous avons une subordination en français. Dans les deux cas, on évite les points de repère successifs à l'intérieur d'une même phrase. De même, dans les exemples où le point de repère est ambigu, en français, on lève l'ambiguïté dans la traduction, de façon à déterminer clairement le point de vue. Il va de soi que la détermination d'un point de repère unique et non ambigu permet, premièrement d'orienter le point de vue selon lequel les éléments de l'énoncé sont localisés, et deuxièmement de délimiter le champ de vision par rapport auquel on marquera la distinction entre l'hypothétique et le réel.

2. Incidence du point de vue sur le mode d'énonciation

Ainsi nous avons analysé la distinction linguistique entre l'expression de ce qui **est** et de ce qui **apparaît** comme réel. Mais il faut encore que cette distinction soit déterminée par un **point de vue** bien **délimité**. Le problème est complexe car il faut indiquer :
- premièrement s'il s'agit d'exprimer le procès ou la perception du procès,
- deuxièmement si le point de vue qui détermine cette distinction est celui du
   1) terme origine du procès,

---

(15) Voir Ch. III : Agencement Syntaxique.

2) d'un ou de plusieurs autres animés humains désignés dans l'énoncé, ou
3) de l'énonciateur,
   a) extérieur à l'énoncé
   b) identique à un ou plusieurs des animés humains désignés dans l'énoncé.

Ces distinctions ont toutes une incidence sur la traduction. Nous avons vu cette première différence dans la traduction de l'exemple :
Elle étouffait / She appeared to be on the point of choking (Voir p. 239)

Citons à nouveau une partie de l'exemple, afin d'étudier le deuxième problème : la détermination du point de vue.

[34] – *En effet, le temps n'est pas propice, à cause de l'humidité.*
– *Cependant, reprit le percepteur d'un air finaud, il y a des personnes qui s'en arrangent.*
Elle étouffait :
– *Donnez-moi encore...*
– *Il ne s'en ira donc jamais ! pensait-elle.*
(Mme B., II, x, p. 196)

Une comparaison de plusieurs traductions permet de cerner plus étroitement le problème. Voici comment Lewis May et Alan Russel ont rendu la phrase soulignée :

– ***She felt she was choking./Her heart was pounding.***
(L. May, p. 177, A. Russel, p. 180)

Hopkins et May ont introduit un syntagme de perception : *appeared/felt,* pour indiquer l'absence d'extériorisation, mais le point de vue envisagé est différent dans les deux cas. Lewis May situe le procès dans une relation d'**auto-repérage** et G. Hopkins dans une relation **de repérage par autrui**. Dans l'énoncé *she felt she was choking,* il y a identité entre **le terme origine du procès** et **celui qui perçoit**. Dans l'énoncé *she appeared to be on the point of choking,* l'**originaire** est **distinct** de **celui qui perçoit**. La scène étant, par ailleurs, entièrement filtrée par le point de vue privilégié de l'énonciateur rapporté, c'est Lewis May qui nous semble ici respecter l'**unité de point de vue**. Nous préférons toutefois à sa traduction celle de A. Russel car, en fait, la manifestation physique n'est dans ce cas particulier que secondaire à la réaction affective à laquelle elle renvoie. Les distinctions que nous venons d'étudier ne s'imposent donc pas dans sa traduction.

Prenons à présent un exemple qui met en jeu notre troisième point : la distinction entre le point de vue des animés humains désignés dans l'énoncé et celui de l'énonciateur privilégié auquel l'énoncé est attribuable.

[35] – *Un moment après, elle lui tournait le dos et regardait à travers la vitre. Sur le quai les gens se pressaient et se heurtaient. Le chuintement de la locomotive arrivait jusqu'à eux. Il appela sa femme par son prénom et quand elle se retourna, il vit que son visage était couvert de larmes.* (A. Camus, *La Peste,* I, p. 17)

Trois points de vue sont ici mis en jeu :
– celui du narrateur
– celui du personnage désigné par ***Il***
– celui du personnage désigné par ***elle***.

Le procès au passé simple ***appela*** est nettement attribuable au narrateur. Les procès ***tournait*** et ***regardait*** peuvent être attribués ou au narrateur ou au *Il* de l'énoncé, ou encore aux deux à la fois. Ainsi le premier est le seul qui suppose un point de vue non ambigu. Voyons à présent comment ils se situent dans la traduction de S. Gilbert :

> *But then she turned her head and* **seemed** *to be gazing through the carriage window* **at the people on the platform** *jostling each other in their haste. The hissing of the locomotive reached their ears. Gently he called his wife's first name; when she looked round he saw that her face was wet with tears.*
> (S. Gillbert, p. 11)

La modalité hypothétique ***seemed*** détermine clairement le point de vue par rapport auquel sont situés les deux procès ***turned her head*** et ***seemed to be gazing***. Seul le ***he*** de l'énoncé ferait la distinction entre une situation attestée et une situation non perceptible, donc hypothétique. Le procès modalisé ***seemed to be gazing*** étant coordonné au procès ***turned her head***, les deux ne peuvent être attribuables qu'au ***he*** de l'énoncé. D'autre part, le groupe nominal ***the people on the platform*** est, dans la traduction, C_1 du procès ***seemed to be gazing*** et non C_0 d'une proposition indépendante. Les éléments repérés sont donc clairement attribuables, en anglais, au double point de vue du ***he*** et du ***she*** de l'énoncé. En français, le point de vue, ici encore, est ambigu. Il peut être attribué au *Il*, au *elle*, au narrateur, à deux d'entre eux ou à tous à la fois.

L'exemple suivant comporte de nombreux éléments qui ne sont pas, en français, localisés par rapport à un point de vue nettement déterminé. Plusieurs francophones ont été interrogés sur l'orientation du point de vue dans ce texte. Leurs réponses ont été si différentes qu'il est difficile d'en faire une synthèse. Tous ont reconnu que leurs critères étaient, pour la plupart, sémantiques. Aucun n'a été très affirmatif dans ses conclusions. Or, en anglais, le traducteur a systématiquement déterminé le point de vue en ajoutant des syntagmes verbaux ou nominaux de perception ou des marqueurs de modalisation verbale. Malgré sa longueur, nous citons le passage intégralement avec la traduction en regard, afin de faire ressortir toutes les différences :

[36] *Le calme le plus absolu régnait autour de lui. Aucun bruit ne parvenait jusqu'au fond de la grotte. Pourtant il savait déjà que l'expérience promettait de réussir, car il ne se sentait nullement séparé de Speranza. Au contraire, il vivait intensément avec elle. Accroupi contre la roche, les yeux grands ouverts dans les ténèbres, il voyait le blanc déferlement des vagues sur toutes les grèves de l'île, le geste bénisseur d'un palmier caressé par le vent, l'éclair rouge d'un colibri dans le ciel vert. Il sentait sur tous les atterrages la fraîcheur mouillée de la grève*

– *Around him absolute quiet prevailed. Not a sound penetrated the depths of the cave. Yet he already knew that the experiment was destined to succeed because he found that he was in no way cut off from Speranza. On the contrary, he lived intensely with her. Seated with his back to the rocky-wall, his eyes wide-open in the darkness, he saw the white unfolding of the sea on all the shores of the island, the benevolent sway of palm-leaves stirred by the wind, the red flash of a humming-bird against a green sky. He smelt the moist freshness of the sand uncovered by the ebb,*

*que venait de découvrir le jusant. **Un bernard-l'ermite en profitait pour prendre l'air sur le pas de sa coquille**. Une mouette à tête noire se mettait tout à coup en perte de vitesse pour piquer sur un chétodon tapi dans les algues rouges que le ressac revêtait toutes ensemble de leurs envers brun. **La solitude de Robinson était vaincue d'étrange manière** – non pas* latéralement, – *par abords et côtoiements, comme quand on se trouve dans une foule ou avec un ami* – *mais de façon* centrale, nucléaire, en quelque sorte. **Il devait se trouver à proximité du** foyer **de Speranza** *d'où partaient en étoiles toutes les terminaisons nerveuses de ce grand corps, et vers lequel affluaient toutes les informations venues de la superficie. Ainsi dans certaines cathédrales y a-t-il souvent un point d'où l'on **entend** par le jeu des ondes sonores et de leurs interférences, les moindres bruits, qu'ils proviennent de l'abside, du chœur, du jubé ou de la nef. Le soleil **déclinait** lentement vers l'horizon. Au ras de l'amoncellement rocheux couronnant l'île, la grotte ouvrait sa gueule noire qui s'arrondissait comme un gros œil étonné, braqué sur le large. Dans peu de temps la trajectoire du soleil **le placerait** dans l'axe exact du tunnel. Le fond de la grotte se trouverait-il éclairé ? Pour combien de temps ? Robinson **ne tarderait pas à le savoir**, et sans pouvoir se donner aucune raison il attachait une grande importance à cette rencontre.*

(M. Tournier, Vendredi, V, pp. 103-104)

*and watched a **hermit-crab as it took the air at the doorway of its shell**. A black-headed gull slowed suddenly in its flight to swoop down upon a small creature half-hidden in red seaweed gleaming brown in the drag of the undertow. **Robinson's sense of solitude was dispelled in a strange fashion**, not sidelong by winks and nudges, as when one is with a friend in a crowd, but centrally, as it were from the nucleus itself. **He felt that he was near the core of Speranza**, the beating heart, the mind whence ran the nerve-ends to all the parts of that great body, and into which flowed all intelligence coming from the surface : just as in some cathedrals there is a central point where by the play of sound-waves and vibrations **one can hear** the least sound, whether it comes from apse, choir, transept or nave.*
*The sun **must be** sinking towards the horizon. At the foot of the rocky pike which crowned the island the cave opened its black mouth like a round, astonished eye gazing over the sea. In a little while the sun **would come level** with it. Would the end of the cave be lighted by its rays ? And for how long ? **Robinson was soon to learn**, and, without being able to account for it, he attached great importance to the discovery.*

(N. Denny, pp. 85-86)

Nous avons relevé sept marqueurs linguistiques, en anglais, qui rattachent clairement les éléments repérés à un point de vue déterminé. Les quatre premiers sont des termes de perception :

1) – *Un bernard-l'ermite en profitait pour prendre l'air sur la pas de sa coquille.*
   – *...and **watched** a hermit crab as it took the air in the doorway of its shell.*
2) – ***La solitude** de Robinson était vaincue d'étrange manière*
   – *Robinson's **sense of solitude** was dispelled in a strange fashion.*

3) — *Il **devait** se trouver à proximité du foyer de Speranza.*
 — *He **felt** that he was near the core of Speranza.*
4) — *Ainsi [...] y a-t-il souvent un point d'où l'on **entend** [...] les moindres bruits.*
 — *...just as there is a central point where [...] one **can hear** the least sound.*

Les éléments repérés : **hermit crab/solitude/he**, sont tous localisés par rapport à l'animé humain de l'énoncé **Robinson**; le dernier **sound**, par rapport au pronom indéfini **one** mis en parallèle avec celui-ci. Si on peut supposer que les ajouts dans la traduction compensent l'ambiguïté de l'imparfait (quant à l'origine de l'énonciation)[16], d'autre part que l'existence de deux formes, modalisée et non modalisée, des verbes de perception rend plus aisée la distinction dans la traduction de ***l'on entend***, la traduction anglaise du procès ***déclinait*** démontre clairement l'insuffisance de ces explications.

— *Le soleil **déclinait** lentement vers l'horizon.*
— *The sun **must** be sinking towards the horizon.*

La forme be + ing comporte la même ambiguïté énonciative que l'imparfait. Or, le traducteur a éprouvé le besoin d'ajouter un marqueur de modalité hypothétique. De ce fait, l'hypothèse ne peut être attribuable qu'à l'animé humain de l'énoncé **Robinson.** La modalisation est donc ici le marqueur qui distingue à la fois l'hypothétique du réel asserté, et l'animé humain de l'énoncé du narrateur.

Mais nous avons, dans ce paragraphe, les deux types d'hypothèses que nous avons évoqués au début de ce chapitre :

— l'hypothèse qui s'oppose à l'assertion

et

— l'hypothèse qui s'oppose à l'actualisation.

Les marqueurs 5, 6 et 7 sont des syntagmes verbaux désignant des procès qui renvoient dans les deux langues aux modalités suivantes :

5) — Expression assertive : *le soleil **déclinait***
 — Modalité du probable : *The sun **must be sinking***
6) — Modalité de visée pure : *La trajectoire du soleil **le placerait** dans l'axe exact du tunnel*
 — Modalité de visée pure : *the sun **would come** level*
7) — Modalité de visée pure : *Robinson ne **tarderait** pas à le savoir*
 — Modalité de visée pré-assertée : [17] *Robinson **was soon to learn***

En anglais, le procès [5] est nettement rattaché au point de vue de l'animé humain de l'énoncé : **Robinson,** le procès [6] l'est également grâce à la modalité de visée On peut se demander pourquoi, alors que jusque là tous les procès qui sont ambigus en français ont été nettement rattachés par le traducteur au point de vue de l'animé humain de l'énoncé, il choisit pour le procès [7] le point de vue de l'auteur.

---

(16) L'utilisation de l'imparfait seul ne permet pas de savoir si le repérage se fait par rapport à l'énonciateur narrateur ou par rapport à un énonciateur rapporté, qu'il s'agisse effectivement de son énonciation ou de sa perception.

(17) Voir Glossaire pour la définition des différents types de modalité.

Précisons tout d'abord, en la comparant avec la visée pure, ce que nous entendons par la catégorie « modalité de visée pré-assertée », que nous avons utilisée pour qualifier la traduction anglaise de ce procès :
- ***would soon learn*** : correspondrait à une visée envisagée du point de vue du C_0 ***Robinson.***
- ***was to learn*** : correspond à un procès attesté par un énonciateur qui l'envisage rétrospectivement en tant que visée.

Le nom propre ***Robinson*** implique un point de vue extérieur. De ce fait, il est incompatible avec la visée pure : ***would soon learn*** qui implique un point de vue interne à l'énoncé. Or, le pronom ***he*** ne peut pas être substitué au nom propre, faute d'antécédent immédiat. Il ne reste donc, comme solution, qu'un changement de point de vue. Celui-ci, encore une fois, est indiqué sans ambiguïté en anglais.

Certains francophones se sont demandés s'il ne s'agissait pas dans ce texte, d'un tic de traducteur. Voyons ce qu'il en est, en comparant cette traduction d'un texte de Tournier par Norman Denny, avec une traduction d'un texte de Camus par Stuart Gilbert.

[37] – *Grand hésita. Il ne pouvait dire que Cottard fût impoli, l'expression n'aurait pas été juste. C'était un homme renfermé et silencieux **qui avait** un peu **l'allure du sanglier**. Sa chambre, un restaurant modeste et des sorties assez mystérieuses, c'était toute la vie de Cottard. **Officiellement, il était** représentant en vins et liqueurs. De loin en loin, il recevait la visite de deux ou trois hommes qui devaient être ses clients. Le soir, quelquefois, il allait au cinéma qui se trouvait en face de la maison **L'employé avait même remarqué** que Cottard semblait voir de préférence les films de gangsters. En toutes occasions, **le représentant demeurait solitaire** et méfiant.* (A. Camus, *La Peste*, pp. 58-59)

– *Grand seemed at a loss. He couldn't say that Cottard used to be unamiable; the term wouldn't have been correct. But Cottard was a silent, secretive man, with something about him **to made Grand think of a wild boar**. His bedroom, meals at a cheap restaurant, some **rather** mysterious comings and goings – these were the sum of Cottard's days. **He described himself** as a traveller in wines and spirits. Now and again he was visited by two or three men, presumably customers. Sometimes in the evening he would go to a cinema across the way. In this connexion **Grand mentioned a detail he had noticed** – that Cottard seemed to have a preference for gangster films. But **the thing that had struck him most about the man was his aloofness,** not to say his mistrust of everyone he met.* (S. Gilbert, p. 48)

La situation d'énonciation est la suivante. Un animé humain : ***Rieux*** extérieur à l'énoncé, a interrogé ***Grand*** (qui figure en position C_0 dans la première phrase), sur un deuxième animé humain, ***Cottard***. L'énoncé semble être, en grande partie, une transposition en discours indirect libre de la réponse de Grand. L'énoncé comporte une série d'assertions sur des propriétés de Cottard, qui ne sont pas localisées par rapport à un point de vue déterminé :

– *C'était un homme qui **avait**...*

- *Officiellement, il **était**...*
- *le représentant **demeurait**...*

Deux phrases seulement permettent de relier ces propriétés à la perception de Grand. L'une comporte un procès dénotant
- un jugement sur une propriété : *il ne **pouvait dire** que Cottard fût impoli,*
l'autre comporte un procès dénotant
- la perception d'une propriété : *l'employé **avait** même **remarqué** que Cottard semblait voir...*

En anglais, les assertions sur les propriétés de Cottard sont modulées par le repérage. Les verbes *avait, était, demeurait* sont supprimés. Ils ne sont pas ici modalisés par un marqueur hypothétique mais ils sont modulés par la relativité à la perception qui constitue le point de repère : *Cottard was... a man, **that made Grand think of** a wild boar ; **He described himself as** a traveller in wines and spirits ; ... **the thing that had struck him** most about the man was...* Les deux phénomènes : modalité hypothétique (**the sun must be sinking** dans l'exemple précédent) et relativité à un repère, peuvent, lorsqu'ils découlent de la détermination rigoureuse d'un point de vue, être à des degrés différents deux aspects d'un même phénomène. Dans le premier cas on distingue l'hypothétique du réel, dans le deuxième on reste en-deçà de l'assertion.

Nous avons déjà constaté, en anglais, une tendance fortement marquée à harmoniser
- soit par la structure syntaxique,
- soit par le choix lexical,

les divergences qui apparaissent, en français, entre procès et compléments, dans la mise en relation d'éléments animés et inanimés, ou dans l'expression de la localisation spatiale et de la perception.

Nous voyons à présent que le problème est particulièrement complexe dans l'expression de la perception. Il faudra, non seulement marquer la différence, en anglais, entre
- **la modalité assertive** dans l'expression de la perception d'une **réalité attestée**

et
- **la modalité hypothétique** ▽ dans l'expression de la perception d'une **hypothèse,**

mais introduire des modulations plus fines à l'intérieur de ces catégories.

Ces modulations découlent essentiellement du point de vue qui constitue le repère :
- expression du procès lorsque le repérage se situe par rapport à l'auteur,
- expression de la perception du procès lorsque le repérage est intérieur à l'énoncé.

Le problème de repérage se présente, en outre, différemment dans les deux langues à l'intérieur même de l'énoncé. La nécessité de maintenir en anglais un point de repère unique dans la phrase a une forte incidence sur l'expression de la perception, puisque celle-ci sera déterminée par le champ de vision de l'animé humain qui constitue le point de repère.

CHAPITRE **8**

Hypothèse et actualisation

I. Le verbe de perception

1. Distinctions modales et aspectuelles

Nous venons d'examiner l'hypothèse essentiellement dans son opposition à l'assertion. Nous avons constaté qu'en français, une forme assertive peut exprimer une hypothèse, alors qu'en anglais, une réalité non-attestée ou non-attestable doit être marquée par une modalité hypothétique. Mais cette même différence existe dans l'opposition **Hypothèse**[1]/**actualisation.** Notre corpus comprend de nombreux exemples de représentations de l'imaginaire : illusion, souvenir, rêverie, dont la traduction s'avère délicate. La démarcation entre la perception du réel et de l'imaginaire se traduit, en effet, par des signes linguistiques différents dans les deux langues. Mais il faut examiner plusieurs aspects de ce phénomène, pour arriver à cerner les distinctions signifiantes.

Voyons tout d'abord les contraintes grammaticales qui infléchissent le problème. La première est évidente. Il s'agit de la distinction entre la **forme modalisée** et la **forme non-modalisée** des verbes de perception en anglais. Prenons un exemple :

[1]   – ...*il **entendait** rouler sur leur tringle les anneaux de fer des lits et sa femme dormir...*
                                                                    (Mme *B.*, I,II,p. 47)

G. Hopkins a rendu le syntagme verbal par la forme modalisée, L. May par la forme non-modalisée :

   – ***He could hear*** *the rattle of iron curtain rings above the ranged beds of the ward, and the sound of his wife sleeping...*
                                                                    (G. Hopkins, p. 15)

   – *...**he heard** the iron rings running along the curtain rods of the beds and the breathing of his wife as she lay asleep...*
                                                                    (L. May, p. 31)

---

(1) Le terme *hypothèse* renvoie ici à une situation fictive ou imaginaire repérée par rapport à un terme origine : ***he imagined she was sitting there***, et non à une situation hypothétique du type exprimé par le schéma syntaxique : si/if + S, V + ( ), tel que : ***If I see him, I will tell him***.

Dans le premier cas, on insiste sur l'acte de perception [2]. Il en résulte une mise en relief du caractère imaginaire de la perception.

Dans le deuxième cas, on insiste sur l'objet de perception. L'actualisation de l'imaginaire est, de ce fait, mise en valeur. Le choix de la forme modalisée ou non-modalisée dans l'expression de la perception imaginaire est donc de première importance.

On peut également privilégier l'un ou l'autre de ces modes de perception par des différences aspectuelles. Nous avons vu dans notre dernier chapitre, l'incidence de l'**aspect verbal** sur la distinction entre l'**hypothèse** et l'**assertion**. Les valeurs aspectuelles entrent en jeu de la même façon dans la distinction entre l'**hypothèse** et l'**actualisation**.

Tout d'abord, en français, l'actualisation de l'imaginaire sera davantage mise en relief par le **passé simple** que par l'**imparfait**. Comparons, à ce propos, les deux énoncés suivants :

[2] — ...*il **revit**, comme des ombres évoquées, les différents jours de son passé...* (G. Flaubert, *Oeuvres Complètes*, p. 303) [3]

[3] — *Ils **revoyaient** la cour du collège, la chapelle, le parloir...* (G. Flaubert, *l'Éducation Sentimentale*, p. 426) [4]

Du fait qu'il implique un procès révolu, le passé simple souligne l'actualisation. L'imparfait, en revanche, n'impliquant pas un procès révolu met ici en valeur la perception imaginaire. Mais ces tendances n'impliquent pas que l'on rende automatiquement l'imparfait par la forme modalisée et le passé simple par la forme non-modalisée. Notre premier exemple en est la meilleure preuve puisqu'un des deux traducteurs seulement a employé la forme modalisée.

En anglais, on constate également une différence entre

- le **prétérit**, qui même s'il ne l'implique pas nécessairement, tendra à mettre en valeur le caractère **révolu** du procès et donc l'**actualisation** — tout au moins pour les verbes animés ;
- et d'autres formes verbales telles que :
le **participe présent**, la forme **be + ing** et la forme **would + infinitif**.

Voyons deux des traductions proposées pour l'exemple suivant :

[4] — *Il n'y **voyait** plus, il **entendait** des voix autour de lui, il se sentait devenir fou.* (Mme B., III, x, p. 353)

Lewis May a utilisé un prétérit non-modalisé pour rendre le deuxième verbe de perception, **entendait**. A. Russel a choisi l'aspect inchoatif :

— *He **couldn't see** where he was going; he **heard** voices round him. He felt as if he were going mad.* (L. May, p. 337)

— *His eyes blurred, he **began to hear voices**, he felt himself going mad.* (A. Russel, p. 346)

---

(2) Le modal, en effet, établit une relation étroite entre le sujet de l'énoncé et le procès, qui fait passer le C_1 au second plan.

(3) Gustave Flaubert, *L'Éducation sentimentale*, (version de 1845), in *Oeuvres Complètes*, Paris, Seuil, 1964, Tome I.

(4) Gustave Flaubert, *L'Éducation sentimentale* (Version de 1869), Paris, Garnier, 1964, 1968.

Du fait que l'inchoatif implique un processus non-révolu, l'actualisation est atténuée dans la deuxième traduction et la perception imaginaire est mise en valeur.

Il faudra tenir compte de ces facteurs qui jouent un rôle certain dans la démarcation entre
- l'actualisation de l'imaginaire
et
- l'imaginaire non-actualisé.

Cette mise au point faite, voyons si d'autres catégories pertinentes se dégagent à partir de nos exemples.

2. Perception rétrospective et prospective

Les structures de surface permettent en français une première classification d'un certain nombre d'exemples relatifs à la perception rétrospective. Ces exemples présentent les signes linguistiques suivants :

1) perception non-révolue : verbe de perception + l'adverbe **encore** :

[5] – *...elle **voyait encore**, comme là-bas, Léon debout...*
(Mme B., II, v, p. 135)

[6] – *il **entendait encore** le rire des garçons en gaieté qui dansaient sous les pommiers...* (Mme B., III, ıx, p. 351)

2) Itération de la perception : voir + préfixe **re** :

[7] – *Souvent, je les **revoyais** comme autrefois...*
(Mme B., III, ı, p. 260)

[8] – *Ils **revoyaient** la cour du collège, la chapelle, le parloir...*
(Voir Ex. 3, p. 264)

[9] – *...il **revit**, comme des ombres évoquées, les différents jours de son passé...* (Voir Ex. 2, p. 264)

[10] – *...elle se **revoyait** là-bas, au milieu des blés...*
(Mme B., II, xv, p. 250)

Existe-t-il entre ces deux schémas une différence fondamentale quant au problème que nous envisageons ? Il faudra tout d'abord situer nos exemples dans leur contexte linguistique pour voir si ces structures syntaxiques correspondent, en profondeur, à des catégories grammaticales distinctes.

(ı) Mise en relief de la perception ou de l'objet perçu

Examinons le problème à partir des exemples [5] et [10] situés dans leur contexte :

[5] – *Mme Bovary, le soir, n'alla pas chez ses voisins, et, quand Charles fut parti, lorsqu'elle se sentit seule, le parallèle recommença dans la netteté d'une sensation presque immédiate et avec cet allonge-*

> *ment de perspective que le souvenir donne aux objets. Regardant de son lit le feu clair qui brûlait, elle **voyait encore**, comme là-bas, Léon debout, faisant plier d'une main sa badine et tenant de l'autre Athalie, qui suçait tranquillement un morceau de glace.*
>
> (*Mme B.*, II, v, p. 135)

[10] – *Emma rêvait au jour de son mariage; et elle se **revoyait** là-bas, au milieu des blés, sur le petit sentier, quand on marchait vers l'église.* (*Mme B.*, II, xv, p. 250)

Dans le premier cas nous avons un processus non-révolu. La traduction la plus évidente serait la forme modalisée du verbe **to see** + l'adverbe **still**

– *She **could see him still** standing...*

Dans le deuxième exemple, il y a itération de la perception. On pourrait traduire le syntagme verbal par la forme régulière du verbe **to see + back**

– ***She saw herself back**, on the little path, in the midst of the corn...*

Dans les deux cas le processus de remémoration est déjà en cours. Les points de départ ont déjà été précisés :

– *...le parallèle recommença... Elle rêvait au jour de son mariage.*

La suite n'est qu'une élaboration plus détaillée de cette plongée dans le passé. Il ne semble pas que la différence entre les deux formes françaises **voir encore** et **revoir,** soit fondamentale dans le cadre de cette analyse. Il s'agit plutôt d'une différence de mise en valeur. On insiste soit sur la perception, soit sur l'objet perçu.

Prenons maintenant l'expression **voir déjà** qui, dans l'imagination prospective, peut correspondre à **voir encore** dans l'imagination rétrospective. Il s'agit cette fois d'un processus qui a commencé avant le point de repère temporel :

[11] – *Charles les regardait. Il croyait entendre l'haleine légère de son enfant. Elle allait grandir maintenant; chaque saison amènerait un progrès. Il la **voyait déjà** revenant de l'école à la tombée du jour, toute rieuse, avec sa brassière tachée d'encre...*

(*Mme B.*, II, xii, p. 222)

[12] – *Elle s'étonnait, à présent, de n'avoir pas songé à lui tout d'abord; hier, il avait donné sa parole, il n'y manquerait pas, et elle se **voyait déjà** chez Lheureux, étalant sur son bureau les trois billets de banque.* (*Mme B.*, III, vii, p. 327)

Pour l'exemple [11] nous proposerions la traduction :

– *He **could picture** her already...*

Pour l'exemple [12] on peut hésiter entre l'insistance sur la perception :

– *She could (picture / see herself already...*

et la mise en valeur de l'objet perçu :

– *She **saw herself** in Lheureux's office*

Lewis May choisit la deuxième formule :

– *She **saw herself already** at Lheureux's, unfolding the three banknotes on his desk.* (L. May, p. 311)

267

Nous préférons ici la forme modalisée. Il existe néanmoins un choix. Comme nous l'avons vu pour l'imagination rétrospective, ce choix se détermine davantage par la valeur que l'on attribue à l'énoncé, que par les marqueurs adverbiaux qui s'y trouvent.

(ii) Verbes d'hypothèse

Entre la perception rétrospective et la perception prospective, il faut cependant préciser certaines différences lexicales. Prenons l'exemple suivant :

> [13] – *Mais jamais il ne put **la voir en sa pensée**, différemment qu'il ne l'avait vue la première fois, ou telle qu'il venait de la quitter tout à l'heure.* (*M*^{me} *B.*, I, iii, p. 57)

Les verbes **to visualize** ou **to picture** conviennent dans ce contexte dans la mesure où la perception imaginaire n'est pas, au départ, conditionnée par une perception actualisée. Le renvoi au procès actualisé : *qu'il ne l'**avait vue**,* n'apparaît qu'une fois le premier procès énoncé.

Les verbes **to visualize** et **to picture** ne pourraient en aucun cas être utilisés s'il s'agissait, dès le départ, d'un souvenir. Ces deux termes expriment la perception imaginaire d'un objet, dont l'existence n'a pas été préalablement attestée par une perception actualisée. L'exemple cité est, de ce point de vue, un cas limite.

Le verbe **rêver** pose également un problème. Ce verbe implique nécessairement, en anglais, une visée non-actualisée. Chez Flaubert **rêver** est employé indifféremment pour un procès antérieur dont l'objet a été attesté ou pour une visée.

Le premier exemple ne pose aucun problème de traduction :

> [14] – *Dans l'isolement de sa vie, elle reporta sur cette tête d'enfant toutes ses vanités éparses, brisées. Elle **rêvait** de hautes positions, elle le voyait déjà grand, beau, spirituel, établi dans les ponts et chaussées ou dans la magistrature.* (*M*^{me} *B.*, I, i, p. 41)

Le verbe **to dream** convient parfaitement dans la mesure où il s'agit d'une visée. L'exemple suivant est plus problématique :

> [15] – *Lucie s'avançait, à demi soutenue par ses femmes, une couronne d'oranger dans les cheveux et plus pâle que le satin blanc de sa robe. Emma **rêvait** au jour de son mariage ; et elle se revoyait là-bas, au milieu des blés, sur le petit sentier, quand on marchait vers l'église.* (*M*^{me} *B.*, II, xv, p. 250)

Si l'emploi du verbe **rêver** étonne, en français, lorsqu'il s'agit d'une perception rétrospective, la distinction prépositionnelle entre :

– rêver de

et

– rêver à

en rend l'emploi plus acceptable [5]. En anglais, l'emploi du verbe **to dream** nous semble nécessairement impliquer une visée. Lewis May a cependant opté pour cette solution :

- *Emma **began dreaming** of her marriage; and she saw herself back again amid the corn-fields on the little footpath...*

(L. May, p. 230)

Le fait d'avoir marqué la rétrospection dans le deuxième procès par la locution adverbiale ***back again*** compense en partie l'emploi inattendu de ***to dream***. Néanmoins, cette traduction ne paraît pas entièrement satisfaisante.

- *Emma **was reminded** of her own wedding day,*

rendrait l'aspect rétrospectif, mais la valeur due à l'emploi de la préposition *à* est sacrifiée. On ne pourra la retrouver qu'en utilisant un adverbe précédé d'un verbe moins déterminé lexicalement que **to dream,** par exemple :

- ***She thought wistfully*** *of her own wedding day*

Le verbe **to dream of** choque, non seulement parce qu'il s'agit d'une perception rétrospective, mais aussi parce que la perception imaginaire porte sur une situation révolue.

3. Représentation hypothétique et représentation actualisée

Pour le verbe **to imagine,** le problème est plus délicat encore. Il ne s'agit plus d'introduire une distinction entre **rétrospection** et **visée.** Cependant, le verbe **imaginer** comporte une ambiguïté. Il recouvre en effet en français deux modes de perception imaginaire. Prenons l'exemple suivant :

[16] - *Il se heurtait aux meubles, s'arrachait les cheveux, et jamais le pharmacien n'avait cru qu'il pût y avoir de si épouvantable spectacle.*

(Mme B., III, VIII, p. 336)

On pourrait, sans tronquer l'énoncé, supprimer en français le marqueur de perception imaginaire non-actualisée [6], par exemple :

- *...jamais le pharmacien n'avait imaginé un spectacle si épouvantable*

Cette proposition pourrait renvoyer à

- une perception imaginaire non-actualisée :

- *...jamais le pharmacien n'avait imaginé qu'un tel spectacle puisse exister*

---

(5) Il est difficile d'établir si cette différence prépositionnelle renvoie, en fait, uniquement à l'orientation de la perception, ou si elle tient également à la nature des compléments.

(6) Il s'agit plutôt ici d'une perception imaginaire envisagée par rapport à son actualisation ou par rapport à sa non-actualisation. En effet, la négation **n'** + l'adverbe **jamais** indiquent qu'il n'y a pas eu réalisation du procès.

ou
- une perception imaginaire actualisée :
- ...*jamais il n'avait imaginé un spectacle tel que celui auquel il était en train d'assister.*

L'importance de cette distinction apparaîtra plus clairement en anglais. La traduction proposée par G. Hopkins :
- *Never had the chemist imagined so terrible a sight*
(G. Hopkins, p. 391)

ne comporte aucun marqueur de modalité. Or, alors que la distinction linguistique entre l'expression de la perception imaginaire actualisée et de la perception imaginaire non-actualisée, n'est pas une contrainte en français, Flaubert a modalisé son énoncé. En anglais, la suppression de ce marqueur de modalité donne nécessairement à l'énoncé la valeur d'une hypothèse actualisée. La traduction de Lewis May nous paraît pour cette raison plus satisfaisante :
- ...*never had the chemist **believed it possible to see** so appalling a scene.*
(L. May, p. 320)

Prenons un autre exemple pour rendre cette distinction plus claire. Dans le *Journal* de Gide, on trouve l'énoncé suivant :

[17] - *J'imagine une foule, faisant la police elle-même et prenant plaisir à collaborer à une réussite dont elle doit ensuite profiter.*
(A. Gide, *Journal*, I, p. 1135)[7]

Précisons le contexte : cet énoncé vient à la suite d'une critique de l'auteur à propos de personnes qui se mettent en travers de la route et empêchent le tournage d'un film. Il est impossible de rendre l'énoncé par une forme verbale non-modalisée, par exemple : *I imagine a crowd,* car il s'agit comme dans l'exemple précédent d'une hypothèse envisagée en tant que telle, sans actualisation, même imaginaire. Ce fait doit être marqué, en anglais. On pourrait traduire, par exemple, de la façon suivante :
- ***I try to imagine** a crowd...* [8]

La distinction est analogue à celle que nous avons rappelée au début de ce chapitre entre la forme régulière et la forme modalisée des verbes **to see** et **to hear**. Nous verrons plus tard que le verbe **vouloir** comme le verbe **to imagine** exige en anglais une détermination plus rigoureuse du degré d'actualisation.

Cette analyse tend à prouver que la distinction pertinente pour les traductions du verbe **rêver,** concerne en fait, la rétrospection et la visée, non pas en tant que telles, mais dans la mesure où elles découlent de la différence entre l'actualisation et la non-actualisation de l'imaginaire.

Il ressort de ces différentes analyses que l'emploi, en anglais, d'une forme modalisée et d'une forme non-modalisée des verbes de perception permet de marquer d'une façon plus nette qu'en français, la différence entre l'hypothèse et l'actualisation imaginaire. Certains exemples démontrent cependant clairement que,

---

(7) André Gide : *Journal,* vol. I, 1889-1939, Paris, Gallimard, « Pléiade », 1951, 1970.
(8) En fait le procès serait exprimé au passé, en anglais, mais le choix du temps n'entre pas dans le cadre de cette discussion.

même lorsque cette distinction grammaticale n'entre pas en jeu, le choix de la traduction tend à souligner la différence entre ces deux modes de perception. Les différences lexicales, en anglais, dénotant l'imagination rétrospective et l'imagination prospective sont en fait liées à ce problème.

Le fait que les verbes de perception sont plus rarement modalisés en français, est compensé par l'emploi d'adverbes à valeur modale et aspectuelle (déjà, encore). Cependant, ces signes ne recouvrent pas nécessairement les mêmes distinctions que celles faites en anglais. Ainsi, nous avons vu dans les premiers exemples que : **voir encore** et **revoir**, peuvent dans certains cas être rendus par la même traduction. Inversement, dans les deux exemples où figure **voir déjà**, deux traductions différentes ont été proposées en anglais. La distinction rétrospection/visée, ne semble donc être pertinente que dans la mesure où elle implique d'autres facteurs. Mais il faudra poursuivre et approfondir notre analyse pour arriver à cerner tous ces facteurs. Il est difficile de dégager des conclusions uniquement d'après les exemples étudiés jusqu'ici, du fait qu'il reste une marge de choix importante dans la traduction.

II. Durée et volition dans l'acte de perception

Les signes linguistiques qui départagent les différents modes de perception imaginative dans *Madame Bovary* sont les suivants :
a) Perception progressive : **percevoir** à l'imparfait,
b) Perception instantanée :
  – Imagination prospective : **apercevoir** au passé simple
  – Imagination rétrospective : **voir** à l'imparfait.
c) Perception instantanée involontaire : **voir** ou **revoir** au passé simple.

Prenons successivement ces trois catégories en les illustrant avec des exemples.

1. Perception imaginaire progressive

[18] – ...*bientôt il entrait dans une sorte d'assoupissement où, ses sensations récentes se confondant avec des souvenirs, **lui-même se percevait double**, à la fois étudiant et marié, **couchant dans son lit comme tout à l'heure, traversant une salle d'opérés comme autrefois.***
(Mme B., I, II, p. 47)

[19] – *Mais, **en écrivant, elle percevait** un autre homme, un fantôme fait de ses plus ardents souvenirs, de ses lectures les plus belles, de ses convoitises les plus fortes ; et **il devenait à la fin** si véritable, et accessible, qu'elle en palpitait émerveillée...*
(Mme B., III, VI, p. 312)

Dans l'exemple [18], on pourrait rendre ***lui-même se percevait double*** par :
- ***he became aware of himself, as it were, in a dual role.***

Pour l'exemple [19] : *...mais en écrivant, **elle percevait un autre homme**,* nous proposerions :
- ***but as she wrote, it was another man she saw in her mind's eye.***

Le verbe **percevoir** souligne plus que le verbe **voir** l'acte de perception. Il est certain que cette insistance sur la perception peut déjà être un indice d'imaginaire. Mais, si le verbe **percevoir** est souvent employé lorsqu'il y a substitution d'une actualisation imaginaire à la perception d'une réalité attestée, en anglais, les expressions *as it were* et *in her mind's eye,* indiquent plus clairement la part de l'imaginaire.

Dans l'exemple suivant, une hypothèse se substitue à la réalité attestée par la rétrospection :

[20] — *Elle s'était appuyée contre l'embrasure de la mansarde et elle relisait la lettre avec des ricanements de colère. Mais plus elle y fixait d'attention, plus ses idées se confondaient. **Elle le revoyait, elle l'entendait,** elle l'entourait de ses deux bras...*

(Mme *B.*, II, XIII, p. 232)

La traduction de Hopkins :
- ***She felt as though she could see his face, hear his voice, hold him in her arms.***
(G. Hopkins, p. 251)

semble beaucoup plus naturelle que celle de Lewis May :
- ***She saw him. She heard him. She flung her arms*** *about his neck.*
(L. May, p. 212)

Le verbe **revoir** que nous avons vu jusqu'ici uniquement dans un processus de rétrospection, devient cette fois l'équivalent de : **percevoir,** dans les exemples [18] et [19]. L'imaginaire se substitue à la réalité attestée grâce à la perception rétrospective. Cependant, la rétrospection est secondaire. L'actualisation de l'imaginaire est de loin l'opération la plus importante. Aucun signe linguistique n'indique, en français, cette opération. Seul le contexte sémantique la rend évidente. En anglais, en revanche, la traduction de Lewis May ne nous semble pas acceptable dans la mesure où elle ne marque pas la perception imaginaire. Celle-ci doit être non seulement indiquée mais soulignée. La traduction de Hopkins :
- *she felt as though she could see his face...*

permet précisément de reconnaître immédiatement qu'il s'agit d'une perception imaginaire.

L'exemple est intéressant. Nous avons vu dans les exemples de rétrospection et de prospection, dans la première partie de cette étude, que la distinction faite en anglais entre **see** et **can see** entraîne certaines conséquences dans l'expression de la perception imaginaire. L'exemple que nous venons de citer montre clairement qu'il ne s'agit pas uniquement de ce phénomène. Il ne suffirait pas ici de traduire ***elle le revoyait, elle l'entendait*** par :
- *she could see him, hear him...*

Dans la traduction de Hopkins, la perception est soulignée par la modalisation : ***could see,*** et repérée par rapport au terme origine du procès ***she felt.*** Cette double opération met en évidence le caractère imaginaire de la perception. Ceci est essentiel dans tout contexte où une situation imaginaire se substitue progressivement à une réalité attestée.

Prenons un deuxième exemple de la même catégorie : l'imaginaire se substitue cette fois à la réalité attestée par une actualisation progressive :

[21] – *Elle s'acheta un plan de Paris, et, du bout de son doigt sur la carte, **elle faisait des courses** dans la capitale. **Elle remontait** les boulevards, s'arrêtant à chaque angle, entre les lignes des rues, devant les carrés blancs qui figurent les maisons. Les yeux fatigués à la fin, elle fermait ses paupières, et **elle voyait** dans les ténèbres se tordre au vent des becs de gaz, avec des marchepieds de calèches, qui se déployaient à grand fracas...*

(Mme B., I, ix, p. 92)

Il faut reconnaître, tout d'abord, qu'en français, le passage du passé simple *elle s'acheta*, à l'imparfait *elle faisait,* distingue non seulement le premier procès, ponctuel, des procès suivants, « itératifs »[9] mais aussi le procès actualisé des procès imaginaires[10]. La distinction ne pouvant être aspectuelle en anglais, elle sera établie par d'autres marqueurs. Voici comment Hopkins et Lewis May rendent la première phrase :

– *She bought a map of Paris and, with her finger tip **traced walks** about the capital. She **sauntered** along the boulevards...*

(G. Hopkins, p. 69)

– *She bought a guide to Paris, and with her finger tip on the map she would make little **imaginary journeys** about the capital. She **walked** along the boulevards...* (L. May, p. 73)

Le choix lexical du procès *traced* dans le cas de G. Hopkins, l'ajout de la modalité hypothétique *would* et de l'adjectif *imaginary* dans le cas de L. May, font ressortir cette différence. Il nous semblerait plus naturel encore de la souligner en combinant les deux traductions : ***traced imaginary*** *walks*[11].

Mais il y a un autre problème. Les deux traducteurs ont utilisé le prétérit pour le procès ***remontait***. Ce choix peut se justifier par le fait que la deuxième phrase élabore une hypothèse déjà posée. Cependant, il nous semble préférable, même dans cette élaboration, d'atténuer l'effet de l'actualisation en supprimant le prétérit.

En effet, la valeur de renvoi à la notion du prétérit peut, dans certaines conditions, être neutralisée au profit d'autres valeurs. C'est le cas ici : ***She sauntered/walked*** apparaît comme un procès ponctuel et donc actualisé. De ce fait, le caractère imaginaire de la perception n'est plus souligné.

---

(9) Voir à ce sujet : Janine Bouscaren, Jean Chuquet, Françoise Demaizière, *Le would dit « fréquentatif »*, à paraître in Les Langues Modernes, 1981. Les auteurs analysent le *would* dit « fréquentatif » non pas comme un aspect itératif mais comme une valeur qui découle d'une caractérisation sur laquelle s'appuie une prédiction d'occurrences possibles.

On peut dire que l'imparfait renvoie ici à une propriété du sujet de l'énoncé et qu'il en découle une valeur compatible avec l'itération.

(10) Du fait que le passé simple renvoie à un passé révolu alors que l'imparfait n'implique pas cette valeur.

(11) L'ajout d'un adjectif est également nécessaire pour éviter que *walks* soit interprété comme ayant une valeur de renvoi à la notion.

Le simple choix d'une autre forme verbale permet d'atténuer cet effet d'actualisation. Il suffira de substituer au prétérit, soit la forme would + infinitif, soit le participe présent dans une proposition subordonnée. Examinons les deux solutions en transformant la traduction de Hopkins :
- *She bought a map of Paris and, with her finger tip traced imaginary walks about the capital.* **She would** *saunter along the boulevards, stopping at each corner...*
- *She bought a map of Paris and, with her finger tip traced imaginary walks about the capital,* **sauntering** *along the boulevards, stopping at each corner...*

Nous préférons la deuxième parce qu'elle permet de rattacher plus étroitement l'élaboration de la perception imaginaire à sa présentation. L'impression d'actualisation en est diminuée.

Au premier abord, il semblerait que la difficulté vienne du fait que l'imparfait et le prétérit ne renvoient pas aux mêmes valeurs. Il est certain que dans l'exemple [21] on aurait difficilement pu trouver :
- *Elle remonta les boulevards.*

De même, pour l'exemple [20] on ne risquait guère de trouver :
- *Elle le revit, elle l'entendit, elle l'entoura...*

Dans ces deux cas, le passé simple, du fait qu'il implique un procès révolu, n'aurait convenu que pour exprimer une réalité actualisée. Comme nous l'avons déjà indiqué, la compatibilité du prétérit avec des contextes à valeur itérative ou ponctuelle a donc une incidence certaine sur la traduction.

Dans les exemples [20] et [21] il s'agit cependant de l'élaboration, et non de la présentation de la perception imaginaire. Cette distinction entre sans cesse en jeu. Lorsque nous prenons, en effet, la présentation même de l'acte de perception imaginaire, nous trouvons, en français, tantôt le passé simple, tantôt l'imparfait. Les exemples que nous allons citer nous amènent à notre deuxième point :

2. Perception imaginaire instantanée

[22] - ***Et, tout de suite,*** *des tableaux à n'en plus finir se déroulèrent. Il s'aperçut avec Elle, la nuit, dans une chaise de poste; puis au bord d'un fleuve, par un soir d'été, et sous le reflet d'une lampe, chez eux, dans leur maison.*
(G. Flaubert, *L'Education sentimentale*, p. 316)

[23] - *Une angoisse abominable le saisit à l'idée d'avoir peur sur le terrain.*
« Si j'étais tué, cependant ? Mon père est mort de la même façon. Oui je serai tué ». ***Et, tout à coup,*** *il* ***aperçut*** *sa mère, en robe noire; des images incohérentes se déroulèrent dans sa tête.*
(*Ibid.*, p. 226)

Dans ces deux exemples, il s'agit d'une perception imaginaire actualisée dans le temps de la perception. Dans les deux cas, elle est exprimée par **apercevoir** au passé simple. Alors que l'imparfait, dans les exemples que nous avons vus jusqu'ici exprime la perception imaginaire progressive, c'est le passé simple qui semble s'imposer pour l'expression de la perception imaginaire instantanée. Ceci s'explique aisément par les valeurs aspectuelles respectives de ces deux formes verbales.

Le seul exemple que nous ayons trouvé de l'imparfait avec une locution adverbiale indiquant l'instantanéité, a une valeur « itérative »[12]. Il ne s'agit donc pas d'un contre-exemple :

> [24] – Puis, **tout à coup, il la voyait** dans le jardin de Tostes, sur le banc, contre la haie d'épines, ou bien à Rouen, dans les rues, sur le seuil de leur maison, dans la cour des Berteaux.
>
> (Mme B., III, ix, p. 351)

Dans l'exemple [22], le verbe de perception pourrait être rendu par **He imagined himself** with her, dans l'exemple [23] par **he fancied he saw**... Dans les deux cas, il y a actualisation de l'imaginaire

– he fancied **he saw**, par opposition à
et
– he fancied **he could see**

– he **imagined** himself with her, par opposition à
– he **tried to imagine** himself with her.

Mais la perception imaginaire est marquée, alors qu'elle ne l'est pas en français : he **fancied/imagined**, par opposition à **he saw**.

Lewis May traduit l'exemple [24] par :

– Then all of a sudden, he **saw** her in the garden at Tostes...

(L. May, p. 335)

Pour justifier l'emploi de **saw**, il faudrait tout au moins ajouter l'adverbe **back** :

– He saw her **back** in the garden at Tostes...

Suddenly **he imagined** her *back in the garden at Tostes* passe cependant plus facilement. Il s'agit une fois de plus, d'indiquer plus clairement le passage de l'actualisé à l'imaginaire.

Jusqu'ici nous avons vu que la distinction entre la perception du réel et de l'imaginaire est plus nettement marquée en anglais qu'en français. Si l'ambiguïté des formes verbales joue un rôle dans ce problème, l'essentiel est cependant un phénomène de détermination, ou plus précisément de différenciation des catégories du réel. Le mode de perception que nous allons aborder à présent semble à première vue infirmer nos conclusions. Il s'agit de la perception imaginaire instantanée, involontaire. L'analyse des exemples montrera cependant que loin de démentir nos premières conclusions, ils les confirment de façon significative.

3. Perception imaginaire instantanée, involontaire

Nous choisirons nos exemples parmi trois ordres d'expérience imaginaire : l'irruption soudaine du souvenir, l'hallucination et le rêve. C'est surtout la première catégorie que nous trouvons dans *Madame Bovary* :

(12) Voir p. 272, note (9).

[25] – *...et au bruit des éclats de verre, Madame Bovary tourna la tête et aperçut dans le jardin, contre les barreaux, des faces de paysans qui regardaient. Alors le souvenir des Berteaux lui arriva. Elle revit la ferme, la mare bourbeuse, son père en blouse sous les pommiers, et elle se revit elle-même, comme autrefois, écrémant avec son doigt les terrines de lait dans la laiterie.*

(Mme B., I, viii, pp. 85-86)

[26] – *Elle resta perdue de stupeur, et n'ayant plus conscience d'elle-même que par le battement de ses artères [...] Tout ce qu'il y avait dans sa tête de réminiscences, d'idées, s'échappait à la fois, d'un seul bond, comme les mille pièces d'un feu d'artifice. Elle vit son père, le cabinet de Lheureux, leur chambre là-bas, un autre paysage. La folie la prenait, elle eut peur...*

(Mme B., III, viii, p. 333)

Ces exemples présentent, comme les derniers que nous avons analysés, des signes linguistiques indiquant la perception instantanée, c'est-à-dire des locutions adverbiales dénotant

- l'une **la ponctualité : alors** + passé simple
- l'autre **l'instantanéité : d'un seul bond.**

Mais, à la différence des exemples précédents, la **volition** de l'animé humain auquel renvoie le terme origine de la perception, n'est pas en jeu :

– *le souvenir [...] **lui** arriva.*
– *tout ce qu'il y avait dans sa tête de réminiscences [...] **s'échappait...***

Le C_o renvoie dans ces deux propositions à un inanimé : *souvenir/réminiscences*. Le C_o animé est destinataire et non origine du procès. Cette notion de non-volition est primordiale pour la traduction. *Elle revit*, dans l'exemple [25] ne peut être rendu, ni par *saw again*, ni par *could see*. Les deux expressions mettent trop en valeur la perception, et de ce fait la distance par rapport à l'objet perçu, l'un en marquant la distance temporelle, l'autre en marquant le mode de perception. La forme verbale qui indique normalement un procès actualisé : *she saw*, est non seulement légitime mais nécessaire.

La présentation initiale du souvenir a aussi son importance. Lewis May rend

– *Alors le **souvenir** des Berteaux **lui arriva**...* par
– ***Then she thought of** Les Bertaux* (L. May, p. 67)

Encore une fois, la volition est trop apparente. La traduction de Hopkins est plus satisfaisante :

– ***Suddenly she remembered** Les Berteaux*

(G. Hopkins, p. 62)

L'adverbe *suddenly* souligne, tout d'abord, l'instantanéité. D'autre part, le verbe *to remember* n'implique pas l'intentionnalité du C_o animé. Il nous semble cependant préférable d'aller plus loin encore dans ce sens ; ainsi la traduction :

– *Suddenly **the memory** of Les Berteaux **came back** to her.*

soulignerait davantage la non-volition de l'animé. Le fait qu'il n'est plus en position C_o mais en position C_2 met en évidence son rôle de destinataire. Cette solution permet d'autre part d'éviter une disparité entre la présentation et l'élaboration du souvenir. Lewis May est tombé dans ce piège, en utilisant

- un verbe impliquant la volition pour le premier procès :
    - *Then she **thought of** Les Berteaux* (L. May, p. 67)

et

- un verbe impliquant la non-volition pour le deuxième :
    - *She **saw** the farm, the muddy pond...* (*Ibid.*, p. 67)

On peut difficilement passer de *she thought of...* à *She saw*, en raison de cette disparité. Nous proposerions plutôt :

- *Suddenly **the memory** of Les Berteaux **came back** to her.*
- *She **saw** the farm, the muddy pond...*

Dans l'exemple [26] on traduirait littéralement :

- *Elle **vit** son père...*

par

- *She **saw** her father...*

Mais on pourrait aller plus loin encore, en attribuant, comme pour l'exemple précédent, le rôle du C_o à l'inanimé et celui du C_2 à l'animé. C'est dans cet esprit que Lewis May a rendu ce passage. Sa traduction nous semble beaucoup plus satisfaisante ici que pour l'exemple [25].

- *All the stored up contents of her brain, all her memories, all her ideas burst forth in a single flash, like a myriad stars in a blaze of fireworks. Her father, Lheureux's office, their room, another region altogether **passed before her eyes.*** (L. May, p. 316)

Les visions, les apparitions, qui constituent une partie importante de l'expérience imaginaire dans l'œuvre de Flaubert, sembleraient a priori fournir une catégorie d'exemples cohérente, que l'on pourrait rattacher à la perception imaginaire instantanée, involontaire. Ce n'est pourtant pas le cas. Il apparaît rapidement que, dans certains cas, la distance par rapport à l'objet perçu doit être maintenue, dans d'autres, non. Quels sont les signes qui les départagent ? Les exemples que nous trouvons dans *Un Cœur Simple* apportent un complément utile à l'élucidation de ce problème.

Dans les deux exemples suivants, la perception imaginaire ne renvoie plus à une réalité préalablement attestée (souvenir) mais à un objet fictif (apparition). Les signes linguistiques de ce mode de perception : le verbe **apparaître** + le pronom indirect **lui**, indiquent la non-volition de l'animé humain auquel il renvoie.

[27] — *Puis, **elle lui apparaissait** morte. Elle était là, devant lui, étendue sur le dos, au milieu de la route. Il tirait la bride et l'hallucination disparaissait.* (Mme B., III, x, p. 353)

[28] — *Une fois, elle rentra du jardin, bouleversée. Tout à l'heure (elle montrait l'endroit) le père et la fille **lui étaient apparus** l'un auprès de l'autre, et ils ne faisaient rien ; ils la regardaient.* (G. Flaubert, *Trois Contes*, p. 61)[13]

---

(13) Gustave Flaubert, « Un Cœur simple », in *Trois Contes*, Paris, Garnier-Flammarion, 1965.

Dans les deux cas, il y a non-volition de l'animé humain qui constitue le terme origine de la perception. Ce phénomène est déjà indiqué, en français, par la forme verbale : *lui apparut, lui sont apparues*. Certains traducteurs ont rendu le premier exemple par :
- *Then she appeared to him dead*   (E.M. Aveling, p. 275)

d'autres, par :
- *Then he had a vision of her dead*
                              (G. Hopkins, p. 413 ; E.M. Aveling, p. 310)

Les deux sont possibles. Une légère ambiguïté apparaît toutefois, dans la première traduction, la confusion avec
- *Then she appeared to him **to be** dead*

peut aisément se faire. Elle serait évitée si, comme pour l'exemple [25] on soulignait l'aspect d'instantanéité en remplaçant *then* par *suddenly*.

Une fois la perception imaginaire posée, nous avons dans les deux exemples un développement. Celui-ci sera dans les deux cas exprimé sans distance :
- ***She lay there** before him*
- ***They had just stood there**, looking at her.*

Les procédés de présentation et d'élaboration sont ici analogues dans les deux langues. Par contre, dans l'exemple suivant, des divergences apparaissent :

[29] — *Comme au retour de la Vaubyessard, quand les quadrilles tourbillonnaient dans sa tête, elle avait une mélancolie morne, un désespoir engourdi. Léon **réapparaissait** plus grand, plus beau, plus suave, plus vague ; quoiqu'il fût séparé d'elle, il ne l'avait pas quittée ; il était là et les murailles de la maison semblaient garder son ombre.* (*Mme B.*, II, vii, p. 155)

Comme dans les deux exemples précédents, l'élaboration de la perception se fait sans distance dans les deux langues. C'est dans la présentation de la vision qu'intervient la différence. Il ne s'agit plus ici d'une perception instantanée. Aucun adverbe ne marque l'instantanéité ou la ponctualité. Dans la première phase, nous avons l'itération imaginaire d'une « réalité » préalablement attestée : *réapparaissait*. Dans l'élaboration, l'objet de la perception (il) est actualisé grâce à

1) la localisation spatiale par rapport à l'énonciateur rapporté (il était là)
2) la localisation temporelle que celle-ci entraîne.

En anglais, la marque d'itération ne suffit pas pour indiquer l'imaginaire. Ainsi, dans la traduction de Lewis May :
- ***Léon came back to her**, taller, handsomer, more persuasive and more vague...* (L. May, p. 136)

rien ne permet de distinguer :
- l'imaginaire actualisé : ***Léon came back to her***

de
- l'imaginaire non-actualisé : ***The memory of** Léon **came back to her**.*

Hopkins marque bien la distance :
- ***The Léon whom she saw now in imagination** was taller, handsomer, more charming, less clearly defined.* (G. Hopkins, p. 148)

mais sa traduction présente un double inconvénient. Outre la lourdeur de l'expression *she saw in imagination*, la position initiale de l'objet perçu : **The Léon**, qui est par ailleurs parfaitement justifiée (c.à d. mise en relief de l'objet perçu et non de la perception) entraîne l'emploi d'une double détermination : l'article défini + le nom propre. Cette double détermination, comme nous l'avons déjà vu, est difficilement acceptable en anglais. Nous préférerions la traduction suivante :

— ***In her fancy**, Léon **was there** once more, taller, handsomer...*

La prédominance de l'objet perçu sur la perception est ainsi maintenue grâce à une modalité hypothétique : ***In her fancy,*** sans entraîner une double détermination. La non-volition de l'animé humain, terme origine de la perception est également soulignée du fait que l'objet de perception ***Léon***, devient C_o de la phrase. On peut ensuite passer, comme l'ont fait les traducteurs, à la présentation de l'hypothèse sans distance :

— *...though he was separated from her, he had not left her. He was there, and the walls of the house seemed to retain his shadow.*

(L. May, p. 136)

Ainsi, la non-volition, que nous avons déjà soulignée à plusieurs reprises, ne se limite pas à la perception instantanée. Ce fait est important, parce qu'il semble démontrer que l'instantanéité n'est pas le facteur déterminant en anglais. Il n'importe que dans la mesure où il est fréquemment le corollaire de la perception imaginative involontaire.

Dans chacun des exemples de vision ou d'apparition que nous venons d'examiner, la distance est supprimée en anglais dans l'élaboration mais elle est maintenue dans la présentation de l'acte de perception. On peut se demander alors pourquoi le texte suivant qui semble appartenir à cette catégorie, ne comporte aucun signe de distance dans la présentation de la perception :

[30] — *I was once told by a near relative of mine, that having in her childhood, fallen into a river, and being on the very verge of death but for the critical assistance which reached her, she **saw** in a moment, her whole life, in its minutest incidents, arrayed before her simultaneously as in a mirror ; and she had a faculty developed as suddenly for comprehending the whole and every part.*

(Th. De Quincey, *Opium-Eater*, p. 250)[14]

Comme dans les exemples [27] et [28], il s'agit d'une hallucination qui apparaît soudain à l'animé humain désigné dans l'énoncé. Pourquoi la perception imaginaire est-elle alors présentée sans distance, comme s'il s'agissait d'une actualisation ? Une simple transformation nous en donne la clef. Remplaçons la partie de la phrase :

— *She saw in a moment **her whole life***

par

— ***She saw her father** standing before her...*

Dans le texte de de Quincey, il est clair qu'il s'agit d'une hallucination. Dans la phrase substituée c'est beaucoup moins net. Ceci est dû simplement au fait que l'objet perçu chez de Quincey est « abstrait » alors que le deuxième est « concret ».

---

(14) Thomas de Quincey, *Confessions of an English Opium Eater*, Paris, Éditions Aubier Montaigne, 1964. (Titre abrégé : *Opium Eater*).

She saw, suivi d'un terme « abstrait » implique nécessairement une perception imaginaire. L'expression *in a moment* renforce en outre l'idée d'apparition. Cet exemple ne dément donc aucunement les conclusions que nous venons de tirer.

Prenons à présent deux visions de Félicité dans *Un Cœur Simple*. Il s'agit toujours d'hallucinations. Cependant nous ne pouvons pas les rattacher à la catégorie de la perception involontaire :

[31]   – **En écoutant le vent qui grondait dans la cheminée et emportait les ardoises, elle le croyait battu par cette même tempête, au sommet d'un mât fracassé, tout le corps en arrière, sous une nappe d'écume ; ou bien, – souvenir de la géographie en estampes, – il était mangé par les sauvages, pris dans un bois par des singes, se mourait le long d'une plage déserte.**
(G. Flaubert, *Trois Contes*, pp. 52-53)

[32]   – *...et, quand elle exhala son dernier souffle, **elle crut voir**, dans les cieux entrouverts, un perroquet gigantesque, planant au-dessus de sa tête.*
(*Ibid.*, p. 83)

Dans ces deux exemples, il s'agit :
– d'une part de perception imaginaire progressive
– d'autre part de situations purement imaginaires.

Les exemples d'hallucination que nous avions examinés jusqu'ici
– renvoyaient pour la plupart à des situations imaginaires actualisées, à partir de « réalités » [15] préalablement attestées,
– et étaient marquées par l'aspect ponctuel.

La valeur de simultanéité temporelle que prend la forme verbale **en + participe présent** (*En écoutant*) dans l'exemple [31] et la modalisation du procès dans l'exemple [32] (***crut*** voir), privilégient la valeur de perception par rapport à l'objet perçu. De ce fait, l'intentionnalité de l'originaire de la perception est mise en jeu.

Nos exemples d'hallucination n'appartiennent donc pas à une catégorie cohérente. Les traductions devront tenir compte des marqueurs linguistiques qui caractérisent les différences. Dans le cas des trois derniers exemples, il faudra, non seulement marquer la distance par rapport à l'objet perçu dans la présentation de la perception, mais mettre cette distance en valeur et la maintenir lorsqu'il y a élaboration. Nous proposerions pour l'exemple [31] :

  – *And as she listened to the wind, howling in the chimney [...]* ***she imagined she saw him...***

– et pour l'exemple [32] :

  – *And as she breathed her last, **she imagined she saw** in the half-opened skies, a gigantic parrot hovering over her head.*

Dans les deux exemples, nous avons une mise en valeur de la distance. Dans l'exemple [31], où l'objet perçu est localisé par rapport à une succession de situations on poursuit en maintenant cette distance :

  – *...or...**that** he was being eaten by savages.*

---

(15) Il ne s'agit bien sûr pas de la réalité extra-linguistique mais de ce qui, dans la fiction du roman, est présenté comme étant effectivement perçu par un personnage, par opposition à ce qui est imaginé.

Les problèmes se posent de façon analogue pour l'hallucination et les souvenirs. La distinction significative se fait, en anglais, non pas entre
- l'itération imaginaire d'une « réalité » attestée,
et
- l'imaginaire pur

mais entre deux modes de perception, l'un volontaire, l'autre involontaire. La différence entre l'hallucination et le rêve ne semble pas davantage significative. Mais il sera difficile de poser le problème, tout d'abord, parce que les exemples de rêves sont plus rares dans notre corpus. On en trouve un seul dans *Madame Bovary* :

> [33] – *Chaque nuit, pourtant, il la rêvait ; c'était **toujours le même rêve** : il s'approchait d'elle ; mais quand il venait à l'étreindre, elle tombait en pourriture dans ses bras.*
>
> (Mme *B.*, III, xi, p. 363)

Le deuxième exemple est tiré d'*Un Cœur Simple* :

> [34] – *Elle s'accusait, voulait la rejoindre, criait en détresse au milieu de ses **rêves**. **Un, surtout,** l'obsédait. Son mari, costumé comme un matelot revenait d'un long voyage, et lui disait en pleurant qu'il avait reçu l'ordre d'emmener Virginie.*
>
> (G. Flaubert, *Trois Contes*, pp. 60-61)

Dans les deux cas, le mot **rêve** apparaît dans l'énoncé et pose donc la perception comme imaginaire. Il y a ensuite une caractérisation qui apparaît comme une occurrence réalisée. Les traductions proposées ne nous semblent pas entièrement satisfaisantes. Nous nous contenterons donc de présenter nos propres traductions :

> – *Yet every night he dreamt of her ; it was always the same dream. He would go up to her, but just as he tried to embrace her, she would turn to dust in his arms.*

> – *One dream particularly haunted her. Her husband, dressed like a sailor, would come back from a long voyage and tell her with tears in his eyes, that he had received orders to take Virginia away.*

Nous citons ces deux énoncés, à titre d'exemple, bien que la forme verbale would + infinitif : **would go up to her/would come back to her,** masque le problème dans la mesure où elle ne renvoie pas à une actualisation.

Si nous avons examiné tour à tour le souvenir, l'hallucination et le rêve, c'est dans la mesure où ils représentent des catégories particulières de la perception imaginaire. Les analyses montrent cependant clairement que l'importance de ces catégories est relative. Les marqueurs linguistiques que nous avons relevés correspondent à des catégories plus fondamentales.

Nous avons déjà vu qu'il n'y a pas de différence significative en anglais entre
- l'itération imaginaire
et
- l'imaginaire pur.

La distinction entre
- la perception rétrospective

- la perception prospective
et
- la perception instantanée

est également secondaire.

Par contre, la démarcation entre :
- la perception d'une réalité attestée
- la perception actualisée de l'imaginaire
et
- la perception non-actualisée de l'imaginaire,

exigent des distinctions linguistiques clairement marquées. La volition et la non-volition sont également des catégories pertinentes et donnent lieu à des distinctions linguistiques fondamentales.

III. Signes linguistiques secondaires dans l'expression de la perception imaginaire

1. Changement de temps

Le choix du verbe de perception est, comme nous l'avons vu, le problème fondamental. Le passage du réel à l'imaginaire peut cependant être exprimé par d'autres moyens stylistiques. Ceux-ci interviennent, en général, lorsqu'il s'agit d'une perception imaginaire prolongée. Le changement de temps ou de mode constitue un de ces moyens. Examinons tout d'abord quelques exemples et contre-exemples, tirés d'autres auteurs, pour voir le rôle que joue ce procédé dans les deux langues. *Le Rêve*, de Zola, nous en offre un exemple frappant.

[35] — *Et je veux que nous y menions l'existence des temps anciens, vous princesse, et moi prince, au milieu d'une suite d'hommes, d'armes et de pages. Nos murailles de quinze pieds d'épaisseur nous* **isoleront,** *nous* **serons** *dans la légende [...] Le soleil* **baisse** *derrière les coteaux, nous revenons d'une chasse sur de grands chevaux blancs, parmi le respect des villages agenouillés. Le cor* **sonne,** *le pont-levis* **s'abaisse.** *Des rois, le soir, sont à notre table.*
(E. Zola, *Les Rougon-Macquart*, p. 529)[16]

L'actualisation progressive de l'imaginaire se fait en trois étapes : au départ, la situation imaginaire est présentée comme objet de volition : *et je veux que nous y menions...* Du vœu, on passe à l'actualisation projetée de l'imaginaire : *Nos murailles nous isoleront*. Et finalement cette actualisation s'identifie à la perception de la réalité attestée : *Le soleil baisse [...] nous revenons d'une chasse*. La progression est marquée sur le plan linguistique par les variations de mode et de temps qu'indiquent les syntagmes verbaux : premièrement, le subjonctif **menions,** ensuite le futur **isoleront,** et en dernier lieu le présent **baisse, revenons.** A chaque changement de mode ou de temps l'actualisation est soulignée. Lorsque l'énonciateur passe du

(16) Émile Zola, « Le Rêve » in *Les Rougon-Macquart*, Paris, Ed. du Seuil, 1970, vol. V.

futur au présent, la distance par rapport à la présentation de l'imaginaire est complètement supprimée.

Le traducteur anglais de ce texte, maintient à juste titre le futur d'un bout à l'autre du discours [17]. Il serait en effet difficile de passer au présent sans transition, en anglais. Ce ne serait possible ici qu'à condition d'annoncer ce changement par une exclamation telle que : *And lo !...* Mais celle-ci introduirait une brusque rupture dans le texte, alors qu'en français, nous avons un processus continu.

Le changement de temps [18], sans transition, peut exceptionnellement se trouver en anglais mais à condition qu'il s'agisse d'une actualisation évidente comme dans le texte suivant, tiré des *Rêveries du Promeneur solitaire* :

[36] – *Je tombe à l'instant. Je ne vis de ma vie une agitation pareille à celle de ce pauvre garçon, voyant mon sang ruisseler dans mes cheveux. Il crut m'avoir tué. Il se **précipite** sur moi, m'**embrasse**, me **serre** étroitement en fondant en larmes, et poussant des cris perçants.* (J.J. Rousseau, *Écrits autobiographiques*, p. 970) [19]

Il n'est plus question ici de perception imaginaire progressive. Le brusque va-et-vient entre le passé et le présent met en évidence une forte modulation énonciative. Il serait à la rigueur possible dans la traduction anglaise, de garder le présent pour *je tombe..., il se précipite... m'embrasse, me serre...* Dans la mesure où l'effet de rupture existe déjà en français, il est beaucoup moins choquant, en anglais, de respecter ces changements de temps. Ce procédé est cependant beaucoup plus rare qu'en français.

Le seul procédé d'actualisation qui soit courant en anglais est d'ordre aspecto-temporel. Il s'agit du passage du plus-que-parfait au prétérit. Nous avons déjà analysé ce problème au chapitre I. Rappelons-le simplement en proposant une traduction du texte suivant, tiré d'*A la Recherche du Temps Perdu*.

[37] – *J'entendais plusieurs fois par an mon grand-père raconter à table des anecdotes toujours les mêmes sur l'attitude qu'avait eue M. Swann, le père, à la mort de sa femme qu'il avait veillée jour et nuit. Mon grand-père qui ne l'avait pas vu depuis longtemps **était accouru** auprès de lui dans la propriété que les Swann possédaient aux environs de Combray, et **avait réussi**, pour qu'il n'assistât pas à la mise en bière, à lui faire quitter un moment, tout en pleurs, la chambre mortuaire.*

(M. Proust, *Recherche du Temps perdu*, pp. 27-28) [20]

– *My grandfather, who had not seen him for a long time, **rushed over** to his side, at the Swann's estate, in the neighbourhood of Combray, and, in his anxiety to spare him the sight of the body being placed in the coffin, **he saw to it** that he left the death chamber, for a while, which he did, with tears in his eyes.*

---

(17) Eliza E. Chase, traductrice, *The Dream*, Londres, Chatto & Windus, 1893, p. 235.

(18) Le passage du futur au présent en anglais impliquerait en fait un changement de mode et non de temps mais le problème se pose généralement pour le changement du passé au présent.

(19) Jean-Jacques Rousseau, « Rêveries du promeneur solitaire », in *Écrits autobiographiques*, Paris, Le Club français du Livre, « Les Portiques », 1955.

(20) Marcel Proust, *Du Côté de chez Swann*, vol. I, in *A la Recherche du temps perdu*, Paris, Gallimard, 1954, 1964. (Titre abrégé : *Recherche du Temps perdu*).

On peut comparer ce procédé d'actualisation, à la tendance à passer du passé composé au présent, dans le langage parlé, en français, dans l'énonciation d'une série de procès renvoyant à un point de repère temporel antérieur au moment de l'énonciation.

Passons maintenant à *Madame Bovary* où le problème est, en général, plus complexe que dans le texte que nous venons de citer. Prenons par exemple, la méditation d'Emma, au début du chapitre I (première partie).

[38] — *Elle songeait quelquefois que c'était là pourtant les plus beaux jours de sa vie, la lune de miel, comme on disait. Pour en goûter la douceur, **il eût fallu**, sans doute, s'en aller vers ces pays à noms sonores où les lendemains de mariage ont de plus suaves paresses ! Dans des chaises de poste, sous des stores de soie bleue, on **monte** au pas des routes escarpées, écoutant la chanson du **postillon**, qui se répète dans la montagne avec des clochettes de chèvres et le bruit sourd de la cascade. Quand le soleil se **couche**, on **respire** au bord des golfes le parfum des citronniers ; puis, le soir, sur la terrasse des villas, seuls et les doigts confondus, on regarde les étoiles en faisant des projets. Il lui semblait que certains lieux sur la terre devaient produire du bonheur, comme une plante particulière au sol et qui pousse mal tout autre part.*

(*Mme B.*, I, vii, p. 75)

La progression dans l'actualisation de l'imaginaire est marquée avant tout par le passage d'un mode à un autre : du conditionnel passé *il eût fallu,* on passe à l'indicatif *on monte...* Peut-on en anglais maintenir ce procédé ? Ce ne serait pas impossible, dans la mesure où nous avons, à partir de : ***Dans des chaises de poste...*** jusqu'à... ***en faisant des projets,*** une élaboration de l'imaginaire évoqué dans la phrase précédente : *...**ces pays à noms sonores où les lendemains de mariage ont de plus suaves paresses.*** Il faut cependant veiller à ce que la transition soit moins brusque qu'en français. C'est Lewis May, parmi les traducteurs, qui a trouvé la solution la plus habile :

— *To enjoy their sweetness to the full, **it would doubtless have been necessary** to go far away to **lands** whose names fall like music upon the ear, **where** the nuptials of lovers are followed by morrows of soft languor, **lands** where, in post-chaises shaded with blue silk hoods, **you slowly mount,** by precipitous roads, upward, ever upward, giving ear to the postilion's song, echoed back from the mountain and blending with the sound of goat bells and the soft murmur of the waterfall. When the sun sinks down to rest, you breathe, beside the margin of a bay, the fragrant odours of the lemon trees...*

(L. May, pp. 56-57)

La répétition de ***lands where*** permet d'introduire naturellement le groupe verbal : ***you (slowly) mount*** au présent, et de maintenir ensuite cette modalité assertive. Alan Russel a également maintenu le passage de la modalité hypothétique à la modalité assertive, mais sans ménager de transition :

— *To savour all its sweetness, it would doubtless have been necessary to sail away to lands with musical names where wedding nights leave behind them a more delicious indolence. In a post-*

> *chaise, behind blue silk blinds,* **you climb** *at a foot-pace up precipitous roads...*
>
> (A. Russel, p. 53)

Le brusque passage de l'un à l'autre est plus difficilement acceptable. Les autres traducteurs ont préféré maintenir la modalité hypothétique pour tous les procès de l'énoncé mais ils suppriment ainsi l'effet d'actualisation progressive. Hopkins maintient simplement la modalité hypothétique de la première phrase dans la suite du texte : ...***she should have travelled... she should have climbed... she should have breathed...*** etc. (Traduction Hopkins, p. 48). Eleanor Marx-Aveling choisit une solution analogue mais plus judicieuse :

> – *...it would have been necessary doubtless* ***to fly*** *to those lands with sonorous names [...] In post-chaises [...]* ***to ride*** *slowly, up steep roads [...]* ***to breathe*** *in the perfume [...]* ***to look*** *at the stars...*
>
> (E. Marx-Aveling, p. 33)

Le fait de poser d'abord la situation évoquée comme étant d'ordre hypothétique lui permet de présenter ensuite la série de procès à l'infinitif comme étant compatibles avec une actualisation.

2. Changement de pronom

Le problème de temps et de modalité dans cet énoncé est en fait étroitement lié au changement de pronom. La transformation du pronom personnel **elle** en pronom indéfini **on** pose un problème délicat en anglais. Nous ne retiendrons que deux solutions parmi celles qui ont été proposées. La première consiste à choisir le **you** à valeur indéfinie. Ce pronom est plus difficile à manier que **on** et a en outre le désavantage d'être identique au pronom personnel. L'effet de dépersonnalisation est de ce fait en partie sacrifié. Cette solution, malgré ses inconvénients, nous paraît inévitable si on maintient, comme l'a fait Lewis May, l'emploi de la modalité assertive. L'autre consiste à tourner la difficulté, en évitant et la suppression de la modalité, et le pronom indéfini (voir traduction Marx-Aveling citée ci-dessus). Dans les deux cas, une nuance linguistique est sacrifiée. On peut donc difficilement trancher de façon absolue entre ces deux solutions.

L'exemple de rêverie le plus riche en modulations stylistiques est sans doute la célèbre rêverie d'Emma, lorsque Charles, à ses côtés, rêve de l'avenir de son enfant, tandis qu'elle se sent emportée avec son amant vers un pays nouveau. Il convient de citer ce passage en entier :

> [39] – *Emma ne dormait pas, elle faisait semblant d'être endormie ; et, tandis qu'il s'assoupissait à ses côtés, elle se réveillait en d'autres rêves.*
>
> *Au galop de quatre chevaux,* **elle** *était emportée depuis huit jours, vers un pays nouveau, dont ils ne reviendraient plus.* **Ils** *allaient,* **ils** *allaient, les bras enlacés sans parler. Souvent, du haut d'une montagne, ils apercevaient tout à coup quelque cité splendide avec des dômes, des ponts, des navires, des forêts de citronniers et des cathédrales de marbre blanc, dont les clochers*

aigus portaient des nids de cigognes. **On** *marchait au pas à cause des grandes dalles, et il y avait par terre des bouquets de fleurs que vous offraient des femmes habillées en corset rouge.* **On** *entendait sonner des cloches, hennir des mulets, avec le murmure des guitares et le bruit des fontaines, dont la vapeur s'envolant, rafraîchissait des tas de fruits, disposés en pyramides au pied des statues pâles, qui souriaient sous les jets d'eau. Et puis ils arrivaient, un soir, dans un village de pêcheurs, où des filets bruns séchaient au vent, le long de la falaise et des cabanes. C'est là qu'ils* **s'arrêteraient** *pour vivre : ils habiteraient une maison basse à toit plat, ombragée d'un palmier, au fond d'un golfe, au bord de la mer. Ils se* **promèneraient** *en gondole, ils se* **balanceraient** *en hamac, et leur existence* **serait** *facile et large comme leurs vêtements de soie, toute chaude et étoilée comme les nuits douces qu'ils* **contempleraient.** *Cependant, sur l'immensité de cet avenir qu'***elle se faisait apparaître***, rien de particulier ne surgissait : les jours, tous magnifiques, se ressemblaient comme des flots ; et cela se balançait à l'horizon infini, harmonieux, bleuâtre et couvert de soleil. Mais l'enfant se* **mettait** *à tousser dans son berceau, ou bien Bovary ronflait plus fort, et Emma ne s'endormait que le matin, quand l'aube blanchissait les carreaux et que déjà le petit Justin, sur la place, ouvrait les auvents de la pharmacie.*

(*Mme B.*, II, xii, pp. 223-224)

Voyons les variations linguistiques qui marquent les différentes étapes de cette rêverie, sous forme de tableau :

286

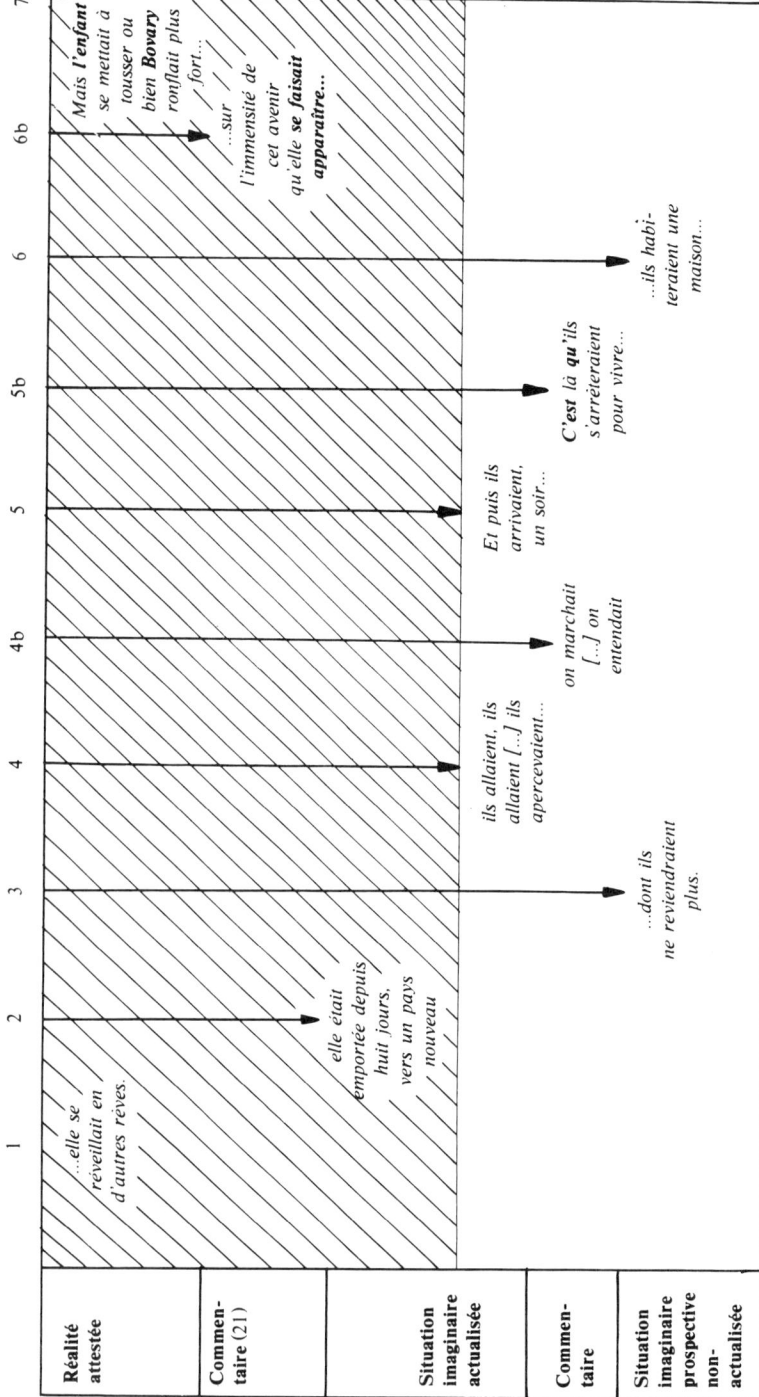

3. Mode de perception et point de vue

En schématisant ce passage, on peut distinguer 7 étapes dans le déroulement de la rêverie, qui correspondent chacune à l'expression de l'un des modes de perception suivants :
1) la perception d'une réalité attestée
2) la perception d'une situation imaginaire actualisée
3) la perception prospective d'une situation imaginaire non-actualisée.

Sur le plan de l'énonciation, le premier mode correspond, dans ce texte, au point de vue de l'auteur. Les deux autres, à l'exception de celui exprimé par le verbe de la première proposition : *elle **était emportée,*** renvoient au point de vue de l'animé humain désigné par le pronom *elle,* c'est-à-dire le terme origine de la perception.

Pour chacun des modes de perception 1) et 2) on trouve, en outre, deux types d'énoncés :
- l'un étant la **présentation** d'une réalité ou d'une situation imaginaire
- l'autre étant un **commentaire** sur cette réalité ou cette hypothèse (ce que nous désignons dans notre schéma par : b) précédé du chiffre correspondant à la présentation de la réalité à laquelle il renvoie).

Le passage est, de ce fait, extrêmement complexe. Cependant, des signes linguistiques précis permettent d'en dégager les différences essentielles. Ainsi :
- le pronom *elle* n'est utilisé que lorsque le point de vue du terme origine de la perception n'est pas en jeu,
- le pronom *ils* indique au contraire, le point de vue du terme origine de la perception.

D'autre part, les commentaires sur l'hypothèse actualisée,
1) repérés par rapport **au point de vue** du terme origine de la **perception,** sont indiqués par des tournures indéfinies ou impersonnelles
    - dans le 1er cas par le changement du pronom *ils* à *on*
    - dans le 2e cas par la tournure : *c'est... que*
2) repérés par rapport **au point de vue de l'auteur,** sont indiqués par
    - le pronom *elle*
    et
    - une modalité hypothétique marquée par le sémantisme du groupe verbal : *se faisait apparaître.*

Dans le retour à la perception de la réalité attestée, le point de vue de l'auteur se distingue de celui du terme origine de la perception par les désignations des animés humains :
- ***l'enfant***
et
- ***Bovary.***

S'il s'agissait du point de vue d'Emma ils auraient été désignés par les prénoms
- ***Berthe***
et
- ***Charles.***

Ainsi deux procédés essentiellement : l'un mettant en jeu les pronoms, l'autre les verbes, assurent toute une gamme de nuances dans l'expression, aussi bien des modes de perception que du point de vue. Inversement, les variations de point de vue constituent elles-mêmes des procédés permettant de nuancer les degrés de distanciation dans la représentation de la perception de l'imaginaire et du réel. Mais la traduction de ces variations posera à nouveau des problèmes.

La première pierre d'achoppement, est une fois de plus le problème des pronoms. A l'intérieur même de la première phrase, nous passons du pronom **elle** à **ils**. **Elle** marque le point de vue de l'auteur, **ils** celui d'Emma. Ce **ils** renvoie à la fois à **elle-même** et à **Rodolphe,** qui n'avait cependant pas été mentionné auparavant. Il est introduit implicitement par le changement de pronom. Mais en anglais, on peut difficilement utiliser ainsi un pronom, sans antécédent. Un terme auquel renvoie un marqueur anaphorique, qu'il soit ou non animé humain, doit d'abord être déterminé. Or, plusieurs traducteurs ont cherché à garder l'ambiguïté du texte français. Hopkins et Marx-Aveling ont rejeté le **ils** à la phrase suivante. Voici leurs traductions :

> – *For a whole week (such was the form her vision took)* **she** *had been journeying behind four galloping horses to a new country from which* **she** *would never return. On, on they went, sitting with linked arms, saying nothing.*
> (G. Hopkins, p. 239)

> – *Behind four horses at full speed* **she** *had been travelling for a week to some new country, never to return. From the mountain brow they saw some splendid city...*
> (E. Marx-Aveling, p. 160)

Le rejet ne résout pas le problème. On comprend difficilement pourquoi E. Marx-Aveling a laissé tomber la deuxième phrase. On croirait a priori que c'est pour éviter cette difficulté. Ce n'est pas le cas, puisqu'elle passe à **they** dans la phrase suivante. A. Russel cherche également à maintenir le passage d'un pronom à l'autre à l'intérieur de la phrase, mais il aggrave le problème en inversant l'ordre de ces pronoms :

> – *A coach-and-four had been whirling* **them** *along for a week, towards a new world from which* **she** *would never return. On and on they drove, their arms entwined, in silence.*
> (A. Russel, p. 208)

Dans la phrase précédente, il a été question de Charles. On croirait donc ici qu'il s'agit de lui et d'Emma.

La solution de Lewis May nous semble être la meilleure : il détermine le deuxième des deux animés humains auxquels renvoie le pronom **ils,** en utilisant toutefois un terme moins déterminé que le nom propre : c.à.d. **her lover.**

> – *Behind four galloping horses,* **she** *and* **her lover** *had been faring for a whole week, towards a new land, never more to return. On and on they went...*
> (L. May, pp. 203-204)

Cette solution, de même que la suppression de la reprise anaphorique dans la deuxième partie de la phrase, a l'avantage de poser l'existence du deuxième animé humain sans la souligner.

Le passage de **ils** à **on** est tout aussi délicat. Certains traducteurs s'en sont tirés en substituant au pronom indéfini **on** un C_o déterminé. Par exemple :

> *The carriage moved slowly because of the great flag stones [...] The air was filled with the sound of bells...* (G. Hopkins, p. 239)

Lewis May a tout simplement supprimé la phrase de transition. Il détermine ensuite le C_o mais n'utilise pas, comme Hopkins, le schéma de passivation :
> *Bells would be ringing, mules whinnying...*

Ces tournures sont trop fréquentes, en anglais, pour constituer un effet stylistique. La progression dans l'hypothétique est donc perdue. Elles nous semblent, néanmoins, offrir la seule solution possible. Le brusque passage du pronom **they** à **you**, utilisé par Russel, nous paraît difficilement acceptable, encore une fois, parce que rien ne détermine explicitement un changement de point de vue ou de mode de perception.

Il reste le problème de l'aspect verbal, dans l'expression de la perception imaginaire. Le passage de la perception du réel à la perception de l'imaginaire, au début de la rêverie, ne pose aucun problème. Il est indiqué explicitement par la localisation du terme origine de la perception par rapport à un point de repère fictif : *elle se réveillait dans d'autres rêves*. On peut donc, dans les phrases suivantes, élaborer la rêverie sans marquer de distance par rapport au réel. Le prétérit est aussi naturel en anglais que l'imparfait en français. Mais pourquoi, alors, sommes-nous gênés par le fait que Hopkins ait gardé le prétérit dans toute la première partie du texte (jusqu'à... *le long de la falaise et des cabanes*). Est-ce parce qu'il n'a pas suffisamment marqué la distinction entre l'occurrence unique et « l'itération » :[22]

> — *Ils arrivaient un soir dans un village de pêcheurs* (repère ponctuel, **un soir**, incompatible avec la valeur itérative)
>
> — *ils apercevaient tout à coup quelque cité splendide* (caractérisation compatible avec la valeur itérative)

Le deuxième énoncé est précédé de **souvent**, que Hopkins a traduit littéralement. La valeur itérative est donc quand même précisée. La distinction entre les deux nuances n'est, en outre, pas toujours claire en français.

Cette question joue peut-être en partie, mais l'essentiel du problème semble résider ailleurs. La rêverie est d'une certaine longueur. L'explicitation du changement dans le mode de perception est perdue de vue au bout de quelques phrases. Hopkins a sans doute cherché à le rappeler, en ajoutant une parenthèse :

> — *For a whole week (such was the form her vision took) she had been journeying...* (G. Hopkins, p. 239)

Tout d'abord, cette parenthèse se situe trop tôt dans le texte pour servir efficacement de rappel. Mais, de toute façon, insister aussi lourdement sur la perception imaginaire est une trahison du texte. Ne vaudrait-il pas mieux éviter l'emploi trop soutenu du prétérit ? Nous avons déjà constaté, à propos de l'exemple [21], que la forme verbale de renvoi à la notion, au passé, peut, dans certaines conditions, renvoyer à un procès ponctuel. Nous avons indiqué, aussi, la confusion qui résulte de ce phénomène. La forme **would + infinitif** ne peut-elle pas ici, comme dans l'exemple [21], servir à atténuer la valeur d'actualisation que l'on tend à attribuer au prétérit ?

---

(22) Voir note 9 page 272.

La répartition des deux formes ne peut pas être arbitraire. Le prétérit semble essentiel à deux endroits. Il s'agit

- premièrement, de la phrase qui comporte deux locutions adverbiales :
  - *Ils allaient, ils allaient,* **les bras enlacés, sans parler.**

(cf. p. 284)

La localisation de propriétés est parfaitement compatible avec la valeur qualitative du prétérit. En revanche, le rapport étroit qu'établit le modal entre le procès et le sujet, tend à valoriser le processus lui-même et non la nature ou la qualité de celui-ci.

- deuxièmement, de la phrase :
  - *Et puis ils* ***arrivaient un soir*** *dans un village de pêcheurs...*

(cf. p. 285)

où l'imparfait renvoie à une situation localisée par un repère ponctuel : ***un soir.***

Mais comment peut-on ménager la transition entre les deux ? La phrase introduite par *souvent* semble être le moment le plus naturel pour amener la forme ***would + infinitif*** puisque l'adverbe souligne l'itération en français et que cette valeur est compatible avec la caractérisation du sujet soulignée par la modalité ***would.*** Celle-ci peut alors être maintenue pour le passage qui met principalement en jeu des animés humains déterminés : *ils apercevaient... on marchait...* On repassera sans difficulté au prétérit lorsque l'indétermination du pronom indéfini entraîne l'effacement de l'animation dans le procès *on* ***entendait*** *sonner des cloches [...] qui souriaient sous les jets d'eau.* La valeur aspectuelle du prétérit ne peut plus alors prêter à confusion. En outre, on aura ménagé ainsi tout naturellement la transition entre le prétérit renvoyant à la notion et le prétérit renvoyant à du ponctuel.

Nous avons déjà constaté que les limites entre le réel attesté et l'imaginaire dans l'expression de la perception sont plus nettement marquées en anglais qu'en français ; que ceci pose un problème de traduction, et essentiellement en ce qui concerne le choix du verbe de perception. Nous voyons à présent que la traduction d'une perception imaginaire prolongée est plus complexe encore. Au choix du verbe de perception s'ajoute le problème des changements de temps, de mode et de pronoms, et les variations de point de vue qui en découlent et qui les conditionnent à la fois. Il est difficile de passer en anglais, sans le marquer explicitement, de l'expression de la perception du réel à l'expression de la perception de l'imaginaire, et même d'un degré d'actualisation à un autre à l'intérieur même de l'imaginaire.

Conclusion

Essayons au terme de ce travail de répondre à trois questions :
- quel est le rapport entre énonciation et détermination
- quel est le lien entre les différents phénomènes envisagés
- pourquoi ces phénomènes semblent-ils souvent se manifester de façon inverse dans le récit et dans le discours.

Nous avons cherché à démontrer que le mode d'énonciation prévalent dans le **récit** n'est pas le même dans les deux langues. Les différences apparaissent de façon évidente dans l'opération de traduction. Ces modes d'énonciation ont été caractérisés respectivement par les termes **constat** et **commentaire**. Rappelons que le constat est une opération de **désignation**, le commentaire une opération de **reprise**.

Le **constat**, caractéristique de l'anglais, définit par rapport à un **co-énonciateur** des éléments qui n'ont pas été préalablement déterminés
- *Joan got home and started packing*
- *Alice was not a bit hurt and she jumped up...*
(L. Carroll, *Alice in Wonderland*, p. 86)

Les **propositions repères** et les **formes verbales repères actualisent** les situations évoquées dans la **relation inter-propositionnelle**. Ce système de détermination suppose une relation de **non-repérage** par rapport au **plan de l'énonciation** et, dans la reconstruction des valeurs, un lien **direct** avec le domaine référentiel.

Le **commentaire**, caractéristique du français, suppose au contraire la **reprise** d'éléments définis pour l'**énonciateur**. Ce type de détermination implique un **lien avec le plan de l'énonciation** et un rapport **indirect** avec le domaine référentiel dans l'opération de reconstruction par un co-énonciateur.
- ***Rentrée chez elle**, Jeanne se mit à faire ses bagages*
- *Alice, **qui ne s'était pas fait le moindre mal**, se leva...*

Les **formes verbales repérées** et les **propositions repérées** commentent des procès et des situations, soit qui sont définis préalablement dans le texte, soit qui ne sont pas déterminés pour le co-énonciateur. Il ne peut les reconstruire qu'à travers la reprise qui en est faite par l'énonciateur. Si la relation énonciative est primordiale dans le système de détermination prévalent en français, cette relation est de nature complexe. Ainsi, les procès repérés sont à la fois repérés par rapport au moment de l'énonciation comme accomplis ou non-accomplis, et mis en relation avec une donnée situationnelle préconstruite, ou construite dans la relation **inter-textuelle**.

Par ailleurs la relation avec l'énonciation peut exister même lorsqu'il y a rupture sur le plan temporel. En effet, un passé composé peut exprimer un procès qui est calculé temporellement comme étant en rupture avec le moment de l'énonciation tout en restant aspectuellement lié à celui-ci.

Le recours constant, en français, aux propositions et formes verbales repérées nous semble correspondre à un système de détermination défini par rapport à l'**énonciateur** et le recours aux propositions et aux formes verbales **repères** en anglais, à un système de détermination défini par rapport au **co-énonciateur**. L'énonciateur ne peut en effet reprendre que ce qui est pour lui déjà déterminé. L'explicitation de cette première opération sera nécessaire si le point de référence est le **co-énonciateur**.

S'il est vrai que chacun de ces systèmes fonctionne rarement de façon exclusive, la mise en regard des deux langues fait nettement apparaître des tendances dominantes. Ces différences ne tiennent d'ailleurs pas uniquement à la nature des procès et des propositions. Ainsi le recours fréquent aux déictiques dans les opérations anaphoriques en français, pourra s'expliquer de la même façon. L'énoncé

– *Ce qu'il a de merveilleux, c'est son moral.*

(Astérix aux Jeux Olympiques, p. 7)

implique un préconstruit que l'on peut gloser : il a quelque chose de merveilleux. En anglais nous avons un simple constat sans renvoi à une construction préalable :

– *His morale is marvellous.*

Lorsqu'il y a reprise d'un élément défini par le contexte celle-ci mettra aussi souvent en jeu la relation énonciative en français, et prédicative ou plutôt inter-textuelle en anglais :

– *Nous irons récupérer le jeune **Tragicomix** avant que **celui-ci** ne parte pour l'Afrique.*

(Astérix légionnaire, p. 13)

– *We'll try and get young **Tragicomix** back before **he** leaves for Africa.*

(Ibid.)

Nous sommes ici encore en présence de deux fonctionnements qui n'ont pas le même sytème de référence.

Mais comment expliquer alors que ces phénomènes semblent souvent être inversés dans les deux langues selon que l'énoncé est de type discours ou de type récit. Encore une fois nous utilisons ces termes par commodité et non dans le but de constituer des catégories étanches. La distinction pertinente entre les deux n'est pas ici celle que fait Benveniste entre discours et histoire. Il s'agit d'établir une différence entre des énoncés qui renvoient à des éléments **déterminés situationnellement** pour le co-énonciateur et des éléments interprétables seulement en fonction de ce qui est **explicité textuellement**. Cette distinction ne peut pas se définir uniquement en termes de **discours** et de **récit**, mais ces catégories sont utiles à titre opératoire.

Si les termes d'un énoncé de type **récit** sont souvent :

– **Non-repérés** dans la **relation inter-propositionnelle** en français

– *Il n'hésita pas. Il se leva, alla vers la porte...*

– **Repérés** les uns par rapport aux autres en anglais

– *He didn't stop to think **but** got up **and** went to the door...*

en revanche dans une situation de discours, tout au moins dans la langue écrite, ils pourront être

– **Repérés** les uns par rapport aux autres **en français**

et

– **Non-repérés en anglais**

– *Ce n'est pas un tronc d'arbre **mais** un crocodile ! Quelle horreur !*
– *It isn't a tree-trunk ! It's a crocodile ! How dreadful !*

En anglais, le pronom *It* dans chacune des deux propositions renvoie à une donnée situationnelle, alors qu'en français seul le pronom *Ce* renvoie à cette donnée. Les termes *tronc d'arbre* et *crocodile* sont repérés l'un par rapport à l'autre. La même différence apparaît entre l'énoncé suivant et sa traduction
    – *J'aime Newport,* **ses arbres, ses avenues, ses ponts...**
                                (J. Sperling, *Irène et sa folie,* FR 3, 17 sept. 1980)
    – *I love Newport, the trees, the avenues, the bridges...*
Le nom propre *Newport* renvoie au lieu où se trouvent les deux énonciateurs au moment de l'énonciation. Les éléments *arbres, avenues, ponts,* sont donc déjà déterminés situationnellement. Or, en français, on les détermine par rapport à *Newport,* le terme repère dans l'énoncé ; en anglais il y a un fléchage situationnel : **the** *trees,* **the** *avenues,* **the** *bridges.*

On constatera que la relation n'est pas du même ordre dans cet exemple que dans les énoncés de type récit cités plus haut. Le repérage, en français, se situe ici en effet entre des éléments de la relation prédicative et non entre les termes de la relation inter-propositionnelle. Or, en anglais, il y a bien ici, comme dans l'énoncé narratif, un repérage inter-propositionnel puisque les éléments déjà définis par le contexte situationnel ne peuvent être désignés indépendamment de ce contexte. Le repérage des éléments les uns par rapport aux autres dans la relation prédicative bloque le repérage par rapport aux données situationnelles. En anglais, c'est ce **repérage qui prévaut et tout particulièrement dans un énoncé de type exclamatif.**

Inversement, des éléments déjà définis par le contexte situationnel ne pourront être redéfinis dans l'énoncé en anglais, alors que ce phénomène est fréquent en français. Ainsi lorsque le capitaine Haddock dans *Tintin,* rencontrant un vieil ami, s'exclame « *Ce vieux Chester !* (*Tintin, l'Étoile mystérieuse,* p. 29) le déictique *Ce* renvoie au co-énonciateur. En anglais, comme en témoigne la traduction « *Dear old Chester* » (*Ibid.*), on ne pourra maintenir un déterminant du fait que le co-énonciateur est défini situationnellement. Même si la valeur privilégiée, comme c'est ici le cas, est qualitative, un déterminant ne pourrait référer qu'à une tierce personne.

Ces contraintes expliquent également l'apparition d'une forme verbale repérée en anglais dans une situation de discours. Seule la forme *be + ing* peut en effet, en anglais, rendre compte d'un procès déjà défini par le contexte situationnel. Il y a ici une curieuse convergence entre système linguistique et activité langagière puisqu'en français il n'existe qu'une forme verbale repère pour le présent.

On constatera qu'en anglais l'énonciateur ne pourra pas exprimer sous forme assertive ce qui ne peut être déterminé que par un deuxième énonciateur. Ainsi, on pourra dire en français :

    – *Quand nous serons installés,* **vous viendrez nous voir !**
alors que l'actualisation éventuelle du deuxième procès dépend du co-énonciateur. Le mode d'énonciation est ici assertif, même si l'actualisation est à venir. En anglais, il ne suffira pas d'indiquer la visée : un marqueur supplémentaire de modalité non-assertive sera nécessaire. Il n'appartiendra pas en effet à l'énonciateur d'asserter que le procès sera réalisé.

    – *When we've settled down, I hope you'll come and see us.*

Le fait d'asserter ce qui dépend du co-énonciateur implique en fait que le co-énonciateur ne constitue pas un point de référence dans le système de détermination. De même le fait d'expliciter ce qui est déjà déterminé situationnellement implique que la donnée situationnelle ne constitue pas un repère dans l'opération de détermination.

Il semblerait donc qu'en français on **commente** dans le **récit** des situations posées antérieurement ou non-déterminées pour le **co-énonciateur** alors que dans le **discours** on définit des situations qui sont déjà déterminées situationnellement. Inversement, en anglais, dans le **récit,** on détermine pour le co-énonciateur tous les éléments qui jouent un rôle dans le domaine référentiel, dans le **discours** seuls les éléments qui ne sont pas définis situationnellement ou les situations qui peuvent être assertées sans recours à un co-énonciateur.

TABLEAU D'EXEMPLES

Le texte d'origine se trouve dans la colonne de gauche, et la traduction dans la colonne de droite.

Les commentaires en caractères gras renvoient systématiquement à l'anglais, qu'il s'agisse de la langue de départ ou de la langue d'arrivée.

Une transposition peut correspondre à plusieurs des problèmes envisagés. Dans la majorité des cas, nous ne classons cependant les exemples cités que sous une seule rubrique.

CHAPITRE I

AGENCEMENT ET ACTUALISATION DES PROCÈS

[1] *Laisser revenir jusqu'à ce que la carapace soit rouge. Retirer **au chaud.*** (La Reynière, *Cuisine française*, p. 45)	*Allow to brown till the shell is red. Remove lobster from pan and **keep warm.*** (D. Coltman, p. 51)
Absence de syntagme verbal →	**Syntagme verbal**
[2] *Faire chauffer l'huile en sautoir, **à plein feu**, y jeter les morceaux du crustacé.* (La Reynière, *Cuisine française*, p. 45)	*Heat the oil in the skillet. **When it is** very **hot**, drop in the pieces of lobster.* (D. Coltman, p. 51)
Absence de syntagme verbal →	**Syntagme verbal**
[3] *La blanquette étant cuite, retirer les morceaux à l'écumoire, **sur un plat très chaud**...* (La Reynière, *Cuisine française*, p. 323)	*When the blanquette is cooked, remove the meat cubes with a strainer and **set aside on a very hot dish**.* (D. Coltman, p. 357)
Absence de syntagme verbal →	**Syntagme verbal**
[4] *Je décidai d'attendre **huit heures** pour passer à l'hôtel et demander Jeanne.* (J. Laurent, *Les bêtises*, p. 157)	*I decided to wait **until it was eight o'clock** before going to the hotel and asking for Jeanne.* (S. Dibben, Paris VII)
Absence de syntagme verbal →	**Syntagme verbal**

[5] ...je me laissai glisser vers le port où je savais, **par Mado,** que quelques bistrots restaient ouverts pour les pêcheurs... (J. Laurent, *Les bêtises*, p. 157)	... I ambled down to the harbour, as I knew **from what Mado had told me** that some cafés stayed open all night there for the fishermen... (S. Dibben, Paris VII)
Absence de syntagme verbal →	**Syntagme verbal**
[6] A cette infusion froide, sur un coin du fourneau ou au bain-marie ajouter une pincée de sel puis deux gros jaunes d'œufs. (La Reynière, *Cuisine française*, p. 337)	When the infusion **is** cold, **place** it over very moderate heat or boiling water and add a pinch of salt and the egg yolks. (D. Coltman, p. 373)
Absence de syntagme verbal (× 2) →	**Syntagme verbal (× 2)**
[7] **Avec** des ricanements de dément, Robinson courait en tous sens à la recherche d'un pantalon et d'une chemise... (M. Tournier, *Vendredi*, p. 40)	**Uttering** demented cries, Robinson dashed madly about in search of a shirt and a pair of trousers. (N. Denny, p. 37)
Préposition →	**Syntagme verbal**
[8] He couldn't **have been well** and said it. (F. O'Connor, "The Geranium", p. 4)	Pas possible qu'il ait dit ça **dans son état normal.** (C. Fleurdorge, p. 10)
Syntagme verbal →	Préposition + syntagme nominal
[9] The master merchant, the boy thought, and **flinched.** (F. O'Connor, "P. Festival" p. 422)	Le type même du grand négociant, pensa le jeune homme **avec une grimace.** (M. Gresset, C. Richard, p. 119)
Syntagme verbal →	Préposition + syntagme nominal

[10] Aux **approches** de son cent cinquantième anniversaire, le chemin de fer affirme une capacité renouvelée à répondre aux besoins du monde moderne, en soutenant pleinement la concurrence des autres modes de transport. (SNCF, p. 4)	As their 150th birthday **draws nigh**, the railways assert a renewed capability of catering for the needs of a modern world by standing up squarely to the competition from other forms of transport. (éd. angl.)
Syntagme nominal →	**Syntagme verbal**
[11] Barrier's style belongs very much in the same category as that of Bocuse and Haeberlin. **It is based on the region** and takes its character from the produce of the region... (A. Blake, Q. Crewe, Great Chefs, p. 186)	Le style de Barrier appartient à la même catégorie que celui de Bocuse ou de Haeberlin. **Son implantation** dans une région bien précise lui donne sa coloration propre, par l'utilisation des produits locaux... (S. Mayoux, p. 186)
Syntagme verbal →	Syntagme nominal
[12] En février 1969, **date de l'achèvement de l'électrification** de Paris à Vintimille, l'ancien « Mistral » Paris-Nice de 1956 voyait son matériel remplacé par des voitures T.E.E. en acier inoxydable... (SNCF, p. 23)	In February 1969 **when electrification** from Paris to Vintimille **was completed**, the old Paris-Nice « Le Mistral » of 1956 **had** its stock replaced by air-conditioned stainless steel T.E.E. coaches... (éd. angl.)
Syntagme nominal →	**Syntagme verbal**
[13] ... les divers wagons-trémies à bogies **pour le transport** des produits les plus variés : charbon, engrais, agrégats, céréales, sables de fonderie, pulvérulents... (SNCF, p. 28)	... a variety of bogie hopper wagons **to carry** many kinds of bulk goods. – coal, fertilizer, agregates, cereals, smelting sand and goods in powder form... (éd. angl.)
Syntagme nominal →	**Syntagme verbal**

[14] La vitesse de 200 km/h, [...] pourra être réalisée sur environ 350 km du parcours **après exécution des aménagements utiles,** notamment dans le domaine de la signalisation. (SNCF, p. 32)	The speed of 200 km/h [...] will be extended to approximately 350 km of track **when it has been suitably equipped.** (éd. angl.)
Syntagme nominal →	**Syntagme verbal**
[15] Tout système cybernétique **d'amélioration** des conditions de circulation des trains implique, en effet, une liaison entre postes de régulation et mécaniciens. (SNCF, p. 42)	Any cybernetic system **to improve** train traffic presupposes a liaison between traffic controller and train drivers. (éd. angl.)
Syntagme nominal →	**Syntagme verbal**
[16] ... la mission essentielle est la prise en charge des problèmes à long terme engageant toutes les disciplines du chemin de fer, **en étroite collaboration** avec les cellules d'études et de recherches spécialisées des Directions centrales. (SNCF, p. 76)	Its main task is to deal with long-term problems, embracing all railway activities and **keeping in close touch** with study groups and specialised research groups of the Department Headquarters. (éd. angl.)
Syntagme nominal →	**Syntagme verbal**
[17] Elle ne dispense pas le signataire de **la présentation** de ses bagages à l'examen de la douane, si celle-ci l'estime nécessaire. (Déclaration pour les douanes)	This declaration does not exempt the signatory from **presenting** his luggage for customs examination if requested to do so. (Ibid.)
Syntagme nominal →	**Syntagme verbal**

[18] La **conservation** de ce produit est assurée grâce à son double emballage. (Pub., Lesieur)	The contents of this packet **will keep fresh** thanks to the double wrapping. (S. Dibben, Paris VII)

Syntagme nominal	→	**Syntagme verbal**

[19] Le 2ᵉ prix concerne un repas plus complet (avec spécialité) comprenant : hors-d'œuvre, deux plats, fromage et dessert. **Sauf indication spéciale** bc, sc, la boisson et le service sont payés en supplément aux prix fixes et à la carte. (Michelin 1972)	The second figure is for a fuller meal (with « spécialité ») and includes hors-d'œuvre, 2 main courses, cheese, dessert and **except where specifically stated** bc, sc, drinks and service are payable in addition to the fixed and « à la carte » prices. (Ibid.)

Syntagme nominal	→	**Syntagme verbal**

[20] Chaque fois que possible, en saison notamment, **la réservation** préalable est souhaitable. La correspondance est la meilleure formule. (Michelin 1972)	Whenever possible, particularly during the busy season, it is best **to book** in advance, preferably in writing. (Ibid.)

Syntagme nominal	→	**Syntagme verbal**

[21] ... les petits tricotaient furieusement des pattes avec des cris stridents pour échapper à **la succion** de la bourbe. (M. Tournier, *Vendredi*, p. 37)	... the children struggled with frantic sqeals to avoid **being sucked** into the quick sand she left behind. (N. Denny, p. 35)

Syntagme nominal	→	**Syntagme verbal**

[22] *Avant de procéder **à la pose** du pont, Robinson passa une dernière fois la main sur la surface interne – lisse et étroitement ajointée – des flancs du bateau..* (M. Tournier, Vendredi, p. 33)	*Before proceeding **to lay** the deck he ran his hand for the last time over the smooth and closely joined interior surface of the boat's sides.* (N. Denny, p. 31)
Syntagme nominal →	**Syntagme verbal**
[23] *Seul le passé avait une existence et une valeur notables. Le présent ne valait que comme source de souvenirs, **fabrique de passé**.* (M. Tournier, Vendredi, . 39)	*Only the past had any worth or existence deserving of note. The present was valueless except as the repository of memories **accumulated in the past**...* (N. Denny, p. 36)
Syntagme nominal →	**Syntagme verbal**
[24] *Cet homme de science, ce catholique fervent, venait de faire un choix capital : je ressentais **la profondeur** de **son engagement, et sa déchirure**...* (Nouvel Observateur, 20 nov. 72)	*A vital decision had just been taken by this man, who was a scientist and a fervent Roman Catholic. I could feel **how deeply he had committed himself** and **how much it must have cost him**.* (S. Dibben, Paris VII)
Syntagme nominal (× 2) →	**Syntagme verbal (× 2)**
[25] *The rocky coast has made it a difficult island **to conquer**...* (J. Stevens, Jersey, p. 3)	*Ses côtes rocheuses ont rendu malaisée **la conquête** de Jersey...* (Soc. Jers., p. 3)
Syntagme verbal →	Syntagme nominal

[26] *It was well worth **looking at;** but Brander Merton was not looking at it.* (G.K. Chesterton, *Father Brown*, p. 35)	*Le spectacle était de toute beauté. Mais Brander Merton ne le regardait pas.* (F. Maury, p. 196)

        Syntagme verbal → Syntagme nominal

[27] *During the trial he had been imprisoned in a pair of stocks and **when convicted,** he had been locked in the "jail"...* (F. O'Connor, "P. Festival", p. 422)	*Pendant le procès, il avait été mis aux fers et, **après sa condamnation,** il avait été « emprisonné »...* (M. Gresset, C. Richard, p. 118)

        Syntagme verbal → Syntagme nominal

[28] *Cet effort doit se traduire par **la mise en service** d'environ 840 véhicules nouveaux, dont 480 destinés à remplacer des voitures ou automotrices **trop âgées** ou mal adaptées au trafic de la banlieue parisienne.* (SNCF, p. 60)	*This means **bringing into service** about 840 new coaches of which 480 are earmarked to replace coaches or railcars **which are** either **too old** or unsuitable for Paris suburban traffic.* (éd. angl.)

        Syntagme nominal → **Syntagme verbal**
        Adjectif épithète → **Auxiliaire être + adjectif attribut**

[29] *La **réalisation** de la deuxième étape, **en cours** d'achèvement, a nécessité la mise en place d'un réseau spécial de transmission de données...* (SNCF, p. 73)	***Carrying out** the second stage, which **is nearing** completion, involved the installation of a special data transmission network...* (éd. angl.)

        Syntagme nominal → **Syntagme verbal**
        Locution prépositionnelle → **Syntagme verbal**

[30] **Faute de** vernis ou même de goudron pour enduire les flancs de la coque, il entreprit de fabriquer de la glu... (M. Tournier, *Vendredi*, p. 34)	**Having** no varnish or tar for caulking, he made a kind of resinous dressing... (N. Denny, p. 32)
Locution prépositionnelle →	**Syntagme verbal**
[31] Poursuivre la cuisson des oignons **jusqu'à leur écrasement** complet **et leur assimilation** à la béchamel. (P. Bocuse, *La Cuisine du marché*, p. 192)	Continue cooking the onions **until they are** completely **softened and well mixed** into the béchamel. (C. Rossant, L. Davis, p. 253)
Syntagme nominal →	**Syntagme verbal : présent simple**
[32] ...il est indispensable d'assurer la veille ou très avant le service certaines préparations comme **la cuisson dans un blanc** des rognons de coq, **le brossage** des truffes et **leur macération** dans le cognac en vase bien clos, **l'épluchage** des marrons, **le nettoyage** des champignons et la **confection** des tartelettes. (P. Bocuse, *La Cuisine du marché*, p. 211)	...it is essential to make certain preparations the night before or several hours before serving time. **Make a white bouillon** for the cock kidneys. **Scrub** the truffles and **steep** in the cognac in a tightly sealed jar. **Peel** the chestnuts. **Clean** the mushrooms. **Make** the tart crusts. (C. Rossant, L. Davis, p. 281)
Syntagme nominal (× 6) →	**Syntagme verbal : impératif (× 6)**
[33] Que pouvez-vous mettre aux bagages? Vos objets personnels **contenus** dans des malles, valises, paniers, paquets; les vélos, vélomoteurs, motos, voitures d'enfants ou de mutilés, les skis. (Guide SNCF 1977)	Registered Luggage. You can send trunks, suitcases, baskets and parcels **containing** personal belongings; also bicycles, mopeds, motorbikes, prams, wheel-chairs and skis. (S. Dibben, Paris VII)
Participe passé →	**Participe présent**

[34] *Un autre taxi est venu se ranger à notre gauche et j'ai entendu **un petit bruit de verre brisé**.* (Tintin 7 B.C., p. 21)	*Another taxi drew up alongside mine, and I heard **a faint sound of glass breaking**.* (L. Lonsdale-Cooper, M. Turner, p. 21)
Participe passé →	**Participe présent**
[35] *Faire dégorger la cervelle 6 heures à **l'eau fraîche renouvelée**.* (La Reynière, Cuisine française, p. 287)	*Steep the brain for six hours in cold water, **renewing the water periodically**.* (D. Coltman, p. 315)
Participe passé →	**Participe présent + adverbe**
[36] *Mode d'emploi : verser du bain mousse Miss Helen **sous le robinet grand ouvert** de votre baignoire...* (Pub. Bain mousse)	*Add a capful of Miss Helen to the water **while you're running your bath**...* (S. Dibben, Paris VII)
Adjectif : Participe passé adjectival →	**Syntagme verbal : be + ing**
[37] *Malaxer longuement la viande entre **vos mains huilées**.* (La Reynière, Cuisine française, p. 273)	***Oil your hands** and thoroughly knead the meat.* (D. Coltman, p. 298)
Adjectif : Participe passé adjectival →	**Syntagme verbal : impératif**
[38] *Préparer, en outre, 1 litre 1/2 de sauce béchamel **bien réduite**...* (P. Bocuse, La Cuisine du marché, p. 192)	*Prepare the bechamel sauce and **reduce it until thick**.* (C. Rossant, L. Davis, p. 253)
Adjectif : Participe passé adjectival →	**Syntagme verbal : impératif**

[39] Piler dans un mortier *l'ail épluché*, *le sel*. (La Reynière, *Cuisine française*, p. 127)	**Peel the garlic** and pound it in a mortar with the salt. (D. Coltman, p. 140)
Participe passé adjectival →	**F.V. principale :** **impératif**
[40] *Cuire les pommes de terre en robe des champs, en réserver 2 et ajouter les autres, **épluchées**, aux légumes.* (La Reynière, *Cuisine française*, p. 127)	Cook the potatoes in their jackets, keep two aside, **peel** the rest, and add them to the other vegetables. (D. Coltman, p. 140)
F.V. secondaire : Participe passé adjectival →	**F.V. principale :** **impératif**
[41] *Egoutter la tête de veau **retirée** du linge, la parer et la couper en morceaux.* (La Reynière, *Cuisine française*, p. 287)	**Remove** the calf's head from its cloth and drain it. Trim and cut into pieces. (D. Coltman, p. 315)
F.V. secondaire : participe passé →	**F.V. principale :** **impératif**
[42] *Retirer le homard. Dresser les morceaux dans le plat de service **tenu au chaud**.* (La Reynière, *Cuisine française*, p. 45)	Remove the lobster and arrange the pieces in your serving dish. **Keep warm.** (D. Coltman, p. 51)
F.V. secondaire : Participe passé →	**F.V. principale :** **impératif**
[43] *Dans moitié beurre fondu et moitié huile, en cocotte, faire revenir **le lard coupé** en dés moyens.* (La Reynière, *Cuisine française*, p. 221)	**Cut the bacon** into middling sized dice and brown it in a saucepan in a mixture of butter and oil. (D. Coltman, p. 239)
F.V. secondaire : Participe Passé →	**F.V. principale :** **impératif**

[44] *Appliquer à l'aide du pinceau préalablement égoutté.* (Pub. Tippex)	*Wipe excess fluid off brush, and apply sparingly over error.* (Ibid.)
F.V. secondaire : Participe Passé	→ F.V. principale : **impératif**
[45]* *Chauffer le beurre dans un plat à sauter épais et assez grand pour contenir le civet. Quand le beurre chante, y mettre le lard de poitrine coupé en gros lardons, lesquels **auront été** au préalable **mis** dans un demi-litre d'eau froide, **ébouillantés** 5 minutes, **égouttés** puis **épongés**.* (P. Bocuse, La Cuisine du marché, p. 295)	*Heat the butter in a heavy-bottomed pan big enough to hold the stew. **Cut the pork fat** into large lardoons, **soak them** in 2 cups of cold water, then **boil** for 5 minutes, **drain** and **wipe dry**. When the butter is hot, put the lardoons into the pan.* (C. Rossant, L. Davis, p. 391)
F.V. secondaires : Participe passé (× 1) Parfait du futur (× 4)	→ F.V. principales : **impératif** (× 5)
[46] *A l'époque, ces rames **avaient été** très **appréciées** pour leur confort raffiné. Celles du « Mistral 1969 » marquaient encore un double progrès en ce domaine.* (SNCF, p. 23)	*At the time, these coaches **were very much appreciated** for their refined comfort. Those of "Le Mistral 1969" again made double progress in this field.* (éd. angl.)
F.V. secondaire : Plus-que-Parfait	→ F.V. principale : **prétérit**
[47] *Perhaps it was at this period that Grosnez castle [...] was destroyed [...] This castle **was built** in the fourteenth century...* (J. Stevens, Jersey, p. 14)	*C'est peut-être à cette période que le château de Grosnez [...] fut démoli [...] Ce château **avait été** bâti au 14ᵉ siècle...* (Soc. jers., p. 15)
F.V. principale : **prétérit**	→ F.V. secondaire : Plus-que-Parfait

[48] L'éminent médecin **s'était levé**. Son visage tourmenté trahissait la lutte intérieure. (Nouvel Observateur, 20 nov. 72)	Paul Milliez **stood up**. The tormented expression on his face betrayed his inner struggle. (S. Dibben, Paris VII)
F.V. secondaire : Plus-que-Parfait ⟶	F.V. principale : prétérit
[49] Votre vieux maire **m'avait dit** que je logerais au château, dit-il en désignant d'un revers de main la prétentieuse bâtisse que les arbres dénudés laissaient apercevoir, un peu plus haut sur le côteau. (Vercors, Le silence de la mer pp. 29-30)	"The old Mayor **told me** I would be staying at the manor-house" he said, indicating with a sweep of his hand the pretentious-looking building. (S. Dibben, Paris VII)
F.V. secondaire : Plus-que-Parfait ⟶	F.V. principale : prétérit
[50] The geranium they would put in the window reminded him of the Grisby boy at home who **had** polio and had to be wheeled out every morning and left in the sun to blink. (F. O'Connor, "The geranium", p. 3)	Ce géranium qu'ils mettaient à la fenêtre lui rappelait le petit Grisby, ce gosse, là-bas au pays, qui **avait eu** la polio et qu'il fallait sortir tous les matins dans une petite voiture et qui restait là à cligner des yeux au soleil. (C. Fleurdorge, p. 7)
F.V. principale : prétérit ⟶	F.V. secondaire Plus-que-Parfait
[51] His Aunt Bessie met him at the door and drew him into the hall. "**Told you** we'd have a sweet surprise for you!" she said, pulling him by the arm into the parlor. (F. O'Connor, "P. Festival", p. 432)	Tante Bessie vint à sa rencontre et l'attira dans l'entrée. « **Je t'avais bien dit** qu'on te préparerait une bonne surprise, hein ? » dit-elle en le tirant par la manche vers le salon. (M. Gresset, C. Richard, p. 139)
F.V. principale : prétérit ⟶	F.V. secondaire : Plus-que-Parfait

[52] *Excusez-moi ! **J'avais oublié** ! Ah ! capitaine, c'est l'aérolithe qui est à l'origine de cette colonne de nuages...* (Tintin E.M., p. 34)	*Forgive me. **I forgot** ! Yes, Captain, it's the meteorite causing the column of vapour.* (L. Lonsdale-Cooper, M. Turner, p. 34)
F.V. secondaire : Plus-que-parfait →	F.V. principale : prétérit
[53] *Le navire polaire AURORE, qui **était parti** à la recherche de l'aérolithe tombé dans l'Océan Arctique, sera bientôt de retour en Europe. L'expédition **avait réussi** à découvrir l'aérolithe lorsque celui-ci, probablement à la suite d'un cataclysme sous-marin, a disparu sous les flots.* (Tintin E.M., p. 62)	*The polar research ship "Aurora", which **sailed** in search of the meteorite that fell in the Arctic, will soon be back in home waters. The expedition **succeeded** in finding the meteorite, just before it was submerged by the waves – probably as a result of some underwater upheaval.* (L. Lonsdale-Cooper, M. Turner, p. 62)
F.V. secondaire : Plus-que-parfait (× 2) →	F.V. principale : prétérit (× 2)
[54] *Ses mains **devenues** des moignons crochus ne lui servaient plus qu'à marcher, car il était pris de vertige dès qu'il tentait de se mettre debout.* (M. Tournier, Vendredi, p. 38)	*His hands **had become** mere forepaws used for walking, since it made him giddy to stand upright.* (N. Denny, p. 35)
F. V. Secondaire : Participe passé →	F.V. Secondaire moins marquée : pluperfect
[55] *La nudité est un luxe que seul l'homme chaudement **entouré** par la multitude de ses semblables peut s'offrir sans danger.* (M. Tournier, Vendredi, p. 30)	*Nakedness is a luxury in which a man may only indulge without peril to himself when he **is** warmly **surrounded** by the multitude of his fellows.* (N. Denny, pp. 28-29)
F.V. Secondaire : Participe Passé →	F.V. Principale

[56] *Il faudrait attendre plusieurs jours d'immersion pour que, le bois **gonflant**, la coque devînt étanche.* (M. Tournier, *Vendredi*, p. 33)	*She would need to float for a day or two before her timbers **swelled** enough to make her watertight.* (N. Denny, p. 31)
F. V. secondaire : Participe présent →	**F.V. principale :** **preterit**
[57] *Ça m'intrigue. Aussitôt rentré, je **téléphone** à l'Observatoire...* (*Tintin E.M.*, p. 1)	*I'm intrigued. As soon as I get home **I'll ring up** the Observatory.* (L. Lonsdale-Cooper, M. Turner, p. 1)
Présent (renvoi à la notion) →	**Futur (renvoi à l'occurrence)**
[58] *Voilà, je vous **lance** la corde et vous me tirez à vous...* (*Tintin E.M.*, p. 59)	***I'll throw** you the rope, and you can haul me across.* (L. Lonsdale-Cooper, M. Turner, p. 59)
Présent (renvoi à la notion) →	**Futur (renvoi à l'occurrence)**
[59] *S'assurer que l'assaisonnement est correct. Une pointe de muscade râpée **donne** une note agréable.* (P. Bocuse, *La Cuisine du marché*, p. 192)	*Correct the seasoning. A dash of grated nutmeg **will add** an agreeable touch.* (C. Rossant, L. Davis, p. 253)
Présent (renvoi à la notion) →	**Futur (renvoi à l'occurrence)**
[60] *Mon vieux Milou, si nous en sortons sains et saufs, **nous avons de la chance** !* (*Tintin E.M.*, p. 36)	*Well, Snowy old boy, if we get out of this in one piece **we'll be lucky** !* (L. Lonsdale-Cooper, M. Turner, p. 36)
Présent (renvoi à la notion) →	**Futur (renvoi à l'occurrence)**

[61] *Attendre quelques minutes puis relever la température tout en remuant avec une écumoire. Les pommes de terre **commencent à gonfler** [...] Faire chauffer la friture au maximum. Y rejeter les pommes pour qu'elles y plongent entièrement. **Elles gonflent**. Dès qu'elles sont bien dorées et sèches, les égoutter...* (La Reynière, *Cuisine française*, p. 357)	*Wait for a few minutes. Then turn up the heat while stirring with a slotted spoon. The potatoes **will be starting to swell** [...]. Heat the fat to its maximum temperature. Immerse the potatoes in it again. **They will swell**. As soon as they are golden and crisp, drain them...* (D. Coltman, p. 394)

Présent (× 2) (renvoi à la notion) → **Futur (× 2) (renvoi à l'occurrence)**

[62] *Nous les gagnons de vitesse !... Ce soir ou dans le courant de la nuit **nous les aurons rattrapés**...* (Tintin E.M., p. 38)	*We're steaming faster than she is !... **We'll overtake them** this evening, or during the night.* (L. Lonsdale-Cooper, M. Turner, p. 38)

Parfait du futur → **Futur (renvoi à l'occurrence)**
(renvoi à de l'accompli)

[63] *Bah ! ... Le temps **d'amerrir**, de mettre leur canot pneumatique à la mer, et nos hommes auront déjà pris pied sur l'aérolithe.* (Tintin E.M., p. 46)	*Bah ! By the time **they've come down on the sea** and launched their rubber dinghy, our men will be ashore on the meteorite.* (L. Lonsdale-Cooper, M. Turner, p. 46)

Infinitif → **F.V. conjuguée**

[64] *Ça ne va pas ! Impossible **d'enlever** ces ficelles...* (Tintin E.M., p. 48)	*I can't do it. The cord **won't come undone**...* (L. Lonsdale-Cooper, M. Turner, p. 48)

Infinitif → **F.V. Conjuguée**

[65] Sans doute avez-vous raison, mais comment le prouver ? (*Tintin 7 B.C.*, p. 17)	*You're probably right, but **how can you prove it** ?* (L. Lonsdale-Cooper, M. Turner, p. 17)
Infinitif →	**F.V. conjuguée**
[66] Saperlipopette ! ***pas moyen d'obtenir** la communication* ! (*Tintin 7 B.C.*, p. 20)	*Great snakes ! **I can't get through** !* (L. Lonsdale-Cooper, M. Turner, p. 20)
Infinitif →	**F.V. conjuguée**
[67] *And again, in or about 800 the Abbot Gervold [...] undertook a mission [...] to an island named Angia [...] From time to time this name, Angia, **appeared**, with variations in spelling.* (J. Stevens, *Jersey*, p. 8)	*De même vers 800, l'abbé Gervold [...] fut envoyé en mission [...] vers une île nommée Angia [...] Ce nom d'Angia **apparaît** de loin en loin, avec des différences d'orthographe.* (Soc. Jers., p. 11)
Preterit **(renvoi à l'occurrence itérée)** →	Présent (renvoi à la notion)

CHAPITRE II

DÉTERMINATION ASPECTUELLE

[1] Wheat, the main crop and staple food, **became recognised** as a form of currency. (J. Stevens, *Jersey*, p. 13)	Le blé, principale récolte et base de nourriture, **servait** de monnaie. (Soc. Jers., p. 14)
Déroulement du processus marqué →	Déroulement non-marqué
[2] ... the only one which may have had such merit was the church on the islet at Elizabeth Castle, **which was a monastery for a time**, later becoming a Priory. (J. Stevens, *Jersey*, p. 11)	La seule église de ce style dut être celle construite sur l'îlot d'Elizabeth Castle : **ce fut un monastère** avant de devenir un prieuré. (Soc. Jers., p. 12)
Déroulement du processus marqué →	Déroulement non-marqué
[3] **Une panique d'abord maîtrisée**, puis vertigineuse, le gagna... (M. Tournier, *Vendredi*, p. 36)	**The growing panic which at first he had managed to control** overwhelmed him... (N. Denny, p 34)
Processus stabilisé →	**Déroulement du processus marqué**
[4] **L'AURORE a une avarie de machines** et a dû réduire sa vitesse. (*Tintin E.M.*, p. 49)	The « Aurora » **has developed engine trouble** and has had to reduce speed. (L. Lonsdale-Cooper, M. Turner, p. 49)
Etat →	**Déroulement du processus marqué**

[5] *En cas de nécessité il suffit d'ajouter quelques gouttes de diluant (art. n° 400) pour garder la fluidité et l'efficacité du fluide.* (Pub. Tippex)	***Should contents thicken slightly after a period of time**, add a few drops of Tipp-Ex thinner (art. n° 400).* (Ibid.)
Pas de marque aspectuelle →	**Déroulement + Succession**
[6] ***At some time in the Neolithic period** the Island stretched further westwards, as is evidenced by the submerged forest in St Ouen's Bay, where tree stumps are visible from time to time, as the tides shift the sand which **now** covers this erst-while forest.* (J. Stevens, *Jersey*, p. 7)	***Pendant la période néolithique** l'île s'étendait plus loin vers l'Ouest, comme le prouve la forêt submergée de la baie de St Ouen, où d'anciennes souches d'arbres sont parfois visibles, comme la marée brasse les sables qui recouvrent l'emplacement de cette forêt disparue.* (Soc. Jers., p. 10)
Occurrence s'inscrivant dans le déroulement d'un processus et s'opposant au moment de l'énonciation →	Occurrence non-marquée Opposition non-marquée
[7] *In the face of a customer, he was carried outside himself; his face **began to beam** and sweat and all complexity left him...* (F. O'Connor, « P. Festival », p. 425)	*Devant un client, il était transporté d'aise : son visage s'éclairait, **s'inondait** de sueur, toute sa complexité disparaissait...* (M. Gresset, C. Richard, p. 124)
Inchoation marquée →	Inchoation non-marquée
[8] ***He began to explain** to them very loudly why they were lazy and filthy, and bestially ignorant...* (G.K. Chesterton, *Father Brown*, p.8)	***Il leur expliqua** bruyamment pourquoi ils étaient paresseux, dégoûtants, ignorants comme des carpes...* (F. Maury, p. 172)
Inchoation marquée →	Inchoation non-marquée

[9] *Mais si c'était par routine qu'il les avait conservés juqu'alors, **il éprouvait** par son désespoir **la valeur** de cette armure de laine et de lin dont la société humaine l'enveloppait encore un moment auparavant.* (M. Tournier, *Vendredi*, p. 30)	*Sheer habit had caused him to do so, and now in his despair **he began to appreciate the value** of that armour of wool and linen in which human society had hitherto enclosed him.* (N. Denny, p. 28)
Pas de marque d'inchoation →	**Inchoation marquée**
[10] *Après l'arrivée du grand jour, j'**avais suivi** l'heure à la pendule et, à huit heures pile, ayant inventé pour la voir décemment une fable convenable, je demandai Jeanne à la réception de son hôtel.* (J. Laurent, *Les bêtises*, p. 157)	*When it was broad daylight, **I began watching** the hands of the clock, and at 8 o'clock sharp (as soon as it was 8 o'clock) I went to the hotel and asked for Jeanne at the reception desk, telling a story I had concocted for the occasion so as to be able to see her in all propriety.* (S. Dibben, Paris VII)
Pas de marque d'inchoation →	**Inchoation marquée**
[11] *There was a desk facing the door, behind which sat a frail harrassed-looking nurse whose eyes darted to right and left **as if she expected ultimately to be hit from behind.** Mary Elizabeth handed her the two green permits.* (F. O'Connor, « P. Festival », p. 441)	*En face de la porte il y avait un bureau, derrière lequel était assise une infirmière frêle et surmenée dont les yeux sautaient à droite et à gauche **comme si elle s'attendait à être frappée par derrière.** Mary Elizabeth lui tendit les deux laissez-passer.* (M. Gresset, C. Richard, p. 155)
Aspect terminatif →	Aspect terminatif non-marqué
[12] *On peut écrire dessus.* (Pub. Tippex).	*You can type or write over corrected area **almost immediately**.* (Ibid.)
Aspect ponctuel non-marqué →	**Aspect « ponctuel » marqué**

[13] *Les rouleaux de tissu entassés formaient autour de lui comme une forteresse molle qui buvait indistinctement les bruits, les lumières, **les chocs et les courants d'air.*** (M. Tournier, Vendredi, p. 39)	*The piled rolls were like a padded fortress absorbing light and sound, **draughts of air and sudden movement.*** (N. Denny, p. 36)
Aspect instantané non-marqué →	**Aspect instantané marqué**
[14] *Le lendemain matin l'officier descendit **quand nous prenions notre petit déjeuner** dans la cuisine.* (Vercors, Le silence de la mer, p. 29)	*The following morning the German came down into the kitchen **just** as we were **having breakfast.*** (S. Dibben, Paris VII)
Aspect ponctuel non-marqué →	**Aspect ponctuel marqué**
[15] ***Avant** de terminer, ajouter un filet de citron.* (La Reynière, Cuisine française, p. 127)	***Just before** the end add a squeeze of lemon juice.* (D. Coltman, p. 140)
Aspect ponctuel non-marqué →	**Aspect ponctuel marqué**
[16] *Lorsque aucun prix n'est indiqué, nous conseillons de demander les conditions.* (Michelin 1972)	*Where no rates are shown it is best to enquire about terms **in advance.*** (Ibid.)
Antériorité non-marquée →	**Antériorité marquée**
[17] *In about 1760 **the then owner** built a tower, known as Prince's Tower, over the Chapels. This was removed in 1924.* (J. Stevens, Jersey, p. 6)	*Vers 1760, **le propriétaire** construisit par-dessus les chapelles une tour appelée « Prince's Towers » démolie en 1924.* (Soc. Jers., p. 9)
Antériorité marquée →	Antériorité non-marquée

[18] Encore vous ?... **Je vous ai dit** que Monsieur le Directeur était occupé. (Tintin E.M., p. 2)	You again ?... I told you **before** the Director's engaged. (L. Lonsdale-Cooper, M. Turner, p. 2)
Antériorité non-marquée →	**Antériorité marquée**
[19] It was a cruel occupation during which the important men of the Island were quickly liquidated, and lesser people reduced to obedience by fear, and by raids on their sheep, **then an important factor in their farming.** (J. Stevens, Jersey, p. 14)	Cette occupation fut cruelle : on fit périr les hommes influents de l'île, on enleva aux petites gens, réduits à l'obéissance par la peur, les troupeaux de moutons **qui étaient leur principale ressource.** (Soc. Jers., p. 15)
Antériorité marquée →	Antériorité non-marquée
[20] Je vis que ses yeux n'étaient pas bleus **comme je l'avais cru**, mais dorés. (Vercors, Le silence de la mer, p. 29)	I noticed that his eyes were golden-brown and not blue **as I had first thought.** (S. Dibben, Paris VII)
Antériorité non-marquée →	**Antériorité marquée**
[21] Il se sentait soudain en vacances, et un accès de gaieté lui fit esquisser un pas de danse **lorsqu'il courut**, aveuglé par les gouttes et cinglé par les rafales, **se réfugier sous le couvert des arbres.** (M. Tournier, Vendredi, p. 29)	He felt suddenly as if he were on holiday, and in a burst of high spirits he danced a few steps **before**, half-blinded by the rain and whipped by gusts of wind, **he ran to take cover under the trees.** (N. Denny, p. 28)
Simultanéité →	**Antériorité**

[22] *Il examinait cela et l'on voyait luire le bord de ses dents très blanches.* (Vercors, Le silence de la mer, p. 29)	*He took in all these details as he glanced round the room **and as he did so** his parted lips revealed his dazzling white teeth.* (S. Dibben, Paris VII)
Simultanéité non-marquée →	**Simultanéité marquée**
[23] *Dans une jatte, faites tremper le pain spécial grillé émietté avec le vin blanc et le jus de crabe. **Pendant ce temps**, hachez la chair crue du merlan et celle du crabe **après en avoir retiré** les cartilages.* (Pub. Heudebert)	*Crumble the rusks into a bowl with white wine and the juice from the tin of crab. Remove the bones from the crab. **Then** cut up the whiting **and** mix them together.* (S. Dibben, Paris VII)
Simultanéité + aspect d'accompli →	**Succession**
[24] *Et continuer de tourner jusqu'à ébullition. Régler celle-ci au doux et laisser cuire 10 minutes.* (La Reynière, Cuisine française, p. 17)	*Go on stirring till the soup boils. **Then** turn down and leave to cook gently for 10 minutes.* (D. Coltman, p. 21)
Succession non-marquée →	**Succession marquée**
[25] *Rectifier l'assaisonnement (sel et poivre) **et** verser dans un large récipient allant au four.* (La Reynière, Cuisine française, p. 17)	*Add salt and pepper to taste; **then** pour into a large pot or casserole that will go into your oven.* (D. Coltman, p. 21)
Succession impliquée →	**Succession marquée**
[26] ***At this early stage** the seigneurial system came into being.* (J. Stevens, Jersey, p. 11)	*Le système féodal s'établit **à cette époque**.* (Soc. Jers., p. 12)
Marqueur impliquant étapes successives →	Succession non-marquée

[27] **The early life** of Mont Orgueil Castle was one of repulsing successive attacks from France, in 1214, 1294... (J. Stevens, *Jersey*, p. 13)	Le château de Montorgueil, construit pour s'opposer aux entreprises françaises subit des attaques successives en 1214, 1294... (Soc. Jers., p. 14)
Marqueur impliquant étapes successives →	Succession non-marquée
[28] Although the scheme was weighted in favour of the Seigneur, **in early times** the tenants gained some measure of protection from their Seigneur... (J. Stevens, *Jersey*, p. 12)	Bien que le système favorisât le seigneur, ses vassaux pouvaient du moins compter sur sa protection... (Soc. Jers., p. 13)
Marqueur impliquant étapes successives →	Succession non-marquée
[29] Ces voitures devaient assurer sans défaillance un, **puis** deux voyages quotidiens, jusqu'en septembre 1970 où un matériel de conception nouvelle les a remplacées. (SNCF, p. 23)	These coaches provided, without mechanical failure, **first** one, **then** two daily journeys until September 1970, when they were replaced by stock of a new design. (éd. angl.)
Une marque de succession →	**Double marque de succession**
[30] Regarnir les pommes de terre de cette pulpe en ménageant au centre une cavité **pour y placer** : 1. Une cuillerée a café de sauce Mornay. (La Reynière, *Cuisine française*, p. 185)	Replace this mashed potato in the skins, leaving a cavity in the center **into which you then place** in each potato : 1. 1 teaspoon of Mornay sauce. (D. Coltman, p. 197)
Succession temporelle impliquée →	**Succession temporelle explicitée**

[31] She is small and gentle, **usually pale beige in colour,** with large dark eyes and long black eye-lashes. (J. Stevens, *Jersey*, p. 5)	*La vache de Jersey est petite, de tempérament doux, **d'un beige pâle,** avec de grands yeux foncés et de longs cils noirs.* (Soc. Jers., p. 5)
Itération marquée →	Itération non-marquée
[32] *Cette nuit fut ma première nuit blanche. Dans la rue j'entendais toujours sonner les horloges mais, dans la rue, je ne les craignais plus.* (J. Laurent, *Les bêtises*, p. 156)	That was my first sleepless night. *I **went out** into the street, and although I could still hear the clocks chiming, they did not frighten me any more out there.* (S. Dibben, Paris VII)
Procès intermédiaire non-marqué →	**Explicitation du procès intermédiaire**
[33] *Il ne fit qu'un saut jusqu'au chantier de l'Evasion où trainaient ses outils...* (M. Tournier, *Vendredi*, p. 40)	**Springing to his feet he ran to the building-yard** of the Escape, *where he had left his tools lying...* (N. Denny, p. 37)
Globalisation des procès →	**Explicitation des procès**
[34] *At about the same time an anchorite named Hélebert, who **came to be known** as St Helier, **arrived and established himself** in a cave off Elizabeth Castle, now known as the Hermitage Rock.* (J. Stevens, *Jersey*, p. 7)	*Vers le même moment un ermite nommé Hélebert, **connu ensuite** comme Saint Helier, **s'établit** dans une caverne située près d'Elizabeth Castle, et nommée à présent le Rocher de l'Ermitage.* (Soc. Jers., p. 10)
Explicitation du processus → **Explicitation du procès intermédiaire** →	Explicitation du résultat Procès intermédiaire non-explicité

[35] ESTELLE – *[...] Vous êtes...* INÈS – *Oui, la semaine dernière. Et vous ?* ESTELLE – *Moi ? Hier. La cérémonie **n'est pas achevée**.* (J.P. Sartre, Huis clos, p. 25)	ESTELLE – *[...] Have you (been here long)?* INÈS – *Yes, since last week. What about you ?* ESTELLE – *Me ? Since yesterday. The service **isn't quite over yet**.* (S. Dibben, Paris VII)
Processus non-marqué →	**Processus marqué**
[36] *Hem... Et voilà : c'est tout ce que nous savons...* (Tintin 7B.C., p. 18)	*There it is : that's all we know **so far**.* (L. Lonsdale-Cooper, M. Turner, p. 18)
Processus non-marqué →	**Processus marqué**
[37] – *Et l'analyse, où en est-on ?* – *Rien de très précis...* (Tintin 7 B.C., p. 18)	– *I say, how is the analysis getting on ? ... Have you... ?* – *Nothing definite **yet**...* (L. Lonsdale-Cooper, M. Turner, p. 18)
Processus non-marqué →	**Processus marqué**
[38] *He decided to wait until exactly nine o'clock and **if she had not shown up by then** to be off. He would not go to Quincy but would go home.* (F. O'Connor, « P. Festival », p. 437)	*Il décida d'attendre exactement neuf heures ; alors, **si elle ne venait pas**, il filerait – pas à Quincy, mais chez lui.* (M. Gresset, C. Richard, p. 148)
Processus préalable marqué →	Processus non-marqué

[39] *C'était Lucy, sa jeune sœur, morte adolescente il y avait deux lustres.* **Ainsi il ne pouvait douter** *que ce navire d'un* **autre** *siècle fût le produit d'une imagination insane.* (M. Tournier, Vendredi, p. 42)	*She was his younger sister, Lucy, who had died some ten years ago. Now he could* **no longer** *doubt that vessel of a* **bygone** *age had been the vision of a disordered mind.* (N. Denny, p. 38)
Etat marqué → Relation non-temporelle →	**Processus marqué** **Relation d'antériorité**
[40] *Dans tous ses travaux, Robinson* **souffrait** *cruellement de ne pas posséder de scie.* (M. Tournier, Vendredi, p. 33)	*Throughout his work he* **had been handicapped** *by the lack of a saw...* (N. Denny, p. 31)
Etat marqué →	**Processus marqué**
[41] *En vérité, une sourde angoisse* **le retenait,** *la peur d'un échec, d'un coup inattendu qui réduirait à néant les chances de réussite de l'entreprise sur laquelle il jouait sa vie.* (M. Tournier, Vendredi, p. 35)	*The truth was that an obscure misgiving* **had restrained him** *from doing this at once, the fear of some unforeseen setback that might destroy all hope of success in this enterprise on which his life depended.* (N Denny, p. 32)
Etat marqué →	**Processus marqué**
[42] *Mary Elizabeth opened the paper sack she had brought and began to take out presents for Singleton.* **She had brought** *a box of candy, a carton of cigarettes and three books...* (F. O'Connor, « P. Festival » p. 441)	*Mary Elizabeth ouvrit le sac en papier et en sortit les cadeaux qu'elle destinait à Singleton.* **Elle avait** *une boîte de bonbons, une cartouche de cigarettes et trois livres...* (M. Gresset, C. Richard, pp. 154-155)
Processus marqué →	Etat marqué

323

| [43] The girl next door **had returned** with her book to the lawn.
(F. O'Connor, « P. Festival », p. 425) | *La voisine **était de nouveau** sur la pelouse avec son livre.*
(M. Gresset, C. Richard, p. 124) |

Processus marqué → Etat marqué

| [44] *L'Evasion **était terminée**, mais la longue histoire de sa construction demeurait écrite à jamais dans la chair de Robinson.*
(M. Tournier, *Vendredi*, p. 35) | *The **Escape was eventually completed**, but the long tale of its building was inscribed for ever on Robinson's flesh...*
(N. Denny, p. 32) |

Etat marqué → **État + processus marqués**

| [45] ...but Brander Merton was not looking at it. For his head **had fallen** back over his chair...
(G.K. Chesterton, *Father Brown*, p. 35) | *Mais Brander Merton ne le regardait pas. Sa tête **reposait** au dossier de son siège...*
(F. Maury, p. 196) |

Processus + État résultant marqués → Etat marqué

| [46] As time went on the fiefs lost their original raison d'être of protection of the homeland during attack, **and became a profitable commercial enterprise,** and it is no wonder that gradually the system became more and more unpopular.
(J. Stevens, *Jersey*, p. 12) | *Avec le temps, les fiefs perdirent leur raison d'être originelle, qui avait été la protection du pays en cas d'attaque, **pour n'être plus qu'une entreprise profitable** : ainsi le système devint de plus en plus impopulaire.*
(Soc. Jers., p. 13) |

Explicitation du processus → Processus impliqué : explicitation du résultat

[47] He thanked God he was now grown and **they would no longer dare** to fill his time for him. (F. O'Connor, "P. Festival", p. 425)	*Il rendit grâce au ciel d'être maintenant trop âgé **pour qu'elles osent** disposer de son temps.* (M. Gresset, C. Richard, p. 125)
Relation temporelle + processus →	Relation de cause à effet
[48] *Une première série de 20 voitures, commandées par la Compagnie internationale des Wagons-Lits et du Tourisme, a été livrée **à partir de 1969**.* (SNCF, p. 24)	An initial batch of 20 coaches ordered by the Compagnie internationale des Wagons-Lits et du Tourisme was delivered **from 1969 onwards**. (éd. angl.)
Point de départ marqué →	**Point de départ + processus marqués**
[49] *Aussi la S.N.C.F. a-t-elle mis à son programme de recherche, **dès 1967**, un projet visant à examiner tous les problèmes techniques soulevés par la réalisation de très grandes vitesses...* (SNCF, p. 80)	So **ever since 1967**, the S.N.C.F. has included in its research programme a project aimed at investigating all technical problems which would arise from the achievement of very high speeds... (éd. angl.)
Point de départ marqué →	**Point de départ + processus marqués**
[50] *L'élimination de la traction à vapeur sur le réseau français est pratiquement achevée, **puisque fin 1971 celle-ci n'intervenait que pour 1 %** seulement des tonnes-kilomètres brutes remorquées sur l'ensemble du réseau.* (SNCF, p. 11)	The elimination of steam traction from the French railway network is nearly complete, **as since the end of 1971 it has consisted of only 1 %** of the gross ton-kilometres hauled on the whole network. (éd. angl.)
Point de repère marqué →	**Point de repère + processus marqués**

[51] *Ce fut aux premières heures de l'aube* qu'il parvint à mettre un nom – un prénom en vérité – sur la jeune fille du galion. (M. Tournier, Vendredi, p. 42)	*Not until the early hours of the morning* was he able to give a name, a christian name at that, to the girl on the galleon. (N. Denny, p. 38)
Point de repère marqué →	**Point de repère + processus marqués**
[52] *A la même date,* on comptait 3 800 km de grandes artères équipées de rails lourds de 60 kg au mètre. (SNCF, p. 31)	*By the same date,* 3 800 km of main lines had been fitted with heavy rails of 60 kg per metre. (éd. angl.)
Point de repère marqué →	**Point de repère + processus marqués**
[53] "Father's head was as smooth as an infant's *by the time he was thirty*," she said. (F. O'Connor, "P. Festival", p. 423)	*A trente ans,* Père avait le crâne aussi lisse qu'un œuf, dit-elle. (M. Gresset, C. Richard, p. 121)
Point de repère + processus marqués →	Point de repère marqué
[54] *A la fin de 1971,* 13 620 km de voies étaient ainsi équipées. (SNCF, p. 31)	*By the end of 1971,* 13 620 km of track were thus equipped. (éd. angl.)
Point de repère marqué →	**Point de repère + processus marqués**
[55] Les deux chœurs furent reconstruits *en 8 ans* et l'église entière rendue au culte en 1887; *ce sont les* deux chœurs **actuels**. (Brochure Honfleur)	The two chancels were rebuilt *over a period of eight years,* and **have remained** as we see them today. (ibid.)
Durée globalisée → Point d'aboutissement marqué →	**Durée globalisée + processus** **Processus + point d'aboutissement marqués**

CHAPITRE III

L'AGENCEMENT SYNTAXIQUE

(1ʳᵉ Partie)

[1] *Les installations fixes du chemin de fer bénéficient également de l'expérimentation scientifique. A cette fin, **a été aménagé à Saint-Ouen un ensemble de laboratoires**...* (SNCF, p. 78)	*Railway fixed installations also benefit from scientific experimentation. To this end **a laboratory complex was built at Saint-Ouen**...* (éd. angl.)
Inversion →	**Ordre canonique**
[2] *Mettre **en casserole profonde** 75 g de beurre, à fondre sans brunir.* (La Reynière, *Cuisine française*, p. 17)	*Place 4 tablespoons of the butter **in a deep saucepan** to melt but not brown.* (D. Coltman, p. 21)
Inversion →	**Ordre canonique**
[3] *Faire pocher **8 minutes** les olives vertes dénoyautées.* (La Reynière, *Cuisine française*, p. 287)	*Simmer the olives **for 8 minutes.*** (R. Coltman, p. 315)
Inversion →	**Ordre canonique**
[4] *On sert **avec le homard à l'américaine** un riz pilaw.* (La Reynière, *Cuisine française*, p. 45)	*Serve rice pilaff **with the lobster.*** (D. Coltman, p. 51)
Inversion →	**Ordre canonique**

[5] *The man she saw courted good and evil impartially and saw so many sides **of every question** that he could not move, he could not work...* (F. O'Connor, "Heathen rage", p. 485)	*L'homme qu'elle avait devant elle frayait impartialement avec le bien et le mal, et voyait **d'un problème** tant d'aspects qu'il en restait paralysé, incapable de travailler...* (C. Fleurdorge, p. 167)
Ordre canonique →	Inversion
[6] *She was furious all the time. **It went on**, "Since you have already spurned my request, perhaps you will listen to admonishment.* (F. O'Connor, "Heathen rage", p. 486)	*Elle ne cessait d'être en rage. « Puisque tu as repoussé ma prière, **avait-elle ensuite lu**, peut-être entendras-tu mes admonestations.* (C. Fleurdorge, p. 169)
Ordre canonique →	Inversion
[7] *A peculiar expression of disdain had come over his face **at the mention of the name**.* (F. O'Connor, "P. Festival", p. 430)	***A ce nom** une curieuse expression de dédain s'était répandue sur son visage.* (M. Gresset, C. Richard, p. 134)
Ordre canonique →	Inversion
[8] ***The boy felt** now in a concrete way the force of his innocence...* (F. O'Connor, "P. Festival", p. 432)	***Au jeune homme**, maintenant, **s'imposait** concrètement la notion de l'innocence de Singleton.* (M. Gresset, C. Richard, p. 139)
Ordre canonique →	Inversion
[9] *"You remember Mary Elizabeth", his Aunt Mattie said, " – the cute little trick you took to the picture show **once when you were here**."* (F. O'Connor, "P. Festival", p. 432)	*« Tu te souviens de Mary Elizabeth, dit Tante Mattie, la charmante petite qu'**un jour de congé** tu as emmenée au cinéma ».* (M. Gresset, C. Richard, p. 139)
Ordre canonique →	Inversion

[10] *A ce petit homme timide et frileux, toujours perché sur son très haut pupitre ou inclinant ses lorgnons sur un livre de comptes, **Robinson pensait ne devoir que ses cheveux rouges**...* (M. Tournier, Vendredi, p. 39)	*Robinson had thought that he owed nothing except his russet hair to that nervous self-effacing little man whose life was spent at a high desk poring over his account books...* (N. Denny, p. 36)
Inversion →	**Ordre canonique**
[11] *Nous avons choisi les meilleurs éléments pour préparer ce chocolat. Pour lui conserver sa haute qualité, nous vous conseillons, **après dégustation**, d'avoir soin de refermer l'emballage et de le mettre à l'abri de la chaleur et de l'humidité.* (Pub. Lindt)	*The very best ingredients have gone into the making of these chocolates. **Once the box has been opened**, the chocolates will remain in perfect condition providing they are kept in a cool dry place.* (S. Dibben, Paris VII)
Imbrication →	**Antéposition**
[12] *L'Assurance garantit, **sauf déclaration spéciale**, la totalité des bagages de l'Assuré, y compris ceux conservés à la main.* (Pub. C.E.A.)	***Unless otherwise stated**, your insurance covers all your luggage including hand-luggage.* (S. Dibben, Paris VII)
Imbrication →	**Antéposition**
[13] *La S.N.C.F. dispose, **pour ses recherches techniques**, du potentiel de ses Divisions d'Etudes...* (SNCF, p. 77)	***In the field of technical research**, the S.N.C.F. has at its command the services of its Study Division...* (éd. angl.)
Imbrication →	**Antéposition**

[14] D'autres lignes, **après complément d'étude,** pourront être inscrites ensuite à ce programme. (SNCF, p. 50)	*After further studies,* other lines will be added to this programme. (éd. angl.)
Imbrication →	**Antéposition**
[15] ...l'application aux divers modes de transport d'une tarification homogène de l'usage des infrastructures n'en est encore, **dans ses modalités actuelles,** qu'à une phase intermédiaire. (SNCF, p. 6)	...the application to the various means of transport of a uniform tariff for the use of infrastructure is still at an intermediate stage **in its present form.** (éd. angl.)
Imbrication →	**Postposition**
[16] C'est notamment l'ampleur des investissements nécessaires en ce domaine qui a amené la S.N.C.F. [...] à reprendre, **depuis le 1ᵉʳ juillet 1971,** la maîtrise du trafic, la C.I.W.L.T. devenant prestataire de services. (SNCF, p. 53)	The large amount of investment called for in this field was mainly responsible for the decision of the S.N.C.F. [...] to take over control **as from 1st July 1971,** leaving the C.I.W.L.T. to deal with the operational side. (éd. angl.)
Imbrication →	**Postposition**
[17] Pour la mise en place de ce mode de gestion entièrement nouveau, la S.N.C.F. s'est fixé trois étapes. La première, **réalisée depuis la fin de 1964,** a été une phase préparatoire. (SNCF, p. 73)	This new form of management was planned in 3 stages by the S.N.C.F. The first was the preparatory stage, **completed at the end of 1964.** (éd. angl.)
Imbrication →	**Postposition**

(1) Dans la majorité des exemples qui suivent, la postposition n'est pas précédée d'une virgule. La transformation constitue dans ce cas une **intégration à la principale.**

[18] Si vous avez, Madame, 60 ans ou plus et vous Monsieur, 65 ans ou plus, la S.N.C.F. vous propose une carte d'abonnement vous donnant le droit d'obtenir **sur les lignes intérieures** (à l'exception de la banlieue de Paris) des billets à prix réduit. (Guide SNCF 1977)	Men over 65 and women over 60 can travel half-price **all over the country** (except on suburban lines) with a British Railpass. (S. Dibben, Paris VII)
Imbrication →	Postposition
[19] La soutenance sera suivie, **à l'Institut d'Etudes Américaines, 1, place de l'Odéon**, d'un pot, auquel vous êtes cordialement invité. (Invitation à une soutenance de thèse)	You are cordially invited for a drink **at the "Institut d'Etudes Américaines", 1 place de l'Odéon**, after the viva. (S. Dibben, Paris VII)
Imbrication →	Postposition
[20] ...Old Dudley liked to get away from the ladies **once in a while** and hunting was a good excuse. (F. O'Connor, "Geranium", p. 5)	Le vieux Dudley, **de temps en temps**, aimait échapper à ces dames, et la chasse était une bonne excuse. (C. Fleurdorge, p. 1)
Postposition →	Imbrication
[21] It was a dull occupation at night when the old girls crabbed and crocheted in the parlor and the man in the house had to listen and judge the sparrow-like wars that rasped and twittered **intermittently**. (F. O'Connor, "Geranium", p. 5)	Ce n'était pas très folichon le soir quand les bonnes vieilles déblatéraient et faisaient du crochet au salon et qu'il fallait que l'homme de la maison écoute et arbitre ces querelles de volière qui, **par intermittence**, éclataient en péplements et piailleries. (C. Fleurdorge, p. 12)
Postposition →	Imbrication

[22] He felt himself flung in the privy, the padlock clicked, he glared between the rotting planks at the fools howling and cavorting **outside**. (F. O'Connor, "P. Festival", p. 428)	Il eut l'impression qu'il se trouvait jeté dans le cabinet et, le cadenas refermé, qu'il regardait entre les planches pourries tous ces imbéciles qui, *à l'extérieur,* braillaient et gesticulaient. (M. Gresset, C. Richard, p. 130)
Postposition → Imbrication	
[23] "He ain't clipping no coupons **now**," said the barber. (F. O'Connor, "P. Festival", p. 431)	En tout cas, **maintenant**, il a fini de couper ses coupons, dit le coiffeur. (M. Gresset, C. Richard, p. 136)
Postposition → Imbrication	
[24] For what seemed at least five minutes, he did not take his eyes off her **as she leaned with her elbows in the window**. (F. O'Connor, "P. Festival", p. 434)	Pendant cinq bonnes minutes, *tandis qu'elle restait accoudée au rebord de la fenêtre,* il ne la quitta pas des yeux. (M. Gresset, C. Richard, p. 143)
Postposition → Imbrication	
[25] ...his skull would soon be bald **like theirs**. (F. O'Connor, "Heathen rage", p. 484)	Bientôt son crâne, **comme le leur**, serait chauve. (C. Fleurdorge, p. 165)
Postposition → Imbrication	
[26] He read books that had nothing to do with anything that mattered **now**. (F. O'Connor, "Heathen rage", p. 486)	Il lisait des livres qui n'avaient rien à voir avec ce qui, *à présent*, comptait. (C. Fleurdorge, p. 168)
Postposition → Imbrication	

[27] This was the kind of thing he read – something that made no sense for **now**. (F. O'Connor, "Heathen rage", p. 487)	Voilà le genre de choses qu'il lisait, des choses qui, **maintenant**, n'avaient plus aucun sens. (C. Fleurdorge, p. 170)
Postposition → Imbrication	
[28] Ajouter, **rapidement, en fouettant**, de la crème fraîche. (La Reynière, *Cuisine française*, p. 273)	Then add the cream, **all at once, whisking as you do so.** (D. Coltman, p. 298)
Double imbrication → **Double postposition**	
[29] Infuser durant 1/4 d'heure, **à couvert, dans 1 dl de bouillon,** 1 g de sauge, basilic, marjolaine, thym, laurier, romarin, avec quelques feuilles de persil. (La Reynière, *Cuisine française*, p. 287)	Infuse 1/4 teaspoon each of sage, basil, sweet marjoram, thyme, crushed bayleaf, rosemary, and a few sprigs of parsley **in 1/4 cup of bouillon** for 15 minutes **in a covered pan.** (D. Coltman, p. 315)
Double imbrication → **Double postposition**	
[30] Old Dudley folded into the chair he was **gradually** molding to his own shape and looked **out the window** fifteen feet away into another window framed by blackened red brick. He was waiting for the geranium. (F. O'Connor, "Geranium", p. 3)	Le vieux Dudley se laissa tomber dans le fauteuil que, **petit à petit**, il moulait à la forme de son corps et, **par la fenêtre**, plongea son regard à cinq mètres de là dans une autre fenêtre avec son encadrement de briques rouges noircies. Il attendait le géranium. (C. Fleurdorge, p. 7)
Intégration (adverbe) → Imbrication **Postposition** → Antéposition	

[31] It's just like any other city and cities ain't all that complicated." But they were. New York was **swishing and jamming one minute and dirty and dead the next.** (F. O'Connor, "Geranium", p. 6)	New York est comme toutes les grandes villes, et les grandes villes, c'est pas si compliqué que ça. » Et pourtant si, c'était compliqué. **Un instant grouillant et trépidant,** New York pouvait être, **l'instant suivant, sordide et sans vie.** (C. Fleurdorge, p. 12)
Intégration à la principale **(ordre canonique)** →	Antéposition + imbrication
[32] Le corollaire de cette notion de liberté, c'est celle de responsabilité financière. **Sur ce point capital, la réforme va très loin...** (SNCF, p. 6)	Financial responsibility is the corollary of this idea of freedom. The reform goes deeply **into this most important point...** (éd. angl.)
Antéposition →	**Postposition**
[33] **En France,** il y a 18 000 bureaux de Poste ; il y en a toujours un, là où vous êtes. (Pub. PTT)	There are 18,000 post offices **in France** and one wherever you are. (Ibid.)
Antéposition →	**Postposition**
[34] **Dans un plat creux chauffé** disposer les morceaux de tête de veau, les tranches de langue et jeter dessus le cornichon coupé en rondelles... (La Reynière, Cuisine française, p. 287)	Arrange the pieces of the head and the slices of tongue **in a hot dish**, then scatter slices of gherkin over them. (D. Coltman, p. 315)
Antéposition →	**Postposition**

[35] Préparation : **Dans une jatte,** faites tremper le pain spécial grillé émietté avec le vin blanc et le jus de crabe. (Pub. Heudebert)	*Crumble the rusks **into a bowl** with white wine and the juice from the tin of crab.* (S. Dibben, Paris VII)
Antéposition →	**Postposition**
[36] *They walked the next two blocks **in silence** but both appeared shaken.* (F. O'Connor, "P. Festival", p. 434)	*En silence* ils longèrent encore deux pâtés de maisons, mais ils paraissaient tous deux ébranlés. (M. Gresset, C. Richard, p. 142)
Postposition →	Antéposition
[37] *Her round face was still childish **behind her glasses.*** (F. O'Connor, "P. Festival", p. 433)	*Derrière ses lunettes,* son visage rond était encore enfantin. (M. Gresset, C. Richard, p. 140)
Postposition →	Antéposition
[38] *The bloodshot veins **in his eyes** swelled.* (F. O'Connor, "Heathen rage", p. 484)	*Dans ses yeux* injectés de sang, les capillaires se gonflèrent. (C. Fleurdorge, p. 164)
Postposition →	Antéposition
[39] *A barred window cast squares of damp light **on the floor at their feet.*** (F. O'Connor, "P. Festival", p. 441)	*Sur le plancher, à leurs pieds,* une fenêtre à barreaux projetait des carrés de lumière moite. (M. Gresset, C. Richard, p. 156)
Postposition →	Double antéposition

[40]

Presentation is not one of the most important aspects of Bocuse's cooking – though the **poulet de Bresse au feu de bois** *appears, theatrically, with embers from the fire on which it was cooked.* (A. Blake, Q. Crewe, *Great Chefs*, p. 194)	*A part quelques plats comme le* **poulet de Bresse au feu de bois,** *servi de façon spectaculaire sur les braises du feu où il a cuit, la présentation ne joue pas un rôle très important chez Bocuse.* (S. Mayoux, p. 194)
Postposition (après tiret) →	Double antéposition

[41]

The colors of the azaleas had deepened **with the approach of sundown** *and the trees rustled protectively* **over the old houses.** (F. O'Connor, "P. Festival", p. 432)	*Dans le crépuscule, les couleurs des azalées s'étaient assombries;* **au-dessous des vieilles maisons,** *les arbres tutélaires bruissaient.* (M. Gresset, C. Richard, pp. 138-139)
Postposition (× 2) →	Antéposition (× 2)

[42]

Quick hair color. *En 25 minutes chez vous, sans expérience particulière,* **Quick hair color** *lave et colore vos cheveux simultanément.* (Pub. Helena Rubinstein)	*With* **Quick hair color** *you can tint your hair as you wash it* **in your own home, in 25 minutes, even if you have never done it before.** (S. Dibben, Paris VII)
Triple antéposition →	**Triple postposition**

[43]

Salade d'automne *consists of the freshest vegetables and salads of the season based on those ingredients that grow wild in the surrounding hills.* (A. Blake, Q. Crewe, *Great Chefs*, p. 212)	*Pour la* **salade d'automne,** *on emploie les légumes et les salades les plus frais de la saison, dont certains poussent à l'état sauvage dans les collines des environs.* (S. Mayoux, p. 212)
Intégration à la principale →	Antéposition

[44] *Dans cette atmosphère confinée flottait une odeur immuable de suint, de poussière et de vernis à laquelle s'ajoutait celle du benjoin dont usait en toute saison le père Crusoé pour combattre un rhume inextinguible.* (M. Tournier, Vendredi, p. 39)	*The close, misty air was heavy with the odours of wool-grease, dust and varnish, and also of the aromatic gum which his father used throughout the year to combat a cold that he could never shake off.* (N. Denny, p. 36)
Antéposition →	**Intégration à la principale**
[45] *Ville forte, une des bases de la guerre de course, elle fut souvent en lutte avec l'Angleterre.* (Brochure Honfleur)	*The walled city of Honfleur [...] was one of the bases used [...] At one time Honfleur was frequently at war with England.* (Ibid.)
Double antéposition →	**Intégration à la principale**
[46] *He followed her up the courthouse steps and through a side door. **His irritation was so extreme** that he did not realize he had passed through the very door where Singleton had stood to shoot.* (F. O'Connor, "P. Festival", p. 434)	*Après elle, il gravit les marches du Palais et franchit une porte latérale. **Dans son irritation**, il ne s'aperçut pas qu'il passait la porte où Singleton s'était tenu pour tirer.* (M. Gresset, C. Richard, p. 142)
Intégration à la principale → **Principale** →	Antéposition Antéposition
[47] *Que ce soit un mot, une lettre ou une phrase entière, Tipp-Ex fluid corrige aussi bien les originaux que les copies.* (Pub. Tippex)	*Corrects typing errors, drawings, ballpoint ink, (on originals or carbon copies, either in or out of the typewriter)* (Ibid.)
Antéposition →	**Principale**

[48] La réservation s'étendra à toutes les catégories de places, y compris celles de voitures-lits, de restaurant et d'automobiles (trains auto couchettes et services auto express). **Imprimé automatiquement,** le titre délivré donnera la référence des places et comportera éventuellement le titre de transport, ce qui lui conférera alors valeur en tant que billet. (SNCF, p. 51)	Reservations will cover all categories of booking including sleepers, restaurant-cars and Motorail **and will be automatically printed;** the voucher handed over will give the reservation number and will include the actual ticket. (éd. angl.)
Antéposition →	**Principale coordonnée**
[49] No one **here** had a thought for Singleton, who lay on a cot in a filthy ward at Quincy. (F. O'Connor, "P. Festival", p. 432)	**Ici,** personne ne songeait à Singleton, qui reposait sur un grabat dans une salle lépreuse à Quincy. (M. Gresset, C. Richard, p. 139)
Intégration au groupe nominal (C_o) →	Antéposition
[50] **Dans nos agences,** nous nous faisons un plaisir de donner à nos clients tous conseils pour la meilleure utilisation de leurs pneus. (Michelin 1972)	The staff **of our Branches** will be pleased to give advice on the best use of tyres. (Ibid.)
Antéposition →	**Intégration au groupe nominal** (C_o)

CHAPITRE III

L'AGENCEMENT SYNTAXIQUE

(2ᵉ Partie)

[51] *Puis il fit un brusque demi-tour et s'enfuit ventre à terre dans les taillis **où il disparut.*** (M. Tournier, *Vendredi*, p. 32)	*He turned abruptly and bolted into the wood.* (N. Denny, p. 30)
Relative →	**Suppression**
[52] *Un emmarchement à 4 degrés au lieu de 3 et de pente plus douce grâce à une palette inférieure escamotable permettra d'accéder plus commodément à ces voitures, **qui seront par ailleurs mieux suspendues.*** (SNCF, p. 25)	*Access from outside will be easier, thanks to 4-rung steps instead of 3-rung, the bottom step being retractable.* **Suspension will be better.** (éd. angl.)
Relative →	**Principale**
[53] *Scowling, he passed stolidly on the porch to get over the preliminaries with his aunts.* **They would take his voluntary presence in Partridge at Azalea Festival time to be a sign that his character was improving.** (F. O'Connor, "P. Festival", p. 421)	*Il se renfrogna, et gagna la véranda d'un air buté pour en finir au plus tôt avec les premières effusions de ses tantes, **qui interpréteraient sa visite spontanée à Partridge pour la Fête des Azalées comme la preuve que son caractère s'améliorait.*** (M. Gresset, C. Richard, p. 117)
Principale →	Relative

[54] *Suivez-moi... vous allez passer devant le médecin **qui déterminera si vous êtes en assez bonne santé** pour faire des légionnaires.* (Astérix légionnaire, p. 19)	*Follow me. You're going for medical inspection. **The doctor decides if you're fit enough** to make good legionaries.* (A. Bell, D. Hockridge, p. 19)
Relative →	**Principale**
[55] *C'est moi, mais, chut !... Silence ! Ne troublez pas mon collaborateur, **qui est plongé dans des calculs fort compliqués**.* (Tintin E.M., p. 4)	*It's me, but ssh !... Silence ! Don't disturb my colleague; **he's deep in some very complicated mathematics**.* (L. Lonsdale-Cooper, M. Turner, p. 4)
Relative →	**Principale**
[56] *Oui, j'en ai laissé quelques-uns au laboratoire de police scientifique, **où on les examine en ce moment**.* (Tintin 7 B.C., p. 18)	*Yes, I've left some of them at the laboratory at police headquarters. **They're working on them now**.* (L. Lonsdale-Cooper, M. Turner, p. 18)
Relative →	**Principale**
[57] *Pendant quarante-cinq jours, il débarrassa les arbustes de leur première écorce et recueillit l'écorce intérieure en la découpant en lanières. Puis il fit longuement bouillir dans un chaudron cette masse fibreuse et blanchâtre **qui se décomposa peu à peu en un liquide épais et visqueux**. Il le remit ensuite au feu et le répandit brûlant sur la coque du bateau.* (M. Tournier, Vendredi, pp. 34-35)	*He boiled the pith in a small cauldron he had brought from the Virginia **until the fibrous mass was rendered down to a thick, viscous liquid**, which he reheated and smeared over the vessel's hull.* (N. Denny, p. 32)
Relative →	**Temporelle**

[58] *Pendant que leurs hommes baffrent, les deux officiers romains se contentent du frugal repas règlementaire, dans **leur tente qui ne l'est pas moins**...* (Astérix légionnaire, p. 31)	*While their men are stuffing themselves, the two roman officers make do with the frugal regulation meal in **their small regulation tent**...* (A. Bell, D. Hockridge, p. 31)
Relative →	Intégration à la principale (adjectif)
[59] *He is **a self-doubting dreamer** and this has not been helped by critics who felt that he was not moving enough with the times.* (A. Blake, Q. Crewe, Great Chefs, p. 67)	*Ce rêveur, **qui doute de lui-même**, n'a pas été aidé par les critiques qui lui reprochent de ne pas vivre avec son temps.* (S. Mayoux, p. 67)
Intégration à la principale (adjectif) →	Relative
[60] *The hand **stroking the dog** stopped for a moment in its rhythmic movement...* (G.K. Chesterton, Father Brown, p. 50)	*La main **qui flattait le chien** arrêta un instant son mouvement rythmique...* (F. Maury, p. 210)
Intégration à la principale (-ing) →	Relative
[61] *It looked like the parable of a man **not letting his right hand know what his left hand did**.* (G.K. Chesterton, Father Brown, p. 51)	*... pareil à l'homme de la parabole, **qui laisse ignorer à sa main gauche ce que fait sa main droite**.* (F. Maury, p. 210)
Intégration à la principale (-ing) →	Relative

[62] *Les lignes non électrifiées, **qui représentent** 74 % de la longueur du réseau, n'écoulent que 22 % du trafic total de la S.N.C.F.* (S.N.C.F, p. 16)	*Non-electrified lines **representing** 74 % of the total network carry only 22 % of the overall S.N.C.F. traffic.* (éd. angl.)
Relative →	**Intégration à la principale** **(-ing)**
[63] *Ce n'est rien, capitaine !... Une branche morte **qui s'est brisée**...* (Tintin 7 B.C., p. 41)	*I'm all right, Captain... only a rotten branch **breaking**...* (L. Lonsdale-Cooper, M. Turner, p. 41)
Relative →	**Intégration à la principale** **tronquée (-ing)**
[64] *Pas moyen d'approcher davantage : je serais jeté sur les rochers. Je vais vous lancer une corde **à laquelle est attachée une ceinture de sauvetage**.* (Tintin E.M., p. 58)	*I can't come any closer : I'd be dashed on the rocks. I'll throw you a line **with a life-jacket attached**.* (L. Lonsdale-Cooper, M. Turner, p. 58)
Relative →	**Intégration à la principale** **(localisation prépositionnelle)**
[65] *A series of stories about him, like the stories of Sherlock Holmes, were, by the instrumentality of Mr Snaith, planned out and put before the hero **with requests for his assistance and encouragement**.* (G.K. Chesterton, *Father Brown*, p. 11)	*Une série de nouvelles dont il était le héros – à l'instar de Sherlock Holmes – furent présentées au Père Brown, par l'intermédiaire de M. Snaith **qui lui demanda aide et encouragement**.* (F. Maury, p. 175)
Intégration à la principale **(Localisation prépositionnnelle)** →	Relative

[66] *Il commença à rassembler les provisions **qu'il embarquerait avec lui**. Mais il abandonna bientôt cette besogne...* (M. Tournier, *Vendredi*, p. 35)	*He started to collect provisions **for the journey**, but then put the task aside...* (N. Denny, p. 32)
Relative →	**Intégration à la principale** **(localisation prépositionnelle)**
[67] *He added green blotches for trees **on either side of it** and a brown spot **for trash somewhere up-stream**.* (F. O'Connor, « Geranium », p. 4)	*Il ajouta, de part et d'autre, de larges taches vertes pour représenter les arbres et une autre, plus petite et brunâtre, **qui figurait** un dépôt d'ordures quelque part en amont.* (C. Fleurdorge, p. 10)
Intégration à la principale **(localisation prépositionnelle)** →	Relative
[68] *She had shattered **the communion between them**.* (F. O'Connor, « P. Festival », p. 439)	*Elle avait brisé la communion **qui s'était établie entre eux**.* (M. Gresset, C. Richard, p. 151)
Intégration à la principale **(localisation prépositionnelle)** →	Relative
[69] *Two high school girls **in bright skirts and jackets** swung into his path...* (F. O'Connor, « P. Festival », p. 429)	*Deux lycéennes **portant des jupes et des vestes aux couleurs vives** se mirent en travers de son chemin...* (M. Gresset, C. Richard, p. 132)
Intégration à la principale **(localisation prépositionnelle)** →	Intégration moins marquée (participe présent)

[70] *Et voici que le président du* Fonds Européen de Recherches Scientifiques *remet au professeur Calys, chef de l'expédition, le drapeau* **qui sera planté au sommet de l'aérolithe**... (Tintin E.M., p. 21)	*... and here's the President of the European Foundation for Scientific Research with the leader of the expedition, Professor Phostle, handing over the flag* **to be planted on the meteorite.** (L. Lonsdale-Cooper, M. Turner, p. 21)
Relative →	**Intégration à la principale** **(localisation prépositionnelle)**
[71] At 5.00 he goes home **for an hour or so to read the newspapers.** (A. Blake, Q. Crewe, *Great Chefs*, p. 146)	*Vers cinq heures, il rentre chez lui, où il passe une heure à lire les journaux.* (S. Mayoux, p. 146)
Intégration à la principale **(localisation prépositionnelle)** →	Relative
[72] *They were box-jawed old ladies who looked like George Washington* **with his wooden teeth in.** (F. O'Connor, « P. Festival », p. 421)	*C'étaient de vieilles dames à mâchoires carrées qui ressemblaient à George Washington* **quand il portait son dentier de bois.** (M. Gresset, C. Richard, p. 117)
Intégration à la principale →	Subordonnée temporelle
[73] *But I saw the stage set for it as described; the straight lane between the blue flowers* **right up to the dark entrance,** *and the lawyer going down it in his blacks and his silk hat, and the red head of the secretary* **showing** *high above the green hedge* **as he worked on it** *with his shears.* (G.K. Chesterton, *Father Brown*, p. 52)	*Mais j'ai vu le théâtre du crime, tel que je vous l'ai décrit : l'allée droite entre les fleurs bleues,* **qui conduisait à l'entrée sombre** *et le notaire s'en allant avec ses vêtements noirs et son chapeau de soie, puis la tête rousse du secrétaire* **que l'on apercevait,** *dépassant la haie verte* **qu'il émondait** *de ses ciseaux.* (F. Maury, p. 212)
Intégration à la principale (x 2) − **(complément de localisation)** → − **(-ing)** → **Temporelle** →	Relative Relative Relative

[74] L'évolution technique – **accroissement des vitesses**, progrès dans la suspension, etc. – illustrée par la mise en service de ces rames complètes de voitures modernes destinées aux voyageurs de 1re classe, a profité également à ceux de 2e classe... (SNCF, p. 24)	The technical evolution, **including higher speeds**, improved suspension, etc., illustrated by the introduction of complete trains of modern coaches intended for 1st class passengers, has also benefitted those in 2nd class. (éd. angl.)
Juxtaposition →	**Relation explicitée**
[75] « I have to go », she said hoarsely, **staring at him**. (F. O'Connor, « P. Festival », p. 438)	Il faut que j'y aille, dit-elle d'une voix rauque, *les yeux fixés sur lui*. (M. Gresset, C. Richard, p. 150)
Relation explicitée →	Juxtaposition
[76] He stood **holding the scissors** uncertainly. (F. O'Connor, « P. Festival », p. 431)	Il était là, *les ciseaux à la main*, l'air mal assuré. (M. Gresset, C. Richard, p. 136)
Relation explicitée →	Juxtaposition
[77] La climatisation nécessite toutefois une fourniture d'énergie importante. A cet égard on fonde de grands espoirs sur les convertisseurs statiques pour produire le courant triphasé 380 volts, **seul commode à utiliser** pour l'alimentation des moteurs des compresseurs et des ventilateurs de la réfrigération. (SNCF, p. 25)	However, air-conditioning makes a heavy demand on the power supply and hopes are being pinned on static converters which produce the 380 volt triple-phase current **which is the only current suitable** to supply the compressor and refrigeration ventilator motors. (éd. angl.)
Juxtaposition →	**Relation explicitée**

[78]
The girl, **who was several inches taller than he,** walked slightly in advance of him...
(F. O'Connor, « P. Festival » p. 433)

La jeune fille, **plus grande que lui de quelques pouces,** marchait un peu en avant...
(M. Gresset, C. Richard, p. 140)

| Relation explicitée | → | Juxtaposition |

[79]
L'animal était tombé en arrêt à une dizaine de pas, **les oreilles pointées,** la patte de devant gauche repliée.
(M. Tournier, Vendredi, p. 32)

It had stopped a few yards away and was observing him **with ears cocked** and one forepaw raised.
(N. Denny, p. 30)

| Juxtaposition | → | Relation explicitée |

[80]
Il mangeait, **le nez au sol,** des choses innommables.
(M. Tournier, Vendredi, p. 38)

He lived on unmentionable foods, gnawing them **with his face to the ground.**
(N. Denny, p. 35)

| Juxtaposition | → | Relation explicitée |

[81]
He was shown this every time he came. The old man – round-faced, bald, altogether unremarkable-looking – sat **with his hands knotted** on the head of a black stick. His expression was all innocence and determination.
(F. O'Connor, « P. Festival », p. 422)

On la lui montrait chaque fois qu'il venait. Le vieil homme – chauve, visage rond, absolument banal – y était représenté assis, **les mains nouées** sur la pomme d'une canne noire. Il respirait l'innocence et la résolution.
(M. Gresset, C. Richard, p. 119)

| Relation explicitée | → | Juxtaposition |

[82]
He sat for ten minutes **with his eyes closed,** knowing that a revelation was near and trying to prepare himself for it.
(F. O'Connor, « P. Festival », p. 440)

Il resta là dix minutes, **les yeux fermés,** sachant qu'une révélation approchait; il essayait de s'y préparer.
(M. Gresset, C. Richard, p. 154)

| Relation explicitée | → | Juxtaposition |

[83] *Il ouvrit la bouche pour l'appeler. L'eau salée envahit sa gorge.* (M. Tournier, *Vendredi*, p. 41)	*He opened his mouth to cry out to her, **and** salt water poured down his throat.* (N. Denny, p. 38)
Juxtaposition transphrastique →	**Relation explicitée**
[84] *A l'un des sabords pratiqués dans l'encorbellement, une jeune fille était accoudée. Robinson voyait son visage avec une netteté hallucinante.* (M. Tournier, *Vendredi*, p. 41)	*A young girl was leaning out of a cabin window, **and** with a dazzling clarity Robinson saw her face.* (N. Denny, p. 38)
Juxtaposition transphrastique →	**Relation explicitée**
[85] *Eventually he returned to Italy, and in later years **he became a distinguished churchman** as the bishop of Altinum.* (F. O'Connor, « Heathen rage », p. 486)	*Il était plus tard revenu en Italie, où, **éminent homme d'église**, il devait finir ses jours comme évêque d'Altinum.* (C. Fleurdorge, p. 170)
Principale →	Juxtaposition
[86] *Jusqu'à la récente entrée en scène des turbotrains, la modernisation de la traction sur ces lignes a été le fait exclusif de la diesélisation, **solution économique** mais aux limites un peu trop marquées en ce qui concerne les performances des trains de voyageurs.* (SNCF, p. 16)	*Until the recent appearance of turbo-trains, modernisation on these lines was devoted exclusively to conversion to diesel traction. **This was an economical solution,** but a little too limited as far as passenger train performance is concerned.* (éd. angl.)
Juxtaposition →	**Principale**

[87] Ces voitures, **plus longues que celles d'aujourd'hui**, offriront 11 compartiments de 6 places, soit 66 places en 2ᵉ classe... <div align="right">(SNCF, p. 24)</div>	*These coaches **will be longer than those in use now**, and will have 11 × 6 seat compartments, viz 66 seats in 2nd class...*<div align="right">(éd. angl.)</div>
<div align="center">Juxtaposition → **Principale**</div>	
[88] Toutes les chambres, **d'une superficie de 14m²**, disposent d'une petite terrasse privée où vous pourrez vous reposer à l'abri des regards indiscrets.<div align="right">(Pub. Najac)</div>	*All rooms **are a comfortable size** and have their own balcony where you can sit in complete privacy.*<div align="right">(S. Dibben, Paris VII)</div>
<div align="center">Juxtaposition → **Intégration à la principale**</div>	
[89] Les sauter au beurre, à feu vif.<div align="right">(La Reynière, *Cuisine française*, p. 287)</div>	*Sauté them in butter over a hot flame.*<div align="right">(D. Coltman, p. 315)</div>
<div align="center">Ponctuation → **Ponctuation supprimée**</div>	
[90] *Often she came behind him and found some strange underlined passage in a book he had left lying somewhere and she would puzzle over it for days.*<div align="right">(F. O'Connor, « Heathen rage », p. 486)</div>	*Souvent, elle entrait dans une pièce qu'il venait de quitter et tombait sur quelque passage incompréhensible, souligné par lui dans un de ces livres abandonnés en quelque coin, et elle passait des jours à le tourner dans sa tête en tous sens.*<div align="right">(C. Fleurdorge, p. 168)</div>
<div align="center">**Absence de ponctuation** → Ponctuation</div>	

[91] *Since he was always idle, she had thought that perhaps he wanted to be an artist or a philosopher or something, but this was not the case.* (F. O'Connor, « Heathen rage », p. 486)	*Comme il ne faisait jamais rien de ses doigts, elle avait pensé que, peut-être, il voulait être artiste, ou philosophe, ou quelque chose de ce genre. Mais pas du tout.* (C. Fleurdorge, p. 168)
Absence de ponctuation →	Ponctuation
[92] *Ten days later, Singleton had appeared in a side door on the courthouse porch and with a silent automatic pistol, had shot five of the dignitaries seated there and by mistake one person in the crowd. The innocent man received the bullet intended for the mayor who at that moment had reached down to pull up the tongue of his shoe.* (F. O'Connor, « P. Festival », p. 422)	*Dix jours plus tard, Singleton avait fait son apparition à une porte latérale donnant sur la véranda du Palais de justice et, avec un pistolet automatique à silencieux, avait abattu cinq notables qui s'y trouvaient assis, plus, par erreur, un passant dans la foule. L'innocente victime avait reçu la balle destinée au maire, qui, à cet instant précis, s'était baissé pour tirer la languette de son soulier.* (M. Gresset, C. Richard, p. 118)
Ponctuation peu marquée →	Ponctuation marquée
[93] *« You people persecuted him and finally drove him mad, » the boy said.* (F. O'Connor, « P. Festival », p. 429)	*« C'est vous qui l'avez persécuté, et qui, en fin de compte, l'avez rendu fou, dit le jeune homme.* (M. Gresset, C. Richard, p. 131)
Ponctuation peu marquée →	Ponctuation marquée
[94] *The two attendants came up to the empty sofa from behind and swung him over the back of it, then still holding him, each passed around the sofa arms and sat down beside him, grinning.* (F. O'Connor, « P. Festival », p. 442)	*Les deux infirmiers s'approchèrent, par derrière, du canapé vide; ils soulevèrent Singleton par-dessus le dossier, et l'assirent; puis, le tenant toujours, ils firent, chacun de son côté, le tour du canapé et s'assirent à côté de lui, toujours souriant.* (M. Gresset, C. Richard, p. 157)
Ponctuation peu marquée →	Ponctuation marquée

[95]
*His Aunt Bessie had gone into the house **and** come out again with a small leather box.*
(F. O'Connor, « P. Festival », p. 422)

Tante Bessie était entrée dans la maison; elle ressortit avec un petit coffret de cuir.
(M. Gresset, C. Richard, p. 119)

Relation explicitée → Ponctuation

[96]
*His repartee with his aunts was markedly cynical but they did not have sense enough to understand his allusions **and** laughed like idiots at everything he said.*
(F. O'Connor, « P. Festival », p. 433)

Les réponses qu'il fit à ses tantes furent franchement caustiques, mais celles-ci n'étaient pas assez fines pour comprendre ses allusions; elles rirent comme des idiotes de tout ce qu'il dit.
(M. Gresset, C. Richard, p. 140)

Relation explicitée → Ponctuation

[97]
*Another line of patients passed in the road **and** several of them pointed at the small car.*
(F. O'Connor, « P. Festival », p. 440)

Une autre file de malades traversa la route; plusieurs montrèrent la petite voiture du doigt.
(M. Gresset, C. Richard, p. 153)

Relation explicitée → Ponctuation

[98]
L'évolution récente en ce domaine [...] – peut se définir par une double tendance : conception de dispositifs économiques [...]; mise en œuvre de dispositifs très élaborés...
(SNCF, p. 41)

*Recent evolution in this field [...] has followed two trends : – the introduction of economical equipment [...] **and** the installation of more complex equipment...*
(éd. angl.)

Ponctuation → **Relation explicitée**

[99]
*His eyes **and** his skull **and** his smile belonged to the family face but underneath them was a different kind of man from any she had ever known.*
(F. O'Connor, « Heathen rage », p. 485)

Les yeux, le crâne, le sourire étaient bien ceux de sa famille, mais, en dessous, c'était une espèce d'homme bien différente de toutes celles qu'elle avait connues.
(C. Fleurdorge, p. 167)

Relation explicitée → Ponctuation

[100]
De précieux renseignements seront fournis à ce sujet par les études de [...] et de certains organismes régionaux : Organisations d'études d'aménagement de l'aire métropolitaine (OREAM), Commissions économiques du développement régional.
(SNCF, p. 50)

*Valuable information will be supplied by studies carried out by [...] and from certain regional organisations, **such as** those studying the development of the metropolitan area (OREAM) and regional development economic committees.*
(éd. angl.)

Ponctuation → **Relation explicitée**

[101]
*They had to stop within a hundred yards of the gate **while** a fat white-capped nurse led a line of patients, straggling like elderly school-children, across the road in front of them.*
(F. O'Connor, « P. Festival », p. 440)

Ils durent s'arrêter à quelque cent mètres de l'entrée : une grosse infirmière en bonnet blanc faisait traverser la route à une file de malades aussi peu ordonnés que de grands écoliers.
(M. Gresset, C. Richard, p. 152)

Relation explicitée → Ponctuation

CHAPITRE IV

REPÉRAGE ET DÉTERMINATION

[1] *Ajouter à la soupe à l'oignon le quart du lait bouillant.* **Mélanger.** (La Reynière, *Cuisine française*, p. 17)	*Bring the milk to the boil and add to the onion soup,* ***stirring it in*** *well.* (D. Coltman, p. 21)
C_1 non marqué →	**Détermination du C_1 repéré anaphoriquement**
[2] *I only mention it to show you, in the light of what happened on our walk, that there was nothing psychic about us. The dog was the only mystic **in our company**.* (G.K. Chesterton, *Father Brown*, p. 53)	*Je vous cite ceci, pour vous montrer, à la lumière de ce qui se passa sur la route, qu'il n'y avait rien que de très terre à terre dans nos propos. Le chien était le seul mystique.* (F. Maury, p. 213)
Localisation marquée →	Localisation non marquée
[3] *... its geographical position has always made Jersey a highly important outpost **for England**...* (J. Stevens, *Jersey*, p. 3)	*... Jersey est, de par sa situation géographique, une position stratégique importante.* (Soc. Jers., p. 3)
Localisation marquée →	Localisation non marquée
[4] *Closer at hand, a steady monotonous cursing broke the silence around it with a machine-like regularity. Each noise seemed to exist isolated **from every other**.* (F. O'Connor, « P. Festival », p. 424)	*Plus près, des jurons réguliers et monotones brisaient le silence comme le bruit périodique d'une machine. Chacun de ces sons semblait exister isolément.* (M. Gresset, C. Richard, p. 156)
Localisation marquée →	Localisation non marquée.

[5] And all this with a sharp beady eye on me to see how I reacted **to these suggestions**. (A. Christie, *R. Ackroyd*, p. 15)	*Elle fixait sur moi des yeux aigus pour voir comment je réagirais.* (M. Dou-Desportes, p. 26)
Localisation (C_1 **marqué**) →	Absence de localisation
[6] Uncle knew who he was, but he promised not to tell anyone, because M. Poirot wanted to live quietly without being bothered **by people**. (A. Christie, *R. Ackroyd*, p. 61)	*Mon oncle le connaissait, mais il avait promis de ne rien dire à personne, parce que M. Poirot désirait vivre en paix, sans être dérangé.* (M. Dou-Desportes, p. 89)
Détermination de l'origine du procès →	Origine non marquée
[7] *Un emmarchement à 4 degrés au lieu de 3 et de pente plus douce grâce à une palette inférieure escamotable permettra d'accéder plus commodément...* (SNCF, p. 25)	Access **from outside** will be easier, thanks to 4-rung steps instead of 3-rung, the bottom step being retractable. (éd. angl.)
Localisation et orientation non marquées →	**Localisation et orientation marquées**
[8] *Laisser reposer une nuit. Dorer au jaune d'œuf et cuire au four sur une plaque huilée.* (La Reynière, *Cuisine française*, p. 159)	Leave overnight. **Next day**, brush with egg yolk and bake in the oven on an oiled baking sheet. (D. Coltman, p. 172)
Repère temporel non précisé →	**Repère temporel marqué**

[9] ... je me laissai glisser vers le port où je savais, par Mado, que quelques bistrots **restaient ouverts** pour les pêcheurs... (J. Laurent, Les bêtises, p. 156)	... I ambled down to the harbour, as I knew from what Mado had told me that some cafés **stayed open all night** there fore the fishermen. (S. Dibben, Paris VII)
Détermination temporelle non précisée →	**Détermination temporelle**
[10] ... for his doubleness, his shadow, was cast before him **more darkly than usual** in the light of Singleton's purity. (F. O'Connor, « P. Festival », p. 424)	... car la pureté de Singleton jetait un éclat qui rendait son double, son ombre, **plus sombres** à ses propres yeux. (M. Gresset, C. Richard, p. 123)
Détermination temporelle de fréquence →	Détermination temporelle non marquée
[11] *Il va venir. Il a l'air d'en savoir long, ce Charlet.* (Tintin 7 B.C., p. 19)	*He's coming here. He seemed to know all about it.* (L. Lonsdale-Cooper, M. Turner, p. 19)
Localisation spatiale non marquée →	**localisation spatiale marquée**
[12] *Pas de chance : le type nous a échappé !... Et **ici**, je me demande ce qui est arrivé...* (Tintin 7 B.C., p. 38)	*No luck, the thug escaped us... Now, I wonder what's going on **back here at the house.*** (L. Lonsdale-Cooper, M. Turner, p. 38)
Localisation spatiale marquée →	**Localisation spatiale plus déterminée + localisation supplémentaire**
[13] *Préparation : Dans une jatte faites tremper le pain spécial grillé émietté avec le vin blanc et le jus **de crabe**.* (Pub. Heudebert)	Crumble the rusks into a bowl with white wine and the juice **from the tin of crab**. (S. Dibben, Paris VII)
Localisation faiblement déterminée →	**Détermination de la localisation**

[14] *The window in that room showed him the river – thick and red as it struggled **over** rocks and **around** curves.* (F. O'Connor, « Geranium », p. 4)	*Par la fenêtre de cette chambre il voyait le fleuve, ses eaux lourdes et rouges qui peinaient **sur** les rochers et **dans** les courbes.* (C. Fleurdorge, p. 10)
Détermination de la localisation →	Localisation spatiale faiblement déterminée
[15] *Dans les branches de l'arbre, à vingt pieds de haut, un autre crabe s'attaquait à la base des noix pour les faire choir.* (M. Tournier, Vendredi, p. 34)	***Up in the coconut palm**, some twenty feet above ground, another crab was detaching the nuts at their stem and letting them fall to the ground.* (N. Denny, p. 32)
Localisation spatiale faiblement déterminée →	**Détermination de la localisation**
[16] *Il ne fut pas autrement surpris de l'impossibilité de traîner **sur le sable jusqu'à la mer** cette coque qui devait peser plus de mille livres.* (M. Tournier, Vendredi, p. 35)	*It did not much surprise him to find that he was quite incapable of dragging the hull, which must weigh over half a ton, **down the gently sloping grass and over the sand to the sea**.* (N. Denny, p. 33)
Localisation spatiale faiblement déterminée →	**Détermination de la localisation**
[17] *Il portait grand pavois et, **à la pointe** du grand mât, claquait une flamme bifide, jaune et noire.* (M. Tournier, Vendredi, p. 41)	*She was dressed overall, and **from the head** of her mainmast a double-pointed pennant of black and yellow fluttered in the breeze.* (N. Denny, p. 37)
Localisation spatiale faiblement déterminée →	**Détermination de la localisation**

[18] Un crépuscule glauque l'entoura **où** il eut encore le temps de voir la face grimaçante d'une petite raie fuyant à reculons. (M. Tournier, Vendredi, p. 41)	A green dusk enclosed him **in which** he had just time to see the grimacing mask of a small skate as, swimming backwards, it fled away from him. (N. Denny, p. 38)
Localisation spatiale faiblement déterminée →	**Détermination de la localisation**
[19] Là-haut [...] l'eucalyptus flambait [...] Robinson se dirigea en titubant **vers** cette source de lumière et de chaleur. (M. Tournier, Vendredi, p. 42)	... High above him [...] the eucalyptus was blazing [...] and he staggered **upwards towards** the source of warmth and light. (N. Denny, p. 38)
Localisation spatiale faiblement déterminée →	**Détermination de la localisation**
[20] Mais, **en levant la tête**, il vit pointer une voile blanche à l'est de l'horizon. (M. Tournier, Vendredi, p. 40)	But then, **looking out to sea**, he saw the white gleam of a sail on the eastern horizon. (N. Denny, p. 36)
Localisation spatiale faiblement déterminée →	**Détermination de la localisation**
[21] Tournant le dos au grand large, **il s'enfonça dans les éboulis** semés de chardons d'argent qui menaient vers le centre de l'île. (M. Tournier, Vendredi, p. 42)	Turning his back on the ocean, **he picked his way up the slope of rubble**, overgrown with silvery thistles, that led to the centre of the island. (N. Denny, p. 39)
Localisation spatiale faiblement déterminée →	**Détermination de la localisation**

[22] ... France [...] naturally disliked an enemy stronghold **only 12 miles, at one point, from her shores.** (J. Stevens, *Jersey*, p. 3)	... la France [...] ressentait l'existence d'une place forte ennemie à *20 km seulement de ses rivages.* (Soc. Jers., p. 3)
Détermination de la localisation spatiale →	Localisation faiblement déterminée
[23] ***Deux magasins faits pour s'informer*** mais aussi pour acheter. (Affiche CMR)	*You can come and get information and do your shopping **in either of our two shops.*** (S. Dibben, Paris VII)
Orientation de repérage indéterminée →	**Détermination de l'orientation**
[24] *Ensemble, et **sans engagement**, nous élaborerons le programme de financement qui correspond le mieux à votre situation et à vos désirs.* (Pub. C.E.P.)	*We can arrange a mortgage for you. Comme and see us and we will work it out together to suit your financial means.* **You will be under no compulsion to buy.** (S. Dibben, Paris VII)
Orientation de repérage ambiguë →	**Détermination de l'orientation**
[25] *Ne vous étonnez donc pas, à la sortie d'une nouvelle édition de notre Guide, si toutes vos suggestions n'ont pas été suivies.* **Leur étude** *est en cours.* (Michelin 1972)	*Do not, therefore, be surprised if all your recommendations have not been adopted and included in the next edition of the Guide.* ***They are being considered.*** (Ibid.)
Orientation de repérage ambiguë →	**Détermination de l'orientation**

[26] *Je me dirigeai vers **l'hôtel de Jeanne** sans aucune intention d'y pénétrer...* (J. Laurent, Les bêtises, p. 156)	*I started walking towards **the hotel where Jeanne was staying**, without the slightest intention of going there, however.* (S. Dibben, Paris VII)
Orientation de repérage ambiguë →	**Détermination de l'orientation**
[27] *L'accès **des chiens**, même tenus en laisse, **est interdit** sur les planches et le sable sec entre l'abri de la Piscine et l'escalier des Roches noires* (Affiche, Trouville s/Mer)	***Keep dogs off the beach** and the esplanade between the swimming pool and the black rocks.* (S. Dibben, Paris VII)
Orientation de repérage ambiguë →	**Détermination de l'orientation**
[28] *It was thus that the early Christian preachers converted the populace, by condoning their pilgrimages to ancient places of pagan worship, but **teaching them** of a new God, one of mercy and forgiveness.* (J. Stevens, Jersey, p. 6)	*C'est ainsi que le premiers prédicateurs chrétiens convertirent la population, acceptant les pèlerinages traditionnels aux anciens lieux de culte païens, mais **prêchant** un Dieu de pardon et de charité.* (Soc. Jers., p. 9)
Localisation par rapport à un destinataire animé humain →	Destinataire non marqué
[29] *His daughter came in. "Don't you want to go for a walk?" she asked. She looked provoked.* *He didn't answer **her**.* (F. O'Connor, "Geranium", p. 3)	*Sa fille entra. « Tu ne veux pas aller faire un tour ! » demanda-t-elle. Elle avait l'air exaspérée.* *Il ne répondit pas.* (C. Fleurdorge, p. 8)
Localisation par rapport à un destinataire animé humain →	Destinataire non marqué

[30] *Joseph voulait du noir, alors que David inclinait pour le bleu marine [...] « Non, fit Joseph résolu, cette fois, à ne pas capituler. **Ce sera du noir.** »* (J. Green, Moïra, p. 73)	*Jospeh wanted black, whereas David was more in favour of navy blue [...]* "No, **I** don't want blue," said Joseph, who had made up his mind not to give in this time. "I'm going to have black". (S. Dibben, Paris VII)
Absence de repère animé humain →	**Localisation par rapport à un animé humain**
[31] *De la dynamite !... Heureusement. Quelqu'un a éteint la mèche !...* (Tintin E.M., p. 16)	*Dynamite !... Lucky **for us** someone put out the fuse !* (L. Lonsdale-Cooper, M. Turner, p. 16)
Absence de localisation par rapport à animé humain →	**Localisation par rapport à un animé humain**
[32] *Ecoutez... **Il faut** avertir le chef : l'Enrhumé vient d'inviter trois types **à bord**.* (Tintin vol. 714, p. 6)	*Listen... **You** must contact the chief: Old Sneezewort has invited three people to travel **with us**.* (L. Lonsdale-Cooper, M. Turner, p. 6)
Tournure impersonnelle → Localisation par rapport à un inanimé →	**Repère animé humain Localisation par rapport à des animés humains**
[33] *Entreprise gigantesque à laquelle **toutes les années** qui pouvaient lui rester à vivre dans le meilleur cas ne suffiraient sans doute pas.* (M. Tournier, Vendredi, p. 37)	*The task was one that **he** could scarcely hope to complete single-handed in all that remained of his natural life.* (N. Denny, p. 34)
Repère inanimé →	**Repère animé humain**

[34]
La soutenance sera suivie, à l'Institut d'Etudes Américaines, 1 place de l'Odéon, d'un pot auquel vous êtes cordialement invité.
(Invitation à une soutenance de thèse)

You are cordially invited for a drink at the "Institut d'Etudes Américaines", 1 place de l'Odéon, after the viva.
(S. Dibben, Paris VII)

Repère inanimé → **Repère animé humain**

[35]
He was here only because Singleton had captured his imagination, but he had told his Aunt Bessie over the telephone that he was coming to enjoy the festival.
(F. O'Connor, "P. Festival", p. 421)

La seule raison de sa présence était que Singleton avait séduit son imagination, mais au téléphone il avait dit à sa tante Bessie qu'il venait pour la fête.
(M. Gresset, C. Richard, p. 117)

Repère animé humain → Repère inanimé

[36]
He got his third star in 1965.
(A. Blake, Q. Crewe, Great Chefs, p. 48)

Sa troisième étoile vint en 1965.
(S. Mayoux, p. 48)

Repère animé humain → Repère inanimé

[37]
While he welcomes the changes that have come over the world of gastronomy, they came too late to help him.
(A. Blake, Q. Crewe, Great Chefs, p. 45)

L'évolution de la gastronomie est pour lui la bienvenue, mais elle s'est produite trop tard pour l'aider.
(S. Mayoux, p. 45)

Repère animé humain → Repère inanimé

[38]
The fact that the Duke of Normandy became King of England made but little difference to Jersey...
(J. Stevens, Jersey, p. 12)

La conquête de l'Angleterre par le duc de Normandie ne changea pas grand chose à la vie de Jersey...
(Soc. Jers., p. 13)

Repère animé humain → Repère inanimé

[39] *Longue et droite, **la rue** me semblait plus ennuyeuse de minute en minute avec ses maisons de brique rouge presque toutes pareilles...* (J. Green, *l'Autre*, p. 20)	***I** was getting more and more bored with every minute that passed as I stood waiting on that long straight street with its almost identical brick houses.* (S. Dibben, Paris VII)
Repère inanimé →	**Repère animé humain**
[40] *Finally **he** could stand the silence no longer. "What is your opinion of Singleton?" he asked abruptly.* (F. O'Connor, "P. Festival", p. 435)	*Enfin, **le silence** lui devint insupportable. « Que pensez-vous de Singleton ? » demanda-t-il brusquement.* (M. Gresset, C. Richard, p. 143)
Repère animé humain →	Repère inanimé
[41] *Dans les toutes prochaines années, **l'effort de la S.N.C.F.** va porter sur la construction d'un nombre important – 200 par an – de voitures nouvelles destinées les unes au trafic international, les autres au service intérieur...* (SNCF, p. 24)	*In the very near future **the S.N.C.F.** will devote its efforts to the building of a large number – 200 per annum – of new coaches both for international and domestic services.* (éd. angl.)
Repère non-animé →	**Repère : ensemble d'animés humains**
[42] ***Des étudiants dont le travail** est rémunéré desserviront les tables au fur et à mesure et... s'occuperont de la vaisselle.* (J. Green, *Moïra*, p. 73)	*As people leave, the tables will be cleared by **students who** are paid for doing the job and they will... well... see to the dishes.* (S. Dibben, Paris VII)
Relative impliquant changement de repère (animé→inanimé) →	**Repère unique animé humain**

[43] *As time went on* **the Governor** *tended to be an important military man* **who** *was not a resident, and* **who** *appointed a Lieutenant Governor, who was in early days termed the captain of the Castle, as his Deputy.* (J. Stevens, *Jersey*, p. 3)	*Avec le temps,* **le gouverneur** *tendit à devenir un chef militaire important, ne résidant pas dans* **les îles,** *où il était représenté par un Lieutenant Gouverneur, autrefois nommé le Capitaine du Château.* (Soc. Jers., p. 3)
Repère unique animé humain →	Relative impliquant changement de repère (animé→inanimé)
[44] *Vous êtes hospitalisé :* **nous** *vous donnons 100 F par jour.* (Pub. G.A.M.)	*If* **you** *have to go to hospital* **you** *can get a 100 F a day back from us.* (S. Dibben, Paris VII)
Changement de repère →	**Repère unique**
[45] **Des places** *libres au Père-Lachaise* **Nous** *pouvons sans engagement de votre part étudier tout devis gratuitement* (Guide du 20ᵉ, pub.)	*If* **you** *want to reserve a plot you can ask us for an estimate free of charge.* **You** *will be under no obligation.* (S. Dibben, Paris VI)
Changement de repère →	**Repère unique**
[46] *Vous avez 25 ans...* *...prenez cette enveloppe* **elle** *contient la solution de vos problèmes de prévoyance* (Pub. C.N.P.)	*If* **you**'re *25 and worried about the future... open this envelope.* **You'll** *find the solution to your problems in it.* (S. Dibben, Paris VII)
Changement de repère →	**Repère unique**

[47] *Une hôtesse ou un serveur viendra vous voir, et **vous lui commanderez** votre repas, votre boisson, et éventuellement un apéritif.* (Pub. Confort Corail)	*A **hostess** or a waiter will come up to you and take your order for a drink if you feel like one, your meal and wine or other refreshment.* (S. Dibben, Paris VII)
Changement de repère →	**Repère unique**
[48] *Each fief had a seigneur, and **those who lived on the fief** were called tenants, even if they owned their own freehold property. **They** owed their Lord, be he King, Abbot or commoner, dues and services which varied from one fief to another.* (J. Stevens, Jersey, p. 11)	*Chacun a un seigneur, et **les habitants du fief** sont appelés tenanciers, même s'ils sont libres propriétaires de leur domaine. **Le seigneur,** qu'il soit roi, abbé ou homme du commun, peut exiger divers droits et services qui varient d'un fief à l'autre.* (Soc. Jers., p. 12)
Repère unique →	Changement de repère
[49] *...ayant inventé pour la voir décemment une fable convenable, **je demandai Jeanne** à la réception de son hôtel. **Tous deux étaient partis** la veille, ils devaient... envoyer leur adresse...* (J. Laurent, Les bêtises, p. 157)	*...I went to the hotel and asked for Jeanne at the reception desk, telling a story I had concocted for the occasion so as to be able to see her in all propriety. **But I was told that she and her friend** had left the previous day, they were supposed to be sending on their address...* (S. Dibben, Paris VII)
Changement d'énonciateur non-marqué →	**Repérage par rapport à l'énonciateur**
[50] *Je saute dans un taxi et **j'arrive.** En attendant, avertissez messieurs Cantonneau, Hornet et Bergamotte [...] A tout à l'heure !... **J'arrive...*** (Tintin 7 B.C., p. 19)	*I'll pick up a taxi and **be with you right away.** Meanwhile, warn Cantonneau, Midge and Tarragon [...] Good bye for now. **I'll be with you** soon.* (L. Lonsdale-Cooper, M. Turner, p. 19)
Orientation par rapport à l'énonciateur →	**Orientation par rapport au co-énonciateur**

[51] *La formule en est toute nouvelle. **On** se sert soi-même; à l'entrée, on reçoit un plateau et un couvert, puis on va choisir ce que l'on veut au buffet.* (J. Green, *Moïra*, p. 73)	*It's a brand new idea, **you** see : **you** help yourself. When you go in, you are given a tray and some cutlery and then you go over to the buffet and choose what you want.* (S. Dibben, Paris VII)
Co-énonciateur non-marqué →	**Repérage par rapport au co-énonciateur**
[52] *Barrier, for instance, re-organized the back entrance of the restaurant for the convenience of **one of his regular customers** who arrives for dinner in a wheelchair.* (A. Blake, Q. Crewe, *Great Chefs*, p. 50)	*Par exemple, Barrier a modifié l'entrée de derrière du restaurant pour la commodité d'**un client** qui se déplace en fauteuil roulant.* (S. Mayoux, p. 50)
Repérage par rapport à une sous-classe →	Repérage non-marqué
[53] ***There had** recently **swept through that region one of those fevers** of atheist and almost anarchist Radicalism...* (G.K. Chesterton, *Father Brown*, p. 10)	*Tout récemment, en effet, **la région** avait été balayée par un de ces accès de radicalisme athéiste et presque anarchique...* (F. Maury, p. 173)
Prédication d'existence d'un élément inanimé →	Absence de prédicat d'existence
[54] ***There was something** almost **indescribable** in the way he said those last words.* (A. Christie, *R. Ackroyd*, p. 73)	*La manière dont il prononça ces derniers mots **était indescriptible**...* (M. Dou-Desportes, p. 106)
Prédication d'existence d'un élément inanimé →	Absence de prédicat d'existence

[55] ***There are colours and patterns*** which repel you and others which make you hungry. (A. Blake, Q. Crewe, *Great Chefs*, p. 50)	*Certaines couleurs, certaines dispositions, coupent l'appétit, d'autres le stimulent.* (S. Mayoux, p. 50)
Prédication d'existence d'un élément inanimé →	Absence de prédicat d'existence
[56] ***There are separate cold rooms*** for bread, soft fruits and vegetables, meat and for pâtisseries and ices. (A. Blake, Q. Crewe, *Great Chefs*, p. 52)	*Le pain, les fruits frais et les légumes, la viande, les pâtisseries et les glaces, sont dans des chambres froides séparées.* (S. Mayoux, p. 52)
Prédication d'existence d'un élément inanimé →	Absence de prédicat d'existence
[57] ***There is too much talk*** of presentation of food. (A. Blake, Q. Crewe, *Great Chefs*, p. 50)	***On parle trop*** *de présentation.* (S. Mayoux, p. 50)
Prédication d'existence d'un élément inanimé →	Absence de prédicat d'existence
[58] *Le lendemain matin l'officier descendit quand nous prenions notre petit déjeuner dans la cuisine. Un autre escalier y mène et je ne sais si l'Allemand nous avait entendus ou si ce fut par hasard qu'il prit ce chemin.* (Vercors, *Le silence de la mer*, p. 29)	The following morning the German officer came down into the kitchen just as we were having breakfast. ***There are two staircases (in the house)*** and one of them leads right into the kitchen. It is hard say whether he had heard us talking or whether he had just happened to come down that way. (S. Dibben, Paris VII)
Absence de situation repère →	**Situation repère**

[59] *A l'issue de ce premier entretien, Jacques Monod a manifesté le désir de rencontrer Michèle Chevalier. Entre **l'employée du métro et le prix Nobel**, le dialogue a été, dès les premiers mots, facile.* (Nouvel Observateur, 20 nov. 72)	*After our first interview, he said he would like to see Michèle Chevalier. When **they** met everything went smoothly from the very first words.* (S. Dibben, Paris VII)
Désignation de l'animé humain par son statut →	**Détermination par reprise anaphorique**
[60] *Autour de **la capitale**, le problème majeur réside dans le fait que la densité du trafic décroît très rapidement avec la distance.* (SNCF, p. 57)	*Around **Paris**, the major problem lies in the fact that traffic density decreases very rapidly with distance.* (éd. angl.)
Désignation d'un élément par son statut →	**Détermination par le nom propre**
[61] *Ces diverses **automatisations** se traduiront par la suppression de la tâche dangereuse d'enrayage manuel des wagons sur les voies...* (SNCF, p. 67)	*These various **aspects of automation** will be reflected by the suppression of dangerous manual braking operations of trucks on the tracks...* (éd. angl.)
Renvoi à la notion →	**Actualisation**
[62] *De là, ils sont dirigés (soit directement, soit après escale dans une ou plusieurs gares de triage intermédiaires) vers **le triage** dont dépend la gare destinataire, où ils sont incorporés dans un train desservant cette gare.* (SNCF, p. 66)	*From there they are taken (either in a single stage or after one or more calls at intermediary marshalling yards) to **the marshalling yard** covering their destination where they join the appropriate train.* (éd. angl.)
Renvoi à la notion →	**Actualisation**

[63]
*Pour les **triages** importants, c'est sur le problème de l'automatisation que les techniciens concentrent leurs efforts...*
(SNCF, p. 42)

*In large **marshalling yards**, technicians are concentrating their efforts on the problem of automation...*
(éd. angl.)

Renvoi à la notion   →   **Actualisation**

[64]
***Une signalisation** totalement différente sera alors indispensable, pour permettre en particulier le freinage automatique des rames...*
(SNCF, p. 42)

*An entirely different **signalling system** will then be essential, particularly to allow automatic braking of trains...*
(éd. angl.)

Renvoi à la notion   →   **Actualisation**

[65]
*Olympe, Pierre's wife, a chic Italian who works **behind the desk**, treats them both with the same teasing affection.*
(A. Blake, Q. Crewe, Great Chefs, p. 159)

*La femme de Pierre, Olympe, élégante Italienne qui travaille **à la réception**, leur témoigne la même affection moqueuse.*
(S. Mayoux, p. 159)

Actualisation   →   Renvoi à la notion

[66]
***The** Bocuse **menu cover** shows the restaurant from the neatly kept courtyard.*
(A. Blake, Q. Crewe, Great Chefs, p. 194)

*Sur **le menu** de Bocuse : une vue agréable du restaurant depuis la cour.*
(S. Mayoux, p. 194)

Actualisation   →   Renvoi à la notion

[67]
*"Nonsense", said Caroline, in reply to my strictures. "You'll see. Ten to one she's left **a letter confessing everything**."*
(A. Christie, R. Ackroyd, p. 11)

*Tu verras, reprit ma sœur, car je suis certaine qu'elle a écrit **sa confession**.*
(M. Dou-Desportes, p. 20)

Actualisation   →   Renvoi à la notion

[68] "Look here, Sheppard, I've got to talk to you. Can you come back with me now?" "Hardly. I've got three patients to see still, and I must be back by twelve to see **my surgery patients**." (A. Christie, *R. Ackroyd*, p. 15)	*Il faut que nous causions ensemble, Sheppard. Pouvez-vous rentrer avec moi, maintenant ?* *– Difficilement, j'ai encore trois malades à voir et il faut qu'ensuite je retourne à la maison pour **ma consultation**.* (M. Dou-Desportes, p. 25)
Actualisation →	Renvoi à la notion
[69] *Every **society** has its cuisine, but most **informed people** agree that the Western world's finest cooking is found in France.* (A. Blake, Q. Crewe, *Great Chefs*, couv. 4)	*Toutes les **cultures** ont leur cuisine, mais, **de l'avis général**, c'est en France qu'on savoure la meilleure cuisine du monde occidental.* (S. Mayoux, couv. 4)
Actualisation →	Renvoi à la notion
[70] *...tourner **à la cuillère de bois** sans interruption jusqu'à obtenir une couleur blonde généralisée. Poudrer de farine. Continuer de remuer **à la cuillère**...* (La Reynière, *Cuisine française*, p. 17)	*...keep turning **with a wooden spoon** until they are an all-over brown colour. Dust with the flour. Continue stirring...* (D. Coltman, p. 21)
Double explicitation : absence de relation entre les termes de l'énoncé →	**Explicitation unique**
[71] *1 kg de morue* *1 petit chou-fleur [...]* ***6 œufs durs** et 4 jaunes d'œufs* .... ***Cuire les œufs** durs, les éplucher, les couper en deux, en garnir le plat.* (La Reynière, *Cuisine française*, p. 127)	*2 lbs dried salted cod [...]* *1 small cauliflower [...]* ***6 hard-boiled eggs** [...]* *4 egg yolks* .... *Peel the hard-boiled eggs, cut them in two, arrange them on the dish.* (D. Coltman, p. 140)
Double explicitation : absence de relation entre les termes de l'énoncé →	**Explicitation unique**

[72] En voiture-lit, **une dame** peut réserver sa place dans un compartiment **pour dames**. (Guide SNCF 1977)	**Ladies only** accomodation is available in sleeping cars. (S. Dibben, Paris VII)
Absence de repérage entre les termes de l'énoncé : double explicitation d'un élément →	**Explicitation unique**
[73] **D'autres bancs d'essais** sont venus s'y adjoindre : **le banc d'essai dynamique des suspensions**, qui permet d'étudier, en vraie grandeur, les conditions de circulation d'un véhicule sur voie réelle jusqu'à une vitesse de 300 km/h... (SNCF, p. 77)	**Other test benches** have been added : − **one** for dynamic trials of springing and suspension for full-scale study of conditions of a vehicle travelling at up to 300 km/h on actual track... (éd. angl.)
Double explicitation →	**Reprise anaphorique**
[74] ASCENSION *votre magasin* *sera FERMÉ* *le jeudi 27 mai* *toute la journée* (Affiche prisunic)	**This store** will be closed all day on Thursday 27th May. (S. Dibben, Paris, VII)
Absence de repérage par rapport à la donnée situationnelle →	**Repérage par rapport à la donné situationnelle**
[75] *Les magasins seront fermés* *le lundi* *de Pentecôte* *7* *juin* (Affiche, Printemps)	**This store** will be closed on Whitmonday, 7th June. (S. Dibben, Paris VII)
Absence de repérage par rapport à la donné situationnelle →	**Repérage par rapport à la donnée situationnelle**

[76] « Je n'ai pas dit que cela m'ennuyait » murmura Joseph. **Trois minutes plus tard,** ils entraient chez le tailleur, et on leur fit voir différentes sortes d'étoffes. (J. Green, Moïra, p. 73)	"I didn't say I minded" Joseph muttered. **A few minutes later** they came to the tailor's and walked in. They were shown different sorts of material. (S. Dibben, Paris VII)
Surexplicitation →	**Détermination relative à la situation**
[77] Nous approchons !... Voilà de nouveau la colonne de nuages produite par l'aérolithe... **Deux heures** ont passé... Allo, allo ?... Ici capitaine Haddock. Rien de neuf ? (Tintin E.M., p. 44)	We're getting near... There's the cloud of vapour rising from the meteorite... **Some time** later... Hello, hello ?... Captain Haddock here. Any news ? (L. Lonsdale-Cooper, M. Turner, p. 44)
Surexplicitation →	**Détermination relative à la situation**

CHAPITRE V

HOMOGÉNÉITÉ ET DISPARITÉ DANS LA REPRÉSENTATION DES CATÉGORIES DU RÉEL

[1] *From one end of the building came a continuous **mourning sound** as delicate as the fluttering wail of owls...* (F. O'Connor, "P. Festival", p. 442)	*D'une extrémité du bâtiment leur parvenait **une plainte** continue, aussi délicate que le hululement tressaillant des hiboux...* (M. Gresset, C. Richard, p. 156)
S.V. de perception →	Suppression
[2] *Il était en train de brouter une touffe de cresson dans un marigot lorsqu'**il entendit de la musique**. Irréelle, mais distincte, c'était une symphonie céleste, un chœur de voix cristallines qu'accompagnaient des accords de harpe et de viole de gambe.* (M. Tournier, Vendredi, p. 40)	*He was browsing on watercress in the bed of a small stream when **he heard the sound of music**, unreal yet distinct, like a celestial symphony, a chorus of crystalline voices accompanied by the strings of a harp and a viola da gamba.* (N. Denny, p. 36)
Syntagme zéro →	+ S.N. de perception
[3] *Tenn appartenait à une de ces races de chiens qui manifestent un besoin vital, impérieux de la présence humaine, **de la voix** et **de la main humaines**.* (M. Tournier, Vendredi, p. 32)	*Tenn was one of those dogs who have an absolute need of human companionship, **the sound of a human voice** and **the touch of a human hand**.* (N. Denny, p. 30)
Syntagme zéro → Syntagme zéro →	+ S.N. de perception + S.N. de perception

[4] *Il se leva et regarda la mer.* (M. Tournier, Vendredi, p. 42)	*He got to his feet and **stood** looking over the sea.* (N. Denny, p. 38)
Syntagme zéro →	**+ S.V. de posture**
[5] *J'attendais depuis si longtemps que je finissais par ne plus savoir ce que je faisais là, **au coin de cette rue déserte**, à huit heures du soir.* (J. Green, L'Autre, p. 19)	*I had been waiting for such a long time that I had almost forgotten what I was doing **standing there on that deserted street corner** at 8 o'clock at night.* (S. Dibben, Paris VII)
Syntagme zéro →	**+ S.V. de posture**
[6] *Ayant transformé mon insomnie en entreprise, **je regardai** sans peur l'aube salir le port presque inerte.* (J. Green, Les bêtises, p. 157)	*Having made the best of my sleepless night, I was no longer afraid as **I sat there watching** the dawn creeping over the dirty, almost motionless port.* (S. Dibben, Paris VII)
Syntagme zéro →	**+ S.V. de posture**
[7] *Enfin, il traversa la pièce et ouvrit la porte sur le jardin. **Il fit deux pas** et se retourna pour regarder notre longue maison basse...* (Vercors, Le silence de la mer, p. 29)	*He finally walked across the room and opened the door that leads out into the garden. **He stepped outside** and then turned round and looked at our long house...* (S. Dibben, Paris VII)
Absence de Localisation spatiale →	**Localisation spatiale impliquant une opposition**

[8] Cette nuit fut ma première nuit blanche. Dans la rue j'entendais toujours sonner les horloges mais, **dans la rue,** je ne les craignais plus. (J. Laurent, Les bêtises, p. 156)	That was my first sleepless night. I went out into the street, and although I could still hear the clocks chiming, they did not frighten me anymore **out there.** (S. Dibben, Paris VII)
Localisation spatiale →	**Localisation spatiale impliquant une opposition**
[9] Ne sachant que répondre, je fis mine de m'éloigner, d'un pas indécis. (J. Green, L'Autre, p. 21)	I could't think of an answer and I pretended to walk off, **though** rather hesitantly. (S. Dibben, Paris VII)
Relation non marquée →	**Relation disjonctive**
[10] INÈS. Je voudrais avoir des fleurs pour vous souhaiter la bienvenue. ESTELLE. Des fleurs ? Oui. J'aimais beaucoup les fleurs. Elles se faneraient ici : il fait trop chaud. (J.P. Sartre, Huis clos, p. 25)	INÈS. I wish I had some flowers to welcome you with. ESTELLE. Flowers ? Oh, what a nice idea. I used to be very fond of flowers. **But** it's far too hot in here and they would wilt. (S. Dibben, Paris VII)
Relation non explicitée →	**Relation disjonctive**
[11] J'aurais essayé de la convaincre de mener sa grossesse à terme... Si elle avait refusé, je l'aurais fait avorter... (Nouvel Observateur, 20 nov. 72)	I should have tried to convince her to keep the baby. **But** if she had refused I would have given her an abortion. (S. Dibben, Paris VII)
Relation non marquée →	**Relation disjonctive**

[12] C'est Jacques Monod qui m'a conseillé de joindre Paul Milliez et le professeur Palmer. J'ai pris rendez-vous avec eux. D'entrée Paul Milliez me dit : « Je suis contre l'avortement... » (Nouvel Observateur, 20 nov. 72)	Jacques Monod advised me to get in touch with Paul Milliez and Professor Palmer. I made an appointment with them, **but** the very first thing Paul Milliez said to me was « I'm against abortion... » (S. Dibben, Paris VII)
Relation non marquée →	**Relation disjonctive**
[13] Olga Jardet est très laide ce matin. Elle soutient ma sœur par le bras. Elle ne pleure pas à cause du rimmel et je dois dire qu'à sa place... C'était ma meilleure amie. (J.P. Sartre, Huis clos, p. 25)	And isn't Olga Jardet looking a fright this morning. She's helping my sister along. She isn't crying so as not to spoil her mascara and I must say that if I were her... **And yet,** she was my best friend. (S. Dibben, Paris VII)
Relation non-marquée →	**Relation disjonctive**
[14] Sèche-linge et porte-serviette. (Pub. Gémasec)	**Combined** clothes airer and towel rack. (Ibid.)
Relation associative non marquée →	**Relation associative explicitée**
[15] Pour bien voyager demander le Guide Pratique du voyageur SNCF Il est **dans toutes les gares et gratuit.** (Affiche SNCF)	You'll find everything you want to know about British Rail in the Passengers' Handbook obtainable **free of charge at any station.** (S. Dibben, Paris VII)
Eléments hétérogènes coordonnés →	**Homogénéisation**

[16] L'averse cessa aussi soudainement qu'elle avait commencé. **Robinson retrouva avec ses vêtements le sens et l'instance de son travail.** Il eut bientôt surmonté cette brève mais instructive défaillance. (M. Tournier, Vendredi, p. 31)	*The downpour ceased as suddenly as it had begun, and **in the act of putting on his clothes Robinson regained his sense of the purpose and urgency of his task.*** (N. Denny, p. 29)
Eléments hétérogènes associés →	**Disjonction des éléments hétérogènes (2 verbes distincts)**
[17] Cet anniversaire, comme chaque année, est pour moi l'heure des comptes que je dois *à ma conscience et aux français qui m'ont choisi.* (V. Giscard d'Estaing, Elysée, 27 mai 77)	*On this anniversary as on previous ones I feel I owe an explanation **to the French people who voted for me as well as to myself.*** (S. Dibben, Paris VII)
Compléments hétérogènes coordonnés →	**Homogénéisation des deux compléments (+ relation cumulative**
[18] *The great majority of place names are still French, and in the States the members vote « pour » **or** « contre » and not « for » **or** « against » a motion...* (J. Stevens, Jersey, p. 5)	*Les noms de lieux sont en majorité français ; les membres des Etats votent « pour » **et** « contre » une motion (non « for » **et** « against »)...* (Soc. Jers., p. 5)
Disjonction d'éléments hétérogènes →	Conjonction
[19] Cette semelle est particulièrement agréable à l'épiderme *et* très solide. (Pub. Super Frisch)	*This sole is particularly kind to the skin **but nevertheless** stands hard wear.* (Ibid.)
Coordination conjonctive →	**Coordination disjonctive marquée**

[20] *Il a redressé soudain sa haute stature : – Non... Ecrire, ce serait me dérober... Ce serait une lâcheté... **J'irai à Bobigny**. **J'ai voulu qu'il n'y ait pas de malentendus**...* (Nouvel Observateur, 20 nov. 72)	*He suddenly stood up straight and said : « No I can't do that ... Writing would be an easy way out... I'd be a coward... **I shall go to Bobigny**. » **But I wanted to make sure there would be no misunderstandings**...* (S. Dibben, Paris VII)
Modes d'énonciation hétérogènes (discours + commentaire) →	**+ Marque de disjonction**
[21] *Michèle Chevalier, en sortant, rayonnait de confiance. « **Tu te rends compte** : des gens comme lui, avec nous... »* (Nouvel Observateur, 20 nov. 72)	*Michèle came out glowing with confidence saying « Just imagine, having people like that with us...* (S. Dibben, Paris VII)
Modes d'énonciation hétérogènes →	**Homogénéisation (verbe d'assertion)**
[22] *He looked to be a man who had suffered **himself**.* (F. O'Connor, « P. Festival », p. 429)	*Il avait l'air d'un homme qui a souffert.* (M. Gresset, C. Richard, p. 133)
Parallélisme différentiel →	Relation non marquée
[23] *Dans ses longues heures de méditations brumeuses, il développait une philosophie qui aurait pu être **celle de cet homme effacé**.* (M. Tournier, Vendredi, p. 39)	*In his long hours of cloudy meditation he evolved a philosophy which might have been **his father's own**.* (N. Denny, p. 36)
Parallélisme →	**Parallélisme différentiel**
[24] *She handed the cigarettes and the candy to Calhoun and got out of the car with the books **herself**.* (F. O'Connor, « P. Festival », p. 441)	*Elle tendit les cigarettes et les bonbons à Calhoun et sortit de la voiture avec les livres.* (M. Gresset, C. Richard, p. 155)
Parallélisme différentiel →	Parallélisme

[25] In some respects he restrains himself. He has, for instance, no apprentices; it is too personalized a restaurant for that. He wants to concentrate **only** on his crew. (A. Blake, Q. Crewe, *Great Chefs*, p. 88)	*A certains points de vue, il se limite. Par exemple, il n'a pas d'apprentis; c'est un restaurant trop personnalisé pour cela. Il veut se concentrer sur son équipage.* (S. Mayoux, p. 88)
Parallélisme différentiel →	Parallélisme
[26] The necessary ingredients which make up a **superb** restaurant, as opposed to **merely** a **good** restaurant, are as indefinable and as complex as those which are needed to make an attractive human character. (A. Blake, Q. Crewe, *Great Chefs*, p. 88)	*Les éléments qui distinguent un restaurant* **exceptionnel** *d'un* **bon** *restaurant sont aussi indéfinissables et complexes que ceux qui font le charme d'une personnalité.* (S. Mayoux, p. 56)
Relation différentielle **Doublement marquée** →	Relation différentielle marquée
[27] *Je pèse mes mots. Mais il y a, dans ce ragoût de mouton, une parcelle de suavité céleste qui en fait autre chose qu'un simple ragoût. Non point de par son nom [...]. Mais de par cette gentillesse printanière dont il est* **le reflet, le bouquet.** (La Reynière, *Cuisine française*, p. 259)	Yes, I am weighing my words. For there exists in the heart of this mutton stew a spark of celestial suavity that makes it into something far more than a mere stew. An element bestowed upon it not by its name [...] but simply by that springlike and gentle grace of which it is **both the reflection and the very bouquet.** (D. Coltman, p. 283)
Relation ambiguë →	**Coordination très marquée**
[28] *L'alcool, en cuisine, est à l'image de la langue d'Esope, la meilleure* **et** *la pire des choses.* (La Reynière, *Cuisine française*, p. 273)	Alcohol, in the kitchen, is like Aesop's language, **both** the best **and** worst of adjuncts. (D. Coltman, p. 297)
Coordination marquée →	**Coordination très marquée**

CHAPITRE VI

L'ANIMATION DES INANIMÉS

[1] ...**Quick hair color** *lave et colore vos cheveux* simultanément. (Pub. Helena Rubinstein)	*With QUICK HAIR COLOR you can tint your hair as you wash it.* (S. Dibben, Paris VII)
C_o inanimé + S.V. animé →	C_o **animé + S.V. animé**
[2] *In the same spirit,* **his chef-de-cuisine,** *Roger Jaloux,* **receives** *an individual credit on the menu.* (A. Blake, Q. Crewe, *Great Chefs*, p. 195)	*De même,* **le menu rend hommage** *à son chef de cuisine, Roger Jaloux.* (S. Mayoux, p. 195)
C_o **animé** →	C_o inanimé + S.V. animé
[3] *La colère me prit tout à coup. — Si vous voulez bien, nous en resterons là.* (J. Green, *L'Autre*, p. 21)	*I was suddenly overcome with anger and said « I think we might as well put an end to this now ».* (S. Dibben, Paris VII)
C_o inanimé + S.V. animé →	C_o **animé + S.V. animé**
[4] *Un rire moqueur m'accompagna.* (J. Green, *L'Autre*, p. 22)	*I heard her laugh at me as I walked away.* (S. Dibben, Paris VII)
C_o inanimé + S.V. animé →	C_o **animé + S.V. animé**

[5] *Il releva la tête, et **son regard croisa celui de Tenn**, le chien de la **Virginie**, ce setter-laverack de race médiocre, mais affectueux comme un enfant.* (M. Tournier, *Vendredi*, p. 39)	*Looking round **he met the gaze of Tenn**, the **Virginia**'s dog, a setter of doubtful breeding but warmly affectionate disposition.* (N. Denny, p. 30)
C_o : propriété animable + S.V. animé →	C_o animé + S.V. animé
[6] ***He rambles on, responding to the briefest question with an elaborate answer** to the question itself...* (A. Blake, Q. Crewe, *Great Chefs*, p. 52)	*Il parle, il parle ; **la moindre question a droit à une réponse détaillée**...* (S. Mayoux, p. 50)
C_o + S.V. animé →	C_o inanimé + S.V. animé
[7] *Je me retournai **et me trouvai devant un sourire**.* (J. Green, *L'Autre*, p. 20)	*I turned round **and saw her smiling at me**.* (S. Dibben, Paris VII)
S.V. animé + complément désignant une propriété animable →	S.V. animé + C_1 animé
[8] *Ce système, dit « Minibar », **a reçu un accueil très favorable de la clientèle**.* (SNCF, p. 54)	*This system, known as the « Minibar » **is very popular with passengers**.* (éd. angl.)
C_o inanimé + S.V. animé →	C_o animé + S.V. animé
[9] ***Cette évolution prolonge** le mouvement de renouveau qui s'est affirmé depuis la guerre...* (SNCF, p. 4)	***This evolution is** an extension of the progress which took a firm foothold after the war...* (éd. angl.)
C_o inanimé + S.V. animé →	C_o inanimé + S.V. inanimé

[10] *Ces voitures ont reçu une isolation phonique particulièrement poussée...* (SNCF, p. 24)	*These coaches have particularly efficient sound proofing...* (éd. angl.)
C_o inanimé + S.V. animé →	C_o **inanimé + S.V. inanimé**
[11] *Ce spectacle inspira à Robinson un profond dégoût.* (M. Tournier, Vendredi, p. 39)	*The sight of them was intensely repugnant to Robinson.* (N. Denny, p. 32)
C_o inanimé + S.V. animé →	C_o **inanimé + S.V. inanimé**
[12] *A calculating contempt lurked in the regular eye but in the general expression there was the tortured look of the man **who becomes maddened finally by the madness around him**.* (F. O'Connor, « P. Festival », p. 423)	*Il y avait, latent, dans l'œil normal, un mépris réfléchi; mais la physionomie dans son ensemble révélait l'expression tourmentée de l'homme **que la folie ambiante finit par rendre fou**.* (M. Gresset, C. Richard, p. 120)
S.V. inanimé + complément inanimé désignant la source →	C_o inanimé + S.V. animé.
[13] *D'autres expérimentations sont en cours à la SNCF en vue d'utiliser également les thyristors en courant continu, dans des équipements (hacheurs de courant) dont la mise en œuvre s'avèrera bénéfique, sur le plan de la dépense d'énergie, pour le trafic de banlieue où **les arrêts fréquents conduisent**, avec des équipements rhéostatiques, **à des pertes importantes**.* (SNCF, p. 14)	*Other experiments are being carried out within the SNCF with a view to extending the use of thyristors to dc equipment (choppers) expected to be profitable in the field of energy expenditure, and to suburban lines where **stops are frequent** and where **heavy energy losses are incurred** when using rheostatic equipment.* (éd. angl.)
C_o de la relative non-animé + S.V. animé →	**C_o de la relative non-animé + S.V. inanimé et schéma de passivation**

[14] *Toutefois, **l'emploi des traverses mixtes**, fer et béton [...]dont l'entretien se limite à la vérification du serrage, **paraît devoir connaître** une grande extension.* (SNCF, p. 31)	*However, **twin-block sleepers** [...] maintenance of which is limited to checking the clamping of the brace, **are being used** more and more.* (éd. angl.)
C_o inanimé + S.V. animé	→	C_o inanimé + schéma de passivation

[15] *She was holding a damp paper sack and **her large mouth was twisted in an uncertain smile**.* (F. O'Connor, « P. Festival », p. 438)	*Elle tenait un sac en papier mouillé et **sa grande bouche arborait un sourire incertain**.* (M. Gresset, C. Richard, p. 149)
C_o inanimé + schéma de passivation	→	C_o inanimé + S.V. animé

[16] *But as **chefs became more confined to their kichens by the professionalism** of the latter half of the nineteenth century, their status dwindled again.* (A. Blake, Q. Crewe, *Great Chefs*, p. 28)	*Mais la condition des chefs marqua un nouveau recul quand **le professionnalisme** de la seconde moitié du XIXe siècle **les enferma dans leur cuisine**.* (S. Mayoux, p. 28)
C_o animé + schéma de de passivation	→	C_o inanimé + S.V. animé

[17] *Et, Obélix ayant retrouvé son Idéfix, sa bonne humeur, ses chers sangliers et son bel appétit, **un grand festin réunit tous nos amis**...* (*Astérix légionnaire*, p. 48)	*And now that Obélix has regained his good temper, his appetite, his beloved boars, and Dogmatix, **all our friends are reunited** at a great banquet...* (A. Bell, D. Hockridge, p. 48)
C_o inanimé + S.V. animé	→	C_o animé + schéma de passivation

[18] *Now there were mushrooms and truffles to give more delicate tastes. Butter was used for making pastries instead of oil, and also in sauces.* (A. Blake, Q. Crewe, *Great Chefs*, p. 13)	*Les champignons et les truffes apportaient des saveurs plus délicates. Le beurre remplaçait l'huile dans les pâtisseries et dans les sauces.* (S. Mayoux, p. 13)
Prédication d'existence + C_o inanimé C_o inanimé + schéma de passivation →	C_o inanimé + S.V. animé ($\times 2$)
[19] *Il a redressé soudain sa haute stature...* (Nouvel Observateur, 20 nov. 72)	*He suddenly stood up straight...* (S. Dibben, Paris VII)
Dissociation (animé humain/propriété) →	**Intégration (suppression du terme désignant la propriété)**
[20] *Il regagna la clairière de l'Evasion, confirmé dans le sentiment que [...]* **son bateau – dont il voyait à travers les genêts la silhouette massive et** *sympathique –* **était tout ce qui le rattachait à la vie.** (M. Tournier, *Vendredi*, p. 34)	*He went on to his clearing, more convinced than ever [...] that* **his boat, so splendidly taking shape amid the bushes,** *was his only link with life.* (N. Denny, p. 32)
Dissociation (inanimé/propriété) →	**Intégration (suppression du terme désignant la propriété)**
[21] *Najac, c'est* **un joli bourg qui accroche à la roche ses vieilles maisons** *aux toits de tuiles rousses, son église ancienne et sa forteresse du XIIe.* (Pub. Najac)	**Najac, with its red-tiled old houses,** *its historic church and XIIth Century castle,* **is an attractive little town built on top of a rocky hill.** (S. Dibben, Paris VII)
Dissociation (partie/tout) →	**Intégration (préposition *with*)**

[22] *Plus qu'un arc-en-ciel, c'était comme **une auréole** presque parfaite, **dont seul le segment inférieur disparaissait dans les flots**, et qui étalait les sept couleurs du spectre avec une admirable vivacité.* (M. Tournier, Vendredi, p. 31)	*More than a rainbow, it was **an almost perfect halo, with only its lowest segment lost in the waters**, radiating the seven colours of the spectrum with a sublime brilliance.* (N. Denny, p. 29)
Dissociation (partie/tout)	→ Intégration (préposition ***with***)
[23] *It is this generation of chefs which has freed haute cuisine from the grand hotel mentality of over-rich sauces and over-elaborate treatment, to create the internationally famous style known as **nouvelle cuisine, firmly rooted in the virtues of France's abundant produce**.* (A. Blake, Q. Crewe, Great Chefs, couv.)	*C'est cette génération de chefs qui a libéré la haute cuisine de la tradition des grands hôtels, faite de sauces trop riches et de recettes trop compliquées, pour créer le style connu dans le monde sous le nom de **nouvelle cuisine, et dont les racines plongent profondément dans l'excellence des produits du terroir**.* (S. Mayoux, couv.)
Intégration de la propriété	→ Dissociation (inanimé/propriété)
[24] *Marin produced a section of sauces, **listing at least one hundred**.* (A. Blake, Q. Crewe, Great Chefs, p. 14)	*Marin consacre un chapitre aux sauces, **dont il énumère une bonne centaine**...* (S. Mayoux, p. 14)
Repère unique (animé humain)	→ Dissociation (classe/éléments extraits)
[25] *He looked at her once hard, his expression empty, **and then** beyond her **out across the meadow**, beyond the four oaks and the black distant tree line, into the vacant afternoon sky.* (F. O'Connor, « Heathen rage », p. 484)	*Impassible, **il posa sur elle un seul regard** dur qui, par delà le pré, les quatre chênes et la noire barrière des arbres à l'horizon, **alla se perdre** dans la vacuité du ciel d'après midi.* (C. Fleurdorge, p. 165)
Repère unique (animé humain ***he***)	→ Dissociation (animé humain/propriété)

[26] *Without enthusiasm Calhoun opened **the box, which shed a rust-colored dust over his knees**, and removed the miniature of his great-grand-father.* (F. O'Connor, « P. Festival », p. 422)	*Sans enthousiasme, Calboun ouvrit **le coffret, d'où s'échappa une poussière couleur de rouille** qui se répandit sur ses genoux; il en sortit une miniature de son arrière-grand-père.* (M. Gresset, C. Richard, p. 119)
Repère unique (inanimé : *the box*) →	Dissociation (partie/tout)
[27] *Puis il se précipita vers l'eucalyptus creux. Il enflamma un fagot de branches sèches et le poussa dans **la gueule béante qu'ouvrait le tronc au ras du sol**.* (M. Tournier, *Vendredi*, p. 40)	*He ran to the eucalyptus tree, and setting fire to a bundle of dry twigs thrust it into **an aperture at the bottom of the hollow trunk**.* (N. Denny, p. 37)
Dissociation (inanimé/propriété) →	**Intégration par la localisation**
[28] *In the paper there had been pictures of the six « victims » and one of Singleton.* (F. O'Connor, « P. Festival », p. 423)	*Le journal avait donné les photos des six « victimes » et celle de Singleton.* (M. Gresset, C. Richard, p. 119)
Élément inanimé localisé (préposition *in*) + prédication d'existence →	C_o inanimé + S.V. animé
[29] *With its delicate flavour, **the écrevisse** or crayfish **has long found favour in French cuisine**.* (A. Blake, Q. Crewe, *Great Chefs*, p. 191)	*La cuisine française apprécie depuis longtemps la saveur délicate de l'écrevisse.* (S. Mayoux, p. 191)
Élément notionnel localisé (préposition *in*) →	C_o inanimé + S.V. animé

CHAPITRES VII & VIII

HYPOTHÈSE ET ASSERTION/ACTUALISATION

[1] ...rien ne *l'arrête !* Il *est* indestructible ! (*Astérix légionnaire*, p. 48)	*Nothing **can stop** him ! Nothing **can bowl** him over !* (A. Bell, D. Hockridge, p. 48)
Assertion →	**Modalisation**
[2] *Nobody knows who did it. Nobody knows how it could be done. At least there's only one exception **I'd make**, and that's why I really mentioned the whole thing.* (G.K. Chesterton, *Father Brown*, p. 53)	*Nul ne sait qui a commis le crime, ni comment il a pu être exécuté... Tout au moins, **je fais** une réserve et voilà pourquoi j'ai mentionné la chose...* (F. Maury, p. 212)
Modalisation →	Assertion
[3] *L'effort poursuivi **est**, nécessairement, sélectif : il est naturel que l'amélioration de l'équipement porte en priorité sur des lignes dont le trafic offre les plus larges perspectives de développement.* (SNCF, p. 47)	*The effort put in **must** of necessity be selective. It is natural that priority should be given to improvement of equipment on lines where the traffic offers the greatest scope for development.* (éd. angl.)
Forme verbale assertive →	**Forme verbale modalisée**
[4] ***Vous êtes** hospitalisé : nous vous donnons 100 Frs par jour.* (Pub. G.A.M.)	***If you have to** go to hospital you can get a 100 F a day back from us.* (S. Dibben, Paris VII)
Hypothèse sous forme assertive →	**Hypothèse explicite**

[5] *If you are a complete beginner, you need first a good, general idea of how tennis is played.* (E.J. Faulkner, *Tennis*)	***Vous êtes** tout à fait débutant : vous devez d'abord avoir une bonne idée générale de la manière dont on joue au tennis.* (A. Cassaigne)
Hypothèse explicite →	Hypothèse sous forme assertive
[6] *Vous avez 25 ans... prenez cette enveloppe elle contient la solution de **vos problèmes de prévoyance.*** (Pub. C.N.P.)	***If you're 25 and worried about the future...** open this envelope. You'll find the solution to your problem in it.* (S. Dibben, Paris VII)
Hypothèse sous forme assertive →	**Hypothèse explicite**
[7] *Il aperçut le cadavre du matelot de quart [...] Le malheureux **disloqué par les chocs terribles qu'il avait reçus** sans pouvoir se mettre à l'abri, était mort à son poste après avoir donné l'alerte.* (M. Tournier, *Vendredi*, p. 24)	*... he saw the dead body of the look-out [...] The poor wretch **must have been stunned by some sudden blow** before he could cut himself loose, and so had died at his post after fruitlessly giving the alarm.* (N. Denny, p. 24)
Hypothèse sous forme assertive →	**Modalisation**
[8] *Tiens, le PEARY a disparu ! **Il a levé l'ancre** pendant que nous dormions.* (*Tintin E.M.*, p. 51)	*Hello, the « Peary » has disappeared. **She must have weighed anchor** while we were asleep.* (L. Lonsdale-Cooper, M. Turner, p. 51)
Hypothèse sous forme assertive →	**Modalisation**

[9] *"You can't know," I snapped. "I didn't know myself until I got there, and haven't mentioned it to a soul yet. If that girl Annie knows, **she must be a clairvoyant.**"* (A. Christie, *R. Ackroyd*, p. 9)	« *Tu ne peux pas savoir, déclarai-je. J'ignorais tout moi-même avant d'arriver là-bas et je n'ai soufflé mot à personne de ce que j'ai constaté. Si Annie est au courant **elle a le don de double vue.*** (M. Dou-Desportes, p. 18)
Modalisation →	Hypothèse sous forme assertive
[10] *Ça alors! ce n'est pas possible! **C'est un coup monté!*** (*Tintin 7 B.C.*, p. 9)	*No, it's impossible! ...**It must be a put-up job!*** (L. Lonsdale-Cooper, M. Turner, p. 9)
Hypothèse sous forme assertive →	**Modalisation**
[11] *Merci! Merci! comment vous remercier?* *Oh, ce n'est rien...* *Rien? **vous plaisantez!*** (*Astérix légionnaire*, p. 47)	*Oh, thank you, thank you! how can I ever thank you?* *It was nothing, really...* *Nothing? **you must be joking!*** (A. Bell, D. Hockridge, P. 47)
Hypothèse sous forme assertive →	**Modalisation**
[12] *Faut-il émettre une autre hypothèse, technique celle-là : **il était difficile** de construire une seule nef plus large car on était limité par la portée des poutres en bois (les « entraits » qui relient les deux côtés de la charpente) et la difficulté de se procurer des arbres assez hauts pour les tailler.* (Brochure Honfleur)	*There is, however, another theory, this time technical : **it would have been extremely difficult** to build a single, larger nave due to the problem of finding sufficiently long beams to support the arches.* (Ibid.)
Elaboration de l'hypothèse sous forme assertive →	**Modalisation**

[13] *Si vous partez en vacances, **vous ne le faites** pas pour le plaisir de rouler en voiture, mais **pour les vacances.*** (Brochure T.A.C.)	*When you take your car on holiday, **it should be a blessing** not a burden.* (Ibid.)
Hypothèse sous forme assertive →	**Modalisation + terme origine impersonnel**
[14] ***Vous n'aimez pas être contrôlés.*** *Nous le savons et essayons de vous gêner le moins possible.* (Brochure Bon voyage)	***No one enjoys going through customs*** *so we try to make things as easy as possible for you.* (S. Dibben, Paris VII)
Hypothèse sous forme assertive →	**Désactualisation par assertion de type indéfini**
[15] ***Prévenez-nous de toute majoration** paraissant injustifiée.* (Michelin 1972)	***If you think you have been overcharged,** let us know.* (Ibid.)
Hypothèse implicite →	**Hypothèse explicite**
[16] *Robinson se dégagea doucement du trou de rocher où il avait accoutumé de dormir, et il s'avança à pas de loup vers l'origine du bruit, en s'efforçant de se préparer à **l'émotion qu'il éprouverait s'il se trouvait face à face avec un être humain.*** (M. Tournier, *Vendredi*, p. 34)	*Robinson crept out of the cranny in the rocks where he was accustomed to sleep and advanced cautiously towards it, steeling himself against **the possible shock of encountering another human being.*** (N. Denny, p. 31)
Ordre : 1) Assertion, 2) Hypothèse →	**1) hypothèse, 2) assertion**
[17] *J.P. — 36a. 1 m 68 ouvrier rech. avt. tt des goûts simples, situa. modeste chez la JFme **qu'il saura rendre heureuse)*** (Annonce Réginter)	*J.P. — 36 year old factory worker, 5'6" tall wishes to meet young lady with an ordinary job and simple tastes. **He's sure he can make her happy.*** (S. Dibben, Paris VII)
Visée sous forme assertive →	**Modalisation**

[18] *Et bien, **nous allons partir**...* (Astérix légionnaire, p. 48)	*Well, **we must be leaving**...* (A. Bell, D. Hockridge, p. 48)
Visée sous forme assertive →	**Modalisation**
[19] *Ajouter au besoin un peu d'eau et jusqu'à obtenir une pâte molle **que l'on étalera** au rouleau le plus mince possible.* (La Reynière, Cuisine française, p. 389)	*If necessary, add a little water in order to achieve a soft pastry **that you can roll out** very thinly.* (D. Coltman, p. 427)
Visée sous forme assertive →	**Modalisation**
[20] ***Vous trouverez du bien être*** *dans votre compartiment, le plaisir de la table dans la voiture-restaurant et un lit ou une couchette confortable.* (Brochure T.A.C.)	***You can travel comfortably*** *in your own compartment, enjoy a meal in the restaurant car, or simply sleep your way to your holiday destination.* (Ibid.)
Visée sous forme assertive →	**Modalisation**
[21] *Tu devrais lui offrir un petit cadeau, à Falbala, pour lui souhaiter la bienvenue...* *Et puis, **ça te permettra** de lier conversation !* (Astérix légionnaire, p. 9)	*You ought to give Panacea a little present, to welcome her home...* ***It would give you the chance*** *to get into conversation with her, too !* (A. Bell, D. Hockridge, p. 9)
Visée sous forme assertive →	**Modalisation**
[22] *Tu devrais aller lui cueillir un joli bouquet dans la forêt; ça, **ça lui plaira** !* (Astérix légionnaire, p. 9)	*You want to go and pick her a nice bunch of flowers in the forest. **She'd like that** !* (A. Bell, D. Hockridge, p. 9)
Visée sous forme assertive →	**Modalisation**

[23] "Then what's keeping you from going and having a look at him?" she said. "What are you asking me what he looks like for? Go see for yourself." "**They wouldn't let me see him**," he said. (F. O'Connor, "P. Festival", p. 436)	*Alors, qu'est-ce qui vous empêche d'aller voir à quoi il ressemble? dit-elle. Pourquoi me le demandez-vous? Allez voir vous-même!* **Ils ne me laisseront pas le voir**, *dit-il.* (M. Gresset, C. Richard, p. 145)
Hypothèse sous forme modalisée →	Visée sous forme assertive

[24] *Porter la terrine couverte d'un linge dans une chambre tiède et laisser trois heures.* **La pâte montera.** (La Reynière, *Cuisine française*, p. 393)	*Cover the bowl with a cloth and leave it in a warm place for 3 hours* ***for the dough to rise.*** (D. Coltman, p. 432)
Visée sous forme assertive →	**Procès envisagé comme hypothétique**

[25] **Cuits** *pendant 3 heures et presque à sec, les os du fond de poêlage* **n'ont pas donné** *tous les éléments sapides qu'ils contiennent.* **Ils seront réunis** *dans une casserole plus petite avec une carotte et un oignon coupés, puis* **mouillés** *avec 1 litre 1/2 d'eau et salés avec une forte pincée de sel.* **Mis en ébullition** *ce jus* **pourra mijoter** *avec profit pendant 3 heures. Il constituera un fond de cuisine pour différents usages culinaires ultérieurs.* *Le pied de veau, s'il n'a pas été employé avec une garniture de légumes,* **sera servi** *comme hors-d'œuvre chaud avec une vinaigrette.* (P. Bocuse, *La Cuisine du marché*, p. 190)	*Although the bones at the bottom of the pan* **will have cooked** *for 3 hours and be nearly dry, they* **will not yet have yielded up** *all the tasty ingredients they contain.* **Place them** *in a small saucepan with a carrot and an onion, sliced, then* **moisten** *with 1 1/2 l (3 pts) of water with a large pinch of salt.* **Bring to the boil** *and* **simmer** *for 3 hours; this will make a stock that can be used later in other dishes.* *If the calf's foot has not been used with a vegetale garnish, it* **can be served** *as a hot hors-d'œuvre with a vinaigrette sauce.* (C. Rossant, L. Davis, p. 251)
Assertion + visée sous forme assertive →	**Modalisation + injonction**

[26] Préalablement à la mise au four, les bavettes **ont été raccourcies et repliées** sous la selle sur les filets mignons, et **maintenues** par quelques tours de ficelle. A la sortie du four, la selle **est posée** sur un plat, le trancheur l'oriente, la coupe face à lui. Pratiquer une incision profonde, effleurant l'échine à droite et à gauche. Le couteau à trancher **est tenu à plat** dans une position qui lui **permet** de couper de droite à gauche vers l'échine des aiguillettes minces et ayant toute la longueur de la selle. (P. Bocuse, *La Cuisine du marché*, p. 210).	*Before placing the meat in the oven,* **trim** *the thin hindquarter flank,* **fold it** *under the saddle and* **tie** *in place with a string.* *When the saddle of lamb is removed from the oven* **place it** *on a platter, the cut end facing the carver. Make a deep incision on either side of the back bone.* *The carving knife* **should be held flat** *in a position that* **will enable** *the carver to cut from right to left, towards the back bone, cutting thin slices the length of the saddle.* (C. Rossant, L. Davis, p. 279)
Assertion →	**Injonction + modalisation**
[27] Lorsque vous achetez votre billet, le vendeur y inscrit **la date** de départ que, sur sa demande, **vous lui avez indiquée.** (Guide SNCF 1977)	*When you go to buy your ticket* **give the booking clerk the date** *of your departure and he will stamp it on your ticket.* (S. Dibben, Paris VII)
Hypothèse sous forme assertive →	**Injonction**
[28] « Seigneur, murmura-t-il, si tu ne t'es pas complètement détourné de ta créature, si tu ne veux pas qu'elle succombe dans les minutes qui viennent sous le poids de la désolation que tu lui imposes, alors **manifeste-toi.** (M. Tournier, *Vendredi*, p. 31)	*"O Lord", he murmured, [...] "if Thou dost not desire him to succumb beneath the weight of the desolation Thou has inflicted upon him, then* **must Thou show Thyself!**" (N. Denny, p. 29)
Injonction →	**Injonction modalisée**

[29] *Retirer la partie crémeuse et **le corail**, et les garder dans un bol.* (La Reynière, Cuisine française, p. 45)	***Remove** the creamy substance and **the coral (if any)** and keep them in a bowl.* (D. Coltman, p. 51)
Elément posé comme existant →	**Elément posé comme hypothétique**
[30] *C'est alors qu'**une statue de limon** s'anima à son tour et glissa au milieu des joncs.* (M. Tournier, Vendredi, p. 38)	*And then **a human form, like a statue of clay** rose in its turn and made its way through the reeds.* (N. Denny, p. 35)
Elément posé comme existant →	**Elément posé comme imaginaire**
[31] *De temps en temps, il fermait les yeux avec une mine patiente lorsque quelqu'un le bousculait **pour descendre** ou quand des jurons particulièrement offensants résonnaient à ses oreilles.* (J. Green, Moïra, p. 72)	*Every now and the, when he was jostled by somebody **trying to get off** or when he heard some particularly offensive language, he would close his eyes with a long-suffering look on his face.* (S. Dibben, Paris VII)
Procès envisagé du point de vue de l'actualisation →	**Procès envisagé comme hypothétique**
[32] *...Robinson passa une dernière fois la main sur la surface interne – lisse et étroitement ajointée – des flancs du bateau, et il imagina avec bonheur **les gouttes qui apparaîtraient** normalement à tous les joints quand il mettrait à l'eau pour la première fois.* (M. Tournier, Vendredi, p. 33)	*...he ran his hand for the last time over the smooth and closely joined interior surface of the boat's sides, thinking happily of **the beads of moisture that must appear** when first she took the water.* (N. Denny, p. 31)
Procès envisagé du point de vue de l'actualisation →	**Procès envisagé comme hypothétique**

[33] *Il imaginait l'***Evasion** *révélant aux premiers essais quelque vice rédhibitoire, un excès de tirant d'eau, par exemple –* **elle serait** *peu maniable et les moindres vagues* **la couvriraient** *–, ou pas assez, au contraire – elle chavirerait au premier déséquilibre.* **Dans ses pires cauchemars,** *à peine avait-elle touché la surface de l'eau qu'***elle coulait à pic,** *comme un lingot de plomb, et lui, le visage plongé dans l'eau, la voyait s'enfoncer en se dandinant dans des profondeurs glauques de plus en plus sombres.* (M. Tournier, *Vendredi*, p. 35)	*He considered the vessel's possible defects.* **She might,** *for instance,* **sink so low in the water as to be unmanœuvrable and at the mercy of** *every ripple, or on the other hand* **she might turn turtle** *at the first puff of wind.* **His worst nightmare was the picture of her sinking** *like a stone directly she was put on the water, while he stood peering down at her, watching the eddying shape sink ever deeper into the shadow of those green translucent depths.* (N. Denny, p. 33)
Procès envisagé du point de vue de l'actualisation →	**Procès envisagé comme hypothétique**
[34] *Vivez vos vacances dès la première minute.* **Votre cabine est prête,** *confortable. La nuit commence.* **Dormez bien !** *Au matin, après un agréable petit déjeuner commandé la veille au soir,* **toute la famille,** *reposée, prendra le chemin de la station.* (Brochure Voiture-Lits)	*Enjoy your holiday right from the start and leave all your worries behind you !* **A comfortable sleeper is there ready for you. When night falls, you go to sleep** *and wake up in the morning to a delicious breakfast you ordered the night before. After a good night's rest* **the whole family will be all set for a day of fun on the slopes.** (P. Volsik, Paris VII)
Hypothèse actualisée →	**Désactualisation**
[35] *Le vent dérange le voile de ma sœur. Elle fait ce qu'elle peut pour pleurer. Allons ! allons ! encore un effort. Voilà, Deux larmes,* **deux petites larmes qui brillent sous le crêpe.** (J.P. Sartre, *Huis clos*, p. 25)	*My sister's veil is blowing in the wind. She's doing her utmost to cry. Come on, now, come on. Just try a little harder. Ah ! that's it ! Two little tears rolling down.* – **You can just see them glistenning under her veil.** (S. Dibben, Paris VII)
Eléments posés →	**Eléments repérés par rapport au terme origine de la perception**

[36] *Il parlait lentement, comme pour lui seul.* **Cette affaire était tellement injuste,** *tellement insupportable...* (Nouvel Observateur, 20 nov. 72)	*He spoke slowly almost as if he was speaking to himself.* **The whole business was so unfair** *and unbearable he felt...* (S. Dibben, Paris VII)
Assertion →	**Repérage par rapport au terme origine de la perception**
[37] *L'éminent médecin s'était levé.* **Son visage tourmenté** *trahissait la lutte intérieure.* (Nouvel Observateur, 20 nov. 72)	*Paul Milliez stood up.* **The tormented expression on his face** *betrayed his inner struggle.* (S. Dibben, Paris VII)
Assertion →	**Repérage par rapport à un terme origine de la perception (non explicité)**
[38] *Therefore I have got into the habit of continually withholding all information possible from my sister. She usually finds out just the same, but I have the moral satisfaction* **of knowing that I am in no way to blame.** (A. Christie, *R. Ackroyd*, p. 8)	*J'ai donc pris l'habitude de ne rien confier à ma sœur. Elle découvre généralement ce que je lui ai caché, mais j'ai la satisfaction intime* **de n'être aucunement responsable.** (M. Dou-Desportes, p. 16)
Repérage par rapport au terme origine de la perception →	Assertion
[39] *"Oh!" said Caroline. "So you did inquire about that, did you?* **I believe, James, that in your heart of hearts, you think very much as I do.** *You're a precious old humbug."* (A. Christie, *R. Ackroyd*, p. 11)	*Oh! dit Caroline, tu t'en es donc informé? Dans le fond de ton cœur, James,* **tu as la même impression que moi** *et tu n'es qu'un vieil hypocrite.* (M. Dou-Desportes, p. 20)
Repérage par rapport au terme origine de la perception →	Assertion

[40] "Oh!" said Caroline. **I could see her nose twitching** as she worked on this. "He arrived at the Three Boars yesterday morning," she said "And he's still there." (A. Christie, R. Ackroyd, p. 18)	Oh! fit Caroline, **dont le nez frémit**, il est arrivé hier matin aux « Trois Dindons » et il y est encore. (M. Dou-Desportes, p. 30)
Repérage par rapport au terme origine de la perception → Assertion	
[41] That did not surprise me in the least. **Ralph, I should say, is out with a girl most nights of his life.** (A. Christie, R. Ackroyd, p. 18)	Ceci ne me surprit nullement, car **Ralph se promène, à peu près tous les jours, avec une jeune fille.** (M. Dou-Desportes, p. 30)
Repérage par rapport au terme origine de la perception → Assertion	
[42] At this point the High Priest of Mumbo-Jumbo came in an undignified hurry out of the door of the mission-house [...] **He seemed just about to speak to the** motionless **natives** when he caught sight of the stranger.. (G.K. Chesterton, Father Brown, p. 9)	A ce moment, le Grand Prêtre de Mumbo Jumbo sortit de l'Etablissement de la Mission, avec une hâte qui manquait de dignité [...] **Le prêtre s'apprêtait à interpeller les naturels** immobiles, lorsqu'il aperçut l'étranger... (F. Maury, p. 173)
Repérage par rapport au terme origine de la perception → Assertion	
[43] This is not to say that his cuisine is uncomplicated. **What someone might think was a fish sausage** will involve a pike, some sole, scallops, eel... (A. Blake, Q. Crewe, Great Chefs, p. 186)	Sa cuisine n'est pourtant pas toujours dépourvue de complication. **Le cervelas de fruits de mer** comporte un brochet, de la sole, des coquilles Saint-Jacques, de l'anguille... (S. Mayoux, p. 186)
Repérage par rapport au terme origine de la perception → Assertion	

[44] Cette fois, j'en suis sûr... **C'est bien un bruit de moteur.** (*Tintin E.M.*, p. 54)	*This time I'm sure of it...* **I can hear the sound of an engine.** (L. Lonsdale-Cooper, M. Turner, p. 54)
Assertion modulée →	**Repérage par rapport au terme origine de la perception**
[45] Hippolyte est-il là ? Oui, il est là, mais il est au lit : **il n'est vraiment pas bien.** (*Tintin 7 B.C.*, p. 39)	*Is Hercules there ?* *Yes, he's there, in bed, ill...* **He sounds in a bad state.** (L. Lonsdale-Cooper, M. Turner, p. 39)
Assertion modulée →	**Repérage par rapport au terme origine de la perception (ici l'énonciateur)**
[46] Mesdames et Messieurs, nous nous excusons d'interrompre un instant le spectacle pour une communication personnelle et urgente... **Madame Clairmont, qui se trouve dans la salle,** est priée de rentrer immédiatement chez elle : son mari vient de tomber gravement malade. (*Tintin 7 B.C.*, p.9)	*Ladies and gentlemen, we are interrupting the programme for a moment as we have an urgent message for a member of the audience...* **Will Mrs Clarkson, who is believed to be here tonight,** *please return home immediately, as her husband has just been taken seriously ill.* (L. Lonsdale-Cooper, M. Turner, p. 9)
« Assertion » →	**Repérage par rapport à un terme origine non explicité**
[47] **Elle ne va tout de même pas grandir** dis, Tintin ? (*Tintin E.M.*, p. 53)	*I say, Tintin* **you don't think that will have grown,** *too ?* (L. Lonsdale-Cooper, M. Turner, p. 53)
Interrogation portant sur une propriété →	**Interrogation portant sur une propriété repérée par rapport à la perception du co-énonciateur**

Glossaire

Ce glossaire a été conçu comme réponse partielle aux problèmes de métalangue qu'a posé ce travail. Mais il reste des problèmes de fond qu'un ensemble de définitions, aussi précis soit-il, ne peut pas résoudre. Tout d'abord, la métalangue ne peut pas fonctionner seule. Elle ne peut opérer que conjointement avec la langue. Et c'est en ceci qu'on rencontre un premier obstacle. Certains termes appartiennent à la fois à la métalangue et à la langue dont elle est issue. Tôt ou tard on se trouve dans l'obligation d'utiliser un terme comme modalité, aspect ou catégorie dans son acception non-linguistique. Les confusions deviennent alors presque inévitables.

Sur le plan théorique il arrive fréquemment, soit qu'on se situe à plusieurs niveaux à la fois, soit qu'il est difficile de déterminer à quel niveau on se situe. On est alors pris au piège du langage, car quelle que soit la solution choisie, on ne pourra rendre compte, avec précision, de toute la complexité d'une opération. Ainsi, au chapitre III, les catégories utilisées pour différencier les traces syntaxiques de surface, les opérations sous-jacentes et la relation avec l'extra-linguistique, se sont révélées, à l'usage, inopérantes dans de nombreux cas : dans certains parce qu'on envisageait deux niveaux à la fois, dans d'autres parce que le terme choisi ne pouvait rendre compte de tous les cas envisagés, ou encore parce qu'un même élément changeait de valeur selon la relation dans laquelle on l'envisageait.

Dans une perspective différentielle cette complexité est accentuée. Cette optique nous a obligé en effet à faire des distinctions qu'il n'y aurait pas lieu d'établir dans un cadre de linguistique générale : ainsi au chapitre V, les relations d'inclusion, d'association, de réciprocité, etc. La nécessité d'affiner certaines catégories fait qu'il devient parfois difficile de trouver un nombre de termes suffisant pour établir toutes les distinctions pertinentes. Ceci nous a obligé, dans certains cas, à avoir recours à un seul terme pour indiquer plusieurs valeurs : ex. **juxtaposition.** Dans d'autres cas, faute de pouvoir caractériser une opération par un seul terme, nous avons eu recours à des expressions non-linguistiques : ex. **Etre** et **Paraître.**

Dans les cas où une nouvelle terminologie n'aurait pu être forgée qu'à partir d'une analyse en profondeur, nous avons maintenu, malgré nos réticences, une terminologie traditionnelle. Le problème s'est posé notamment pour les adverbes. D'autre part, lorsque deux ou plusieurs manifestations d'une même opération avaient à être considérées, tantôt globalement, tantôt en tant que cas particuliers, nous avons parfois jugé utile d'avoir recours à la fois à un terme générique et à des termes différenciés : ex. localisation.

Les problèmes stylistiques qui paraissent a priori secondaires se sont avérés à la pratique très délicats. Ainsi, un terme tel qu'**hétérogène** (chapitre V) peut difficilement, lorsqu'il apparaît plusieurs fois dans une même analyse, être utilisé systématiquement. D'autre part, le substantif correspondant est difficilement maniable. Pour répondre à cette double objection, nous avons eu recours au terme **disparité,** mais la modalité appréciative qu'il implique pose également un problème. L'absence d'un adjectif correspondant au terme **procès,** nous a amené à utiliser l'expression **agencement verbal,** malgré l'ambiguïté qu'elle comporte. Certaines formulations telles que : « Syntagmes renvoyant à des catégories du réel divergentes », trop longues pour supporter de nombreuses répétitions, nous ont obligé à avoir recours à des raccourcis qui pourraient être perçus comme un glissement de niveau lorsque cette expression ne renvoie pas à l'extra-linguistique, ex : **catégories du réel divergentes**. Le glossaire qui suit ne pourra pas résoudre tous ces problèmes ; nous le proposons cependant afin de les atténuer et d'éviter quelques confusions.

Certaines de nos définitions ont été élaborées à partir de la théorie et du métalangage de A. Culioli, et reprennent parfois ses propres définitions. Il s'agit essentiellement des rubriques suivantes : détermination, énonciation, énoncé, énonciateur, locuteur, relations énonciative et prédicative, modalités, repérage (voir A. Culioli, D.E.A. 1975-76, 1977-78, note sur « Détermination et quantification » in *Projet inter-disciplinaire du traitement formel et automatique du langage,* 1975, et rubriques de linguistique in Alpha Encyclopédie). Nous assumons l'entière responsabilité de toute erreur d'interprétation ou de formulation, et des analyses et développements que nous avons été amené à faire dans le cadre de ces définitions, en particulier dans le domaine contrastif.

ACCOMPLI (Aspect d')

Procès envisagé comme ayant atteint son **terme**.
- *Rentrée chez elle, elle se mit au travail.*

L'accompli est une forme de **désactualisation** (voir **actualisation**). L'aspect d'**accompli** peut lui-même être envisagé de différentes façons : p. ex. comme **état résultant,** ou comme **processus stabilisé** (voir ces termes).

ACTUALISATION

La transformation d'un élément renvoyant à la notion en élément déterminé de telle façon qu'il puisse être inséré dans un **contexte**
- *Water boils at 100°*
(notion)
- *The water in the bath flowed over.*
(actualisation)

Dans le premier énoncé l'élément *Water* est envisagé hors contexte en tant que propriété.
Dans le deuxième on envisage une occurrence particulière de cet élément dans un contexte.

L'**actualisation** s'oppose, non seulement à la **notion,** mais aussi à d'autres formes de **désactualisation.** Celle-ci peut être due à

1) **l'aspect d'accompli**
   a) – *Il **était arrivé** lundi. Mardi il se mit au travail.*
      (Le procès *était arrivé* est envisagé comme accompli et donc désactualisé)
   b) – *Il **arriva** lundi. Mardi il se mit au travail.*
      (Le procès *arriva* est envisagé comme occurrence et donc actualisé)

2) **la modalité hypothétique**
   a) – ***Avant que Jean ne parte,** les deux hommes se disputèrent.*
      (Ce n'est pas la succession sur un axe temporel qui est envisagée, mais l'antériorité d'un procès par rapport à l'autre).
   b) – *The two men quarrelled, and then **John left.***
      (Les deux procès sont envisagés comme des occurrences successives sur un axe temporel → ils sont **actualisés**).

Dans les exemples 1 a) et 2 a) l'énonciateur reconstruit *a posteriori* une relation entre
- un procès **actualisé** *(il se mit au travail/les deux hommes se disputèrent)* et
- un procès **désactualisé** *(il était arrivé/Jean ne parte)*

La locution conjonctive *avant que* a en ceci le même statut dans l'opération énonciative que *sans que*
- *Jean sortit **avant que** Michel arrive.*
- *Jean sortit **sans que** Michel s'en aperçoive.*

Même lorsqu'un procès est présenté sous l'**aspect prospectif** il peut être envisagé par rapport à son **actualisation.**
- *I wish I could go to the cinema.*
(Le procès est envisagé comme **non-actualisable**)
- *I want to go to the cinema.*
(Le procès est envisagé par rapport à son **actualisation**)

Le terme **actualisation** est en fait jusqu'ici synonyme d'**occurrence dans un contexte** mais, à la différence de l'occurrence, l'actualisation peut comporter des **degrés**, qui se définissent les uns par rapport aux autres :
- *Elle **était** chez elle.*
(Procès envisagé en tant qu'**état**)
- ***Rentrée** chez elle...*
(Processus stabilisé : on envisage le **résultat** d'un processus)
- *Elle **était rentrée** chez elle.*
(Etat résultant : on envisage le **résultat** en indiquant le **processus** préalable)
- *A 8 h elle **rentra** chez elle.*
(**Occurence :** on envisage le procès comme **actualisé** dans la relation prédicative)

D'autre part l'**actualisation** ne peut s'évaluer que **relativement** aux facteurs qui entrent en jeu dans les systèmes de **repérage :**
- Repérage par rapport à l'**énonciateur** ou au **co-énonciateur**
- Relation de type **prédicatif** ou **énonciatif**
- Existence ou non d'une **donnée situationnelle.**

ADVERBE

Terme invariable qui sert à déterminer
- soit un autre terme dans un énoncé
  - un verbe
  - un adjectif
  - un adverbe
- soit l'ensemble d'un énoncé

Faute d'avoir fait les recherches nécessaires pour une analyse plus affinée, nous utilisons le terme **adverbe** dans l'acception la plus large de la grammaire traditionnelle. Celle-ci dépasse généralement la définition qui en est donnée.

Ainsi **adverbe** et **locution adverbiale** recouvrent un ensemble de termes qui renvoient à des opérations de nature très différente et qui mériteraient, en fait, une analyse plus approfondie. A titre d'exemple, ils peuvent renvoyer aux opérations suivantes :
- **la détermination d'un procès**
  - *He jumped **quickly** to attention*
  L'adverbe est alors dans la même relation par rapport à l'élément qu'il qualifie que l'adjectif par rapport à un syntagme nominal.

- **modalisation**
    - *Surely you don't mean it*
    L'adverbe **Surely** marque ici l'appréciation de l'énonciateur à l'égard de la prédication *you don't mean it*.

- **localisation spatiale**
    - *He is **in Spain***
- **ou temporelle**
    - *He left **on Wednesday***
- **détermination aspectuelle**
    - **d'un procès**
        - *He **gradually** edged his way out*
        (déroulement du processus)
    - **de la relation inter-procès**
        - *He visited London, Brussels and Amsterdam and **finally** came to Paris.*
        (détermination de la dernière occurrence dans une série de procès. Cette dernière occurrence introduit une nouvelle situation repère).

- **relation anaphorique**
    - *He left for Germany yesterday
    When did he get **there** ?*

Dans certains cas, un même adverbe ou une même locution adverbiale peut renvoyer à plusieurs opérations :
- *He got up and did it **there and then***
    (Localisation spatio-temporelle, reprise anaphorique, modulation appréciative)

AGENT

Terme origine renvoyant à un **animé humain** pris dans une relation avec un autre terme de telle sorte que le statut de ce dernier s'en trouve modifié :
- *Mary opened the door.*
(The door is open : on est passé d'un état 1 ***door closed***, à un état 2 ***door open***)

L'agentivité n'est pas une propriété inhérente. Elle est **construite** à partir de l'insertion du **terme origine** dans une relation qui correspond aux conditions indiquées ci-dessus.

Bien que les deux conditions :
- **terme origine** renvoyant à un **animé humain**
- et **modification** du terme d'arrivée

soient nécessaires pour qu'il y ait **agentivité,** nous avons été contraint pour

des raisons stylistiques d'étendre cette définition lorsque nous utilisons l'adjectif **agentif**. L'adjectif **agentif** sera utilisé, qu'il y ait ou non modification du terme d'arrivée, pour exprimer
- à la fois la qualité d'**agent** au sens strict
- et la **volition, l'intentionnalité** ou la **cognition.**

ALLOCUTAIRE

Terme désignant **celui à qui s'adresse un énoncé** mais **qui ne prend pas la parole.** Ce type de phénomène est fréquent lorsqu'il y a discours publicitaire :
- *Vous avez des problèmes ? Venez nous consulter !*

ALTERNANCE

Relation de **récurrence** entre deux termes
- soit qui sont **caractérisés** par une propriété différentielle
  - *Sometimes he **walked**, at other times he **ran**.*
- soit qui **comportent** une propriété différentielle
  - *He walked **now fast, now slowly**.*

ANAPHORE

Opération par laquelle **on reprend sous une autre forme** un élément quel qu'il soit (nom, prédicat, proposition) déjà déterminé.
- **Noms et noms propres**
  - ***Marie** a quitté son **travail**. **Elle le** trouve trop ennuyeux.*

Les **pronoms** *elle* et *le* reprennent respectivement le C_o *Marie* et le C_1 *travail*.
- **Noms précédés d'une préposition**
  - *John's going **to London** this afternoon. He should get **there** by 5 p.m.*

L'adverbe *there* reprend la préposition *to* + le C_1 *London*.
- **Prédicats**
  - *John **looks a little pale**.*
  - *Do you think he **does** ?*

L'auxiliaire *does* reprend le groupe verbal *looks a little pale*.
- **Ensemble d'une proposition**
  - *I should have chosen another colour*
  - *Well, I told you **so**.*

C'est l'adverbe *so* qui reprend ici l'ensemble de l'énoncé. (On remarquera que si l'on substitue *to* à *so*, c'est-à-dire : *I told you **to**,* on ne reprend plus l'ensemble de l'énoncé, mais uniquement le prédicat : *choose another colour.* C'est l'ellipse du verbe à l'infinitif qui a ici une valeur anaphorique).

Dans les exemples suivants, nous avons également la reprise de l'ensemble d'une proposition :
* dans le premier cas par le **pronom démonstratif** *that*
  – ***John isn't very quick, but that doesn't bother him.***
* dans le deuxième cas par l'**article défini** *l'*
  – ***Jean arrive demain matin.*** *Nous venons de l'apprendre.*

Il n'est pas nécessaire que l'élément ou la situation déterminée figure explicitement dans l'énoncé. Dans l'exemple qui suit, la détermination est **explicite**
  – *Look at **the clouds**. They're going to burst any minute.*
Dans le suivant, c'est le **contexte situationnel** qui la fournit :
  – ***That cloud's*** *going to burst any minute.*
On identifie l'élément *cloud,* avec un élément du contexte situationnel.

Lorsque le terme anaphorique précède l'élément auquel il se substitue on l'appelle généralement **cataphore :**
  – ***Il*** *est arrivé, le gros catalogue de la Redoute.*

ANIMABLE (Voir **PROPRIÉTÉ**)

ANIMATION (Voir **ANIMÉ**)

ANIMÉ

Catégorie d'éléments auxquels on attribue la propriété **animation.** La définition de cette propriété a donné lieu à de nombreuses discussions et à des désaccords, notamment entre différents linguistes. Les propriétés les plus souvent citées dans les définitions sont :
  – capacité de **volition,** d'**intention**
mais même ces définitions soulèvent des difficultés.

Les problèmes que pose une définition adéquate sont en effet complexes. Nous limiterons la nôtre aux propriétés généralement liées à une activité humaine qui sont pertinentes dans le cadre de nos analyses, c'est-à-dire **volition, intention, cognition** et **perception**. Ceci nous amène à faire une distinction entre
  – **animé humain**
  et
  – **animé non-humain**
la propriété **cognition** n'étant généralement attribuée qu'à la catégorie animé **humain.**

Pour des raisons stylistiques nous n'avons pas systématiquement précisé s'il s'agissait d'un animé **humain** ou **non-humain**. Pour des raisons stylistiques également nous utilisons fréquemment les expressions :
- **Repère animé humain**
- **Terme origine animé/inanimé**
- **C_o animé/inanimé**

Il s'agit évidemment
- dans les deux premiers cas d'un **terme ayant la propriété** animé/animé humain/inanimé
- dans le troisième, d'un complément **désignant** un animé/animé humain/inanimé.

La distinction **animé/inanimé** a de nombreuses incidences linguistiques. Les plus évidentes tiennent aux systèmes linguistiques
- *Qui vois-tu* (animé)
- *Que vois-tu* (inanimé)

mais ces incidences sont loin de se limiter aux différences codifiées.

Ce phénomène nous a amené à étendre la distinction **animé/inanimé** aux **syntagmes verbaux**. Il va de soi encore une fois que lorsque nous parlons de **verbe animé**, il y a en fait abus de langage. Nous utilisons ce terme pour désigner un procès qui renvoie à une activité généralement attribuée à un **animé** et plus particulièrement à un **animé humain**.

La catégorisation **état/processus** est inopérante pour traiter de ce problème. Ainsi le verbe *to know* n'implique ni **volition** ni **processus**. Il désigne un procès qui renvoie à une activité **cognitive** dont l'**origine** est nécessairement un **animé humain**.

Le degré de détermination d'un terme dans un énoncé est lié en partie aux propriétés qui lui sont attribuées. Ainsi les termes que l'on caractérise respectivement par les propriétés **inanimé, animé** et **animé humain** sont dans un ordre croissant de **détermination**. C'est pourquoi les trois phénomènes suivants sont souvent liés : **terme animé humain, origine** d'une relation et **position C_o.**

ANTÉPOSITION

Terme renvoyant à l'ordre d'insertion d'un élément ou d'un ensemble d'éléments dans la chaîne syntaxique quelle que soit la nature de cet élément ou de ce groupe d'éléments, et de l'opération à laquelle il renvoie :
- *Silencieuse, elle l'écoutait.*
- *Pour raccourcir le chemin, elle prit une petite ruelle.*

Les éléments **antéposés** sont placés avant la proposition principale.

ANTÉRIORITÉ

- **Localisation temporelle :** on situe un moment repère
    - antérieurement au moment de l'**énonciation**
        - *Yesterday he changed his mind.*
    - ou antérieurement à un moment repère dans l'énoncé
        - *The train crossed the border at 9 a.m. It had left **at 8 p.m. the previous night**.*
- **Aspect :** lorsqu'on envisage uniquement le caractère révolu d'un procès ou d'une durée globalisée par rapport au moment de l'**énonciation** sans le localiser temporellement, la relation d'**antériorité** sera d'ordre purement **aspectuel.**

On pourra mettre en valeur l'**antériorité stricte :**
- *I told you **before** it was dangerous.*

ou le **caractère révolu :**
- *He **used to** live here.*
- *That was **in the good old days**.*

Dans certains cas les valeurs **temporelle** et **aspectuelle** co-existent :
- *He gave up the idea **back in September**.*
  (*back* = antérieurement au moment repère : **aspectuel,**
  in September = localisation **temporelle**).

APPARTENANCE

Relation dérivée des relations
- d'**identification**

et
- de **localisation**

Ainsi dans l'énoncé
- *My father is a doctor.*

Il y a à la fois :
- **une propriété commune**

aux deux termes de l'énoncé
- On **identifie** l'élément *father* à un échantillon de la classe des *doctors*.

- **des propriétés différentielles**

qui distinguent ces deux termes
- On **localise** un élément par rapport à l'autre
  (Nous entendons **localisation** ici dans son acception de **repérage abstrait** entre deux termes différents).

APPOSITION

Terme utilisé selon les grammairiens avec des valeurs plus ou moins restreintes. Nous réservons ce terme à la définition la plus stricte :

Élément ou groupe d'éléments qui suit ou précède dans l'ordre syntaxique un syntagme ou une proposition qu'il a pour fonction d'**identifier,** ou de **définir** :
- *London,* **the capital of England**

Le terme *London* est **identifié** au terme *capital* lui-même repéré par rapport à la classe des *capitals*.

Dans l'énoncé suivant :
- *London,* **a bewildering city for those who don't know it**

les éléments soulignés **qualifient** le terme *London* mais ne le définissent pas. On identifie une propriété commune aux termes *London* et *bewildering city,* mais
- les deux termes ne sont pas permutables
- la propriété *bewildering city* n'est validée que pour une sous classe : *those who don't know it.*

Nous ne parlons plus ici d'**apposition** mais de **juxtaposition** (voir ce terme).

ASPECT

La façon dont on envisage le procès. Il peut être envisagé simplement en tant que
- **notion ou propriété :**
  - *She's very gifted. She* **dances, sings** *and* **plays the piano.**
    (On envisage la **nature** et non l'**occurrence** (voir ce terme) du procès. On constate un fait pur et simple).

Le procès est alors **globalisé** c'est-à-dire on considère l'ensemble du procès et non une étape particulière du processus.

Une même forme verbale peut cependant renvoyer à une **occurrence** grâce à l'adjonction d'autres marqueurs. Ainsi :
- *She sang* **at the concert last night.**

La distinction **notion/occurrence** peut encore prendre d'autres formes : cf.
- *He wondered/he* ***found himself*** *wondering*
- *He talked/he* **began** *to talk*
- *The train roared through/the train* **came (went)** *roaring the tunnel through the tunnel*
- *He drank wine/he* **sat** *drinking his wine.*

L'occurrence peut elle-même être envisagée en tant que **processus.**
- *He* ***was gradually coming to his senses.***

On peut encore envisager :
- Une **étape particulière du processus,** p. ex. : l'**inchoation**
  - *He* **began** *to feel drowsy.*

ou
- un **processus** comme ayant **atteint son terme**. Le procès est alors envisagé comme **accompli**
  - *He **had closed** the door.*

On peut envisager :
- une **occurrence unique**
  - *He went for a picnic **on Sunday**.*

ou
- la **récurrence** d'un procès (aspect **itératif**)
  - *He went for a picnic **every Sunday**.*

La valeur aspectuelle ne tient pas nécessairement à la forme verbale. Elle dépend souvent de l'insertion d'un procès dans une relation et de la présence d'autres marqueurs dans l'énoncé : cf.
- *He played hockey.*
  (**propriété**)
- *He played hockey **last Sunday**.*
  (La relation *he/play hockey* est validée par rapport à une **occurrence** : *last Sunday*)
- *He played hockey **every Sunday**.*
  (La relation *he/play hockey* est validée pour chaque occurrence de *Sunday* : valeur **itérative**).

D'autre part la valeur aspectuelle ne tient pas uniquement à des marqueurs grammaticaux. Elle peut également découler de la valeur **sémantique** d'un syntagme :
- *He **fell** and hurt himself.*
  (Le sémantisme du verbe *to fall* implique l'aspect **ponctuel**).
- *He **dribbled** the ball.*
  (Le sémantisme du verbe *to dribble* implique une **durée**).

L'aspect découlant de la valeur sémantique peut cependant être neutralisé grâce à d'autres marqueurs.
- *He fell **all the way down the stairs**.*
  (La valeur ponctuelle est ici neutralisée. La localisation spatiale implique une **durée**).

Dans les exemples ci-dessus nous avons tenté de définir
- **l'aspect** sous lequel peut être envisagé un procès **unique**

et
- **l'aspect itératif**.

Mais on peut étendre la notion d'aspect
à
- **l'inter-relation des procès** dans un énoncé

ou à
- **la relation d'un procès** avec le **moment de l'énonciation**.

Ainsi dans l'exemple suivant on considère les procès comme ordonnés dans une **chronologie** :
- *She made the dough, **then** she put the raisins in, and **finally** she popped it into the oven.*
  (Repérage inter-propositionnel).

Dans les trois exemples suivants ils sont considérés par rapport au **moment de l'énonciation**
- ***She used to** enjoy dancing.*
  (On considère le procès comme **révolu** au moment de l'énonciation).

Nous considérons qu'il s'agit ici de l'**aspect révolu,** et non d'une localisation temporelle. On ne cherche pas à situer un procès par rapport au moment de l'énonciation mais à marquer une propriété ou une activité comme étant validable à un moment ou une période antérieure à celui-ci.
- *He changed jobs **back** in January.*

L'adverbe *back* marque ici l'**antériorité** du procès *He changed jobs* par rapport au moment de l'énonciation
- ***Tomorrow he would behave differently.***

Le procès est envisagé par rapport au moment de l'énonciation rapportée, sous l'**aspect prospectif**.

La catégorie de l'**aspect** est distincte de la catégorie du **temps** (qui situe le procès par rapport à un moment repère) et de la **modalité** qui concerne la relation de l'énonciateur avec son énoncé. Cependant à certains niveaux ces trois catégories sont nécessairement liées. Ainsi dans l'exemple :
- *He changed jobs back in January*
  (La locution adverbiale marque à la fois la localisation temporelle : *in January* et l'aspect d'**antériorité :** *back*. D'autre part l'adverbe *back* implique une valeur modale de type appréciatif).

De même un procès **globalisé** implique un **mode d'énonciation** de type **constatif** ; un procès envisagé comme accompli ou non accompli implique un mode d'**énonciation** de type **commentaire** (voir définition de ces termes). Les catégories modale et aspectuelle sont donc à certains niveaux indissociables.

ASPECTUEL (Voir **ASPECT**)

ASSERTION

Au sens restreint, l'énonciation d'une certitude que l'on peut exprimer
- soit par une affirmation :
  - *John caught the 8 o'clock train.*
- soit par une négation :
  - *John didn't catch the 8 o'clock train.*

Il s'agit d'un **mode d'énonciation** qui est indépendant de la valeur de vérité de l'énoncé.

Dans la mesure où la majorité des énoncés français étudiés aux chapitres VII et VIII portent cependant sur des hypothèses énoncées sous forme assertive, nous avons eu à envisager, à la fois dans les exemples et dans les traductions, des cas plus complexes qui supposent une distinction entre

- l'assertion en tant que **mode d'énonciation,** et
- **le schéma syntaxique assertif**
  - *Vous achetez un appartement ! Jacques Ribourel vous propose un 3 pièces à partir de...*
  (Hypothèse sous forme assertive)
  - *Vous partez immédiatement ?*
  (Interrogation sous forme assertive)
  - *Vous viendrez me voir demain.*
  (Injonction sous forme assertive)

En français, le schéma syntaxique assertif ne correspond pas nécessairement à une opération d'assertion. En anglais, le schéma syntaxique assertif, c'est-à-dire le schéma canonique $C_0 + V (+ C_1)$ correspond le plus souvent à une opération d'assertion. Dans la suite d'énoncés suivants, on peut considérer que

- le premier est une **assertion**
  - *She looks nice.*
- le deuxième est une **assertion modulée**
  - *She looks **really** nice.*
  (Schéma assertif + modalité appréciative)
- le troisième une **exclamation**
  - *How nice she looks !*
  (Les éléments $C_0 + V$ ne se trouvent plus en tête d'énoncé : nous ne sommes plus dans l'assertion).

ASSERTION (Verbes d')

Verbes qui introduisent un énoncé exprimant
- Soit une activité de parole :
  - *to say, to declare, to announce*
- soit une activité de pensée
  - *to feel (that), to fear (that)*

attribuable à un **sujet énonciateur** ou à un **énonciateur rapporté**. L'énoncé introduit n'est pas nécessairement une assertion
  - ***He asked** whether I was coming*
  - ***He suggested** we should come the next day*

Il s'agit du **repérage par rapport à une origine** et non de la modalité assertive ou non-assertive. Nous appelons également ces verbes **verbes introducteurs.**

ASSOCIATION

Relation conjonctive entre deux éléments. Nous utilisons ce terme lorsqu'il y a mise en valeur du caractère **conjoint.**
  - *We **both** felt it was a pity.*
  - *We are going to Germany **together**.*

ASSOCIATIVE (Relation) (voir **ASSOCIATION**)

ATTRIBUT PHYSIQUE

Catégorie non-linguistique qui renvoie à des propriétés de l'animé humain, et qui peut se diviser en sous-catégories. (Nous adoptons ici une classification proposée par P. Volsik, Université Paris VII).
- **Attribut physique du 1ᵉʳ degré.**
  Propriété inhérente de l'animé humain : *hands, eyes, legs*.
- **Attribut physique du 2ᵉ degré.**
  Propriété non-inhérente de l'animé humain : *agitation, angoisse, peur*.

BÉNÉFICIAIRE

Nous opposons ce terme à **destinataire**.
- **Bénéficiaire :** terme de type animé humain **sur lequel porte** un procès
  - *He hugged **the baby**.*
- **Destinataire :** terme de type animé humain **auquel s'adresse** un procès
  - *He gave **Mary** a present.*

BORNE

Terme symbolisant le stade de déroulement d'un processus. La borne de gauche correspond au début du processus, la borne de droite au stade atteint.
- Lorsque le terme est atteint la borne est **fermée**
  - *The cat **has drunk up** the milk.*
- Lorsque le terme n'est pas atteint elle est **ouverte**
  - *Why **are you crying** ?*

Lorsque nous parlons de procès borné sans autre précision nous entendons que la **borne de droite** est fermée. Ainsi
- lorsque deux procès se trouvent ordonnés dans une chronologie, le premier sera nécessairement **borné** :
  - ***He stumbled** and **then** he fell.*
- Un marqueur d'**inchoation** indique la borne de gauche d'un procès
  - *He **began** to think.*
  - *He **started** thinking.*

Lorsqu'on envisage un procès en tant que **propriété** et non en tant qu'**occurrence**, les bornes ne sont pas prises en considération
- ***He hates** parties.*

BUT (Relation de)

Relation entre deux propositions ou deux procès, l'un étant envisagé comme **but** de l'autre
- *Il partit en voyage, pour oublier ses soucis.*
- Une des deux propositions comporte nécessairement une préposition ou une locution prépositionnelle :
  - *pour, afin de, afin que, to, so as to, in order to, so that.*
- Le **terme origine** de la relation de but est nécessairement agencé avec un procès qui implique son **intentionnalité**
  - *Il se leva pour fermer la fenêtre.*
- Le **terme origine** n'est pas nécessairement le même pour les deux propositions :
  - *Il lui donna des instructions, pour qu'elle puisse continuer son travail.*
- Avec les prépositions **pour** et **to** :
  Lorsque le terme origine est le même pour les deux propositions, les deux procès devront impliquer son intentionnalité. Ainsi, dans les exemples suivants, ces conditions n'étant pas remplies, nous n'avons **pas une relation de but**
  - *Un nuage apparut à l'horizon, **pour disparaître** aussitôt.*
  - *Il se leva à l'aube, **pour** finalement **rater son train.***
  - *He woke up **to find himself** in a strange place.*
  - *He started off as an opera singer, only **to end up** singing in a cabaret.*

CANONIQUE (Schéma)

Nous utilisons le terme **schéma canonique** dans son acception traditionnelle de phrase composée d'un
- **syntagme nominal + verbe (+ syntagme nominal** pour les verbes transitifs)
  - *John agreed.*
  - *Jane made a cake.*

Ceci ne veut pas dire que
- la présence de tous ces éléments soit nécessaire à la constitution d'un **énoncé** : ex.
  - *Attention !*
- ni que ce type de schéma constitue nécessairement un énoncé.

Ainsi :
- *L'homme marche sur la plage.*

est une phrase mais non un énoncé (voir **ÉNONCÉ**).

CAUSATIF/CAUSATIVE (Complément ou proposition)

Complément ou proposition subordonnée exprimant l'**origine** ou la **cause** d'une situation exprimée par la **proposition principale**
- ***En raison des circonstances**, le restaurant est fermé.*
- *Jean manqua son rendez-vous **parce qu'il s'était levé trop tard**.*

CHRONOLOGIE

Relation de succession dans la localisation temporelle. Les procès se succèdent dans le temps du récit, mais ne sont pas nécessairement envisagés dans une inter-relation autre que temporelle :
- *En avril il déménagea, en mai il fit un voyage en Espagne, au mois de juin il tomba malade.*

CLASSE

Ensemble d'éléments envisagés par rapport à **une propriété** qui leur est **commune**, de telle façon que **ces éléments soient substituables les uns aux autres** : ex.
- *Les médecins.*

ou
- *Les poissons.*

Lorsqu'une classe comporte des **sous-classes**, chaque sous-classe sera à la fois
- **identifiée** à l'ensemble de la classe par une **propriété commune**
- **différenciée** de l'ensemble de la classe par une **propriété distincte**
  - *Les médecins de campagne.*

ou
- *Les poissons d'eau douce.*

(*Médecins/poissons* sont les **propriétés communes** qui rattachent chacune de ces deux sous-classes à leur classe.
De campagne/d'eau douce sont les **propriétés distinctes** qui les différencient respectivement de l'ensemble de leur classe).

CO-ÉNONCIATEUR

Dans une situation de **communication**, il y a deux énonciateurs qui deviennent successivement l'un **énonciateur**, l'autre **co-énonciateur**. Les repérages se feront tour à tour par rapport à l'énonciateur qui prend la parole. Ainsi si un énonciateur dit :
- *Viens **ici** !*

le lieu désigné par *ici* est posé comme identique au lieu où il se trouve. Le verbe *viens* indique que ce lieu est **différent** du lieu du co-énonciateur.

Mais si
- le repérage spatio-temporel

et
- le calcul des personnes

se font par rapport à l'énonciateur, d'autres repérages peuvent se faire par rapport au co-énonciateur. Le repérage par rapport au co-énonciateur nous semble beaucoup plus fréquent en anglais qu'en français. Ainsi si on prend l'énoncé :
– *Quand nous serons installés* **vous viendrez nous voir**

et la traduction suivante proposée par un anglophone
– *When we've settled down* ***I hope you'll come and see us***

on constate que la relation *come and see us* est envisagée dans les deux énoncés par rapport à sa validation ultérieure mais
- dans l'énoncé français cette validation est posée par l'énonciateur
- dans l'énoncé anglais l'énonciateur a recours au co-énonciateur pour la faire valider.

Cette distinction peut également apparaître en dehors d'une situation de locution. Ainsi lorsqu'un contexte situationnel constitue un pré-construit pour l'énonciateur mais non pour le co-énonciateur, on constatera qu'en anglais il sera fréquemment déterminé explicitement dans l'énoncé. C'est le cas dans l'exemple suivant cité dans la définition du terme **détermination.**

– ***C'était en 1926.*** *Je venais d'entrer comme jeune pilote de ligne à la Société Latécoère...*
(A. de St Exupéry, *Terre des hommes*, p. 11)
– ***In 1926*** *I was enrolled as student airline pilot by the Latécoère Company...*
(L. Galantière, p. 7)

L'origine de référence dans l'opération de détermination nous semble être ici
- l'énonciateur en français
- le co-énonciateur en anglais

- **Le co-énonciateur** constitue, comme l'énonciateur, un point de référence dans les repérages.
- **Le co-locuteur** est celui à qui on s'adresse dans une situation de locution et qui prendra ultérieurement lui-même la parole.

COGNITION (Verbes de)

Au sens strict, verbes dont le sémantisme implique un **état de connaissance,** ou une **prise de connaissance :**
– *To know, to believe, to realize.*

La définition de cette catégorie pose cependant des problèmes.

Tout d'abord il est délicat de mettre sur le même plan des verbes tels que **to know** et **to believe** : cf. R. Needham à ce sujet :

« When we say that someone knows something, or thinks something, or calculates, and so on, we do not imply that he is also in some emotional state; but the report that someone believes is, in common usage, inseparable from the implication that he experiences some feeling, if only the alleged feeling of certainty about what he believes. »

(*Belief, Language, and Experience*, p. 93, voir bibliographie)

Il est en effet dangereux de créer des catégories qui impliquent une distinction trop nette entre activité de l'esprit et affectivité.

Par ailleurs, nous avons étendu la catégorie de façon à inclure des verbes tels que :

– *To think, to consider, to reflect.*

qui renvoient à une activité de l'esprit mais sans nécessairement impliquer un état de connaissance. Ils supposent, comme les verbes de cognition au sens strict, la présence d'un **énonciateur rapporté** qui a une incidence sur les problèmes de **repérage**. Afin de ne pas surcharger la terminologie nous avons regroupé tous ces verbes, de façon à constituer une catégorie linguistique cohérente.

CO-LOCUTEUR (Voir CO-ÉNONCIATEUR)

COMMENTAIRE

Mode d'énonciation qui s'oppose au **constat** (voir ce terme) et qui suppose deux opérations

- Une première **opération de détermination** qui consiste à **poser** un élément, un ensemble d'éléments, ou une proposition, qui constitue **le repère** dans l'énoncé.
- Une deuxième **opération** de type **anaphorique** qui consiste à **reprendre** soit un, soit l'ensemble de ces éléments.

C'est cette deuxième opération que nous appelons **commentaire**. Les éléments de reprise qu'elle comporte sont essentiellement les suivants
- Les **propositions repérées** (de type subordonnée)
  - *Jean, **qui avait participé au débat**, se retira.*
- Les **reprises par un déictique** (p. ex. dans une structure disloquée).
  - *Jean, **c'est mon ami.***
- Les **procès repérés** (dans une proposition indépendante ou subordonnée)
  - *Jean se leva. Il **écoutait** ce débat depuis deux heures et **estimait** qu'il était temps de partir.*

On constatera que dans le premier exemple la proposition subordonnée comporte un procès repéré. L'un entraîne en effet souvent l'autre mais ce n'est pas nécessairement le cas (voir 3ᵉ exemple). Ces éléments de reprise sont repérés à la fois

- par rapport au plan de l'**énonciation**

et

- par rapport à un terme **repère contextuel**

Ils mettent en jeu les catégories grammaticales **modales** et **aspectuelles.**

Le terme repère peut être
- soit posé **explicitement** dans l'énoncé
- soit posé par le **contexte situationnel.**

Il s'agit dans les deux cas d'une opération de détermination. Le fait qu'il s'agisse de l'un ou de l'autre peut cependant avoir une incidence sur la valeur que l'on attribue à un marqueur. Ainsi un adjectif démonstratif qui reprend un élément posé explicitement dans l'énoncé aura uniquement une valeur **anaphorique,** alors qu'un déictique renvoyant à un **contexte situationnel** dans une situation de locution, pourra

- outre sa valeur **anaphorique**
- **désigner** un élément en le distinguant d'autres éléments dans le contexte. Cf.
   - *Elle avait posé **son manteau** sur le lit. **Ce** manteau était celui qu'elle portait la première fois que je l'avais vue.*
   - *Prend plutôt **ce** manteau !*

Lorsque le repérage déictique constitue une désignation on ne peut plus le considérer comme relevant du mode d'énonciation de type commentaire.

Notre distinction **constat/commentaire** n'est pas du même ordre que celle établie par H. Weinrich entre *Erzählung* et *Besprechung* (cf. *Tempus* Stuttgart, 1964). Cette opposition a été rendue dans la traduction française (*Le Temps,* Seuil, 1973 traduit par M. Lacoste) par les termes ***narration*** et ***commentaire,*** choix qui est explicité dans une note du traducteur :

« *L'équivalence entre **besprechen** et **commenter** n'est qu'approximative et affaiblit le terme allemand où se traduit mieux tout ce qu'il y a d'action, d'engagement, de comportement socialisé, dans cet usage de la parole. Toutefois, **commenter** nous a paru de toutes les traductions envisageables en français, celle qui présente le moins d'inconvénients* ».

(op. cit., p. 22)

Weinrich rapproche cette distinction de celle que fait Benveniste entre *discours* et *histoire* et répartit ainsi les formes verbales :

Temps narratifs	**Temps commentatifs**
présent	imparfait
passé composé	passé simple
futur	plus-que-parfait
	conditionnel

Ce classement ne correspond en rien à notre distinction :

Formes verbales repères	Formes verbales repérées
(constat)	(commentaire)

en français

présent	imparfait
passé simple	passé composé
	plus-que-parfait

en anglais

present (forme simple)	present (forme be + ing)
preterit (forme simple)	preterit (forme be + ing)
	pluperfect (forme simple et forme be + ing)

Nous classerions le futur en français de type *il viendra* dans les formes verbales repères ; le futur en anglais de type *he will come* relève du domaine des modalités.

La théorie selon laquelle un énoncé peut se décomposer en **thème** et **commentaire** (ou topique/commentaire) est également une disctinction d'un autre ordre que la nôtre :

« *Le* **commentaire** *est la partie de l'énoncé qui ajoute quelque chose de nouveau au thème, qui en « dit quelque chose », qui informe sur lui, par opposition au topique, qui est le sujet du discours...* »

(*Dictionnaire Linguistique*, Larousse, p. 95)

Cette distinction différencie les éléments constitutifs de la relation prédicative, et non pas deux modes d'énonciation qui impliquent deux systèmes de détermination différents.

La distinction faite par C. Fuchs et A.M. Léonard entre procès **constatifs** et **descriptifs** (cf. *Vers une théorie des aspects*, pp. 103-107), qui tient à la nature de la relation énonciateur/énoncé, nous semble par contre être très proche de la nôtre, même si des différences subsistent par ailleurs dans l'analyse des formes verbales. Notre distinction concerne cependant, non seulement les systèmes aspecto-temporels et les formes verbales qui en sont la trace (formes verbales repères/formes verbales repérées) mais un ensemble de phénomènes liés aux modes d'énonciation prévalents en français et en anglais, et aux systèmes de détermination qui les caractérisent :

- les relations inter-propositionnelles (propositions repères/
propositions repérées)
- les réseaux anaphoriques (de type prédicatif : *pronoms personnels*/
de type énonciatif : *déictiques*)

COMPLÉMENT ADVERBIAL

Le terme **complément adverbial** est un terme générique qui comprend les compléments
- de localisation **spatiale** et **temporelle**

et
- de localisation de **cause**, de **propriété**, de **but,** etc.

Ils correspondent à ce qu'on appelle traditionnellement les compléments de lieu, de temps, de cause, de manière, etc.
- *He ran **into the woods**.*
- ***At 4 o'clock** he got up and left.*
- ***Avec précaution,** il souleva le couvercle.*

(Lorsque le terme **localisation de** est précédé de **complément** nous sommes au niveau de la syntaxe et non des relations).

COMPLÉMENT DE LOCALISATION SPATIALE

Sous-catégorie des compléments adverbiaux marquant une **localisation spatiale**
- ***Ici,** c'est l'accueil qui compte.*
- ***Dans une casserole,** mettez 30 g de farine et une noix de beurre.*

Lorsque nous utilisons le terme
- **localisation spatiale** nous entendons **l'opération de localisation.**

Lorsque nous utilisons ce terme
- **en conjonction** avec le terme **complément** (c'est-à-dire complément de localisation spatiale) nous désignons **le marqueur syntaxique.**

C'est en fait le **verbe + le complément** qui marquent la localisation spatiale :
- *The postman **is here**.*

COMPLÉMENT DE RANG ZÉRO (C_0)

Complément que l'on appelle traditionnellement **sujet** et qui marque le **terme de départ** de la **relation prédicative,** sans être nécessairement l'**agent** ou l'**originaire** du procès.

Nous réservons le terme **sujet**
- **aux sujets énonciateurs**

qui sont à l'**origine des repérages** dans la construction des valeurs référentielles. Ainsi on établit **la valeur référentielle du pronom personnel** dans les deux énoncés suivants
- ***J**'ai fait une erreur.*
- ***Tu** as fait une erreur.*

comme étant
- dans le premier cas une valeur de **coïncidence** (sujet de l'énoncé **je** = sujet énonciateur)
- dans le deuxième cas une valeur de **non-coïncidence** ou de **différence** (sujet de l'énoncé **tu** = co-énonciateur, donc **différent** de l'énonciateur)

- **aux sujets de la relation intersubjective** (ou **inter-sujets**)

C'est-à-dire deux sujets mis en relation de telle façon que l'un agit sur l'autre : cf.
- *He can play the piano.*
- *He can play the piano **when he's finished his homework.***

- Dans le premier énoncé la relation privilégiée est la relation **sujet-prédicat** : le procès *can play the piano* exprime une **propriété** du sujet de l'énoncé *he*.

- Dans le deuxième, la relation privilégiée est la relation **inter-sujets**. Grâce à l'ajout de la proposition temporelle le procès est envisagé en tant qu'**occurrence** et la valeur filtrée est la valeur de **permission**. Cette valeur met en jeu le **sujet énonciateur** et le **destinataire** de la permission *He*.

- **au sujet de l'énoncé**

C'est-à-dire **le terme origine** d'un procès qui a la propriété **animé humain**
- ***Mary*** *kissed the baby.*
- ***John*** *decided to go home.*

Il y a souvent **coïncidence entre le sujet** et le C_0 :
- ***John*** *opened the door.*

mais ce n'est **pas nécessairement le cas**. Dans les énoncés suivants, le C_0 n'est pas sujet.
- ***It's*** *a nice day.*
- ***Going for a walk*** *is a pleasant occupation.*
- ***The thief*** *was chased by a policeman.*

COMPLÉMENT DE RANG 1 (C_1) et COMPLÉMENT DE RANG 2 (C_2)

Le complément de rang 1 (C_1) correspond à la fois
- à ce qu'on appelle traditionnellement le complément d'objet direct
  [1] – *Mary closed **the door.***
et
- au complément dans ce qu'on appelle le schéma transitif indirect
  [2] – *John spoke to **Mary.***

A la différence de la grammaire traditionnelle qui détermine le statut du complément indirect par la présence d'une préposition, nous différencions le statut du terme *Mary* dans les exemples [2] ci-dessus et [3] ci-dessous :
  [3] – *John sent a parcel to **Mary.***
où nous avons une relation non plus à **deux** mais à **trois termes**. Le statut du terme Mary sera ici **complément de rang 2 (C_2)**

Le complément de rang 2 n'est pas nécessairement précédé d'une préposition :
  [4] – *John sent **Mary** a parcel.*

Dans les deux derniers exemples, cet élément correspond à ce que nous appelons par ailleurs le **destinataire**. Mais le destinataire n'est qu'un cas particulier du **terme** ayant le statut de complément de rang 2 : cf.
[5] – *He borrowed the sum from **his neighbour**.*

COMPOSANT

Elément repéré dans la **relation de composition** (voir ce terme), l'élément repère étant le **composant**.
– *The cake's nice, but the **filling's** too rich.*
Filling = composant
Cake = composé.

COMPOSÉ (Voir **COMPOSANT**)

COMPOSITION (Relation de)

Localisation d'un élément repéré : le **composant,** par rapport à un élément repère : le **composé**. Cette relation, que nous appelons également relation de la **partie** au **tout** est une **sous-catégorie de la relation de propriété** : ex.
– *The lining of your dress shows.*
On peut également l'appeler relation d'**inclusion**.

Nous utilisons le terme **composition** lorsque nous différencions la relation de **propriété** entre deux éléments **inanimés,** de la relation de **propriété** entre deux éléments **animés**.

CONJONCTION

Terme qui a pour fonction de marquer une **relation** entre deux éléments, groupes d'éléments ou propositions et qui, selon la grammaire traditionnelle, peut être
– soit de **coordination** : et, mais, ou, car, etc.
– soit de **subordination** : quand, comme, que, bien que, etc.
Nous avons réservé l'usage de ce terme aux marqueurs de **coordination.** Nous estimons en effet que la classification traditionnelle pose des problèmes. Pour ne prendre qu'un exemple, nous considérons comme marqueurs de **subordination,** non seulement les **conjonctions** traditionnellement citées mais aussi
• **les formes verbales secondaires** (voir ce terme)
– *...élevé dans la foi catholique, j'appris que le Tout-Puissant m'avait fait pour sa gloire.*
(J.P. Sartre, *Les Mots*, p. 84)

CONJONCTIVE (Relation)

Nous utilisons le terme **conjonctif** lorsque nous différencions des **types de relation** :
- relation **conjonctive**
- relation **disjonctive**
- relation **dissociative.**

(Voir **dissociation,** 3ᵉ partie).

Nous avons cherché, dans la mesure du possible, à réserver ce terme
- dans son emploi **nominal** (conjonction) aux **marqueurs syntaxiques**
- dans son emploi **adjectival** (conjonctif/conjonctive) aux **types de relations.**

Cependant, des contraintes d'ordre stylistique nous ont parfois obligé à utiliser **conjonction** lorsque nous analysons les **relations.**

CONSTAT

Mode d'énonciation que nous opposons à **commentaire**. A la différence du mode commentaire, il se traduit par
- des **termes repères** dans les relations constitutives de l'énoncé.
  - **Procès repères** (qui d'un point de vue aspectuel sont des procès **globalisés**)
    - *He got up, put on his hat and went out.*

Bien que la valeur fondamentale des formes verbales repères soit le renvoi à la notion, la valeur privilégiée est souvent, grâce
  - à l'ordonnance des procès
  - au repérage de ceux-ci les uns par rapport aux autres
  - et à l'adjonction de marqueurs temporels

un renvoi à l'**occurrence** dans une chronologie.

  - **Propositions repères**

  Dans l'énonciation de type **constat** les propositions repères coïncident généralement avec les propositions principales. Il y a
    - prédominance des propositions repères sur les propositions subordonnées
    - intégration des éléments adjoints aux propositions repères
    - identification rapide de la proposition repère (qui se traduit sur le plan syntaxique par une réduction des antépositions et des imbrications).

- Ces **termes repères** sont dans une relation de **non-repérage** par rapport au plan de l'énonciation. C'est volontairement que nous parlons de **relation** de non-repérage, car tout énoncé suppose une origine qui constitue un point de référence. La relation avec cette origine n'est pas apparente dans le constat. Bien qu'elle soit compatible avec un sujet énonciateur qui coïncide avec le producteur de l'énoncé, il nous semble que les tendances caractéristiques du **constat,** définies ci-dessus, correspondent plutôt à un système de repérage qui a comme origine un point de référence coïncidant avec celui qui doit reconstruire le texte.

Nous l'appelons co-énonciateur et non énonciateur dans la mesure où les repérages sont souvent mixtes et n'ont donc pas nécessairement une origine unique.

CONSTATIF (Voir **CONSTAT**)

CONTEXTE

Construction linguistique qui correspond à ce que l'on appelerait dans l'extra-linguistique une situation.

CONTEXTE SITUATIONNEL

Terme utilisé dans le même sens que **donnée situationnelle,** mais alors qu'un **contexte situationnel** correspond à l'ensemble d'une situation, une **donnée situationnelle** peut renvoyer soit à l'ensemble d'une situation, soit à un élément de cette situation. Les deux termes : **contexte** et **donnée,** ont un statut théorique dans une opération linguistique.
(Voir également **DONNÉE SITUATIONNELLE** et **DÉTERMINATION,** dernier paragraphe).

COORDINATION

Relation entre deux éléments ou deux propositions qui ont le même statut dans l'énoncé. Cette relation peut être :
- **conjonctive**
    - *She went to the station **and** waited for the train.*
- **disjonctive** (rejet, opposition, alternative)
    - *She waited for the train **but** he wasn't on it.*
    - *You can have an apple **or** a pear.*
- **dissociative**
    - *Il était, beau, grand, intelligent.*

(Voir également **DISSOCIATION,** 3ᵉ partie).

CUMULATIVE (Relation)

Relation grâce à laquelle on adjoint un élément à un autre élément plutôt qu'on ne coordonne les deux. Ainsi si on compare les deux énoncés suivants :
- *Il prit un sandwich **et** un gâteau.*
- *Il prit un sandwich, **et aussi** un gâteau.*

on aura

- dans le premier cas, une relation de **coordination** : on pose **une occurrence** qui porte sur **deux éléments** ;
- dans le deuxième, une relation **cumulative** : on pose **une première occurrence,** et ensuite **une deuxième** qui portent chacune sur **un élément.**

DÉCLENCHEUR

Lorsqu'un **terme** ayant la propriété **inanimé,** ou un **prédicat nominalisé** se trouve à l'origine d'un procès qui renvoie généralement à une activité humaine, nous l'appelons **déclencheur.**
- *Un objet frappa mon regard.*
- *Une congestion l'avait tué.*

DÉROULEMENT

Un procès peut être envisagé :
- selon une étape particulière de son processus
  - le début (aspect inchoatif)
  - le terme atteint (aspect d'accompli)
- ou **dans son déroulement** même
  - *He **gradually became aware** of my presence.*

Cette valeur aspectuelle peut être
- marquée par des signes grammaticaux et/ou lexicaux (ex : le verbe *to become* et l'adverbe *gradually* dans l'exemple ci-dessus)
- ou découler d'autres opérations : par exemple d'une **localisation spatiale**
  - *They **passed along the street**.*
    (Localisation spatiale impliquant un « parcours dynamique »)
  - *The folds of the curtain **slowly fell into place**.*
    (Localisation d'une propriété)

Dans l'opération de traduction le **déroulement** sera souvent
- **non marqué en français**
- **marqué en anglais**

Cf.
- *Elle n'avait rien **su***
- *She hadn't **realized***
- *...**drowsiness came over them** [...] and they lay down...*
  (M. Twain, *Tom Sawyer,* p. 98)
- *Tout **engourdis de sommeil,** ils s'allongèrent...*
  (F. de Gaïl, p. 118)

Nous avons ici dans les deux cas : aspect d'accompli en français, processus en déroulement en anglais.

DÉSACTUALISATION (Voir ACTUALISATION)

DESTINATAIRE (Voir DESTINATION)

DESTINATION (Relation de)

Localisation orientée entre **un terme origine** et un **terme d'arrivée,** ayant l'un et l'autre la propriété **animé humain.** Le terme d'arrivée est le **destinataire**
- *She waved to **him**.*

Cette relation peut comporter un troisième terme
- *John sent Mary **a book**.*

Le terme désigné par *a book* est ici l'élément « **destiné** » et le terme désigné par *Mary* le **destinataire**.

DÉTERMINATION

Au sens restreint, **opération** par laquelle on **distingue, particularise** et **repère**

- un ou **plusieurs éléments d'une classe d'éléments**
    - ***Les** tulipes sont des fleurs.*
      (Classe : toutes les unités ayant la propriété *tulipe*)
    - *En ce moment il plante **des tulipes**.*
      (Notion quantifiabilisée : des éléments quelconques de la classe ayant la propriété *tulipe*)
    - *J'ai mis **quelques tulipes dans le vase***
      (Extraction et contextualisation : des éléments extraits de la classe et repérés dans un contexte)
    - *Je lui ai donné des tulipes. Il **les** a mises dans un vase.*
      (Fléchage : on établit une relation anaphorique entre l'élément extrait et une nouvelle mention de ce terme).

- **une quantité d'un domaine notionnel**
    - ***Le beurre** est une matière grasse.* (Notion)
    - *Vous voulez **du beurre** ou de la **confiture** ?* (Notion quantifiabilisée)
    - *J'ai mis **une cuillerée de beurre** dans la soupe.* (Extraction)
    - *J'ai pris **le beurre** que tu viens d'acheter.* (Fléchage)

Ces opérations sont des opérations de **quantification** (voir également **extraction, fléchage**) et mettent en jeu des marqueurs qui ne sont pas nécessairement les mêmes d'une langue à l'autre : cf.

- *J'aime **le** beurre*
- *Passe moi **le** beurre*
- *I like ∅ butter*
- *Pass me **the** butter*

- *Aujourd'hui il plante **des** roses et **des** tulipes*
- *Il m'a donné **des** tulipes de son jardin*

- *He is planting ∅ roses and ∅ tulips today*
- *He gave me **some** tulips from his garden*

On peut toutefois considérer que les opérations dont ces marqueurs sont la trace ne se situent pas toujours exactement au même niveau de détermination dans les deux langues.

A l'intérieur d'un même système linguistique **un même marqueur** peut également être **la trace d'opérations distinctes** : cf.
- *L'homme est un animal étrange.*
  (Symbole de la classe : valeur générique)
- *L'homme que tu as vu est mon frère.*
  (Fléchage : désignation d'un élément unique)
- *Un chat ne mange pas n'importe quoi.*
  (Echantillon de la classe : un élément quelconque)
- *Il y a **un** chat sur le balcon.*
  (Extraction : un élément déterminé)

Les opérations de **qualification** et de **quantification** sont indissociables. Toutefois
- lorsque des unités sont substituables les unes aux autres on privilégie la valeur de **qualification**
  - *He's planting **tulips** in the garden.* (C'est-à-dire des éléments ayant la propriété *tulips*)
- lorsque des unités ne sont pas substituables les unes aux autres
  - ***Some** of my tulips have come out* (c'est-à-dire certaines unités dans un ensemble)

on privilégie la valeur de **quantification.**
Les deux valeurs peuvent cependant apparaître conjointement : ex.
- ***Some** woman must have told him the truth.*

On souligne ici à la fois
- la **quantification** (il existe **un** élément déterminé mais non identifié)

et
- la **qualification** (cet élément se distingue par la propriété *woman*)

On constatera que :
1) - les éléments ayant la propriété **animé humain** sont plus déterminés que les éléments ayant la propriété **animé non humain**
   - les éléments ayant la propriété **animé non humain** sont plus déterminés que les éléments ayant la propriété **inanimé**
2) les éléments **dénombrables** sont plus déterminés que les éléments **indénombrables**
3) les éléments désignés par les **pronoms 1re et 2e personne** sont plus déterminés qu'un élément désigné par la 3e personne du fait que
   - JE et TU sont définis par rapport à une situation d'énonciation ou de locution
   - IL est en dehors de cette relation

4) un élément qui **régit** un procès (et qui se trouve par conséquent en position C_0) est plus déterminé qu'un élément **régi** par le procès (en position C_1), ex :
- *The salesman* spoke to the customer.

The salesman est ici plus déterminé que *the customer* du fait qu'il s'agit de l'**origine** de la relation.

• **quantification** (Voir exemples ci-dessus)

On peut ajouter aux opérations déjà citées **le repérage par rapport à des sous-classes**. Dans les énoncés suivants le degré croissant de **différenciation** par lequel on distingue l'élément *novel* est dû à une succession de repérages par rapport à des sous-classes de plus en plus restreintes :
- *He gave me a novel.*
- *He gave me a 19th century novel.*
- *He gave me a 19th century novel by Stendhal.*
- *He gave me a recent edition of a 19th century novel by Stendhal.*

• **repérage contextuel**

Dans les énoncés suivants, le degré croissant de **différenciation** par lequel on distingue l'élément *book* par rapport à l'ensemble des éléments de la classe tient au **nombre de repérages** qu'il subit dans le **contexte** :
- *He picked out a book.*
- *He picked out a book from the shelves.*
- *He picked out a book from the shelves in my office.*
- *He picked out a book from the top shelf in my office.*

La **détermination** au sens restreint concerne la classe d'éléments marquée par des **substantifs** et met en jeu le **système des déterminants**. Mais on peut étendre la définition et l'appliquer aux **procès**. On constatera
  • d'une part qu'un **procès** renvoyant à une **action** sera **plus déterminé** qu'un procès renvoyant à un **état**,
  • d'autre part que plus un procès est **actualisé** et donc **contextualisé**, plus il sera **déterminé** : ex.
- un procès renvoyant à une **occurrence** est plus déterminé qu'un procès renvoyant à une **propriété**
    - *John drank a bottle of whisky last night.* (Occurrence)
    - *John drinks.* (Propriété)
- Un procès renvoyant à une **occurrence** est plus déterminé qu'un procès envisagé sous l'**aspect d'accompli**
    - *John opened the window, leaned forward and...*
    - *John had opened the window. He leaned forward and...*
- Un procès envisagé par rapport à **un stade de son déroulement** sera plus **déterminé** s'il est envisagé par rapport à
l'**inchoation du procès**
    - *He began to come to his senses.* (inchoatif)
ou à son **déroulement**

- *He was **slowly** coming to his senses.* (processus en déroulement).
que par rapport à son **terme atteint**
- *He **had come** to his senses...* (aspect d'accompli)

• Enfin on constatera qu'un procès peut être déterminé dans la **relation prédicative**
- *John opened the window.*
(Le point de référence est le **co-énonciateur**)
ou dans la **relation énonciative**
- *John was opening the window.*
(Le point de référence est l'**énonciateur**)

Lorsqu'un élément est **désigné** dans un contexte particulier (voir fléchage), il y a nécessairement une opération d'**extraction** préalable. Cette première opération peut être fournie
- par un **contexte explicite**
  - *John has **two children** but **the younger one** isn't a bit like him.*
- ou par un **contexte situationnel**
  - *Pass me **the salt** please.*
Qu'elle soit explicitée ou non cette contextualisation constitue une première **opération.**

Le **contexte situationnel** peut en revanche être
- déterminé pour l'**énonciateur**
- mais non-déterminé pour le **co-énonciateur**

Cette distinction est importante et a notamment des incidences sur les choix des traducteurs dans le passage du français vers l'anglais. Prenons comme exemple la première phrase du roman *Terre des hommes* :
- *C'était en 1926. Je venais d'entrer comme jeune pilote de ligne à la société Latécoère...*

(A. de St. Exupéry, *Terre des hommes*, p. 11)
La traduction de Lewis Galantière commence ainsi :
- ***In 1926** I was enrolled as student airline pilot by the Latécoère Company...*

(L. Galantière, p. 7)
En français un contexte situationnel est ici repéré par rapport à l'énonciateur. Ce contexte n'est pas déterminé pour le co-énonciateur. Dans la traduction anglaise le **contexte** est non pas **situationnel** mais **explicite,** il est de ce fait **déterminé** pour le **co-énonciateur.**

DIFFÉRENTIELLE (Relation)

Relation entre deux éléments dont on souligne une **propriété différentielle**
- *Il apporta un gâteau **au café**, et un **au chocolat**.*

DIRECTE (Relation)

• Dans l'**opération de référenciation**

Relation entre les éléments de l'énoncé et les valeurs référentielles, qui s'établit sans intervention de l'énonciateur
- *He got up and went out.*
(Propositions principales + formes verbales globalisées)

Cette relation s'oppose à la **relation indirecte** qui implique la mise en rapport d'un terme de l'énoncé (élément, procès, ou proposition)
- soit avec un élément explicité dans l'énoncé
- soit avec un élément situationnel

par l'intermédiaire du **sujet énonciateur**
- *Il s'était levé; c'est alors que je le vis.*
(Forme verbale secondaire, déictique *c'* et subordonnant *que*)

• Dans la **relation prédicative**

La relation directe concerne la mise en relation de deux éléments de l'énoncé
- soit par une structure transitive
  - ***John called Mary.***
- soit par une structure transitive indirecte
  - *John spoke to Mary.*

La structure de surface pourra cependant masquer la vraie relation. Ainsi l'élément désigné par *Berthe* n'a pas le même statut dans les deux énoncés suivants :
- *Elle entendit la marquise appeler **Berthe**.*
- *Elle entendit la marquise appeler **Berthe** une jeune fille.*

- Dans le 1er énoncé la relation entre les éléments désignés par *marquise* et *Berthe* est directe.
- Dans la 2e, elle est indirecte (c'est à dire : elle entendit la marquise appeler une jeune fille par le nom de Berthe).

DISCOURS

Les catégories de **discours** et de **récit** auxquelles nous avons quelquefois recours pour des raisons de commodité, correspondent
• l'un à un énoncé ou à une suite d'énoncés qui appartiennent à une situation d'**interlocution** (discours)
• l'autre à un énoncé à **prédominance narrative** (récit)

quelque soient les types de repérages mis en jeu.

Comme en témoignent nos définitions de **discours direct, constat** et **commentaire**, ces catégories sont schématiques. Il est rare en effet qu'un énoncé puisse être défini totalement par la catégorie **discours** ou **récit**, plusieurs types de repérages étant souvent en jeu à la fois dans chacune de ces catégories. Elles restent cependant opératoires dans le cadre de certaines analyses.

Citons à titre d'exemple un phénomène que l'on peut envisager relativement à ces critères :
- Lorsqu'un énonciateur s'adresse à un co-énonciateur dans une situation de **discours,** s'il renvoie à des éléments définis pour lui en fonction d'un contexte situationnel :
  – *C'est ici qu'on devrait faire ça, pas là bas !*

ces éléments seront également définis pour son co-énonciateur, grâce au fait que le contexte situationnel leur est commun. Dans l'exemple ci-dessus les éléments auxquels renvoient les déictiques *c'* et *ça* et les adverbes de localisation spatiale *ici* et *là-bas* sont déterminés pour les deux énonciateurs.

En revanche, dans un **récit,** si l'énonciateur commente un contexte qui n'a pas été explicité dans l'énoncé, ce contexte constituera un pré-construit. Il sera déterminé
- pour l'énonciateur (qui coïncide avec le producteur de l'énoncé)
mais non
- pour le co-énonciateur (qui coïncide avec celui qui devra reconstruire le texte).
  – *C'était à Mégara, faubourg de Carthage, dans les jardins d'Hamilcar.*
  Les soldats qu'il avait commandés en Sicile se donnaient un grand festin pour célébrer le jour anniversaire de la bataille d'Eryx...

(G. Flaubert, *Salammbô*, p. 43)

Puisqu'il s'agit ici des deux premières phrases du roman, le co-énonciateur ne pourra reconstruire la détermination contextuelle qu'à travers le commentaire qui en est fait. (Voir **co-énonciateur** pour les incidences de ce problème sur la traduction).

DISCOURS DIRECT

Il existe deux formes de discours direct.

- LE DISCOURS DIRECT NON-RAPPORTÉ

Dans ce cas le verbe et le sujet d'assertion ne sont pas explicités
  – *I moved into **this** house last month.*
  – *John moved into **his** house **in January***
- **dans le premier énoncé**
  les repérages spatio-temporels, le calcul des personnes et la localisation des éléments dans l'énoncé se font par rapport à la situation d'énonciation :
  – décalage temporel adverbial par rapport au moment de l'énonciation : *last month*
  – localisation de l'élément *house* par rapport à la situation d'énonciation : *this house*

— coïncidence entre l'énonciateur et le sujet de l'énoncé : *I*
- **dans le deuxième énoncé**
  la détermination se fait
  — par un repère dans l'énoncé (repère contextuel) ou
  — par rapport à ce repère.
  - Localisation temporelle : *in January* (repère contextuel)
  - Localisation de l'élément *house* par rapport au sujet de l'énoncé John : *his house*
  - Détermination du sujet de l'énoncé par un nom propre : *John*, donc non calculée par rapport au sujet énonciateur.

Dans l'activité langagière, ces repérages sont souvent mixtes :
— *John moved into his house yesterday.*
— *You were moving in January weren't you ?*
- **dans le premier énoncé**
  - La localisation temporelle adverbiale *yesterday* est déterminée par rapport à l'énonciateur
  - Le sujet de l'énoncé : *John* et l'élément *house* (cf. « adjectif possessif » *his*) sont déterminés de façon contextuelle.
- **dans le deuxième énoncé**
  - Le sujet de l'énoncé *you* est déterminé par rapport à l'énonciateur
  - La localisation temporelle adverbiale : *in January* est déterminée de façon contextuelle

- LE DISCOURS DIRECT RAPPORTÉ
  — « *I moved into **this** house **last month*** » he said.
  — « *John moved into **his** house **in January*** » he said.

Le discours direct rapporté correspond aux éléments contenus entre les guillemets. La détermination s'y fait de la même façon que dans le discours non rapporté, c'est-à-dire
- soit par rapport à la situation d'énonciation de l'énonciateur (1er exemple)
- soit par rapport à des repères posés dans l'énoncé (2e exemple)
- soit encore par les deux à la fois
  — « *John moved into **his** house **last month*** » he said.

DISCOURS INDIRECT

Un discours indirect est un discours **introduit par un verbe d'assertion**
— *He said that he had moved into that house the day before.*
Lorsqu'on compare le discours indirect avec le discours direct, on relève souvent les différences suivantes

- **Introduction d'un subordonnant**
  - En français, la présence d'un subordonnant est en effet obligatoire
  - En anglais, en revanche, on peut avoir
    — **présence d'un subordonnant**

ou
- *He said **that** he had moved into that house the day before.*
- **absence de subordonnant**
- *He said he moved into that house the day before.*

L'absence ou la présence d'un subordonnant peut être facultative mais ce n'est pas toujours le cas. On constatera que dans la langue parlée la présence d'un subordonnant est plus rare que dans la langue écrite.

• **Décalage dans le repérage spatio-temporel et le calcul des personnes**

On considère souvent que le passage du discours direct au discours indirect entraîne les transformations suivantes dans le repérage spatio-temporel et le calcul des personnes.
- *I moved into **this** house **yesterday***
 (discours direct)
- ***He** said that **he had** moved into **that** house **the day before**.*
 (discours indirect)

Mais en réalité le problème est beaucoup plus complexe du fait que **les repérages peuvent être à la fois situationnels et contextuels.** Ainsi dans :
- *He said he had moved into that house **three days ago**.*
 • la localisation adverbiale : *three days ago* est définie de façon **situationnelle**
 • le procès : *he had moved*
 • et le déterminant : *that,* sont définis à la fois de façon **contextuelle** et **situationnelle**

Plusieurs combinaisons mettant en jeu les deux systèmes de repérages peuvent être envisagées pour un même énoncé qui, suivant le cas, auront une incidence
 • sur le temps ou l'aspect marqué par le verbe
 • la localisation adverbiale
 • les déterminants
 • le subordonnant

Mais, dans le repérage contextuel une différence subsiste entre le français et l'anglais. Comparons les deux énoncés suivant (cités chap. 1)
- *Je me rappelai des histoires : comment **j'avais chômé** pendant trois mois en 1926, comment **j'avais manqué** crever de faim.*
 (J.P. Sartre, « Le mur », p. 27)
- *I remembered my whole life : how **I was** out of work for three months in 1926, how I almost **starved** to death.*
 (L. Alexander, p. 64)

• En français, l'origine reste définie par rapport au verbe d'assertion.
• En anglais il y a **nouvelle origine** (d'où le prétérit et non le pluperfect)

Comme en témoignent les exemples cités à l'appui de certaines de nos analyses, la création d'une nouvelle origine est fréquente en anglais. Certains phénomènes favorisent ce type de fonctionnement :
- L'**énonciation orale**
- La présence d'un **sujet première personne**
- La présence d'un verbe de **perception ou de cognition.**

DISCOURS INDIRECT LIBRE

- A la différence du **discours direct** et du **discours indirect,** le **discours indirect libre** (ou style indirect libre) est un procédé essentiellement littéraire. Il consiste à rapporter les paroles d'un locuteur-énonciateur en utilisant à la fois
  - des caractéristiques du discours rapporté indirect

  et
  - des caractéristiques du discours non-rapporté
    - *For it was the middle of June. The War was over, except for someone like Mrs Foxcroft at the Embassy last night eating her heart out because that nice boy was killed and now the old Manor House must go to a cousin...*

    (V. Woolf, *Mrs Dalloway,* pp. 6, 7)

- Lorsque le récit est au passé, les **repérages spatio-temporels,** la **localisation des éléments** dans l'énoncé, le **calcul des personnes** subissent souvent les mêmes décalages par rapport au discours direct que dans le discours indirect. Ils ont alors comme origine le **moment du récit** qui correspond à l'**instant de parole** de l'énonciateur **rapporté,** cf.
  - **I have been waiting** for half an hour

  (discours direct)
  - **She had been waiting** *for half an hour,* she said.

  (discours indirect libre)

Si on met à part les formes verbales qui expriment les procès postérieurs au moment repère, en français, seuls l'**imparfait** et le **plus-que-parfait** sont compatibles au passé avec le discours indirect libre, le **passé simple étant exclu** du fait qu'il implique une **rupture avec le plan de l'énonciation.**

Les **auxiliaires modaux** subissent également un décalage : cf.
  - John will bring the flowers himself.

  (discours direct)
  - *« John would bring the flowers himself »* he said.

  (discours indirect libre)

On notera toutefois que *have to* est incompatible avec le discours indirect libre : cf.
  - She **had to** leave the next day.

  (narration)
  - *She **must** leave the next day.*

  (discours indirect libre)

- Les repérages ne se font cependant pas systématiquement par rapport à l'**instant de parole de l'énonciateur rapporté,** lorsque le récit est au passé. Ainsi :
  - **les adverbes temporels** admettent, comme dans le discours indirect, une définition

- soit par rapport à **l'instant de parole de l'énonciateur rapporté**
  - Après son départ, Cottard s'excusa. *Il n'était pas libre **le lendemain** et d'ailleurs Rambert n'avait plus besoin de lui.*

  (A. Camus, *La peste*, p. 149)
- soit par rapport à la **situation d'énonciation de l'énonciateur rapporté**
  - *C'était **le mois prochain** qu'ils devaient s'enfuir. Elle partirait d'Yonville comme pour aller faire des commissions à Rouen. Rodolphe aurait retenu des places, pris des passeports, et même écrit à Paris...*

  (*Mme B.*, p. 224)
- Dans le premier exemple

  Le lendemain est défini par rapport au moment qui correspond à **l'instant de parole de l'énonciateur rapporté,** contrairement à demain qui correspondrait à sa situation d'énonciation.

- En revanche, dans le deuxième exemple

  le mois prochain à la différence de *le mois suivant* est défini par rapport à la **situation d'énonciation de l'énonciateur rapporté.**

• De même pour les **déterminants** :
  - « *It wasn't their turn **that** week* » they said.
  - « *It wasn't their turn **this** week* » they said.

• Si le **moment du récit** est le **présent**, il n'y aura **pas de décalage**. Le discours indirect libre sera également au présent (les procès hypothétiques, accomplis, ou postérieurs étant calculés par rapport à un repère **présent**)
  - « *Si l'objet était de sa fabrication il le donnerait volontiers, mais lui-même l'**a acquis** il y a longtemps d'une vieille femme qui **est** seule à savoir confectionner ce genre de choses.*

  (C. Lévi-Strauss, *Tristes tropiques*, p. 179)

Seul le calcul des personnes (3e personne et non 1re) indique dans cet énoncé qu'il s'agit d'un discours indirect libre et non d'un discours direct.

• Dans le **calcul des personnes** les repérages dépendront de **l'origine du discours rapporté.** Ainsi si on compare les deux énoncés suivants :
  - *Parviendrait-elle à **le** voir ?* songea Paul.
  - *Le malade pouvait-il **me** voir au plus vite ? Le temps pressait* disait sa fiancée.

on constatera que
- dans le premier exemple, l'origine de l'interrogation est l'**énonciateur rapporté.** Les personnes sont de ce fait définies par un **repérage contextuel.**
- dans le deuxième exemple, l'origine de l'interrogation est le **co-énonciateur rapporté** : *sa fiancée*

  Ce co-énonciateur dialogue en fait avec un énonciateur rapporté qui coïncide avec l'énonciateur par rapport auquel l'ensemble de l'énoncé est défini : le *je* qui correspond au *me* de l'énoncé

- A la différence du repérage contextuel de la narration, mais conformément à ce qui se passe dans le discours indirect, l'énonciateur rapporté ne peut pas être désigné par son nom propre : cf.
  - *Le voyage serait long. **Paul** n'allait pas venir tout de suite.*
  - *Le voyage serait long. Il n'allait pas revenir tout de suite.*

Seul le second des deux exemples peut être un propos rapporté tel que le personnage désigné par le sujet soit co-référent avec l'énonciateur rapporté.

- Les **interrogations** et les **exclamations** subissent un décalage
  - dans le repérage temporel des procès
  - dans le calcul des personnes

En revanche le schéma syntaxique et la ponctuation sont identiques à ceux du discours direct non rapporté
  - *Ne fallait-il pas à l'amour, comme aux plantes indiennes, des terrains préparés, une température particulière ?*
  (interrogation)

  ($M^{me}B.$, p. 93)
  - *Ah ! il était parti, le seul charme de sa vie, le seul espoir possible d'une félicité !*
  (exclamation)

  ($M^{me}B.$, p. 155)

Enfin le discours indirect libre aura également en commun avec le discours direct, la présence de **modalités appréciatives**
  - *Que n'avait-elle, **au moins**, pour mari un de ces hommes d'ardeurs taciturnes qui travaillent la nuit dans des livres, et portent **enfin**, à soixante ans [...] une brochette en croix...*

  ($M^{me}B.$, p. 95)

- **L'absence de subordonnant** est, en français comme en anglais, caractéristique du discours indirect libre.

- **Le verbe d'assertion,** en revanche, peut être explicité ou non. Contrairement au discours indirect, le discours indirect libre apparaît souvent sans verbe d'assertion. Il semble toutefois que l'expression du verbe d'assertion soit plus fréquente en anglais qu'en français.

- Différences entre le français et l'anglais

  - **Verbes d'assertion et niveau de discours**

On constatera que dans les traductions anglaises de textes français on introduit souvent un verbe d'assertion et plus particulièrement dans les cas où une ambiguïté risquerait de subsister quant au niveau de l'énoncé. En effet lorsque les critères de discours indirect libre ne sont pas tous réunis deux interprétations sont souvent possibles
  - commentaire de l'énonciateur par rapport auquel l'ensemble de l'énoncé est repéré
  ou
  - discours indirect libre attribuable à un énonciateur rapporté

Cette ambiguïté tient au fait que le **discours indirect libre** est, dans de nombreux cas, comme le mode d'énonciation de type **commentaire** (voir définition) dans un rapport anaphorique de **reprise** par rapport à un terme de la narration précédemment introduit : ex.

— Jean refusa. *Il partait le lendemain et avait déjà expliqué ce qu'il fallait faire.*

Le contenu du discours indirect libre est alors un développement de ce premier terme (ici : Jean refusa), terme qui implique souvent une prise de parole (refuser, s'excuser, déclarer, etc.). Les formes verbales repérées grâce auxquelles on opère la reprise : **l'imparfait** et le **plus-que-parfait,** sont communes aux deux niveaux :
- commentaire

et
- discours indirect libre

D'autres critères de discours indirect libre tels que **adverbes temporels déterminés situationnellement,** et **schémas interrogatifs** seront donc nécessaires pour établir sans ambiguïté l'origine de l'énonciation.

Ainsi si on compare l'énoncé ci-dessus avec l'énoncé suivant :
— Jean refusa. *Il partait demain et d'ailleurs n'avait-il pas déjà expliqué ce qu'il fallait faire ?*
— dans le premier énoncé, la deuxième phrase peut être
  - soit un commentaire de l'énonciateur-narrateur sur **un terme** de l'énoncé : Jean refusa
  - soit du discours indirect libre attribuable à l'énonciateur rapporté : Jean
— dans le deuxième énoncé, seule la deuxième interprétation est possible.

Prenons un autre exemple où le niveau de discours est ambigu :
— Le mercredi, Marcel rentra **en disant** : « C'est pour demain soir, à minuit. Tiens-toi prêt ». *Des deux hommes qui tenaient le poste avec eux, l'un était atteint de la peste et l'autre [...] était en observation.*

(A. Camus, *La Peste,* p. 204)

On peut à nouveau interpréter les éléments soulignés
  - soit comme un commentaire de l'énonciateur-narrateur
  - soit comme du discours indirect libre.

Le traducteur a opté pour la première interprétation en ajoutant un verbe d'assertion :
— On Wednesday Marcel announced : « It's for to-morrow night, at midnight. Mind you're ready on time. » *Of the two men sharing the sentry-post with them,* **he explained,** *one had got plague and the other [...] was now under observation.*

(S. Gilbert, p. 166)

Cette tendance est très fréquente dans les traductions anglaises et peut se vérifier dans le passage de l'anglais vers le français. On remarquera en effet que le verbe d'assertion de l'énoncé suivant est supprimé dans la traduction française

— « But I'm lucky to have even this. After all, people don't like a Coroner's Inquest, even if the Coroner did acquit me of all blame ! »

He had even complimented her on her presence of mind and courage, she remembered.
(A. Christie, *Ten Little Niggers*, p. 7)

— « Je dois m'estimer heureuse. Les gens n'aiment pas d'ordinaire prendre chez eux une personne qui a passé en justice... même si on l'a acquittée. »
Le coroner l'avait même complimentée sur sa présence d'esprit et son courage.
(L. Postif, p. 11)

- **Changement de niveau de discours ou de mode d'énonciation**

On remarquera par ailleurs que dans le passage d'une langue à l'autre le discours indirect libre sera fréquemment traduit
- soit par du discours direct
- soit par du discours indirect

Que ce soit pour des raisons qui tiennent aux contraintes des systèmes linguistiques, ou à l'usage qui en est fait dans l'activité langagière, le même niveau de discours ne peut pas systématiquement être maintenu dans la traduction. Ainsi on notera que :
- le passage d'un niveau de discours à un autre (ex. narration/ discours indirect libre)
- le passage d'un mode d'énonciation à un autre à l'intérieur du discours indirect libre (ex. réflexion/exclamation)

et plus particulièrement
- le passage de l'énonciateur au co-énonciateur lorsqu'il y a échange de paroles dans un discours rapporté

posent souvent problème dans la traduction de l'anglais vers le français, voici deux exemples :

— The young man's name was Eddy Littlejohn, but over dinner he said, *look here, would they call him Ginger; everyone else did.* So they began to call him Ginger, and he said *wouldn't it be a good idea of they had another bottle of fizz,* and Nina and Adam said *yes, it would.*
(E. Waugh, *Vile Bodies*, cité par S. Berland Delépine dans *Grammaire pratique de l'anglais*, p. 138)

— Le jeune homme s'appelait Eddy Littlejohn, mais au cours du dîner il leur dit : « Tenez, appelez-moi Ginger, comme tout le monde, voulez-vous ? ». Ils se mirent donc à l'appeler Ginger, alors il leur dit : « Vous ne croyez pas que se serait une bonne idée si on reprenait une bouteille de mousseux, » ; et Nina et Adam répondirent : « Oui, certainement ».
(S. Berland Delépine, *Op. cit.*, p. 138)

— *For himself, he did not mind this but if she made silly jokes about the old ladies at Potter's Farm he would get angry and then Mummy would say all that about his having to learn to take a joke and about his being highly strung and where could he have got it from, not from her.*
(A. Wilson, « Rasberry jam » in *The Penguin Book of English Short Stories*, p. 313)

> – *Personnellement, ça ne le dérangeait pas, mais si elle faisait ces plaisanteries idiotes sur les vieilles demoiselles de Potter's Farm, il allait se mettre en colère et alors vous alliez voir Maman :* « Il faut savoir comprendre la plaisanterie, et mon-dieu-qu'il-est-émotif, de-qui-est-ce-qu'il-peut-bien-tenir-cela, en-tout-cas-c'est-pas-de-moi ! »

(A. Castagna, Université Paris VII)

En anglais, il y a, dans le premier exemple
- passage du **récit** au **discours indirect libre**

et
- **échange de paroles** entre un énonciateur et deux autres énonciateurs

dans le deuxième, on passe **à l'intérieur du discours indirect libre**
- des **réflexions intérieures** de l'énonciateur rapporté,
- aux **paroles** qu'il adresse à un co-énonciateur rapporté et, **à l'intérieur de cette parole,**
  – de **l'assertion**

à
  – l'**interrogation.**

Le passage d'un niveau de discours à un autre dans les deux exemples et, d'un énonciateur à un autre dans le deuxième, se font à l'intérieur d'une même phrase en anglais, sans qu'il y ait rupture entre
- récit et parole

ou
- réflexion intérieure et parole.

En français le traducteur passera chaque fois au discours direct. Il semble que ce qui prévaut en anglais c'est l'intégration du discours dans la narration, grâce à l'homogénéité temporelle des procès et à l'usage des conjonctions.

DISCOURS INTÉRIEUR LIBRE

Terme que nous réservons à un mode de discours généralement appelé **discours indirect libre** et qui comporte
- les mêmes systèmes de repérage

et
- les mêmes supports de modalités

que celui-ci mais qui s'en distingue par le fait qu'il s'agit de **pensées** et non de paroles **rapportées**

> – Rieux se secoua. *Là était la certitude, dans le travail de tous les jours. Le reste tenait à des fils et à des mouvements insignifiants, on ne pouvait s'y arrêter. L'essentiel était de bien faire son métier.*
>
> Le docteur Rieux en était là de ses réflexions quand on lui annonça Joseph Grand.

(A. Camus, *La peste*, pp. 46, 47)

Du fait qu'il n'y a plus échange de paroles,

- Le verbe introducteur, lorsqu'il apparaît, sera un verbe du type *he thought, he remembered* et non *he said*;
- le problème de la détermination des personnes dans le discours d'un co-énonciateur rapporté ne se pose plus.

Ces deux points mis à part, la distinction entre **discours indirect libre** et **discours intérieur libre** n'est pas fondamentale et n'est donc pas faite systématiquement.

DISJONCTION

Relation entre deux éléments ou deux propositions qui pose le deuxième élément ou la deuxième proposition
- soit comme étant en **opposition** avec, ou constituant un **rejet** du premier élément ou de la première proposition
  - *It was a difficult task **yet** a pleasant one.*
  - *She begged him to let her go **but** he didn't give in.*
- soit comme étant une **alternative** à ce premier élément ou à cette première proposition.
  - *You can cook it in the oven **or** on the stove.*

On peut encore
- envisager le deuxième terme comme **une restriction** plutôt qu'un rejet, par rapport au premier terme envisagé
  - *What he said and what he **only** suggested.*
- ou **disjoindre deux termes hétérogènes** en réitérant le marqueur de repérage : cf.
  - *Adolescent, la chasse au sanglier m'a offert mes premières chances de rencontre avec le commandement et le danger...*
    (M. Yourcenar, *Mémoires d'Hadrien*, p. 13)
  - *The boar hunt gave me my first chance, as a boy, **for** command and **for** encounter with danger...*
    (G. Frick, p. 11)

Nous avons ici une seule opération portant sur deux termes hétérogènes. En français comme en anglais ces deux termes sont repérés l'un par rapport à l'autre (*et*/*and*). En anglais on explicite en plus le repérage de chacun de ces termes par rapport au procès ou au procès et son origine.

DISJONCTIVE (Relation) (Voir **DISJONCTION**)

DISSOCIATION

A la différence de
- la **disjonction** qui est une relation de **rejet, d'opposition, de restriction** ou de **distinction** d'un terme par rapport à un autre,

- la **dissociation** s'oppose à l'**intégration** et concerne le degré de dépendance d'un terme par rapport à un autre.
• Ainsi si on compare
    - *The neighbour **whose child is ill**, is away on holiday.*
    - *The neighbour, **whose child is ill**, is away on holiday.*
nous dirions que
  • dans le 1er cas, la relative *whose child is ill* est **intégrée** au **repère** *the neighbour*. Elle marque une **propriété différentielle** qui caractérise l'élément *neighbour* et qui permet de repérer cet élément par rapport à la classe des *neighbours*.
  • dans le 2e cas, la relative est **dissociée** de l'élément *neighbour* (et par conséquent de l'ensemble de la proposition *the neighbour is away on holiday*). Elle constitue un **commentaire** sur le repère *neighbour* préalablement posé. La relative pourrait être mise entre parenthèses, ou supprimée sans que l'énoncé soit incomplet.

• Lorsque nous utilisons le terme **dissociation** dans l'analyse de la **relation de propriété** nous entendons **dissociation** de l'élément correspondant à la **partie,** par rapport à l'élément correspondant au **tout.** Cf.
  - *There was **a wood-burning stove with a chimney** that went up through the roof...*
        (R. Dahl, *Danny The Champion of the World*, p. 10)
  - *...nous avions **un poêle à bois, dont le tuyau** traversait le toit.*
        (J.M. Léger, p. 11)
  • Dans le 1er énoncé l'élément représentant la **partie :** *chimney* est **intégré** à l'élément représentant le **tout :** *a wood-burning stove*. La relation d'**intégration** est marquée par la préposition *with* qui est la trace d'une opération **associative.**

  • Dans la 2e énoncé l'élément *tuyau* est **dissocié** de l'élément *poêle à bois*. C'est le **pronom relatif** *dont* qui est la trace de cette dissociation.

Mais dans les exemples ci-dessus les relations d'**intégration** et de **dissociation** se posent à deux niveaux à la fois :
  - dans la **localisation partie/tout** (relation de propriété)
et
  - dans les **relations constitutives** de l'énoncé
où le problème se posera dans les mêmes termes que dans les exemples de propositions relatives. Ainsi l'élément
  - *a chimney that went up through the roof* est **intégré** à la fois à l'élément *wood-burning stove* et à l'ensemble de la proposition, alors que l'élément
  - *tuyau* dans le 2e énoncé est **dissocié** de la **proposition repère** par la relative **non-déterminative.** Cet élément devient un nouveau repère dans la subordonnée.

• Dans la relation de **coordination,** nous distinguons trois types de relations :
  - la coordination **conjonctive**

et
- la coordination **disjonctive**
- la coordination **dissociative**.
• Dans la coordination **conjonctive,** on associe des termes que l'on envisage dans leur **inter-relation**
  - *He opened the door **and** went inside.*
  - *He put on his hat **and** coat.*
• dans la coordination **disjonctive**, des termes que l'on **oppose** ou que l'on **disjoint** afin de les distinguer l'un de l'autre
  - *She refused to see him **but** he insisted.*
  - *He liked the setting **but** not the people.*
• dans la coordination **dissociative**, des termes que l'on met sur le même plan mais **sans les envisager dans leur inter-relation**. La **dissociation** ne s'oppose plus ici à l'**intégration** mais à l'**association** : cf.
  - **relation dissociative**
    - *Mme Aubain prit des renseignements, consulta Bourais, fit des préparatifs comme pour un long voyage.*
      (G. Flaubert, *Trois contes*, p. 39)
  - **relation conjonctive**
    - *Mme Aubain made inquiries, consulted Bourais, **and** got everything ready as though for a long journey.*
      (R. Baldick, p. 25)

Il semble qu'il existe un lien entre la **coordination dissociative et le renvoi à la notion**. En effet, lorsque les éléments d'un récit sont repérés les uns par rapport aux autres on tendrait plutôt à les envisager en tant qu'**occurrences** ; lorsqu'ils sont dissociés, c'est la valeur de **propriété** qui est filtrée. Ceci expliquerait le fait que les termes dissociés apparaissent souvent comme **une série de propriétés** qui caractérisent un **contexte** ou un élément d'un contexte **prélablement déterminé** :
- *Paul, devenu sérieux, **l'amena chez sa mère**.*
  *Elle **dénigra les usages** de Pont-l'Evêque, **fit la princesse**, **blessa Félicité**.*
  (G. Flaubert, *Trois contes*, p. 76)

Les trois procès : *elle dénigra, fit la princesse, blessa Félicité,* constituent ici une énumération des propriétés qui caractérisent la proposition *Paul l'amena chez sa mère.*

DONNÉE SITUATIONNELLE

Un élément ou une proposition peut être repérée par rapport à un terme ou une situation repère qui est
- soit explicitée dans l'énoncé
  - ***Joan wiped her eyes.** She had obviously been crying*
- soit déterminée situationnellement
  - *Oh ! You're crying.*

Dans le premier énoncé, la situation repère est déterminée par la proposition : *Joan wiped her eyes.*

Dans le deuxième, seule la situation repérée figure dans l'énoncé, la détermination de la situation repère étant fournie par une **donnée situationnelle**.

Que les éléments de détermination soient explicités ou non, ils auront le même statut et joueront le même rôle dans la construction des valeurs référentielles. En revanche une donnée situationnelle sera, dans certains cas, déterminée pour l'**énonciateur** sans être déterminée pour le **co-énonciateur**. Ce phénomène pourra poser un problème dans le passage du français vers l'anglais.

(Voir : **DÉTERMINATION** dernier paragraphe)

DURÉE GLOBALISÉE

Une durée considérée, non pas dans son déroulement, mais en tant qu'entité insécable.
  – *Il me rappela **l'époque où nous étions bons amis**.*

DYNAMISME/DYNAMIQUE

Ce terme exprime dans notre métalangue un type de détermination dans la localisation spatiale. Ainsi, lorsqu'on établit une relation de type spatial entre deux repères, cette relation peut être plus ou moins déterminée, selon qu'on envisage
  – **la position** d'un élément par rapport à l'autre
    – *There **was** a stool **under** the table.*
  – **la position résultant d'un « parcours spatial »**, (c'est-à-dire d'une distance parcourue ou d'une distance couverte)
    – *There **were** three stools **set round** the table.*
  – **l'actualisation du « parcours »** (c'est à dire le « parcours » d'une distance envisagée dans son déroulement)
    – *She **placed** the stools **right round** the table.*

Il s'agit dans les deux premiers cas d'une **localisation statique**, dans le troisième d'une **localisation dynamique**. La nature du procès (état ou processus) et la nature de la préposition jouent un rôle dans la détermination de la localisation.

ÉNONCÉ

Un terme ou plusieurs termes agencés, constituant une unité complète et repérée par rapport à un **énonciateur** dans une **situation langagière** : ex.
  – *Dehors !*

– *Ça c'est une autre histoire.*
– *Voilà Jean qui arrive. Il était temps !*

L'énoncé peut compter un mot, une phrase, ou plusieurs phrases. Il se distingue d'une **phrase bien formée** qui suppose un agencement d'éléments selon des **règles syntaxiques** de compatibilité, mais sans insertion dans un **contexte langagier** et sans avoir subi les repérages qu'un tel contexte entraîne.

– *A train is coming in.*
(phrase bien formée)
– *Look there's a train coming in.*
(énoncé)

ÉNONCIATEUR

On appelle
- **énonciateur**, le **repère origine** des calculs sur le **temps, l'espace** et la **personne**

et
- **locuteur**, celui qui prend la parole.

Il peut y avoir coïncidence entre les deux mais ce n'est pas nécessairement le cas.

- Dans une situation de **communication**, nous avons **deux locuteurs** : par exemple, A et B

A – *Tu pars tout de suite ?*
B – *Oui je m'en vais dans un quart d'heure.*

Lorsque A prend la parole on l'appelle **locuteur** et B, **co-locuteur**. Lorsque B prend la parole la situation est inversée. Nous utilisons le terme **locuteur** lorsqu'il n'y a pas lieu de faire un calcul dans notre analyse.

En revanche dans le calcul des personnes, *tu* dans le premier énoncé et *je* dans le second, renvoient à la même valeur référentielle. Le choix de la personne correspond
- dans le premier cas, à une relation de **différence** par rapport à l'énonciateur A ·
- dans le deuxième, à une relation **d'identité** par rapport à l'énonciateur B.

- Dans le cas d'un **récit**, le problème ne se posera pas de la même façon. Prenons l'énoncé :
– *Le lendemain il quitta de bonne heure.*

Il n'y a pas ici de situation de locution, c'est à dire il n'y a pas de locuteurs. Il y a cependant toujours un **énonciateur**. Si on calcule la valeur référentielle du pronom *il* par rapport à cet **énonciateur**, on a une valeur de **non-repérage**.

ÉNONCIATEUR RAPPORTÉ

- Les calculs sur le **temps, l'espace et la personne** peuvent se faire à partir
  - de l'**énonciateur origine**
  ou
  - d'un **énonciateur rapporté**

Comme l'**énonciateur**, l'**énonciateur rapporté** peut être, mais n'est pas nécessairement, un **locuteur**. Il constitue simplement un **point de repère** à partir duquel s'établissent les repérages.

Prenons les deux énoncés suivants :
- *John **said** he knew all along that Mary was lying.*
- *John **realized** he knew all along that Mary was lying.*

- Dans le premier énoncé l'énonciateur rapporté est en même temps locuteur. Il y a à la fois nouvelle origine de repérage et attribution de parole.

- Dans le deuxième il est uniquement énonciateur. Le verbe de **cognition** est ici l'indice d'une **nouvelle origine de repérage,** mais il n'y a pas de prise de parole.

- La présence d'un énonciateur rapporté et la création d'une nouvelle origine à partir de ce repère peut être due à un des phénomènes suivants :
  - récit à la première personne
  - discours indirect
  - discours indirect libre
  - discours intérieur libre
  - présence, dans l'énoncé, d'un **sujet asserteur** et d'un **verbe d'assertion**
  - présence dans l'énoncé d'un **sujet origine** et d'un **verbe de cognition** ou de **perception**
  - filtrage d'un récit à travers ce que l'on appelle en termes de critique littéraire **un point de vue privilégié** (en termes linguistiques il s'agit du repérage de l'assertion, de la cognition, et de la perception par rapport à un énonciateur rapporté).

- La présence d'un énonciateur rapporté peut également avoir une incidence sur les **modalités**. Le support des modalités peut en effet être soit l'**énonciateur origine,** soit l'**énonciateur rapporté**. Ainsi, comparons les deux énoncés suivants :
  - *He **was to** leave the next day.*
  - *« He **would** leave the next day » he said.*

Le procès *leave* est repéré :
  - dans le premier cas par rapport à l'**énonciateur qui est à l'origine de l'ensemble de l'énoncé**
  - dans le deuxième cas par rapport à l'**énonciateur rapporté**.

Les repérages peuvent être **mixtes**. Ils peuvent également **changer d'une langue à l'autre.**

ÉNONCIATION

L'énonciation est l'acte par lequel un **énonciateur** construit un énoncé : c'est à dire établit une série de repérages par rapport à la situation d'énonciation. Il s'agit selon E. Benveniste d'une « mise en fonctionnement de la langue par un acte individuel d'utilisation ». L'énoncé est du domaine du **texte,** la **situation d'énonciation** est définie par un **sujet énonciateur,** un **moment d'énonciation** est un **lieu d'énonciation.**

Le **sujet énonciateur** se distingue du **sujet de l'énoncé,** de même que le **temps** et le **lieu de l'énonciation** se distinguent du **temps** et du **lieu de l'énoncé** (c'est à dire du temps et du lieu auxquels réfère l'énoncé). On appelle la relation,
- entre énoncé et situation d'énonciation, la relation **énonciative ;**
- entre les termes de l'énoncé, la relation **prédicative.**

ÉNONCIATIVE (Relation)

A l'origine de tout énoncé il y a un **sujet énonciateur** et une **situation d'énonciation** où un énoncé est produit ou reconnu. La **relation énonciative** est celle grâce à laquelle
- on repère la **relation prédicative** par rapport à cette **situation d'énonciation.**

C'est par ce repérage que la relation prédicative devient un énoncé.

La **situation d'énonciation** sert de **premier repère.** Par rapport à ce repère on pose, grâce à une opération **énonciative,** un **terme** qui va ensuite lui-même servir de **repère** : ex.
- *Moi, je ne suis pas d'accord*

En français on a souvent un **premier repère** (ou **plusieurs repères**) **distinct du terme de départ** de la relation prédicative
- *Moi, mon médecin, il m'a conseillé un régime*

Ce ou ces repères peuvent être dans une relation de **co-référence** avec le terme de départ
- *Mon frère, il n'est pas d'accord*
- *Mon frère, lui, il n'est pas d'accord*

mais ce n'est pas nécessairement le cas
- *Moi, mon frère, son médecin lui a conseillé un régime.*

En anglais, le terme repéré par rapport à la situation énonciative, et qui constitue à son tour le **repère** est en général en même temps le **terme de départ** de la relation prédicative :
- *My doctor has advised me to go on a diet*
- *My brother doesn't agree*

ÉTAT

- **Verbes d'état**

Catégorie de verbes que l'on oppose généralement aux verbes de **processus.**

- Les verbes de **processus** sont des verbes dont le sémantisme implique un procès ayant un déroulement qui est, ou peut être délimité par des bornes : ex.
  - *build, swim, write*

Ainsi un procès marqué par le verbe *build* : ex.
- *He **built** a house*

implique
- un état préalable à *he built*

et
- un état ultérieur : *house built*

Le passage d'un état à l'autre constitue dans le premier cas la **borne de gauche,** dans le deuxième la **borne de droite.**

- Les verbes d'**état** impliquent par leur sémantisme un procès qui n'est pas envisagé par rapport à un déroulement. On ne peut lui assigner **ni une borne de gauche, ni une borne de droite** : ex.
  - *be, belong, know*

Si cette catégorisation peut être opératoire pour l'analyse de certains problèmes, elle est néanmoins schématique et pose d'emblée des problèmes dans la mesure où :

- la valeur **état** n'est pas nécessairement inhérente au sémantisme du procès. Il s'agit souvent d'une **valeur construite** : ex.
  - **be** + terme renvoyant à une **propriété**
    - *To be mistaken, to be tired.*
  - un **état** envisagé comme résultant d'un **processus préalable**
    - *Il en **était là** de ses réflexions.*

- La valeur **état** peut grâce à l'adjonction d'autres marqueurs dans l'énoncé être transformée en valeur de **processus**
  - *He **sat** there **for three hours.***

- La valeur **état** est souvent liée à la **non-volition du terme origine,** la valeur **processus** à la **volition du terme origine.** Quel statut faut-il alors donner
  - à des verbes du type : *rougir, embellir,* qui supposent une progression et donc un passage d'un état à un autre, sans pour autant impliquer la **volition** du terme origine.
  - à des verbes dont la valeur **état** ou **processus** dépendra de la nature du terme origine
    - *He **held** her by the arm.*
    - *This vase **holds** a dozen flowers.*

• **L'état** est assimilable à la **propriété** dans la mesure où un procès exprimant une propriété n'est pas non plus envisagé par rapport à des bornes. Cependant la distinction peut être pertinente.

Ainsi la valeur privilégiée pour l'auxiliaire *would* pourra dépendre de la distinction :
- **propriété** (permanente) compatible avec la caractérisation
  (le would « dit fréquentatif » : voir **itération**)
- **état** (accidentel) non compatible avec cette valeur

Par ailleurs la valeur **propriété** peut
- être liée à une **forme verbale**
  - *he drinks.*
- être modifiée par la présence d'autres marqueurs :
  - *He drank **heavily*** (propriété)
  - *He drank **a bottle of whisky*** (processus)

Les distinctions qu'on établit entre différentes catégories verbales n'ont en fait de valeur que relativement aux problèmes que l'on envisage.

Ainsi dans le cadre de nos analyses sur le problème de l'**animation** nous avons été amené à poser la catégorie : verbes « **animés** » dans la mesure où la distinctuon pertinente était la compatibilité/incompabibilité avec un terme origine **inanimé**.

ÉTAT RÉSULTANT

Aspect indiquant qu'un procès est envisagé en tant que **résultat d'un processus**. Ainsi
- *He **has gone*** (état résultant)

par opposition à
- *He **is gone*** (processus stabilisé)

Dans l'analyse contrastive on est cependant souvent amené à envisager la valeur de la forme verbale de façon relative. Ainsi si on compare les énoncés
- *A cinq heures **il avait ouvert** la séance.*
- *At 5 o'clock, **he opened** the meeting.*

la valeur différentielle entre les deux procès, compte tenu des autres marqueurs, peut être caractérisée de la façon suivante :
- *il avait ouvert* (aspect d'accompli)
- *he opened* (actualisation dans la relation prédicative)

En revanche si on compare les énoncés
- *Il **était pâle** comme un mort.*
- *he **had turned** deathly pale.*

la valeur différentielle entre les deux procès peut être caractérisée de la façon suivante :
- *Il **était** pâle* (état)
- *He **had turned** pale* (état résultant)

Il avait ouvert la séance, renvoie comme *He had turned pale* à l'aspect d'acompli, mais relativement aux procès considérés (*he opened, il était pâle*) c'est tantôt la valeur d'**acompli** qui apparait, tantôt le **processus préalable** au terme atteint.

ÊTRE

Faute de terme linguistique adéquat, nous avons utilisé ce terme, non seulement pour désigner le verbe **être** (par opposition à **avoir**) mais pour désigner une catégorie non-linguistique qui s'oppose à **paraître**. Il s'agit en fait d'une distinction entre
- une **assertion** portant **sur une propriété du C_0**
   - *He was indifferent.*

et
- le **repérage d'une propriété du C_0** par rapport à la **perception d'un énonciateur**
   - *He looked indifferent.*

EXTRACTION

Opération de **quantification** qui consiste

1) à **poser une notion** de type
   - dénombrable (ex : *étudiant*)

ou
   - indénombrable (ex : *beurre*)

par rapport à une **situation d'énonciation**. A ce stade on délimite le domaine dont il va être question : c'est à dire
   - *étudiant* par opposition à tout ce qui n'est pas *étudiant* (enseignant, écolier etc.)
   - *beurre* par opposition à tout ce qui n'est pas *beurre* (margarine, confiture etc.)

2) à **prélever**
- **un ou plusieurs éléments** (un/des étudiants)

ou
- **une quantité** (du beurre).

Dans le domaine notionnel posé, on **prélève**
- un ou des éléments **quelconques** substituables les uns aux autres
   - *étudiants* X **ou** Y **ou** Z
   - *étudiants* I, J et K **ou** X, Y et Z

ou
- une quantité **quelconque**
   - *fraction de beurre* X **ou** Y **ou** Z.

Ce qui importe c'est que ces éléments ou cette quantité soient caractérisés par la propriété beurre/étudiant. Nous sommes encore dans le domaine **notionnel** mais la **notion** est ici **quantifiabilisée**

3) à **attribuer** à ce(s) élément(s) ou cette quantité une **détermination quantitative**.

On extrait non plus **un** ou **des** éléments quelconques mais **tel** ou **tels** éléments :
- *étudiant* X **et non** Z
- *étudiants* X, Y et Z, **mais pas** I, J et K
- *fraction de beurre* X **et non** Y ou Z.

Une opération de détermination a été effectuée. Cette **détermination** est
- **indéfinie** (un ou des *étudiants*)

ou – **numérale** (trois *étudiants*)

c'est à dire les éléments sont particularisés mais ils ne sont pas encore **identifiés**.

C'est cette troisième opération qui correspond à l'**extraction**.

Dans un **discours** on ne pourra avoir un élément **indéfini** en position C_0. Avant de localiser l'élément **extrait** il faudra **poser son existence**. On appelle cette opération une **prédication d'existence** (voir ce terme) :
- *Il y a du beurre sur la table.*

Les éléments **déterminés** par **extraction** pourront ensuite être **identifiés** par une opération qui sera appelée **fléchage** (voir ce terme).

FLÉCHAGE

Lorsqu'on a effectué sur un élément une opération d'**extraction** (voir ce terme), on peut alors **flécher** cet élément : c'est à dire établir une relation d'**identité** entre
- l'élément **extrait**

et
- une **reprise anaphorique** de cet élément.
    - *Il y a une clef derrière la porte. **Cette** clef ouvre le tiroir de mon bureau.*

L'élément **extrait** peut être déterminé par
- **une donnée situationnelle**
    - *Can you answer the phone ?*
- **une opération explicitée dans un énoncé préalable**
    - *You'll find a necklace and a bracelet in that drawer. You can borrow the necklace but I'm wearing the bracelet.*

ou
- **une opération explicitée dans l'énoncé qui comporte l'opération de fléchage**
    - *She's wearing the necklace **you lent her**.*

GLOBALISÉ

Lorsqu'on **globalise** un procès on n'envisage
- ni le déroulement du processus
- ni une étape de ce déroulement

mais l'ensemble du procès. Les formes verbales simples expriment des procès **globalisés**.

Lorsqu'un procès est **globalisé** sa valeur fondamentale est une valeur de renvoi à la **notion**. C'est la valeur qualitative du procés qui est envisagée :
- *He smokes (= he is a smoker).*

Lorsqu'un procès **globalisé** est inséré dans un contexte il prend cependant souvent, grâce à :
- l'adjonction d'autres marqueurs

et/ou
- à son insertion dans une série de procès ordonnés chronologiquement, une valeur d'occurrence.
- *He sat down, smoked a pipe, and then got down to work.*

On constatera une nette différence entre les valeurs filtrées selon que le verbe se trouve dans une principale ou une subordonnée. La principale tend à faire apparaître la valeur d'occurrence dans un contexte, et la subordonnée la valeur de renvoi à la notion.

A la différence d'autres formes verbales simples, le passé simple exprime nécessairement une occurrence, même lorsque la valeur de renvoi à la notion reste apparente (du fait que la borne de droite est fermée)
- *Il **voyagea** : il **lia** de nouvelles amitiés, il **découvrit** de nouveaux horizons, il **s'éprit** de paysages inconnus.*

On remarquera que les procès exprimés par les formes verbales simples seront tantôt appelés
- **procès globalisés**

tantôt
- **procès repères**

Dans le premier cas on renvoie à la valeur **aspectuelle**, dans le second à la relation de **repérage inter-propositionnelle**. La distinction **notion/occurrence** concerne à la fois les opérations de détermination et la valeur aspectuelle.

HYPOTHÈSE (Voir **MODALITÉS**)

HYPOTHÉTIQUE (Voir **MODALITÉS**)

IDENTIFICATION

Opération par laquelle on établit
- soit une **relation d'identité** entre deux termes ayant la **même valeur référentielle** (voir également **identité**)
    - *John is my brother.*
- soit une **relation** entre deux termes ayant une **propriété commune**
    - *John is a student.*

IDENTITÉ (relation d')

Relation entre **deux éléments ayant la même valeur référentielle** :
- *Mr Smith is the town councillor.*

Les éléments désignés par *Mr Smith* et *the town councillor* se trouvent l'un par rapport à l'autre dans une relation **d'identité**. Le procès exprimé par le verbe *is* est ici l'**opérateur** qui établit la relation **d'identité** entre les deux éléments. Bien que ce ne soit pas sa seule valeur, le verbe *to be* est de façon privilégiée un marqueur de cette relation. Celle-ci peut, cependant, ne pas être marquée en surface. Ainsi dans une
- **apposition**
    - *Mr Smith, the town councillor...*

Elle peut d'autre part être établie par une
- **reprise anaphorique**
    - *Mr Smith arrived early.* ***He*** *had left home at eight o'clock.*

La relation d'identité peut se situer entre :
- deux éléments de la **relation prédicative** (verbe to be/apposition : cf. nos deux premiers exemples)
- deux éléments de la **relation inter-propositionnelle** relation **anaphorique** : cf. le troisième exemple)
- un élément de la **situation d'énonciation** et un élément de la **relation prédicative**
    - *I'm working here today.*
- Sujet 1ʳᵉ personne *I* : identité entre le sujet énonciateur et le sujet de l'énoncé.
- Temps présent + localisation temporelle *am working... today* : identité entre le moment de l'énonciation et le moment de l'énoncé.
- Localisation spatiale *here* : identité entre le lieu de l'énonciation et le lieu de l'énoncé.

INANIMÉ (Verbe) (Voir **ANIMÉ**)

INCHOATION/INCHOATIF (Aspect)

Procès envisagé du point de vue du **début** de son déroulement
- *He **began** to throw out his old clothes.*
- *He **started** coughing.*

On constatera qu'en anglais l'aspect inchoatif est utilisé non seulement
- pour mettre en valeur une étape particulière du processus

mais aussi
- pour privilégier la valeur d'occurrence sur un axe temporel.
  - *Great tears **began oozing** out of James's eyes **and rolling** down his cheeks.*

(R. Dahl, *J.G. Peach*, p. 12)

INCLUSION (Voir COMPOSITION)

INDIRECTE (Relation) (Voir DIRECTE)

INSTANTANÉ (Aspect)

Il s'agit d'un procès qu'on envisage comme étant **en rupture avec un procès antérieur**
- ***Suddenly he realized** he had been mistaken.*

Cet aspect est à différencier de
- **l'aspect ponctuel** qui suppose l'**identification** du moment du procès **avec un point** distinct de tous les autres points sur l'axe temporel du récit.

Bien que la **rupture** avec un procès antérieur soit caractéristique à la fois de l'**aspect instantané** et de l'**aspect d'antériorité,** il s'agit :
- dans le premier cas d'une **rupture** introduite par le procès envisagé **dans le « parcours temporel » inter-procès sans modification de l'orientation chronologique.**
- dans le deuxième d'une **rupture** qui intervient **entre un moment repère et le procès antérieur envisagé comme révolu.**

L'aspect instantané est souvent marqué par l'adjonction de l'adverbe *suddenly* au syntagme verbal.

Lorsque le procès exprime une perception de type imaginaire (*to imagine, to remember*) l'aspect d'**instantanéité** tend à mettre en valeur la **non-volition** de la **source du procès** : cf.
- ***She remembered** the days of her childhood.*
  (Perception volontaire : **terme de départ** = l'originaire du procès *she*)

– *Suddenly **the memories** of her childhood **came back to her.***
(Perception non-volontaire : l'élément animé humain désigné par le pronom n'est plus originaire mais **source** du procès. Il ne constitue plus le terme de départ mais le **terme d'arrivée**)

INSTANTANÉITÉ (Voir **INSTANTANÉ**)

INSTRUMENTALE (Relation)

Relation de repérage établissant le moyen par lequel s'accomplit un procès :
– *He washed out the stain **with** soap flakes.*
La préposition *with* est ici la trace en surface de la relation instrumentale. Mais cette **valeur** est **dérivée**. Selon le type de procès et la catégorie des éléments mis en relation (animé/inanimé) la préposition *with* prendra des valeurs différentes : cf.
– *she walked down the aisle **with** the bridegroom.*
– *He kicked the ball **with** his left foot.*
– *He sat **with** his hand under his chin.*

INTENTIONNALITÉ (Voir **VOLITION**)

INTERSUBJECTIVE (Relation)

Relation entre deux sujets dans laquelle un sujet agit sur l'autre
– *He made John leave the room.* (causalité)
– *John let Mary help him.* (permission)
– *Parlez plus fort.* (injonction)
– *Quand êtes-vous arrivé ?* (interrogation)
(Voir également **MODALITÉS**)

INTRODUCTEUR (Verbe) (Voir **ASSERTION**, verbe de)

ITÉRATION

Procès envisagé en tant qu'**occurrence** répétée. Comme l'indique A. Tellier (voir bibliographie), il n'y a cependant pas de forme verbale **itérative**. Il faut en effet établir une distinction entre

1) **La caractérisation « modale »** c'est à dire :

Le **would** dit « fréquentatif » que J. Bouscaren, J. Chuquet et

F. Demaizière (voir bibliographie) analysent, non pas comme un aspect itératif mais comme une valeur modale de caractérisation (compatible avec l'itération) qui découle de la valeur de **prédictibilité** (c.à.d. attribution d'une propriété prévisible)

A la différence de la prédiction qui porte sur un procès
- *He would go to church* **the next day**

la prédictibilité porte sur une classe d'occurrences
- *He would go to church* { **on Sundays** / **every Sunday** }

Pour toutes les occurrences de *Sunday* que l'on pourrait envisager ou que l'on envisage effectivement la propriété *he→go to church* est validable.

2) La caractérisation « notionnelle »

Nous étendons l'analyse ci-dessus à la caractérisation « notionnelle ». Cette opération est représentée par une forme verbale **non-modalisée** (présent/imparfait en français ; present forme simple/preterit forme simple en anglais) à laquelle on peut ajouter une locution adverbiale impliquant un parcours
- *He went to church* { *on Sundays* / *every Sunday* }

La caractérisation ne s'appuie plus ici sur la prédictibilité. Il s'agit simplement de l'attribution d'une **propriété** c'est à dire
- pour toutes les occurrences possibles de *Sunday*, la propriété *He → go to church* est **validable**
- pour toutes les occurrences effectives de *Sunday*, la caractérisation *He → go to church* est **validée**.

3) L'itération

- *He went to church* **every Sunday last year.**

L'adjonction du complément de localisation temporelle *last year* à la localisation temporelle *every Sunday* implique un parcours d'occurrences effectives de *Sunday* inscrits dans une durée délimitée et révolue. A partir du moment où le parcours des *Sundays* est ainsi délimité, le procès *go to church* devient particulièrement compatible avec la valeur d'**itération.** En fait la valeur de la forme verbale reste le renvoi à la propriété. C'est la locution adverbiale qui introduit des variations.

Used to exprime **non pas l'itération** d'un procès mais le caractère **révolu** de ce procès par rapport au moment de l'énonciation. Nous considérons que cette valeur est **aspectuelle** dans la mesure où il s'agit d'une façon d'envisager le procès et non pas d'une localisation temporelle (voir **antériorité**)
- *He used to live in London.*

Used to renvoie à une propriété, mais lorsqu'il s'agit d'un verbe d'action la valeur filtrée peut être celle d'une **occurrence répétée** et ceci plus particuliè-

rement en présence d'une locution adverbiale impliquant une discontinuité : cf.
- *He used to make cakes.*
- *He used to make cakes **every Sunday**.*

JUXTAPOSÉ (Voir **JUXTAPOSITION**)

JUXTAPOSITION

- Nous appelons **juxtaposition** un élément ou un ensemble d'éléments qui est posé à côté d'un autre élément **sans que la relation entre les deux soit explicitée** :
  - *Il était grand, beau, intelligent.*

Les virgules sont la trace d'une relation ; néanmoins celle-ci n'est pas explicitée.

De même dans l'énoncé :
- *Elle me regardait, les larmes aux yeux.*

le procès *regardait* est repéré par rapport à une propriété *les larmes aux yeux* qui le détermine, mais **la localisation n'est pas explicitée.**

On constatera que dans les deux cas, **la relation serait marquée en anglais**
- *He was tall, handsome **and** intelligent.*
- *She looked at me **with** tears in her eyes.*

- Nous utilisons également le terme **juxtaposition** pour différencier
  - une structure appositive qui **qualifie l'élément qui le précède mais ne le définit pas**
    - *Le Petit Moulin, **une** auberge dans les environs de Paris...*
    (*Le Petit Moulin* = **un élément** dans l'ensemble que constituent les *auberges des environs de Paris*)

  - d'une structure appositive qui **définit l'élément qui le précède**
    - *Le Petit Moulin, l'auberge du Père François...*
    (*Le Petit Moulin* = **tel élément particulier** dans la classe des auberges)

Dans le premier cas nous parlerons d'une **juxtaposition**, dans le deuxième d'une **apposition**.

Bien que dans leur acception courante les termes **juxtaposition** et **apposition** soient synonymes, nous établissons ici une différence entre ces deux termes, qui n'est plus, comme pour les exemples cités plus haut, d'ordre syntaxique. Il s'agit de **la relation entre les éléments constitutifs de l'énoncé.**

LOCALISATION

Terme que nous utilisons comme **synonyme de repérage**, c'est-à-dire **relation construite** entre un **terme repère** et un **terme repéré ou localisé**. Nous utilisons cependant plus particulièrement le terme **localisation** pour différencier plusieurs types de repérage : ex.
- **Localisation spatiale** (pour les sous-catégories de la localisation statique : voir les termes **statique** et **dynamique**)
    - *There is some salad **in the bowl***
- **Localisation temporelle**
    - ***At 8 o'clock** she started preparing dinner*
- **Localisation de but**
    - *He put on his glasses **to read out the letter***
- **Localisation de propriété**
  Localisation d'une **propriété différentielle par rapport à laquelle un terme est repéré**, et grâce à laquelle il est défini
    - *He lifted it **with care***
- Localisation d'une **propriété dans la relation partie/tout**
    - ***The hem of your dress** has come undone*

LOCUTEUR

Le locuteur est
- celui qui prend la parole

ou
- celui à qui la parole est attribuée,

à la différence de l'énonciateur qui est l'origine des repérages.

Il peut y avoir coïncidence entre locuteur et énonciateur mais ce n'est pas nécessairement le cas. (Voir **ÉNONCIATEUR**).

LOCUTION ADVERBIALE

Nous utilisons ce terme pour indiquer un groupe d'éléments ayant une fonction adverbiale dans un schéma syntaxique.
- ***At three o'clock** he went off.*
  (locution adverbiale temporelle)
- *He lifted it **with care**.*
  (locution adverbiale de propriété)

MARQUEUR

Les marqueurs sont **la trace en surface** des opérations linguistiques : ex.
- *Dehors !*
- *Va-t-en !*

Nos deux énoncés expriment une **injonction** mais cette opération est exprimée :
- dans le 1ᵉʳ cas par un **adverbe**
- dans le 2ᵉ par une **forme verbale impérative.**

Ainsi
- **Dans une langue,** une même opération peut se réaliser en surface de différentes façons (voir exemples ci-dessus).
- **Dans le passage d'une langue à l'autre,** ces différences seront particulièrement apparentes. L'opération de traduction consiste souvent à réaliser différemment en surface des opérations qui sont communes aux langues envisagées : cf.
  - *Il entendit le tintement de la cloche*
  - *He heard the bell ring*

Nous avons ici un procès dans les deux langues, mais il est réalisé
- en français par un syntagme **nominal**
- en anglais par un syntagme **verbal**

Cf. également :
- *Shall we go ?*
- *On s'en va ?*
- En anglais les éléments animés humains sont désignés par un **pronom personnel**
- en français par un **pronom indéfini**

On peut encore avoir une **relation** qui est
- **explicitée** dans une langue par un marqueur
  - *He walked with his hands behind his back*
- **non-explicitée** dans l'autre langue
  - *Il se promenait, les mains derrière le dos.*

Tout signe linguistique a son importance dans la réalisation des opérations :
- Ainsi selon la **ponctuation** qui sera indiquée, on pourra envisager plusieurs valeurs pour un même énoncé : ex.
  - *He's gone* (**assertion**)
  - *He's gone !* (**exclamation**)
  - *He's gone ?* (**interrogation**)
- Ces différences seraient marquées à l'oral par la **prosodie.**

MÉLIORATIF

On appelle **mélioratif / méliorative**
- un terme dont le sémantisme implique une propriété généralement considérée comme **positive**
  - *gentillesse, liberté, élégance.*
- une qualification qui implique une propriété positive
  - *Elle a un visage souriant.*
  - *C'est un gentil garçon.*
  - *Il a accompli son devoir avec courage.*

MINORATIF

On appelle **minoratif/minorative**
- un terme dont le sémantisme implique une propriété généralement considérée comme **négative**
  - *maladresse, incohérence, cruauté.*
- une qualification qui implique une propriété négative
  - *Elle a une **triste** mine.*
  - *C'est un enfant **capricieux**.*
  - *Il a agi **sans réfléchir**.*

MODALISATION/MODALITÉS

Un énoncé suppose nécessairement une prise en charge par un **énonciateur**. L'énonciateur évalue le degré de validité de la relation établie entre les termes de son énoncé. Ainsi s'il prend les termes ***John*** et ***Spain*** et qu'il envisage leur mise en relation par le relateur ***be in***, il peut envisager la relation comme certaine, possible, probable, incertaine, douteuse, contingente, etc.
- La **modalisation** est l'opération par laquelle l'énonciateur assigne une de ces valeurs à la relation,
- la **modalité** est la **catégorie d'évaluation** qu'il assigne.

Ainsi si la relation est
- **Posée comme certaine**

on aura une **assertion** qui peut être
- soit une affirmation
  - *John is in Spain*
- soit une négation
  - *John is not in Spain*

(voir également **assertion**)

- **Envisagée comme non-certaine**

on aura une **modalisation**, qui selon la **modalité** choisie impliquera tel ou tel degré d'incertitude :
- la **possibilité**
  - *John **may** be in Spain*
- la **probabilité**
  - *John **must** be in Spain*
- la **nécessité**
  - *John **has to** be in Spain (tomorrow)*
- le **doute** : modalité appréciative
  - ***Surely** John is in Spain*
- l'**hypothèse**
  - ***If** John is in Spain...*

Lorsque l'**énonciateur**
- ne peut pas (ou ne veut pas) évaluer la relation, il a recours à

- **la modalité interrogative**
    - *Is John in Spain ?*
(L'énonciateur demande à son interlocuteur d'assigner la valeur **oui** ou **non**)
  • souhaite faire valider la relation par son interlocuteur, il a recours à
- **La modalité injonctive**
    - *Go to Spain !*

Ces deux modalités (interrogative et injonctive) font partie des **modalités inter-sujets** ou **intersubjectives,** dans la mesure où la **validation** ou la **non-validation** de la relation
  • par une **assertion** dans le cas de l'interrogation,
  • par l'**actualisation** ou la **non-actualisation** du procès dans le cas de l'injonction,
est déclenchée par un **autre sujet.**

Le sujet déclencheur peut
  • coïncider avec le sujet énonciateur comme dans les exemples ci-dessus (interrogation et injonction)
ou
  • ne pas coïncider avec le sujet énonciateur : ex.
    - *Tom insisted on John going to Spain*

Toutes ces modalités sont complexes et appartiennent souvent en même temps, à plusieurs des catégories citées. Par ailleurs, un même marqueur de modalité peut prendre différentes valeurs. Ainsi on constatera qu'à partir de la valeur fondamentale d'un auxiliaire modal, on pourra construire d'autres valeurs, selon les relations dans lesquelles celui-ci sera inséré. De nombreux facteurs entrent en jeu pour filtrer telle ou telle valeur. Citons en quelques uns à titre d'exemples :

- **La détermination temporelle**
    - Absence ou présence d'une localisation temporelle
    - Localisation temporelle / parcours d'occurrences.
- **Le choix aspectuel**
    - Accompli / non accompli
- **La mise en valeur de la volition**
    - C_o animé / inanimé
    - Verbe d'état / verbe d'action
- **Le choix de la personne**
    - 1re, 2e ou 3e personne
- **La présence ou l'absence d'une négation**

Ces facteurs ne jouent pas nécessairement tous de la même façon pour toutes les modalités, mais en raison de leur multiplicité il sera souvent difficile de juger de la valeur de l'auxiliaire hors contexte, ou dans un contexte trop limité. Cette valeur pourra d'ailleurs être ambiguë, même lorsqu'on est en présence d'un grand nombre d'éléments contextuels.

Dans les exemples qui suivent, le contexte étant réduit à un minimum, nous proposons la valeur qui a obtenu le plus grand consensus auprès des

anglophones consultés :
- *She **can** be nasty at times* (possibilité)
- *He **can** play the piano* (capacité)
- *You **can** play the piano this afternoon* (permission)
- *John **must** have gone* (probabilité, quasi-certitude)
- *You **must** go now* (obligation impérative)
- *He said he **would** come the next day* (projection dans l'avenir)
- *When he was on holiday, he **would** go to bed late every night* (caractérisation, prédictibilité)
- *He **should** be coming shortly* (probabilité)
- *You **should** come immediately* (obligation non-impérative)
- *To think he **should** already have come* (écart par rapport à une norme pré-construite).

On constatera que la valeur filtrée dépendra du type de relation privilégiée : c'est-à-dire
- la relation **sujet-prédicat**
- la relation **énonciateur-énoncé**

ou
- la relation **inter-sujets**

plusieurs types de relation pouvant d'ailleurs dans certains cas jouer en même temps.

La modalisation est marquée de façon privilégiée par les auxiliaires modaux, mais d'autres types de marqueurs jouent également un rôle dans la mise en jeu de cette catégorie grammaticale :
- *He **seemed** to be ill* (marqueur verbal mais non auxiliaire)
- *It was a **possible** solution* (marqueur adjectival)
- *He was **unfortunately** delayed* (marqueur adverbial)

La catégorie des **modalités** est étroitement liée à d'autres catégories grammaticales.
- Ainsi on constatera qu'il n'y a **pas de temps du futur** en anglais.

Pour exprimer un procès envisagé comme ultérieur au moment de l'énonciation on aura recours à différents types de localisation, mettant en relation
- **le procès envisagé,** avec
- **le moment de l'énonciation** (ou de l'énonciation rapportée)

Cette projection dans l'avenir pourra par exemple être exprimée par l'**auxiliaire modal** *will/would* + infinitif
- *John **will see** Mary if he can*
- *John said he **would see** Mary if he could*

- D'autre part une **valeur aspectuelle** entraînera souvent une valeur **modale**
- *John's **always** travelling.*
- *Did you **ever** see such a thing ?*

L'opération de **modalisation** peut être marquée de façon très différente d'une langue à l'autre. Ainsi on constatera que les traducteurs rendent souvent

par
- un **schéma syntaxique assertif en français**
- un **schéma non-assertif en anglais**
- **interrogation**
  - *Tu viendras demain ?*   - ***Are you coming*** *tomorrow ?*
- **Injonction**
  - *Tu me le rendras demain.* - ***Could you bring it back*** *tomorrow ?*
- **Supposition**
  - *Il viendra demain.*   - ***I believe he's coming*** *tomorrow.*

On pourra d'ailleurs considérer que le schéma syntaxique et la nature des marqueurs utilisés reflètent une différence au niveau même des opérations. Il semble en effet, dans les trois exemples ci-dessus que
- **le français** tend davantage vers une opération d'**assertion** qui neutralise en quelque sorte la relation **inter-énonciateurs** ;
- **l'anglais** au contraire met la relation **inter-énonciateurs** en **valeur** par
  - le recours au co-énonciateur (interrogation et injonction)

ou
  - la non-assertion d'un procès dont la réalisation dépend d'un co-énonciateur (supposition).

Cette différence implique, selon notre hypothèse que le point de référence dans la relation est
- **l'énonciateur** en français,
- **le co-énonciateur** en anglais.

Enfin nous sommes amenés dans l'analyse contrastive à affiner les distinctions entre différents types de modalités, et notamment en anglais où ces différences sont plus marquées. Ainsi l'énonciateur peut poser une situation qui est
- **non-certaine** parce que **non-actualisée**
  - *Il viendra demain* (futur)
  - *He'll be coming tomorrow* (modalité prospective)
- ou **non-certaine** parce que ni l'**énonciateur** ni le **co-énonciateur** n'est en mesure d'asserter si elle sera **actualisée**
  - *Viendra-t-il demain ?* (interrogation)
  - ***I wonder whether***   } *he'll be coming tomorrow ?*
  - ***˙Do you think***
  - (interrogation relative à l'évaluation d'un énonciateur)

MODE D'ÉNONCIATION

Par mode d'énonciation nous entendons des types d'énonciation qui supposent des différences de relation entre l'énonciateur et l'énoncé, à la fois quant
- aux types de repérage

et
- à la nature et/ou au support des modalités

Ainsi, nous l'utilisons pour établir une différence entre :
- **constat** et **commentaire** (voir ces termes)
- **discours direct, discours indirect,** etc. (voir ces termes)
et
assertion, interrogation, exclamation.

Ce terme étant utilisé de façon assez large nous introduisons une distinction supplémentaire lorsqu'il y a lieu. Ainsi dans la dernière partie de notre définition du discours indirect libre, nous différencions
- d'une part le discours attribuable à l'énonciateur, du discours attribuable à l'énonciateur rapporté
- d'autre part l'assertion, de l'interrogation et de l'exclamation
- Dans le premier cas nous parlons de **niveaux de discours**
- dans le deuxième de **modes d'énonciation.**

MODULATION

Il n'existe pas d'énoncé qui soit stylistiquement neutre. Tout énoncé met en valeur tel ou tel terme, est agencé selon tel ou tel ordre syntaxique, peut être modifié selon le niveau de langue auquel il se situe, ou être exprimé par des termes dont la valeur est plus ou moins métaphorique : cf.
- **Mise en valeur du terme origine + nature du repérage**
  - *Jean m'a dit qu'il viendrait.*
  - *C'est Jean qui m'a dit qu'il viendrait*
- **Ordre d'insertion + ponctuation**
  - *Allongé, il se sentait mieux.*
  - *Il se sentait mieux allongé.*
- **L'intonation**
  - *He wóuld leave the door open.*
  (caractérisation + modalité appréciative)
  - *He would leave the door open...*
  (décision, projet)
- **Niveau de langue**
  - *Il n'arrête pas de crier.*
  - *Il n'arrête pas de brailler.*
- **Métaphorisation + niveau de langue**
  - *Il s'est évanoui.*
  - *Il est tombé dans les pommes.*

Nous ne citons ici que quelques exemples, en simplifiant pour les besoins de l'exposé la nature des **modulations** indiquées. La **modulation** ne s'ajoute pas à la **valeur référentielle**; elle en fait partie intégrante.

MONOLOGUE INTÉRIEUR

Le monologue intérieur est un **genre littéraire** dont il est difficile de donner une définition linguistique. Nous avons utilisé cette expression pour renvoyer à des textes généralement caractérisés comme tels, en étant toutefois pleinement conscient des problèmes que cela pose d'un point de vue linguistique.

Ainsi que l'indique Valéry Larbaud dans sa préface à l'édition définitive du roman d'Edouard Dujardin *Les lauriers sont coupés* (voir bibliographie), le terme **monologue intérieur** a été utilisé pour la première fois en France peu après la publication de *Ulysses*. Joyce lui-même a attribué l'origine du genre au roman de Dujardin, paru pour la première fois en 1887. Mais c'est Dujardin lui-même, qui nous en a donné la définition la plus détaillée dans son livre intitulé *Le Monologue intérieur* (voir bibliographie). Voici les traits essentiels de cette définition :

« ... le monologue intérieur [...] est [...] un discours du personnage mis en scène et a pour objet :
- de nous introduire directement dans la vie intérieure de ce personnage
- sans que l'auteur intervienne par des explications ou des commentaires.

....

et est un discours
- sans auditeur...
- non-prononcé

...il se différencie du monologue traditionnel, en ce que :
- quant à sa matière, il est une expression de la pensée la plus intime, la plus proche de l'inconscient,
- quant à son esprit, il est un discours antérieur à toute organisation logique, reproduisant cette pensée en son état naissant et d'aspect tout venant,
- quant à sa forme, il se réalise en phrases directes réduites au minimum syntaxial ».

(E. Dujardin, *Le Monologue intérieur*, p. 59)

Le premier problème qui se pose est la multiplicité et la nature des critères. Si d'un point de vue littéraire, ils peuvent constituer une catégorie cohérente, d'un point de vue linguistique ils sont hétérogènes. Ils renvoient en effet à la fois au **contenu**, à la **technique narrative,** et au **langage**. De ce fait ils ne peuvent se définir entièrement en fonction de critères linguistiques.

Par ailleurs le terme **monologue intérieur** a souvent été appliqué par les critiques à des romans britanniques et américains qui relèvent du genre « **stream of consciousness** ». Comme son nom l'indique ce genre est essentiellement défini par la nature d'un contenu. On ne peut prétendre cependant qu'il y ait unanimité quant aux critères qui le caractérisent (cf. bibliographie : L. Danon-Boileau, M. Friedman, G. Genette, R. Humphrey).

Essayons de voir à présent quelques uns des problèmes qui se posent si l'on essaie de traduire les critères de Dujardin en termes linguistiques, en les appliquant à des œuvres généralement classées dans cette catégorie :

Si on prend le roman de Dujardin lui-même il correspond à la définition qu'il en donne, sur les quatre premiers points (qui concernent la technique narrative). Le cinquième et le sixième renvoient au contenu (la pensée intime), mais à un contenu dont la nature ne peut être sans incidence sur le langage (discours antérieur à l'organisation logique). C'est cette incidence que définit le dernier point, et c'est en ceci qu'il y a divergence entre sa pratique

et sa théorie. Ainsi il sera difficile de reconnaître dans l'énoncé suivant un discours « antérieur à toute organisation logique » :
- *Car sous le chaos des apparences, parmi les durées et les sites, dans l'illusion des choses qui s'engendrent et qui s'enfantent, un parmi les autres, un comme les autres, distinct des autres, semblable aux autres, un le même et un de plus, de l'infini des possibles existences, je surgis.*

(E. Dujardin, *Les lauriers sont coupés*, p. 17)

L'inversion, la multiplicité des antépositions, la proposition relative, autant de signes qui renvoient à un langage très construit, voire rhétorique ! On est loin du minimum syntaxial. Ce minimum, que l'on retrouve dans d'autres passages, ne peut davantage traduire « une pensée en son état naissant », étant donné la large part qu'y jouent les appositions :
- *... L'heure a sonné ; six heures, l'heure attendue.*

(Ibid)

Prenons à présent d'autres œuvres :
- J. Joyce : *Ulysses*
- W. Faulkner : *The Sound and the Fury*
- V. Woolf : *To the Lighthouse*

et examinons les en fonction des critères de Dujardin :

1) Critère de la non-intervention de l'auteur

En termes linguistiques il faudra distinguer entre différents types d'intervention :
- instance narrative (existe-t-il ou non une narration dont l'origine est l'énonciateur-narrateur ?)
- origine de jugements portés (existe-il un discours de l'énonciateur-narrateur sur sa propre narration : ce que Dujardin appelle « commentaires et explications »)
- origine de la perception et de la parole (à quel énonciateur sont attribués, la perception, et le discours intérieur)
- origine du calcul des personnes et des repérages temporels (quel est le sujet énonciateur à partir duquel sont définies les personnes, et quel est le moment d'énonciation qui sert de repère à la détermination temporelle).

• Origine de l'instance narrative

Lorsqu'il y a **narration** dans un des trois romans cités elle fait souvent partie du monologue et est attribuable à un personnage et non à l'auteur-narrateur. Ainsi, dans le monologue de Quentin :
- *I found my toothbrush and got some of Shreve's paste and went out and brushed my teeth. I sqeezed the brush as dry as I could and put it back in the bag and shut it, and went to the door again.*

(W. Faulkner, *The Sound and the Fury*, p. 161-162)

Ce n'est cependant pas systématiquement le cas. Les trois romans comportent, à des degrés divers, des énoncés attribuables à l'auteur. Dans *Ulysses* la

part de l'auteur est même considérable non seulement en tant qu'instance narrative mais en tant que support des métaphores qui sont indissociables de la narration.
> — *He fitted the book roughly into his inner pocket and, stubbing his toes against the broken commode, hurried out towards the smell, stepping hastily down the stairs with a flurried stork's legs. Pungent smoke shot up in an angry jet from a side of the pan. By prodding a prong of the fork under the kidney he detached it and turned it turtle on its back.*
> (J. Joyce, Ulysses, p. 67)

Dans *The Sound and the Fury*, la quatrième partie est entièrement attribuable à l'auteur-narrateur : pour ne citer qu'un critère, l'emploi constant des **noms propres** dans la présentation des personnages. Ce marqueur implique ce que la critique littéraire appellerait un point de vue omniscient.

Dans *To the Lighthouse*, la part de la narration attribuable à l'auteur est beaucoup plus réduite. Elle se borne à l'introduction de parole et à de brèves qualifications et constats de gestes ou d'attitudes.
> — « *But* », **said his father, stopping in front of the drawing-room window**, « *it won't be fine* ».
> (V. Woolf, To the Lighthouse, p. 6)

Les énoncés en discours direct sont fréquents dans les trois romans, mais plusieurs cas de figure se présentent. Ils peuvent être
- intégrés à la narration
> — *Come on, Gerty, Cissy called. It's the bazaar fireworks.*
> (Joyce, op. cit., p. 363)
- cités par l'originaire du monologue
> — « *Shut up that moaning.* » *Luster said.*
> (Faulkner, op. cit., p. 11)

ou encore
- « prononcés » par l'originaire du monologue
> — « *But it may be fine – I except it will be fine* », *said Mrs Ramsay...*
> (Woolf, op. cit., p. 7)

- **Origine des jugements portés**

Les romans de Joyce, de Faulkner et de Woolf que nous avons cités correspondent généralement aux critères définis par Dujardin quant à l'absence de « commentaire et explications » de l'énonciateur-narrateur. Lorsqu'un jugement est porté sur une situation évoquée ou un élément perçu, elle sera généralement attribuable à l'originaire du monologue.

Lorsque l'énonciateur-narrateur transparaît en tant qu'origine d'un jugement, cela se réduit généralement à une modalité appréciative exprimée dans la présentation d'un énonciateur-personnage, par un adjectif, un verbe ou un adverbe :
> — ***Stately, plump*** *Buck Mulligan came from the stairehead...*
> (Joyce, op. cit., p. 9)

- *Mr Ramsey **glared** at them.*

(Woolf, *op. cit.*, p. 22)

- *« Nonsense », said Mrs Ramsay, **with great severity**...*

(*Ibid.*, p. 8)

- **Origine de la perception et de la parole**

Le repérage
- des éléments perçus

et
- des situations évoquées

par rapport à la **perception de l'énonciateur-personnage auquel le monologue est attribué** nous semble être une des constantes les plus frappantes dans les trois romans. Il s'agit ici de ce que l'on traduirait en termes littéraires par « le point de vue privilégié ».

Mais « **point de vue privilégié** » n'implique pas nécessairement **attribution de parole**. A la différence du repérage par rapport à un énonciateur-personnage privilégié, tel qu'on le trouve dans *Madame Bovary* par exemple, c'est le personnage auquel le monologue est attribué qui est également origine de la perception dans le monologue intérieur.

Il faut préciser toutefois que dans la majorité des romans rattachés au genre « monologue intérieur », il y a plusieurs monologues attribuables à différents personnages, et non un seul comme dans *Les Lauriers sont coupés*. Cf.
- *Ulysses* : Bloom, Stephen, Molly etc.
- *The Sound and the Fury* : Benjy, Quentin, Jason.

- **Calcul des personnes** (monologue direct ou indirect) et des **repérages temporels**

Ce problème étant particulièrement complexe une analyse détaillée s'impose afin de dégager les différents paramètres en jeu. Citons tout d'abord cinq textes tirés de nos auteurs.

- Monologue de **Gerty**
    - *His hands and face were working and a tremor went over her.**She** leaned back far to look up where the fireworks were and she caught **her** knee in her hands so as not to fall back looking up and there was no-one to see only him and her when **she** revealed all **her** graceful beautifully shaped legs like that, supply soft and delicately rounded, and **she** seemed to hear the panting of his heart, his hoarse breathing, because **she** knew about the passion of men like that, hotblooded, because Bertha Supple told **her** once in dead secret and made her swear she'd never about the gentleman lodger that was staying with them out of the Congested Districts Board that had pictures cut out of papers of those skirtdancers and highkickers and she said he used to do something not very nice that you could imagine sometimes in the bed.*

Joyce, *op. cit.*, p. 363)

- Monologue de Mrs **Ramsay**
    - *"But it may be fine – I except it will be fine," **said Mrs Ramsay**, making some little twist of the reddish-brown stocking she was knit-*

*ting, impatiently. If **she** finished it tonight, if they did go to the Lighthouse after all, it was to be given to the Lighthouse keeper for his little boy, who was threatened with a tuberculous hip; together with a pile of old magazines, and some tobacco, indeed whatever she could find lying about, not really wanted, but only littering the room, to give those poor fellows who must be bored to death sitting all day with nothing to do but polish the lamp and trim the wick and rake about on their scrap of garden, something to amuse them. For **how would you like to be shut up** for a whole month at a time, and possibly more in stormy weather.*

(Woolf, *op. cit.*, p. 7)

- Monologue de **Benjy**
  - *THROUGH the fence, between the curling flower spaces, **I** could see them hitting. They were coming toward where the flag was and **I** went along the fence. Luster was hunting in the grass by the flower tree. They took the flag out, and they were hitting. Then they put the flag back and they went to the table, and he hit and the other hit. Then they went on, and **I** went along the fence. Luster came away from the flower tree and we went along the fence and they stopped and we stopped and **I** looked through the fence while Luster was hunting in the grass.*

(Faulkner, *op. cit.*, p. 11)

- Monologue de **Quentin**
  - *WHEN the shadow of the sash appeared on the curtains it was between seven and eight o'clock and then **I** was in time again, hearing the watch. It was Grandfather's and **when Father gave it to me he said,** Quentin, **I give you** the mausoleum of all hope and desire; **it's** rather excruciating-ly apt that **you will use** it to gain the reducto absurdum of all human experience which can fit your individual needs no better than it fitted his or his father's. **I give it to you** not that you may remember time, but **that you might forget** it now and then for a moment and not spend all **your** breath trying to conquer it. Because no battle is ever won **he said**. They are not even fought. The field only reveals to man his own folly and despair, and victory is an illusion of philosophers and fools.*

    *It was propped against the collar box and **I** lay listening to it. Hearing it, that is, **I don't suppose anybody ever deliberately listens to a watch or a clock. You don't have to. You can be oblivious to the sound for a long while,** then in a second of ticking **it can create in the mind** unbroken the long diminishing parade of time you **didn't** hear. Like **Father said** down the long and lonely light-rays you might see Jesus walking, like. And the good Saint Francis that said Little Sister Death, that never had a sister.*

(*Ibid.*, p. 73)

- Monologue de **Jason**
    - *ONCE a bitch always a bitch, what **I say**. **I says** you're lucky if her playing out of school is all that worries you. **I says** she ought to be down there in that kitchen right now, instead of up there in her room, gobbing paint on her face and waiting for six niggers that can't even stand up out of a chair unless they've got a panful of bread and meat to balance them, to fix breakfast for her. And **Mother says**,*
    "But to have the school authorities think that I have no control over her, that I can't —"
    *"Well," **I says**, "You can't, can you ? You never have tried to do anything with her," **I says**, "How do you expect to begin this late, when she's seventeen years old ?"*
    She thought about that for a while.
    (*Ibid.*, p. 163)

- La comparaison de ces textes fait apparaître une différence dans **le calcul des personnes** entre
    - les monologues de Gerty et de Mrs Ramsay où le calcul des personnes n'est pas défini par rapport au plan de l'énonciation. Gerty (précédemment dans le texte) et Mrs Ramsay sont d'abord désignés par leur nom propre, et ensuite par une reprise anaphorique contextuelle : *she, her*.
  et
    - les monologues de Benjy, Quentin et Jason où le calcul des personnes s'établit par rapport à la situation d'énonciation. Il y a coïncidence entre sujet énonciateur et sujet de l'énoncé. L'origine de l'énonciation est fictivement attribuée à Benjy, à Quentin, ou à Jason selon le cas.

- Sur le plan des **repérages temporels**

    Le moment de l'énoncé où apparaissent Gerty d'une part et Mrs Ramsay d'autre part, sont définis comme **non-repérés** par rapport au **moment de l'énonciation** du narrateur-auteur.
    - Dans le cas de **Gerty,** une fois opérée cette mise en place, le moment où Gerty apparaît devient le moment de l'énoncé rapporté, qui coïncide avec le moment auquel réfère l'énoncé. Puis dans la suite s'opère un nouveau décalage à partir de : *Bertha Supple told her **once**.*
    - Dans le cas de **Mrs Ramsay,** le moment mis en place par *said Mrs Ramsay* devient le moment de l'énonciation rapportée. La situation à laquelle réfère l'énoncé est hypothétique. Dans la dernière phrase le moment de l'énonciation est celui du discours direct (cf. interrogation : *how would you like to be shut up...*).
    - Dans le cas de **Benjy** et de **Quentin,** il y a, comme dans les deux exemples précédents, non repérage par rapport au moment d'énonciation origine. Mais alors que dans les monologues de Gerty et de Mrs Ramsay le moment d'énonciation est défini comme celui du narrateur-auteur, ce moment coïncide ici avec la situation d'énonciation fictivement attribuée à Benjy et à Quentin.

Les deux monologues comportent des réminiscences, qui mettent en place des moments antérieurs à celui du récit. Lorsque le décalage temporel entre le moment de la réminiscence et le moment du monologue n'est pas explicité, il ne sera indiqué que par la typographie. C'est le cas systématiquement pour Benjy. Voici la première occurrence

> — *"Wait a minute."* Luster said. *"You snagged on that nail again. Can't you never crawl through here without snagging on that nail."*
> Caddy uncaught me and we crawled through.
> (Faulkner, *op. cit.*, p. 12)

Aucune mise en place du moment antérieur n'est opérée. Il y a « actualisation » de ce moment antérieur qui apparaît comme coïncidant avec le moment auquel réfère le reste du monologue.

Dans le cas de **Quentin** les réminiscences sont tantôt marquées par la typographie, tantôt introduites explicitement, ex. *when Father gave it to me he said*. Le moment antérieur est établi ici par rapport au moment du monologue et non par rapport au moment d'énonciation origine. A l'intérieur de cette réminiscence les paroles du père sont citées au discours direct, d'où l'emploi du présent. Les jugements personnels de Quentin sur la situation évoquée, qui ont un caractère générique, sont également au présent. Il y a cette fois coïncidence avec le présent d'énonciation de Quentin.

— La mise en place du moment du monologue et du moment auquel il réfère est la même pour **Jason** que pour Benjy et Quentin mais ceci n'apparaît qu'à la phrase : *She thought about that for a while,* du fait que **tous les verbes introducteurs du dialogue** entre Jason et sa mère sont au **présent,** et correspondent donc non au temps du monologue mais au moment du discours direct. A l'exception des verbes d'assertion, **les verbes du monologue** sont au **preterit.**

Voici un deuxième exemple de repérage mixte.

> — *In a dream, silently, she **had come** to **him**, her wasted body within its loose graveclothes giving off an odour of wax and rosewood, her breath bent over him with mute secret words, a faint odour of wetted ashes.*
>
> *Her glazing **eyes**, staring out of death, **to shake** and **bend my soul**. On me alone. The ghostcandle to light her agony. Ghostly light on the tortured face. Her hoarse loud breath rattling in horror, while all prayed on their knees. **Her eyes** on **me to strike me down**.*
> (Joyce, *op. cit.*, p. 16)

Le changement de repérage s'établit grâce à un double critère

- **le calcul des personnes :** le pronom personnel *him* dans le premier paragraphe et *me (my)* dans le deuxième sont co-référentiels

et

- **les repérages aspecto-temporels :** la présence du **pluperfect** dans le premier paragraphe *She **had come** to him,* implique un repérage par rapport à un moment contextuel.

Dans le deuxième paragraphe le problème des repérages est plus complexe. Les procès et leur terme origine : ex.

> — *Her glazing eyes... to shake and bend my soul*
> — *Her eyes on me to strike me down*

sont explicités quand ils appartiennent au contexte qui constitue l'objet de perception de l'énonciateur. En revanche, lorsqu'ils coïncident avec l'énonciateur qui est à l'origine de la perception, ni le terme origine, ni le procès ne sont explicités du fait qu'ils sont définis situationnellement.

On constatera :
- que le critère de la non-intervention de l'auteur est généralement respecté en ce qui concerne l'origine des jugements
- qu'il l'est de façon moins systématique pour ce qui est de l'instance narrative
- que ces deux critères ne peuvent suffire à définir la non-intervention de l'auteur d'un point de vue linguistique.

2) **Critère de la syntaxe**

Le monologue intérieur est difficile à définir de ce point de vue :
- Premièrement parce que les monologues sont rarement homogènes. Non seulement ils diffèrent d'un auteur à l'autre, et d'un personnage à l'autre dans un même roman, mais d'un passage à l'autre à l'intérieur d'un même monologue. On trouvera souvent différents niveaux de discours et modes d'énonciation.
  - narration d'événements
  - paroles citées ou rapportées
  - jugements portés sur les situations évoquées
  - expression métaphorique d'un contexte situationnel
  - exclamations, interrogations
  - réminiscences

De nombreux passages n'ont aucun des traits caractéristiques du « discours inorganisé » tel qu'il est défini par Dujardin, Larbaud et les critiques de l'époque. Ainsi, certaines parties des monologues de Benjy et de Quentin relèvent du monologue quant à la technique narrative mais ne correspondent en rien à « une succession de phrases qui ne sont pas liées les unes aux autres selon un ordre rationnel » (E. Dujardin, *Le Monologue intérieur*, p. 55).

- Deuxièmement, si l'on admet, comme l'admettait Dujardin lui-même (cf. *Le Monologue intérieur*, pp. 39-40) que le monologue puisse être rapporté, il sera difficile d'établir une distinction nette entre la syntaxe du monologue intérieur et celle du discours indirect libre, les mélanges de niveaux de discours étant propres à l'un comme à l'autre.

Dans le texte de Joyce que nous avons cité et que Dujardin évoque à propos du monologue intérieur à la 3e personne (qu'il appelle « **monologue intérieur indirect** ») la syntaxe semble tout à fait correspondre au « discours antérieur à toute organisation logique ». C'est la nature de l'enchaînement entre les parties du discours qui constitue en effet le critère différentiel le plus marqué entre le monologue intérieur au sens de Dujardin et le discours indirect libre.

Essayons à présent de cerner les critères syntaxiques propres au discours qui simule ce « niveau pré-verbal de la parole ». Puisqu'il s'agit d'un monologue qui « n'est pas prononcé » la construction linguistique jouera en quelque sorte à un double niveau : premièrement dans la mesure où tout énoncé suppose une construction, et deuxièmement en ce que « l'inorganisation » du discours devra également être construite.

> – ...*I'm sure **that** queerlooking man in **the** porkbutchers is a great rogue I hope **that** lamp is not smoking fill my nose up with smuts better than having **him** leaving the gas on all night I couldnt rest easy in my bed in Gibraltar even **getting up** to see **why am I so damned nervous about that** though I like it in the winter its more company **O Lord** it was **rotten** cold **too that** winter when I was only about ten **was I yes** I had **the** big doll **with** all **the** funny clothes **dressing** her up and **undressing that** icy wind skeeting across from **those** mountains **the something Nevada** sierra **nevada** standing at the fire with the little bit of a short shift I had up to heat myself I loved dancing about in it then make a race back into bed...
> (Joyce, *op. cit.*, pp. 684-685)

Ce texte a certaines caractéristiques qui sont typiques du discours en général et non spécifiques au monologue intérieur :
- la présence d'exclamations
  - *O Lord*
- le tronquage du pronom personnel ou impersonnel qui constitue le terme de départ dans la relation prédicative, et de l'auxiliaire
  - *Ø fill my nose up with smuts*
  - *Ø better than having him leaving the gas on all night*
- reprises « rectificatrices » d'un élément de l'énoncé
  - *the **something** Nevada – **sierra** nevada*
- fléchage situationnel
- marqué par un déictique
  - ***that** queerlooking man*
  - ***that** lamp*
  - ***that** winter*
  - ***those** mountains*
- marqué par un article défini
  - ***the** porkbutchers*
  - ***the** big doll*
  - ***the** funny clothes*
- mots familiers
  - *damned*
  - *rotten*

Certaines caractéristiques seront cependant spécifiques au monologue intérieur. Ainsi :
- les interrogations portant sur le sujet énonciateur
- soit qui mettent en jeu une situation ou un élément préconstruit ou préalablement explicité dans l'énoncé
  - *why am I so damned nervous about **that***
- soit qui mettent en question une assertion préalable dans l'énoncé :
  - *I **was** only about ten **was** I*
- les renvois anaphoriques à des éléments ou situations non définis
  - anaphore de type contextuel

- *better than having **him** leaving the gas on all night*
- *it was rotten cold **too***
- anaphore de type situationnel : reprises par une affirmation ou une négation
  - ***yes** I had the big doll with all the funny clothes*
  (Cf. *But **no**, he wanted nothing.* Woolf, *op. cit.*, p. 13)
et plus particulièrement
- les procédés **associatifs**

Les monologues imitant « le tout venant de la pensée » : présentent généralement un double critère qui peut paraître **contradictoire :**
- d'une part des **ruptures** de niveaux de discours
- d'autre part l'intégration de ces parties de discours hétérogènes dans un agencement **inter-propositionnel** où les **ruptures** sont au contraire **supprimées.**

Les procédés associatifs sont une constante mais la nature de ces procédés peut varier d'un monologue à l'autre. Ainsi
- **l'absence de ponctuation** est caractéristique de certains monologues de Joyce (ex. le monologue de Molly Bloom à la fin de *Ulysses*) et de certains passages dans le monologue de Quentin. (On constatera par contre que *Les lauriers sont coupés* a une ponctuation très marquée).

Un autre procédé fréquemment utilisé en anglais est la **forme verbale** en **-ing** qui
- sert souvent de relateur enchaînant deux parties du discours (voir exemple de Joyce ci-dessus)

Le procédé sera encore plus marqué dans les exemples suivants où il y a à la fois participes présents, gérondifs et adjectifs en **-ing**. Ces derniers ne peuvent établir une mise en relation. Ils permettent cependant de simuler un enchaînement qui n'admet pas de rupture :
- *The corridor was still empty of all the feet in sad generations seeking water.* Yet the eyes **unseeing** clenched like teeth not **disbelieving doubting** even the absence of pain shin ankle knee the lung invisible **flowering** of the stair-railing where a misstep in the darkness filled with **sleeping** Mother Father Caddy Jason Maury door I am not afraid only Mother Father Caddy Jason Maury getting so far ahead asleep I will sleep fast when I door Door door *It was empty too, the pipes, the porcelain, the stained quiet walls, the throne of contemplation. I had forgotten the glass, but I could* hands can see **cooling** fingers invisible swan-throat where less than Moses rod the glass touch tentative not to **drumming** lean cool throat **drumming cooling** the metal the glass full overfull **cooling** the glass the fingers **flushing** sleep **leaving** the taste of dampened sleep in the long silence of the throat *I returned up the corridor,* **waking** *the lost feet in whispering battalions in the silence, into the gasoline, the watch* **telling** *its furious lie on the dark table. Then the curtains* **breathing** *out of the dark upon my face,* **leaving** *the* **breathing** *upon my face.*

(Faulkner, *op. cit.*, p. 157)

Notons encore comme **procédés associatifs** :
- Les **relatives post-posées**
- Les **conjonctions** *and* et *for*
- Les **prépositions** *with* et *to*
    - *Yes because he never did a thing like that before as ask to get his breakfast in bed with a couple of eggs since City Arms hotel when he used to be **pretending** to be laid up **with** a sick voice **doing** his highness to make himself interesting to that old faggot Mrs Riordan **that** he thought he had a great leg of **and** she never left us a farthing all for masses for herself and her soul greatest miser ever was actually afraid **to** lay out 4d **for** her methylated spirit **telling** me all her ailments she had too much old chat in her about politics and earthquakes and the end of the world let us have a bit of fun first God help the world if all the women were her sort down on bathingsuits and lownecks of course nobody wanted her to wear...*

(Joyce, op. cit., p. 659)

Ces quelques exemples suffisent probablement à indiquer la complexité du problème et à expliquer pourquoi nous ne justifions pas l'emploi du terme monologue intérieur par des critères linguistiques. On remarquera que nous avons cité un passage de Virginia Woolf dans notre définition du discours indirect libre. Ce passage était analysé du point de vue des repérages. Or rien ne permet à ce niveau de le considérer comme du monologue intérieur plutôt que comme du discours indirect libre. Il en aurait été tout autrement si nous avions adopté un critère non-linguistique de contenu ou même un critère linguistique qui n'est pas lié au problème des repérages.

Une définition du monologue intérieur telle que celle proposée par G. Genette, qui du reste préfère parler de « discours immédiat », semblerait au premier abord plus facile à cerner en termes linguistiques. Le critère pertinent est en effet pour lui l'absence d'instance narrative, et non « l'absence d'organisation logique » dans le discours.

> ...le monologue n'a pas besoin d'être extensif à toute l'œuvre pour être reçu comme « immédiat » : il suffit, quelle que soit son extension, qu'il se présente de lui-même, sans le truchement d'une instance narrative réduite au silence, et dont il en vient à assumer la fonction.

(G. Genette, *Figures III*, p. 194)

Mais en fait le problème des différents niveaux d'intervention du narrateur resterait entier. En outre, il faudrait rendre compte de tous les niveaux de discours évoqués au début de notre étude sur la syntaxe, puisque pour Genette « la liaison entre l'intimité de la pensée et son caractère non logique et non articulé est... un préjugé d'époque ».

NOMBRE

Catégorie grammaticale qui met en jeu les opérations de **quantification / qualification** et qui se traduit en surface par des marqueurs de **singulier** et de **pluriel**.

Dans de nombreux cas il y a **correspondance** entre
- **Singulier** et **élément unique**
    - *The **flower** in your buttonhole is fading*

et
- **Pluriel** et **éléments multiples**
    - *The **flowers** in that vase are fading*

mais cette correspondance est loin d'être **systématique**.

Ainsi au niveau des **systèmes linguistiques**
- un **pluriel** peut renvoyer à **une unité**
    - *His **trousers** are too short*
- le **singulier** à un **ensemble**
    - *His **hair** is too short*

Le **nombre pouvant d'ailleurs varier d'une langue à l'autre**
- *Son **pantalon** est trop court*
- *Ses **cheveux** sont trop courts*

Par ailleurs **un même marqueur** peut renvoyer à des **opérations de quantification différentes** : par exemple, le pluriel pourra dans certains cas exprimer
- **Le renvoi à la classe**
    - *Il ne faut pas laisser **les ciseaux** à la portée des enfants*
- une **occurrence contextuelle unique** (fléchage)
    - *Donne moi **les ciseaux** qui sont sur la table*
- une **occurrence contextuelle multiple** (fléchage multiple)
    - *Tous **les ciseaux** ont été rangés dans le tiroir de droite*

Dans l'activité **langagière** le **singulier** et **le pluriel** traduiront souvent **deux modes d'appréhension** d'une même situation : cf.
- ***Conversation** went on as usual at every table* (notion)
- *As usual there were **several conversations** going on at once* (extraction **multiple**)

et
- *He had **toothache*** (notion)
- *He had **a toothache*** (occurrence)

La distinction entre les variantes dans chacun de ces couples d'énoncés est du même ordre. Dans le premier cas elle joue à la fois sur le **nombre** et sur le **déterminant** (singulier/pluriel ; Ø/several) dans le deuxième cas elle joue uniquement sur la présence ou l'absence d'un déterminant (Ø/a).

La différence **singulier/pluriel** dans le premier couple d'exemples n'est en effet pertinente que dans la mesure où elle traduit **un mode d'appréhension**
- **global** (singulier)

ou
- **discrétisé** : c'est-à-dire distingué en unités discontinues (pluriel)

(Voir à ce sujet : C. Charreyre : bibliographie).

On pourra de même représenter **une classe** d'éléments
- par **un pluriel** (renvoyant à **la classe**)
    - ***Les chiens** sont des animaux domestiques*

- par **un singulier** (**symbole** de la classe)
  - *Le chien est un fidèle compagnon*
- par **un singulier** (**échantillon** de la classe)
  - *Un chien est plus affectueux qu'un chat*

Dans l'**analyse contrastive** :
Les différences qui apparaissent entre le français et l'anglais ne peuvent pas se résumer en termes de **singulier** et de **pluriel**, mais en termes de différences dans **les degrés de détermination**. Le problème est complexe dans la mesure où ces degrés s'évaluent à la fois :
- au **nombre** (singulier/pluriel)
- au **type d'élément envisagé** : ex. animé, inanimé, prédicat nominalisé
- au **mode d'appréhension** (global / discrétisé : classe / échantillon de la classe
- à la **distinction : occurrence notionnelle / occurrence contextuelle**
- au nombre de **repérages** qu'un élément aura subi dans un énoncé.

Faute de pouvoir citer ici des contextes suffisants pour mettre en lumière les différents paramètres et la façon dont ils s'imbriquent, contentons-nous de citer une série d'exemples où les réalisations sont différentes dans les deux langues :
- *Le guide de l'Etudiant* (symbole de la classe)
- ***Students' Handbook*** (notion quantifiable)
- *L'homme est mortel* (symbole de la classe)
- ***Man** is mortal* (notion)
- *Les **pavés** de la cour* (unités discrètes dans un ensemble fini) *étaient nets comme le **dallage** d'une église* (globalisation)

(G. Flaubert, « La légende de St Julien L'Hospitalier » *French Stories*, p. 84)
- ***The pavement** of the courtyard* (globalisation) *was as clean as the **flagstones*** (unités discrètes dans un ensemble fini)

(*Ibid*, p. 85)

Que les contraintes tiennent au système linguistique ou à des tendances qui se sont cristallisées dans l'activité langagière, les réalisations sont différentes dans les deux langues dans chacun de ces énoncés. Les différences portent sur les distinctions suivantes :
- Symbole de la classe / Notion ou notion quantifiable
- Unités discrètes dans un ensemble fini / Globalisation

NOMINAL (SYNTAGME / GROUPE) (Voir **syntagme**)

NOMINALISATION

Nous parlons de **nominalisation**
- lorsqu'un **procès** est exprimé par un **nom**
  - *J'entendais **le murmure** du ruisseau.*

ou
- lorsqu'un **syntagme verbal** exprimant un procès dans une langue est transformé dans une autre langue en **syntagme nominal**
  - *I heard a bird **singing***
  - *J'entendis **le chant** d'un oiseau.*

OCCASIONNEL (Aspect)

Procès dont on envisage les occurrences répétées, mais non régulières
- *He comes to see me **now and again***

OCCURRENCE

Il y a **occurrence** chaque fois qu'a lieu une **opération de quantification** qui permet de distinguer la **notion** en **unités discrètes** (ces unités peuvent renvoyer à des éléments, des procès, des instants construits, etc.). Mais il faut distinguer trois cas :
- les occurrences possibles
- les occurrences notionnelles

et
- les occurrences effectives

- **Dans le domaine modal**

Nous parlons d'**occurrences possibles** lorsqu'une unité est envisagée mais non réalisée dans un contexte :
- *John **will come** and see me **tomorrow**.*

Le procès *John/see/me* est envisagé en tant qu'occurrence, mais en tant qu'**occurrence non réalisée** au moment de l'énonciation.

Dans l'énoncé :
- *John **will come** and see me **whenever he can***

on envisage le procès *John/see/me* par rapport à une **classe d'occurrences** d'instants construits *(whenever he can)* mais non réalisés.

Nous parlerions dans l'un et l'autre cas d'**occurrences possibles**.

- **Dans le domaine notionnel**

Nous parlons d'occurrences lorsqu'une propriété est envisagée comme **quantifiable** : cf.
- *Man is mortal* (notion)
- *Men are mortal* (occurrences notionnelles)

- Dans le premier cas, nous sommes dans le domaine de la notion à son niveau le moins déterminé.
- Dans le deuxième nous sommes toujours dans le **qualitatif** mais la **notion** est ici envisagée en tant qu'**occurrences quantifiables,** c'est-à-dire on renvoie à des éléments distincts ayant la propriété *man*.

- **Dans le domaine contextuel**

Nous parlons d'**occurrences effectives** chaque fois qu'une ou plusieurs unités sont **déterminées dans un contexte**, qu'il s'agisse
- **d'un élément localisé** : cf.
  - *Money is the root of all evil* (notion)
  - *He put **the money** in his pocket* (occurrence effective)

L'élément *money* dans le deuxième énoncé est :
- repéré par rapport au terme origine du procès *He*
- déterminé par rapport à un contexte implicite (cf. *the*)
- localisé à la fois temporellement et spatialement par le procès *put* et la localisation spatiale *in his pocket*.
- **d'un ensemble d'éléments définis** : cf.
  - *There was neither rhyme nor **reason** to his behaviour* (notion)
  - *Every **reason** he gave was convincing* (occurrences effectives)

On parcourt toutes les occurrences de l'élément *reason* dans un ensemble défini *(the reasons he gave)*.
- **d'une ou de plusieurs occurrences de procès sur un axe temporel** : cf.
  - *He **played** the piano* (notion)
  - *He **began to play** the piano* (occurrence effective)

Le marqueur d'inchoation *began* localise le procès sur un axe temporel.
  - *He **danced** and **sang*** (notion)
  - *He **danced** the Highland jig **and then sang** « The Bonnie is over the Ocean »* (occurrences effectives)

Le marqueur de succession *then* et les C_1 *the Highland jig* et *« The Bonnie is over the Ocean »*, impliquent l'actualisation des deux procès et leur insertion dans une chronologie.

Lorsque nous parlons d'**occurrence** sans autre précision il s'agit d'une occurrence effective.

ORIENTATION (du repérage)

Détermination du repère par rapport auquel on localise les éléments d'un énoncé, et **direction** de la relation. Le problème de l'**orientation** du repérage peut intervenir à plusieurs niveaux :

- Dans la **localisation aspecto-temporelle**
  Prenons deux énoncés à titre d'exemples
  - *On Monday, he got up. **The following day** he went out.*
  At the end of the week *he was back at work.*

Le repérage est ici **chronologique**. Il se fait **à partir d'un repère temporel dans l'énoncé** : *on Monday* et suit l'axe temporel du récit.

  - *Il s'est levé et il est parti.*

Le repérage se fait ici par rapport au **moment de l'énonciation**. On considère comme **accomplis à ce moment repère** des procès qui ont eu lieu **antérieurement** au point de référence.

- Dans la **localisation spatiale**
  Si on compare les deux énoncés :
  - *Il y avait un bruit **dans** la cuisine.*
  et
  - *A sound **reached** him **from** the kitchen.*
  on constatera que
  - dans le premier énoncé, il y a **localisation statique** entre deux termes de l'énoncé : *bruit* et *cuisine*
  - dans le deuxième, l'élément *sound* est localisé dans une relation **orientée,** dont
    - **le point d'origine** est *kitchen*
    et
    - **le point d'arrivée** l'élément animé humain qu'implique le pronom *him*

- Dans **l'inter-relation des éléments de l'énoncé**
  Comparons à nouveau deux énoncés :
  - ***Son** histoire me hantait.*
  - *That story **of hers** haunted me.*
  Dans le premier énoncé l'**orientation** du repérage est **ambiguë**. L'élément animé humain qu'implique l'adjectif possessif *son* peut être
  - soit **l'origine** du repérage : *celui **qui** raconte l'histoire*
  - soit **l'objet** de l'histoire : *celui **à propos de qui** on raconte une histoire*
  En anglais cette orientation est explicitée.

- Dans la **relation prédicative**
  Lorsque nous avons un procès et deux termes : (1) et (2)
         (1)   (2)
  - *The policeman chased the robber.*
  on pourra **orienter la relation prédicative**
  - à partir du terme (1) *the policeman* qui constituera le **terme de départ. (Schéma syntaxique actif)**.
  ou
  - à partir du terme (2) *the robber*. C'est celui-ci qui sera alors le **terme de départ**
  - *The robber was chased by a policeman.*
  (schéma de passivation)

ORIGINAIRE (d'un procès)

Terme pris dans une relation de telle façon qu'il constitue l'**origine volontaire, intentionnelle** ou **consciente** d'un procès. Ce terme a nécessairement la propriété **animé** et, dans la majorité des cas, la propriété **animé humain**.

Il peut être à l'origine d'un procès
- soit qui ne comporte pas de terme d'arrivée
  - *John agreed* (verbe intransitif)
- soit qui comporte un terme d'arrivée non modifié par le procès
  - *John played the piano* (verbe transitif)

(Voir également **Agent, déclencheur, source, terme origine**)

PARAÎTRE

Catégorie non-linguistique que nous avons utilisée par opposition à (**être**) faute de terme linguistique adéquat pour affiner les distinctions qui constituent des cas particuliers dans la différenciation entre les modalités assertives. Ainsi lorsqu'une assertion porte sur un élément **animé humain** de l'énoncé, dont on évoque **une propriété, un état intérieur, ou un procès non-actualisé**
- en français on aura souvent **une assertion** ou une **assertion modulée**
- en anglais **une assertion** qui porte sur les **signes perceptibles** de cet état, cette propriété ou ce procès :
  - *Il n'est vraiment pas bien*
  - *He sounds in a bad state*
    (Tintin 7 B.C., p. 39 / L. Lonsdale-Cooper, M. Turner, p. 39)

  - *Ce dernier avait toujours été d'opinions très libérales*
  - *Cottard had always professed very liberal ideas...*
    (A. Camus, *La Peste*, p. 60 / S. Gilbert, p. 49)

  - *He seemed just about to speak to the motionless natives...*
  - *Le prêtre s'apprêtait à interpeller les naturels immobiles...*
    (G.K. Chesterton, *Father Brown*, p. 9 / F. Maury, p. 173)

Le repérage se fait, en français par rapport à l'énonciateur origine qui fait une assertion sur l'« **être** » de l'animé humain. Le repérage se fait en anglais par rapport à la **perception** d'un énonciateur qui ne peut rendre compte que de ce qui lui est **perceptible**, c'est-à-dire du « **paraître** ».

PARALLÉLISME DIFFÉRENTIEL

Mise en parallèle de deux éléments ou de deux propositions qui ont
- une propriété ou un statut **identique,**
- et une propriété **différentielle**.

On constatera souvent que dans ce type de relation
- en français, seule la **coordination** entre les deux éléments ou les deux propositions sera marquée ;

- en anglais, on marquera également ce qui **différencie** les deux termes de la relation.
  - *...les livres qui avaient du succès, et ceux qu'il aimait.*
  - *...the books that were popular, and the ones he liked **personally**.*

  - *Il y avait des étudiants de France et d'Amérique.*
  - *There were students there from France and **more particularly** from America.*

Ces deux énoncés sont calqués sur des exemples authentiques où étaient marqués en anglais
- la différence entre
  - *the books **he** liked*
  - *The books **everyone** liked* (1er énoncé)

  - ***a few** students from France*
  - ***many** students from America* (2e énoncé)

PARCOURS

Le **parcours** au sens où l'entend A. Culioli (que nous différencions de « parcours » avec guillemets) est une opération de **quantification** qui consiste à passer en revue tous les éléments ou toutes les occurrences d'une **classe** ou d'un **ensemble** sans en distinguer aucune. Ainsi, si on dit :
- *He played football **on Saturdays***

on envisage toutes les occurrences possibles de *Saturday* sans en privilégier aucune. Elles sont **substituables** les unes aux autres. Si on dit :
- *Any fool could tell you that*

on prend **n'importe quel élément** ayant la propriété *fool* que l'on pourrait substituer à n'importe quel autre élément ayant la même propriété.

Il faut cependant distinguer l'opération de **parcours** qui s'effectue sur
- une **classe** d'occurrences **possibles** :
  - *He would play football **on Saturdays***

de celle qui porte sur
- un **ensemble** d'occurrences **effectives** et qui peut être en **nombre non-fini** :
  - *He plays football **every Saturday***

ou en **nombre fini** :
  - *He played football **every Saturday last month***

Lorsqu'il s'agit d'occurrences **effectives** il y aura nécessairement une opération de détermination supplémentaire, qui s'ajoutera à l'opération de **parcours** : ex.
- *Each citizen has the right to know the truth*

Il ne s'agit plus ici de n'importe quel élément de la classe des *citizens*, mais de **chacun** des éléments dans un ensemble fini.

Lorsqu'on dit :
- *He buys fresh vegetables **every** day of the year*

la relation he *buys fresh vegetables* est validée pour **toutes** les occurrences de *day* qui s'inscrivent dans l'ensemble fini *year*.

L'opération de **parcours** entre en jeu :

- dans **l'interrogation**

Lorsqu'un énonciateur ne peut pas assigner une valeur particulière à un élément, il a recours à l'opération de parcours. Ainsi dans l'énoncé :
- ***Who** made this cake ?*

Who est un représentant de la classe des *cake makers*. L'énonciateur parcourt toutes les occurrences possibles de la classe et demande au co-énonciateur d'en valider une.

- dans l'**exclamation**

Lorsqu'on dit
- ***How** kind he is !*

on parcourt tous les degrés de *kind* envisageables, sans s'arrêter à aucun et sans établir de limite. De l'impossibilité d'assigner un degré défini, naît la valeur de **haut degré** caractéristique de l'exclamation. (Voir A. Culioli : *A propos des énoncés exclamatifs*).

- dans l'**itération**

Qu'il s'agisse d'une classe d'occurrences possibles, ou d'un ensemble d'occurrences effectives
- *He would come downstairs **at meal times***
- *He came to see me **every day of the week***

la valeur « dite itérative » et la valeur itérative à proprement parler sont liées aux opérations de parcours. Le problème est cependant ici plus complexe dans la mesure où la valeur du procès dépend non seulement de la modalité assertive *(came)* ou non assertive *(would come)* mais du type de parcours effectué sur les occurrences des unités temporelles (*days, meal-times*, etc. : voir **itération**).

« PARCOURS SPATIAL »

Lorsque le terme **parcours** est mis entre guillemets il désigne une opération de **localisation** qui implique un déplacement, à la différence de parcours sans guillemets qui renvoie à une opération de **quantification** (voir ce terme). Nous opposons le « **parcours spatial** » à la **localisation statique**.

- **Localisation statique** : on envisage la **position** d'un élément repéré par rapport à un élément repère.
  - *There **was** a vase **on** the table.*

- « **Parcours spatial** » : on envisage la **position** d'un ou de plusieurs éléments repérés par rapport à un autre, et qui est le **résultat d'un déplacement** ou d'une **distance** ou **surface parcourue ou couverte**.
  - *There was a row of bottles **down the middle** of the table.*
  - *She had a belt tied **round** her waist.*
  - *There were stains **all over** the tablecloth.*

- « **Parcours spatial dynamique** » : on envisage le « parcours » non plus en tant que résultat d'un processus mais dans son **actualisation**
  - *He **walked along** the path.*

- Le « **parcours dynamique** » peut être **orienté** : on envisage un déplacement non seulement dans son **actualisation**, mais en localisant l'élément repéré par rapport à un **repère animé humain**
  - *A sound reached him **from** the kitchen.*

Ces distinctions ont été établies pour rendre compte des différences entre le français et l'anglais dans les cas (fréquents) où une localisation statique en français est rendue en anglais par un « parcours spatial »
- *Il y avait une rangée de bouteilles au milieu de la table.*
- *...**down** the middle of the table.*

- *Elle avait un foulard sur les épaules.*
- *...**round** her shoulders.*

(Voir également **LOCALISATION STATIQUE, DYNAMISME**).

« PARCOURS TEMPOREL »

Alors que le « **parcours spatial** » renvoie à une « distance parcourue », le « **parcours temporel** » renvoie à une « durée parcourue ». Il s'agit, en fait, de deux pendants d'un même phénomène.

Plusieurs cas de figure se présentent. Ainsi le « **Parcours temporel** » peut être
- **Une durée dont le point de départ ou d'aboutissement** est
  - **Le moment de l'énonciation** ou de **l'énonciation rapportée**
    - ***Henceforward** he would live differently.*
    - *He had felt safe **until now**.*
  ou
  - **Un moment repère dans le récit**
    - ***Up till that time** he had taken everything for granted.*

- **Une durée comprise entre deux états**
  - *He **had grown to** love Mary.*
    (état 1 : not love / état 2 : love)
  - *He **had come to** realize the truth.*
    (état 1 : truth not realized / état 2 : truth realized)

- *His mood **gradually changed from** anger **to** compassion.*
  (état 1 : anger / état 2 : compassion)

• **Une durée comprise entre deux procès** envisagés comme des **occurrences sur un axe temporel**
  - *On January 3rd he bought a house. **By the end of the month he had moved in.***

  Le « parcours temporel » entre
  - le repère *January 3rd*
  et
  - le repère *end of the month*

  est explicité grâce à la locution adverbiale *by the end* et au pluperfect *had moved in*. Il s'agit ici de la durée comprise entre le premier procès et le terme atteint du second.

  Comparons cet énoncé avec le suivant où le « parcours temporel » entre les deux repères n'est pas envisagé
  - *Le 3 janvier il acheta une maison. **A la fin du mois il emménagea.***

Le « parcours temporel » peut être explicité ou non dans l'énoncé. Cf.
  - *Il **découvrait** la vérité.*
  - *He **had come to realize** the truth.*

On constate, en effet, fréquemment que seul l'état qui correspond au terme atteint est envisagé en français, alors qu'en anglais on envisage à la fois le processus préalable et l'état résultant. Il s'agit d'un phénomène **aspectuel** dont les marqueurs sont essentiellement d'ordre verbal (p. ex. *pluperfect*), et adverbial (p. ex. *gradually, until then, henceforward*).

PARTICULARISATION

Opération par laquelle on distingue **un élément** (ou groupe d'éléments)

• d'un **autre élément** (ou groupe d'éléments) : cf.
  - *Ils avaient tous les deux des mérites.*
  - *They **each** had **their own particular merits.***

Dans le premier énoncé on attribue à deux éléments une **propriété identique** *(des mérites)*.
Dans le deuxième on **particularise** à la fois chacun des deux éléments *(each)* et les propriétés qui leur sont attribuées *(their own particular merits)*.

• d'une **classe** ou d'une **sous-classe** d'éléments : cf.
  - ***Students** often work during the summer. **The one I mentioned to you** is no exception.*

Dans la première phrase on pose une classe d'éléments *(students)*.
Dans la deuxième on distingue **un élément de la classe** *(The one I mentioned to you)*.

- ou encore par laquelle on distingue **un ou plusieurs éléments déterminés d'un élément ou de plusieurs éléments quelconques** : cf.
  - *Fetch me two stools*
  - *Fetch me two **kitchen** stools*

(Voir également : **NOMBRE**).

PARTICULE ADVERBIALE

Élément qui **modifie la valeur du procès** et qui n'a pas d'autonomie sur le plan syntaxique
  - *He drank **up** the whisky*
  - *He went **off** immediately*

Les particules adverbiales sont à différencier des **prépositions** qui marquent **une localisation,** et qui sont indépendantes du syntagme verbal sur le plan syntaxique
  - *He drank **from** the bottle.*
  - *He went **up** the stairs.*

Les deux peuvent facilement se confondre dans la mesure où les marqueurs sont les mêmes dans les deux cas mais changent de valeur et de fonction syntaxique selon la relation dans laquelle ils sont insérés : Cf.
  - *The house was burnt **down**.* (particule adverbiale)
  - *He went **down** the stairs.* (préposition)

PASSIVATION

• **La passivation** est traditionnellement analysée comme une opération dérivée de la voix active : ex.
  - *John broke the chair*
  - *The chair was broken by John*

Or il est très fréquent que l'**agent** n'apparaisse pas dans l'énoncé. Il n'est pas pertinent alors de reconstruire un agencement actif correspondant : ex.
  - *He was given a fair trial Ø*

• En fait il s'agit d'une opération qui consiste à **orienter la relation prédicative** à partir d'un **terme** qui n'est **pas l'origine du procès,** et qui se traduit en surface par C_0 + auxiliaire + participe passé

• L'orientation de la relation prédicative n'est pas systématiquement la même d'une langue à l'autre. La **passivation** semble en effet être beaucoup plus fréquente en anglais qu'en français. Ce phénomène est lié à des problèmes de **détermination**. Lorsque la prédication ne porte pas sur l'origine de l'action, on aura souvent en français
  - **Une tournure impersonnelle :**
    - *Il faudra l'envoyer chez ses parents*
  - **Un pronom indéfini** en position C_0

- ***On*** *l'a envoyé en colonie de vacances*
- **Un inanimé** ou un **prédicat nominalisé** en position C_o
- ***Une faiblesse*** *la saisit tout à coup*

En anglais on pourra plus difficilement avoir en position C_o un élément indéterminé. La passivation permettra dans de nombreux cas de **prendre comme terme de départ un élément déterminé** et plus particulièrement un élément ayant la propriété **animé humain :** cf.
- ***He*** *will have to be sent home*
- ***He*** *has been sent to a holiday camp*
- ***She*** *was overcome by a sudden weakness*

POINT DE VUE

Terme emprunté à la critique littéraire pour définir un cas particulier de repérage. Lorsque les éléments de l'énoncé sont repérés par rapport à la **perception**
- de l'**auteur** ou du **narrateur**, on l'appelle **point de vue omniscient**,
- d'un **personnage du récit**, on l'appelle **point de vue privilégié**.

En termes linguistiques, il s'agit
- dans le premier cas de **repérage** par rapport à la **perception de l'énonciateur origine**,
- dans le deuxième, de **repérage** par rapport à la **perception de l'énonciateur rapporté**.

PONCTUALITÉ (Voir **PONCTUEL**)

PONCTUEL (Aspect)

Procès envisagé comme **coïncidant** avec **un point distinct** de tous les autres points sur un axe temporel. Ce point peut être
- un repère temporel dans un récit
  - *He hit the ball **at that precise moment***

ou
- le moment de l'énonciation
  - *They are in the hall **right now**.*

L'aspect **ponctuel** peut être marqué par
- des locutions adverbiales (voir exemples ci-dessus)
- le sémantisme du verbe
  - *She **pricked** her finger*
  - *He **kicked** the ball*

Cette définition de l'aspect ponctuel est plus restreinte que celle qui en est généralement donnée, du fait que certaines distinctions apparaissent dans l'analyse contrastive qu'il n'y a pas lieu de faire dans une perspective générale.

Nous différencions l'aspect **ponctuel** de l'aspect **instantané** (procès envisagé comme coïncidant avec un moment qui se trouve en rupture avec un repère préalable sur l'axe temporel).

POSSESSION (relation de)

Relation entre deux éléments :
- l'un, le **repère** a la propriété **animé humain,**
- l'autre, l'élément **repéré** est une **propriété aliénable** de cet animé humain : ex.
- *La maison de Jacques.*

Lorsque l'élément repéré est une propriété inaliénable nous parlons de relation de **propriété.**

POSTPOSITION

Nous avons utilisé ce terme comme le terme **antéposition** pour indiquer l'**ordre d'insertion** dans un schéma syntaxique. L'antéposition indique les éléments placés avant la proposition principale, la **postposition** les éléments placés **après la principale.**

PRÉCONSTRUIT

Un **préconstruit** est un **métatexte** par lequel on **pose préalablement** quelque chose : ex.
- *Donnez moi une tranche de jambon...* **pas trop mince** *s'il vous plait*

La négation implique ici que la norme à laquelle on se réfère est
- *Le jambon se coupe en tranches fines*

Mais à la différence du
- **présupposé** qui n'a pas de statut dans les opérations linguistiques
- le **préconstruit** a un statut théorique. Bien qu'il ne figure pas explicitement dans l'énoncé il entre dans la construction des relations.

Le préconstruit joue un rôle, non seulement dans la **négation** mais dans l'**interrogation**
- *Qui a pris mon crayon ?*

En posant cette question on demande à un co-énonciateur d'assigner une valeur à *qui.* Ce pronom est le représentant de la classe des *« preneurs de crayon ».* Mais pour pouvoir créer cette classe et demander qu'une valeur soit assignée au représentant de la classe *qui,* il faut préalablement avoir construit :
- *Quelqu'un a pris mon crayon*

Les énoncés comportant un terme **thématisé** introduit par *c'est/c'était* portent également la trace d'un préconstruit : ex.
- *C'est à Rennes qu'on va s'arrêter*

Cet énoncé est nécessairement repéré par rapport à un préconstruit tel que
- *On va s'arrêter quelque part.*

Nous utilisons également le terme **préconstruit** pour renvoyer à une donnée ou un contexte **situationnel** dans la mesure où celui-ci constitue un **repère** qui ne figure pas explicitement dans l'énoncé, mais qui entre en jeu dans les opérations linguistiques, ex.
- *C'était à Mégara, faubourg de Carthage, dans les jardins d'Hamilcar.*

(Cf. *exemple cité dans la définition de :* **co-énonciateur**)
Le préconstruit est ici : *il se passait quelque chose quelque part.*
La forme verbale repérée (l'imparfait) et le déictique *c'* sont la trace d'un préconstruit
- *Alice **was beginning** to get very tired of sitting by her sister on the bank...*

(L. Carroll, *Alice in Wonderland*, p. 80)
Cet énoncé implique également un contexte situationnel préalablement construit auquel renvoie la forme verbale repérée : *was beginning.*
L'absence ou la présence d'un préconstruit joue un grand rôle dans l'analyse contrastive du français et de l'anglais (voir **co-énonciateur**).

PRÉDICATION

Opération d'**assertion** par laquelle on attribue une **propriété** au **terme origine** d'une proposition
- *Jean tient une librairie.*

Jean est le terme origine, *tient une librairie* est le prédicat.

Prédiquer, c'est affirmer ou nier quelque chose à propos d'un élément posé.

PRÉDICATION D'EXISTENCE

Dans un **discours** :

• **Un élément indéterminé** ne peut pas constituer le **terme de départ** d'un énoncé qui renvoie à **un contexte particulier**. Ainsi l'énoncé suivant est inacceptable
* - *A bus is coming.*

Pour le rendre acceptable il faudra tout d'abord **poser l'existence** de l'élément *bus*. On pourra alors l'insérer dans d'autres relations :
- *Look ! **There's a bus** coming.*

On indique par cette opération que l'élément *bus* est **actualisé**.

- Lorsqu'un élément indéterminé constitue le terme de départ d'un énoncé de type **générique,** il n'y aura plus lieu de faire une prédication d'existence :
  - *A **bus** can get you there in half an hour.*

L'élément *bus* n'est plus ici actualisé dans un contexte, il représente simplement un **échantillon de la classe** des autobus.

Dans un **récit** :

- Le problème ne se posera pas dans les mêmes termes. Dans la mesure où le contexte est généralement défini par des éléments dans l'énoncé, la détermination contextuelle pourra tenir lieu de prédication d'existence
  - *Car **l'unique compartiment de première classe où je montai** était d'un type ancien [...] Une famille musulmane s'y trouvait installée...*
  (C. Levi-Strauss, *Tristes tropiques,* p. 455)

- Cependant, on constatera que lorsque le terme de départ d'un énoncé est agencé avec un procès faiblement déterminé, la même contrainte que pour le discours s'imposera
  - ***Il y avait un vase** sur la table.*

et non
  - * - *Un vase était sur la table.*

- D'autre part, qu'il s'agisse ou non d'un récit, on constatera une différence très marquée entre le français et l'anglais, quant à l'explicitation ou non d'une **prédication d'existence.** Citons à titre d'exemples quelques unes de ces différences.

On trouvera, en français, des énoncés dont le terme de départ est indéterminé, même lorsque le contexte n'a pas été défini antérieurement :
  - ***Un esprit malicieux** a défini l'Amérique comme un pays qui a passé de la barbarie à la décadence sans connaitre la civilisation.*
  (C. Levi-Strauss, *Tristes tropiques,* p. 106)

Cet énoncé, qui est la première phrase d'un chapitre, a été traduit de la façon suivante :
  - ***Some mischievous spirit** has defined America as a country which has moved from barbarism to decadence without enjoying any intermediary phase of civilization.*
  (J. D. Weightman, p. 93)

Le quantifieur *some* a ici une valeur à la fois de **prédication d'existence** et de reprise. On pose en effet qu'il existe un élément animé humain déterminé mais non identifié, et on dit, à propos de cet élément qu'il a défini l'Amérique...

Lorsqu'un énoncé commence par le **pronom indéterminé** *on* et que l'assertion porte sur le **terme d'arrivée** et non le terme de départ, la traduction anglaise comportera souvent
  - soit une **passivation**
  - soit une **prédication d'existence**

- *Le poste recevait régulièrement des outils : haches, couteaux, clous ; **on** distribuait des vêtements et des couvertures.*
(C. Levi-Strauss, *Tristes tropiques*, p. 174)
- *Tools such as axes, knives and nails, arrived regularly at the outpost. **There were** distributions of clothing and blankets.*
(J. D. Weightman, p. 158)

Voici deux exemples à partir de l'anglais :
- ***There is** too much talk of presentation of food.*
(A. Blake Q Crew, *Great chefs*, p. 50)
- ***On** parle trop de présentation.*
(S. Mayoux, p. 50)
- ***There is** a big exchange in waiters as well.*
(A. Blake Q Crewe, *Great Chefs*, p. 171)
- ***On** échange aussi souvent les serveurs.*
(S. Mayoux, p. 171)

Des éléments ayant la propriété **inanimé** ou des **prédicats nominalisés**, qui sont déterminés par une opération de fléchage
- soit par le contexte préalable
- soit par une relative

constituent fréquemment le **terme de départ** d'une assertion en français. En anglais même lorsqu'ils sont déterminés par un fléchage, on évitera généralement de les mettre en position C_0 :
- ***There was** something almost indescribable in the way he said those last words.*
(A. Christie, *Roger Ackroyd*, p. 73)
- *La manière dont il prononça ces derniers mots était indescriptible...*
(M. Dou-Desportes, p. 106)

Lorsqu'un élément indéfini constitue l'élément repéré dans une **localisation spatiale**, il sera souvent :

- en français : mis en relation avec le repère spatial sans que l'opération préalable soit explicitée.

- en anglais
  - posé explicitement en tant qu'**occurrence**
    - soit par **une prédication d'existence**
    - soit par **un verbe de posture**

  avant d'être localisé spatialement.

  ou
  - posé **conjointement** en tant qu'**occurrence** et en tant qu'**élément repéré spatialement** par un **schéma syntaxique inversé** (complément de localisation spatiale + verbe de posture + élément indéfini), cf.
- *Une autre allée, le long du mur du nord, **disparaît** sous les branches.*
(A. Gide, *La porte étroite*, p. 13)
- *All along the north wall, **there is a second path which disappears** under the foliage.*

(N. Turner, Université Paris VII)

– ...*de gros fruits dans des corbeilles à jour* **s'étageaient** *sur la mousse...*
(*Mme B.*, I, VIII, p. 82)
– *Luscious fruit, set in open baskets,* **stood piled** *on beds of moss.*
(G. Hopkins, p. 58)
(La prédication d'existence : *there is a second path* et le verbe de posture *stood*, ont ici la même valeur : ils soulignent l'occurrence d'un élément dans un contexte)
– *Un grand espace de terrain vide [...] entourait un long bâtiment quadrangulaire...*
(*Mme B.*, II, v, p. 134)
– *In the middle of a large patch of waste land [...]* **stood** *a long, rectangular building...*
(G. Hopkins, p. 121)
(L'élément : *un grand espace de terrain vide,* qui figure en français en position C_o est doublement indéterminé du fait que
– il n'est pas particularisé
– il s'agit d'un élément **inanimé.**
Le fait de le poser en anglais à la fois en tant qu'occurrence et en tant qu'élément localisé spatialement, permet en même temps de le déterminer et d'éviter l'agencement d'un élément inanimé avec un verbe animé). (Voir **animation**).

La présence d'une forme verbale repérée en français peut, tout au moins pour les exemples au passé, expliquer en partie l'absence de prédicat d'existence. Il semble, en effet, que là où en anglais on pose l'existence d'un élément, en français on commente souvent un élément déjà posé par une préconstruction.

PRÉDICATIVE (Relation)

La relation prédicative est la **relation** que l'on construit **entre un terme de départ et un prédicat** ex. :
– *He drives a car* (*He* = terme de départ ; *drives a car* = prédicat)
Il s'agit, en fait, non pas d'une relation mais d'un ensemble de relations entre :
– *He* et *drives*
– *drives* et *car*
– *He* et *car*
– tous les termes de la relation et la situation d'énonciation.

La relation prédicative n'a le statut d'énoncé que lorsqu'elle est elle-même repérée par rapport à l'**origine** que constitue **la situation d'énonciation.** C'est celle-ci qui permet de construire un système de coordonnées
• grâce auquel l'énoncé peut être produit ou reconnu par un énonciateur ou un co-énonciateur

et
• grâce auquel on peut construire ou reconstruire les valeurs référentielles.

La relation prédicative devra être orientée. Cette **orientation** implique le choix d'un **terme de départ.** Cf.

- *Mr Smith* broke the chair
- *The chair* was broken by Mr Smith

L'élément désigné par *Mr Smith* est **agent** dans les deux énoncés mais constitue le **terme de départ** dans le premier énoncé seulement.

Dans une structure disloquée, la **relation prédicative** n'intervient que lorsqu'on a préalablement posé **un** ou **plusieurs repères** qui peuvent coïncider ou non avec le terme de départ. Cf.
- *Jean, il m'a conseillé de partir* (coïncidence)
- *Moi, mon médecin, il m'a conseillé de partir*
(*Moi* / *il* : non-coïncidence
mon médecin / *il* : coïncidence)

Le terme de départ est alors lui-même repéré par rapport à ces repères.

Nous établissons une distinction entre
- **relation prédicative** : relation entre les termes constitutifs d'une proposition

et
- **relation inter-propositionnelle** : relation entre deux ou plusieurs propositions. Les termes de la relation peuvent être
  - les propositions dans leur ensemble, ou
  - des éléments appartenant à chacune d'entre elles.

PRINCIPALE (forme verbale)

Forme verbale indépendante qui peut à elle seule marquer toute l'activité verbale d'un énoncé
- *He led her into the room.*

par opposition à **forme verbale secondaire** : forme verbale qui dépend d'une forme verbale principale
- *Taking her by the arm, he led her into the room.*

Lorsque nous avons
sur le plan syntaxique une **forme verbale principale**, elle correspond
- **sur le plan des relations**, à un **procès repère**, et
- **sur le plan aspectuel**, à une **valeur aoristique**, c'est-à-dire une valeur de **non-repérage par rapport à l'énonciation**. Les procès aoristiques sont envisagés **globalement** et non selon une étape particulière de leur processus.

Certaines formes verbales, telles que l'**imparfait, le passé composé, le plus-que-parfait,** peuvent à elles seules marquer toute l'activité verbale d'une proposition. Elles ne nous semblent pas pour autant indépendantes. Lorsque les procès qu'elles expriment ne sont pas repérés par rapport à un procès antérieur dans l'énoncé, ils seront néanmoins dépendants d'une donnée situationnelle par rapport à laquelle ils sont repérés.

(Voir également : **FORME VERBALE SECONDAIRE**)

PRINCIPALE (Proposition)

Proposition qui ne dépend pas d'une autre proposition dans le découpage syntaxique d'une phrase. Ainsi dans l'exemple
- *Je pousse la porte, qui cède silencieusement.*
(A. Gide, *La porte étroite*, p. 25)
Je pousse la porte est la proposition principale,
qui cède silencieusement est la proposition subordonnée qui en dépend.

Au sens strict, lorsqu'il n'y a pas de proposition subordonnée :
- *Ma tante elle-même rit aux éclats.*
on appelle la proposition une **indépendante**. Dans la mesure où cette distinction n'a cependant pas d'incidence sur les problèmes théoriques que nous avons envisagés, nous n'avons pas systématiquement fait la distinction.

Lorsque nous avons
sur le plan syntaxique une proposition principale, celle-ci ne correspond pas nécessairement **sur le plan des relations** à la **proposition repère :** ex.
- ***When the train went off, I** went home.*
C'est la proposition temporelle : *When the train went off* qui est ici la proposition repère, la proposition principale *I went home* étant la proposition repérée.

Mis à part les propositions temporelles (lorsqu'elles ont le statut de **repère**), la coïncidence entre **proposition principale** et **proposition repère** est cependant fréquente en anglais et explique dans de nombreux cas :
- la transformation de propositions subordonnées en principales
et
- l'intégration d'éléments adjoints à la principale, dans le passage du français vers l'anglais :
    - *Thérèse verse dans l'eau le chloroforme dont le nom, plus familier, lui fait moins peur parce qu'il suscite des images de sommeil.*
(F. Mauriac, *Thérèse Desqueyroux,* p. 140)
    - *Thérèse poured the chloroform into the glass. Its name was familiar. It conjured up a picture of sleep, and so was the less terrifying.*
(G. Hopkins, p. 90)

PROCÈS

Ce que désigne un **syntagme verbal**. On divise souvent les procès en deux types
- **État** (procès n'ayant pas de déroulement)
- **Processus** (procès ayant un déroulement)

En fait ces catégories, auxquelles nous avons parfois recours dans la mesure où elles sont commodes pour établir certaines distinctions, masquent la complexité du problème (voir **état** et **processus**).

Nous établissons une distinction entre :
- **les procès repères**

procès qui du point de vue des relations inter-propositionnelles ont un statut indépendant : ex.
- *Injun Joe* **put** *his hand on his knife,* **halted** *a moment, undecided, and then* **turned** *towards the stairway.*
(M. Twain, *Tom Sawyer*, p. 143)
- *Furieux, Obélix* **bondit** *en avant. D'un geste, le Germain* **s'empare** *de son bras et le* **soulève.**
(*Les 12 travaux d'Astérix*, p. 23)
- *Mais Phileas Fogg les avaient déjà repoussés, quand la scène* **changea** *soudain. Un cri de terreur* **s'éleva.** *Toute cette foule se* **précipita** *à terre, épouvantée.*
(J. Verne, *Le Tour du monde en 80 jours*, p. 112)

- **et les procès repérés**

procès qui sont repérés dans la relation inter-propositionnelle par rapport à un procès repère, et par rapport à
  - l'ensemble du contexte, ou
  - un élément du contexte dans lequel s'inscrit le procès repère.

Ce contexte peut être explicité dans l'énoncé, ou situationnel
- *Vacation* **was approaching.** *The schoolmaster, always severe, grew severer and more exacting than ever...*
(M. Twain, *Tom Sawyer*, p. 117)
(repère = contexte situationnel)
- *En ce moment, la foule s'ébranla. La jeune femme* **était retombée** *dans cette torpeur provoquée par les fumées du chanvre.*
(J. Verne, *Le Tour du monde en 80 jours*, p. 112)
- *Le colonel lança une bordée de jurons,* **s'en prenant** *à la compagnie,* **s'en prenant** *au conducteur, et Passepartout, furieux,* **n'était** *pas loin de faire chorus avec lui.*
(*Ibid.*, p. 216)

Les procès qui ont le statut de **repères** dans la relation inter-propositionnelle ne sont pas liés au plan de l'énonciation.

Les procès qui sont **repérés** dans la relation inter-propositionnelle sont au contraire liés au plan de l'énonciation.

Un procès est le plus souvent exprimé par un syntagme verbal :
- *The church bells* **were ringing.**

mais il peut également être réalisé par un prédicat nominalisé :
- *J'entendais* **le tintement** *de la cloche.*

PROCESSUS

Déroulement d'un procès, ce qui implique le **passage d'un état$_0$** à un **état$_1$**
- *Mary **opened** the chest.*
par opposition à
- *The chest **was open**.*

Bien qu'un processus n'ait pas nécessairement comme origine un terme ayant les propriétés **animé humain** et **volition,** lorsque nous utilisons le terme **verbe de processus** dans la catégorisation verbale, nous entendons **verbe d'action** par opposition à **verbe d'état.** Dans la majorité des cas un processus implique effectivement un terme origine **animé humain** et la volition de ce terme. Nous utilisons le terme verbe d'action au sens large d'**action** ou **activité.**

PROCESSUS STABILISÉ

- État qui est l'aboutissement d'un processus. On envisage uniquement l'**état stabilisé** et non le processus préalable
  - *He **is rid** of him*
par opposition à

- **État résultant :** procès qui est également l'aboutissement d'un processus. On envisage cette fois non seulement l'état résultant mais également le processus antérieur
  - *He **has got rid** of him.*
  (Voir C. Fuchs, A.M. Léonard : bibliographie)

La distinction entre les deux peut être pertinente pour certains problèmes et plus particulièrement dans le cadre d'une analyse contrastive lorsqu'on compare
- l'actualisation relative des procès d'une langue à l'autre;
ou
- la mise en valeur ou non de la relation inter-procès : cf.
  - *Rieux lui-même, **rassuré** par une lettre de sa femme, descendit chez le concierge avec légèreté.*
    (A. Camus, *La peste*, p. 27)
  - *Rieux, too, was in an optimistic mood when he went down to see the door-porter; **he had been cheered up** by a letter from his wife...*
    (S. Gilbert, p. 20)
  - *Le docteur Rieux **en était là** de ses réflexions quand on lui annonça Joseph Grand.*
    (A. Camus, *La peste*, p. 47)

- *The doctor's musings **had reached this point** when the visit of Joseph Grand was announced.*

(S. Gilbert, p. 38)

Dans chacun de ces deux exemples, nous avons
- un processus stabilisé en français

et
- un état résultant dans la traduction anglaise.

PROPRIÉTÉ ANIMABLE

Sous-catégorie de **propriété inhérente.** La propriété **animable** est une **propriété de l'animé humain ou non-humain.** Cette propriété est
- localisée par rapport à l'élément **animé** dans une relation **partie-tout**
  - *Les yeux de Marie.*
- **inaliénable**
  - *La main de Marie.*
  (mais pas : *Le chapeau de Marie*).
- susceptible de « **mobilité** » (due à la volition de l'**animé repère**)
  - *Main, yeux, patte.*
  (mais pas : *nez, oreille, cheveux,* qui sont des propriétés **non-animables**).

PROPRIÉTÉ NON-ANIMABLE (Voir **PROPRIÉTÉ ANIMABLE**)

PROPRIÉTÉ INALIÉNABLE (Voir **PROPRIÉTÉ INHÉRENTE**)

PROPRIÉTÉ INHÉRENTE

Nous appelons **propriété inhérente,** les parties non-dissociables d'un élément ayant la caractéristique **animé humain** ou **non humain,** p. ex.
- *main, cou, yeux, queue.*

Nous appelons également ces propriétés des **propriétés inaliénables,** par opposition à **aliénables,** p. ex.
- *Les bras de Marie* (inaliénable)
- *Le chapeau de Marie* (aliénable).

(Voir **PROPRIÉTÉ ANIMABLE**)

PROPRIÉTÉ (Relation de)

Relation de repérage dans laquelle

- **Le repère** est
  - soit un élément **animé**
  - soit un élément **inanimé**
- l'élément **repéré**
  - soit un **attribut** ⎫
  - soit une **partie**   ⎬ de l'élément **repère**
    - *Joan's voice, John's eyes, the folds of the curtain, the roots of the tree.*

Lorsque le repère est un élément **animé,** nous parlons généralement
- de la relation de **propriété**

Lorsque le repère est un élément **inanimé** nous parlons :
- soit de la relation de **propriété**
- soit de la relation **partie** / **tout**
                  (repérée) (repère)
- soit encore de la relation **composant** / **composé**
                                 (repère)   (repéré)

Une propriété repérée par rapport à un élément animé humain peut être
- **inaliénable**
  - animable
  ou
  - non animable
- **aliénable** (Voir ces termes)

PROSPECTIF (Aspect)

Procès envisagé comme **ultérieur au moment repère**
- de l'**énonciation**
  - *That remains to be seen.*
  ou
- de l'**énonciation rapportée**
  - *He assumed the event was soon to take place.*

Dans la mesure où l'**aspect prospectif** met en jeu un procès qui n'a pas encore été réalisé, il est directement lié à la **catégorie des modalités.**

RÉCIPROCITÉ

Relation de repérage à **double orientation** entre deux éléments, ayant généralement la propriété **animé humain,** qui sont chacun à la fois
- point de repère

et
- élément repéré
  - *They sent **each other** gifts.*

C'est le pronom composé *each other* qui marque la relation de **réciprocité.**

RÉCIT (Voir **DISCOURS**)

RÉEL (Catégories du)

Les catégories du réel renvoient à des ensembles
- d'éléments
- de propriétés

où

- de situations

dans l'**extra-linguistique,** ayant des propriétés communes
- Éléments **animés** par opposition à **inanimés**
   - *dogs / books*
- Propriétés **mélioratives** par opposition à propriétés **minoratives**
   - *kindness, courage / cruelty, greed*
- Situations **hypothétiques** et situations **attestées**
   - *the man he imagined / the man he saw*

RÉFÉRENCIATION

Relation construite par un énonciateur entre
- **un énoncé**

et

- **un événement, une situation,** ou **un état**

Il n'y a pas de correspondance terme à terme entre un énoncé et la réalité extra-linguistique. L'énonciateur qui **produit** l'énoncé met en jeu un agencement d'éléments linguistiques dans le but de signifier. Le co-énonciateur construit à partir de cet énoncé un **système de coordonnées** grâce auxquelles il reconstruit les **valeurs référentielles** de l'énoncé.

RÉFLEXIVE (Opération)

Opération par laquelle se traduit le mode d'énonciation de type **commentaire** (voir ce terme). Il s'agit d'une opération qui implique
- un premier élément

ou

- une première proposition

qui a le statut de **repère.**

L'opération **réflexive** est une opération de repérage qui suppose la reprise d'éléments déjà posés
- soit explicitement dans l'énoncé
- soit dans un contexte situationnel.

Les marqueurs de cette opération sont :
- les **formes verbales secondaires**
  - *Il prit la décision de partir. Il **avait** longuement **réfléchi**.*
- les **propositions subordonnées**
  - *Elle nous préparait une fête **dont** nous nous faisions une joie.*
- les **adjectifs ou pronoms démonstratifs** reprenant un élément ou une proposition repère
  - *Les cigarettes, **c'**est mauvais pour la santé.*

et supposent nécessairement une prise en charge par l'énonciateur.

RÉFLEXIVITÉ (Voir **RÉFLEXIVE**)

RELATION

Pour les relations suivantes, voir les termes indiquant la nature de la relation :
anaphorique, associative, de but, de composition, conjonctive, cumulative, de destination, différentielle, directe, disjonctive, énonciative, d'identité, indirecte, instrumentale, intersubjective, de possession, prédicative, de propriété, de représentation, de rupture, de séquence.

RELATION FORTE

Nous utilisons cette expression pour indiquer
- **Le degré de dépendance** entre
  - deux termes

ou
  - un terme et un relateur

Ainsi la relation entre le **terme origine** et le **procès** sera **plus forte** lorsque le terme origine est **agent** et non source du procès : cf.
- *John **broke** the chair* (John = agent)
- *John **broke** his leg* (John = source)

- **La relation la plus fondamentale** lorsque nous sommes en présence de deux relations. Ainsi dans l'énoncé suivant :
  - *He gave Joan a present.*

la relation entre les deux éléments les plus déterminés (c'est-à-dire désignant les animés humains) est plus forte que celle entre le terme origine et l'élément inanimé *present*.

RELATIVE (Proposition)

Proposition subordonnée comportant un **pronom relatif** qui reprend **anaphoriquement** un élément préalablement déterminé :

- *La barbue, **qui est de la même famille que la sole**, se classe parmi les poissons fins.*

Le pronom **relatif** représente une classe d'éléments imaginaires. Il a en ceci la même valeur que le pronom **interrogatif**, cf.
- ***Qui** a pris mon crayon ?*

Mais alors qu'une valeur définie ne peut être assignée au pronom interrogatif que par un co-énonciateur, p. ex.
- *C'est **Jean** qui l'a pris.*

dans une **relative** c'est grâce à l'**identification** avec un **antécédent** déterminé qu'une valeur est assignée
- *Jean, **qui** a pris mon crayon...*

La relative peut être
- **Déterminative**
  - *La lettre **qu'il m'a envoyée** n'est pas datée.*

L'**élément identifié** est alors **repéré** par rapport à une **classe d'éléments**, dont il constitue un **élément extrait** c'est-à-dire : parmi les éléments de la classe des lettres on extrait un élément : *la lettre qu'il m'a envoyée.*
ou
- **Non déterminative**
  - *Jean, **qui venait d'arriver**, se servit à boire.*
  - *She left without saying a word, **which surprised us all**.*

Dans ce cas, c'est la **relative** qui est **repérée**
- par rapport à **un élément** de la proposition principale
  (1ᵉʳ exemple : l'élément désigné par *Jean*)
- par rapport à l'**ensemble** de a proposition principale
  (2ᵉ exemple : *She left without saying a word*)
  (Voir C. Fuchs, J. Milner, P. Le Goffic : bibliographie)

La relation de la **relative** avec la principale est différente dans les deux cas.

La relative déterminative est **intégrée** à la proposition principale et constitue avec l'antécédent un **groupe nominal.**

La relative non-déterminative se trouve par rapport à la principale dans une **relation de dissociation** et correspond à une **nouvelle opération.**

Les conditions d'apparition des relatives dans l'activité langagière sont différentes en français et en anglais.
- **Suppression de la relative en anglais**
  - *Et cette porte **qui ne veut pas s'ouvrir** !*
    (*Tintin Le crabe aux pinces d'or*, p. 44)
  - *This wretched door won't open !*
    (L. Lonsdale-Cooper, M. Turner, p. 44)
  - *Thérèse, **qui avait courbé la tête**, la relevait maintenant et observait Marie.*
    (F. Mauriac, *La fin de la nuit*, p. 39)
  - *Thérèse had lowered her eyes, but now she straightened herself and looked at Marie.*
    (G. Hopkins, p. 183)

en revanche
- **Transformation en relative en anglais**
  - *Rivière, responsable du réseau entier, se promenait de long en large...*
                                    (A. de St Exupéry, *Vol de nuit*, p. 27)
  - *Rivière, **who was responsible for the entire service**, was pacing to and fro...*
                                                          (S. Gilbert, p. 24)

REMÉMORATION (Verbes de)

Verbes exprimant un procès qui implique la **reconstitution** d'un élément ou d'une situation **par la mémoire**
- *To remember, to recall, se rappeler, se souvenir*

Nous ne tenons pas compte ici d'autres usages possibles pour certains de ces verbes : ex.
- *Remember to post my letter.*

(Voir également **ÉNONCIATEUR RAPPORTÉ**)

REPÉRAGE, REPÈRE, REPÉRÉ

Le **repérage** est une relation que l'on construit entre :
- **Deux termes linguistiques**
  - **un terme repère**
  - **un terme repéré**
- ou entre **plusieurs termes** repérés les uns par rapport aux autres.

La valeur d'un terme repéré sera déterminée en fonction de sa mise en relation avec un terme repère :
- *Jean a déplacé **son** piano*

Le terme *piano* est déterminé grâce à sa mise en relation avec
- le terme origine : *Jean*

et
- les relateurs : *a déplacé* et *son*

La relation de **repérage** intervient à **plusieurs niveaux**

- **Entre la situation d'énonciation et la relation prédicative**
  Lorsqu'on dit :
  - *Tu m'as raconté des histoires*

on établit
  - une relation de **différence** entre le sujet de l'énoncé : **Tu** (terme repéré) et le sujet énonciateur (terme repère)
  - une relation de **coïncidence** entre le terme désigné par le pronom **m'** (terme repéré) et le sujet énonciateur (terme repère)

- une relation entre le procès et le moment repère de l'énonciation. Le procès est repéré comme étant accompli au moment repère.

Lorsqu'on pose **un repère** dans une structure disloquée :
- *Toi, Tu m'as raconté des histoires*

on repère le terme *Toi* par rapport à la situation d'énonciation. Ce terme sert ensuite de **repère constitutif** par rapport auquel le **terme de départ** et l'ensemble de la **relation prédicative** sont repérés.

- **Entre les termes de la relation prédicative**
  - *He signed the contract*
  - Le terme repéré *contract* est défini
    - par un **fléchage** : opération de repérage par rapport à un **contexte**, dont le marqueur *the* est la trace,
    - par sa mise en relation avec **le terme repère** *He* origine de la relation prédicative.

- **L'orientation** de la relation prédicative est déterminée par le choix du repère, qui sert de terme de départ : cf. l'exemple ci-dessus avec le suivant
  - *The contract was signed last night*

Dans la structure passive, c'est le terme *The contract* qui sert de repère.

Ces repérages entre les termes de l'énoncé que l'on appelle également des **localisations,** sont complexes, dans la mesure où plusieurs relations s'imbriquent fréquemment. (Voir également **localisation**).

- **Entre les termes de la relation inter-propositionnelle**
  La relation peut se situer
  - **entre les propositions**
    - *When the clock struck nine, Joan went off to bed*

La proposition : *Joan went off to bed* est ici le terme repéré et *When the clock struck nine* le terme repère.
  - **entre une proposition et un élément d'une autre proposition**
    - *Jean, qui s'était couché tard, a eu du mal à se lever*

La relative : *qui s'était couché tard* est ici la proposition repérée, et *Jean* le terme repère.
  - **entre certains éléments de chacune des propositions**
    - *Tom did play hookey, and he had a very good time*
                              (M. Twain, *Tom Sawyer*, p. 12)

Le terme *he* est ici repéré anaphoriquement par rapport au terme repère *Tom*, dans la proposition précédente.

Il n'y a pas nécessairement de correspondance entre
- **le statut syntaxique** d'un terme

et
- **le statut** de ce terme, **dans la relation.**

Ainsi dans notre premier exemple, la proposition : *Joan went off to bed* est
- **Proposition principale** dans l'agencement syntaxique
- **Proposition repérée** dans les relations inter-propositionnelles.

Le statut de repère n'est **pas un statut fixe.**

Ainsi que nous l'avons vu avec l'exemple : *Toi, tu m'as raconté des histoires,* le terme *Toi*
- est d'abord repéré par rapport à la situation d'énonciation, et
- devient ensuite lui-même un terme repère.

De même dans l'énoncé
- *Marie rangea le gilet dont elle avait recousu la poche*

le terme *gilet* est
- **repéré** par rapport au **terme de départ de la relation prédicative** *Marie*
- **repère** dans la **localisation partie/tout** *la poche* étant l'élément **repéré**
- **repéré** dans la **relation inter-propositionnelle** par rapport à la relative *dont elle avait recousu la poche,* qui le différencie d'un ensemble, et le détermine donc par une propriété différentielle (s'il s'agissait d'une relative non-déterminative le terme *le gilet* jouerait au contraire le rôle de **repère**)

REPRÉSENTATION (Relation de)

Relation de repérage dans laquelle l'élément repéré désigne ou représente l'élément repère
- *It was **a photo of John.***

Photo est l'élément repéré (qui **représente**), et *John* est l'élément repère (qui est **représenté**).

RÉVOLU

Lorsque la valeur d'une forme verbale implique que
- le procès a **atteint son terme**

et
- qu'il est nécessairement de ce fait **en rupture avec le moment de l'énonciation**

nous parlons du **caractère révolu** du procès.

Nous établissons cependant une distinction entre
- un **procès révolu**

et
- un **procès accompli**

Cf.
- *Elle **se leva** et se dirigea vers la porte.*
- *Elle **s'était levée** et se dirigea vers la porte.*

Dans le premier énoncé nous avons un **passé simple**, forme verbale qui implique nécessairement que le procès soit **révolu**, c'est-à-dire que **la borne de droite soit fermée,** mais le procès est envisagé **globalement** et non par rapport à son terme atteint.

Dans le deuxième énoncé, nous avons un **plus-que-parfait**. Le procès est ici envisagé selon l'**aspect d'accompli**, c'est-à-dire du point de vue du **terme atteint**.

Lorsque nous parlons de l'**aspect révolu**, nous entendons un procès qui est envisagé essentiellement comme étant **révolu au moment de l'énonciation**
– *He used to live in London.*
Il y a ici mise en valeur du caractère révolu du procès et non localisation temporelle.

RUPTURE (Relation de)

La relation de **rupture** peut intervenir à deux niveaux
• **Rupture** avec le **plan de l'énonciation**
Nous parlons de **rupture** lorsque le système de repérage adopté est **incompatible** avec le **plan de l'énonciation**. Il s'agit alors de la valeur de rupture telle qu'elle est définie par J.P. Desclés (voir bibliographie) ex.
– *Mr Fogg et ses compagnons **attendirent** la nuit. Dès que l'ombre se fit, vers six heures du soir, ils **résolurent** d'opérer une reconnaissance **autour de la pagode**.*
(J. Verne, *Le tour du monde en 80 jours*, p. 108)
Tous les éléments soulignés sont définis **contextuellement**. Les traces de repérage sont :
– le nom propre : *Mr Fogg*
– les adjectifs possessifs et pronom 3e personne : *ses, ils*
– les verbes au passé simple : *attendirent, se fit, résolurent*
– les locutions adverbiales de localisation spatio-temporelle : *vers six heures du soir, autour de la pagode.*
Le système de repérage est ici en **rupture** avec le domaine de l'énonciation.

A la différence de l'exemple ci-dessus, l'énoncé suivant est repéré **situationnellement** :
– « *Vous croyez donc maintenant à ce singulier voyage autour du monde ?* »
(*Ibid.*, p. 137)
Le point de référence par rapport auquel sont définis ici les éléments soulignés est représenté par
– **Le sujet énonciateur :** par rapport auquel sont définis
  • le sujet de l'énoncé (pronom personnel et marqueur verbal de 2e personne : *vous croyez*)
  • le C_1 : *ce voyage* (déictique *ce*)
– **Le moment de l'énonciation**
  Localisation temporelle : (adverbe *maintenant* et temps présent : *vous croyez*)
Tous ces éléments sont définis
– non plus dans une relation de **rupture**, mais
– dans une relation soit d'**identification** soit de **différence**, par rapport à la situation d'énonciation.

En fait, le plus souvent, les deux types de repérage jouent à la fois.

- **Rupture dans la relation inter-procès**

Nous parlons également de **rupture** lorsqu'une ordonnance **chronologique** de procès est interrompue par un **changement dans le système de repérage** : ex.
- *Elle* **se mit** *à réfléchir.* **A la fin** *de la soirée sa décision* **était prise.**
- *Mr Fogg* **acquitta** *les droits de visa, et* **après avoir** *froidement* **salué,** *il* **sortit.**

(*Ibid.*, p. 72)

Dans ces exemples nous avons :
- soit un, soit deux procès envisagés comme **occurrences sur l'axe temporel** du récit
    - *se* **mit** *à réfléchir* / **acquitta** *les droits* / **sortit**

et
- un procès envisagé comme **état** ou comme **état résultant**
    - **était** *prise* / *après* **avoir salué**

Il y a donc **interruption de la chronologie** dans la relation inter-procès.

En anglais on supprimera fréquemment cette **rupture**
- soit en déterminant le « **parcours temporel** » (voir ce terme) entre deux repères dans la chronologie grâce au choix de la forme verbale ou du sémantisme et/ou de marqueurs de relation inter-procès
    - *She started thinking* **and by the end** *of the afternoon, her decision* **had been taken**
- soit en **rétablissant une suite ordonnée** de procès grâce à un système de repérage uniquement **contextuel**
    - *Mr Fogg paid the customary fee, coldly* **bowed,** *and went out...*

(traducteur non mentionné, p. 36)

SCHÉMA

Nous utilisons ce terme dans le sens d'« ordonnance syntaxique ». (Pour le terme **schéma de passivation,** voir **passivation** pour **schéma canonique,** voir **canonique**).

SECONDAIRE (forme verbale)

- Marqueur en surface d'un **procès repéré,** le **procès repère** étant marqué par une **forme verbale principale.**
- Alors que la forme verbale principale est **indépendante,** la forme verbale secondaire est **dépendante.** Elle renvoie à un contexte et peut
    - dépendre d'une forme verbale principale **explicitée** dans l'énoncé
        - **Ayant subi** *un affront,* **il décida** *de partir.*
    - ou marquer uniquement un procès repéré par rapport à un **contexte situationnel**

- *Tu avais promis de venir.*
- Un procès à forme verbale secondaire marque une **désactualisation** dans la **relation inter-propositionnelle**. Celle-ci peut être plus ou moins marquée : cf.
  - *Il avait réglé le problème. Il s'en alla.*
  - *Ayant réglé le problème, il s'en alla.*
  - *Le problème réglé, il s'en alla.*
- Sur le plan **aspectuel** un procès à forme verbale secondaire, est envisagé
  - soit en tant que procès **n'ayant pas atteint son terme**
    - *He was jumping over a stile.*
  - soit en tant que procès **accompli**.
    - *He had jumped over a stile*

et implique une prise en charge par l'**énonciateur**.

SÉQUENCE (Relation de)

A la différence de
- **La relation chronologique,** qui suppose une suite de procès ordonnés de telle façon qu'ils se suivent sur l'axe temporel auquel réfère un récit :
  - *A 8 h il se leva, à 9 h il sortit, à midi il rentra chez lui*

mais sans que les procès soient nécessairement repérés les uns par rapport aux autres,
- **La relation de séquence** suppose une relation inter-procès. Cette relation peut impliquer une suite chronologique mais ce n'est pas nécessairement le cas :
  - *He got up, **then** he rang up his son, **but** he dialled the wrong number **and consequently** found no one at home.*

Nous avons ici
  - une relation temporelle (*then*)
  - une relation de rejet (*but*)
  - une relation de conséquence (*consequently*)

Même lorsque la relation inter-procès implique une chronologie, ce n'est pas l'**ordre** des procès qui importe, mais leur **inter-relation.**

SIMULTANÉ (Aspect)

Procès envisagé dans sa coïncidence temporelle avec un autre procès
  - *A l'instant même où il franchit le seuil, **une voix le rappela***
  - *He decided to call a cab but **just then** the bus came into sight*
  - *The flames darted out and **the roof fell in at the very same moment***

SIMULTANÉITÉ (Voir **SIMULTANÉ**)

SITUATION

    Terme qui renvoie au **domaine extra-linguistique** et qui implique un ensemble de coordonnées permettant de situer un événement (au sens large) de telle façon que celui-ci soit défini, par exemple par rapport à :
- une **origine**, et
- un espace **spatio-temporel**
  - *John put a vase on the table*

a la différence de
  - *Children learn more quickly than adults*

où on définit, non plus
- un événement ou un état particulier situé par rapport à des repères

mais
- une **propriété**, qui n'est pas rattachée à des circonstances particulières.

    Sur le plan **linguistique** une situation s'exprime par un **contexte**. Cependant le terme **contexte** étant souvent difficile à manier stylistiquement, nous nous sommes trouvé à plusieurs reprises dans l'obligation d'avoir recours au terme **situation** en lui donnant abusivement un statut linguistique : ainsi, on peut difficilement parler d'un **contexte repère,** nous avons donc eu recours à l'expression **situation repère**. (Voir ce terme).

SITUATION DOMINANTE

    Terme qui renvoie à la valeur référentielle d'une proposition qui constitue le **repère** dans la relation **inter-propositionnelle**
- *Après un long voyage, qui l'avait éprouvé au delà de ses forces,* **Jean arriva à Toulouse,** *où l'attendait toute sa famille.*

La proposition principale : *Jean arriva à Toulouse* renvoie ici à la situation dominante. Au niveau des **relations constitutives** de l'énoncé, il s'agit de la **proposition repère**.

SITUATION REPÈRE

    Nous utilisons le terme **situation repère** pour indiquer une proposition qui a un statut de repère dans la relation inter-énoncés, mais qui dans la relation inter-propositionnelle au sens restreint (propositions dans une même phrase) peut ne pas coïncider avec la proposition repère : ex.
- *When Paul arrived,* ***he and Mary left for the station.*** *They got there at half past nine and were just in time to catch their train.*

La proposition *he and Mary left for the station* est repérée par rapport à la proposition temporelle *When Paul arrived,* dans la relation inter-propositionnelle, et devient ensuite repère au même titre que les deux propositions suivantes dans la relation inter-énoncés. Bien que le terme **situation** renvoie au sens strict à l'extra-linguistique, lorsque nous l'utilisons conjointement avec le terme **repère** nous lui donnons un statut linguistique. Nous évitons ainsi de parler de proposition repère, pour une proposition qui a le double statut : **repère** et **repéré**.

SOURCE (d'un procès)

        Origine non-volontaire d'un procès qui peut être
- **un terme inanimé**
  - *The **smoke** rose up from the chimney.*

ou

- **un terme animé** pris dans une relation de telle façon que sa volition n'est pas mise en jeu
  - ***John** fell down the stairs.*

Lorsqu'un terme ayant la propriété **inanimé** est à l'origine d'un **procès** qui a généralement un **animé humain** comme origine nous parlons de **déclencheur** (voir ce terme).

STATIQUE (LOCALISATION)

        Sous-catégorie de la **localisation spatiale.**
Par **localisation statique,** nous entendons une relation de repérage entre un élément repéré et un élément repère, dans laquelle on envisage uniquement la **position** d'un élément par rapport à l'autre
- *The vase **was on** the table.*
- *The broom **was in** the cupboard.*

Nous opposons ce type de **localisation** à celles qui impliquent un « **parcours spatial** » ou un « **parcours spatial dynamique** » (voir **DYNAMISME**).

STRUCTURE DISLOQUÉE

        On parle de **structure disloquée** lorsque
- on pose un premier repère,

et
- ensuite on introduit une relation prédicative
  - *Cette décision, elle m'étonne.*

Le **terme de départ** de la relation prédicative coïncide souvent avec le premier **repère**, cf. exemple ci-dessus, mais ce n'est pas nécessairement le cas
— *Ma fille, il l'a réveillée.*
La relation prédicative peut précéder le terme posé
— *Ils sont fous, ces romains.*
(*Astérix légionnaire*, p. 20)

Il semble que ce soit alors la relation prédicative qui joue le rôle de repère, mais on peut également considérer qu'il y a un repérage circulaire, le repère devenant à son tour repéré.

SUJET (Voir C$_o$)

SUPPOSITION (Verbes de)

Verbes exprimant un procès qui **pose à titre d'hypothèse** l'occurrence ou la non-occurrence d'un autre procès :
— *To suppose, to imagine, to take it (that)*

L'occurrence ou la non-occurrence du procès **supposé** peut être
- **Antérieure** au moment de la supposition
  — *He supposed **she had signed the petition.***
  (L'antériorité découle ici de l'aspect d'accompli)
- **Concomitante** au moment de la supposition
  — *He supposed **she was signing the petition.***
- **Ultérieure** au moment de la supposition
  — *He supposed **she would sign the petition.***

SYNTAGME

Ce terme s'applique généralement à un élément ou à un groupe d'éléments formant une unité dans la chaîne syntaxique.

Lorsqu'il s'agit
- d'un **nom** : *Jean*
- d'un **nom** + déterminant : *Le chien*
- d'un **nom** + éléments de localisation : *Le chien de ma voisine.*

on l'appelle **syntagme nominal**. Du fait que l'analyse contrastive nécessite souvent un découpage en unités plus fines, nous réservons cependant le terme **syntagme nominal** (abréviation S.N.) à **un seul élément** (avec ou sans déterminant) : *Jean/Le chien*, et nous appelons **groupe nominal**, un **nom** + éléments de localisation : *Le chien de ma voisine.*

De même lorsque nous utilisons le terme **syntagme verbal** (abréviation S.V.), nous entendons uniquement **un verbe**

ou
- simple : *Elle chante*
- composé : *Elle a chanté / Elle a entendu chanter*

mais non un verbe + complément :
- *Elle a chanté une berceuse.*

Nous parlerions ici d'un **syntagme verbal** *(a chanté)* + **syntagme nominal** *(une berceuse)* ou d'un **groupe verbal**.

TEMPS

Il faut distinguer clairement entre
- le temps **extra-linguistique** (Time)

et
- le temps **linguistique** (Tense)

Le temps de l'énonciation peut coïncider avec le temps extra-linguistique
- *She **is making** my breakfest*

La forme be + ing au présent réfère ici à un moment qui coïncide avec celui de l'énonciateur. Ce ne sera cependant pas systématiquement le cas :
- *I'm not free tonight. **I'm going** to the theatre*

Le procès est ici envisagé de façon **prospective**.

- Le temps linguistique est déterminé par la **façon dont l'énonciateur situe son énoncé**
  - par rapport au **moment où il se produit,** ou
  - par rapport au **moment où il sera reconnu** par le co-énonciateur (coïncidence ou décalage)

- En anglais il n'y a que deux **temps**
  - le **présent**
  - le **passé**.

Même pour renvoyer à un moment postérieur au moment de l'énonciation on a recours à ces deux temps :
- *He **will** be coming tomorrow*
- *He **would** sign the contract next week, he said.*

- En français nous parlerons de trois **temps :**
  - le **présent**
  - le **passé**
  - le **futur**

Le temps du **futur** permet en effet de localiser un procès à un moment postérieur à l'énonciation sans le poser dans son rapport avec ce moment :
- *Je **signerai** le contrat lundi.*

(Ce qui ne veut pas dire pour autant que le futur renvoie nécessairement à un moment postérieur à l'énonciation : ex.
- *Ensuite la mode change, les jupes se raccourcissent. Bientôt on ne **portera** plus que le pantalon et la mini jupe).*

- **Le temps :** moment où on situe le procès par rapport à l'énonciation, se distingue de

L'aspect : façon dont on envisage le procès.
Ainsi d'un point de vue temporel les procès dans les deux énoncés suivants :
- *Joan **went** to bed early that night*
- *Joan **had gone** to bed early that night*

sont tous les deux au **passé**, mais le procès *went* est envisagé **globalement** alors que le procès *had gone* est envisagé sous l'**aspect d'accompli**.

Si **temps** et **aspect** sont des catégories distinctes, celles-ci sont néanmoins indissociables et peuvent, de même que les catégories **temporelles** et **modales**, se combiner dans des relations complexes.

TERME

Un **terme** est un élément dans une **relation de repérage**. Il peut être
- soit **repère**
- soit **repéré**

et peut consister en
- **Un élément** représenté par **un syntagme**
    - *J'ai promené **le chien**.*
- **Un groupe d'éléments** constituant une unité telle que celle que représenterait un **groupe nominal**
    - ***La poupée de Marie** parle et marche.*
- **L'ensemble d'une proposition**
    - ***Jean a renoncé à son projet**, ce qui m'a beaucoup étonné.*
- **Un sujet dans la relation intersubjective**
    - *Jean a demandé à **Paul** de l'attendre.*

TERME ATTEINT

Il ne s'agit pas ici d'un terme dans une relation de repérage, mais de l'**aspect selon lequel on considère le procès**. Ainsi, l'aspect d'accompli implique que l'on envisage un procès comme ayant **atteint son terme** : ex.
- ***Arrivée** à mi-chemin, elle décida de changer d'itinéraire.*
- *The ship **had anchored** at midday.*

Nous distinguons
- un **procès dont le terme est atteint** :
    procès envisagé comme accompli parce qu'il a atteint son terme
    - *Il **a résolu** le problème.*
    (Le procès est ici envisagé comme ayant atteint son terme au **moment de l'énonciation**. Que le terme ait été atteint au moment repère ou préalablement à ce repère n'est pas pertinent à sa valeur aspectuelle d'**accompli du présent**).

- d'un **procès révolu** :
    procès envisagé comme **antérieur** à un moment repère
    - *Il **trouva** la solution du problème*

(Le procès est ici révolu par rapport au moment de l'énonciation, mais il est envisagé **globalement** et non par rapport à son terme atteint).

Dans notre métalangue le **terme atteint** renvoie uniquement à la façon dont le procès est repéré et non à la façon dont le terme d'arrivée est affecté, lorsqu'il y a lieu. Cf.
- *Il a bien dormi*
- *Il m'a donné **un livre***
- Dans le premier cas, il n'y a pas de terme d'arrivée,
- dans le deuxième, le procès implique une modification du statut du terme d'arrivée : c'est-à-dire *le livre est à moi.*

Nous parlerions cependant de procès ayant atteint son terme dans les deux cas.

TERME DE DÉPART

Terme par rapport auquel on construit la relation prédicative : ex.
- ***Jean** a écrit un roman*

Jean est le **terme de départ,** et *a écrit un roman* est le **prédicat.**

Dans cet exemple, il y a coïncidence entre le **terme de départ** et le **repère** constitutif, mais ce n'est pas toujours le cas : ex.
- ***Ce roman**, Jean me l'a prêté.*

Ce roman est ici le repère **constitutif,** c'est-àdire l'élément autour duquel on va construire l'énoncé, et *Jean* est le **terme de départ** de la relation prédicative.

• Que ce soit en français ou en anglais, on peut difficilement avoir comme terme de départ dans la **langue orale** un **terme indéterminé,** cf.
- * − ***Un livre** est sur la table*
- *Jean a posé un livre sur la table*

Seul le deuxième énoncé est acceptable dans la mesure où, dans le premier, le terme de départ est
- un élément **inanimé,**
- qui n'a pas subi l'opération de détermination nécessaire à son identification

• Dans la **langue écrite** on constate cependant une différence très marquée sur ce point entre le français et l'anglais. Il est en effet fréquent de trouver comme terme de départ en français, un élément indéterminé. Celui-ci peut être :
- soit un terme inanimé ou un prédicat nominalisé : ex.
  - *Le livre, les efforts*
- soit un élément qui n'a pas subi l'opération de fléchage qui permet de l'identifier : ex.
  - *Un enfant*
- soit encore, les deux à la fois : ex.
  - *Un livre*

Lorsqu'un élément indéterminé constitue le terme de départ d'un énoncé en français, il sera généralement nécessaire en anglais
- d'expliciter une prédication d'existence, ou
- de changer de terme de départ

Cette différence entre les deux langues se vérifie dans le passage de l'anglais vers le français : cf.
- *He got his third star in 1965*
- *Sa troisième étoile vint en 1965*

(Tableau d'exemples, IV, [36])
- *La colère me prit tout à coup*
- *I was suddenly overcome with anger*

(Tableau d'exemples, VI, [3])

TERME ORIGINE

Nous avons utilisé ce terme comme synonyme de **terme de départ :** c'est-à-dire **origine de la relation prédicative.** Nous ne limitons pas cet emploi à une origine intentionnelle ou agentive, dans la mesure où nous avons utilisé les termes **originaire** et **agent** pour marquer ces distinctions. **Terme origine** recouvre en effet dans notre métalangue :
- **source**
- **originaire**
- **agent**
- **déclencheur** (Voir ces termes)

Lorsque nous renvoyons à l'**origine de l'énonciation,** nous utilisons généralement un des termes suivants :
- **repère origine**
- **origine de l'énonciation** (ou de l'énonciation rapportée)
- **origine** sans autre mention (ou nouvelle origine lorsqu'il y a lieu)

TERME D'ARRIVÉE

Nous appelons **terme d'arrivée** le terme qui occupe la deuxième place dans une **prédication à deux places**
- *John called **Mary***
- *John smiled at **Mary***
- *Jean a construit **une maison***

Dans une perspective de linguistique générale, il n'y a pas nécessairement lieu de **distinguer le terme d'arrivée** de l'ensemble d'éléments qui est représenté par le **groupe verbal.** Cette distinction s'impose cependant dans une optique de linguistique contrastive dans la mesure où la nature du terme d'arrivée peut avoir une incidence sur certains problèmes. Ainsi on remarquera que

- dans **la langue orale**
lorsque le terme d'arrivée constitue une **reprise** il pourra dans certains cas ne pas être explicité en français : ex.
   - *Ce film ne m'a pas plu, mais mon mari Ø a beaucoup aimé.*

En anglais la reprise portera ici sur l'ensemble du prédicat :
   - *I didn't like the film, but my husband **did**.*

Si on choisit de répéter le verbe, **le terme d'arrivée devra être explicité** sous forme anaphorique
   - *I didn't like the film, but my husband really liked **it**.*

D'autre part
- dans **la langue écrite**
on trouvera parfois en français des **expressions métaphoriques** qui ont comme **terme d'arrivée** de la relation prédicative un élément qui constitue **une propriété inanimable** d'un **terme de départ animé** : ex.
   - *Les bêtes étaient là [...] **alignant** [...] **leurs croupes inégales**.*

($M^{me}B$., II, VIII, p. 168)

Les traducteurs évitent généralement de donner à l'élément repéré désignant la **propriété inhérente** le statut de **terme d'arrivée** de façon à ne pas dissocier ce terme du **repère animé** :
   - *The cattle were already in position [...] **their rumps [...] roughly aligned**.*

(G. Hopkins, p. 165)

VERBES

d'assertion, de cognition, d'état, de processus, de supposition, de remémoration, de visée, etc.

Les définitions de ces catégories de verbes sont données sous les termes qui correspondent à chacune des propriétés indiquées ci-dessus.

VISÉE

La visée est une opération par laquelle on envisage l'**occurrence d'un procès** comme **ultérieure à un moment repère**
   - *He would get to New York at 8 p.m.*

A la différence de la relation de **but**, la visée n'implique pas nécessairement la volition de l'énonciateur.

Nous distinguons
- **la visée pure,**
   - *He **would** soon find out the truth*

(Visée repérée par rapport à l'**énonciateur** qui correspond au **sujet de l'énoncé**)
de la

• **visée pré-assertée**
   - *He **was** soon **to** find out the truth*
(Visée envisagée par l'**énonciateur par rapport auquel l'ensemble de l'énoncé est repéré**. Il considère rétrospectivement en tant que visée, un procès déjà attesté.)

VISÉE (Verbes de)

Verbes exprimant un **projet** ou un **souhait** qui a pour objet un deuxième procès envisagé par rapport à sa réalisation ultérieure
   - *To hope, to intend, to mean (to)*
   - *Envisager, décider (de), promettre (de)*

VOLITION

Propriété d'un **animé humain** qui caractérise une disposition mentale et qui a une incidence linguistique importante sur la relation entre le **terme origine** et le **procès**. A la différence d'un procès non volontaire, qui suppose **un terme de départ animé ou inanimé**, un procès volontaire a nécessairement comme origine **un animé**. Cf.
   - *The car broke down.* ⎫
   - *John bumped his head.* ⎬ (procès non-volontaire)
   - *John hit the ball.*   (procès volontaire)

Au sens strict on peut différencier un **procès volontaire d'un procès intentionnel** de la façon suivante :
   - **volontaire** = en accord avec une disposition de l'esprit.
   - **intentionnel** = en accord avec une disposition de l'esprit, nécessairement liée à un but.

Nous n'avons cependant pas maintenu cette distinction dans l'usage que nous avons fait de ces deux termes. Nous avons d'autre part inclu parmi les procès de type **volontaire** des verbes qui ne se classent aisément dans aucune catégorie, mais dont l'incidence linguistique est assimilable dans le cadre des problèmes envisagés aux **procès** de type volontaire.

Exemple : **verbes de perception**. Nous distinguons deux valeurs selon que la forme verbale est modalisée ou non.
   • Perception non-volontaire :
      - *He **heard** a sound in the distance.*
   (Le C_0 est ici **source** du procès. Il en découle une mise en valeur de l'élément repéré par rapport à la perception)
   • Perception volontaire
      - *He **could hear** a sound in the distance.*
   (Le C_0 est ici **originaire** du procès. Il en découle une mise en valeur du procès et du terme origine).

VOLONTAIRE (Voir VOLITION)

Bibliographie

I. Oeuvres d'où sont extraits les exemples

BÉRAUD Henri. *La Gerbe d'or*. Paris : Les éditions de Paris, 1928, éd. 1950.
BLAKE Anthony, CREWE Quentin. *Great Chefs of France*. Londres : Marshall Editions Ltd., 1978.
- Traduction française, MAYOUX Sophie. *Les Grands Chefs*. Paris : Editions du Fanal, 1979.

BOCUSE Paul. *La Cuisine du marché*. Paris : Flammarion, 1976.
- Traduction anglaise, ROSSANT Colette, DAVIS Lorraine. *The New Cuisine*. Londres, Toronto, Sydney, New York, Granada Publishing Ltd., Frogmore, St Albans, Herts, 1978, réimp. 1979.

BUTOR Michel. *La Modification*. Paris : Editions de Minuit, 1957, éd. 1970.
CAMUS Albert. *La Peste*. Paris : Gallimard, 1947, « Folio », 1972.
- Traduction anglaise, GILBERT Stuart. *The Plague*. Londres : Hamish Hamilton, 1948 ; Harmondsworth, Middlesex, « Penguin Books », 1960, réimp. 1972.

- « Les Muets », « La Pierre qui pousse » in *l'Exil et le royaume*. Paris : Gallimard, 1957, « Folio », 1972.
  - Traduction anglaise, O'BRIEN Justin. *Exile and the Kingdom*. Londres : Hamish Hamilton, 1958 ; Harmondsworth, Middlesex, « Penguin Books », 1962, réimp. 1972.

CARROLL Lewis. *Alice's Adventures in Wonderland*. Londres : Mac Millan, 1865 ; Paris : éd. bilingue Aubier-Flammarion, 1971.
- Traduction française, PARISOT Henri. *Les Aventures d'Alice au pays des merveilles*.

- *Through the Looking-Glass and what Alice found there / The Hunting of the Snark*. Paris : éd. bilingue Aubier-Flammarion, 1971.
  - Traduction française, PARISOT Henri. *De l'autre côté du miroir et ce qu'Alice y trouva / La chasse au Snark*.

CÉLINE Louis-Ferdinand. *Mort à crédit*. Paris : Gallimard, 1952, éd. 1969.
CHESTERTON G.K. *The Incredulity of Father Brown*. Londres : Cassell, 1926 ; Harmondsworth, Middlesex, « Penguin Books » 1958, réimp. 1978.
- Traduction française, MAURY Françoise, ANDRÉ Yves. « L'incrédulité du Père Brown » in *Father Brown*. Paris : Gallimard, 1954, éd. 1955.

CHRISTIE Agatha. *The Murder of Roger Ackroyd*. Londres et Glasgow, William Collins Sons and Co Ltd., 1926, « Fontana Books », 1978.
- Traduction française, DOU-DESPORTES Miriam. *Le Meurtre de Roger Ackroyd*. Paris : Librairie des Champs Elysées, collection « Le masque », 1927, éd. 1971.

- *Ten Little Niggers*. Londres et Glasgow, William Collins Sons and Co Ltd. 1939, « Fontana Books », 1970.
  - Traduction française, POSTIF Louis. *Dix petits nègres*. Paris : Librairie des Champs Elysées, « Le Livre de poche », 1947, éd. 1973.

COUTEAUX André. *L'Enfant à femmes*. Paris : Julliard, 1967, éd. 1969.

DAHL Roald. *Charlie and the Chocolate Factory*. USA 1964; Londres : George Allen & Unwin, 1967; Harmondsworth Middlesex, « Puffin Books », 1973, réimp. 1974.
  - Traduction française, GASPAR Elisabeth. *Charlie et la Chocolaterie*. Paris : Gallimard, 1967, « Folio junior » 1978.
- *Danny the Champion of the World*. Londres : Jonathan Cape, 1975; Harmondsworth, Middlesex, « Puffin Books », 1977, réimp. 1978.
  - Traduction française, LÉGER Jean-Marie. *Danny le champion du monde*. Paris : Stock, 1978.
- *James and the Giant Peach*. USA 1961; Harmondsworth, Middlesex, « Penguin Books », 1973, réimp. 1974.
  - Traduction française, ORANGE Maxime. *James et la grosse pêche*. Paris : Gallimard, 1966.
- *The Magic Finger*. USA 1966; Londres : Allen &Unwin, 1968; Harmondworth, Middlesex, « Puffin Books », 1974.
  - Traduction française, FARRÉ Marie-Raymond. *Le Doigt magique*. Paris : Gallimard, « Enfantillages », 1979.

DE QUINCEY Thomas. *Confessions of an English Opium Eater*. Paris : Montaigne, éd. bilingue Aubier, 1964, éd. 1965.

DUJARDIN Edouard. *Les lauriers sont coupés*. Revue indépendante, mai-août 1887, (en volume avec quelques variantes à la librairie de ce volume, 1888). Mercure de France, 1897, avec quelques corrections de l'auteur; édition définitive, Paris : Messein, 1924.

FAULKNER Edwin J. Ed. *Faulkner's Tennis :* How to play it, how to teach it. New York : Dial Press, 1970.

FAULKNER William. *The Sound and the Fury*. New York : Jonathan Cape et Harrison Smith, 1929; Harmondsworth, Middlesex, « Penguin Books », 1964, réimp. 1972.

FESTIVAL DE DEAUVILLE. *Programme du Festival du Cinéma américain*, 31 août-5 septembre 1976, éd. bilingue (français/anglais).

FESTIVAL ESSEC. *Programme du 19ᵉ Festival Essec*, Théâtre des Champs Elysées, 1973.

FLAUBERT Gustave. *Madame Bovary*. Paris : Michel Lévy, 1857; éd. Garnier-Flammarion, 1966.
  - Traductions anglaises.
  - BAIR Lowell. New York : Bantam Books Inc., 1959, éd. 1972.
  - HOPKINS Gerard. Londres : Hamish Hamilton, 1949; Londres : Oxford University Press, « The World's Classics », 1959.
  - LEWIS MAY, J. Londres : The Bodley Head Ltd., 1928; Londres et Glasgow, Collins, 1953.
  - MARMUR Mildred. New York et Toronto : The New American Library Inc., The New English Library Ltd.; Londres : « Signet Classics », 1964.

- MARX-AVELING Eleanor. Londres, Dent (New York, Dutton) « Everyman's Library », 1928, éd. 1966.
- RUSSELL Alan. Harmondsworth, Middlesex, « Penguin Books » 1950, éd. 1968.
- « Un Cœur simple » in *Trois Contes*. Paris : Charpentier, 1877 ; Paris : Garnier-Flammarion, 1965.
  - Traduction anglaise, BALDICK Robert. *Three Tales*. Harmondsworth, Middlesex, « Penguin Books » 1961, réimp. 1976.
- « L'Education Sentimentale », version de 1845, in *Œuvres Complètes*. Paris : Seuil, 1964, tome I.
- *L'Education Sentimentale*. Paris : Michel Lévy, 1869 ; Paris : Garnier, 1964, éd. 1968.
- *Salammbô*. Paris : Michel Lévy, 1862 ; Paris : Gallimard, 1970, « Folio », 1974.

FROMENTIN Eugène. *Année dans le Sahel*. Paris : Plon, 1909.

GIDE André. *La Porte étroite*. Paris : Mercure de France, 1909 ; Gallimard, « Folio », 1976.
  - Traduction anglaise, BUSSY Dorothy. *Strait is the Gate*. Londres : Secker et Warburg, 1924 ; Harmondsworth, Middlesex, Penguin Modern Classics, 1952, réimp. 1976.
- *Journal*, vol. I 1889-1939. Paris : Gallimard, « Pléiade », 1951, éd. 1970.
- *La Symphonie pastorale*. Paris : Gallimard, 1925, éd. 1947.

GIRAUDOUX Jean. *Eglantine*. Paris : Ferenczi et Fils, 1938.

GOSCINNY René, UDERZO Albert. *Astérix légionnaire*. Neuilly sur Seine : Dargaud, 1967.
  - Traduction anglaise, BELL Anthea, HOCKRIDGE Derek. *Asterix the Legionary*. Londres : Hodder & Stoughton Ltd., 1970.
- *Astérix aux Jeux Olympiques*. Neuilly sur Seine : Dargaud, 1968.
  - Traduction anglaise, BELL Anthea, HOCKRIDGE Derek. *Asterix at the Olympic Games*. Londres : Hodder & Stoughton Ltd. 1971, « Knight Books », 1976.
- *Les 12 Travaux d'Astérix*. Neuilly sur Seine : Dargaud, 1976.
  - Traduction anglaise, (anonyme) *The Twelve Tasks of Asterix*, Londres : Hodder & Stoughton, 1978.

GODDEN Rumer. *Miss Happiness and Miss Flower*. Londres : Mac Millan, 1961, « Puffin Books », 1966.

GOURMET. The Magazine of Good Living, Gourmet Inc. New York, Volume XL, n° 9, sept. 1980.

GRAHAME Kenneth. *The Wind in the Willows*. Londres : Methuen & Co Ltd. 1968 ; Magnet, réimp. 1978.

GREEN Julien. *Moïra*. Paris : Plon, 1950 ; « Poche », 1975.
- *L'Autre*. Paris : Plon, 1971.

HEMINGWAY Ernest. *The Old Man and the Sea*. Londres : Jonathan Cape, 1952 ; Harmondsworth, Middlesex, « Penguin Books », 1966, éd. 1972.
  - Traduction française, DUTOURD J. *Le Vieil homme et la mer*. Paris : Gallimard, 1952, « Folio », 1971.

HERGÉ. *L'Etoile mystérieuse,* « Les Aventures de Tintin ». Paris Tournai : Casterman, 1947, éd. 1974.
- Traduction anglaise, LONSDALE-COOPER Leslie, TURNER Michael. *The Shooting Star.* Londres : Methuen & Co Ltd., 1961 ; Magnet Edition, 1978.
— *Le Crabe aux pinces d'or,* « Les Aventures de Tintin ». Paris Tournai : Casterman, 1947, éd. 1960.
- Traduction anglaise, LONSDALE-COOPER Leslie, TURNER Michael. *The Crab with the Golden Claws.* Londres : Methuen & Co Ltd., 1958 ; Magnet Edition, 1972, réimp. 1976.
— *Les 7 Boules de cristal,* « Les Aventures de Tintin ». Paris Tournai : Casterman, 1948.
- Traduction anglaise, LONSDALE-COOPER Leslie, TURNER Michael. *The Seven Crystal Balls.* Londres : Methuen & Co Ltd., « Methuen Children's Books », 1962, réimp. 1971.
— *Vol 714 pour Sydney,* « Les Aventures de Tintin ». Paris Tournai : Casterman, 1968.
- Traduction anglaise, LONSDALE-COOPER Leslie, TURNER Michael. *Flight 714.* Londres : Methuen & Co Ltd., 1968 ; Magnet Edition, 1979.

JOYCE James. *Ulysses.* Paris : Shakespeare and Company, 1922 ; The Bodley Head, 1936 ; Harmondsworth, Middlesex, 1976.
- Traduction française, MOREL Auguste. *Ulysse,* revu par Valéry Larbaud, Stuart Gilbert et l'auteur. Paris : Gallimard, 1929, « Folio », 1972, 2 vol.

LAURENT Jacques. *Les Bêtises.* Paris : Grasset, 1971, « Poche », 1976.

LA REYNIÈRE (pseud.) COURTINE Robert. *Cent merveilles de la cuisine française.* Paris : Seuil, 1971.
- Traduction anglaise, COLTMAN Derek. *The Hundred Glories of French Cooking.* New York : Farrar, Strauss et Giroux, 1973 ; Toronto, Doubleday Canada Ltd. 1973, éd. Londres, Robert Hale & Co, 1976.

LEVI-STRAUSS Claude. *Tristes Tropiques.* Paris : Plon, 1955, réimp. 1976.
- Traduction anglaise, WEIGHTMAN John et Doreen. *Tristes Tropiques.* Londres : Jonathan Cape Ltd., 1973, Atheneum, 1974 ; New York : Pocket Book, 1977.

LOFTING Hugh. *The Story of Doctor Dolittle.* Harmondsworth, Middlesex : "Penguin Books", 1967.
- Traduction française, PAIRAULT Suzanne. *L'Extravagant docteur Dolittle.* Paris : Hachette, 1977.

MALLET-JORIS Françoise. *La Chambre rouge.* Paris : Julliard, 1955 ; Flammarion, « J'ai lu » 1975.

MALRAUX André. *La Condition humaine.* Paris : Gallimard, 1933, « Poche », 1966.
- Traduction anglaise, MAC DONALD Alastair. Londres : Methuen, 1934 sous le titre *Storm in Shanghai,* 1948 sous le titre actuel *Man's Estate ;* Londres : Hamish Hamilton, 1968 ; Harmondsworth, Middlesex, "Penguin Books" 1961, rééd. 1972.

MAUGHAM Somerset. « The Force of Circumstance » in *Penguin Book of English Short Stories.* Harmondsworth, Middlesex, Christopher Dolley, 1967.

MARIE-CLAIRE, Mai 1975.
MAURIAC François. *La Fin de la nuit.* Paris : Grasset, 1935, « Poche », 1973.
- Traduction anglaise, HOPKINS Gerard. « The End of the Night » in *Thérèse.* Londres : Eyre and Spottiswoode, 1947; "Penguin Books", 1959; Penguin Modern Classics, 1975.
- *Thérèse Desqueyroux.* Paris : Grasset, 1927, « Poche », 1975.
- Traduction anglaise, HOPKINS Gerard. « Thérèse Desqueyroux » in *Thérèse.* Londres : Eyre and Spottiswoode, 1928; "Penguin Books", 1959; Penguin Modern Classics, 1975.

NOUVEL OBSERVATEUR, 20 novembre 1972.
O'CONNOR Flannery. « The Geranium », « Partridge Festival », « Why do the Heathen rage » in *The Complete Stories.* New York : Farrar, Strauss et Giroux, 1946, réimp. 1971.
- Traduction française, FLEURDORGE Claude. « Géranium », « Pourquoi ces nations en tumulte », GRESSET Michel, RICHARD Claude. « Partridge Festival » in *Pourquoi ces nations en tumulte.* Paris : Gallimard, 1975.

PERRAULT Charles. « Cendrillon » in *Contes de Perrault.* Paris : Claude Barbin, sous le titre *Histoires ou contes du temps passé,* 1697; Paris : Garnier, 1967, réimp. 1972.
- Traduction anglaise, JOHNSON A.E. *Perrault's Fairy Tales.* New York : Dover Publications Inc., 1969 (from *Old Time Stories told by Master Charles Perrault,* Dodd Mead and Co., 1921).

PROUST Marcel. « Du côté de chez Swann », vol. I in *A la recherche du temps perdu.* Paris : Gallimard, 1918-1927, rééd. 1954, réimp. 1964.
POE Edgar Allan. « The Tell-Tale Heart » in *Tales/Contes,* Paris : éd. bilingue Aubier-Flammarion, 1968.
- Traduction française, ASSELINEAU Roger.

ROCHEFORT Christiane de, *Les Petits enfants du siècle.* Paris : Grasset, 1961.
ROUSSEAU Jean-Jacques. « Rêveries d'un promeneur solitaire » in *Ecrit autobiographiques.* Paris : 1782; Le club français du livre, « Les Portiques », 1955.
SAINT-EXUPÉRY Antoine de, *Terre des hommes.* Paris : Gallimard, 1939, « Folio », 1977.
- Traduction anglaise, GALANTIÈRE Lewis. *Wind, Sand and Stars.* Londres : W. Heinemann Ltd. 1939; Pan Books Ltd. 1975.
- *Vol de nuit.* Paris : Gallimard, 1931, « Folio », 1976.
- Traduction anglaise, CATE Curtis, (with acknowledgments to Stuart Gilbert's translations) « Night Flight » in *Southern Mail/Night Flight.* Londres : Heinemann, 1971; Harmondsworth, Middlesex, "Penguin Books" 1976, réimp. 1977.

STENDHAL. *Le Rouge et le Noir.* Paris : 1re éd. 1830; Garnier, 1960, réimp. 1966.
- Traduction anglaise, SHAW Margaret *Scarlet and Black.* Harmondsworth, Middlesex, "Penguin Books", 1953, réimp. 1971.

S.N.C.F. *Les chemins de fer en France.* Paris : SNCF, 1972.
- Traduction anglaise, SNCF, *The Railways of France,* Paris, 1973.

SARTRE Jean-Paul. *Huis-clos.* Paris : Gallimard, 1947, « Poche », 1967.
- *Les Mots.* Paris : Gallimard, 1964, « Poche », 1975.

- « La Chambre », « Le Mur », in *Le Mur*. Paris : Gallimard, 1939, « Folio », 1975.
  • Traduction anglaise, ALEXANDER Lloyd. *Intimacy*. Frogmore, St Albans Herts, Panther Books Ltd., 1960, réimp. 1973.

STEVENS Joan. *Jersey*. St Helier : Société Jersiaise, 1976.
  • Traduction française, membres de la société jersiaise, St Helier, 1976.

TOURNIER Michel. *Vendredi ou les limbes du Pacifique*. Paris : Gallimard, 1967, « Folio », 1972.
  • Traduction anglaise, DENNY Norman. *Friday or the Other Island*. Harmondsworth, Middlesex, "Penguin Books", 1974.

TWAIN Mark. *The Adventures of Tom Sawyer*. New York : 1876 ; Londres : Octopus Books Ltd., 1978.
  • Traduction française, GAÏL François de, *Les aventures de Tom Sawyer*. Paris : Mercure de France, 1969 ; Gallimard, 1973.

VERCORS. *Le silence de la mer*. Paris : Albin Michel, 1951, « Poche », 1976.

VERNE Jules. *Le Tour du monde en 80 jours*. Paris : en feuilleton in *Le Temps*, 6 nov.-22 déc. 1872 ; Garnier-Flammarion, 1978.
  • Traduction anglaise, (anonyme) « Around the World in Eighty Days » in *Around the World in Eighty Days, From the Earth to the Moon, 20 000 Leagues under the Sea*. Londres : Octopus Books Ltd. 1978.

WILSON Angus. « Raspberry Jam » in *The Penguin Book of English Short Stories*. Harmondsworth, Middlesex, "Penguin Books", 1967.

WOOLF Virginia. *Mrs Dalloway*. Londres : Hogarth Press, 1925 ; Harmondsworth, Middlesex, Penguin Modern Classics, 1964, réimp. 1976.

- *To the Lighthouse*. Londres : Hogarth Press, 1927 ; Harmondsworth, Middlesex, Penguin Modern Classics, 1964, réimp. 1975.

YOURCENAR Marguerite. *Mémoires d'Hadrien*. Paris : Plon, 1951 Gallimard, 1974, « Folio », 1979.
  • Traduction anglaise, FRICK Grace (in collaboration with the author) *Memoirs of Hadrian*. Londres : Secker and Warburg, 1955 ; Harmondsworth, Middlesex, "Penguin Books", 1959, réimp. 1978.

ZOLA Emile. « Le Rêve » in *Les Rougon-Macquart*. Paris : Fasquelle, 1871 ; Seuil, 1970, vol. V.
  • Traduction anglaise, CHASE Elizabeth. *The Dream*. Londres : Chatto & Windus, 1893.

II — Ouvrages théoriques

Certains des ouvrages cités n'étaient pas accessibles ou pas encore parus au moment de la rédaction de ce travail. Nous les mentionnons cependant dans la mesure où ils sont pertinents soit au domaine des études contrastives, soit à des problèmes particuliers abordés dans le cadre de nos analyses.

1) Linguistique générale / Langage et Culture

BALLY Charles. *Linguistique Générale et Linguistique française.* Paris : E. Leroux, 1932 ; Berne : Francke, éd. 1965, 440 p.

BENVENISTE Emile. *Problèmes de Linguistique Générale I.* Paris : Gallimard, 1966, éd. 1971, 356 p.
- *Problèmes de Linguistique Générale II.* Paris : Gallimard, 1974, 286 p.

BLOOMFIELD Leonard. *Introduction to the Study of Language.* New York : Holt, 1914.

CALLOT E. « Langue et culture », in *Le français moderne,* (17), 1949, pp. 103-121.

CHOMSKY Noam. *Syntactic Structures.* La Haye : Mouton, 1957, éd. 1969, 118 p.
- *Aspects of Theory and Syntax.* Cambridge, Mass., MIT Press, 1965, 251 p.

CULIOLI Antoine. « La communication verbale » in *Encyclopédie des Sciences de l'Homme :* « L'aventure humaine », tome IV, Paris : Grange-Batelière, 1965.
- « La formalisation en linguistique » in *Cahiers pour l'Analyse,* 9. Paris : Seuil, 1968.
- « Sur quelques contradictions en linguistique » in *Communications,* 20. Paris : Seuil, 1973.
- Transcription du séminaire de D.E.A., 1975-76, Université de Paris VII, Département de Recherches Linguistiques, Paris, Oct. 1976, 271 p.
- Transcription du séminaire de D.E.A., Université de Paris VII, Département de Recherches Linguistiques, transcrit par N. Auvolat et édité par J.L. Duchet, Poitiers, 1979.
(Voir également sous les rubriques : LINGUISTIQUE : problèmes spécifiques ; DICTIONNAIRES, GLOSSAIRES, GRAMMAIRES).

CULIOLI Antoine, FUCHS Catherine, PÊCHEUX Michel. « Considérations théoriques à propos du traitement formel du language », in *Document de Linguistique Quantitative* n° 7. Paris : Dunod, 1970.

FUCHS Catherine, LE GOFFIC Pierre. *Initiation aux problèmes des linguistiques contemporaines.* Paris : Hachette, 1975, 127 p.

HOIJER Harry. « The Relation of Language to Culture », in A.L. Kroeber et al., *Anthropology To-day.* Chicago : Chicago Press, 1953, pp. 554-573.

HYMES Dell. (ed.) *Language in Culture and Society :* a Reader in Linguistics and Anthropology. New York : Harper and Row, 1964, 800 p.

JESPERSEN Otto. *Mankind, Nation and Individual from a Linguistic Point of View.* Oslo : 1925 ; Londres : Allen & Unwin, 1946.

NEEDHAM Rodney. *Belief, Language and Experience.* Oxford : Blackwell, 1972, 269 p.

SAPIR Edward. *Language :* an Introduction to the Study of Speech. New York : Harcourt, Brace and World, 1921.

ULLMANN Stephen. *The Principles of Semantics.* Oxford : Blackwell, Glasgow : Jackson, 1951 ; éd. 1957.

WEINREICH Uriel. *Languages in contact.* New York : Linguistic Circle of New York, 1953 ; réimpr. La Haye : Mouton, 1963, 161 p.

WHORF Benjamin Lee. *Language, Thought and Reality :* Selected Writings. New York : Wiley, 1956.

2) Linguistique : problèmes spécifiques

ADAMCZEWSKI Henri. *Be + ing dans la grammaire de l'anglais contemporain*, Thèse de Doctorat d'Etat, Université Paris VII, 1976.

ARNAUD René. *La forme progressive en anglais du XIXe*, Thèse de Doctorat d'Etat, Université de Paris VII, 1972.

BOUSCAREN Janine, CHUQUET Jean, DEMAIZIÈRE Françoise. Le *Would* dit « fréquentatif », in *Cahiers de Recherche en Grammaire anglaise*, Tome I, Paris : Ophrys, 1982.

CHARREYRE Claude. « 'I' et le Question-Tag ou le jeu de l'énonciation » in *Travaux XXII*, Centre interdisciplinaire d'étude et de recherche sur l'expression contemporaine (C.I.E.R.E.C.), Université de St Etienne, 1978.

- « Nombre et groupe nominal : modes d'appréhension de l'"objet' et repérages », in *Bulletin de l'AFLA*, juin-sept. 1980, n° 7-8.

CULIOLI Antoine. « A propos des énoncés exclamatifs » in *Langue Française*, n° 22, Paris : Larousse, 1974.

- Note sur « détermination et quantification » : définition des opérations d'extraction et de fléchage, in *Projet interdisciplinaire du traitement formel et automatique des langues et du langage*, Département de recherches linguistiques, Université de Paris VII, 1975.

- « Valeurs modales et opérations énonciatives » in *Le Français moderne*, T. 46, vol. IV, 1978.

- « Valeurs aspectuelles et opérations énonciatives : l'aoristique ». *Actes du Colloque sur la notion d'aspect*, Metz, mai 1978.

DESCLES Jean-Pierre (en collaboration avec Z. Guentcheva) « Construction formelle de la catégorie grammaticale de l'aspect », in *Actes du Colloque sur la notion d'aspect*, Metz, mai 1978.

- « Enoncés et énonçables », in *Lingua e Stile* XIII, n° 2, Bologne : Societa editrice il Mulino, juin 1978.

DIK Simon. *Coordination : Its implications for the Theory of General Linguistics.* Amsterdam : North-Holland Publishing Co, 1968, 318 p.

FUCHS Catherine, MILNER Judith, LE GOFFIC Pierre. « A propos des relatives », *SELAF*, 1978.

FUCHS Catherine, LÉONARD Anne-Marie. *Vers une théorie des aspects.* Paris, La Haye, New York : Mouton, 1979, 399 p.

GAUTHIER André. *Food for thought.* Paris : Didier, 1972.

- « La forme progressive : simples remarques sur une forme complexe » in *Bulletin Pédagogique des I.U.T.*, n° 49, sept. 1977.

JOLY André. « Esquisse d'une théorie de la forme progressive », in *Les Langues Modernes* n° 3, mai-juin 1964.

- « Esquisse du système des modaux en anglais contemporain », in *Travaux XXII*, Centre interdisciplinaire sur l'expression contemporaine, Université de St Etienne, 1978.

KUNO Susumu. « Subject, Theme and the Speaker's Empathy » - A Reexamination of Relativization Phenomena, in *Subject and Topic*. New York, San Francisco, Londres, Academic Press Inc, 1976.

RIVIÈRE Claude. « Encore le *present perfect* », in *Les Langues Modernes*, n° 3, 1977.

- « Un problème de repérage temporel : *Ago* et *Before* » in *Cahiers Charles V* n° 1, fév. 1979.
- « Tense, aspect and time location » in *Linguistics* 18, 1980.

SVARTVIK Jan, *On Voice in the English Structure*, La Haye, Paris : Mouton, 1966.

3) Linguistique et Stylistique contrastive

DUBOS Ulrika. *Etude des opérations énonciatives et des valeurs référentielles d'un énoncé (en français et en suédois)*. Thèse de doctorat d'Etat, Université de Paris VII, 1980.

GAK V. « Quelques particularités du russe par rapport au français » in *Petit dictionnaire pratique français-russe*. Moscou : éditions « langue russe », 2ᵉ éd., 1978.

GNIADEK Stanislaw. *Grammaire contrastive franco-polonaise*. Varsovie : Pańistwowe Wydawnictwo Naukowe, 1979.

GUILLEMIN-FLESCHER Jacqueline. *Analyse comparée des catégories grammaticales et des opérations de référence en français et en anglais*. Thèse de doctorat d'Etat, Université de Paris VII, 1977.

KASSAÏ Georges. *Stylistique comparée du français et du hongrois*. Thèse de doctorat d'Etat, Université de Paris III, 1974.

MALBLANC Alfred. *Stylistique comparée du français et de l'allemand*. Paris : Didier 2ᵉ éd. 1963.

VINAY Jean-Paul, DARBELNET Jean. *Stylistique comparée du français et de l'anglais*. Paris : Didier, 1958, éd. 1968.

VOLSIK Paul. *Stylistic constraints in Translation between French and English involving the use of relative constructions*. Mémoire de Maîtrise, Université de Paris VII, 1977.

4) Traduction

AMOS F.R. *Early Theories of Translation*. New York : Columbia University Press, 1920.

ANDREYEV N.D. *Linguistic Aspects of Translation*, Reprint Papers 9th International Congress of Linguists, Cambridge, Mass. 1962.

ARCAINI Enrico. « La 'Structure' du français et de l'italien : examen comparatif », « Le Problème de la Traduction », in *Principes de Linguistique appliquée*, traduit de l'italien par E. Pedri et C. Darmouni. Paris : Payot, 1972. pp. 221-232, 274-285.

ARROWSMITH W., SHATTUCK R. (eds.) *The Craft and Context of Translation.* Austin, The University of Texas Press, 1961, 206 p.

BELSKA-FISEROVA Libuše. « Théories tchèques de la traduction », in *Babel* (4), 1958, pp. 120-122.

BROWER Ruben A. *On Translation.* Cambridge, Mass., Harvard University Press, 1959, 306 p.

CAILLÉ Pierre-François. « Les traducteurs littéraires à Varsovie », in *Babel* (4), 1958, pp. 195-200.

CARY E. « Théories soviétiques de la traduction », in *Babel* (3), 1957, pp. 179-189.

— « Pour une théorie de la traduction », in *Diogène* (40), 1962, pp. 96-120.

CASAGRANDE Joseph B. « The ends of translation », in *The International Journal of American Linguistics* (20), 1954, pp. 335-340.

CATFORD John Cumison. *A Linguistic Theory of Translation.* Londres : Oxford University Press, 1965, 103 p.

FIRTH J.R. « Linguistic Analysis and Translation » in *For Roman Jakobson,* La Haye : Mouton, 1956, pp. 133-139.

HOLMES J.S. (ed.). *The Nature of Translation : Essays on the Theory and Practice of Literary Translation.* Paris : Mouton, 1970, 232 p.

LADMIRAL J.R. (ed.) *La Traduction, Langages* (28).

LEONTIEV A.N., LEONTIEV A.A. « The Social and the Individual in Language », in *Language and Speech* (2), 1959, pp. 193-204.

LEOPOLD Werner F. *A child's learning of two languages,* reprint, 5th Annual Round Table Meeting on Linguistics and Language Teaching, 1954, pp. 19-30.

MESCHONNIC H. *Pour la poétique II.* Epistémologie de l'écriture ; poétique de la traduction. Paris : Gallimard, 1973, 457 p.

MOUNIN Georges. *Les problèmes théoriques de la traduction.* Paris : Gallimard, 1963, 297 p.

— *Linguistique et traduction.* Bruxelles : Dessart et Mardaga, 1976, 271 p.

NIDA Eugene. *Toward a Science of Translating with Special Reference to Principles and Procedures involved in Bible Translating.* Leiden : Brill, 1964, 331 p.

NIDA Eugene, TABER Charles R. *The Theory and Practice of Translation.* Leiden : Brill, 1974, 218 p.

NOËL Jacques. « Traduction et structures du discours : in *Cahiers internationaux de symbolisme,* n° 24-25, *Théorie et pratique de la traduction* I, Le Ciephum, Mons (Belgique), 1973, 159 p.

SMEATON B. Hunter. « Translation, its Nature, Problems and Limitations » in *Journal des Traducteurs* (3), 1958, pp. 122-130.

SMITH A.H. (ed.) *Aspects of Translation.* Londres : Secker and Warburg, 1958.

STEINER George. *After Babel : Aspects of Language and Translation.* Londres : Oxford University Press, 1975, 507 p.

VINAY Jean-Paul. « Peut-on enseigner la traduction ? ou Naissance de la stylistique comparée », in *Journal des Traducteurs* (2), 1957, pp. 141-148.

« Traduction » in *ALPHA Encyclopédie.* Paris : Grange-Batelière, (245), 13 sept. 1972, pp. 5871-5872.

5) Stylistique générale et stylistique du français

BALLY Charles. *Traité de Stylistique française*, Paris : Klincksieck,, 1909, éd. 1919.
GUIRAUD Pierre. *La Stylistique*. Paris : P.U.F., « Que sais-je ? », 1954.
— *Essais de Stylistique*. Paris : Klincksieck, 1970, 288 p.
JAKOBSON Roman. « Linguistics and Poetics » in Seboek (ed.), *Style in Language*, Cambridge, Mass. MIT Press, 1964.
— *Questions de Poétique*. Paris : Seuil, 1973, 507 p.
MILIC Louis T. *Style and Stylistics*. An annotated Bibliography, New York : Free Press, 1968.
SEBEOK Thomas A. (ed.). *Style in Language*. Cambridge, Mass. MIT Press, 1964.
SPITZER Leo. *Stilstudien*. Munich : Huebes, 1928 ; rééd. 1961, 2 vol. ; traduction française, *Etudes de style*. Paris : Gallimard, 1970, 536 p.
TODOROV Tzvetan. (ed.) « L'Enonciation », *Langages* (17), 1970.
ULLMAN Stephen. *Language and Style*, Collected papers, Oxford, Blackwell, 1964, 270 p.

6) Théorie et critique littéraire / Littérature et linguistique

BALLY Charles. « Le style indirect libre en français moderne » in *Germanisch-Romanische Monatschrift*, vol. IV, 1912, pp. 549-556, 597-606.
BANFIELD Ann. « Narrative Style and the Grammar of Direct and Indirect Speech » in *Foundations of Language* (10), 1973, pp. 1-39.
BOOTH Wayne. « Distance and Point of View » in *Essays in Criticism*, 1961 ; traduction française, *Distance et point de vue*, Poétique 4.
DANON-BOILEAU Laurent. *Produire le fictif*. A paraître, Paris : Klincksieck.
DUBOIS J., EDELINE F., KLINKENBERG J.M., MINGUET P., PIRE F., TRION H., *Rhétorique Générale*. Paris : Larousse « Langue et Langage », 1970.
DUJARDIN Edouard. *Le Monologue intérieur*. Paris : Messein, 1931.
FREEMAN D.C. (ed.). *Linguistics and Literary Style*. New York, Holt, Rinchart and Winston, 1970, 491 p.
FRIEDMAN Melvin. *Stream of Consciousness : A study in Literary Method*. New Haven, Yale University Press, 1955.
FRIEDMAN Norman. « Point of View in Fiction » PMLA, 1955 ; Stevick, ed., *The Theory of the Novel*, New York, The Free Press, 1967.
GENETTE Gérard, *Figures III*. Paris : Seuil, 1972.
HOWLETT Jacques. « Distance et Personne dans quelques romans d'aujourd'hui », in *Esprit*, juillet-août 1958.
HUMPHREY Robert. *Stream of Consciousness in the Modern Novel*. Berkeley, Los Angeles : University of California Press, 1954, éd. 1955.

KURODA S.Y. « Grammaire et récit, in *Aux quatre coins de la linguistique*. Paris : Seuil, 1979, traduit de l'anglais *Syntax and its Boundaries* (Gand), par Cassian Braconnier et Joëlle Sampy.

LIPS Marguerite, *Le Discours indirect libre*. Paris : Payot, 1926.

MORRISSETTE Bruce. « Les Modalités du point de vue », in *Cahiers de l'Association internationale des Etudes Françaises*, Belles Lettres n° 14, mars 1962.

PINGAUD Bernard. « Je, Vous, Il », in *Esprit*, juillet-août 1958.

WEINRICH Harald. *Le Temps*, traduit de l'allemand *Tempus*, par M. Lacoste, Paris : Seuil, « Poétique », 1973, 333 p.

III. Dictionnaires / Glossaires / Grammaires

BERLAND-DELEPINE S. *Grammaire pratique de l'anglais*. Paris : Ophrys, 1979, 415 p.

CHARLIRELLE. *Glossaire Linguistique*. Paris : O.C.D.L. Hatier, 1975.

CHEVALIER J.C., ARRIVÉ M., BLANCHE-BENVENISTE C., PEYTARD J. *Grammaire Larousse du français contemporain*. Paris : Larousse, 1964, 495 p.

CULIOLI Antoine. Définitions des termes linguistiques in *Encyclopédie ALPHA*. Paris : Grange-Batelière, 1969-73.

DAMOURETTE Jacques, PICHON Edouard. *Des mots à la pensée. Essai de grammaire de la langue française*. Paris : D'Artrey, 1911-1952.

GREVISSE Maurice. *Le Bon Usage*. Gembloux (Belgique) : J. Duculot S.A., éd. 1969, 1228 p.

GROUSSIER Marie-Line et Georges, CHANTEFORT Pierre. *Grammaire anglaise*, Thèmes construits, Hachette Université, 232 p.

HORNBY A.S., GANTENBY E.V., WAKEFIELD H. *The Advanced Learner's Dictionary of Current English*. Londres : Oxford University press, 1948, 1960.

JESPERSEN Otto. *A modern English Grammar on historical Principles*. Londres : George Allen & Unwin Ltd. Copenhague : Ejnar Munksgaard, réimp. 1970.

LAROUSSE. *Dictionnaire de Linguistique*. Paris : Larousse, 1972, 516 p.

QUIRK R., GREENBAUM S., LEECH G., SVARTVIK J. *A Grammar of Contemporary English*. Londres : Longman, 1972.

ROGGERO Jacques. *Grammaire anglaise*. Paris : Nathan, 1979.

TELLIER André. *Cours de grammaire anglaise*. Paris : Société d'enseignement supérieur (SEDES), 1967, 399 p.

— *Grammaire de l'anglais*. Paris : P.U.F., 1971.

Index

L'index renvoie à la fois au glossaire, aux analyses et aux tableaux d'exemples.

• Les renvois au glossaire figurent en premier et sont signalés par le signe $^\nabla$. Les pages indiquées en gras correspondent à la définition du terme même. Celles qui sont indiquées en maigre renvoient aux autres rubriques où le terme apparaît.

• Les entrées faisant référence aux analyses sont suivies du numéro de la page ou des pages où elles figurent. Lorsqu'un terme apparaît trop fréquemment pour être cité, seules la définition du glossaire et, s'il y a lieu, la ou les pages les plus importantes des analyses sont indiquées.

• Les références aux tableaux d'exemples sont mises entre crochets. Le numéro de la page où commencent les exemples figure en premier en caractères gras. Viennent ensuite les numéros des exemples précédés de deux points et suivis de la lettre a ou f selon que la langue envisagée est l'anglais ou le français.

Lorsque la transformation d'une langue à l'autre est indiquée, la langue d'arrivée est précédée d'une flèche.

Les exemples des tableaux sont, dans la majorité des cas, répertoriés d'après les commentaires qui en sont donnés. On trouvera donc souvent, sous une même rubrique, des schémas opposés, selon que la langue envisagée est le français ou l'anglais. On trouvera inversement un même phénomène sous plusieurs entrées, lorsque des formulations différentes sont utilisées : ex. repérage/localisation.

Les entrées qui renvoient aux tableaux font référence uniquement aux exemples cités et n'impliquent pas que la contrainte est systématiquement réversible. Lorsqu'elle est réversible, le degré de contrainte n'est pas nécessairement le même dans les deux langues. Il ne s'agit dans tous les cas que d'une fréquence relative d'une langue à l'autre.

A

A moment later
  ~ et procès renvoyant à un état, 86-87
  ~ et rupture inter-procès, 87

Aboutissement
  aspect d' ~ [**325** : 55]

Absence
  ~ (f) → introduction d'un syntagme verbal (a), **16-30**
  ~ de marqueur de relation (f) / marqueur de relation (a), 113, 121, 157, [**345** : 74-84]
  ~ de ponctuation (a) → ponctuation (f), [**348** : 89-94]
  ~ de prédicat d'existence (f) → prédicat d'existence (a), [**365** : 53-57]
  ~ de syntagme (f) → syntagme verbal (a), 16-20
  ~ de syntagme de perception (f) → syntagme de perception (a), [**373** : 1-3]
  ~ de syntagme verbal de posture (f) → syntagme verbal de posture (a), [**374** : 4-6]

Accompli
  aspect d' ~ **403** $^\nabla$, 8, 33-36, 39-41, 105

Actualisation, **403-404** $^\nabla$
  énonciation et ~ 35-37
  injonction et ~ [**305** : 37-45 a]
  ~ de la notion, 23, 160-162, [**367** : 61-69 a]
  ~ et perception imaginaire, **263-290**
  ~ des procès, **3-61**, [**297** : 1-67]

Actualisée
  représentation hypothétique et représentation ~ 268-270

Adjectif non-verbal
  ~ (f) → verbalisation (a), 26-27

Adjectif possessif
  relation marquée par un ~ **169-175**

~ et double détermination, 174-175
~ et double relation de repérage, 171
~ marquant une localisation spatiale, 169-170
~ marquant une relation de propriété, 169
~ marquant la relation de représentation, 170
~ et orientation de repérage, 170
~ et situation d'énonciation, **171-174**

Adjectif verbal
 ~ (f) → gérondif (a), 25-26
 ~ (f) → introduction d'un auxiliaire (a), 26

Adjectival
 syntagme ~ (f), 25-27

Adverbe, **404-405** ▽
 ~ de séquence, 85-86

Adverbial(e)
 complément ~ 420-421 ▽, 91, 216
 disjonction ~ 190
 expression ~ du « parcours temporel », 94-97
 locution ~ 404-405, 458 ▽
 particule ~ 486 ▽
 virgule (f) → locution temporelle ~ (a), 142

Agencement
 ~ des procès, **3-61**
 ~ syntaxique, **107-150**, [**327** : 1-101]

Agent, **405-406** ▽

Allocutaire, **406** ▽

Alternance
 relation d' ~ 406 ▽, 93

Ambiguïté
 ~ aspectuelle, 185-186

Anaphore, **406-407** ▽

Anaphorique, 406-407, 438 ▽
 relation/reprise ~ 73, 87, 89
 reprise ~ par un fléchage, 87
 reprise ~ par une localisation spatio-temporelle, 87
 reprise ~ par un pronom, 87-88

And (conjonction), 83-86

Animable
 propriété ~ **497** ▽
 propriété ~/inanimable, 216-225
 propriété non- ~ 497 ▽, 215

Animation, **407-408** ▽
 incidence de la forme verbale sur le problème de l' ~ 228-231
 incidence des prépositions sur l' ~ **210-214**
 schéma canonique et ~ 201
 ~ des inanimés, **201-231**, [**381** : 1-29]
 ~ : position du déclencheur, 225-228
 ~ et relation de propriété, **214-225**.

Animé, **407-408** ▽
 C_o ~ 201-206
 C_o ~ + syntagme verbal animé, [**381** : 1-6a], [**382** : 8 f]
 C_o inanimé + syntagme verbal ~ [**381** : 1-6, 8-18, 28-29 f]
 substitution d'un C_o ~ au C_o inanimé, **204-206**
 substitution d'un verbe inanimé à un verbe ~ **206-207**

Animé humain
 absence de localisation par rapport à un ~ [**359** : 28-32 a]
 détermination de l' ~ **158-162**
 introduction d'un ~ 158
 localisation par rapport à un ~ [**359** : 28-32 a]
 localisation par rapport à l' ~ repère, **162-164**
 repérage par rapport à un ~ 222-223
 ~ indéterminé (f) → localisé (a), 159-160
 ~ repère, [**360** : 32-41 a]
 ~ repère unique, [**362** : 42-48 a]

Antéposition, **408** ▽
 123-124, [**329** : 11-14 a], [**334** : 31-50 f]

Antériorité, **409** ▽
 détermination aspectuelle de l' ~ 79
 marqueur d' ~ 79
 ~ et aspect prospectif, 75-78
 ~ marquée, [**316** : 16-21 a]
 ~ non marquée, [**316** : 16-20 f]
 ~ temporelle, 33

Apparence
 termes renvoyant à la réalité et à l' ~ **238-241**

Appartenance
 relation d' ~ **409-410** ▽
 ~ à une classe, 172-173

Apposition, **410** ▽, 118-119

Appréciative
 modalité ~ 5, 97

Aspect, **410-412** ▽
 détermination de l' ~ **63-105**
 – dans l'inter-relation des procès, **81-105**

~ d'aboutissement, [**325** : 55]
~ d'accompli, **403** ▽, 8, 33-36, 39-41, 105
~ inchoatif, **454** ▽, 65-72
~ instantané, **454-455** ▽, 74-75
~ itératif, **455-457,** 483 ▽, 272
~ occasionnel, **478** ▽
~ ponctuel, **487-488** ▽, 73-75, [**315** : 12,14,15]
~ prospectif, **498** ▽, 75-78
~ prospectif/rétrospectif, 75-78
~ révolu, **504-505** ▽, 33-34, 238, 264
~ simultané, **507** ▽, 74, [**317** : 21-23]
~ terminatif, 72-73

Aspectuelle
ambiguïté ~ 185-186
détermination ~ **63-105**
— de l'antériorité, 79
distinctions modales et ~ 263-265

Assertion, 412-413, 481 ▽, **235-261**
verbe d' ~ **413,** 433, 437, 438, 446 ▽
~ d'une classe de situations, 244-245
~ et hypothèse dans le discours, **241-250**
241-250
~ et hypothèse dans le récit, **235-241**
~ (f) → modalisation (a), [**389** : 1-3]
~ (f) → repérage par rapport au terme origine de la perception (a), [**398** : 36-43]
~ d'une situation antérieure à l'énonciation, 245-247
~ d'une visée, 241-244

Assertive
hypothèse sous forme ~ [**389** : 4-14 f]
modalité ~ 7, **235-250**
modalité ~ et perception imaginaire, **263-290**

Association
relation d' ~ **413-414** ▽, 196

Attribut physique, **414** ▽

Auxiliaire
adjectif verbal (f) → introduction d'un ~ (a), 26

Avoir
être et ~ **221-225**

B

Be + ing, 8-10
~ et la relation inter-procès, 102-105
~ et la rupture du « parcours temporel », 102-105

Bénéficiaire, **414** ▽

Borne, **414** ▽, 95, 101-102

But
relation de ~ **415** ▽, 91-92

But (conjonction), 84-85

C

Canonique, 114-117, 125
ordre ~ [**327** : 1-10 a]
schéma ~ **415** ▽
schéma ~ et animation, 201, 204
schéma ~ et proposition repère, 114-117

Catégorie(s)
disjonction des ~ hétérogènes, **189-195**
homogénéisation dans la représentation des ~ du réel, **181-200**
~ du nombre, **475-477** ▽, 160-162
~ du réel, **499** ▽, 7
~ du réel hétérogènes, 181-200, [**373** : 1-28 f]
~ du réel homogènes, [**373** : 1-28 a]

Causatif/causative, **416** ▽

Chronologie
relation de ~ **416** ▽, 35-37, 68-69

Classe, **416** ▽
appartenance à une ~ 172-173
assertion d'une ~ de situations, 244-245
représentation symbolique d'une ~ 161

Co-énonciateur, **416-417,** 424-425, 430, 432, 436, 463 ▽
3-4, 6, 61, 291-294
repérage par rapport à un ~ [**364** : 50-51 a]

Cognition
verbe de ~ **417-418,** 434, 446 ▽

Co-locuteur, **417** ▽

Commentaire, 412, **418-420,** 437, 438, 442 ▽
5-7, 37, 42, 111-112, 291
— acception non-linguistique, 286

Complément(s)
détermination du ~ 154-157, [**353** : 1 a]
disjonction de ~ hétérogènes, [**377** : 16, 18 a]
~ adverbial, **420-421** ▽, 91, 216
— de localisation spatiale, **421** ▽, 156-157
— de localisation spatiale (f) → prédication d'existence (a), **147-149**
— de localisation spatiale (f) → principale (a) **146-147**

∼ de localisation spatiale, temporelle, de but, de visée, etc. [**297** : 1-10, 13, 14, 27]
∼ temporel, 129-130

Complément de rang zéro (C_o), **421-422** ▽
substitution d'un ∼ animé au ∼ inanimé, **204-206**
∼ animé, 201-206
∼ animé + syntagme verbal animé, [**381** : 1-6 a], [**382** : 8 f]
∼ inanimé, 201-206
∼ inanimé + syntagme verbal animé, [**381** : 1-6, 8-18, 28-29 f]
∼ inanimé + syntagme verbal inanimé, 206-207
∼ + syntagme verbal inanimé ou schéma de passivation, [**382** : 8-18 a]

Complément de rang 1 (C_1), **422** ▽
syntagme verbal inséré dans le ∼ (a), 18

Complément de rang 2 (C_2), **422-423** ▽

Composant, **423** ▽

Composé, **423** ▽

Composition
incidence du pronom *dont* sur la relation de ∼ 220-221
proposition relative et relation de ∼ 220-221, [**385** : 20-27 f]
relation de ∼ **423** ▽

Conjonction, **423** ▽
virgule (f) → ∼ de coordination (a), 140-143

Conjonctive
relation ∼ **424** ▽, 82-85, 181, 194-195

Constat/constatif, 412, **424** ▽, 5, 7, 37, 291

Contexte, **425** ▽
∼ situationnel, 417, 419, **425**, 430, 432 ▽ 6, 173-174, 292-293
(Voir également : donnée situationnelle)

Contextuel(les)
occurrences ∼ 10-11, 65
rappel ∼ 154-156
repérage par rapport à des éléments ∼ [**369** : 71, 73-75 a]

Coordination, **425**, 442-443 ▽, 82-86
virgule (f) → conjonction de ∼(a), 140-143
∼ ambiguë ou peu marquée, [**379** : 27-28 f]
∼ (ou non différenciation) de termes hétérogènes, [**376** : 15-21]
∼ disjonctive, 84-85, 189-190, 195
∼ très marquée, [**379** : 27-28 a]

Cumulative
relation ∼ **425-426** ▽, 198

D

Déclencheur, **426** ▽
animation : position du ∼ 225-228
position du ∼ d'un procès, 202, 225-228

Déroulement
marqueur de ∼ 69
∼ du processus, **426** ▽, 63-65, [**313** : 1-5]
∼ du processus marqué, [**321** : 35-47, 49-55]

Désactualisation, **403** ▽, 208 (voir également actualisation)
∼ des procès, 7-61

Destinataire, **427** ▽, 167, 198, 203, 214, 215, 252, 275

Destination
relation de ∼ **427** ▽, 167, 198, 203, 214, 215, 252, 275

Détermination, **427-429** ▽, **153-180**
adjectif possessif et double ∼ 174-175
procès et ∼ 18-19
∼ de l'animé humain, **158-162**
∼ de l'aspect, **63-105**
– dans l'inter-relation des procès, **81-105**
∼ aspectuelle, **63-105**
– de l'antériorité, 79
∼ du complément 154-157, [**353** : 1 a]
∼ de la localisation spatiale, [**374** : 7-8 f]
∼ du point de vue, **250-255**, 257-258
∼ de la relation de repérage, **165-180**
∼ relative à la situation, [**371** : 76-77 a]
∼ temporelle marquée, [**354** : 8-10 f]
∼ temporelle non-marquée, [**354** : 8-10 f]

Déterminative
∼ relative ∼ 119, 157
∼ relative non- ∼ 121-123

Déterminé(e)
moment ∼ repéré par rapport au moment de l'énonciation, 75-76
orientation du repérage ∼ [**358** : 23-27 a]

Différentiel(le)
parallélisme ∼ **481-482** ▽, 195-200, [**378** : 22-26 a]
relation ∼ **430** ▽

Direct(e)
discours ∼ **432-433** ▽, 84
relation ∼ **431** ▽

533

Discours, **431-432** ▽, 292-294
    assertion et hypothèse dans le ~, **241-250**
    récit et ~ 193-194
    ~ direct, **432-433** ▽, 84
    ~ indirect, **433-434** ▽
    ~ indirect libre, **435-440** ▽, 40-41, 160, 260
    ~ intérieur libre, **440-441** ▽
    ~ rapporté, 40-41, 160, 260
    ~ et repère origine, 39-42
    ~ et repère inter-propositionnel, 37-42

Disjonction, **441** ▽
    ~ adverbiale, 190
    ~ de catégories hétérogènes, **189-195**
    ~ de compléments hétérogènes, [**377** : 16, 18 a]
    ~ de modes d'énonciation divergents, 193-194
    ~ verbale, 190-193

Disjonctive
    coordination ~ 84-85, 189-190, 195
    relation ~ **441** ▽, 84, [**375** : 9-13 a]

Disloquée
    structure ~ 503, **509-510** ▽

Dissociation
    relation de ~ **441-443** ▽
    ~ des éléments adjoints ou subordonnés, 122-123, 131-132
    ~ d'une propriété, 220, [**385** : 19-27 f]

Donnée situationnelle, **443-444** ▽
    6, 173-174, 292-293
    (Voir également : contexte situationnel)

Dont
    incidence du pronom ~ sur la relation de composition, 220-221, [**385** : 20, 22-24 f]
    ~ introduisant un changement de repère, 254-255, [**362** : 42 f]

Durée
    ~ globalisée, **444** ▽, [**325** : 55]
      – repérée par rapport au moment de l'énonciation, 76
    ~ et volition dans l'acte de perception, **270-281**

Dynamique, **444, 484** ▽
    expression ~ du « parcours spatial », 177

Dynamisme, **444, 484** ▽

E

Élément(s)
    dissociation des ~ adjoints ou subordonnés, 122-123, 131-132
    double explicitation ou surexplicitation d'un ~, [**369** : 70-73, 76, 77 f]
    explicitation unique d'un ~ [**369** : 70,72 a]
    intégration des ~ adjoints à la proposition repère, **131-142**
    prédication d'existence d'un ~ inanimé, [**365** : 53-57 a]
    repérage par rapport à ~ contextuels, [**369** : 71, 73-75 a]
    ~ désigné par un nom propre ou un pronom, [**367** : 59-60 a]
    ~ désigné par son statut, [**367** : 59-60 f]
    ~ envisagé comme imaginaire ou hypothétique, [**394** : 24, 29-34 a]
    ~ hétérogènes coordonnés ou non-différenciés, [**376** : 15, 17-21 f]

Ellipse
    ~ du procès (f) → rétablissement (a), 19-20

Enoncé(s), **444-445** ▽
    point de repère dans la relation inter- ~ 31-35

Enonciateur, **445** ▽
    ~ rapporté, **446-447** ▽, 40-41, 160, 260

Enonciation, **447** ▽, 3-7
    adjectif possessif et situation d' ~ **171-174**
    assertion d'une situation antérieure à l' ~ 245-247
    disjonctions de modes d' ~ divergents, 193-194
    durée globalisée repérée par rapport au moment de l' ~ 76
    incidence du point de vue sur le mode d' ~ **255-261**
    mode d' ~ **463-464** ▽
    modes d' ~ hétérogènes, [**378** : 20, 21 f]
    moment déterminé repéré par rapport au moment de l' ~ 75-76
    moment indéterminé repéré par rapport au moment de l' ~ 76
    parcours d'occurrences repéré par rapport au moment de l' ~ 76-79
    repérage par rapport au moment de l' ~ 75-78
    rupture avec le plan de l' ~ 5
    rupture entre le moment de l' ~ et le repère antérieur, 38
    situation d' ~ **447** ▽, 3-4, 6, 11, 61
    ~ et actualisation des procès, 35-37

Enonciative
relation ∼ 430, **447** ▽, 7, 89, 291

Enumération, 194-195

Etat
(propriété) **448-449** ▽
a moment later et procès renvoyant à un ∼ 86-87
procès renvoyant à un ∼ 99-102
then et procès renvoyant à un ∼ 86-87
verbe d' ∼ **448** ▽
verbe d' ∼ et coordination, 82
∼ résultant, **449-450,** 485 ▽, 27, 64, 90, 98

Etre, **450** ▽, 238-241
∼ *et avoir,* **221-225**

Exclamation, 437, 438, 483 ▽

Explicitation
double ∼ ou surexplicitation d'un élément, [**369** : 70-73, 76-77 f]
∼ d'un procès dans une séquence, 89-91
∼ unique d'un élément, [**369** : 70, 72 a]

Extraction, **450-451** ▽

F

Fléchage, **451** ▽
reprise anaphorique par un ∼ 87

Forme verbale
incidence de la ∼ sur le problème de l'animation, 228-231

Forme verbale conjuguée
forme verbale infinitive (f) → ∼ (a), [**311** : 63-66]

Forme verbale nominalisée
syntagme nominal (f) → ∼ (a), 21

Forme verbale participiale :
ayant, étant, après avoir + participe passé, [**49** : 73-84 f]
participe passé, [**55** : 85-96 f]

Forme verbale principale, **493** ▽
11, 12, [**43** : 61-79, 85-90, 92-94 a], [**306** : 39-56 a]
syntagme nominal (f) → ∼ (a), 23

Forme verbale secondaire, **506-507** ▽
8, 11-14, [**43** : 61-96 f], [**46** : 67-72, 94 a]
syntagme nominal (f) → ∼ (a), 22-23
∼ (f) → forme verbale secondaire non marquée ou principale (a), **30-61**

∼ (f) → forme verbale secondaire moins marquée (a), [**50** : 76-84, 92, 93, 95, 96]

Futur, [**310** : 57-62 a]

G

Gérondif
adjectif verbal (f) → ∼ (a), 25-26

Globalisé(e)
durée ∼ **444** ▽, [**325** : 55 f]
durée ∼ repérée par rapport au moment de l'énonciation, 76
procès ∼ **452** ▽

Groupe nominal
intégration au ∼ C_o, [**338** : 49-50 a]

H

Hétérogènes
catégories du réel ∼ 181-200, [**373** : 1-28 f]
compléments / éléments ∼ coordonnés, [**376** : 15-17 f]
disjonction des catégories ∼ **189-195**
disjonction des compléments ∼ [**377** : 16, 18 a]
éléments ∼ associés, [**377** : 16 f]
éléments ∼ coordonnés ou non différenciés, [**376** : 15, 17-21 f]
modes d'énonciation ∼ [**378** : 20, 21 f]

Homogénéisation, [**376** : 15, 17, 21 a]
∼ dans la représentation des catégories du réel, **181-200**

Homogènes
catégories du réel ∼ [**373** : 1-28 a]

Hypothèse, 460-463 ▽, **235-261, 263-290**
assertion et ∼ dans le discours, **241-250**
assertion et ∼ dans le récit, **235-241**
verbe d' ∼ 267-268
visée sous forme assertive, [**392** : 17-25 f]
∼ explicite, [**389** : 4-6 a]
∼ sous forme assertive, [**389** : 4-14 f]

Hypothétique(s), 403, 460-463 ▽
élément, procès ou situation envisagés comme imaginaires ou ∼ [**394** : 24, 29-33 a]
modalité ∼ 7, **235-250**
modalité ∼ et perception imaginaire, **263-290**
représentation ∼ et représentation actualisée, 268-270
situation ∼ développée, 247-250

I

Identification, **453** ▽

Identité
　relation d' ～ **453**▽, 120-121, 160, 199, 240-241

Imaginaire
　changement de pronom dans l'expression de la perception ～ **284-288**
　changement de temps dans l'expression de la perception ～ **281-284**
　élément, procès ou situation envisagés comme hypothétiques ou ～ [**394** : 24, 29-33 a]
　modalité assertive et perception ～ **263-290**
　modalité hypothétique et perception ～ **263-290**
　perception ～ instantanée, 273-281
　perception ～ instantanée involontaire, 274-281
　perception ～ progressive, **270-273**
　signes linguistiques secondaires dans l'expression de la perception ～ **281-290**

Imbrication, 117-123, [**329** : 11-31 f]

Imparfait, 419, 420, 438 ▽
　～ → pluperfect, 90-102
　～ et relation inter-procès, 32

Impératif, [**305** : 37-45 a]

Inaliénable
　propriété ～ **497** ▽

Inanimable
　propriété animable/ ～ **497** ▽, 216-225

Inanimé, **407-408**, 492 ▽
　animation des ～ **201-231**, [**381** : 1-29]
　C_o ～ 201-206
　C_o ～ + syntagme verbal animé, [**381** : 1-6, 8-18, 28-29 f]
　C_o ～ + syntagme verbal inanimé, 206-207
　prédication d'existence d'un élément ～ [**365** : 53-57 a]
　repérage par rapport à un terme ～ 222-223
　repère ～ [**360** : 33-40 f]
　substitution d'un C_o animé au C_o ～ **204-206**
　substitution d'un verbe ～ au verbe animé, **206-207**

Inchoation/inchoatif, **454** ▽
　[**65** : 5-27 a], [**314** : 7-10 a]
　aspect ～ **454** ▽, 65-72
　marqueur d' ～ 69
　renvoi à la notion et ～ 68-69

Inclusion
　relation d' ～ **423** ▽, 195-196

Indéterminé(e)
　moment ～ repéré par rapport au moment de l'énonciation, 76
　orientation du repérage ～ ou ambiguë, [**358** : 23-27 f]

Indirect(e)
　discours ～ **433-434** ▽
　discours ～ libre **435-440** ▽, 40-41, 160, 260
　relation ～ **431** ▽

Infinitif(/ve)
　forme verbale ～ (f) → forme verbale conjuguée (a), [**311** : 63-66]
　forme passive, [**55** : 85 a]

Inhérente
　propriété ～ **497** ▽

Injonction, 6
　～ et actualisation, [**305** : 37-45 a]
　～ et modalisation, [**394** : 25-27 a]
　～ modalisée, [**395** : 28 a]

Injonctive
　modalité ～ 6, **241-243**

Instantané(e)
　aspect ～ **454-455** ▽, 74-75
　perception imaginaire ～ **273-281**
　perception imaginaire ～ involontaire, 274-281

Instantanéité, **454-455** ▽, 74-75

Instrumentale
　relation ～ **455** ▽, 27-28, 166, 212

Intégration
　～ à la proposition principale, 137-138, [**336** : 43-46, 58-73, 88 a]
　～ des éléments adjoints à la proposition repère, **131-142**
　～ au groupe nominal C_o, [**338** : 49-50 a]
　～ de la propriété par localisation, [**385** : 21, 22, 27-29 a]
　～ (ou suppression) du terme désignant la propriété, [**385** : 19-23 a]

Intentionnalité, **516** ▽, 201

Inter-énoncés
  point de repère dans la relation ~ 31-35

Inter-procès
  a moment later et rupture ~ 87
  be + ing et la relation ~ 102-105
  imparfait et relation ~ 32
  pluperfect et « parcours » ~ 98-102
  point de repère dans la relation ~ 31-35
  relation ~ **7-12**
  rupture ~ 89-91
  then et la relation ~ 85-87

Inter-relation
  détermination de l'aspect dans l' ~ des procès, **81-105**
  ~ des procès en tant que « parcours temporel », **93-105**

Intérieur
  discours ~ libre, **440-441** ▽
  monologue ~ **464-475** ▽, 41, 86

Interpropositionnel(le)
  discours et repère ~ 37-42
  relation ~ **7-12**

Interrogative
  modalité ~ 437, 438, 461, 483 ▽, 242

Intersubjective
  relation ~ **455,** 461 ▽, 6, 244, 249

Introducteur
  verbe ~ **413** ▽

Inversion, **117-118,** [**327** : 1-10 f]

Itératif
  aspect ~ **455-457,** 483 ▽, 272

Itération, **455-457** ▽
  marqueur d' ~ 72-73

J

Juxtaposé, **457** ▽
  syntagme nominal ~ (f) → verbalisation (a), 24-25

Juxtaposition, **458** ▽, 82-83, 119-121
  ~ (f) → proposition principale (a), [**347** : 85-87]
  ~ (f) → relation explicitée (a), [**345** : 74-84]

L

Localisation, **458** ▽
  absence de ~ par rapport à un animé humain, [**359** : 28-32 a]
  intégration d'une propriété par ~ [**385** : 21, 22, 27-29 a]
  ~ impliquant un « parcours spatial », 176
  ~ marquée, [**353** : 1-11 a]
  ~ non marquée, [**353** : 1-11 f]
  ~ par rapport à un animé humain, [**359** : 28-32 a]
  ~ par rapport à l'animé humain repère, **162-164**

Localisation spatiale, 444, **458,** 480, 483-484 ▽ 176-180
  adjectif possessif marquant une ~ 169-170
  ajout d'un terme de ~ 184-188
  complément adverbial de ~ (f) → prédication d'existence (a), **147-149**
  complément adverbial de ~ (f) → proposition principale (a), **146-147**
  complément de ~ 421 ▽, 156-157
  compléments de ~, temporelle, de visée, de but, etc. [**327** : 1-10, 12-16 f]
  détermination de la ~ [**374** : 7-8 f]
  repérage impliquant une relation de ~ 223
  ~ faiblement marquée, [**355** : 13-22 f]
  ~ marquée, [**354** : 7, 11 a]
  ~ non marquée, [**354** : 7, 11 f]
  ~ plus marquée, [**355** : 12-22 a]

Localisation spatio-temporelle
  reprise anaphorique par une ~ 87

Localisation statique, 444, 483, **509** ▽, 176

Locuteur, 445, 446, **458** ▽

Locution adverbiale, 404-405, **458** ▽

Locution temporelle
  virgule (f) → ~ adverbiale (a), 142

M

Marqueur, **458-459** ▽, 3
  absence de ~ de relation (f) → marqueur de relation (a), 113, 121, 157
  introduction d'un ~ de relation, 135-137
  juxtaposition (f) → ~ explicite de relation (a), [**345** : 74-84]
  ponctuation (f) → ~ explicite de relation (a), [**350** : 95-101]
  renforcement du ~ de relation, 133-135
  ~ d'antériorité, 79
  ~ de déroulement, 69
  ~ d'inchoation, 69
  ~ d'itération, 72-73
  ~ de parcours, 79

Mélioratif, **459** ▽, 181, 188, 194-195

Minoratif, **460** ▽, 181, 188, 194-195

Modale(s), 460-463 ▽
 distinctions ∼ et aspectuelles, 263-265
 valeur ∼ appréciative, 437 ▽, 72, 73, 74, 79

Modalisation, 460-463 ▽,
 [389 : 1-3, 7-13, 17-23, 25, 26 a]
 injonction et ∼ [394 : 25-27 a]

Modalisée
 injonction ∼ [395 : 28 a]

Modalité, 446, 460-463 ▽, 7
 possibilité/permission, 243
 ∼ appréciative, 5, 97
 ∼ assertive, 7, 235-250
 ∼ assertive et perception imaginaire, 263-290
 ∼ hypothétique, 7, 235-250
 ∼ hypothétique et perception imaginaire, 263-290
 ∼ injonctive, 6, 241-243
 ∼ interrogative, 242
 ∼ et verbe de perception, 263-265
 ∼ de visée, 241-250

Mode(s) d'énonciation, 463-464 ▽
 disjonction de ∼ divergents, 193-194
 incidence du point de vue sur le ∼ 255-261
 ∼ hétérogènes, [378 : 20-21 f]

Mode de perception
 ∼ et point de vue, 286-290

Modulation, 464 ▽

Monologue intérieur, 464-475 ▽, 41, 86

N

Nom propre
 désignation par le ∼ [367 : 60 a]
 ∼ (f) → pronom (a), 88

Nombre
 catégorie du ∼ 475-477 ▽, 160-162

Nominal
 groupe ∼ 510 ▽
 syntagme ∼ voir syntagme (nominal)

Nominalisation, 477-478 ▽

Nominalisé(e)
 prédicat ∼ (f) → syntagme verbal (a), [299 : 10-31]
 syntagme nominal (f) → forme verbale ∼ (a), 21

Non-animable (propriété), 497 ▽

Non-temporelle
 relation ∼ (f) → relation temporelle (a), 91-93

Notion, 478 ▽
 actualisation de la ∼, 23, 160-162, [367 : 61-69 a]
 renvoi à la ∼ [310 : 57-61 f], [367 : 61-69 f]
 renvoi à la ∼ et inchoation, 68-69
 renvoi à la ∼ (valeur du procès), 10, 11, 21, 23, 63, 68, 78, 81, 82

O

Occasionnel
 aspect ∼ 478 ▽

Occurrence(s), 452, 454, 478-479, 482-483, 485 ▽
 ensemble d' ∼ 41
 parcours d' ∼ repéré par rapport au moment de l'énonciation, 76-79
 renvoi à l' ∼ [310 : 57-62 a]
 ∼ contextuelle, 10-11, 65
 ∼ possibles, 272
 ∼ sur un axe temporel, 35-37, 61, 68-69, 81-82

Opposition
 relation d' ∼ 198-200

Ordre canonique, 114-117, 125, [327 : 1-10 a]

Ordre syntaxique
 déplacement dans l' ∼ en anglais, 125-130

Orientation
 ∼ du « parcours spatial », 177-179
 ∼ du repérage, 479-480, 486-487 ▽ 167-170, 172, 177-179
 − déterminée, [358 : 23-27 a]
 − indéterminée ou ambiguë, [358 : 23-27 f]

Originaire
 ∼ d'un procès, 480-481 ▽, 202

Origine
 discours et repère ∼ 39-42
 repérage par rapport au terme ∼ de la perception, [397 : 35-47 a]
 repère ∼ 34
 terme ∼ 514 ▽, 202

P

Paraître, 481 ▽, 238-241

Parallélisme, [378 : 23-25 f]
 ∼ différentiel, 481-482 ▽, 195-200, [378 : 22-26 a]

Parcours, **482-483** ▽, 17
  marqueur de ~ 79
  ~ d'occurrences repéré par rapport au moment de l'énonciation, 76-79

« Parcours »
  pluperfect et ~ inter-procès, 98-102

« Parcours spatial », 444, **483-484** ▽
  expression dynamique du ~ 177
  localisation impliquant un ~ 176
  orientation du ~ 177-179
  ~ et processus, 179-180

« Parcours temporel », **484-485** ▽
  be + ing et la rupture du ~ 102-105
  expression adverbiale du ~ 94-97
  inter-relation des procès en tant que ~ **93-105**
  rupture du ~ 95-105

Participe passé, [**55** : 85-96 f], [**304** : 33-45, 54, 55 f]

Participe présent, [**310** : 56 f]

Participiale
  forme verbale ~ : ayant/étant/après avoir + participe passé, [**49** : 73-84 f]
  forme verbale ~ : participe passé, [**55** : 85-96 f]

Particularisation, **485-486** ▽, 159-162
  relation de ~ 196-197

Particule adverbiale, **486** ▽

Passé composé, 34-35

Passé simple, 33-34

Passivation
  schéma de ~ **486-487** ▽
  207-210, 212, [**383** : 13-18 a]

Perception
  actualisation et ~ imaginaire, **263-290**
  ajout d'un syntagme nominal de ~ 182-184
  durée et volition dans l'acte de ~ **270-281**
  mise en relief de la ~ et de l'objet perçu, 265-267
  modalité et verbe de ~ **263-265**
  mode de ~ et point de vue, 286-290
  repérage par rapport au terme origine de la ~ [**397** : 35-47 a]
  syntagme de ~ [**373** : 1-3 a]
  verbe de ~ 434, 446 ▽, **263-270**
  ~ prospective, 265-268
  ~ rétrospective, 265-268

Perception imaginaire
  changement de pronom dans l'expression de la ~ **284-288**
  changement de temps dans l'expression de la ~ **281-284**
  modalité assertive et ~ **263-290**
  modalité hypothétique et ~ **263-290**
  signes linguistiques secondaires dans l'expression de la ~ **281-290**
  ~ instantanée, **273-281**
  ~ instantanée involontaire, 274-281
  ~ progressive, **270-273**

Personne
  1re ~ 434, 446, 461 ▽
  2e ~ 461 ▽
  3e ~ 461 ▽

Phrase complexe
  réseaux de repérage dans la ~ **107-109**

Pluperfect, [**46** : 67-72, 83, 84, 96 a]
  imparfait → ~ 99-102
  ~ et « parcours inter-procès », 98-102

Plus-que-parfait, 419, 420, 438 ▽
  31-42, 43-48, [**43** : 61-72 f], [**307** : 46-53 f]

Point(s) de repère
  introduction de ~ **154-156**
  nature des ~ **154-156**
  ~ dans la relation inter-énoncés, 31-35
  ~ dans la relation inter-procès, 31-35

Point de vue, 446, 487 ▽, **250-261**
  détermination du ~ **250-255**, 257-258
  incidence du ~ sur le mode d'énonciation, **255-261**
  mode de perception et ~ 286-290

Ponctualité, **487-488** ▽, 73-75

Ponctuation, 137-143, [**348** : 89-101 f]
  absence de ~ [**348** : 89-94 a]
  suppression de signes de ~ 137-139
  tiret, 140
  virgule (f) → conjonction de coordination (a), 140-143
  virgule (f) → locution temporelle adverbiale (a), 142

Ponctuel
  aspect ~ **487-488** ▽, 73-75
  – marqué, [**315** : 12-15 a]
  – non marqué, [**315** : 12, 14, 15 f]

Possession
  relation de ~ **488** ▽

Postposition, **488** ▽
  125-130, [**330** : 15-30, 32-42 a]

Posture
  verbe de ∼ 183-188, [**374** : 4-6 a]

Préconstruit, 417, **488-489**, 492 ▽
  31, 112, 172, 291-292

Prédicat d'existence
  absence de ∼ [**365** : 53-57 f]

Prédicat nominalisé
  ∼ (f) → syntagme verbal (a), [**299** : 10-31]

Prédication, **489** ▽

Prédication d'existence, 408, **489-492** ▽
  complément adverbial de localisation spatiale (f) → ∼ (a), **147-149**
  ∼ concernant une propriété, 224-225
  ∼ d'un élément inanimé, [**365** : 53-57 a]

Prédicative
  relation ∼ 430, 447, 486, **492-493** ▽
  20, 293

Prépositions
  a (contenue dans *au*), 166
  avec, 212
  by, 210-212
  de, 167-169, 212
  in, 213-214, [**387** : 28-29 a]
  par, 212
  with, 136, 211-212, [**385** : 21, 22 a]
  incidence des ∼ sur l'animation, **210-214**
  relation marquée par une ∼ 166-169

Prépositionnel
  syntagme ∼ (f) → syntagme verbal (a), 27-29

Présent, [**50** : 75 a], [**310** : 57-61 f]

Present participle, [**50** : 76-82, 91-93, 95 a]

Preterit, 9, 11, 13-14, 33-42, 240, 282 [**43** : 61-74, 76-79, 85-90, 92-94 a]

Principale
  forme verbale ∼ **493** ▽ 11, 12, [**43** : 61-79, 85-90, 92-94 a], [**306** : 39-56 a]
  proposition ∼ voir proposition (principale)

Procès, **494-495** ▽
  a moment later et ∼ renvoyant à un état, 86-87
  a moment later et rupture inter- ∼ 87
  actualisation des ∼ **3-61**, [**297** : 1-67]
  agencement des ∼ **3-61**
  be + ing et la relation inter- ∼ 102-105
  désactualisation des ∼ 7-61
  détermination de l'aspect dans l'inter-relation des ∼ **81-105**
  ellipse du ∼ (f) → rétablissement (a), 19-20
  énonciation et actualisation des ∼ 35-37
  explicitation d'un ∼ dans une séquence, 89-91
  inter-relation des ∼ en tant que « parcours temporel », **93-105**
  organisation réflexive des ∼ 41
  originaire d'un ∼ **480-481** ▽, 202
  pluperfect et « parcours » inter- ∼ 98-102
  point de repère dans la relation inter- ∼ 31-35
  position du déclencheur d'un ∼ 202, 225-228
  relation inter- ∼ **7-12**
  rupture inter- ∼ 89-91
  source d'un ∼ **509** ▽, 202-203
  then et ∼ renvoyant à un état, 86-87
  ∼ envisagé comme imaginaire ou hypothétique, [**394** : 24, 31-33 a]
  ∼ et détermination, 18-19
  ∼ globalisé, **452** ▽
  ∼ intermédiaire explicité, [**320** : 32, 34 a]
  ∼ renvoyant à un état, 99-102

Procès repère, 424, 452, 493, **495**, 502 ▽
  5, 8-10, 13-14, 291, (voir également : forme verbale principale)

Procès repéré, 418, **495**, 502, 506-507 ▽
  8-11, 13-14, 34, 291-292, (voir également : forme verbale secondaire)
  ∼ dans une séquence, 83

Processus, **496** ▽
  déroulement du ∼ **426** ▽, 63-65, [**313** : 1-5]
  déroulement du ∼ marqué, [**321** : 35-55]
  expression sémantique du ∼ 97-98
  « parcours spatial » et ∼ 179-180
  ∼ non marqué, [**321** : 35-38 f]
  ∼ stabilisé, **496-497** ▽ 11, 25-26, 64, 95, 99, 211, 212

Pronom
  changement de ∼ dans l'expression de la perception imaginaire, **284-288**
  élément désigné par un ∼ [**367** : 60 a]
  nom propre (f) → ∼ (a), 88
  reprise anaphorique par un ∼ 87-88

Pronom personnel, 87-88
  pronom démonstratif (f) → ∼ (a), 159-160

Pronom relatif
  incidence du ∼ *dont* sur la relation de composition, 220-221
  ∼ introduisant un changement de repère, 253-255, [**362** : 42, 43 f]

Proposition
  syntagme verbal inséré dans une ∼ 16-18

Proposition infinitive
   syntagme nominal (f) → ~(a), 22

Proposition principale, **494** ▽
   complément adverbial de localisation spatiale (f) → ~(a), **146-147**
   éléments adjoints → intégrés à la ~ 131-142
   éléments adjoints ou subordonnés (f) → ~ (a), **143-150**
   intégration à la ~ 137-138, [**336** : 43-46, 58-73, 88 a]
   juxtaposition (f) → ~(a), [**347** : 85-87]
   proposition relative (f) → ~ (a), [**339** : 52-56]
   proposition repère et ~ 10
   proposition subordonnée (f) → ~ (a), **143-146**
   relation ~ /subordonnée, **107-112**

Proposition relative, **500-502** ▽
   ~ déterminative, 119, 157
   ~ non déterminative, 119-123
   ~ introduisant un changement de repère, 253-255, [**362** : 42, 43 f]
   ~ et relation de composition, 220-221, [**385** : 20-27 f]

Proposition repère, **503, 504** ▽, 10, 107-112
   intégration des éléments adjoints à la ~ 131-142
   schéma canonique et ~ 114-117
   transformation en ~ **143-150**
   ~ et proposition principale, 10

Proposition repérée, 418, **503** ▽, 10, 107-114, 291
   ~ (f) → proposition repère (a), 143-146

Proposition subordonnée, 10-12, 13, 15
   relation proposition principale/ ~ **107-112**
   ~ (f) → proposition principale (a), **143-146**

Proposition temporelle, 130
   syntagme verbal inséré dans une ~(a), 16-17

Propriété
   adjectif possessif marquant une relation de ~ 169
   animation et relation de ~ **214-225**
   dissociation d'une ~ 220, [**385** : 20-27 f]
   intégration ou suppression du terme désignant la ~ [**385** : 19-23 a]
   intégration du terme désignant la ~ par localisation, [**385** : 21, 22, 27-29 a]
   prédication d'existence concernant une ~ 224-225

relation de ~ **497-498** ▽
   ~ animable, **497** ▽
   ~ animable/inanimable, 216-225
   ~ inaliénable, **497** ▽
   ~ inhérente, **497** ▽
   ~ non-animable, **497** ▽, 215

Prospectif(ve)
   antériorité et aspect ~ 75-78
   aspect ~ **498** ▽, 75-78
   perception ~ 265-268

R

Rappel contextuel, 154-156

Rapporté
   discours ~ 40-41, 160, 260
   énonciateur ~ **446-447** ▽, 40-41, 160, 260

Réalité
   termes renvoyant à :
   - la ~ 236-237
   - la ~ et à l'apparence, **238-241**
   - la manifestation de la ~ **236-237**

Réciprocité
   relation de ~ **498** ▽, 197-198

Récit, **431-432** ▽, 292-294
   assertion et hypothèse dans le ~ **235-241**
   ~ et discours, 193-194

Réel
   catégories du ~ **499** ▽, 7
   - hétérogènes, 181-200, [**373** : 1-28 f]
   - homogènes, [**373** : 1-28 a]
   homogénéisation dans la représentation des catégories du ~ **181-200**

Référenciation, 431, **499** ▽, 3-7

Réflexive
   opération ~ 418-420, **499-500** ▽
   4, 5, 10, 36, 37, 85, 86, 97, 111, 112
   organisation ~ des procès, 41

Réflexivité, 418-420, **499-500** ▽

Relation (pour les sous-catégories, voir les termes indiquant la nature de la relation)
   détermination de l'aspect dans l'inter- ~ des procès, **81-105**
   inter- ~ des procès entant que « parcours temporel », **93-105**
   marqueur de ~ 135-137, [**345** : 74-84, 95-101 a]
   renforcement du marqueur de ~ 133-135
   ~ explicitée, [**345** : 74-84, 95-101 a]

~ forte, **500** ▽
~ marquée par un adjectif possessif, **169-175**
~ marquée par une préposition, 166-169
~ non marquée, [**375** : 9-14 f]

Relative
proposition ~ voir proposition (relative)

Remémoration
verbe de ~ **502** ▽

Repérage, **502-504** ▽, **153-180**
adjectif possessif et double relation de ~ 171
détermination de la relation de ~ **165-180**
orientation du ~ **479-480**, 486-487 ▽ **167-170, 172, 177-179**
  - déterminée, [**358** : 23-27 a]
  - indéterminée ou ambiguë, [**358** : 23-27 f]
réseaux de ~ dans la phrase complexe, **107-109**
~ impliquant une relation de localisation spatiale, 223
~ par rapport :
  - au co-énonciateur, [**364** : 50, 51 a]
  - à des éléments contextuels, [**369** : 71, 73-75 a]
  - au repère de l'énonciation, 75-78
  - à un terme animé humain, 222-223
  - à un terme inanimé, 222-223
  - au terme origine de la perception, [**397** : 35-47 a]

Repère, **502-504** ▽
changement de ~ [**363** : 44-48 f]
discours et ~ inter-propositionnel, 37-42
discours et ~ origine, 39-42
dont introduisant un changement de ~ 254-255, [**362** : 42 f]
intégration des éléments adjoints à la proposition ~ 131-142
introduction de point de ~ **154-156**
localisation par rapport au terme animé humain ~ **162-164**
nature des points de ~ **154-156**
point de ~ dans la relation inter-énoncés, 31-35
point de ~ dans la relation inter-procès, 31-35
procès ~ 424, 452, 493, **495**, 502 ▽ 5, 8-10, 13-14, 291
proposition ~ **503, 504** ▽, 10, 107-112
relative impliquant un changement de ~ [**362** : 42, 43 f]
repérage par rapport au moment ~ de l'énonciation, 75-78
rupture entre le moment de l'énonciation et le ~ antérieur, 38

schéma canonique et proposition ~ 114-117
situation ~ **508-509** ▽, 9, 10, 37, 108
terme ~ 107-108
transformation en proposition ~ **143-150**
~ ayant la propriété animé humain, [**360** : 32-41 a]
~ ayant la propriété inanimé, [**360** : 33-40 f]
~ dans une succession temporelle, 65
~ origine, 34
~ unique ayant la propriété animé humain, [**362** : 42-48 a]

Repéré(e), **502-504** ▽
durée globalisée ~ par rapport au moment de l'énonciation, 76
moment déterminé ~ par rapport au moment de l'énonciation, 75-76
moment indéterminé ~ par rapport au moment de l'énonciation, 76
parcours d'occurrences ~ par rapport au moment de l'énonciation, 76-79
procès ~ 418, **495,** 502, 506-507 ▽ 8-11, 13-14, 34, 291-292
procès ~ dans une séquence, 83
proposition ~ 418, 503 ▽, 10, 107-114, 291
terme ~ 107-108

Représentation
adjectif possessif marquant la relation de ~ 170
homogénéisation dans la ~ des catégories du réel, **181-200**
relation de ~ **504** ▽
~ hypothétique et représentation actualisée, 268-270
~ symbolique d'une classe, 161

Reprise anaphorique, 87-89
~ par un fléchage, 87
~ par une localisation spatio-temporelle, 87
~ par un pronom, 87-88

Rétrospectif(ve)
aspect ~ 75-78
perception ~ 265-268

Révolu
aspect ~ **504-505** ▽, 33-34, 238, 264

Rupture
a moment later et ~ inter-procès, 87
be + ing et la ~ du « parcours temporel », 102-195
relation de ~ 454, **505-506** ▽
~ inter-procès, 89-91

~ entre le moment de l'énonciation et le repère antérieur, 38
~ du « parcours temporel », 95-105
~ avec le plan de l'énonciation, 5

S

Schéma canonique, **415** ▽, [**327** : 1-10 a]
~ et animation, 201
~ et proposition repère, 114-117

Schéma contrastif
- actualisation des procès, 13, 14-15
- détermination du point de vue, 257-258

Schéma de passivation, **486-487** ▽ 207-210, 212, [**383** : 13-18 a]

Secondaire(s)
forme verbale ~ **506-507** ▽ 8, 11, 13-14, [**43** : 61-96 f], [**46** : 67-72, 94 a]
forme verbale ~ moins marquée, [**50** : 76-84, 92, 93, 95, 96 a]
signes linguistiques ~ dans l'expression de la perception imaginaire, 281-290

Sémantique
expression ~ du processus, 97-98

Séquence
adverbe de ~ 85-86
explicitation d'un procès dans une ~ 89-91
relation de ~ **507** ▽, 81-93

Signes linguistiques
~ secondaires dans l'expression de la perception imaginaire, 281-290

Signes de ponctuation
suppression de ~ 137-139
tiret, 140
virgule (f)→ conjonction de coordination (a), 140-143
virgule (f)→ locution temporelle adverbiale (a), 142

Simultané
aspect, **507** ▽, 74, [**317** : 21-23]

Simultanéité, **507** ▽

Situation, **508** ▽
assertion d'une classe de ~ 244-245
assertion d'une ~ antérieure à l'énonciation, 245-247
détermination relative à la ~ [**371** : 76, 77 a]
~ hypothétique développée, 247-250

Situation dominante, **508** ▽

Situation d'énonciation, **447** ▽, 3-4, 6, 11, 61
adjectif possessif et ~ **171-174**

Situation repère, **508-509** ▽, 9, 10, 37, 108

Situationnel(le)
contexte ~ 417, 419, **425**, 430, 432 ▽ 6, 173-174, 292-293
donnée ~ **443-444** ▽

Source d'un procès, **509** ▽, 202-203

Stabilisé
processus ~ **496-497** ▽
11, 25-26, 64, 95, 99, 211, 212

Statique
localisation ~ 444, 483, **509** ▽, 176

Statut
élément désigné par son ~ [**367** : 59-60 f]

Structure disloquée, 503, **509-510** ▽

Subordonnée
proposition ~ voir proposition (subordonnée)

Succession
relation de ~
- impliquée, [**318** : 26-28, 30]
- marquée, [**318** : 23-30 a]
- non marquée, [**318** : 24 f]
repère dans une ~ temporelle, 65
~ temporelle, 69, 70

Sujet, **421-422** ▽
~ 1re personne, 434 ▽

Supposition
verbe de ~ **510** ▽, 38, 39, 40

Syntagme, **510-511** ▽
absence de ~ de perception, [**373** : 1-3 f]

Syntagme adjectival, 25-27

Syntagme nominal, **510** ▽, 21-25
ajout d'un ~ de perception, 182-184
~ (f)→ forme verbale nominalisée (a), 21
~ (f)→ forme verbale principale (a), 23
~ (f)→ forme verbale secondaire (a), 22-23
~ juxtaposé (f)→ verbalisation (a), 24-25
~ : prédicat nominalisé (f)→ syntagme verbal (a), [**299** : 10-29, 31, 32]
~ (f)→ proposition infinitive (a), 22

Syntagme prépositionnel
~ (f)→ + syntagme verbal (a), 27-29

Syntagme verbal
  absence (f) → introduction d'un ~ (a), 16-30
  absence de syntagme (f) → ~ (a), 16-20
  absence de ~ de posture (f) → ~ de posture (a), [374 : 4-6]
  C_o animé + ~ animé, [381 : 1-6 a], [382 : 8 f]
  C_o inanimé + ~ animé, [381 : 1-6, 8-18, 28, 29 f]
  C_o inanimé + ~ inanimé, 206-207
  prédicat nominalisé (f) → ~ (a), [299 : 10-31]
  syntagme non verbal (f) → ~ (a), **21-30**
  syntagme prépositionnel (f) → + ~ (a), 27-29
  ~ inséré dans :
    – le C_1 (a), 18
    – une proposition (a), 16-18
    – une proposition temporelle (a), 16-17
    – une relative (a), 18

Syntaxique
  agencement ~ 107-150, [327 : 1-101]
  déplacement dans l'ordre ~ en anglais, **125-130**
  tableau comparatif de la configuration ~ 109-111

T

Temporel(le)
  antériorité ~ 33
  complément ~ 129-130
  détermination ~ [354 : 8-10 f]
  occurrences sur un axe ~ 35-37, 61, 68-69, 81-82
  « parcours ~ » voir « parcours temporel »
  relation non- ~ (f) → relation ~ (a), 91-93
  repère dans une succession ~ 65
  succession ~ 69, 70
  syntagme verbal inséré dans une proposition ~ 16-17
  virgule (f) → locution ~ adverbiale (a), 142

Temps, **511-512** ▽
  changement de ~ dans l'expression de la perception imaginaire, **281-284**

Terme(s), **512** ▽
  ajout d'un ~ de localisation spatiale, **184-188**
  repérage par rapport à un ~ inanimé, **222-223**
  ~ renvoyant à :
    – la manifestation de la réalité, **236-237**
    – la réalité, 236-237
    – la réalité et à l'apparence, **238-241**

~ repère, 107-108
~ repéré, 107-108

Terme d'arrivée, **514-515** ▽

Terme atteint, **512-513** ▽

Terme de départ, **513-514** ▽

Terme origine, **514** ▽, 202
  repérage par rapport au ~ de la perception, [397 : 35-47 a]

Terminatif
  aspect ~ 72-73

Then
  ~ et la relation inter-procès, 85-87

Tiret, 140

V

Verbal(e)
  adjectif ~ voir adjectif (verbal)
  disjonction ~ 190-193
  forme ~ voir forme (verbale)
  syntagme ~ voir syntagme (verbal)

Verbalisation
  adjectif non verbal (f) → ~ (a), 26-27
  syntagme nominal juxtaposé (f) → ~ (a), 24-25
  syntagme prépositionnel (f) → ~ (a), 27-29

Verbe animé
  substitution d'un verbe inanimé à un ~ **206-207**

Verbe d'assertion, **413,** 433, 437, 438, 446 ▽

Verbe de cognition, **417-418,** 434, 446 ▽

Verbe d'état, **448** ▽
  ~ et coordination, 82

Verbe d'hypothèse, 267-268

Verbe inanimé
  substitution d'un ~ à un verbe animé, **206-207**

Verbe introducteur, **413** ▽

Verbe de perception, 434, 446 ▽, **263-270**
  modalité et ~ **263-265**

verbe de posture, 183-188, [374 : 4-6 a]

Verbe de remémoration, **502** ▽

Verne de supposition, **510** ▽, 38, 39, 40

Verbe de visée, **516** ▽

Virgule
∼ (f) → conjonction de coordination (a), 140-143
∼ (f) → locution temporelle adverbiale (a), 142

Visée, **515-516** ▽
assertion d'une ∼ 241-244

modalité de ∼ **241-250**
relation de ∼ 91-92
verbe de ∼ **516** ▽
∼ sous forme assertive, [**392** : 17-25 f]

Volition, **516** ▽
durée et ∼ dans l'acte de perception, **270-281**

Volontaire, **516** ▽, 201-202

Table des Matières

Préface... V
Avant-propos... VII

PREMIÈRE PARTIE

Chapitre 1. Agencement et actualisation des procès........... 3

I.1. Enonciation et référenciation.................................. 3
   2. Relation inter-procès et relation inter-propositionnelle........... 7
   3. Schéma contrastif I.. 13
   4. Schéma contrastif II... 14
II. Absence → introduction d'un syntagme verbal.................... 16
   1. Absence de syntagme → syntagme verbal....................... 16
      (I) Syntagme verbal inséré dans une propositon............... 16
         a) Temporelle... 16
         b) Relative... 18
      (II) Syntagme verbal inséré dans le C_1...................... 18
      (III) Procès et détermination................................ 18
      (IV) Ellipse du procès → rétablissement...................... 19
   2. Syntagme non verbal → syntagme verbal........................ 21
      (I) Syntagme nominal....................................... 21
         a) Syntagme nominal → forme verbale nominalisée....... 21
         b) Syntagme nominal → proposition infinitive.......... 22
         c) Syntagme nominal → forme verbale secondaire....... 22
         d) Syntagme nominal → forme verbale principale........ 23
         e) Syntagme nominal juxtaposé dans une
            locution adverbiale → verbalisation................. 24
      (II) Syntagme adjectival..................................... 25
         a) Adjectif verbal..................................... 25
         b) Adjectif non verbal................................. 26
      (III) Syntagme prépositionnel................................ 27
III. Forme verbale secondaire → forme verbale secondaire
              non marquée ou principale.................... 30
   1. Le plus-que-parfait.. 31
      (I) Problèmes de points de repère........................... 31
         a) L'imparfait... 32
         b) Le passé simple et le preterit...................... 33
         c) Le passé composé................................... 34
      (II) Enonciation et actualisation des procès................... 35
      (III) Discours et repère inter-propositionnel................. 37
        – Discours et repère origine............................ 39

2. Tableaux comparatifs. Transpositions à partir du :
I. Plus-que-parfait 43
II. Forme verbale participiale : ayant/étant après avoir + participe passé... 49
III. Participe passé 55

Chapitre 2. Détermination aspectuelle 63

I. La détermination de l'aspect 63
   1. Le déroulement, l'inchoation et l'aboutissement 63
      (i) Le déroulement... 63
      (ii) L'inchoation... 65
      (iii) L'aspect terminatif 72
   2. La ponctualité, l'antériorité et l'aspect prospectif................ 73
      (i) La ponctualité... 73
      (ii) Antériorité et aspect prospectif 75
   3. La double marque aspectuelle 78
II. Détermination de l'aspect dans l'inter-relation des procès............. 81
   1. La relation de séquence 81
      (i) Absence de marqueur → introducteur d'un marqueur
      de relation en français   en anglais 81
         a) La coordination 82
         b) L'adverbe de séquence............................... 85
         c) L'explicitation d'un procès dans une séquence.......... 89
      (ii) Relation non tempo- → relation temporelle
      relle en français   en anglais 91
         a) La relation de but ou de visée 91
         b) La relation d'alternance.............................. 93
   2. L'inter-relation des procès en tant que « parcours temporel » 93
      (i) L'expression adverbiale du « parcours temporel » 94
        − « Parcours temporel » et point de repère 95
      (ii) L'expression sémantique du processus................... 97
      (iii) Pluperfect et « parcours » inter-procès 98
      (iv) *Be + ing* et la relation inter-procès 102

Chapitre 3. L'agencement syntaxique 107

I. Les réseaux de repérage dans la phrase complexe 107
II. Tableau comparatif de la configuration syntaxique en français et en anglais 109
   1. (i) Eléments adjoints im- → rejetés à la fin ou intégrés à la
      briqués   principale 112
      (ii) Eléments inversés → rétablissement de
         l'ordre canonique 113
   2. Eléments adjoints juxtapo- → introduction de marqueurs de
      sés ou subordonnés   relation 113
   3. (i) Eléments adjoints ou → transformés en propositions
      subordonnés   principales...................... 113
      (ii) Propositions relatives → transformées en propositions
         principales...................... 114

III. L'ordre d'insertion	114
1. L'inversion	115
2. L'imbrication	117
• L'apposition	118
• La relative déterminative	119
• La juxtaposition	119
• La relative non déterminative	121
3. L'antéposition	123
IV. Les transpositions	125
1. Le déplacement dans l'ordre syntaxique en anglais	125
– Les compléments temporels	129
2. Intégration des éléments adjoints à la proposition repère	131
(ı) Renforcement du marqueur de relation	133
(ıı) Introduction d'un marqueur de relation	135
(ııı) Suppression de signes de ponctuation	137
3. Transformation en proposition repère	143
(ı) Subordonnée → principale	143
(ıı) Complément adverbial de localisation spatiale → principale	146
(ııı) Complément adverbial de calisation spatiale → prédication d'existence	147

DEUXIÈME PARTIE

Chapitre 4. Repérage et détermination ... 153

I. Introduction et nature des points de repère	154
1. Rappel contextuel	154
2. Complément de localisation spatiale	156
3. Relative déterminative	157
4. Introduction d'un animé humain	158
II. Détermination de l'animé humain	158
1. Personnalisation et particularisation	159
(ı) Pronom démonstratif → pronom personnel	159
(ıı) Animé humain indéterminé → localisé	159
2. Catégorie du nombre et particularisation	160
III. Localisation par rapport à l'animé humain repère	162
IV. Détermination et orientation de la relation de repérage	165
1. Relation marquée par une préposition	166
(ı) La préposition *a* contenue dans *au*	166
(ıı) La préposition *de*	167
2. Relation marquée par un adjectif possessif	169
• Relation de propriété	169
• Localisation spatiale	169
• Orientation du repérage	170
• Double orientation du repérage	171

- Situation d'énonciation 171
- La double détermination. 174
3. Localisation spatiale 176
- Localisation statique 176
- Localisation impliquant un « parcours spatial »............. 176
- Expression dynamique du « parcours spatial » 177
- L'orientation du « parcours spatial » 177
- « Parcours spatial » et processus........................ 179

Chapitre 5. Homogénéité et disparité dans la représentation des catégories du réel................. 181

I. Homogénéisation dans la représentation des catégories du réel.......... 181
  1. Ajout d'un syntagme nominal marquant la perception 182
  2. Ajout d'un terme de localisation spatiale 184
    – Ambiguïté aspectuelle................................. 185
II. Disjonction des catégories hétérogènes 189
  1. Coordination disjonctive............................... 189
  2. Disjonction adverbiale 190
  3. Disjonction verbale................................... 190
  4. Disjonction de modes d'énonciation divergents................ 193
  5. Les énumérations 194
III. Parallélisme différentiel 195
  1. Inclusion.. 195
  2. Association 196
  3. Particularisation 196
  4. Réciprocité 197
  5. Opposition... 198

Chapitre 6. L'animation des inanimés 201

I. Procédés d'homogénéisation................................. 204
  1. Substitution d'un C_0 animé au C_0 inanimé................. 204
  2. Substitution d'un verbe inanimé au verbe animé 206
  3. Le schéma de passivation.............................. 207
II. L'incidence des prépositions 210
III. Les relations de propriété 214
  1. Propriété animable/inanimable 216
  2. Incidence du pronom *dont* sur la relation de composition 220
  3. Etre et avoir 221
    (i) Repérage par rapport à l'animé humain ou à l'inanimé 222
    (ii) Repérage impliquant une relation de localisation spatiale 223
    (iii) Prédication d'existence concernant la propriété............ 224
IV. Facteurs de modification 225
  1. Le déclencheur 225
  2. La forme verbale 228

TROISIÈME PARTIE

Chapitre 7. Hypothèse et assertion 235

I. Assertion et hypothèse dans le récit 235
   1. Termes renvoyant à la réalité et à la manifestation de la réalité 236
   2. Termes renvoyant à la réalité et à l'apparence................. 238
II. Assertion et hypothèse dans le discours 241
   1. Assertion d'une visée 241
   2. Assertion d'une classe de situations 244
   3. Assertion d'une situation antérieure à l'énonciation 245
   4. Situations hypothétiques développées 247
III. Le point de vue... 250
   1. Détermination du point de vue 250
      (i) Point de repère ambigu 251
      (ii) Points de repère successifs.......................... 253
   2. Incidence du point de vue sur le mode d'énonciation 255

Chapitre 8. Hypothèse et actualisation..................... 263

I. Le verbe de perception 263
   1. Distinctions modales et aspectuelles........................ 263
   2. Perception rétrospective et prospective 265
      (i) Mise en relief de la perception ou de l'objet perçu.......... 265
      (ii) Verbes d'hypothèse 267
   3. Représentation hypothétique et représentation actualisée 268
II. Durée et volition dans l'acte de perception 270
   1. Perception imaginaire progressive 270
   2. Perception imaginaire instantanée 273
   3. Perception imaginaire instantanée involontaire 274
III. Signes linguistiques secondaires dans l'expression de la perception
    imaginaire... 281
   1. Changement de temps 281
   2. Changement de pronom................................ 284
   3. Mode de perception et point de vue....................... 287

Conclusion.. 291

Tableau d'exemples 295

Glossaire.. 401

Bibliographie 517

Index 529

LOUIS-JEAN
avenue d'Embrun, 05003 GAP cedex
Tél. : 92.53.17.00
Dépôt légal : 205 — Mars 1993
Imprimé en France